SPRACHWISSENSCHAFTLICHE
STUDIENBÜCHER

MARIA CHRISTMANN-PETROPOULOU

NEUGRIECHISCH
Lehr- und Arbeitsbuch

I. TEIL
Texte und Grammatik

4. Auflage

Universitätsverlag
WINTER
Heidelberg

Bibliografische Information der Deutschen Nationalbibliothek

Die Deutsche Nationalbibliothek verzeichnet diese Publikation
in der Deutschen Nationalbibliografie;
detaillierte bibliografische Daten sind im Internet
über *http://dnb.d-nb.de* abrufbar.

ISBN 978-3-8253-1584-9
4. Auflage 2017

Dieses Werk einschließlich aller seiner Teile ist urheberrechtlich geschützt. Jede
Verwertung außerhalb der engen Grenzen des Urheberrechtsgesetzes ist ohne
Zustimmung des Verlages unzulässig und strafbar. Das gilt insbesondere für
Vervielfältigungen, Übersetzungen, Mikroverfilmungen und die Einspeicherung
und Verarbeitung in elektronischen Systemen.

© 2017 Universitätsverlag Winter GmbH Heidelberg
Imprimé en Allemagne · Printed in Germany
Druck: Memminger MedienCentrum, 87700 Memmingen

Gedruckt auf umweltfreundlichem, chlorfrei gebleichtem
und alterungsbeständigem Papier

Den Verlag erreichen Sie im Internet unter:
www.winter-verlag-hd.de

Gesamtinhaltsverzeichnis

Erster Band

Vorwort	1
Einführung, das griechische Alphabet	3
Vokale und Vokalkombinationen	4
Konsonanten	5
Einteilung der Konsonanten	6
Konsonantenkombinationen	7
Betonung und Tonzeichen	8
Regeln über die Akzentsetzung	9
Spiritus oder Hauchzeichen, Wörter mit Spiritus asper	10
Unbetonte und enklitische Wörter	11
Großschreibung, Satzzeichen, Silbentrennung	12
Vokalausfall	13
Kontraktion	14
Andere Vokalveränderungen, Konsonantenausfall	14
Konsonantische Komplexe	15
Leseübung	16
Handschriftliches Muster	17

1. Lektion   Πρῶτο μάθημα   18
    Substantiv im Nom. Sing. Mask., Fem. und Neutrum
    Bestimmter und unbestimmter Artikel im Nom. Sing.
    Präsens Indikativ der stammbetonten Verben
    Aussage, Verneinung, Frage, Wortstellung
    Interrogativpronomen τί
    Indefinitpronomen τίποτα. Kleiner Text: Διαβάστε.

2. Lektion   Δεύτερο μάθημα   24
    Das Verb εἶμαι Personalpronomen im Nom. Singular
    Interrogativpronomen im Nom.Sing. ποιός, ποιά, ποιό
    Interrogativadverb ποῦ
    Präposition σέ, Konjunktionen καί, ἀλλά, ὅτι
    Dialoge

3. Lektion	Τρίτο μάθημα	31

Die Verben τρώω, λέω, καίω, κλαίω, ἀκούω,
φταίω im Präsens Indikativ
Γιατί als Interrogativadverb und Begründungs-
konjunktion - Dialoge

4. Lektion	Πρωινή σκηνή	36

Grundzahlen 1- 10
Deklination: Nom. und Akk. im Sing und Plural
Das Verb πάω zu πηγαίνω
Adverbien und zugehörige Präpositionalausdrücke
Anekdote, Dialog, direkte und indirekte Rede
Ἔμποροι καί καταστήματα, μικρό κείμενο

5. Lektion	Τό σπίτι μου	46

Deklination des Adjektivs auf - ος, - η (α), - ο
Unregelmäßiges Adjektiv πολύς, πολλή, πολύ
Stellung des Adjektivs, Demonstrativpronomen
Interrogativpronomen ποιός, πόσος und Dekli-
nation, Ordnungszahlen,
Dialoge: Στό μανάβικο, Στό περίπτερο

6. Lektion	Βράδυ σέ μιά οἰκογένεια	53

Reflexivpassive Form im Indikativ Präsens, Deponentien,
modales Passiv, temporaler Akkusativ, Adverbien,
Präpositionen, Lektüre: Ἕνα πρωινό, Dialoge, Wünsche

7. Lektion	Ἕνα τηλεφώνημα	61

Frage nach dem Namen einer Person, Personalpronomen
(stark und schwach), seine Deklination und seine Wortstellung.
Paradigmata (Akkusativ und Dativobjekt), starke und
schwache Form kombiniert, Definitpronomen, verneinter Imperativ,
Dialog, Wortbildung

8. Lektion	Ὁ εὐσυνείδητος ἐπιβάτης	70

Possessivpronomen und seine Wortstellung, Imperfekt der
Verben ἔχω und εἶμαι
Gedicht von Seferis: Τό Γιασεμί

9. Lektion	Δύο φίλες κάνουν ψώνια	76

Endbetonte Verben (Kontrakta) im Präsens Indikativ,
Präposition πρός, Verkleinerungsformen, Völkernamen,
Begründungssätze, satirisches Epigramm, Länder, Hauptstädte,
Bewohner, Sprachen (Liste)

10. Lektion	Στό κατάστημα	85

Steigerung der Adjektive und Adverbien durch πιό
Grund- und Ordnungszahlen 11 - 100
Damen- und Herrenartikel (Farbe, Muster, Qualität)
Dialog: Στό γιατρό. Τό ἀνθρώπινο σῶμα

11. Lektion	Στή στάση. Τό ρολόι	94

Uhrzeitangabe, Wochentage, Fragen nach der Zeitangabe,
satirisches Epigramm, Lektüre: Ἡ Κυριακή

12. Lektion	Στό δρόμο	99

Reflexivpassiv der endbetonten Verben im Präsens Indikativ
Altertümliche endbetonteVerben, 3 Anekdoten

13. Lektion	Μία ἔκθεση	104

Monate und Jahreszeiten
Imperfekt Aktiv und Passiv der stamm- und endbetonten
Verben, irreale Bedingungs- und Wunschsätze, unpersönliche
Verben und Ausdrücke zur Witterung
Lektüre: Φθινόπωρο, Τί γράφει μία μαθήτρια.
Gedicht von D. Solomos "Γαλήνη"

14. Lektion	Σχέδια γιά τίς διακοπές	112

Futur der Dauer und Wortstellung, Konjunktiv Präsens
und Wortstellung, Partizip Präsens
Lektüre: Ὁ τυφλός.

15. Lektion   Σχηματίζομε τή Γενική   **117**
Bildung des Genitivs beim Substantiv und Adjektiv
Akzentregeln
Deklination von ἕνας, μία, ἕνα,
ποιός, ποιά, ποιό
Funktionen des Genitivs, Datumsangabe
Anekdoten: Μοντέρνα παιδιά, Ἡ ἡλικία

16. Lektion   Ἕνα γράμμα   **129**
Das Verb und seine Aspekte
Verben mit sigmatischer Aoristbildung
Indikativ Aorist im Aktiv, Anwendung des Aorists
Einmaliges Futur und Wortstellung
Anekdoten: Ἐκεῖ ἔφεγγε, ἡ τυχερή κυρία,
Στό Δικαστήριο
Anrede- und Grußformeln im Briefstil

17. Lektion   Στά σύνορα   **143**
Der Konjunktiv Aorist
Verben und Ausdrücke mit Konjunktiv
Verneinung des Konjunktivs
Selbstständiger und substantivierter Konjunktiv
Der Konjunktiv in den Nebensätzen
Das Indefinitpronomen,.Bemerkungen dazu
Fabel von Äsop: Ὁ σκύλος μέ τό κρέας
Anekdoten: Ἡ δικαιολογία, ὁ Ἀστρονόμος

18. Lektion   Ἕνα κουτί σπίρτα   **154**
Verben mit aigmatischem Aorist
Verben mit unterschiedlichem Stamm im Indikativ und
Konjunktiv Aorist, Konjugation des Konjunktiv Aorist
Lektüre: Μία Ἱστορία. Μύθος τοῦ Αἰσώπου: Λύκος καί
ἀρνί, Anekdoten: Ἔξυπνη ἀπάντηση, Ὁ ἀφηρημένος
καθηγητής

19. Lektion   Στό ξενοδοχεῖο   161
Imperativ der stamm- und endbetonten Verben
im Aktiv, unregelmäßiger Imperativ Aorist
Wortstellung des Personalpronomens im Imperativ
Der Imperativ in der indirekten Rede
Anderweitige Verwendung des Imperativs
Weitere Grund- und Ordnungszahlen, Jahresangabe
Gedicht von Elytis: Ἑπτά νυχτερινά ἑπτάστιχα
Ἀνέκδοτα: Σκάνδαλο, Φαρμακόγλωσση

20. Lektion   Πάσχα στήν 'Αθήνα   169
Steigerung durch Anhängen von Endungen
Unregelmäßige Steigerung der Adjektive und der
Adverbien, Vergleichspartikeln
Perfekt, Plusquamperfekt, Futur II
Gedicht von D. Solomos: Ἡ ἡμέρα τῆς Λαμπρῆς
Gedicht von Elytis: Μακριά.....
Dialog: "Ενας Γερμανός, ἕνας "Ελληνας
Feiertage und Glückwünsche
Dialog: Στό Ταχυδρομεῖο, Wünsche

21. Lektion   Λίγη Γεωγραφία   184
Χάρτης τῆς Ἑλλάδας, Τά τέσσερα σημεῖα τοῦ
ὁρίζοντα, **Ergänzungen zur Deklination,**
Mask. auf -έας (εύς), Fem. auf: -η (-ις), -ος, -ω
Neutra auf: -ος, -ιμο,-ας, -ως, -ον, -εν, -αν, -υ
Substantive mit doppelter Pluralform
Alte Dative als Präpositionen, Konzessivsätze
Gedicht von Mawilis: Εἰς τήν πατρίδα
Gedicht von Palamas: Πατρίδες
Lektüre: Πῶς πῆρε τό ὄνομά της ἡ 'Αθήνα
Gedicht von Palamas: "Υμνος τῆς 'Αθηνᾶς
Fabel:des Äsop: Κόρακας καί ἀλεποῦ

22. Lektion   Μία πρόσκληση   198
Relativpronomen ὁ ὁποῖος, ἡ ὁποία, τό ὁποῖο
Veralgemeinerndes Pronomen: ὅποιος, ὅ,τι, ὅσος

Adjektive auf - ης, -ες und ihre Steigerung
Die Partikel " θά"
Verben mit νά oder ὅτι
Das Verb φοβᾶμαι μήπως, μήπως δέν .....
Dialog: Πρόσκληση ἀπ' τό τηλέφωνο
Gedicht von Kavafis: Τείχη

23. Lektion   Τά ἔφταιγε ὁ ὡραῖος καιρός   208
Aorist Passiv der Verben mit sigmatischem aktivem
Aorist (Bildung und Konjugation)
Zusammengesetzte Zeitformen im Indikativ und Konjunktiv
Partizip Perfekt, Zustandspassiv
Anekdoten: Ἡ παρεξήγηση, Διογένης καί περαστικός

24. Lektion   Ὁ Σκαντζόχοιρος, ἡ Ἀράχνη, ἡ Χελώνα   216
Aorist Passiv der Verben mit asigmatischem aktivem
Aorist, **Unregelmäßigkeiten** im Aorist Passiv
Zweiter Aorist Passiv, Reflexivpronomen
Die Verben: ἀκούω, βλέπω, βρίσκω und ihre Ergänzung
Die Verben χαίρομαι, λυπᾶμαι und ihre Ergänzung

25. Lektion   Ὁ παραγγελιοδόχος καί ὁ παπάς   224
Adjektive auf - ύς, -ιά, - ύ und ihre Steigerung
Adjektive auf - ής, - ιά. - ί
Gedicht von K. Palamas: Μιά πίκρα

26. Lektion   Ἡ Δεκοχτούρα   228
Adjektive auf : - ης, - α, - ικο und
auf: -άς, -ού, - άδικο
Gedichte von Seferis aus: Μυθιστόρημα

27. Lektion   Ὁ ξεχασμένος φίλος   233
Partizip Perfekt Passiv der Verben mit asigmatischem
Aorist, Unregelmäßigkeiten bei der Bildung des P.P.P.
Anekdote: Ἀλέξανδρος καί Διογένης
Volkslied: Γιά τήν ξενιτειά

28. Lektion Περίπατος στήν ιστορία τῆς νεώτερης 238
 'Ελλάδας
Imperativ des Passivs
Adjektive auf: ων, - ον und auf -ων, -ουσα, -ον
Gedicht von Elytis: Τά πάθη (ἀπό "Τό "Αξιον 'Εστί")
Übersetzung von G. Dietz

Index 247

Zweiter Band

Übungen	5
Grammatiktabellen	69
Präpositionen	70
Konjunktionen	75
Deklination	78
Hilfsaverben	80
Aktiv (stamm-, endbetont)	81
Konjunktiv Aktiv und Passiv	87
Imperativ, Konditionalis	88
Verbentabellen mit Stammformen	89
Wörterverzeichnis Griechisch - Deutsch	110
Wörterverzeichnis Deutsch - Griechisch	157

Dritter Band

Schlüssel

Aus dem Vorwort zur ersten Auflage.

Das vorliegende Buch ist aus langjähriger Lehrtätigkeit an der Universität Heidelberg und an der Volkshochschule sowie an der Pädagogischen Hochschule Karlsruhe hervorgegangen.

Der Wortschatz wurde hauptsächlich dem Alltagsleben entnommen und auf das Nötige reduziert. Die moderne Methode des "Pattern" lernens, die übrigens nicht unumstritten ist, scheint für das Neugriechische nicht geeignet - sein Reichtum in der Formenlehre läßt einen wirklichen Lernerfolg nur bei einer systematischen Darbietung zu. Allerdings wurde die Grammatik nicht nach der herkömmlichen Methode angeordnet, sondern nach dem Prinzip der Anwendbarkeit in der lebendigen Sprache. So kommt z.B. der Genitiv erst später vor, dagegen die Reflexivpassivform des Verbs früher.

Zur Anordnung und Benutzung des Buches:

Der gesamte Stoff baut sich in 28 Lektionen auf. Jede Lektion enthält einen Text, Vokabelangaben, ἐκφράσεις (d.h. idiomatische Ausdrücke, aber auch sehr gebräuchliche Strukturen, die im Text vorkamen) und einen Grammatikteil ... Dabei ist die erste Übung jeweils streng textbezogen und sollte mündlich behandelt werden, damit die Lernenden Gelegenheit zum Sprechen bekommen.

Die schwierigste Übung ist jeweils die Hinübersetzung in das Griechische. Sie ist für solche Benutzer gedacht, die einen hohen Grad der Sprachbeherrschung anstreben.

Manche Lektionen scheinen auf den ersten Blick etwas lang geraten zu sein. Der Grund dafür ist, daß ein grammatikalischer Zusammenhang nicht zerstückelt werden sollte. Doch kann der Dozent ohne weiteres solche Lektionen in zwei oder drei Lehreinheiten aufteilen. Häufig folgt auf eine Lektion ein Dialog und eine oder mehrere kurze Anekdoten. Dadurch wird Wiederholung und Vertiefung des gelernten Stoffes auf zwanglose Weise ermöglicht.

Bei den Akzenten wurde nicht das eintonige System befolgt - aus grundsätzlichen und aus praktischen Bedenken: gewaltsame Eingriffe in die Sprache können zu unvorhergesehenen Folgen führen; auch wird in zahlreichen Veröffentlichungen, z.B. in Zeitungen und Zeitschriften, an den bisherigen Akzenten festgehalten. Daher sollte der Lernende als Leser nicht von vornherein auf die reduzierte Form festgelegt werden; als Schreibender mag er freilich, wenn anders zu schwer, die neue Form anwenden.

Mit Dank seien zum Schluß die Grammatiken von Manolis Triandaphyllidis und

Pavlos Tzermias erwähnt; ebenso wurde das "Praktische Lehrbuch Neugriechisch" von Dr. H.F. Wendt hin und wieder zu Rate gezogen.

Heidelberg, im Dezember 1985

Zur zweiten Auflage.

Auch die zweite Auflage ist aus fortgesetzter Lehrtätigkeit an Universität und Volkshochschule hervorgegangen. Zu den Veränderungen gegenüber der ersten Auflage gehört die Anfügung eines Deutsch-Griechischen Wörterverzeichnisses sowie die Erweiterung des Griechisch-Deutschen Wörterverzeichnisses - mit jeweiliger Angabe der Nummer derjenigen Lektion, in der das Wort zum ersten Mal auftritt. Neu ist auch die Abtrennung der Übungen von den Lektionen - diese Übungen finden sich jetzt im 2. Band, zusammen mit den Tabellen und den Wörterverzeichnissen. - Zu danken habe ich den zahlreichen wohlmeinenden und anregenden Rezensionen zur ersten Auflage, wie etwa die von K. Assimakopoulos (Nea Hestia 137,1995); R. Della Casa (Recensiones-Salesianum 49, 1987); J. Kramer (Balkan-Archiv N.F. 12,1987); F. Kuntz (Mitteilungsblatt des deutschen Altphilologenverbandes 3/1987); H.Tonnet (Bulletin de Liaison de Centre d'Études Balkanique 6,1987). Daneben haben den Verlag oder mich Benutzer des Buches mit brieflichen Stellungnahmen erreicht. Ihnen allen sei herzlich gedankt.

Heidelberg, im Februar 1995

Zur dritten Auflage.

Allen Benutzern, die in einen Dialog mit der Autorin eingetreten sind, sei herzlich gedankt. Das gilt für die Kursteilnehmer in Heidelberg selbst und hierunter wieder besonders für die Studierenden am Seminar für Klassische Philologie. Das Buch hat inzwischen den Kreis seiner Freunde erweitert. Das zeigen viele Äußerungen und Anregungen von auswärts. Alle wurden aufgegriffen, manche dankbar übernommen. In der Rechtschreibung bleibt es allerdings bei den bisherigen Entscheidungen (vgl. z.B. κυττάζω, βράδυ, τέσσερεις etc.), zumal wenn diese von einer einleuchtenden Etymologie gestützt werden. - Wie schon in den früheren Auflagen wurde großer Wert darauf gelegt, in den Texten der Lektionen auf den jeweils neuen Grammatikstoff ausführlich Bezug zu nehmen.

Heidelberg, im Januar 2004.

M. Christmann-Petropoulou

Einführung

Das griechische Alphabet hat 24 Buchstaben:

Druck-schrift	Schreibschrift	Benennung	Aussprache
A α	𝒜 a	álpha	a
B β	ℬ β	wíta	w
Γ γ	𝒢 γ	gháma	gh vor -a, -o, -u und Konsonanten, j vor -e, -i
Δ δ	𝒟 δ	dhélta	wie engl. th: *that*
E ε	ℰ ε	épsilon	offenes "e" wie in *fest*
Z ζ	𝒵 ζ	síta	stimmhaftes "s" wie in *Rose*
H η	ℋ η	íta	i
Θ θ	Θ ϑ	thíta	wie engl. th: *thank*
I ι	𝒥 ι	jóta	i
K κ	𝒦 u κ	kápa	k nicht explosiv, wie franz. *coup*, vor -a, -o, -u; kj vor e-, i-Lauten
Λ λ	Λ λ	lámdha	l
M μ	ℳ μ	mi	m
N ν	𝒩 ν	ni	n
Ξ ξ	ℨ ξ	xi	x
O o	𝒪 o	ómikron	offenes "o" wie *Wort*
Π π	Π π ϖ	pi	p, nicht explosiv wie franz. *père*
P ρ	𝒫 ρ	rho	Zungen-r wie im Italienischen
Σ σ, ς	𝒮 σ ς	sígma	ss, ß, wie *Wasser, Fuß*

Druck-schrift	Schreibschrift	Benennung	Aussprache
Τ τ	*T z l*	taf	t nicht explosiv, wie franz. *table*
Υ υ	*U v*	ípsilon	i
Φ φ	*Φ q*	fi	f
Χ χ	*X x X*	chi	ch wie in *ach*, vor -a, -o,-u und Konsonanten; wie in *ich*, vor: e-, i-Lauten
Ψ ψ	*y y*	psi	ps
Ω ω	*ω ω*	oméga	wie in *omikron*

Es gibt 7 Vokalzeichen: α ε η ι ο υ ω

α = a, ε = e, η, ι, υ = i, ο, ω = o.

Vokalkombinationen:

αι	e
αï	ai
αυ	aw, vor stimmhaften Konsonanten: β, γ, δ, ζ, λ, μ, ν, ρ
αυ	af, vor stimmlosen Konsonanten: θ, κ, ξ, π, σ, τ, φ, χ, ψ
αü	ai
ει	i
εï	äi
ευ	ew, ef (siehe oben zu aw, af)
εü	äi
οι	i
οï	eu
ου	u
υι	i (sehr selten)

Das Trema über dem zweiten Vokal hebt die Zusammengehörigkeit auf.

Es gibt 5 Vokalphoneme: **a, e, i, o, u.**

                              e, i: **helle oder weiche Laute**
                              a, o, u: **dunkle oder harte Laute.**

Der unbetonte **i**-Laut verliert vor einem folgenden (besonders einem dunklen) Vokal seinen Silbenwert; er wird dann halb konsonantisch ausgesprochen und bewirkt eine gewisse Mouillierung des vorhergehenden Konsonanten, z.B.:
μιά (mnja), νοιώθω (njotho), σπιτιοῦ (spitju) usw..
Im Anlaut schreibt man das ι gewöhnlich γι, z. B. γιατρός (ἰατρός).

Die Konsonanten

Es gibt 17 Konsonanten:

         β, γ, δ, ζ, θ, κ, λ, μ, ν, ξ, π, ρ, σ, τ, φ, χ, ψ

Einteilung der Konsonanten

Nach der Dauer, Sonorität, Artikulationsart →
Nach der Artikulationsstelle ↓

		Nichtkontinuierlich		Kontinuierlich			
				Reibelaute		Nasale	Liquidae
		stimmlos	stimmhaft	stimmlos	stimmhaft	stimmh.	stimmh.
Labiale	Bilabiale	π	μπ	φ	β υ	μ	
	Labiodentale						
Dentale	Interdentale			ϑ			
	Linguodentale	τ	ντ		δ		
	Sibilanten	τσ	τζ	σ	ζ		
Gutturale	Palatale	κ(+ε,ι)	γκ(+ε,ι)	χ(+ε,ι)	γ(ε,ι)		
	Velare	κ	γκ	χ	γ		
Apikale	Palatale Alveolare					ν(+ι) ν	λ(+ι) λ, ρ

Konsonantenkombination

γγ, γκ Im Inlaut: vor dunklen Vokalen (α, ο, ου) und vor Konsonanten wie "ng" wie in *lange*, mit nachklingendem "g ", z.B.
ἀγγαρεία= ang-garia, ἀγγούρι = ang-guri, Ἄγγλος= Ang-glos ὄγκος = ong-goß, ἀγκαλιά = ang-galia;
vor hellen Vokalen (ε, ι) wie "ng" mouilliert, d. h. mit verschmolzenem "j ", z. B.
ἄγγελος = angeloß, ἀγκινάρα = anginara.

γκ Im Anlaut: vor dunklen Vokalen und vor Konsonanten wie "g" bei *Gast*, z. B. γκάζι = gasi, γκρίνια = grinja;

vor hellen Vokalen wie mouilliertes "g" (gi), z. B.
γκέμι = gemi, γκινέα = ginea

γχ Nur im Inlaut, wie "nch" vor dunklen Vokalen und Konsonanten, z. B. συγχαρητήρια = ßincharitiria;
wie "nchj" vor hellen Vokalen, z.B.
ἐγχείρηση = enchjirissi (bei γχ lautet das "χ" stark nasal);

μπ "b" im Anlaut und "mb" im Inlaut, z.B.
μπανάνα = banana, ἔμπορος = emboroß ;

ντ "d" im Anlaut und "nd" im Inlaut, z. B.
ντομάτα = domata, ἔντιμος = endimoß ;

τζ immer "dz", z.B. τζάκι = dzaki, τζιτζίκι = dzidziki;

τσ immer "z", z.B. τσάρος = zaroß, ἔτσι = ezi.

Das "σ" in Verbindung mit den stimmhaften Konsonanten (β, γ, δ, μ, μπ, ντ) wird stimmhaft wie in *Rose* ausgesprochen, z.B.

σβούρα = swura, σγουρός = sguroß, σμῆνος = sminoß usw.

Das "ς" im Auslaut vor einem stimmhaften Anlaut wird stimmhaft wie oben und ohne Sprechpause ausgesprochen, z.B.

τῆς μητέρας = tismitéraß, τούς δρόμους = tusdhrómuß,
τούς μπαμπάδες = tusbabádheß, τίς ντομάτες= tisdomáteß,
ἔνας μαραγκός = enasmaranggóß, μιᾶς γριᾶς = mniasghriáß,
τῆς λέω = tisléo, τούς (τίς) δείχνω = tus(tis)dhíchno,
ἄς ρωτήσει =asrotíβi, ἄς μπεῖ =asbí, πές μου = pésmu.

Das geschieht:
a) bei dem bestimmten Artikel im Genitiv Singular des Femininums, im Akkusativ Plural des Maskulinums und des Femininums;
b) bei dem unbestimmten Artikel im Nominativ Singular des Maskulinums, im Genitiv Singular des Maskulinums, Femininums und Neutrums;
c) bei den schwachen Formen des Personalpronomens: τῆς, τούς, τίς;
d) bei der Partikel "ἄς";
e) bei manchen einsilbigen unregelmäßigen Imperativen, wie πές, δές, κλπ.

Das "ν" im Auslaut vor einem nichtkontinuierlichen Anlaut (κ, π, τ, μπ, ντ, γκ, τσ, τζ, ξ, ψ) verbindet sich mit ihm zu einer klanglichen Einheit, wobei neue Klangverbindungen entstehen, z. B. :

ν + κ	ng	τόν κύριο	= tongírio
ν + π	mb	τῶν παιδιῶν	= tombedhión, δέν πᾶς = dhembáß
ν + τ	nd	μήν τό κάνεις	= míndo kaniß
ν + μπ	mb	σάν μπεῖς	= sambíß
ν + ντ	nd	πρίν ντυθῶ	= prindithó
ν + γκ	ng	τόν γκρεμό	= tongremó
ν + τσ	nds	πρίν τσακωθεῖς	= prindsakothíß
ν + τζ	ndz	ἕναν τζίτζικα	= enandzídzika
ν + ξ	ngs	ὅταν ξέρω	= otangséro
ν + ψ	mbs	τόν ψάχνω	= tombsáchno
		τήν ψυχολογία	= timbsichologhía

Betonung und Tonzeichen (Akzente)

Da das Griechische den dynamischen Akzent hat, muß jedes Wort betont werden. Die Betonung wird durch ein über dem betonten Vokal stehendes Zeichen zum Ausdruck gebracht. Diese Zeichen sind zwei: der Akut (′) und der Zirkumflex (ˆ).
Nur eine der drei letzten Silben eines Wortes darf den Akzent tragen. Um aber den richtigen Akzent setzen zu können, muß man einige Regeln berücksichtigen. Die Vokale und die Vokalkombinationen werden eingeteilt in kurze und lange.

Immer kurz sind: ε, ο, und als Endsilben αι, οι.
Immer lang sind: η, ω und alle Vokalkombinationen mit Ausnahme von αι, οι als Endsilben.

Bald kurz, bald lang sind: **α, ι, υ:**

α

kurz	lang
1) am Schluß der Neutra;	1) in der Endsilbe der männlichen und weiblichen Substantive;
2) in der vorletzten Silbe der Substantive;	2) in der unbetonten Silbe des Imperativs;
3) in der unbetonten Endsilbe der Verben im Indikativ;	3) in der betonten Endsilbe der Verben;

ι

1) in der vorletzten Silbe der Substantive;	1) am Schluß der Neutra ;
2) in der vorletzten Silbe der Verben;	

υ

1) in der vorletzten Silbe der Substantive;
2) in der vorletzten Silbe der Verben.

Regeln über die Akzentsetzung

1) Die betonte drittletzte Silbe erhält immer den Akut, z.B.
    δάσκαλος, τίποτα, κύριος, ρώτησα.
2) Die betonte kurze Silbe erhält immer den Akut, z.B.
    τρέχω, πόρτα, ἀδελφοί.
3) Die betonte lange vorletzte Silbe erhält immer den Akut, wenn die letzte Silbe lang ist, z.B.
    τρώω, παίζει, μήνας, θεία, φούρνου.
4) Die betonte lange vorletzte Silbe erhält den Zirkumflex, wenn die letzte Silbe kurz ist, z.B.
    μῆλο, δῶρα, εἶναι, μιλοῦσα, ὧρες.

Ausnahmen: οὔτε, εἴτε, μήτε, ὥστε.

5) Die betonte letzte Silbe im Nominativ und Akkusativ der Substantive und im Nominativ der Pronomina erhält den Akut, z.B.
μαθητής, καθηγητή, γιαγιά, ἐσύ, ἐγώ, παππούς.
Ausnahmen: ἐμεῖς, ἐμᾶς, ἐσεῖς, ἐσᾶς, τρεῖς und manche andere.
6) Der auf der letzten Silbe betonte Genitiv der Substantive und Pronomina erhält den Zirkumflex, z.B.
τοῦ μαθητῆ, τῆς γιαγιᾶς, μοῦ, σοῦ, τοῦ.
7) Die betonte lange letzte Silbe der Verben erhält den Zirkumflex, z.B.:
παρακαλῶ, μιλᾶς, μιλᾶν, ρωτοῦν.
8) Das "α" in der vorletzten Silbe der Verbalformen erhält einen Akut, z.B.: ἀνάψτε, πιάστε, γράψε, πάψε κλπ.
Ausgenommen sind die Endungen der Kontrakta im Aktiv - ᾶμε, -ᾶτε, -ᾶνε und im Passiv - ᾶμαι, -ᾶσαι, - ᾶται, - ᾶστε.

Spiritus oder Hauchzeichen

Jedes mit einem Vokal anlautenden Wort erhält ein Hauchzeichen (Spiritus)
Es gibt zwei Hauchzeichen:
den Spiritus lenis (') und den Spiritus asper (').

Mit dem Spiritus asper werden folgende Wörter versehen:

1) alle Wörter, die mit υ beginnen, z. B. ὕπνος, ὑγρασία;
2) der bestimmte Artikel im Nominativ Singular und Plural des Maskulinums und Femininums: ὁ, ἡ, οἱ;
3) der unbestimmte Artikel im Singular des Maskulinums und Neutrums ἕνας, ἕνα;
4) die Grundzahlen: ἕνα, ἕξι, ἑπτά (ἑφτά), ἑκατό und ihre Zusammensetzungen (ἕντεκα, ἑξηκοστός, ἑπτακόσια, ἑκατοστός);
5) das Relativpronomen: ὁποῖος, ὁποία, ὁποῖο ;
6) das verallgemeinernde Relativpronomen: ὅποιος, ὅποια, ὅποιο, ὅσος, ὅ,τι und die daraus abgeleiteten Adverbien ὁπωσδήποτε, ὁ,τιδήποτε κ.ἄ.
7) einige Wörter (und davon abgeleitete Wörter), die als Ausnahmen gelten. Die gewöhnlichsten sind:

ἅγιος heilig vgl. *Hagia Sophia*, ἁγνός hold, Ἅδης Unterwelt *Hades*, αἷμα Blut vgl. *Hämoglobin*, αἵρεση Ketzerei *Häresie*, ἁλάτι Salz vgl. *Halogen*, ἅλμα Sprung *Halma*, ἁλυσίδα Kette, ἁλώνι Tenne, ἅμα wenn, ἁμάξι Wagen, Auto, ἁμαρτάνω sündigen, ἁπλός einfach vgl. *haploid*), ἁρπάζω rauben, ἑαυτός μου ich selbst, Ἑβραῖος *Hebräer*, ἕδρα Sitz, Ἑλένη *Helene*, ἑλικόπτερο *Helikopter*, Ἑλλάδα *Hellas*, Ἕλληνας *Hellene*, ἑνώνω verbinden, ἑρμηνεύω interpretieren *Hermeneutik*, ἑσπερινός abendlich, ἑστιατόριο Restaurant, ἑταιρεία Gesellschaft, ἕτοιμος fertig, ἡγούμενος Abt, ἡδονή Genuß, Wonne, ἡλικία Alter, ἥλιος Sonne *heliozentrisch*, ἡμέρα Tag, ἥμερος sanft, ἡμι-halb *Hemisphäre*, ἧπαρ Leber *Hepatitis*, ἥρωας Held *heroisch*, ἥσυχος ruhig *Hesychasten*, ἱδρύω gründen, ἱδρώτας Schweiß, ἱερός heilig, ἱκανός fähig, ἱππικό Reiterei *Hippodrom*, ἱστορία Geschichte *historisch*, ἱστός Gewebe *Histologie*, ὁδηγός Führer, ὁδός Straße, ὅλος ganz, ὁμαλός eben, regelmäßig, Ὅμηρος, ὁμιλία Sprechen *Homiletik*, ὅμοιος gleich *Homöopathie*, ὅμως aber, ὅραση Sehen, ὁρίζω bestimmen, begrenzen *Horizont*, ὅριο Grenze, ὅρος Bedingung, ὅσιος heilig, ὅταν wenn, als, ὅτι daß, ὥρα Stunde, Uhrzeit, ὡραῖος schön, ὥριμος reif, ὡς bis.

Beginnt ein Wort mit einem großgeschriebenen Vokal, so steht der Spiritus und der Akzent (falls einer erforderlich ist) links vor dem großen Buchstaben; z.B. Ὅμηρος, Ἰανουάριος, Ὄπερα.

Bei einer Vokalkombination steht der Spiritus und (falls erforderlich) der Akzent über dem zweiten Vokal, z.B. Αὔγουστος.

Unbetonte Wörter

Der männliche und der weibliche Artikel im Nominativ Singular ὁ, ἡ und ihr gemeinsamer Plural οἱ wie auch das Adverb ὡς erhalten keinen Akzent.

Enklitische Wörter

Das Possessivpronomen **μου, σου, του** usw. und die schwache Form des Personalpronomens im Imperativ und Partizip Präsens sind tonschwach und werden zusammen mit dem vorhergehenden Wort ausgesprochen, z.B.
τό σπίτι μου,   πές μας,   γράψτε το .

Großschreibung

Mit großem Anfangsbuchstaben werden geschrieben:
1) Eigennamen (Vor- und Zunamen): Νίκος Μυλωνάς, Ἄννα Μακρῆ
2) Ortsnamen: ἡ Ἀθήνα, ὁ Πειραιάς, τό Μεσολόγγι
3) Fluß- und Gebirgsnamen: ὁ Ἰλισσός, ἡ Πίνδος, ὁ Ὄλυμπος
4) Wochentage, Monate und Feste: ἡ Κυριακή, ὁ Μάρτιος, τό Πάσχα
5) Titel von Würdenträgern: ὁ Δήμαρχος, ὁ Πρωθυπουργός
6) Bezeichnung von Ämtern: τό Ὑπουργεῖο, ἡ Τράπεζα
7) Begriffe, die besonders hervorgehoben werden sollen: ἡ Ἐκκλησία, ἡ Ἠθική. Hierfür bestehen keine festen Regeln.

Die Satzzeichen

Bis auf das Fragezeichen hat das Griechische die gleichen Satzzeichen wie das Deutsche. Für das Fragezeichen im Griechischen fungiert der deutsche Strichpunkt (;). Als Strichpunkt gebraucht man im Griechischen den über der Zeile gesetzten Punkt (·), Hochpunkt genannt.

Silbentrennung

1) Ein Konsonant zwischen zwei Vokalen wird zu der nächsten Silbe gerechnet: ἐ - γώ, τρῶ - με, πα- ρά- θυ- ρο.
2) Zwei Konsonanten bleiben zusammen, wenn ein griechisches Wort damit anfangen könnte: κα- τά- στη- μα (s. z.B. **στό**μα, **στή**λη κλπ.) Andernfalls müssen sie getrennt werden: στέλ - νω.

3) Drei Konsonanten bleiben zusammen, wenn mindestens mit den zwei ersten ein griechisches Wort anfangen könnte: ἄ - στρο (vgl. nämlich στρατός);
aber : ἔν - στι- κτο; denn mit νστ fängt kein griechisches Wort an.
4) Doppelkonsonanten werden immer getrennt, ἀλ - λά, γλῶσ - σα :
Was die Konsonantenverbindungen μπ, ντ, γγ, γκ, τζ, τσ betrifft, so müssen sie nach der Meinung einiger Grammatiker getrennt werden, nach der Meinung anderer zusammenbleiben.

Vokalausfall

1) **Elision** ῎Εκθλιψη

Wenn ein Wort auf einen Vokal auslautet und das nächste Wort mit einem Vokal anfängt, so kann der Auslaut des ersten Wortes ausfallen, z.B
τό αὐτί - τ' αὐτί, θά ἀρχίσει - θ' ἀρχίσει, νά ἀκοῦς - ν' ἀκοῦς.

2) **Aphärese** ᾿Αφαίρεση

Es kann der vokalische Anlaut des zweiten Wortes ausfallen, z. B.:
ποῦ εἴναι - ποῦ 'ναι, μοῦ ἔφερε - μοῦ 'φερε.

3) **Apokope** ᾿Αποκοπή

Zuweilen fällt der vokalische Auslaut eines Wortes vor dem konsonantischen Anlaut des folgenden aus, z.B.
φέρε το - φέρ' το, ἀπό τό σπίτι - ἀπ' τό σπίτι.

In den drei obigen Fällen wird der ausgefallene Vokal durch Apostroph ersetzt.

4) **Synkope** Συγκοπή

Innerhalb eines Wortes kann zuweilen der zwischen zwei Konsonanten stehende Vokal ausfallen, z.B.
φέρετε - φέρτε, σιτάρι - στάρι.

5) **Apobole** ᾿Αποβολή

Der vokalische Anlaut eines Wortes fällt mitunter aus (unabhängig von dem eventuell vorausgehenden Wort), z.B.
ἐπάνω - πάνω, ἡμέρα - μέρα, ἑβδομάδα - βδομάδα.

Kontraktion Συναίρεση

Innerhalb eines Wortes können zwei aufeinanderstoßende Vokale kontrahiert (zusammengezogen) werden, z.B.
δεκαέξι - δεκάξι, καλοακούω - καλακούω,
παραήπιες - παράπιες,
Θεόδωρος - Θόδωρος, ογδοήντα - ογδόντα.

Bei den obigen Vokalveränderungen setzt sich der stärkere Vokallaut durch.
Vorrangreihe der Vokallaute: **α ο ου ε ι (a, o, u, e, i)**.
Findet die Kontraktion an der Wortgrenze statt, so entsteht ein anderer Vokal, z.B.: πού έχει πόχει, μου έδωσε μόδωσε.

Andere Vokalveränderungen

1) Entstehung eines vokalischen Anlautes bei Wörtern, die ursprünglich konsonantisch angelautet haben, z.B. βδέλλα αβδέλλα;
2) Veränderung des vokalischen Anlautes, z.B.
   έξαφνα άξαφνα, εργάτης αργάτης, έξω όξω·
3) Veränderung des vokalischen Auslautes, z.B.
   τίποτε τίποτα, ακόμη ακόμα.
4) Anpassung eines Vokals an den Vokal der benachbarten Silbe, z.B.
   παραιτώ παρατώ, σκοτούρα σκουτούρα.

Konsonantenausfall

Der zwischen zwei Vokalen stehende Konsonant **γ** fällt oft aus, z. B.
   λέγω λέω, τρώγω τρώω.
Andererseits entwickelt sich manchmal ein **γ**, wenn zwei Vokale aufeinanderstoßen, z.B. αέρας αγέρας, πέρναε πέρναγε.

Vor einem kontinuierlichen Konsonanten (β, γ, δ, ζ, θ, λ, μ, ν, ρ, φ, χ) entfällt das Schluß - **ν** (nicht zwingend!) bei dem bestimmten Artikel **τόν, τήν,** bei dem unbestimmten Artikel **έναν,** beim schwachen Personalpronomen **τήν**

und bei den negativen Partikeln **δέν, μήν,** wie auch bei der Konjunktion **σάν,** z. B.
τό θεῖο, τή μητέρα, μή φεύγεις, δέ βλέπει, τή χαρίζει, σά λάμπα.

In allen oben erwähnten Fällen bleibt das **ν** erhalten, wenn das folgende Wort mit einem Vokal oder mit einem nichtkontinuierlichen Konsonanten anfängt (κ, π, τ, μπ. ντ, γκ, τσ, τζ, ξ, ψ), z.B.
τόν κύριο, τήν πόρτα, τήν ντύνει, δέν ξέρω, μήν τρέχεις.
Das **λ** verwandelt sich vor einem Konsonanten manchmal in **ρ**, z.B.
ἀδελφός ἀδερφός, ἦλθα ἦρθα.

Konsonantische Komplexe, die sich oft verändern:

κτ	χτ	κτίζω	**χτίζω,** ὀκτώ **ὀχτώ,** νύκτα **νύχτα**
πτ	φτ	ἑπτά	**ἑφτά,** λεπτά **λεφτά,** πτωχός **φτωχός**
χθ	χτ	χθές	**χτές,** ἐχθρός **ἐχτρός,** δείχθηκα **δείχτηκα**
φθ	φτ	φθάνω	**φτάνω,** κρύφθηκα **κρύφτηκα**
σθ	στ	σθένος	**στένος,** πείσθηκα **πείστηκα**
σχ	σκ	σχίζω	**σκίζω,** σχολεῖο **σκολεῖο,** ἄσχημος **ἄσκημος**
νδ	ντ	ἄνδρας	**ἄντρας,** δένδρο **δέντρο,** ἕνδεκα **ἕντεκα**
ψτ	φτ	κόψτε	**κόφτε,**
ξτ	χτ	τρέξτε	**τρέχτε,** διῶξτε **διῶχτε**
γμ	μ	πράγμα	**πράμα**
νθ	θ	πενθερός	**πεθερός**
γχ	χ	συγχαρητήρια	**συχαρητήρια.**

Leseübung

Vornamen:

ΝΙΝΑ Νίνα, ΜΙΝΑ Μίνα, ΤΙΝΑ Τίνα, ΑΝΝΑ Άννα,
Nína   Mína   Tína   Ánna

ΛΕΛΑ Λέλα, ΛΟΛΑ Λόλα, ΛΙΛΗ Λιλή, ΡΕΝΑ Ρένα
Léla   Lóla   Lilí   Réna

ΝΙΤΣΑ Νίτσα, ΣΟΦΙΑ Σοφία, ΒΑΡΒΑΡΑ Βαρβάρα
Nítsa   Sßofía   Warwára

ΠΑΝΟΣ Πάνος, ΝΙΚΟΣ Νίκος, ΝΤΙΝΟΣ Ντίνος, ΤΑΚΗΣ Τάκης
Pános   Níkos   Dínos   Tákis

ΠΑΥΛΟΣ Παῦλος, ΑΝΤΩΝΗΣ Ἀντώνης, ΓΙΑΝΝΗΣ Γιάννης
Páwlos   Andónis   Jannis

ΓΙΩΡΓΟΣ Γιῶργος, ΑΓΓΕΛΟΣ Ἄγγελος, ΦΑΝΗΣ Φάνης
Jórgos   Ángelos   Fánis

Städte-, Gebirgs- und Flußnamen:

ΒΟΝΝΗ Βόννη, ΒΕΡΟΛΙΝΟ Βερολίνο, ΜΟΝΑΧΟ Μόναχο
Wónni   Werolíno   Mónacho

ΠΑΡΙΣΙ Παρίσι, ΡΩΜΗ Ρώμη, ΓΕΝΕΥΗ Γενεύη, ΖΥΡΙΧΗ Ζυρίχη
Paríssi   Rómi   Jenéwi   Siríchi

ΑΘΗΝΑ Ἀθήνα, ΠΕΙΡΑΙΑΣ Πειραιάς, ΘΕΣΣΑΛΟΝΙΚΗ Θεσσαλονίκη
Athína   Pireás   Thessaloníki

ΟΛΥΜΠΙΑ Ὀλυμπία, ΟΛΥΜΠΟΣ Ὄλυμπος, ΕΠΙΔΑΥΡΟΣ Ἐπίδαυρος
Olymbía   Ólymbos   Epídawros

ΑΙΓΑΛΕΩ Αἰγάλεω, ΑΙΓΙΝΑ Αἴγινα, ΑΙΓΙΟ Αἴγιο, ΧΑΝΙΑ Χανιά
Egáleo   Éjina   Éjio   Chaniá

ΕΥΡΩΤΑΣ Εὐρώτας, ΝΑΥΠΛΙΟ Ναύπλιο, ΜΕΣΟΛΟΓΓΙ Μεσολόγγι
Ewrótas   Náfplio   Messolóngi

Handschrift

1. Lektion
   Πρώτο μάθημα

Πίνω νερό. Πίνεις νερό. Ὁ πατέρας πίνει μπύρα καὶ κρασί. Ἡ μητέρα πίνει τσάι. Τὸ παιδί πίνει γάλα.
Πίνομε καφέ. Πίνετε μπύρα; – Ναί, πίνομε μπύρα. Πίνουν ὁ θεῖος καὶ ἡ θεία κονιάκ; – Ὄχι, δὲν πίνουν κονιάκ, ἀλλὰ οὖζο.

4. Lektion
   Τέταρτο μάθημα
   Πρωϊνή σκηνή

Εἶναι πρωί. Ἀνοίγω τὸ παράθυρο καὶ κυττάζω κάτω στὸ δρόμο. Τί βλέπω; Ἕνα, δύο, τρία, τέσσερα αὐτοκίνητα. Τρέχουν πολὺ γρήγορα. Πίσω ἀπ' αὐτὰ βλέπω ἕνα τράμ. Μέσα στὸ τράμ βλέπω κυρίους, κυρίες καὶ παιδιά. Εἶναι ὑπάλληλοι ποὺ πηγαίνουν στὸ γραφεῖο, ἐργάτες ποὺ πηγαίνουν στὸ ἐργοστάσιο καὶ παιδιά ποὺ πηγαίνουν στὸ σχολεῖο.

Πρῶτο μάθημα

Πίνω νερό. Πίνεις νερό. Ὁ πατέρας πίνει μπύρα καί κρασί. Ἡ μητέρα πίνει τσάι. Τό παιδί δέν πίνει τσάι, ἀλλά γάλα. Πίνομε καφέ.
Πίνετε μπύρα; - Ναί, πίνομε μπύρα. Πίνουν ὁ θεῖος καί ἡ θεία κονιάκ; -"Οχι, δέν πίνουν κονιάκ, ἀλλά οὖζο.
Τί πίνει ὁ Τάκης καί ἡ "Αννα; - Δέν πίνουν τίποτα. Διαβάζουν ἕνα βιβλίο.
Τί κάνει τό παιδί; - Τό παιδί κυττάζει μία φωτογραφία.
Τί κάνουν ὁ παππούς καί ἡ γιαγιά; - Δέν ξέρω τί κάνουν.

Λέξεις

πρῶτο	erstes
τό μάθημα	Lektion, Unterricht
πίνω	trinken
τό νερό	Wasser
ὁ πατέρας	Vater
ἡ μπύρα	Bier
τό κρασί	Wein
ἡ μητέρα	Mutter
τό τσάι	Tee
τό παιδί	Kind
καί	und, auch
δέν (δέ)	nicht

ἀλλά	aber, sondern
τό γάλα	Milch
ὁ καφές	Kaffee
ναί	ja
ὁ θεῖος	Onkel
ἡ θεία	Tante
τό κονιάκ	Cognak
τό οὖζο	Ouzo
ὄχι	nein, nicht
τί	was
ὁ Τάκης	Takis, männl. Vorname
ἡ Ἄννα	Anna, weibl. Vorname
τίποτα (τίποτε)	nichts
διαβάζω	lesen, vorlesen, lernen
τό βιβλίο	Buch
κάνω	machen, tun
κυττάζω (κοιτάζω)	betrachten, schauen
ἡ φωτογραφία	Foto, Bild
ὁ παππούς	Großvater
ἡ γιαγιά	Großmutter
ξέρω	wissen, kennen, können

Ἐκφράσεις - Redewendungen

Τί κάνεις;   Τί κάνετε;
Τί πίνεις;   Τί πίνετε;
Τί κυττάζεις;   Τί κυττάζετε;
Δέν πίνω νερό, ἀλλά γάλα. Πίνω νερό καί ὄχι γάλα.

ΓΡΑΜΜΑΤΙΚΗ

Τό Οὐσιαστικό   Das Substantiv

Die Substantive werden, wie im Deutschen, drei Klassen zugeteilt, die man als Maskulinum (männlich), Femininum (weiblich) und Neutrum (sächlich) bezeichnet.

Die jeweilige Klasse kann man leicht an der Endung erkennen, nämlich:

Nominativ Singular

Maskulinum:	-ας, -ης, -ος, -ές, -ούς
Femininum	-α, -η
Neutrum:	-ο, -ι, -ί, -μα

Ὁριστικό ἄρθρο	Ἀόριστο ἄρθρο
Bestimmter Artikel	Unbestimmter Artikel
ὁ = der	ἕνας = ein
ἡ = die	μία = eine
τό = das	ἕνα = ein

Der bestimmte Artikel steht regelmäßig auch **vor den Vor-und Nachnamen,** soweit diese nicht in der Anredeform stehen, z.B.

ὁ Τάκης, aber: Τάκη!

ἡ Ἄννα, aber: Ἄννα!

Der unbestimmte Artikel wird viel seltener gebraucht als im Deutschen.

Τό ρῆμα   Das Verb

Das neugriechische Verb hat keine Infinitivform mehr. Die Grundform ist immer die 1. Person Singular im Indikativ Präsens des Aktivs: trinken - πίνω. Man unterscheidet zwei Gruppen:

    die stammbetonte: --´--- ω,   z.B. πίν-ω, ξέρ- ω

    die endbetonte :   --- ῶ,   z.B. μπορ-ῶ, παρακαλ-ῶ

Ὁριστική Ἐνεστώτας
Indikativ Präsens

Verneinung **δέν**

πίν - ω

πίν - εις

πίν - ει

πίν - ομε (πίν - ουμε)

πίν - ετε

πίν - ουν (πίν - ουνε)

Die Verneinung des Verbs im Indikativ ist immer **δέν** (**δέ**), die vor das Verb gesetzt wird und eine klangliche Einheit mit ihm bildet: δέν πίνω.

Alle anderen Wörter werden durch das negative Adverb "**ὄχι**" verneint,

  z.B. πίνω νερό, ὄχι κρασί.

Da die Personen durch unterschiedliche Endungen gekennzeichnet sind, braucht man nicht immer das Personalpronomen.

Wortstellung

Im Aussagesatz steht das Subjekt meistens an erster Stelle und das Verb an zweiter, z.B.:

Ὁ πατέρας πίνει νερό.

Im Fragesatz gibt es Inversion, z.B.:

Πίνει ὁ πατέρας μπύρα;

Ist das Subjekt nicht ausgedrückt, so unterscheidet sich der Fragesatz vom Aussagesatz nur durch den Tonfall.

Für die unbestimmte Form, "man trinkt", nimmt man im Griechischen meistens die 3. Person Plural, z.B.

Πίνουν κρασί.

Seltener nimmt man die 1. Person Plural oder in familiären Gesprächen die 2.Person Singular.

Ἐρωτηματικὴ ἀντωνυμία Interrogativpronomen

Τί (substantivisch, vor einem Verb): "was", z.B.

Τί πίνετε; Was trinken Sie?

Τί (adjektivisch, vor einem Substantiv): "was für ein", z.B.

Τί κρασί πίνετε; Was für einen Wein trinken Sie?

Ἀόριστη ἀντωνυμία Indefinitpronomen

Τίποτα (τίποτε): In einem Aussage- oder Fragesatz **"etwas"**, z.B.

Διαβάζετε τίποτα; Lesen Sie etwas? ·

In einem Negativsatz : **"nichts"** z. B.:

Δέ διαβάζουμε τίποτα. Wir lesen nichts.

Διαβάστε Lesen Sie!

Νά ὁ Κώστας! Ὁ Κώστας πίνει γάλα.   -Κώστα, τί κάνεις;
                                                         -Πίνω γάλα.
Νά ὁ παππούς! Ὁ παππούς πίνει τσάι.   -Παππού, τί κάνεις;
                                                         - Πίνω τσάι.
Νά ὁ Τάκης καί ὁ Πέτρος! Ὁ Τάκης καί ὁ Πέτρος διαβάζουν ἕνα βιβλίο.   -Τάκη, Πέτρο, τί κάνετε;
                                                         -Διαβάζομε ἕνα βιβλίο.

νά : hinweisende Partikel = da.

Δεύτερο μάθημα

- Καλημέρα, εἶμαι ἡ Ἄννα. Ποιός εἶσαι ἐσύ;
- Γειά σου, ἐγώ εἶμαι ὁ Τάκης.
- Ξέρεις ποιός εἶναι αὐτός;
- Ναί, αὐτός εἶναι ὁ Πάνος.
- Ξέρεις ποιά εἶναι αὐτή;
- Δέν ξέρω ἀκριβῶς, ἀλλά νομίζω πώς εἶναι ἡ Μαρία.
- Ἐμεῖς πηγαίνουμε στό σχολεῖο. Πηγαίνετε κι ἐσεῖς στό σχολεῖο;
- Ὄχι, ἐγώ εἶμαι φοιτητής καί ἡ Σοφία εἶναι φοιτήτρια. Ἐμεῖς πηγαίνομε στό Πανεπιστήμιο.

Ὁ πατέρας εἶναι καθηγητής, τώρα εἶναι στό Πανεπιστήμιο καί κάνει μάθημα (διδάσκει).

Ἡ μητέρα εἶναι καθηγήτρια. Πηγαίνει στό Γυμνάσιο.

Ὁ Τάκης εἶναι μαθητής. Ἡ Ἄννα εἶναι μαθήτρια.

Τί εἶναι ἡ κυρία Μυλωνᾶ; - Εἶναι δασκάλα.

Τί εἶναι ὁ κύριος Μυλωνάς; - Εἶναι ὑπάλληλος. Τώρα εἶναι στό γραφεῖο.

Τί εἴσαστε ἐσεῖς; - Ἐγώ εἶμαι γιατρός. Τώρα πηγαίνω στό νοσοκομεῖο.

- Κι ἐσεῖς; - Ἐγώ εἶμαι μηχανικός. Τώρα πηγαίνω στό ἐργοστάσιο.

Ἡ Κατερίνα εἶναι νοικοκυρά. Εἶναι στό σπίτι.

Ὁ θεῖος εἶναι μαραγκός. Ὁ παππούς εἶναι ἔμπορος. Αὐτοί εἶναι στό μαγαζί.

- Ποῦ εἶναι ἡ Μαρία καί ἡ Ἄννα; - Αὐτές εἶναι στό σπίτι.
- Ποῦ εἶναι τό σχολεῖο; - Εἶναι κοντά, πολύ κοντά.
- Ποῦ εἶναι τό Πανεπιστήμιο καί τό νοσοκομεῖο;
- Αὐτά εἶναι μακριά, πολύ μακριά.

Λέξεις

δεύτερο	zweites
καλημέρα	guten Morgen, guten Tag
εἶμαι	ich bin
ποιός, ποιά, ποιό	wer, welcher
εἶσαι	du bist
ἐσύ	du
γειά σου	grüß dich (familiär), hallo
ἐγώ	ich
αὐτός, αὐτή, αὐτό	er, sie, es
ἀκριβῶς	genau
νομίζω	meinen, glauben
πώς	daß
εἶναι	er, sie, es ist, sie sind
ἐμεῖς	wir
πηγαίνω	gehen
τό σχολεῖο	Schule
ὁ φοιτητής, ἡ φοιτήτρια	Student, Studentin
τό Πανεπιστήμιο	Universität
ὁ καθηγητής, ἡ καθηγήτρια	Professor (-in), Gymnasiallehrer (-in)
τώρα	jetzt
κάνω μάθημα	Unterricht erteilen, erhalten
διδάσκω	unterrichten, Vorlesung halten
τό Γυμνάσιο	Gymnasium
ὁ μαθητής, ἡ μαθήτρια	Schüler, Schülerin
ἡ κυρία	Frau, Dame
ἡ δασκάλα, ὁ δάσκαλος	Lehrerin, Lehrer
ὁ κύριος	Herr
ὁ, ἡ ὑπάλληλος	Angestellter, Angestellte
τό γραφεῖο	Büro, Arbeitszimmer, Schreibtisch
εἶσαστε	ihr seid, Sie sind
ἐσεῖς	ihr, Sie
ὁ, ἡ γιατρός	Arzt, Ärztin
τό νοσοκομεῖο	Krankenhaus

ὁ, ἡ μηχανικός	Ingenieur, Ingenieurin
τό ἐργοστάσιο	Fabrik
ἡ νοικοκυρά	Hausfrau
τό σπίτι	Haus
ὁ μαραγκός	Schreiner
ὁ ἔμπορος	Kaufmann
τό μαγαζί	Geschäft, Laden
αὐτοί, αὐτές, αὐτά	sie (3. Person Plural)
κοντά, μακριά	nah, weit
πολύ	sehr, viel

Ἐκφράσεις

Ποιός εἶσαι; Ποιός εἴσαστε;

Ποιός εἶναι αὐτός; Ποιά εἶναι αὐτή;

Ποῦ εἴσαστε; Ποῦ πηγαίνετε;

Τί εἶσαι; Τί εἴσαστε;

    Τί εἶναι ὁ κύριος Μυλωνάς;
Ξέρεις τί εἶναι ὁ κύριος Μυλωνάς;
Δέν ξέρω τί εἶναι ὁ κύριος Μυλωνάς.

    Ποῦ εἶναι τό σχολεῖο;
Ξέρεις ποῦ εἶναι τό σχολεῖο;
Δέν ξέρω ποῦ εἶναι τό σχολεῖο.

Αὐτή δέν εἶναι ἡ Μαρία, ἀλλά ἡ Ἄννα.

Δέν εἶναι γιατρός, ἀλλά μηχανικός.

ΓΡΑΜΜΑΤΙΚΗ

Das Verb εἶμαι mit Personalpronomen und Verneinung

Singular

1. Pers.	ἐγώ	δέν	εἶ - μαι
2. "	ἐσύ		εἶ - σαι
3. "	αὐτός, αὐτή, αὐτό		εἶ - ναι

Plural

1. Pers.	ἐμεῖς	δ έν	εἴ - μαστε
2. "	ἐσεῖς		εἴ - σαστε (-σθε, -στε)
3. "	αὐτοί, αὐτές, αὐτά		εἶ - ναι

Das Personalpronomen wird gebraucht, wenn es aus Gründen der Verständlichkeit notwendig ist oder wenn das Subjekt hervorgehoben werden muß.
Dann tritt die Verneinung zwischen das Personalpronomen und das Verb.

Ἐρωτηματική ἀντωνυμία Interrogativpronomen
Ποιός

Vor einem Verb entspricht es dem deutschen Pronomen "**wer**", z.B.

Ποιός διαβάζει; Wer liest?

Im Griechischen verwendet man die Form "**ποιά**", wenn nach einer weiblichen Person gefragt wird.

Vor einem Substantiv entspricht ποιός dem deutschen Pronomen "**welcher**".

Man unterscheidet drei Formen:

ποιός:	welcher, z. B.	Ποιός μαθητής διαβάζει;
ποιά:	welche	Ποιά μαθήτρια διαβάζει;
ποιό:	welches	Ποιό παιδί διαβάζει;

Ἐρωτηματικό ἐπίρρημα Interrogativadverb

ποῦ: wo? Ποῦ εἶσαι; Wo bist du?
wohin? Ποῦ πηγαίνεις; Wohin gehst du?

Im Griechischen macht man keinen Unterschied zwischen Orts- und Richtungsangabe.

Ἡ πρόθεση **σέ** Die Präposition "in"

Die Präposition **σέ** regiert den Akkusativ und verschmilzt mit dem nachfolgenden bestimmten Artikel zu einem Wort, z.B.

Εἶμαι στό σχολεῖο.   Ich bin in der Schule.

σέ + τό = στό

Πηγαίνω στό σχολεῖο. Ich gehe in die Schule.

Σύνδεσμοι Konjunktionen

καί (**κι vor Vokal**): beiordnend "und, auch", z.B.

Ὁ Τάκης κι ὁ Πάνος πηγαίνουν στό σχολεῖο.
Takis und Panos gehen in die Schule.

Ἡ Μαρία πίνει νερό. Κι ἐγώ.
Maria trinkt Wasser; ich auch.

ἀλλά: beiordnend, entgegensetzend - "aber, sondern", z.B.

Ἡ θεία εἶναι στό μαγαζί, ἀλλά ἡ μητέρα εἶναι στό σπίτι.
Die Tante ist im Geschäft, aber die Mutter ist zu Hause.

Ὁ πατέρας δέν πίνει κρασί, ἀλλά μπύρα.
Der Vater trinkt nicht Wein, sondern Bier.

ὅτι, πώς: Nebensätze (daß - Sätze) einleitend nach Verben des Meinens, Wissens, Sagens u.a., z.B.

Νομίζω πώς (**ότι**) ὁ Πάνος εἶναι γιατρός.
Ich glaube (meine), daß Panos Arzt ist

Merken Sie sich!

ὁ φοιτη-	**τής**	ἡ φοιτή	- **τρια**
ὁ καθηγη-	**τής**	ἡ καθηγή	- **τρια**
ὁ μαθη-	**τής**	ἡ μαθή	- **τρια**

Διάλογοι Dialoge

1)
- Καλημέρα, Κώστα. Τί κάνεις;
- Καλά, εὐχαριστῶ, Νίκο. Κι ἐσύ, τί κάνεις;
- Ἐγώ δέν εἶμαι καί τόσο καλά.
- Τί ἔχεις; Εἶσαι ἄρρωστος;
- Ἔχω γρίππη καί πηγαίνω τώρα στό σπίτι.
- Γειά σου καί περαστικά!
- Εὐχαριστῶ, γειά σου.

Λέξεις

τόσο	so viel, so
δέν εἶμαι καί τόσο καλά	mir geht es auch nicht so gut
(ὅσο ἐσύ)	(wie es dir geht)
ἄρρωστος, ἄρρωστη	krank (männlich - weiblich)
ἔχω	haben
ἡ γρίππη (ἔχω γρίππη)	Grippe (ich habe Grippe)
περαστικά	gute Besserung!
εὐχαριστῶ	danken, danke

2)
- Γειά σου. Πηγαίνεις στό σχολεῖο;
- Ὄχι. Δέν εἶμαι πιά μαθήτρια, ἀλλά φοιτήτρια.

- Μπράβο! Τί σπουδάζεις;
- Σπουδάζω μαθηματικά καί φυσική.
- Σπουδάζει καί ὁ Κώστας;
- Ναί, αὐτός σπουδάζει ἱστορία καί φιλοσοφία καί ἡ Ἑλένη σπουδάζει θεολογία καί παιδαγωγικά.
- Ξέρεις ὅτι τώρα σπουδάζει καί ὁ Πέτρος; Σπουδάζει λατινικά καί ἀρχαῖα ἑλληνικά, ἴσως μάλιστα καί νέα ἑλληνικά.
- Ὡραῖα. Τώρα φεύγω, γιατί ἔχω μάθημα. Γειά, χαρά.
- Γειά σου.

Λέξεις

σπουδάζω	studieren
δέν ... πιά, ὄχι .... πιά	nicht mehr
τά ἀρχαῖα ἑλληνικά	Altgriechisch
ἡ ἀρχαιολογία	Archäologie
ἡ θεολογία	Theologie
ἡ ἰατρική	Medizin
ἡ ἱστορία	Geschichte
τά λατινικά	Latein
τά μαθηματικά	Mathematik
τά νέα ἑλληνικά	Neugriechisch
τά νομικά	Jura
τά παιδαγωγικά	Pädagogik
ἡ πολιτική οἰκονομία	Volkswirtschaft
ἡ φιλολογία	Philologie
ἡ φιλοσοφία	Philosophie
ἡ φυσική	Physik
ἡ χημεία	Chemie
ἴσως μάλιστα	vielleicht sogar
φεύγω	fortgehen
γειά χαρά	alles Gute

Τρίτο μάθημα

Ὁ Τάκης μπαίνει στό δωμάτιο καί λέει:
- Γειά σου, Ἑλένη, τί κάνεις; - Ἀκούω μουσική.
- Κι ἐσύ, Ἄννα, τί κάνεις;
- Δέ βλέπεις τί κάνω; Τρώω. Τρώω ψωμί μέ βούτυρο καί μέλι.
Ὅλοι τρῶμε τώρα. Τρῶμε μέ τό μαχαίρι καί τό πηρούνι.
Ὁ θεῖος καί ἡ θεία τρῶνε ψωμί μέ τυρί καί μέ σαλάμι.
Ὁ παππούς τρώει σούπα μέ τό κουτάλι καί ἀκούει ράδιο.
Μόνο ὁ Γιαννάκης δέν τρώει, ἀλλά κλαίει.
- Γιατί κλαίει; - Θέλει ἕνα κομμάτι γλυκό, λέει ἡ θεία.
- Δέν ἔχετε γλυκό; - Ἔχομε, ἀλλά εἶναι στό ντουλάπι καί ἡ γιαγιά ἔχει τό κλειδί.
- Καλά, ποῦ εἶναι ἡ γιαγιά; - Λείπει.
- Θέλουμε κι ἐμεῖς γλυκό, λένε ἡ Ἑλένη καί ἡ Ἄννα καί κλαῖνε.
Σέ λίγο κλαίει κι ὁ παππούς, γιατί θέλει κι αὐτός γλυκό.
Μιάου, κάνει ἡ γάτα. Μήπως θέλει κι αὐτή γλυκό;

Λέξεις

μπαίνω	hineingehen, betreten
τό δωμάτιο	Zimmer
λέω	sagen, meinen
ἀκούω	hören
ἡ μουσική	Musik
βλέπω	sehen
τρώω	essen
τό ψωμί	Brot
τό βούτυρο	Butter

τό μέλι	Honig
ὅλοι, ὅλες, ὅλα	alle
τό ψάρι	Fisch
μέ	mit (Präp.+Akk.), zusammen
τό μαχαίρι	Messer
τό πηρούνι	Gabel
τό τυρί	Käse
τό σαλάμι	Salami
ἡ σούπα	Suppe
τό κουτάλι	Löffel
τό ράδιο (ραδιόφωνο)	Radio
μόνο	nur
κλαίω	weinen
Γιαννάκης (Γιάννης)	Hänschen (Hans)
γιατί	warum, denn, weil
θέλω	wollen
τό κομμάτι	Stück
τό γλυκό	Kuchen
τό ντουλάπι	Schrank
τό κλειδί	Schlüssel
καλά	gut (Adverb); hier: nun
λείπω	fehlen, abwesend sein
σέ λίγο	bald darauf, nach kurzem
ἡ γάτα	Katze
μήπως	etwa, wohl (Frage einleitend)

Ἐκφράσεις

Μήπως θέλεις ἕνα κομμάτι γλυκό;
ψωμί;
Θέλω ἕνα κομμάτι τυρί.
σαλάμι.
Ἡ γιαγιά λείπει: δέν εἶναι ἐδῶ.
Τρώω μέ τό κουτάλι, μέ τό μαχαίρι καί μέ τό πηρούνι.
Δέ βλέπεις τί κάνω;
Δέ βλέπεις τί τρώω;
Δέ βλέπεις τί διαβάζω;

ΓΡΑΜΜΑΤΙΚΗ

Bei den Verben **τρώγω** und **λέγω** fällt das intervokalische "γ" aus, und so entstehen neue, kürzere Formen, die auch gebräuchlicher sind.
Kürzere, zusammengezogene Formen entstehen auch bei den Verben:
ἀκούω (hören), **καίω** (verbrennen, heiß sein), **κλαίω** (weinen) und **φταίω** (schuld sein).

Ὁριστική Ἐνεστώτας
Indikativ Präsens

ἀκού - ω	καί - ω	κλαί - ω	λέ - ω	τρώ - ω	φταί - ω
ἀκοῦ - ς	καῖ - ς	κλαῖ - ς	λέ - ς	τρῶ - ς	φταῖ - ς
ἀκού - ει	καί - ει	κλαί - ει	λέ - ει	τρώ - ει	φταί - ει
ἀκοῦ - με	καῖ - με	κλαῖ - με	λέ - με	τρῶ - με	φταῖ - με
ἀκοῦ - τε	καῖ - τε	κλαῖ - τε	λέ - τε	τρῶ - τε	φταῖ - τε
ἀκοῦ - νε	καῖ - νε	κλαῖ - νε	λέ - νε	τρῶ - νε	φταῖ - νε

Bemerkung: Das "ε" an der Endung der 3. Person Plural ist euphonisch. Man kann es anhängen oder weglassen.

Ἐρωτηματικό ἐπίρρημα καί αἰτιολογικός σύνδεσμος
Interrogativadverb und Begründungskonjunktion

γιατί

Γιατί πηγαίνει ἡ Ἄννα στό σχολεῖο;
Πηγαίνει στό σχολεῖο, **γιατί** εἶναι μαθήτρια.

Διάλογοι

1)

- Γιατί κλαῖς, Ἑλενίτσα, καί δέν μπαίνεις στό σπίτι;

- Γιατί δέν ἔχω τό κλειδί γιά τό σπίτι (γιά mit Akk.= "für") καί λείπουν ὅλοι.

- Λείπει καί ὁ παππούς;

- Αὐτός δέ λείπει, εἶναι στό σπίτι, ἀλλά αὐτός δέν ἀκούει.

γιά = für

2)

- Γιατί δέν τρῶτε;

- Γιατί δέν ἔχω μαχαίρι καί πηρούνι.

- Γιατί δέν πίνει τό παιδί τό γάλα;

- Γιατί καίει ἀκόμα.

3)

Στό ξενοδοχεῖο

Ὁ ξένος	- Καλημέρα, ἔχετε ἕνα δωμάτιο;
Ὁ ξενοδόχος	- Μάλιστα, ἔχομε ἕνα δωμάτιο μέ μπαλκόνι.
Ὁ ξένος.	- Δέ θέλω ἕνα δωμάτιο μέ μπαλκόνι. Θέλω ἕνα δωμάτιο μέ πρωινό.
Ὁ ξενοδόχος.	- Ὡραῖα. Τί παίρνετε γιά πρωινό;
Ὁ ξένος.	- Γιά πρωινό πίνω μία πορτοκαλάδα καί καφέ μέ γάλα καί ζάχαρη.
Ὁ ξενοδόχος.	- Καί τί τρῶτε;
Ὁ ξένος.	- Τρώω ψωμί μέ βούτυρο ἤ μαργαρίνη καί μαρμελάδα. Τό παιδί ὅμως δέν πίνει καφέ, ἀλλά γάλα. Πίνει δύο ποτήρια γάλα καί τρώει ἕνα κομμάτι γλυκό.
Ὁ ξενοδόχος.	- Ὡραῖα, ἔχουμε ἀπ' ὅλα. Καί ἡ κυρία τί παίρνει τό πρωί;

Ἡ κυρία. - Ἐγώ τρώω μόνο ἕνα αὐγό καί πίνω πολύ τσάι μέ λεμόνι καί χωρίς ζάχαρη. Κάνω δίαιτα.

Λέξεις

ὁ ξένος	Fremder, Gast
ὁ ξενοδόχος	Gastwirt, Hotelier
τό ξενοδοχεῖο	Hotel
τό μπαλκόνι	Balkon
τό πρωινό	Morgen, Frühstück
δύο	zwei
ἡ πορτοκαλάδα	Orangensaft
τό ποτήρι	Glas
ἡ ζάχαρη	Zucker
ἡ μαργαρίνη	Margarine
ἡ μαρμελάδα	Marmelade
τό αὐγό	Ei
χωρίς	ohne
τό λεμόνι	Zitrone
ἡ δίαιτα	Diät

Τέταρτο μάθημα

Πρωινή σκηνή

Εἶναι πρωί. Ἀνοίγω τό παράθυρο καί κυττάζω κάτω στό δρόμο. Τί βλέπω; Ἕνα, δύο, τρία, τέσσερα αὐτοκίνητα. Τρέχουν πολύ γρήγορα. Πίσω ἀπ' αὐτά (ἀπό αὐτά) βλέπω ἕνα τράμ. Μέσα στό τράμ βλέπω κυρίους, κυρίες καί παιδιά. Εἶναι ὑπάλληλοι πού πηγαίνουν στό γραφεῖο, ἐργάτες πού πηγαίνουν στό ἐργοστάσιο καί παιδιά πού πᾶνε στό σχολεῖο.

Δύο παιδιά ἔχουν ἕνα βιβλίο στό χέρι καί διαβάζουν. Εἶναι μαθητές καί μαθαίνουν τό μάθημα. Πιό πέρα δύο κοπέλλες τρῶνε μπανάνες. Τρεῖς νεαροί διαβάζουν μία ἐφημερίδα. Ἄλλοι ἄνθρωποι πᾶνε στή δουλειά μέ τά πόδια ἤ μέ τό ποδήλατο.

Οἱ μπακάληδες (παντοπῶλες), οἱ μανάβηδες (ὀπωροπῶλες), οἱ ψαράδες (ἰχθυοπῶλες), οἱ χασάπηδες (κρεοπῶλες), οἱ φουρνάρηδες (ἀρτοπῶλες) ἀνοίγουν τά καταστήματα. Οἱ πελάτες μπαίνουν μέσα, λένε καλημέρα στούς ἐμπόρους καί ψωνίζουν. Ἔπειτα βγαίνουν καί ἔχουν στά χέρια τσάντες μέ ψώνια.

Ἕνας κύριος ἀγοράζει ἕνα περιοδικό ἀπό τό περίπτερο. Μία κυρία ἀγοράζει ἀπό τό μανάβη (στό μανάβη) πατάτες, ντομάτες, λαχανικά, μῆλα. Νά καί ὁ ταχυδρόμος! Βγαίνει ἀπό τό ταχυδρομεῖο μέ ἕνα σάκκο μέ γράμματα.

Λέξεις

πρωινή	morgendlich, Morgen-
ἡ σκηνή	Szene
τό πρωί	Morgen, Vormittag
ἀνοίγω	öffnen, aufmachen, aufgehen

τό παράθυρο	Fenster
κάτω	unten
κάτω από	unter
ο δρόμος	Straße, Weg
ένα	ein, eins
τό αυτοκίνητο	Automobil
τρέχω	rennen, laufen, fahren
πολύ	sehr, viel
γρήγορα	schnell (Adverb)
πίσω	hinten
από	Präp.+Akk.=von, aus, an, seit
πίσω από	hinter
τό τράμ	Straßenbahn
μέσα	drinnen, hinein
ο εργάτης	Arbeiter
τό χέρι	Hand, Arm
μαθαίνω	lernen, lehren, erfahren
πέρα	drüben
πιό πέρα	etwas weiter
δύο, δυό	zwei
η κοπέλλα	junges Mädchen
η μπανάνα	Banane
τρεῖς (mask. fem.), τρία (neutr)	drei
ο νεαρός	junger Mann
η εφημερίδα	Zeitung
άλλος, άλλη, άλλο	anderer
ο άνθρωπος	Mensch
η δουλειά	Arbeit
τό πόδι	Fuß, Bein
τό ποδήλατο	Fahrrad
ο μπακάλης	Lebensmittelhändler
τό μπακάλικο	Lebensmittelgeschäft
ο παντοπώλης	Lebensmittelhändler
τό παντοπωλεῖο	Lebensmittelgeschäft
ο μανάβης	Gemüse- Obsthändler
τό μανάβικο	Gemüse-Obstgeschäft
ο οπωροπώλης	Gemüse-Obsthändler

τό οπωροπωλείο	Gemüse-Obstgeschäft
ό ψαράς	Fischer, Fischhändler
τό ψαράδικο	Fischgeschäft
ό ιχθυοπώλης	Fischhändler
τό ιχθυοπωλείο	Fischgeschäft
ό χασάπης	Metzger
τό χασάπικο	Metzgerei
ό κρεοπώλης	Metzger
τό κρεοπωλείο	Metzgerei
ό φούρναρης	Bäcker
ό φούρνος	Bäckerei
ό αρτοπώλης (αρτοποιός)	Bäcker
τό αρτοπωλείο (αρτοποιείο)	Bäckerei
τό κατάστημα	Geschäft
ό πελάτης, ή πελάτισσα	Kunde, Kundin
ψωνίζω	einkaufen
έπειτα	danach
βγαίνω	hinausgehen, aussteigen
ή τσάντα	Hand-, Einkaufstasche
τά ψώνια (τό ψώνιο)	Einkäufe (meist im Plural)
αγοράζω	kaufen
τό περιοδικό	Zeitschrift
τό περίπτερο	Kiosk
ή πατάτα	Kartoffel
ή ντομάτα	Tomate
τά λαχανικά (τό λαχανικό)	Gemüse (meist im Plural)
τό μήλο	Apfel
νά	da (hinweisende Partikel)
ό ταχυδρόμος	Briefträger
τό ταχυδρομείο	Post, Postamt
ό σάκ(κ)ος	Sack
τό γράμμα	Brief

Ἐκφράσεις

Τό αὐτοκίνητο τρέχει.
Τά παιδιά τρέχουν στό δρόμο.
Ἔχω ἕνα βιβλίο στό χέρι.
Μέ τί πηγαίνετε στό κατάστημα;
Πηγαίνω (πάω) στό κατάστημα μέ τά πόδια.
Βγαίνω **ἀπό** τό σπίτι καί μπαίνω **στό** κατάστημα.
Ἀπό ποῦ εἶσαι; - Εἶμαι **ἀπό** τήν Ἀθήνα.
Ἀπό ποῦ ψωνίζετε; - Ψωνίζω ἀπό τά καταστήματα.

Ἔμποροι καί καταστήματα

Ὁ μπακάλης ἔχει ἕνα μπακάλικο.　Ὁ παντοπώλης ἔχει ἕνα παντοπωλεῖο.
Ὁ μανάβης ἔχει ἕνα μανάβικο.　Ὁ ὀπωροπώλης ἔχει ἕνα ὀπωροπωλεῖο.
Ὁ χασάπης ἔχει ἕνα χασάπικο.　Ὁ κρεοπώλης ἔχει ἕνα κρεοπωλεῖο.
Ὁ ψαράς ἔχει ἕνα ψαράδικο.　Ὁ ἰχθυοπώλης ἔχει ἕνα ἰχθυοπωλεῖο.
Ὁ φούρναρης ἔχει ἕνα φοῦρνο.　Ὁ ἀρτοπώλης ἔχει ἕνα ἀρτοπωλεῖο ἤ
　　　　　　　　　　　　　　　　　　　ἕνα ἀρτοποιεῖο

ΓΡΑΜΜΑΤΙΚΗ

Ἀπόλυτα ἀριθμητικά	Grundzahlen
ἕνας, μία, ἕνα	einer, eine, eins
δύο (δυό)	zwei
τρεῖς	drei (mask. und femin.)
τρία	drei (neutr. und beim Zählen)
τέσσερες, τέσσερεις	vier (mask. und femin.)
τέσσερα	vier (neutr. und beim Zählen)
πέντε	fünf
ἕξι	sechs
ἑπτά; umgangssprachlich ἑφτά	sieben
ὀκτώ; umgangssprachlich ὀχτώ	acht
ἐννέα, umgangssprachl. ἐννιά	neun
δέκα	zehn

Τό ουσιαστικό καί ή κλίση του

Das Substantiv und seine Deklination

Άρσενικά Maskulina

Ἰσοσύλλαβα Gleichsilbige auf -ας, -ης, -ος

Ἑνικός ἀριθμός Singular

Nom.	ὁ	ἕνας	πατέρ-**ας** μαθητ-**ής**	δρόμ-**ος**
Akk.	τό(ν) *	ἕνα (ν)	πατέρ-**α** μαθητ-**ή**	δρόμ-**ο**
Dat.	στό(ν)	σ' ἕνα (ν)	πατέρ-**α** μαθητ-**ή**	δρόμ-**ο**

Πληθυντικός ἀριθμός Plural

Nom.	οἱ	-	πατέρ-**ες** μαθητ-**ές** (-**αί**)	δρόμ-**οι**
Akk.	τούς	-	πατέρ-**ες** μαθητ-**ές** (-**άς**)	δρόμ-**ους**
Dat.	στούς	-	πατέρ-**ες** μαθητ-**ές** (-**άς**)	δρόμ-**ους**

Ἀνισοσύλλαβα Ungleichsilbige auf -άς, -ης, -ές, -ούς

Ἑνικός ἀριθμός Singular

Nom.	ὁ	ἕνας	ψαρ-**άς**	μανάβ-**ης**	καφ-**ές**	παππ-**ούς**
Akk.	τό (ν)	ἕνα(ν)	ψαρ-**ά**	μανάβ-**η**	καφ-**έ**	παππ-**ού**
Dat.	στό (ν)	σ' ἕνα(ν)	ψαρ-**ά**	μανάβ-**η**	καφ-**έ**	παππ-**ού**

Πληθυντικός ἀριθμός Plural

Nom.	οἱ	ψαρ-**άδες**	μανάβ-**ηδες**	καφ-**έδες**	παππ-**οῦδες**
Akk.	τούς	ψαρ-**άδες**	μανάβ-**ηδες**	καφ-**έδες**	παππ-**οῦδες**
Dat	στούς	ψαρ-**άδες**	μανάβ-**ηδες**	καφ-**έδες**	παππ-**οῦδες**

* Das **ν** **im** Akkusativ des bestimmten und unbestimmten Artikels im Maskulinum und Femininum bleibt nur, wenn das nächste Wort mit einem Vokal oder mit κ, π, τ, μπ, ντ, γκ, τζ, τσ, ξ, ψ anfängt.

Θηλυκά Feminina

Ἰσοσύλλαβα Gleichsilbige auf -α, -η

Ἑνικός ἀριθμός Singular

Nom.	ἡ	μία	μητέρ-**α**	φων-**ή**
Akk.	τή(ν)	μία	μητέρ-**α**	φων-**ή**
Dat.	στή(ν)	σέ μία	μητέρ-**α**	φων-**ή**

Πληθυντικός ἀριθμός Plural

Nom.	οἱ	-	μητέρ - **ες**	φων - **ές**
Akk.	τίς	-	μητέρ - **ες**	φων - **ές**
Dat.	στίς	-	μητέρ - **ες**	φων - **ές**

Ἀνισοσύλλαβα Ungleichsilbige auf -ά, -ού

Ἑνικός ἀριθμός Singular

Nom.	ἡ	μία	γιαγι-**ά**	μυλων-**ού**
Akk.	τή(ν) *	μία	γιαγι-**ά**	μυλων-**ού**
Dat.	στή(ν)	σέ μία	γιαγι-**ά**	μυλων-**ού**

Πληθυντικός ἀριθμός Plural

Nom.	οἱ	γιαγι-**άδες**	μυλων-**οῦδες**
Akk.	τίς	γιαγι-**άδες**	μυλων-**οῦδες**
Dat.	στίς	γιαγι-**άδες**	μυλων-**οῦδες**

Οὐδέτερα Neutra

Ἰσοσύλλαβα Gleichsilbige auf: - ι, - ί, - ο

Ἐνικός ἀριθμός Singular

Nom.	τό	ἕνα	χέρ-ι	παιδ-ί	σχολεῖ-ο
Akk.	τό	ἕνα	χέρ-ι	παιδ-ί	σχολεῖ-ο
Dat.	στό	σ'ἕνα	χέρ-ι	παιδ-ί	σχολεῖ-ο

Πληθυντικός ἀριθμός Plural

Nom	τά	-	χέρ-ια	παιδ-ιά	σχολεῖ-α
Akk.	τά	-	χέρ-ια	παιδ-ιά	σχολεῖ-α
Dat.	στά	-	χέρ-ια	παιδ-ιά	σχολεῖ-α

Ἀνισοσύλλαβα Ungleichsilbige auf - μα

Ἐνικός Singular   Πληθυντικός Plural

Nom.	τό	ἕνα	γράμ-	μα	τά	-	γράμ-	ματα
Akk.	τό	ἕνα	γράμ-	μα	τά	-	γράμ-	ματα
Dat.	στό	σ' ἕνα	γράμ-	μα	στά	-	γράμ-	ματα

Bemerkungen

a) Gleichsilbig sind die Substantive, die im Singular und im Plural die gleiche Anzahl von Silben haben.

b) Im Neutrum sind Nominativ und Akkusativ des Singulars gleich. Außerdem Nominativ und Akkusativ des Plurals.

c) Die übernommenen Fremdwörter bleiben undekliniert, z.B.

τό τράμ - τά τράμ,   τό ταξί - τά ταξί

d) Der dritte Fall, **der Dativ, ist im Griechischen verschwunden.** Man umschreibt ihn mit der Präposition **σέ** und **dem Akkusativ.**
Die Präposition **σέ** verschmilzt mit dem bestimmten Artikel zu einem Wort.
Wenn im Folgenden trotzdem die Benennung **Dativ** erscheint, so handelt es sich nicht um einen echten Dativ, sondern **um einen Funktionskasus.**

σέ + τόν	= στόν,	z.B. στόν πατέρα:	dem Vater
σέ + τήν	= στήν,	z.B. στήν κυρία:	der Dame, der Frau
σέ + τό	= στό,	z.B. στό παιδί:	dem Kind

Auch der Ort, an dem man sich befindet oder die Richtung oder die Person, zu der man geht oder spricht, kann durch den umschriebenen Dativ angegeben werden, z.B.

Εἶναι	στό σχολεῖο:	Er ist in der Schule	
Πηγαίνει	στό σχολεῖο:	Er geht in die Schule	
	στόν πατέρα:	" "	zum Vater
	στή μητέρα:	" "	zur Mutter

Ἀναφορική ἀντωνυμία Relativpronomen

Das gebräuchlichste Relativpronomen ist **πού** (der, die, das, die, welcher, welche, welches, welche). Es wird für den Nominativ und Akkusativ des Maskulinums, Femininums und Neutrums im Singular und im Plural gebraucht.

Nominativ	Akkusativ
Ὁ κύριος πού γράφει εἶναι δάσκαλος.	Ὁ κύριος πού βλέπω γράφει.
Ἡ κυρία πού διαβάζει εἶναι δασκάλα.	Ἡ κυρία πού βλέπω διαβάζει.
Τό παιδί πού τρέχει εἶναι ὁ Τάκης.	Τό παιδί πού βλέπω τρέχει.
Οἱ κύριοι πού εἶναι στό σπίτι τρῶνε.	Οἱ κύριοι πού βλέπω τρῶνε.
Οἱ κυρίες πού εἶναι στό σπίτι τρῶνε.	Οἱ κυρίες πού βλέπω τρῶνε.
Τά παιδιά πού παίζουν τρέχουν.	Τά παιδιά πού βλέπω τρέχουν.

Adverbien		Präpositionale Ausdrücke			
ἀπέναντι	= gegenüber	ἀπέναντί ἀπό	+ Akkusativ		= gegenüber
δίπλα	= nebenan	δίπλα ἀπό	+	"	= neben
ἔξω	= draußen	ἔξω ἀπό	+	"	= außerhalb
(ἐ)πάνω	= oben	ἐπάνω σέ	+	"	= auf
		" ἀπό	+	"	= über

ἔπειτα	= danach	ἔπειτα ἀπό	+ Akkusativ		= nach
κάτω	= unten	κάτω ἀπό	+	"	= unter
μέσα	= drinnen	μέσα σέ	+	"	= in
μπροστά	= vorne	μπροστά ἀπό	+	"	= vor
πίσω	= hinten	πίσω ἀπό	+	"	= hinter

Die Adverbien: μπροστά, δίπλα, ἀπέναντι können auch die Präposition **σέ** bei sich haben, ohne Bedeutungsunterschied. Dagegen bedeutet das Adverb **μέσα** mit der Präposition **ἀπό: durch**.

Zu dem Verb "πηγαίνω" gibt es auch die kurze Form **πάω** (eigentlich ein Konjunktiv Aorist), die sehr gebräuchlich ist.

ἐγώ	**πάω**	μέ τά πόδια.
ἐσύ	**πᾶς**	μέ τό λεωφορεῖο.
αὐτός	**πάει**	μέ τό αὐτοκίνητο.
ἐμεῖς	**πᾶμε**	μέ τό ταξί.
ἐσεῖς	**πᾶτε**	μέ τό τράμ.
αὐτοί	**πᾶνε**	μέ τό ποδήλατο.

Ἀνέκδοτο

Ἕνας κύριος βλέπει στό δρόμο ἕνα παιδί πού κλαίει.
- Γιατί κλαῖς, παιδί μου;
- Γιατί ὁ ἀδελφός μου ἔχει διακοπές καί ἐγώ δέν ἔχω.
- Καί γιατί δέν ἔχεις ἐσύ διακοπές;
- Γιατί δέν πάω ἀκόμη στό σχολεῖο.

Λέξεις

οἱ διακοπές	Ferien
ἡ διακοπή	Unterbrechuntg
δέν ... ἀκόμη	noch nicht

Διάλογος

- Ἔχετε ἀδέλφια;
- Ναί, ἔχω δύο ἀδέλφια, ἕναν ἀδελφό καί μία ἀδελφή. Κι ἐσεῖς;
- Ἐγώ δέν ἔχω ἀδέλφια, ἀλλά ἔχω δέκα ξαδέλφια, τρεῖς ἐξαδέλφες καί ἑπτά ἐξαδέλφους.
- Ἔχει ὁ Κώστας ἀδέλφια;
- Ναί, αὐτός ἔχει τέσσερες ἀδελφές.

Λέξεις

τό ἀνέκδοτο	Anekdote
ὁ ἀδελφός	Bruder
ἡ ἀδελφή	Schwester
τά ἀδέλφια (ἀδέρφια)	Geschwister
ὁ (ἐ)ξάδελφος	Vetter
ἡ (ἐ)ξαδέλφη	Cousine
τά (ἐ)ξαδέλφια	Vettern und Cousinen

Direkte und indirekte Rede

Τό παιδί λέει: "Δέν ἔχω διακοπές".
Τό παιδί λέει **ὅτι** (**πώς**) δέν ἔχει διακοπές.
Τό παιδί λέει: "Δέν πάω ἀκόμη στό σχολεῖο".
Τόπαιδί λέει **ὅτι** (**πώς**) δέν πάει ἀκόμα στό σχολεῖο.

Μικρό κείμενο   Kleiner Text

Ὁ Κώστας καί ὁ Γιῶργος εἶναι ὑπάλληλοι καί πᾶνε στό γραφεῖο μέ τό λεωφορεῖο, γιατί δέν ἔχουν αὐτοκίνητο καί τό γραφεῖο εἶναι μακριά.
Ὁ Τάκης πού εἶναι ἔμπορος, πάει στό μαγαζί μέ τά πόδια, γιατί τό μαγαζί εἶναι πολύ κοντά στό σπίτι.
Μόνο ἡ Ἑλένη πάει μέ τό ταξί στό νοσοκομεῖο, γιατί εἶναι ἄρρωστη καί πάει στό γιατρό.

Πέμπτο μάθημα

Τό σπίτι μου

Μένομε σ' ἕνα μεγάλο, ὡραῖο σπίτι, λέει ἡ "Αννα. Εἶναι ψηλό καί καινούργιο. Ἔχει τρία πατώματα καί μία ταράτσα.
Στό πρῶτο πάτωμα μένουν ὁ παππούς μέ τή γιαγιά. Στό δεύτερο πάτωμα μένουν ὁ θεῖος μέ τή θεία, καί στό τρίτο μένομε ἐμεῖς.
Ἔχομε ἕξι δωμάτια, ἕνα χώλλ, μία κουζίνα, ἕνα μπάνιο καί μία τουαλέττα.
Ἐδῶ εἶναι ἡ σάλα καί ἡ τραπεζαρία. Ἐκεῖ εἶναι ἡ κρεββατοκάμαρα. Αὐτά τά δύο εἶναι τά παιδικά δωμάτια. Ἐκεῖνο εἶναι τό γραφεῖο.
Ἡ τραπεζαρία καί ἡ κρεββατοκάμαρα εἶναι μικρές. Τό χώλλ εἶναι μεγάλο ἀλλά σκοτεινό. Τά παιδικά δωμάτια εἶναι πολύ μεγάλα καί φωτεινά, γιατί ἔχουνε παράθυρα στό δρόμο.
Στό γραφεῖο διαβάζει καί γράφει ὁ πατέρας. Ἔχει ἀκριβά ἔπιπλα, μία πλούσια βιβλιοθήκη μέ πολλά βιβλία καί ἀκριβά λεξικά, καί ἕνα παλαιό χαλί.
Σ' ἐκεῖνο τό δωμάτιο διαβάζω ἐγώ. Ἔχω ἕνα μικρό γραφεῖο, δύο καρέκλες, μία μικρή βιβλιοθήκη, ἕνα χαμηλόν καναπέ καί ἕνα μοντέρνο κρεββάτι. Στό πάτωμα εἶναι ἕνα φτηνό χαλί.
Πίσω ἀπό τό σπίτι εἶναι ἕνας μεγάλος κῆπος μέ ψηλά δέντρα καί μέ λουλούδια. Ἐκεῖ παίζομε ἐμεῖς τά παιδιά, ὅταν ἔχομε καιρό καί ὅταν δέν κάνει κρύο.

Λέξεις

μου	mein
μένω	bleiben, wohnen
μεγάλ-ος, -η, -ο	groß
ὡραῖ-ος, ὡραί-α, ὡραῖ-ο	schön
ψηλ-ός, -ή, -ό	hoch ("groß" bei Personen)
καινούργ-ιος, -α, -ο	neu
τό πάτωμα	Stockwerk, Fußboden
ἡ ταράτσα	Terrasse
πρῶτ-ος, πρώτ-η, πρῶτ-ο	erster
δεύτερ-ος, -η, -ο	zweiter
τρίτ-ος, -η, -ο	dritter

τό χώλλ	Diele
ἡ κουζίνα	Küche
τό μπάνιο	Bad, Badezimmer
ἐδῶ, ἐκεῖ	hier, dort
ἡ σάλα	Empfangszimmer
ἡ τραπεζαρία	Eßzimmer
ἡ κρεββατοκάμαρα	Schlafzimmer
αὐτ-ός, -ή, -ό	dieser, diese, dieses
παιδικ-ός, -ή, -ό	kindlich, Kinder-
ἐκεῖν-ος, ἐκείν-η, ἐκεῖν-ο	jener, jene, jenes
μικρ-ός, -ή, -ό	klein (bei Personen "jung")
σκοτειν-ός, -ή, -ό	dunkel
φωτειν-ός, -ή, ό	hell
ἀκριβ-ός, -ή, -ό	teuer
τό ἔπιπλο (τά ἔπιπλα)	Möbelstück (meist im Plural)
τό χαλί	Teppich
πλούσι-ος -ια, -ιο	reich, reichhaltig
ἡ βιβλιοθήκη	Bibliothek, Bücherschrank
παλαι-ός, -ά, -ό	alt, antik
παλι-ός, -ά, -ό	alt, verbraucht
ἡ καρέκλα	Stuhl
τό δέντρο (δένδρο)	Baum
ὁ κῆπος	Garten
χαμηλ-ός, -ή, -ό	niedrig
ὁ καναπές	Sofa
μοντέρν-ος, -α, -ο	modern
τό κρεββάτι	Bett
φτην-ός, -ή, -ό	billig, preiswert
τό λουλούδι	Blume
ὅταν	wenn (temporal), als
ὁ καιρός	Wetter, Zeit
τό κρύο (κάνει κρύο)	Kälte (es ist kalt)
κρύ-ος, -α, -ο	kalt
πῶς, πότε	wie, wann
πόσ-ος, -η, -ο	wieviel

Ἐκφράσεις

Ποῦ μένετε;
Μένω σ' ἕνα μεγάλο σπίτι.
Πόσα πατώματα ἔχει τό σπίτι;
Σέ ποιό πάτωμα μένετε;
Πόσα δωμάτια ἔχετε;
Ἔχω καιρό. Δέν ἔχω καιρό.
Ὅταν ἔχω καιρό...   Ὅταν ὁ καιρός εἶναι καλός ...
Ὅταν ἔχω καιρό καί ὁ καιρός εἶναι καλός, διαβάζω στόν κῆπο.

ΓΡΑΜΜΑΤΙΚΗ

Τό ἐπίθετο Das Adjektiv

Das griechische Adjektiv richtet sich immer (in prädikativer und attributiver Stellung) nach dem Substantiv, auf das es sich bezieht. Die zahlreichste Gruppe enthält Adjektive, die im Maskulinum auf **- ος**, im Femininum auf **- η,** im Neutrum auf **- o** enden, z.B.

καλ **-ός,**   καλ **-ή,**   καλ **- ό**

Lautet aber der Stamm des Maskulinums auf einen Vokal oder auf eine Vokalkombination aus, so endet das Femininum auf **-α,** z. B.

κρύ **-ος**   κρύ **- α**   κρύ **-o**
παλαι **-ός**   παλαι **- ά**   παλαι **- ό**

Hierher gehören auch die Adjektive   γκρίζος   : grau
μοντέρνος : modern
σκοῦρος   : dunkel (bei Farben)
φίνος   : fein

deren Femininum auf **-α** endet, obwohl das Maskulinum auf einen Konsonanten auslautet.

Lautet der Stamm des Maskulinums auf **- κ** oder **- χ,** so bildet sich parallel zu der **-η** Form im Femininum eine umgangssprachliche Form auf **-ιά,** z.B.

κακ **-ός** , κακ **-ή** / κακ- **ιά,**   κακ **-ό**·   schlecht, böse

φτωχ **-ός,** φτωχ **-ή** / φτωχ **-ιά,**   φτωχ **- ό**:   arm

Danach richtet sich auch das Adjektiv ξανθός - blond.

Κλίση τοῦ ἐπιθέτου
Deklination des Adjektivs

Das Maskulinum wird wie das Substantiv auf   -ος   dekliniert,
das Femininum   "   "   "   "   "   -η bzw. -α   "
das Neutrum   "   "   "   "   "   -ο   "   .

Ἑνικός ἀριθμός Singular

Nom.	ὁ	καλ-ός	μαθητ-ής	ἡ	καλ-ή	κακ-ιά	κυρία
Ακκ.	τόν	καλ-ό(ν)¹	μαθητή	τήν	καλ-ή	κακ-ιά	κυρία

Nom.	τό	καλ-ό	παιδί
Akk.	τό	καλ-ό	παιδί

Πληθυντικός ἀριθμός   Plural

Nom.	οἱ	καλ-οί	μαθητές	οἱ	καλ-ές	κακ-ιές	κυρίες
Akk.	τούς	καλ-ούς	μαθητές	τίς	καλ-ές	κακ-ιές	κυρίες

Nom.	τά	καλ-ά	παιδιά
Akk.	τά	καλ-ά	παιδιά

Ἀνώμαλο ἐπίθετο Unregelmäßiges Adjektiv

Ἑνικός ἀριθμός Singular

Nom.	πολ-ύς	καφές	πολλ-ή	σούπα	πολ-ύ	κρασί
Akk.	πολ-ύν	καφέ	πολλ-ή	σούπα	πολ-ύ	κρασί

Πληθυντικός ἀριθμός Plural

Nom.	πολλ-οί	καφέδες	πολλ-ές	σοῦπες	πολλ-ά	κρασιά
Akk.	πολλ-ούς	καφέδες	πολλ-ές	σοῦπες	πολλ-ά	κρασιά

---

[1] siehe Bemerkung über ν in der Deklination des Substantivs, Lektion 4.

Θέση τοῦ ἐπιθέτου Stellung des Adjektivs

In attributiver Funktion steht das Adjektiv in der Regel vor dem Substantiv,
z.B. **τό μεγάλο σπίτι**

Das Adjektiv kann auch nach dem Substantiv stehen; dann muß aber der bestimmte Artikel wiederholt werden, z. B.

τό σπίτι τό μεγάλο.

Δεικτική ἀντωνυμία Demonstrativpronomen

Das Demonstrativpronomen hat die gleichen Endungen wie das Adjektiv und wird genauso dekliniert.

Maskulinum		Femininum		Neutrum	
αὐτ-ός	dieser	αὐτ-ή	diese	αὐτ-ό	dieses
τοῦτ-ος	dieser	τούτ-η	diese	τοῦτ-ο	dieses
ἐκεῖν-ος	jener	ἐκείν-η	jene	ἐκεῖν-ο	jenes

Es kann vor oder nach dem Substantiv stehen, vobei **das Substantiv immer den bestimmten Artikel behält**:

αὐτός ὁ κύριος oder **ὁ κύριος αὐτός**.

Das Demonstrativpronomen kann adjektivisch oder substantivisch verwendet werden, z.B. **αὐτό τό παιδί παίζει, ἐκεῖνο διαβάζει.**

Ἐρωτηματική ἀντωνυμία Fragepronomen

Auch die Fragepronomen: **ποιός**: - "wer, welcher"; und **πόσος** - "wieviel" werden wie das Adjektiv dekliniert.

Ἑνικός ἀριθμός - Singular

Nom.	ποιός	πόσος	ποιά	πόση	ποιό	πόσο
Ακκ.	ποιόν	πόσον	ποιά	πόση	ποιό	πόσο

Πληθυντικός αριθμός - **Plural**

Nom.	ποιοί	πόσοι	ποιές	πόσες	ποιά	πόσα
Akk.	ποιούς	πόσους	ποιές	πόσες	ποιά	πόσα

Τακτικά αριθμητικά Ordnungszahlen

Sie werden ebenfalls wie das Adjektiv dekliniert.

Grundzahlen	Ordnungszahlen
ένα	πρῶτ-ος, πρώτ-η, πρῶτ-ο
δύο	δεύτερ-ος, -η, -ο
τρία	τρίτ -ος, -η, -ο
τέσσερα	τέταρτ -ος, τετάρτ -η, τέταρτ -ο
πέντε	πέμπτ -ος, -η, -ο
έξι	έκτ -ος, -η, -ο
επτά (εφτά)	έβδομ-ος, εβδόμ-η, έβδομ-ο
οκτώ (οχτώ)	όγδο- ος, ογδό-η, όγδο-ο
εννέα, εννιά	ένατ-ος, ενάτ -η, ένατ -ο
δέκα	δέκατ-ος, δεκάτ - η, δέκατ -ο

Die dreisilbigen Ordnungszahlen verschieben in der Regel im Femininum den Akzent von der dritten auf die vorletzte Silbe, z.B.

δέκατος-δεκάτη.

In der Umgangssprache kann der Akzent auch auf der drittletzten Silbe bleiben, wie im Maskulinum, was jedoch nicht so klangvoll ist.

Bemerkung:
Das Adjektiv **δεύτερος** bildet im Femininum auch eine ältere Form: **δευτέρα**

Διάλογοι

1) Στό μανάβικο

Πελάτισσα	῎Εχετε φρέσκα μῆλα;
Μανάβης	Μῆλα ὄχι, ἔχουμε ὅμως ὡραῖες, φρέσκες μπανάνες.
Πελάτισσα	Φρέσκες μπανάνες μ' αὐτό τό κρύο; 'Από ποῦ εἶναι;
Μανάβης	Εἶναι ἀπό τήν Κρήτη. 'Εκεῖ δέν κάνει κρύο.
Πελάτισσα.	῎Οχι, δέ θέλω μπανάνες, γιατί εἶναι πάντα πολύ ἀκρι-

Μανάβης   βές. Παίρνω ἕνα κιλό πορτοκάλια ἀπό τά φτηνά.
                       "Οπως θέλετε.

Λέξεις

ἡ πελάτισσα	Kundin
ἡ Κρήτη	Kreta
πάντα	immer
τό πορτοκάλι	Orange
ὅπως θέλετε	wie Sie wollen

2) **Στό περίπτερο**

   Ὁ περιπτεράς, μία κυρία

Κ. Ἔχετε τήν "'Ακρόπολη" καί τό περιοδικό "Γυναίκα";
Π. "Γυναίκα" ἔχω. Δέν ἔχω ὅμως "'Ακρόπολη". Δέν παίρνετε "Τά Νέα" ἤ τή "Βραδυνή";
Κ. Ὡραῖα, παίρνω "Τά Νέα" καί τή "Γυναίκα".
Π. Μήπως θέλετε τίποτε ἄλλο;
Κ. Ναί, μία σοκολάτα ION καί δύο μπαταρίες γιά τό τρανσίστορ. Πόσο κάνουν ὅλα μαζύ;
Π. Κάνουν δέκα εὐρώ.
Κ. Ὁρίστε. Μήπως ξέρετε, παρακαλῶ, πού κάνει στάση τό λεωφορεῖο γιά τήν 'Ακρόπολη;
Π. Πίσω ἀπό τό Πανεπιστήμιο. Ἀλλά, γιατί δέν πᾶτε μέ τά πόδια; Εἶναι πολύ κοντά.
Κ. Εὐχαριστῶ, χαίρετε.

Λέξεις

ὁ περιπτεράς	Kioskinhaber
ἡ 'Ακρόπολη	Akropolis (eine Zeitung)
ὅμως	aber
ἡ μπαταρία	Batterie
παίρνω	nehmen, bekommen
τίποτε ἄλλο;	noch etwas, sonst etwas ?
πόσο κάνει;	wieviel macht das?
ὅλα μαζύ	alles zusammen
παρακαλῶ	bitten, hier: bitte!
ἡ στάση (κάνει στάση)	Haltestelle (hält)

Έκτο μάθημα

Βράδυ σέ μιά οἰκογένεια

Μετά ἀπό τό φαγητό ὅλη ἡ οἰκογένεια μαζεύεται στό μεγάλο χώλλ, ὁ πατέρας, ἡ μητέρα, τά παιδιά. Τήν ἡμέρα ἐργάζονται ὅλοι πολύ, καί τό βράδυ, ὅταν ἔρχονται στό σπίτι, εἶναι ὅλοι πολύ κουρασμένοι.
Ἡ μητέρα κάθεται στήν πολυθρόνα καί πλέκει. Ὁ πατέρας κάθεται κοντά στό ράδιο καί ἀκούει τά νέα. Ἡ Ἄννα καί ὁ Τάκης κάθονται στό χαλί καί κυττάζουν ἕνα χάρτη. "Ἐδῶ βρίσκεται ἡ Ἀθήνα" φωνάζει ὁ Τάκης. "Καί ἐκεῖ ὁ Πειραιάς" λέει ἡ Ἄννα. "Ὄχι, ἐκεῖ εἶναι ἡ Ἐλευσίνα" λέει ὁ Τάκης. Τά παιδιά φωνάζουν δυνατά καί τσακώνονται. Ὁ Γιαννάκης πού τρώει, φωνάζει καί αὐτός. "Μαμά, τό παξιμάδι μου εἶναι ξερό, δέν τρώγεται. Καί τό γάλα μου καίει, δέν πίνεται".
"Παιδιά, ἡσυχία! Τί εἶναι αὐτά, δέν ντρεπόσαστε!" φωνάζει ὁ πατέρας. Ἡ μητέρα θυμώνει. "Ὅλοι στό κρεββάτι τώρα!"
Τά μεγάλα παιδιά σηκώνονται καί πηγαίνουν στό μπάνιο. Πλένονται καί ἑτοιμάζονται γιά ὕπνο. Ὁ Γιαννάκης εἶναι ἀκόμα μικρός καί ἔτσι πλένεται καί ἑτοιμάζεται ἀπό τή μητέρα. Σέ λίγο εἶναι σ' ὅλο τό σπίτι ἡσυχία.

Λέξεις

τό βράδυ	Abend
ἡ οἰκογένεια	Familie
μετά, μετά ἀπό	danach, nach
τό φαγητό	Essen
μαζεύω	sammeln, pflücken
μαζεύομαι	gesammelt werden, sich versammeln
ἐργάζομαι	arbeiten
ὅλος, ὅλη, ὅλο	ganz
ὅλοι, ὅλες, ὅλα	alle
ἡ (ἡ)μέρα	Tag
τήν ἡμέρα	tagsüber
ἔρχομαι	kommen
κουρασμένος, -η, -ο	müde

κάθομαι	sitzen, sich hinsetzen, wohnen
ἡ πολυθρόνα	Sessel
πλέκω	stricken, häkeln
τά νέα	Nachrichten
νέος, νέα, νέο	jung, neu
ὁ χάρτης	Landkarte
βρίσκω	finden
βρίσκομαι	gefunden werden, sich befinden
φωνάζω	schreien, rufen (+Akkusativ)
ἐδῶ, ἐκεῖ	hier, dort
δυνατά	laut
τσακώνομαι	sich streiten, sich zanken
τό παξιμάδι	Zwieback
ξερός, -ή, -ό	trocken
ἡ ἡσυχία	Ruhe
ντρέπομαι	sich schämen, Hemmungen haben
θυμώνω	zornig werden
σηκώνω	aufheben, heben
σηκώνομαι	sich erheben, aufstehen
πλένω	waschen, spülen
πλένομαι	gewaschen werden, sich waschen
ἑτοιμάζω	bereiten, zubereiten
ἑτοιμάζομαι	sich fertig machen, vorbereitet werden
ὁ ὕπνος	Schlaf
ἀκόμα, ἀκόμη	noch
ἔτσι	so, auf diese Weise
λίγος, -η, -ο	wenig

Ἐκφράσεις

Τήν ἡμέρα ἐργάζομαι πολύ.
Ἔρχομαι **στό** σπίτι, **στό** γραφεῖο, **στό** μαγαζί.
Ἔρχομαι **ἀπό** τό σπίτι, **ἀπό** τό γραφεῖο, **ἀπό** τό μαγαζί.
Ἔρχομαι **ἀπό** τό γραφεῖο **μέ** τά πόδια καί πηγαίνω **στό** σπίτι.
Κάθομαι στήν πολυθρόνα, κοντά στό ράδιο.
Ἀκούω τά νέα.

Τά παιδιά τσακώνονται.
Ἡ Ἄννα τσακώνεται μέ τόν Τάκη.
Τό παξιμάδι δέν τρώγεται.
Τό γάλα δέν πίνεται.
Ἑτοιμάζομαι **γιά** ὕπνο, **γιά** φαγητό, **γιά** τό σχολεῖο.
Σέ λίγο εἶναι ἡσυχία.

ΓΡΑΜΜΑΤΙΚΗ

Μεσοπαθητική φωνή   Reflexiv-passive Form

Ὁριστική Ἐνεστῶτας   **Indikativ Präsens**

πλέν - **ομαι**	ich werde gewaschen;	oder: ich wasche mich
πλέν - **εσαι**	du wirst gewaschen;	oder: du wäschst dich
πλέν - **εται**	er wird gewaschen;	oder: er wäscht sich
πλεν - **όμαστε**	wir werden gewaschen;	oder: wir waschen uns
πλεν - **όσαστε**	ihr werdet gewaschen;	oder: ihr wascht euch
oder		
πλέν - **εστε**	" "	" " "
πλέν - **ονται**	sie werden gewaschen;	oder: sie waschen sich.

Zu jedem aktiven transitiven Verb kann ein Passiv gebildet werden, z.B.

Ἡ   μητέρα   πλένει   τό πουλόβερ.
Τό πουλόβερ   πλένεται ἀπό   τή μητέρα.

Dieselben Endungen wie das Passiv hat auch das reflexive (mediale) Verb (s. oben die Konjugation).
Manche reflexive Verben haben im Plural eine **reziproke** (gegenseitige) Bedeutung, z.B.

   Τά παιδιά **τσακώνονται**. Die Kinder streiten sich.

Ρήματα αποθετικά. Deponentien

Einige Verben treten nur in der reflexiv-passiven Form auf, obwohl sie eine aktive Bedeutung haben. Es handelt sich um Deponentien. Die gewöhnlichsten Deponentien sind:

αισθάνομαι	empfinden, sich fühlen
γίνομαι	werden, geschehen, stattfinden
δέχομαι	annehmen, empfangen
εργάζομαι	arbeiten
έρχομαι	kommen
εύχομαι	wünschen (einem anderen etwas)
κάθομαι	sitzen, sich hinsetzen, wohnen
ντρέπομαι	sich schämen, Hemmungen haben
σκέπτομαι	sich überlegen
χρειάζομαι	brauchen, benötigen

Bemerkungen:

a) Das Passiv enthält manchmal eine modale Kraft (besonders die 3: Pers. Singular, selten die 3. Pers. Plural), z.B.:

Τό γάλα δέν **πίνεται.**	Die Milch darf, kann, soll nicht getrunken werden.
Τό ψάρι δέν **τρώγεται.**	Der Fisch darf, kann, soll nicht gegessen werden.
Αὐτά δέ **λέγονται:**	Das darf, kann, soll man nicht sagen..

b) Die Verben **λέω** und **τρώω**, die im Präsens des Aktivs das intervokalische -γ- abgelegt haben, schalten es im Präsens des Passivs wieder ein.
Das Gleiche geschieht auch mit den Verben ἀκούω, καίω, κλαίω, φταίω.

c) Im Griechischen wird das Passiv nicht so oft gebraucht wie im Deutschen. Am häufigsten kommt die 3. Person Sing. vor, z.B.

ἀπαγορεύεται	(ἀπαγορεύομαι)	es ist verboten
ἀποκλείεται	(ἀποκλείομαι)	es ist ausgeschlossen
γίνεται	(γίνομαι)	es geschieht, es ist
		es ist möglich
ἐπιτρέπεται	(ἐπιτρέπομαι)	es ist erlaubt

Αἰτιατική τοῦ χρόνου Temporaler Akkusativ

Substantive, welche natürliche Zeitabschnitte ausdrücken, stehen bei adverbialer Verwendung im Akkusativ ohne Präposition, z.B.

τό πρωί	morgens, vormittags
τό μεσημέρι	mittags
τό ἀπόγε(υ)μα	nachmittags
τό βράδυ	abends
τήν ἡμέρα	tagsüber
τή νύχτα	nachts

Ἐπιρρήματα Adverbien

Das Neutrum Plural des Adjektivs wird auch als Adverb der Art und Weise verwendet, z.B.
δυνατά (δυνατός), **καλά** (καλός), **ἀκριβά** (ἀκριβός).
Aber: **λίγο** (ein wenig), **πολύ**.

Ἕνα πρωινό

Ὁ Νίκος εἶναι ἐργάτης. Ἐργάζεται σ' ἕνα ἐργοστάσιο πού εἶναι πολύ μακριά. Γι αὐτό σηκώνεται πολύ πρωί. Πηγαίνει ἀμέσως στό μπάνιο καί πλένεται μέ ζεστό νερό. Μετά σκουπίζεται, ξυρίζεται καί χτενίζεται. Κάθεται στό τραπέζι καί παίρνει τό πρωινό του. Πίνει καφέ καί τρώει δύο φέτες ψωμί μέ βούτυρο καί τυρί. Ἀπό τό ράδιο ἀκούει τά νέα. Ὕστερα ντύνεται καί πηγαίνει μέ τό ποδήλατο στή δουλειά του.

Λέξεις

σκουπίζομαι	sich abtrocknen
ξυρίζομαι	sich rasieren
χτενίζομαι	sich kämmen
ντύνομαι	sich anziehen
ζεστός, -ή, -ό	warm, heiß
ἀμέσως	sofort
ἡ φέτα	Scheibe, Schnitte

Διάλογοι

1)

- Καλημέρα, Γιάννη, τί γίνεσαι, πῶς ἀπό δῶ;
- Γειά σου, Ἀντώνη, καλά εἶμαι. Ἐργάζομαι σ' ἐκεῖνο τό γραφεῖο καί ψάχνω γιά ἕνα δωμάτιο ἐδῶ κοντά. Ξέρεις ἄν νοικιάζεται κανένα;
- Δυστυχῶς, Γιάννη μου, ἔρχεσαι πολύ ἀργά. Δέ νοικιάζεται πιά κανένα. Ἡ οἰκογένεια Μακρῆ νοικιάζει δωμάτια σέ ὑπαλλήλους καί φοιτητές, ἀλλά τώρα δέν ἔχει κανένα ἐλεύθερο. Εἶναι ὅλα πιασμένα.
- Κρίμα! Τότε ἄλλη φορά. Γειά σου καί χαιρετισμούς στό σπίτι.
- Εὐχαριστῶ, γειά σου.

Λέξεις

τί γίνεσαι; (γίνομαι)	wie geht es dir? wie steht es?
πῶς ἀπό δῶ;	wieso (bist du) hier?
ψάχνω γιά	suchen nach
γιά (πρόθεση)	Präposition: "für, über, nach"
(ἐ)νοικιάζω	mieten, vermieten
(ἐ)νοικιάζομαι	vermietet werden
κανένας, καμία, κανένα	niemand, keiner (im neg. Satz)
κανένας, καμία, κανένα	jemand (im Aussage-und Fragesatz)
ἀργά (ἀργός, ἀργή, ἀργό)	langsam, spät
δυστυχῶς	leider
ἐλεύθερος, -η, -ο	frei
πιασμένος, -η, -ο	besetzt
κρίμα	schade
ἡ φορά (ἄλλη φορά)	Mal (ein anderes Mal)
ὁ χαιρετισμός	Gruß, Begrüßung
ἐπίσης	gleichfalls

2)

- Μήπως νοικιάζεται ἐδῶ κανένα δωμάτιο;
- Δυστυχῶς ὄχι, στό ἀπέναντι σπίτι. Βλέπετε, ἐκεῖ πού γράφει:
  ΕΝΟΙΚΙΑΖΟΝΤΑΙ ΔΩΜΑΤΙΑ ΕΠΙΠΛΩΜΕΝΑ
  Möblierte Zimmer zu vermieten.

3)

- Ψάχνετε γιά σπίτι;
- Ναί, ξέρετε ἄν νοικιάζεται κανένα;
- Ἐδῶ κοντά ὄχι. Ἴσως στόν ἄλλο δρόμο.

4)
- Ἐσεῖς νοικιάζετε ἕνα δωμάτιο;
- Μάλιστα, ψάχνετε γιά δωμάτιο; Τί δουλειά κάνετε ἄν ἐπιτρέπεται;
- Εἶμαι φοιτητής.
- Δέ νοικιάζω σέ φοιτητές.
- Μά γιατί;
- Γιατί οἱ φοιτητές φέρνουν πολλούς φίλους, ἀκοῦνε μοντέρνα μουσική ὅλη τή νύχτα, καί τό πρωί σηκώνονται πολύ ἀργά.
- Τί κρίμα! Κι εἶναι τόσο κοντά στό Πανεπιστήμιο.

5)
- Πᾶς κιόλας στό σπίτι;
- Ναί, δέν αἰσθάνομαι καί τόσο καλά. Ξέρεις πότε δέχεται ὁ γιατρός;
- Δέν ξέρω, δυστυχῶς. Ἀλλά γιατί δέν πᾶς στό νοσοκομεῖο; Ἐκεῖ εἶναι πολλοί γιατροί καί δέχονται κάθε μέρα.
- Καλά λές, ἐκεῖ θά πάω.

6)
- Γιατί ἐργάζεσαι τόσο πολύ καί κουράζεσαι;
- Γιατί χρειάζομαι πολλά λεπτά γιά ἕνα καινούργιο αὐτοκίνητο.
- Ἐγώ ἔχω ἕνα παλιό, ἀλλά αὐτό μέ φτάνει. Δέ χρειάζομαι καινούργιο. Ἐργάζομαι λίγο κι ἔτσι δέν κουράζομαι.

7)
- Παιδιά, μέσα στό πάρκο δέν παίζουν μπάλλα.
- Γιατί, καλέ μαμά, πῶς τό ξέρεις;
- Δέ διαβάζετε τί λέει ἐκεῖ;
" "Ἀπαγορεύεται τό ποδόσφαιρο"
   Es ist verboten, Fußball zu spielen.
" Ἀπαγορεύεται νά πατᾶτε τή χλόη"
   Es ist verboten, den Rasen zu betreten.
- Ἐν τάξει. Τότε πᾶμε στό δρόμο!

8)
- Νεαρέ, στό τράμ δέν καπνίζουν!
- Τί λέτε, κύριε, πῶς τό ξέρετε;
- Δέ βλέπεις τί γράφει ἐκεῖ;
" Ἀπαγορεύεται τό κάπνισμα"
   Rauchen verboten

Εὐχές Wünsche

Γιά τά Χριστούγεννα καί τόν καινούργιο χρόνο εὐχόμαστε σέ ὅλους:
Χρόνια πολλά καί καλά! ἤ
Καλά Χριστούγεννα κι εὐτυχισμένο τόν καινούργιο χρόνο!
Zu Weihnachten und zum neuen Jahr wünschen wir allen: viele gute Jahre!
oder: Frohe Weihnachten und ein glückliches neues Jahr!

Γιά τό Πάσχα: **Καλό Πάσχα!** ἤ
                  Καλή Λαμπρή! ἤ
                  Καλή Ἀνάσταση! (Auferstehung)

Εὔχεσαι στόν ἄρρωστο: **περαστικά!**
Du wünschst dem Kranken: gute Besserung!

Εὔχονται στούς φοιτητές: **Καλή ἐπιτυχία!**
Sie wünschen den Studenten: guten Erfolg! (viel Glück!)

Ὁ πατέρας καί ἡ μητέρα φεύγουν. Εὔχομαι σ' αὐτούς: **Καλό ταξίδι!**
Der Vater und die Mutter verreisen. Ich wünsche ihnen gute Reise!

Εὔχεται στούς μαθητές: **Καλές διακοπές!**
Er wünscht den Schülern: schöne Ferien!

Ἕβδομο μάθημα

Ἕνα τηλεφώνημα

- Ἐμπρός!
- Ποιός εἶναι ἐκεῖ, παρακαλῶ; Νίκο, ἐσύ εἶσαι;
- Ναί, ἐγώ ὁ ἴδιος. Ἀντρέα, ἐσύ;
- Ναί, γειά σου. Δέ μοῦ λές, ἔρχεσαι ἀπόψε στόν κινηματογράφο; Τό "Ρέξ" παίζει ἕνα πολύ ὡραῖο ἔργο.
- Πῶς τό λένε;
- Τό λένε "Ὅσα παίρνει ὁ ἄνεμος".
- Οὔ, τό ξέρω αὐτό τό ἔργο. Εἶναι πολύ παλιό κι ἐμένα δέ μ' ἀρέσουν τά παλιά φίλμ. Μέ ξέρεις τώρα!
- Καί βέβαια σέ ξέρω. Ἐσένα σέ ἐνδιαφέρουν τά μοντέρνα καί τά ἀστεῖα ἤ αὐτά πού ἔχουν πολλή μουσική καί χορό.
- Ἔπειτα, Ἀντρέα μου, δέν ἔχουμε εἰσιτήρια καί σ' αὐτό τό φίλμ πηγαίνει πολύς κόσμος.
- Γι αὐτό μή σέ νοιάζει! Τά κανονίζω ἐγώ. Ἡ Ἑλένη ἔχει δύο εἰσιτήρια, κι ἐπειδή δέν ἔχει σήμερα καιρό, μᾶς τά χαρίζει. Πῶς τή βρίσκεις αὐτή τήν ἰδέα;
- Περίφημη! Τά ἔχεις κιόλας τά εἰσιτήρια ἤ τά ἔχει ἡ Ἑλένη;
- Νάτα, παιδί μου, τά ἔχω στό χέρι.
- Σέ θαυμάζω, βρέ Ἀντρέα, γιατί τά καταφέρνεις πάντα μιά χαρά.
- Ἐν τάξει. Λοιπόν σέ λίγο στό "Ρέξ". Σέ περιμένω μπροστά στό ταμεῖο.

Λέξεις

τό τηλεφώνημα, τό τηλέφωνο	Telephongespräch, Telephon
ἐμπρός	vorne, herein, hallo
ἐγώ ὁ ἴδιος	ich selbst
δέ μοῦ λές	willst du mir nicht sagen, sage mal
ἀπόψε	heute abend
ὁ κινηματογράφος	Kino
τό ἔργο	Werk, Film
ὅσα παίρνει	so viel er nimmt

ὁ ἄνεμος	Wind
ὅσα παίρνει ὁ ἄνεμος	vom Winde verweht
ἀρέσει (μοῦ, σοῦ, τοῦ)	gefällt, schmeckt (mir, dir, ihm)
βέβαια	sicher
ἐνδιαφέρει	es interessiert + Akk. der Person
ἐνδιαφέρομαι γιά	sich interessieren für
ἀστεῖος, ἀστεία, ἀστεῖο	witzig
ὁ χορός	Tanz, Chor
ἔπειτα	danach, hier: übrigens
ὁ κόσμος	Welt, Leute
μέ νοιάζει γιά	sich kümmern um
κανονίζω	regeln
ἐπειδή	weil
χαρίζω	schenken
ἡ ἰδέα	Idee
περίφημος, -η, -ο	wunderbar, berühmt
κιόλας	schon
νάτα (νά τα)	da sind sie
θαυμάζω	bewundern
βρέ (μωρέ, ρέ)	he, du (familiäre Anrede)
τά καταφέρνω	es schaffen
μιά χαρά	wunderbar, prima
ἐντάξει (ἐν τάξει)	in Ordnung
λοιπόν	nun, also
περιμένω	warten, erwarten
τό ταμεῖο	Kasse

Ἐκφράσεις

Παίρνω στό τηλέφωνο τόν Ἀντρέα, τήν Ἄννα.
Κάνω ἕνα τηλεφώνημα στόν Ἀντρέα, στήν Ἄννα.
Ὁ κινηματογράφος παίζει ἕνα ὡραῖο φίλμ (ἔργο).
Μοῦ ἀρέσει τό φίλμ. Μοῦ ἀρέσουν τά φίλμ.
Μέ ἐνδιαφέρει τό φίλμ. Μέ ἐνδιαφέρουν τά φίλμ.
Ἐνδιαφέρομαι γιά βιβλία.
Μέ νοιάζει. Δέ μέ νοιάζει. Μή σέ νοιάζει!
Εἶναι πολύς κόσμος στόν κινηματογράφο, στό δρόμο.
Τά καταφέρνω μιά χαρά.   Τά κανονίζω.

Bemerkung

Nach dem Namen einer Person fragt man **offiziell:**
Πῶς λέγεστε (λέγεσθε); Πῶς ὀνομάζεστε (ὀνομάζεσθε);
Λέγομαι (ὀνομάζομαι) Κώστας Παπαδόπουλος, Γιάννης Μυλωνάς,
Πέτρος Δασκαλάκης, Γιῶργος Ἰωάννου,
"Αννα Παπαδοπούλου, Βαρβάρα Μυλωνά,
Aber   Χρηστίνα Δασκαλάκη, Γεωργία Ἰωάννου.
umgangssprachlich: Πῶς σέ λένε;
Μέ λένε: Κώστα Παπαδόπουλο, Γιάννη Μυλωνά
Πέτρο Δασκαλάκη, Γιῶργο Ἰωάννου,
"Αννα Παπαδοπούλου, Γεωργία Ἰωάννου, κλπ.
Παραδείγματα: Πῶς τόν λένε αὐτόν;   - Τόν λένε Γιάννη.
Πῶς τή λένε αὐτή;   - Τή λένε Κατερίνα.
Πῶς τό λένε αὐτό;   - Τό λένε βιβλίο, κλπ.

ΓΡΑΜΜΑΤΙΚΗ

Προσωπική ἀντωνυμία Personalpronomen

Das Personalpronomen hat zwei Formen: eine schwache (kurze, unbetonte), die immer mit dem Verb vorkommt, und eine starke (längere, betonte). Diese kann auch ohne Verb stehen; nur sie kann mit Präpositionen vorkommen.

1. Person

	Singular			Plural		
	stark	schwach		stark	schwach	
Nom.	ἐγώ	- - -	ich	ἐμεῖς	- - -	wir
Gen./Dat.	ἐμένα	μοῦ	mir	ἐμᾶς	μᾶς	uns
Akk.	ἐμένα	μέ	mich	ἐμᾶς	μᾶς	uns

2. Person

	stark	schwach		stark	schwach	
Nom.	ἐσύ	---	du	ἐσεῖς	---	ihr, Sie
Gen./Dat.	ἐσένα	σοῦ	dir	ἐσᾶς	σᾶς	euch, Ihnen
Akk.	ἐσένα	σέ	dich	ἐσᾶς	σᾶς	euch, Sie
Vok.	ἐσύ	- - -	he, du!	ἐσεῖς	---	he, Sie, ihr

3. Person

Ἀρσενικό Männlich

Nom.	αὐτός	τος	er	αὐτοί	τοι	sie
Gen./ Dat.	αὐτοῦ,	τοῦ	ihm	αὐτῶν,	τούς	ihnen
	αὐτουνοῦ			αὐτωνῶν		
Akk.	αὐτόν	τόν	ihn	αὐτούς	τούς	sie

Θηλυκό Weiblich

Nom.	αὐτή	τη	sie	αὐτές	τες	sie
Gen./ Dat.	αὐτῆς,	τῆς	ihr	αὐτῶν,	τούς	ihnen
	αὐτηνῆς			αὐτωνῶν		
Akk.	αὐτή(ν)	τήν	sie	αὐτές	τίς / τες	sie

Οὐδέτερο Neutrum

Nom.	αὐτό	το	es	αὐτά	τα	sie
Gen. Dat.	αὐτοῦ,	τοῦ	ihm	αὐτῶν,	τῶν	ihnen
	αὐτουνοῦ			αὐτωνῶν	τούς	
Akk.	αὐτό	τό	es	αὐτά	τά	sie

Bemerkungen
Die starken Formen stehen bei Emphase:

a) Wenn die Person hervorgehoben werden soll, z.B.
Ἐσένα βλέπω: Dich sehe ich.
b) In verkürzten Sätzen, wo das Verb fehlt, z.B.
Ποιόν θέλετε; - Ἐσένα.
c) In Verbindung mit Präpositionen oder präpositionalen Ausdrücken, z.B.
Αὐτό εἶναι γιά σένα. Κάθεται μπροστά ἀπό μένα.
Das "ε" der starken Formen fällt nach Präpositionen aus, z.B. **ἀπό μένα**, (statt ἀπό ἐμένα; vgl. **μέ σᾶς** statt μέ ἐσᾶς, **γιά σένα** statt γιά ἐσένα).

Die schwachen Formen sind viel gebräuchlicher als die starken.
Sie werden immer vor das Verb gestellt, z. B.: **μοῦ λέει, τό θέλει** κλπ.
Ohne Verb stehen sie:
bei Begrüßungen, z.B. **Καλημέρα σας! Γειά σου!**
zusammen mit Interjektionen: . **Ἀλλοίμονό σας**! Wehe euch!
zusammen mit Ortsadverbien: **κοντά μας, μακριά σας** κλπ.

Der ausgefallene Dativ wird ersetzt:

a) bei den starken Formen durch den Genitiv oder noch häufiger durch
σέ mit Akkusativ, z.B. Ἐσένα γράφω, σέ σένα γράφω.
b) bei den schwachen Formen nur durch den Genitiv, z.B.: Σοῦ γράφω
Zum Nachdruck kann man die starke Form mit der schwachen kombinieren,
z.B. Ἐμένα δέ μοῦ γράφεις; Ἐσᾶς δέ σᾶς βλέπομε.

In solchen nachdrücklichen Kombinationen wird auch der Genitiv der 3. Person Singular und Plural gebraucht, und zwar in der erweiterten Form:
αὐτουνοῦ, αὐτηνῆς, αὐτουνοῦ, αὐτωνῶν

Der Nominativ der 3. Person Sing. und Plural trägt bei den schwachen Formen keinen Akzent und wird hauptsächlich gebraucht:
a) nach der hinweisenden Partikel νά z.B. νάτος, νάτη, νάτο
oder getrennt: νά τος, νά τη, νά το κλπ.
b) nach dem Verb εἶναι, z.B. ποῦ εἶναι τος, ποῦναι τος, ποῦντος;

Der Akkusativ Plural des Femininums τες wird verwendet:
a) nach der hinweisenden Partikel νά * z. B.: νά τες, νάτες
b) nach dem Verb εἶναι, z.B : ποῦ εἶναι τες, ποῦναι τες, ποῦντες
c) nach einer Imperativform, z.B. Φέρε τες ἐδῶ, φέρτες: bringe sie her!

* Die Partikel νά kann auch mit dem Akk. der schwachen Formen vorkommen, z.B.: νάμε, νάτον, νάτην, νάτους, νάτα κλπ.
oder getrennt νά με, νά τον, νά την, νά τους, νά τα κλπ..
In diesem Fall erhalten die Pronomina keinen Akzent.

Das schwache Personalpronomen verstärkt das Hauptwort, auf das es sich bezieht:

a) indem es das Hauptwort ankündigt, z.B.

Τήν ξέρομε τήν κυρία.

b) indem es das Hauptwort wiederholt, (wenn man den Satz mit einem Akkusativobjekt begonnen hat), z.B.

Τήν κυρία τήν ξέρομε.

Wortstellung

Das Akkusativobjekt wird direkt vor das Verb gestellt, wenn beide Objekte Personalpronomina sind:

Μᾶς τό γράφει.

Παραδείγματα

Akkusativobjekt

	Singular				Plural	
1. Person		βλέπει	ἐμένα		βλέπει	ἐμᾶς
	μέ	βλέπει		μᾶς	βλέπει	
2. Person		βλέπει	ἐσένα		βλέπει	ἐσᾶς
	σέ	βλέπει		σᾶς	βλέπει	
3. Person		βλέπει	αὐτόν		βλέπει	αὐτούς
	τόν	βλέπει		τούς	βλέπει	
		βλέπει	αὐτήν		βλέπει	αὐτές
	τήν	βλέπει		τίς	βλέπει	
		βλέπει	αὐτό		βλέπει	αὐτά
	τό	βλέπει		τά	βλέπει	

Dativobjekt

	Singular				Plural	
1.Pers.	τό φίλμ		ἀρέσει	σ'ἐμένα	ἀρέσει	σ'ἐμᾶς
	τό φίλμ	μοῦ	ἀρέσει	μᾶς	ἀρέσει	
2. Pers.	τό φίλμ		ἀρέσει	σ'ἐσένα	ἀρέσει	σ'ἐσᾶς
	τό φίλμ	σοῦ	ἀρέσει	σᾶς	ἀρέσει	
3. Pers.	τό φίλμ		ἀρέσει	σ'αὐτόν	ἀρέσει	σ'αὐτούς
	τό φίλμ	τοῦ	ἀρέσει	τούς	ἀρέσει	
	τό φίλμ		ἀρέσει	σ'αὐτήν	ἀρέσει	σ'αὐτές
	τό φίλμ	τῆς	ἀρέσει	τούς	ἀρέσει	
	τό φίλμ		ἀρέσει	σ'αὐτό	ἀρέσει	σ'αὐτά
		τοῦ	ἀρέσει	τούς	ἀρέσει	

Starke und schwache Form kombiniert
Singular   Plural
Als Akkusativobjekt

1.'Εμένα	μέ	βλέπει	'Εμᾶς	μᾶς	βλέπει
2.'Εσένα	σέ	βλέπει	'Εσᾶς	σᾶς	βλέπει
3.Αὐτόν	τόν	βλέπει	Αὐτούς	τούς	βλέπει
Αὐτήν	τήν	βλέπει	Αὐτές	τίς	βλέπει
Αὐτό	τό	βλέπει	Αὐτά	τά	βλέπει

Als Dativobjekt

1.'Εμένα	μοῦ	ἀρέσει ὁ καφές	'Εμᾶς μᾶς		ἀρέσει ὁ καφές
2.'Εσένα	σοῦ	ἀρέσει ὁ καφές	'Εσᾶς σᾶς		ἀρέσει ὁ καφές
3.Αὐτουνοῦ	τοῦ	ἀρέσει ὁ καφές	Αὐτωνῶν	τούς	ἀρέσει ὁ καφές
Αὐτηνῆς	τῆς	ἀρέσει ὁ καφές	Αὐτωνῶν	τούς	ἀρέσει ὁ καφές
Αὐτουνοῦ	τοῦ	ἀρέσει ὁ καφές	Αὐτωνῶν	τούς	ἀρέσει ὁ καφές

Ὁριστική ἀντωνυμία   Definitpronomen

Das Adjektiv ἴδιος, ἴδια, ἴδιο (gleich) steht immer mit dem bestimmten Artikel:

<u>ὁ ἴδιος, ἡ ἴδια, τό ἴδιο</u>

Es kommt mit einem Substantiv oder mit einem Namen oder mit einem Personalpronomen vor und wird vor- oder nachgestellt, z.B.
Ἐγώ ἡ ἴδια εἶμαι στό τηλέφωνο. Ich selbst (persönlich) bin am Apparat.
Ἡ ἴδια ἡ Ἑλένη τό λέει.   Eleni selbst sagt das.
Nicht verwechseln: Ἡ ἴδια γυναίκα: die gleiche Frau
     und: ἡ ἴδια ἡ γυναίκα: die Frau selbst.
Es wird dekliniert wie das Adjektiv auf -ος, -α, -ο (πλούσιος, πλούσια,
                   πλούσιο).
Das Adjektiv **μόνος, μόνη, μόνο** (allein, ohne fremde Hilfe, selbst) ohne Artikel und mit dem Genitiv des schwachen Personalpronomens.

μόνος μου, σου, του   μόνοι μας,   μόνοι σας,   μόνοι τους
μόνη μου, σου, της   μόνες μας,   μόνες σας,   μόνες τους
μόνο μου, σου, του   μόνα μας,   μόνα σας,   μόνα τους
z.B.
Πλέκει τό πουλόβερ μόνη της.   Sie strickt den Pullover selbst.

Τά παιδιά πᾶνε στό σχολεῖο μόνα τους. Die Kinder gehen allein (ohne Begleitung) zur Schule.
Es wird dekliniert wie das Adjektiv auf - ος, -η, -ο.

Verneinter Imperativ (Befehlsform)

Mit der negativen Partikel **μή(ν)** und der 2. Person Singular oder Plural des Indikativ Präsens bildet man den verneinten Imperativ.

Μή γράφεις!	schreibe nicht!	**Μήν** τρέχεις!	renne nicht!
Μή γράφετε!	schreibt nicht!	**Μήν** τρέχετε!	rennt nicht!

Wortstellung

Μή μοῦ γράφεις τό γράμμα! Schreibe mir nicht den Brief!
Μή μοῦ τό γράφεις! Schreibe ihn mir nicht!
Μή σέ νοιάζει! Kümmere dich nicht!
Μή σᾶς νοιάζει! Kümmert euch nicht!

(Siehe auch Lektion 19, Grammatik: Imperativ)
Der Indikativ Präsens in negativer Frageform entspricht oft einer höflichen Aufforderung, einer Bitte, z.B.
  Δέ μοῦ λές: willst du mir bitte sagen, sage mir bitte!
  Δέν ἔρχεσαι κι ἐσύ; Willst du nicht mitkommen, komme auch mit!

Διάλογος

- Μοῦ λέτε, σᾶς παρακαλῶ, ἄν εἶναι ἐδῶ κοντά ἕνας τηλεφωνικός θάλαμος;
- Τηλεφωνικοί θάλαμοι ὑπάρχουν πολλοί, ἀλλά εἶναι λίγο μακριά. Δέν ἔχετε ἕνα κινητό;
- Ἔχω ἕνα κινητό, ἀλλά δυστυχῶς τό ἔχω στό σπίτι.
- Τότε θά πᾶτε μέχρι τό τέρμα σ'αὐτόν τό δρόμο. Ἐκεῖ εἶναι μία πλατεία. Σ'αὐτή τήν πλατεία εἶναι πολλοί τηλεφωνικοί θάλαμοι, ἀλλά χρειαζόσαστε μία τηλεφωνική κάρτα.
- Ἄχ! Δέν ἔχω τηλεφωνική κάρτα.
- Ἀγοράζετε μία ἀπό τό περίπτερο. Ὅλα τά περίπτερα ἔχουν τηλεφωνικές κάρτες.
- Μοῦ λέτε, σᾶς παρακαλῶ, πῶς γίνεται ἕνα τηλεφώνημα μέ τήν κάρτα;

- Ευχαρίστως. Σηκώνετε τό ακουστικό, βάζετε τήν κάρτα στήν οπή πού έχει τό τηλέφωνο καί παίρνετε τόν αριθμό πού θέλετε. Τότε λέτε: "Μοῦ δίνετε, σᾶς παρακαλῶ, τόν ....., τήν .....
- Νομίζω ὅτι δέν ξέρω ἀκριβῶς τόν ἀριθμό.
- Αὐτό δέν εἶναι πρόβλημα. Τόν ἀριθμό τόν βρίσκετε στόν τηλεφωνικό κατάλογο. Ἐν τάξει;
- Εἶναι ὅπως καί στή Γερμανία. Εὐχαριστῶ πολύ.

Λέξεις

τηλεφωνικός, -ή, -ό	telephonisch, Telephon-
ὁ θάλαμος	Zelle
ὑπάρχω	existieren
τό κινητό	Mobil, Handy
τό τηλέφωνο	Telephon
τό τέρμα	Ende
ἡ πλατεία	Platz
τό ἀκουστικό	Hörer
βάζω	stecken, legen, stellen
ἡ ὀπή	Loch, Öffnung
τό πρόβλημα	Problem
βρίσκω	finden
ὁ τηλεφωνικός κατάλογος	Telephonbuch
παίρνω τόν ἀριθμό	die Nummer wählen
τότε	dann
ὅπως	wie

Wortbildung

Oft werden im Griechischen Adjektive durch Anhängen des Suffixes **-ικός**, **-ική** (**-ικιά**), **-ικό** an den Stamm eines Substantivs gebildet, z.B.

| τηλέφων- ο | τηλεφων- | **ικός** |
| μαθητ- ής | μαθητ - | **ικός** |
| ἐργάτ - ης | ἐργατ- | **ικός** κλπ.

Anstatt eines aus zwei Wörtern zusammengesetzten Substantivs im Deutschen hat man im Griechischen oft ein Adjektiv auf **- ικός** und ein Substantiv, z.B. παιδικό δωμάτιο: Kinderzimmer, σχολικό βιβλίο: Schulbuch usw.

Όγδοο μάθημα

Ὁ εὐσυνείδητος ἐπιβάτης

Ἕνας πολύ εὐσυνείδητος κύριος ταξιδεύει μιά μέρα μέ τό τραῖνο. Μόλις μπαίνει στό διαμέρισμα καί κάθεται, φωνάζει: " Ἕνα εἰσιτήριο, ἕνα εἰσιτήριο εἶναι στό πάτωμα". Τό σηκώνει, τό δείχνει σέ ὅλους τούς ἐπιβάτες καί λέει:
" Ποιανοῦ εἶναι αὐτό τό εἰσιτήριο; Κυρία μου, μήπως εἶναι δικό σας; Δεσποινίς μου. ἔχετε τό εἰσιτήριό σας; Ἐσεῖς, κύριε, εἶστε σίγουρος πώς δέν εἶναι δικό σας;
Ὅλοι ψάχνουν στίς τσέπες τους καί ὅλοι ἔχουν τά εἰσιτήριά τους.
Ὁ κύριος σκέπτεται λίγο καί ἔπειτα τό σκίζει καί ρίχνει τά κομμάτια ἔξω ἀπ' τό παράθυρο. Σέ λίγο ἔρχεται ὁ ἐλεγκτής: "Εἰσιτήρια, παρακαλῶ!" Ὅλοι δείχνουν τά εἰσιτήριά τους. Ὁ εὐσυνείδητος κύριος ψάχνει σέ ὅλες του τίς τσέπες, ἀλλά πουθενά εἰσιτήριο. Ἦταν ὁ μόνος πού δέν εἶχε. Τώρα καταλαβαίνει ποιανοῦ ἦταν τό εἰσιτήριο πού ἦταν στό πάτωμα.
" Ἑκατό εὐρώ πρόστιμο" λέει ὁ ἐλεγκτής.

Λέξεις

εὐσυνείδητος, -η, -ο	gewissenhaft
ὁ ἐπιβάτης	Fahrgast
ταξιδεύω	reisen
τό τραῖνο	Zug
μόλις	sobald, kaum
τό διαμέρισμα	Abteil, Appartement
δείχνω	zeigen
ποιανού εἶναι αὐτό;	wem gehört das?
δικός, δική (δικιά),δικό	eigen, der meinige
ἡ δεσποινίς	Fräulein
σίγουρος, -η, -ο	sicher
ἡ τσέπη	Tasche
σκίζω	zerreißen
ἔξω	draußen, hinaus
ὁ ἐλεγκτής	Kontrolleur, Schaffner

πουθενά   nirgendwo
καταλαβαίνω   verstehen
ὁ μόνος, ἡ μόνη, τό μόνο   der, die ,das einzige
ἑκατό εὑρώ   hundert Euro
τό πρόστιμο   Strafgeld, Geldstrafe

Ἐκφράσεις

Ταξιδεύω μέ τό τραῖνο.
Ταξιδεύω μέ τό λεωφορεῖο.
Ταξιδεύω μέ τό ἀεροπλάνο (ἀεροπορικῶς).
Μήπως εἶναι δικό σας;
Μήπως ξέρετε;
Ψάχνω στίς τσέπες γιά τό εἰσιτήριο.
Ψάχνω στό δωμάτιο γιά τό κλειδί.
Σκέπτομαι λίγο. Σκέπτομαι πολύ.
Πουθενά εἰσιτήριο, πουθενά τό κλειδί.
Εἶμαι ὁ μόνος πού δέν ἔχω εἰσιτήριο.

ΓΡΑΜΜΑΤΙΚΗ

Κτητική ἀντωνυμία Possessivpronomen

Man unterscheidet zwei Formen: **die schwache und die starke Form.**
Als schwache Form nimmt man den Genitiv/Dativ des schwachen Personalpronomens. Es wird dem Substantiv nachgestellt und steht ohne Akzent (enklitisches Wort); **das Substantiv behält dabei immer seinen Artikel**, z.B.
    ἡ μητέρα **μου**: meine Mutter, ἕνας φίλος **μου**: ein Freund von mir.

Ist das Substantiv, auf das sich das Possessivpronomen bezieht, auf der drittletzten Silbe betont, so bekommt es einen zweiten Akzent auf die letzte Silbe (eigentlich den ausgefallenen Akzent des Pronomens), z.B.
τό παράθυρό μας, τά εἰσιτήριά τους.

Das schwache Possessivpronomen bleibt undekliniert. Man unterscheidet nur die Person, die Zahl und in der dritten Person auch das Geschlecht. All das richtet

sich nach dem Besitzer.
Die Frage nach dem Besitzer allgemein lautet:

> Ποιανοῦ εἶναι αὐτό; oder die ältere Form:
> Τίνος εἶναι αὐτό;

Das Wort δικός wird manchmal im Deutschen mit "eigen" übersetzt, z.B.
Κάθε χώρα ἔχει τή δική της γλώσσα: Jedes Land hat seine eigene Sprache.

Die starke Form wird durch das Adjektiv δικός, δική (δικιά), δικό und die schwache Form des Personalpronomens im Genitiv gebildet:

> ὁ δικός μου πατέρας, τό δικό της σπίτι.

δικός wird wie das Adjektiv auf - ος, -η (- ιά), -ό dekliniert.

In attributiver Stellung behält das Substantiv den Artikel (s. oben).

In prädikativer Funktion bleiben das Substantiv und der Artikel weg, z.B.

> Ποιανοῦ εἶναι τό ποδήλατο; - Εἶναι δικό μου.

Die starke Form wird gebraucht:

1) bei besonderem Nachdruck: Τό δικό μου σπίτι εἶναι παλιό.

2) bei Gegenüberstellung: Τό σπίτι σου εἶναι παλιό, τό δικό μου καινούργιο.

3) um die Wiederholung eines schon erwähnten Substantivs zu vermeiden, z.B.

> Ὁ πατέρας σου καί ὁ δικός μου εἶναι φίλοι.

Οἱ δικοί μου: meine Angehörigen

Κτητική αντωνυμία Possessivpronomen
1. Person

Ein Besitztum	Ein Besitzer		Mehrere Besitzer	
ὁ αδελφός	μου	mein	μας	unser
ἡ αδελφή	μου	meine	μας	unsere
τό παιδί	μου	mein	μας	unser

Mehrere Besitztümer	Ein Besitzer		Mehrere Besitzer	
οἱ αδελφοί	μου	meine	μας	unsere
οἱ αδελφές	μου	meine	μας	unsere
τά παιδιά	μου	meine	μας	unsere

2. Person

Ein Besitztum	Ein Besitzer		Mehrere Besitzer	
ὁ θεῖος	σου	dein	σας	euer, Ihr
ἡ θεία	σου	deine	σας	eure. Ihre
τό σπίτι	σου	dein	σας	euer, Ihr

Mehrere Besitztümer	Ein Besitzer		Mehrere Besitzer	
οἱ θεῖοι	σου	deine	σας	eure, Ihre
οἱ θεῖες	σου	deine	σας	eure, Ihre
τά σπίτια	σου	deine	σας	eure, Ihre

3. Person

Maskulinum und Neutrum

Ein Besitztum	Ein Besitzer		Mehrere Besitzer	
ὁ αδελφός	του	sein	τους	ihr
ἡ αδελφή	του	seine	τους	ihre
τό παλτό	του	sein	τους	ihr

Mehrere Besitztümer	Ein Besitzer		Mehrere Besitzer	
οἱ ἀδελφοί	του	seine	τους	ihre
οἱ ἀδελφές	του	seine	τους	ihre
τά παλτά	του	seine	τους	ihre

Femininum

Ein Besitztum	Ein Besitzer		Mehrere Besitzer	
ὁ δάσκαλός	της	ihr	τους	ihreι
ἡ δασκάλα	της	ihre	τους	ihre
τό ὄνομά	της	ihr	τους	ihre

Mehrere Besitztümer	Ein Besitzer		Mehrere Besitzer	
οἱ δάσκαλοί	της	ihre	τους	ihre
οἱ δασκάλες	της	ihre	τους	ihre
τά ὀνόματά	της	ihre	τους	ihre

Bemerkung: In älteren Texten steht **των** statt **τους**.

Imperfekt

Verb: εἶμαι	Verb: ἔχω
ἤμουν(α)	εἶχ-α
ἤσουν(α)	εἶχ-ες
ἦταν (ἤτανε)	εἶχ-ε
ἤμαστε (ἤμασταν)	εἴχ-αμε
ἤσαστε (ἤσασταν)	εἴχ-ατε
ἦσαν (ἤντουσαν)	εἶχ-αν
oder ἦταν	

Verwechseln Sie bitte nicht die Formen: ἤμαστε - εἴμαστε
                                          ἤσαστε - εἴσαστε

Τό Γιασεμί

Εἴτε βραδυάζει
εἴτε φέγγει
μένει λευκό
τό γιασεμί

Γιῶργος Σεφέρης
Σμύρνη 1900 - Ἀθήνα 1971

Λέξεις

τό γιασεμί	Jasmin, Jasminblüte
εἴτε ... εἴτε	ob ...oder, mag ...oder
βραδυάζει	es wird Abend
φέγγει	es ist hell
λευκός, -ή, - ό	weiß

Ένατο μάθημα

Δύο φίλες κάνουν ψώνια

Ἡ Κατερίνα περνάει καί παίρνει τή φίλη της τήν Ἑλένη. Χτυπάει τό κουδούνι. Ἡ Ἑλένη τῆς ἀνοίγει. Κρατάει τήν τσάντα της στό χέρι.

Κ. Ἕτοιμη κιόλας;
Ἑλ. Ναί, σέ περιμένω.
Κ. Τί πράγματα χρειάζεσαι;
Ἑλ. Πολλά καί διάφορα. Ἐκεῖνο ὅμως πού χρειάζομαι ὁπωσδήποτε, εἶναι ἕνα ζευγάρι παπούτσια.
Κ. Τότε νά πᾶμε στό Μοναστηράκι. Ἐκεῖ ἔχει πολλά μαγαζιά μέ μεγάλη ποικιλία καί χαμηλές τιμές. Τά δικά μου ἀπό κεῖ τά ἔχω καί εἶμαι πολύ εὐχαριστημένη.
Ἑλ. Ἐσύ τί πράγματα χρειάζεσαι;
Κ. Ἐγώ δέ χρειάζομαι τίποτα, ἀλλά ἔρχομαι γιά παρέα.
Ἐπειδή τά τρόλεϋ ἀργοῦν, οἱ δύο φίλες πηγαίνουν μέ τά πόδια. Περνᾶνε ἀπό πολλούς δρόμους, φτάνουν στήν Ὁμόνοια καί προχωροῦν πρός τό Μοναστηράκι.
Κ. Πώ πώ! Τί κόσμος εἶναι αὐτός, τί γίνεται ἐκεῖ!
Ἑλ. Δέ βλέπεις, τουρίστες εἶναι. Ἀγοράζουν ἀναμνηστικά δωράκια γιά τήν πατρίδα τους.
   Αὐτοί ἐκεῖ εἶναι Γερμανοί.
Κ. Πῶς τό ξέρεις;
Ἑλ. Δέν ἀκοῦς, μιλᾶνε γερμανικά.
Κ. Ἐκείνη ἡ κυρία μιλάει ἀγγλικά, ἀλλά δέν ξέρω ἄν εἶναι Ἀγγλίδα. Σήμερα μιλᾶνε σχεδόν ὅλοι ἀγγλικά.
Ἑλ. Ξέρεις καλά ἀγγλικά;
Κ. Ναί, εἶναι ἡ μόνη γλώσσα πού μιλάω καλά. Κι ἐσύ;
Ἑλ. Ὄχι, μιλάω μόνο γαλλικά καί γερμανικά.
Οἱ δύο φίλες περπατᾶνε καί συζητᾶνε χαρούμενα. Μέ τήν κουβέντα ἡ ὥρα περνάει καί φτάνουν στό Μοναστηράκι. Στό πρῶτο μαγαζί μπαίνουν μέσα. (Συνεχίζεται)

Λέξεις

περνάω καί παίρνω	abholen
ἡ φίλη	Freundin
χτυπάω (κτυπάω)	klopfen, schlagen, klingeln
τό κουδούνι	Klingel
κρατάω	halten
ἕτοιμος, -η, -ο	fertig, bereit
τό πράγμα	Sache, Ding
διάφορος, -η, -ο	verschieden
ὁπωσδήποτε	unbedingt, auf jeden Fall
τό ζευγάρι	Paar
τό παπούτσι	Schuh
τό Μοναστηράκι	Geschäftsviertel in der Altstadt von Athen
ἡ ποικιλία	Auswahl, Mannigfaltigkeit
ἡ τιμή	Preis, Ehre
εὐχαριστημένος, -η, -ο	zufrieden
ἡ παρέα	Gesellschaft, Gruppe
τό τρόλλεϋ	Trolleybus (Oberleitungsbus)
ἀργῶ	sich verspäten, lange ausbleiben
περνάω	vorbeigehen, -fahren, vergehen, verbringen
φτάνω	ankommen
ἡ Ὁμόνοια	Eintracht (Zentralplatz in Athen)
προχωρῶ	fortschreiten, vorangehen, weitergehen
πώ πώ	Interjektion: o je! o weh!
τί γίνεται;	was ist los, was geschieht
ὁ τουρίστας, ἡ τουρίστρια	Tourist, Touristin
ἀναμνηστικός, -ή, -ό	erinnernd, Erinnerungs-
τό δωράκι (δῶρο)	kleines Geschenk
Γερμαν- ός, -ίδα, γερμανικά	Deutscher, -e, deutsch
Ἀγγλ-ος, -ίδα, ἀγγλικά	Engländer, -in, englisch
Γάλλ-ος, -ίδα, γαλλικά	Franzose, -ösin, französisch
ἡ πατρίδα	Vaterland, Heimat
μιλάω	sprechen
ἡ γλῶσσα	Sprache, Zunge

περπατάω   gehen, laufen
συζητάω   sich unterhalten, plaudern
χαρούμενος, -η, -ο   froh
ἡ κουβέντα   Plauderei, Unterhaltung
πρός   Präp.: zu, nach, in Richtung auf
συνεχίζεται (συνεχίζω) Fortsetzung folgt

Ἐκφράσεις

Περνάω καί παίρνω.
Πολλά καί διάφορα
Χρειάζομαι ὁπωσδήποτε.
Ἕνα ζευγάρι παπούτσια, γάντια, κάλτσες κλπ.
Ἔρχομαι γιά παρέα.
Μέ τήν κουβέντα.

ΓΡΑΜΜΑΤΙΚΗ

Ρήματα συνηρημένα Endbetonte Verben (Kontrakta)

Diese Konjugation zerfällt, nach der Endung der 2. Person Singular Präsens, in zwei Klassen:

1. Klasse -ᾶς   2. Klasse - εῖς

κρατ - άω   (-ῶ)   εὐχαριστ - ῶ
κρατ - ᾶς   εὐχαριστ - εῖς
κρατ - άει   (-ᾶ)   εὐχαριστ - εῖ
κρατ - ᾶμε   (-οῦμε)   εὐχαριστ- οῦμε
κρατ - ᾶτε   εὐχαριστ - εῖτε
κρατ - ᾶνε   (-οῦν, -ε)   εὐχαριστ - οῦν (-ε)

Bemerkung: Wie bei den stammbetonten Verben kann auch hier ein euphonisches -ε an die dritte Person Plural angehängt werden.
Bei der Klasse - ᾶς wird in der Umgangssprache die 1. und die 3. Person Singular unkontrahiert verwendet

Die 1. Klasse ist die umfangreichste. Die häufigsten Verben sind:

ἀγαπάω	lieben	περνάω	vorbeigehen
ἀπαντάω	antworten	πετάω	fliegen, fortgehen
βαστάω	halten, aushalten	πηδάω	springen
γελάω	lachen	πονάω	Schmerzen haben
γλεντάω	sich amüsieren	πουλάω	verkaufen
διψάω	Durst haben	ρωτάω	fragen
κεντάω	sticken, stechen	σπάω	zerbrechen
κολλάω	kleben	σταματάω	halten, anhalten
κρατάω	halten, aushalten	συναντάω	treffen
κρεμάω	hängen, aufhängen	τιμάω	schätzen
κυβερνάω	regieren	ἐκτιμάω	schätzen, abschätzen
κυνηγάω	jagen, verfolgen	προτιμάω	vorziehen
μελετάω	lernen, einüben	τραβάω	ziehen
μιλάω	sprechen	φυσάω	wehen, blasen
νικάω	siegen, besiegen	χαιρετάω	grüßen
ξεχνάω	vergessen	χαλάω	kaputtgehen,- machen
πεινάω	Hunger haben	χτυπάω	klopfen, schlagen

Da die 2. Klasse als altertümlich gilt, werden manche ihrer Verben auch nach der 1. Klasse konjugiert. Daher präge man sich am besten ein, welche Verben nach der 2. Klasse konjugiert werden <u>müssen</u>:

ἀγνοῶ	ignorieren	καλλιεργῶ	pflegen
ἀδικῶ	unrecht tun	καλῶ	einladen
ἀπορῶ	staunen	κατοικῶ	wohnen
ἀποτελῶ	bilden	κινῶ (κουνάω)	bewegen
ἀργῶ	sich verspäten	λειτουργῶ	funktionieren
ἀφαιρῶ	abziehen, wegnehmen	μπορῶ	können
δημιουργῶ	schaffen, verursachen	προσπαθῶ	sich bemühen
ἐνοχλῶ	stören	συγκινῶ	ergreifen
ἐπιθυμῶ	wünschen	τηλεγραφῶ	telegraphieren
ἐπιχειρῶ	versuchen	ὑπηρετῶ	dienen
ζῶ	leben	φρονῶ	meinen
θεωρῶ	betrachten	ὠφελῶ	nützen

Dazu gehören auch alle Verben, die mit dem Verb **ποιῶ** "**machen**" zusammengesetzt sind, z.B.

γνωστοποιῶ : bekanntmachen
εἰδοποιῶ : benachrichtigen
χρησιμοποιῶ : benützen, verwenden

Ἡ πρόθεση "πρός" Die Präposition πρός

Sie drückt aus:
a) die Richtung, die Annäherung (lokal oder temporal).
In diesen Fällen kann sie durch die Präposition **κατά** ersetzt werden, z.B.
Προχωρῶ πρός τό Μοναστηράκι (κατά τό Μοναστηράκι).
Ich gehe in Richtung Monastiraki weiter.
Φτάνω πρός τό βράδυ (κατά τό βράδυ).
Ich komme gegen Abend an.

b) die Adresse in der offiziellen Korrespondenz, z.B.
Πρός τό Πανεπιστήμιο, πρός τόν κύριο Διευθυντή.
An die Universität, an den Herrn Direktor.

c) den Kaufpreis, z. B.
Ἀγοράζει δύο βιβλία πρός πενήντα εὐρώ τό ἕνα.
Er kauft zwei Bücher zu 50 Euro pro Stück.

Ὑποκοριστικά Verkleinerungsformen (Diminutiva)

Sie entstehen aus anderen Substantiven, wenn man an deren Stamm folgende Endungen anhängt:
1) **- άκης, - άκος, - ούλης** an ein Maskulinum, z.B.
Γιάνν -ης Γιανν -άκης, δρόμ-ος δρομ-άκος, ἀδελφ-ός ἀδελφ-ούλης

2) **- ίτσα, - ούλα** an ein Femininum, z.B.
Ἐλέν - η Ἐλεν- ίτσα, πόρτ - α πορτ -ούλα πορτ - ίτσα

3) **- άκι, - ούλι** an ein Neutrum, z.B.
σπίτ -ι σπιτ -άκι, δέντρ-ο δεντρ -άκι δεντρ -ούλι

An die meisten Maskulina oder Feminina kann auch die Endung **-άκι** ange-

hängt werden, wobei sie dann zu Neutra werden, z. B.
ὁ δρόμ -ος   τό δρομ-άκι,   ἡ πόρτ -α   τό πορτ -άκι

Bei den ungleichsilbigen Neutra wird die Diminutivendung an das -τ - des Plurals, bei den ungleichsilbigen Maskulina und Feminina an das -δ- des Plurals angehängt, z. B.
τό γράμ - μα,   τά γράμ- ματα,   τό γραμματ - άκι
ὁ καφ - ές,   οἱ καφ - έδες,   τό καφεδ - άκι

Die Diminutive werden auch verwendet, um auszudrücken: Zärtlichkeit, etwas, das man gern tut, etwas Ungenaues oder sogar etwas Pejoratives, z. B.
μητερούλα: Mütterchen, ἕνα οὐζάκι, κατά τό βραδάκι, aber ἀνθρωπάκι: Menschlein, unbedeutender Mensch.

Ἐθνικά ὀνόματα Völkernamen

Sie enden auf - ος, - ίδα (- η, - έζα) oder - έζος, - έζα. z.B.
Γερμανός- Γερμανίδα, Σουηδός - Σουηδή (Σουηδέζα), Κινέζος- Κινέζα, oder auf -άνος, - άνα, z.B. Ἀμερικάνος - Ἀμερικάνα
aber: Ἀρμένης- Ἀρμένισσα, Ἀσιάτης - Ἀσιάτισσα, Ἕλληνας -Ἑλληνίδα, Τοῦρκος -Τουρκάλα (siehe Liste).
Die daraus entstehenden Adjektive enden auf - ικός, - ική, - ικό, z.B. ἀγγλικός, ἀγγλική, ἀγγλικό.

Im Gegensatz zum Deutschen wird im Griechischen bei Berufsbezeichnungen und Titeln nicht das Adjektiv, sondern der Völkername selbst gebraucht, z.B.
    Ἕνας Γερμανός καθηγητής, μία Ἀγγλίδα δασκάλα.
Bei Gegenständen wird das Adjektiv gebraucht, z.B.
ἕνα γαλλικό λεξικό, μία γιαπωνέζικη φωτογραφική μηχανή

Man sagt Μιλάω ἑλληνικά, γερμανικά, ἰταλικά κλπ.
    Τά ἑλληνικά εἶναι δύσκολα.
    Τά ἑλληνικά εἶναι δύσκολη γλώσσα oder
    Ἡ ἑλληνική γλώσσα εἶναι δύσκολη.

Αἰτιολογικές προτάσεις Begründungssätze

Sie werden durch eine Begründungskonjunktion eingeleitet. z.B.

γιατί	weil, denn
ἐπειδή	weil
ἀφοῦ	nachdem, weil, da
μιά καί	da

Παραδείγματα:

Πηγαίνω μέ τά πόδια,

γιατί τά τρόλλευ ἀργοῦν.
ἐπειδή τά τρόλλευ ἀργοῦν.
ἀφοῦ τά τρόλλευ ἀργοῦν.
μιά καί τά τρόλλευ ἀργοῦν.

Ἐπειδή τά τρόλλευ ἀργοῦν,
Ἀφοῦ τά τρόλλευ ἀργοῦν,   πηγαίνω μέ τά πόδια.
Μιά καί τά τρόλλευ ἀργοῦν,

In einem Satzgefüge können die mit **γιατί** eingeleiteten Sätze nur dem Hauptsatz folgen (vgl. im Deutschen **denn**), z.B. Ἐπειδή δέν ἔχω αὐτοκίνητο, ἔρχομαι μέ τά πόδια. Dagegen: Ἔρχομαι μέ τά πόδια, **γιατί** δέν ἔχω αὐτοκίνητο.

Σατιρικό ἐπίγραμμα
Σ' ἕνα συγγραφέα
Μήν ἀκοῦς τί φλυαροῦνε!
Μήπως ξέρουνε τί λένε;
Γράφεις δράματα, γελοῦνε.
Γράφεις κωμωδίες, κλαῖνε.
Κωνσταντίνος Σκόκος ('Αθήνα 1854-1925)

Λέξεις

σατιρικός, -ή, -ό	satirisch
τό ἐπίγραμμα	Epigramm
ὁ συγγραφέας	Schriftsteller
φλυαρῶ	schwätzen

Κράτη καί χῶρες	Πρωτεύουσες	Κάτοικοι	Γλῶσσες
ἡ Ἀγγλία	τό Λονδίνο	ὁ Ἄγγλος ἡ Ἀγγλίδα	τά ἀγγλικά, ἡ ἀγγλική
τό Βέλγιο	οἱ Βρυξέλλες	ὁ Βέλγος ἡ Βελγίδα	τά φλαμανδικά, ἡ φλαμανδική
ἡ Βουλγαρία	ἡ Σόφια	ὁ Βούλγαρος ἡ Βουλγάρα	τά βουλγαρικά, ἡ βουλγαρική
ἡ Γαλλία	τό Παρίσι	ὁ Γάλλος ἡ Γαλλίδα	τά γαλλικά, ἡ γαλλική
ἡ Γερμανία	τό Βερολίνο	ὁ Γερμανός ἡ Γερμανίδα	τά γερμανικά, ἡ γερμανική
ἡ Δανία	ἡ Κοπεγχάγη	ὁ Δανός ἡ Δανέζα, Δανίδα	τά δανικά, τά δανέζικα ἡ δανική
ἡ Ἐλβετία	ἡ Βέρνη	ὁ Ἐλβετός ἡ Ἐλβετίδα	
ἡ Ἑλλάδα	ἡ Ἀθήνα	ὁ Ἕλληνας ἡ Ἑλληνίδα	τά ἑλληνικά, ἡ ἑλληνική
ἡ Ἰταλία	ἡ Ρώμη	ὁ Ἰταλός ἡ Ἰταλίδα	τά ἰταλικά, ἡ ἰταλική
ἡ Ἰσπανία	ἡ Μαδρίτη	ὁ Ἰσπανός ἡ Ἰσπανίδα	τά ἰσπανικά, ἡ ἰσπανική
ἡ Νορβηγία	τό Ὄσλο	ὁ Νορβηγός ἡ Νορβηγίδα	τά νορβηγικά, ἡ νορβηγική
ἡ Ὁλλανδία	ἡ Χάγη	ὁ Ὁλλανδός ἡ Ὁλλανδέζα	τά ὁλλανδικά ἡ ὁλλανδική
ἡ Οὑγγαρία	ἡ Βουδαπέστη	ὁ Οὗγγρος ἡ Οὑγγαρέζα	τά οὑγγαρέζικα, ἡ οὑγγρική
ἡ Πολωνία	ἡ Βαρσοβία	ὁ Πολωνός ἡ Πολωνέζα	τά πολωνικά, ἡ πολωνική
ἡ Ρουμανία	τό Βουκουρέστι	ὁ Ρουμάνος ἡ Ρουμανίδα	τά ρουμανικά, ἡ ρουμανική
ἡ Ρωσία	ἡ Μόσχα	ὁ Ρῶσος ἡ Ρωσίδα	τά ρωσικά, ἡ ρωσική

		ἡ Σουηδέζα	ἡ σουηδική
ἡ Φιλλανδία	τό Ἑλσίνκι	ὁ Φιλλανδός	τά φιλλανδικά,
		ἡ Φιλλανδέζα	ἡ φιλλανδική
ἡ Τουρκία	ἡ Ἄγκυρα	ὁ Τοῦρκος	τά τουρκικά,
		ἡ Τουρκάλα	ἡ τουρκική
ἡ Αὐστρία	ἡ Βιέννη	ὁ Αὐστριακός	τά γερμανικά,
		ἡ Αὐστριακή	ἡ γερμανική

Ἤπειροι

ἡ Ἀμερική	ὁ Ἀμερικανός
	ἡ Ἀμερικανίδα
ἡ Ἀσία	ὁ Ἀσιάτης
	ἡ Ἀσιάτισσα
ἡ Αὐστραλία	ὁ Αὐστραλός
	ἡ Αὐστραλέζα
ἡ Ἀφρική	ὁ Ἀφρικανός
	ἡ Ἀφρικανίδα
ἡ Εὐρώπη	ὁ Εὐρωπαῖος
	ἡ Εὐρωπαία

Δέκατο μάθημα

Στό κατάστημα (Συνέχεια)

Πωλήτρια: Ὁρίστε, παρακαλῶ!
Ἑλένη: Χρειάζομαι ἕνα ζευγάρι παπούτσια σπόρ.
Πωλ. Τί νούμερο φορᾶτε, παρακαλῶ, καί τί χρῶμα προτιμᾶτε;
Ἑλ. Φοράω τριάντα ἑπτά (37), τό χρῶμα δέν παίζει ρόλο.
Πωλ. Πῶς σᾶς φαίνεται αὐτό τό παπουτσάκι; Εἶναι ἡ τελευταία μόδα καί πολύ κομψό.
Ἑλ. Μά αὐτό ἔχει τακούνι κι ἐγώ ζητάω ἕνα παπούτσι σπόρ.
Πωλ. Μά εἶναι ἡ τελευταία μόδα.
Ἑλ. Τί νά τήν κάνω ἐγώ τή μόδα, ὅταν μοῦ πονᾶνε τά πόδια;
Πωλ. Μά καί αὐτό πού φορᾶτε ἔχει ψηλό τακούνι.
Ἑλ. Γι αὐτό ἀκριβῶς ζητάω τώρα ἕνα παπούτσι μέ χαμηλό τακούνι.
Πωλ. Τί λέτε γι αὐτό ἐδῶ τό μαῦρο; Δέν εἶναι τόσο κομψό ὅσο τό ἄλλο, εἶναι ὅμως πιό ἀναπαυτικό ἀπ' αὐτό.
Ἑλ. Εἶναι καί πιό φτηνό ἀπ' αὐτό;
Πωλ. Ἅ, ὄχι! Αὐτό εἶναι πάρα πολύ ἀκριβό. Εἶναι τό πιό ἀκριβό παπούτσι πού ἔχομε, γιατί εἶναι ἡ πιό καλή ποιότητα πού ὑπάρχει.
Ἑλ. Εὐχαριστῶ, ὄχι! Δέν ἀγοράζω τόσο ἀκριβά παπούτσια.
Πωλ. Πῶς σᾶς φαίνεται αὐτό τό κόκκινο;
Ἡ Ἑλένη τό παίρνει καί τό φοράει. Κοιτάζεται στόν καθρέφτη. Φαίνεται εὐχαριστημένη.
Μία κυρία: Μέ συγχωρεῖτε, πού ἀνακατεύομαι, δεσποινίς μου, ἀλλά τά σπόρ παπούτσια δέ σᾶς πᾶνε καθόλου.
Ἕνας κύριος: Ἡ δεσποινίς ἔχει δίκαιο. Τά ψηλά τακούνια χαλᾶνε τά πόδια.
Ἡ κυρία: Γιατρός εἴσαστε, κύριε, καί μιλᾶτε ἔτσι;
Ὁ κύριος: Τί σᾶς ἐνδιαφέρει τί εἶμαι;
Οἱ δύο φίλες κοιτάζονται καί γελᾶνε κρυφά. Τά παπούτσια τῆς κάνουν καί ἡ Ἑλένη τά παίρνει. Πληρώνει στό ταμεῖο καί φεύγουν.
Ἑλ. Καί τώρα, Κατερίνα μου, πᾶμε σ' αὐτό τό ζαχαροπλαστεῖο, γιατί πεινάω καί διψάω τρομερά.

Λέξεις

ἡ πωλήτρια	Verkäuferin
ὁρίστε	bitte schön; wie bitte?
τό νούμερο	Nummer, Größe
φοράω	anziehen, tragen (für Kleider)
ὁ ρόλος	Rolle
τό χρῶμα	Farbe
φαίνομαι	scheinen, erscheinen, vorkommen
τελευτ-αῖος, -αία, -αῖο	letzter (hier. neuester)
ἡ μόδα	Mode
κομψός, -ή, -ό	elegant
τό τακούνι	Schuhabsatz
ζητάω	verlangen, suchen
γι αὐτό ἀκριβῶς	gerade deswegen
μαῦρος, μαύρη, μαῦρο	schwarz
τόσο .... ὅσο	so ... wie
ἀναπαυτικός, -ή, -ό	bequem
ἡ ποιότητα	Qualität
κόκκινος, -η, -ο	rot
κοιτάζομαι	sich betrachten
ὁ καθρέφτης (καθρέπτης)	Spiegel
εὐχαριστημένος, -η, -ο	zufrieden
συγχωρῶ	verzeihen
μέ συγχωρεῖτε πού	entschuldigen Sie mich, daß
ἀνακατεύομαι	sich einmischen
τό σπόρ	Sport, sportlich
ἡ δεσποινίς	Fräulein
μοῦ πᾶνε	mir stehen
τό δίκαιο, ἔχω δίκαιο	Recht, ich habe recht
κρυφά	heimlich (Adverb)
μοῦ κάνουν	mir passen
πληρώνω	bezahlen
φεύγω	fortgehen, -fahren
τό ζαχαροπλαστεῖο	Konditorei
τρομερά	schrecklich (Adverb)

Ἐκφράσεις

Τί νούμερο φορᾶτε;
Αὐτό δέν παίζει ρόλο.
Πῶς σᾶς φαίνεται αὐτό;
Ἔχετε δίκαιο.
Λέω γιά ... .Τί λέτε γι αὐτά τά παπούτσια;
Τό παπούτσι εἶναι ἀναπαυτικό.

ΓΡΑΜΜΑΤΙΚΗ

Παραθετικά ἐπιθέτων καί ἐπιρρημάτων
Die Steigerung der Adjektive und der Adverbien

Das Adjektiv und das Adverb haben drei Stufen:

1) **Die Grundstufe:** **Positiv**
2) **Die erste Steigerungsstufe:** **Komparativ**
3) **Die zweite Steigerungsstufe:** **Superlativ**

Bei dem letzteren unterscheidet man:
    a) **den relativen Superlativ.** Das Substantiv wird mit anderen verglichen und das Vergleichsglied kommt vor.
    b) **den absoluten Superlativ oder Elativ.** Er bezeichnet einen sehr hohen Grad; bei ihm fehlt das Vergleichsglied.

Σχηματισμός τῶν Παραθετικῶν Bildung der Steigerung

Es gibt zwei Möglichkeiten:
1) **Anhängen bestimmter Endungen an das Adjektiv oder an das Adverb** (siehe dazu Lektion 20).
2) **Umschreibung, indem man das Adverb** πιό - "mehr" vor das Adjektiv oder das Adverb setzt.

Der relative Superlativ beim Adjektiv wird durch den bestimmten Artikel und den Komparativ gebildet.

Der relative Superlativ beim Adjektiv wird durch den bestimmten Artikel und den Komparativ gebildet.
Beim Adverb wird er durch den Komparativ des Adverbs + ἀπ' ὅλους, ἀπ' ὅλα, ἀπ' τούς ἄλλους, ἀπ' τά ἄλλα κλπ. gebildet.
Der absolute Superlativ beim Adjektiv und beim Adverb wird gebildet, indem man die Adverbien πολύ, πάρα πολύ, πολύ πολύ vor den Positiv des Adjektivs oder des Adverbs setzt (siehe unten).

Bemerkung

Alle steigerungsfähigen Adjektive und Adverbien können mit: πιό gesteigert werden.
Die Adjektive, welche Farben, Materie oder Abstammung bezeichnen, bilden keine Steigerung. Die Farben differenziert man, indem man die Adjektive: ἀνοικτό· hell oder σκοῦρ: dunkel verwendet, z.B.
μπλέ ἀνοικτό, πράσινο σκοῦρο κλπ.

Vergleichspartikel

Im Positiv: τόσο .... ὅσο (so .... wie)
Im Komparativ und im relativen Superlativ steht im Vergleichsglied die Präposition ἀπό mit dem Akkusativ.

Παραδείγματα

Positiv	Ὁ Τάκης εἶναι ψηλός.	
	Ὁ Τάκης εἶναι **τόσο** ψηλός	**ὅσο** ὁ Κώστας.
Komparativ:	Ὁ Τάκης εἶναι **πιό** ψηλός	**ἀπό** τόν Κώστα.
rel. Superl.:	Ὁ Τάκης εἶναι **ὁ πιό** ψηλός	**ἀπό ὅλους**.
abs. Superl.:	Ὁ Τάκης εἶναι **πάρα πολύ**	ψηλός.
Positiv:	Ἡ Ἄννα μιλάει καλά	ἀγγλικά.
	Ἡ Ἄννα μιλάει **τόσο** καλά	**ὅσο** ἡ Νίνα.
Komparativ:	Ἡ Ἄννα μιλάει **πιό** καλά	**ἀπό** τή Νίνα.
rel. Superl.:	Ἡ Ἄννα μιλάει **πιό** καλά	**ἀπό ὅλες**.
abs. Superl.:	Ἡ Ἄννα μιλάει **πάρα πολύ** καλά.	

'Αριθμητικά (Συνέχεια)
Zahlen (Fortsetzung, s. Lektion 4)

'Απόλυτα ἀριθμητικά Grundzahlen	Τακτικά ἀριθμητικά Ordnungszahlen
ἕνδεκα (ἕντεκα)	ἐνδέκατος, ἐνδεκάτη, ἐνδέκατο
δώδεκα	δωδέκατος, δωδεκάτη, δωδέκατο
δέκα τρία (τρεῖς)	δέκατος τρίτος
δέκα τέσσερα (τέσσερεις)	δέκατος τέταρτος
δέκα πέντε	δέκατος πέμπτος
δέκα ἕξι	δέκατος ἕκτος
δέκα ἑπτά (ἑφτά)	δέκατος ἕβδομος
δέκα ὀκτώ (ὀχτώ)	δέκατος ὄγδοος
δέκα ἐννέα (ἐννιά)	δέκατος ἔνατος
εἴκοσι	εἰκοστός, εἰκοστή, εἰκοστό
εἴκοσι ἕνας, μία, ἕνα	εἰκοστός πρῶτος
εἴκοσι δύο	εἰκοστός δεύτερος
εἴκοσι τρεῖς, τρία	εἰκοστός τρίτος
εἴκοσι τέσσερεις, τέσσερα	εἰκοστός τέταρτος
εἴκοσι πέντε	εἰκοστός πέμπτος
εἴκοσι ἕξι	εἰκοστός ἕκτος
εἴκοσι ἑπτά	εἰκοστός ἕβδομος
εἴκοσι ὀκτώ	εἰκοστός ὄγδοος
εἴκοσι ἐννέα	εἰκοστός ἔνατος
τριάντα	τριακοστός, -ή. -ό
σαράντα	τεσσαρακοστός
πενήντα	πεντηκοστός
ἑξήντα	ἑξηκοστός
ἑβδομήντα	ἑβδομηκοστός
ὀγδόντα	ὀγδοηκοστός
ἐνενήντα	ἐνενηκοστός
ἑκατό (ν)	ἑκατοστός

Mit wenigen Ausnahmen haben die Ordnungszahlen von **1 - 19** die Endung **- τος,** von **20 an** die Endung **-στός**.
Die Ordnungszahlen werden wie Adjektive gebraucht und richten sich nach dem zugehörigen Substantiv, z.B.
ὁ πρῶτος σταθμός, ἡ δεκάτη τρίτη στάση, τό εἰκοστό βιβλίο.

Der Akkusativ Singular des Neutrums dient auch als Adverb, das die ordnende Reihenfolge bezeichnet, z.B. πρῶτον erstens, δεύτερον zweitens usw.

'Ενδύματα 'Εσώρουχα 'Υποδήματα Τσάντες, 'Ομπρέλλες

τό αδιάβροχο	Regenmantel
τό γάντι	Handschuh
τό γιλέκο	Westchen
ἡ γραβάτα	Krawatte
τά ενδύματα	Kleider
τά εσώρουχα	Unterwäsche
τό καπέλλο	Hut
τό κομπιναιζόν	Unterrock
τό κουστούμι	Herrenanzug
ἡ κυλότα	Damenslip
τό κασκόλ	Halstuch, Schal
ἡ κάλτσα	Strumpf, Socke
ἡ μπλούζα	Bluse
τό νυχτικό	Nachthemd
ἡ ὀμπρέλλα	Schirm
τό παλτό	Mantel
τό παντελόνι	Hose
τό παπούτσι	Schuh
τό πουκάμισο (ὑποκάμισο)	Hemd
τό πουλόβερ	Pullunder
ἡ πυτζάμα (μπιτζάμα)	Schlafanzug
ἡ παντόφλα	Pantoffel. Hausschuh
τό σακκάκι	Sakko
τό σώβρακο	Herrenunterhose
τό ταγιέρ	Kostüm
ἡ τσάντα	Handtasche, Einkaufstasche
τό ὑπόδημα	Schuh
ἡ φανέλλα	Herrenunterhemd
τό φόρεμα	Damenkleid
ἡ φούστα	Rock

Τί χρῶμα;

ἄσπρος, -η, -ο	weiß
λευκός, -ή, -ό	weiß
γκρί	grau
καφέ, καφετής	braun
κίτρινος, -η, -ο	gelb
κόκκινος, -η, -ο	rot
μαῦρος, μαύρη, μαῦρο	schwarz
μπέζ	beige
μπλέ	blau
πράσινος, -η, -ο	grün
ρόζ	rosa

Τί ποιότητα;

βαμβακερός, -ή, -ό	baumwollen
λινός, -ή, -ό	leinen
μάλλινος, -η, -ο	wollen
μεταξωτός, -ή, -ό	seiden
συνθετικός, -ή, -ό	synthetisch

Τί σχέδιο;

ἐμπριμέ	gemustert
καρρώ	kariert
μονόχρωμος, -η, -ο	einfarbig
πολύχρωμος, -η, -ο	bunt
ριγέ	gestreift
τό σχέδιο	Muster, Schnitt

Τό σῶμα

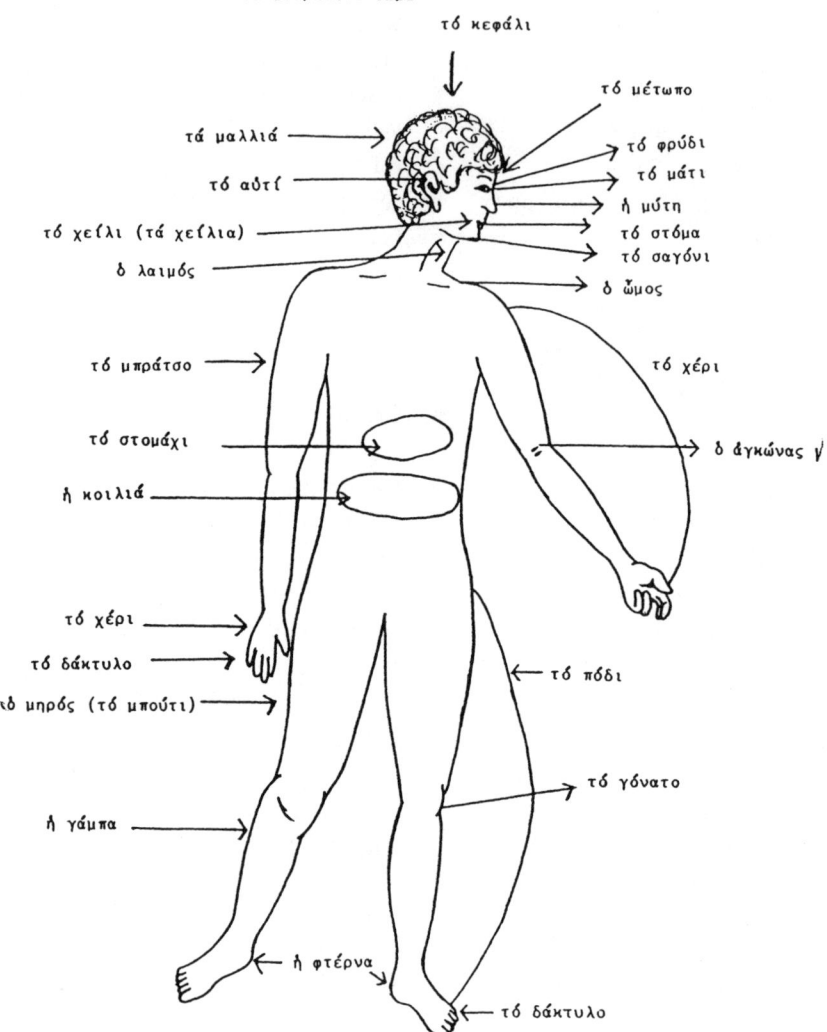

Μέσα στό κεφάλι εἶναι τό μυαλό. τό μυαλό:Hirn, Gehirn
Μέσα στό στῆθος εἶναι ἡ καρδιά. τό στῆθος:Brust,ἡ καρδιά:Herz
Μέσα στό στόμα εἶναι τά δόντια. τό δόντι: Zahn

Διάλογος

Στό γιατρό

Ένας κύριος πάει μιά μέρα σ' ἕνα γιατρό.
- Γιατρέ μου, δέν αἰσθάνομαι καθόλου καλά.
- Τί ἔχετε; Δέν ἔχετε ὄρεξη;
- Ὄρεξη ἔχω, τρώω σά λύκος.
- Μήπως ἔχετε ἀϋπνία;
- Μπά, ὄχι. Κοιμᾶμαι βαθιά σάν ἀρκούδα.
- Μήπως ἔχετε ρευματισμούς; Μήπως σᾶς πονᾶνε τά πόδια;
- Μπά, ὄχι, Τρέχω σά λαγός.
- Μέ συγχωρεῖτε, κύριε, ἀλλά τότε δέ χρειαζόσαστε γιατρό, ἀλλά κτηνίατρο.

Λέξεις

ἡ ὄρεξη	Appetit, Lust
ὁ λύκος	Wolf
ἡ ἀϋπνία	Schlaflosigkeit
βαθιά	tief
ἡ ἀρκούδα	Bär
οἱ ρευματισμοί	Rheuma
ὁ λαγός	Hase
τότε	dann
ὁ κτηνίατρος	Tierarzt

Ἑνδέκατο μάθημα

Στή στάση

Α.- Μέ συγχωρεῖτε, τί ὥρα περνάει τό λεωφορεῖο γιά τή Βουλιαγμένη;
Β - Περνάει στίς ὀκτώ.
Α - Δηλαδή σέ πέντε λεπτά.
Β - Ὄχι, σέ δέκα.
Α - Μά πῶς, ἐγώ ἔχω ὀκτώ παρά πέντε. Τί ὥρα ἔχετε ἐσεῖς;
Β - Ἴσως πηγαίνει τό ρολόι σας μπροστά. Τό δικό μου λέει ὀκτώ παρά δέκα.
Α - Ἀδύνατο. Ἴσως τό δικό σας πηγαίνει πίσω.
Β - Ἀποκλείεται! Τό ρολόι μου εἶναι ἠλεκτρονικό καί πάει ἀκριβῶς.
Ἕνας περαστικός: Μήν τσακωνόσαστε γιά τήν ὥρα. Σήμερα δέν περνάει κανένα λεωφορεῖο, γιατί ἔχουν ἀπεργία.

Λέξεις

ἡ Βουλιαγμένη	Badeort bei Athen
ἡ ὥρα	Uhrzeit, Stunde (allgemein: Zeit)
δηλαδή	nämlich, das heißt
τό λεπτό	Minute
μά πῶς	wieso
παρά	Präposition, bei Zahlen: weniger
ἴσως	vielleicht
τό ρολόι	Uhr
ἀδύνατο	unmöglich
ἠλεκτρονικός, -ή, -ό	elektronisch
ὁ περαστικός	Passant
ἡ ἀπεργία	Streik
παρά	Präpsition, bei Zahlen: weniger

Τό ρολόι

Νά ἕνα ρολόι. Εἶναι ἐπάνω στό κομοδίνο μου. Τό ρολόι δείχνει τίς ὧρες, τά λεπτά καί τά δευτερόλεπτα. Αὐτό τό ρολόι εἶναι ξυπνητήρι. Τό πρωί χτυπάει καί μέ ξυπνάει. Ξυπνᾶτε ἐσεῖς μόνοι σας; Ἐγώ ποτέ. Χρειάζομαι

πάντα τό ξυπνητήρι. Γι αὐτό τό παίρνω σέ ὅλα τά ταξίδια μαζύ μου. Τό ξυπνητήρι κι ἐγώ εἴμαστε ἀχώριστοι φίλοι.
Στό χώλλ ἔχομε ἕνα μεγάλο ρολόι, πού χτυπάει τίς ὧρες δυνατά καί τό ἀκοῦμε ὅλοι. Ὁ πατέρας μου ἔχει τό ρολόι του στήν τσέπη. Ἐγώ φοράω τό ρολόι μου στό χέρι. Αὐτό τό ρολόι δέν πάει ποτέ καλά. Τό βάζω ἐπίτηδες πέντε λεπτά μπροστά κι ἔτσι ἔρχομαι πάντοτε στήν ὥρα μου. Βλέπετε τί ἔξυπνος πού εἶμαι;

Λέξεις

τό κομοδίνο	Nachttisch
τό δευτερόλεπτο	Sekunde
τό ξυπνητήρι	Wecker
τό ταξίδι	Reise
ἀχώριστος, -η, -ο	unzertrennlich, ungetrennt
ὁ φίλος	Freund
ἐπίτηδες	absichtlich
στήν ὥρα μου, σου, του κλπ.	beizeiten, pünktlich
ἔξυπνος, -η, -ο	klug, aufgeweckt

Ἡ ὥρα

Ἡ ὥρα ἔχει ἑξήντα λεπτά. Τό λεπτό ἔχει ἑξήντα δευτερόλεπτα.
Ρωτᾶμε γιά τήν ὥρα:

Τί ὥρα ἔχετε; Ἔχω τρεῖς ἀκριβῶς.
Τί ὥρα εἶναι; Εἶναι τρεῖς ἀκριβῶς.
                τρεῖς καί πέντε   3 Uhr 5
                τρεῖς καί δέκα   3 Uhr 10
                τρεῖς καί τέταρτο   3 Uhr 15
                τρεῖς καί εἴκοσι   3 Uhr 20
                τρεῖς καί εἴκοσι πέντε   3 Uhr 25
                τρεῖς καί μισή   oder   3 Uhr 30
                τρεισήμισι

Είναι τέσσερες παρά είκοσι πέντε	3 Uhr 35
τέσσερες παρά είκοσι	3 Uhr 40
τέσσερες παρά τέταρτο	3 Uhr 45
τέσσερες παρά δέκα	3 Uhr 50
τέσσερες παρά πέντε	3 Uhr 55
τέσσερες ακριβώς	4 Uhr genau

Man sagt: δύο καί μισή, πέντε καί μισή, aber: δυόμισι, τρεισήμισι.

Will man die genaue Zeit angeben, zu der etwas geschieht, dann nimmt man die Präposition **σέ + τίς = στίς**, aber: **στή μία**.
Bei ungefähren Zeitangaben verwendet man die Präposition **κατά + τίς (τή)** z. B.: κατά τίς δέκα, κατά τή μία.

Der Anfang und das Ende eines Zeitraumes: **από τίς δύο μέχρι τίς επτά**.
Bei amtlichen Zeitangaben verwendet man die fortlaufenden Zahlen von 1-24 oder die Abkürzungen π.μ. = πρίν από τό μεσημέρι (vormittags) oder μ.μ.= μετά από τό μεσημέρι (nachmittags) bei den Zahlen von 1 -12. π.μ.hieß früher: πρό μεσημβρίας und μ.μ: μετά μεσημβρίαν.

Ἡ ἑβδομάδα Die Woche

Ἡ ἑβδομάδα ἔχει ἑπτά ἡμέρες. Αὐτές εἶναι:

ἡ Κυριακή	Sonntag
ἡ Δευτέρα	
ἡ Τρίτη	
ἡ Τετάρτη	
ἡ Πέμπτη	
ἡ Παρασκευή	
τό Σάββατο	

Für die Zeitangabe mit Wochentagen nimmt man einfach den Akkusativ, z.B. τήν Τετάρτη, τήν Παρασκευή κλπ.

Η Κυριακή

Η Κυριακή είναι ημέρα γιά χαρά καί διασκέδαση. Τήν περιμένουν κιόλας άπό τή Δευτέρα καί ζούνε γι αυτήν. Όλοι είναι καθαροί καί περιποιημένοι. Φοράνε τά καλά τους πού τά φυλάνε στήν ντουλάπα γιά τήν Κυριακή. Οί άντρες φοράνε γραβάτα κι οί γυναίκες τό καλό τους τό φόρεμα καί τά κοσμήματά τους.
Ό κόσμος διασκεδάζει. "Αλλοι πάνε στόν κινηματογράφο ή στό θέατρο, άλλοι στήν ταβέρνα καί τρώνε. Τ' άγόρια πάνε στό ποδόσφαιρο, τά κορίτσια στό ζαχαροπλαστείο. Όταν ό καιρός είναι καλός, κάνουν όλοι βόλτα στήν πλατεία.
Όλα είναι ωραία τήν Κυριακή, μόνο ένα είναι άσχημο. Τήν άλλ μέρα είναι Δευτέρα καί ή δουλειά ξαναρχίζει. Γι αυτό εγώ προτιμώ τό Σάββατο. Εσείς ποιά μέρα προτιμάτε;

Λέξεις

ή χαρά	Freude
ή διασκέδαση	Unterhaltung
καθαρός, -ή, -ό	sauber
περιποιημένος, -η, -ο	gepflegt
τά καλά μου	meine Sonntagskleider
φυλάω	aufheben, hüten, aufbewahren
ή ντουλάπα	Kleiderschrank
τά κοσμήματα	Schmuck, Juwelen
διασκεδάζω	sich unterhalten
τό ποδόσφαιρο	Fußball
τό θέατρο	Theater
κάνω βόλτα	auf und ab gehen
ή πλατεία	Platz

Προχθές ήταν Σάββατο.
    Χθές ήταν Κυριακή.
        Σήμερα είναι Δευτέρα.
           Αύριο είναι Τρίτη.
              Μεθαύριο είναι Τετάρτη.

Fragen nach der Zeitangabe

πότε;	wann?
τί ὥρα;	wieviel Uhr? um wieviel Uhr?
ἀπό πότε;	seit wann? ab wann?
κάθε πότε;	wie oft?
πόσες φορές τήν ἡμέρα;	wie oft am Tage?
πόσες φορές τήν ἑβδομάδα;	wie oft in der Woche?

Σατιρικό ἐπίγραμμα

Σέ ἀδέξια πιανίστα

An eine unbegabte Pianistin

Τόσο πολύ χριστιανικά	So sehr christlich
πᾶνε τά δάχτυλά της,	gehen ihre Finger,
πού δέ γνωρίζει ἡ ἀριστερά	daß ihre linke Hand nicht weiß,
τί κάνει ἡ δεξιά της.	was ihre rechte tut.

Κωνσταντῖνος Σκόκος
('Αθήνα 1854-1925)

Δωδέκατο μάθημα

Στό δρόμο

Δύο φίλοι συναντιοῦνται στό δρόμο.
- Γειά σου, τί γίνεσαι, πῶς τά περνᾶς; Φαίνεσαι πολύ κουρασμένος. Ἤ μήπως εἶσαι στενοχωρημένος;
- Φοβᾶμαι πώς ἔχεις δίκαιο. Εἶμαι καί κουρασμένος καί στενοχωρημένος. Τόν τελευταῖο καιρό κοιμᾶμαι πολύ λίγο καί πολύ ἄσχημα. Ἀποκοιμᾶμαι στίς δώδεκα τή νύχτα καί ξυπνάω στίς τέσσερες τό πρωί. Ὕστερα εἶμαι ὅλη τήν ἡμέρα κουρασμένος καί χασμουριέμαι διαρκῶς.
- Γιατί, μήπως ἐξαρτᾶται αὐτό ἀπ' τόν καιρό;
- Ὄχι, ὁ καιρός δέ μέ πειράζει καθόλου. Στενοχωριέμαι ὅμως μέ τή δουλειά μου. Ἔχομε τώρα καινούργιο προσωπικό πού ἀποτελεῖται ἀπό ἕνα διευθυντή καί δύο ὑπαλλήλους καί δέν τά πάω καθόλου καλά μαζύ τους. Ἀναρωτιέμαι ποιός φταίει, αὐτοί ἤ ἐγώ.
- Λυπᾶμαι, καημένε, ἀλλά μή στενοχωριέσαι! Ὅλοι περνᾶμε τέτοιες δυσκολίες. Αὐτά εἶναι μικροπράγματα καί ξεχνιοῦνται. Σοῦ ἐγγυῶμαι ἐγώ. Δέν πᾶμε τώρα στό ἀπέναντι καφενεῖο γιά καφέ; Ἐκεῖ μοῦ διηγεῖσαι καί τά προβλήματά σου μέ τούς συναδέλφους σου.

Λέξεις

συναντιέμαι	sich treffen
πῶς τά περνᾶς;	wie geht es, wie steht es mit dir?
φαίνομαι	erscheinen, aussehen
στενοχωρημένος, -η, -ο	traurig, besorgt
φοβᾶμαι	fürchten, Angst haben
καί ... καί	sowohl .... wie auch
κοιμᾶμαι	schlafen
ἄσχημα	schlecht
ἀποκοιμᾶμαι	einschlafen
ὕστερα	nachher
χασμουριέμαι	gähnen
διαρκῶς	dauernd

ἐξαρτᾶται (ἐξαρτῶμαι)	es kommt darauf an
δέν πειράζει (πειράζω)	es macht nichts aus, es stört nicht
καθόλου	überhaupt nicht
στενοχωριέμαι	sich Sorgen machen
τό προσωπικό	Personal
ἀποτελοῦμαι ἀπό	bestehen aus
ὁ διευθυντής	Direktor, Chef
τά πάω καλά	sich gut verstehen
ἀναρωτιέμαι	sich fragen
λυπᾶμαι	bedauern
καημένος, -η, -ο	arm, bedauernswert
τέτοιος, τέτοια, τέτοιο	solcher
ἡ δυσκολία	Schwierigkeit
τά μικροπράγματα	Kleinigkeiten
ξεχνιέμαι	vergessen werden
ἐγγυῶμαι	garantieren
ὁ, ἡ, τό ἀπέναντι	gegenüberliegendestehender
τό καφενεῖο	Café
διηγοῦμαι	erzählen
ὁ, ἡ συνάδελφος	Kollege

Ἐκφράσεις

Συναντάω τόν Γιάννη.
Συναντιέμαι μέ τόν Γιάννη.
Ὁ Γιάννης κι ἐγώ συναντιόμαστε.
Πῶς τά περνᾶτε; Τά περνάω καλά.
              Ὄχι καί τόσο καλά.
Φαίνεσαι κουρασμένος, στενοχωρημένος.
Ἐξαρτᾶται ἀπ' τόν καιρό,   ἀπ' τή δουλειά κλπ.
Ὁ καιρός μέ πειράζει, ... δέ μέ πειράζει.
Τό προσωπικό ἀποτελεῖται **ἀπό** ....
Τά πάω καλά μέ τό διευθυντή μου, μέ τούς συναδέλφους μου.
Μή στενοχωριέσαι!   Μή χασμουριέσαι!

ΓΡΑΜΜΑΤΙΚΗ

Μεσοπαθητική φωνή τῶν συνηρημένων
Medialpassivform der endbetonten Verben (Kontrakta)

Die - ᾶς Klasse zerfällt im Passiv in zwei Unterklassen:

    -ιέσαι   - ᾶσαι

κρατ - ιέμαι		λυπ - ᾶμαι	(-οῦμαι)
κρατ - ιέσαι		λυπ - ᾶσαι	
κρατ - ιέται		λυπ - ᾶται	
κρατ - ιούμαστε	(-ιόμαστε)	λυπ - ούμαστε	(-όμαστε)
κρατ - ιέστε	(-ιόσαστε)	λυπ - ᾶστε	(-όσαστε)
κρατ - ιοῦνται		λυπ - οῦνται	

Die meisten Verben werden nach der Unterklasse -ιέσαι konjugiert. Dazu gehören auch manche Deponentia, z. B. ‖ Nach der Unterklasse -ᾶσαι werden nur vier Verben konjugiert:

ἀρνιέμαι	leugnen, ablehnen	θυμᾶμαι	sich erinnern
βαριέμαι	sich langweilen, keine Lust haben	λυπᾶμαι	bedauern
		κοιμᾶμαι	schlafen
καταριέμαι	verfluchen	φοβᾶμαι	sich fürchten
παραπονιέμαι	sich beschweren		
χασμουριέμαι	gähnen		

Zu der aktiven Klasse auf - εῖς gehört im Passiv die Klasse - εῖσαι

θεωρ - οῦμαι   betrachtet werden, gelten für
θεωρ - εῖσαι
θεωρ - εῖται
θεωρ - ούμαστε
θεωρ - εῖστε   (-εῖσθε)
θεωρ - οῦνται

Danach werden auch einige Deponentia konjugiert, z.B.

ἀσχολοῦμαι	sich beschäftigen
διηγοῦμαι	erzählen
μιμοῦμαι	nachahmen
προσποιοῦμαι	so machen, als ob
συνεννοοῦμαι	sich verständigen

Die Verben: **ἀπατῶμαι** (sich täuschen), **ἐγγυῶμαι** (garantieren), **ἐξαρτῶμαι** (abhängig sein) und **δικαιοῦμαι** (mir steht zu) gehören auch zu den Kontrakta; da sie aber Überbleibsel aus der gehobenen Sprache sind, haben sie ihre eigenen Formen. In der Umgangssprache werden sie meistens in festen Redewendungen verwendet.

Konjugation

ἀπατῶμαι	ἐγγυῶμαι	ἐξαρτῶμαι
ἀπατᾶσαι	ἐγγυᾶσαι	ἐξαρτᾶσαι
ἀπατᾶται	ἐγγυᾶται	ἐξαρτᾶται
ἀπατώμεθα	ἐγγυώμεθα	ἐξαρτώμεθα
(ἀπατόμαστε)	(ἐγγυόμαστε)	(ἐξαρτόμαστε)
ἀπατᾶσθε	ἐγγυᾶσθε	ἐξαρτᾶσθε
(ἀπατᾶστε)	(ἐγγυᾶστε)	(ἐξαρτᾶστε)
ἀπατῶνται	ἐγγυῶνται	ἐξαρτῶνται
(ἀπατοῦνται)	(ἐγγυοῦνται)	(ἐξαρτοῦνται)

δικαιοῦμαι	δικαιούμεθα	(δικαιούμαστε)
δικαιοῦσαι	δικαιοῦσθε	(δικαιοῦστε)
δικαιοῦται	δικαιοῦνται	

Die eingeklammerten Formen sind die Parallelformen aus der Umgangssprache. Als feststehende Redewendungen kommen folgende Formen vor:

ἄν δέν ἀπατῶμαι	(wenn ich mich nicht täusche)
δέν ἐγγυῶμαι	(ich kann nicht garantieren)
ἐξαρτᾶται	(es kommt darauf an, es hängt davon ab)

Ἀνέκδοτα

1)
Δύο κουφοί συναντιοῦνται στό δρόμο.
-"Ε, γιά ποῦ μέ τό καλό;
- Πάω γιά ψάρεμα.
-"Α, κι ἐγώ νόμιζα πώς πᾶς γιά ψάρεμα.

2)
Ὁ δάσκαλος ρωτάει τόν Τοτό.
-Ποιό πουλί δέ φτιάχνει ποτέ δική του φωλιά;
-Ὁ κοῦκος.
-Πολύ καλά, Τοτό. Καί γιατί;
-Γιατί ζεῖ μέσα στό ρολόι.

3)
Ὁ Κώστας καί ὁ Γιῶργος ἦσαν παλιοί φίλοι. Ὕστερα ἀπό δέκα χρόνια συναντιοῦνται μπροστά ἀπό μία Τράπεζα. Ἐνῶ ὁ Κώστας εἶναι ἄνεργος καί φτωχός, ὁ Γιῶργος πουλάει κουλούρια μπροστά ἀπό τήν Τράπεζα καί κάνει χρυσές δουλειές.
Ὁ Κώστας ρωτάει τό Γιῶργο: "Μοῦ δανείζεις, σέ παρακαλῶ, πεντακόσια (500) εὐρώ;" Καί ὁ Γιῶργος: "Δυστυχῶς, Κώστα μου, αὐτό εἶναι ἀδύνατο. Ἡ Τράπεζα κι ἐγώ ἔχουμε κάνει μία συμφωνία: αὐτή νά μήν πουλάει κουλούρια κι ἐγώ νά μή δανείζω λεπτά".

Λέξεις

κουφός, ή, - ό	taub, schwerhörig
γιά ποῦ μέ τό καλό;	wohin des Weges?
πάω γιά ψάρεμα	ich gehe fischen
τό πουλί	Vogel
ἡ φωλιά	Nest
ὁ κοῦκος	Kuckuck
ἄνεργος, -η, -ο	arbeitslos
ἡ Τράπεζα	Bank
τό κουλούρι	Kringel, Brezel
κάνω χρυσές δουλειές	gute Geschäfte machen
δανείζω	leihen
ἡ συμφωνία	Abkommen, Vereinbarung

Δέκατο τρίτο μάθημα

Μία έκθεση

"Οταν ήμουνα μικρός, γράφει ὁ Κώστας, ζοῦσα μέ τούς γονεῖς μου σ' ἕνα μικρό χωριό.
Κάθε πρωί πήγαινα μέ τά πόδια στό σχολεῖο μαζύ μέ τά ἄλλα παιδιά.
Στό δρόμο δέν περνοῦσαν οὔτε τράμ οὔτε αὐτοκίνητα, καί ἔτσι περπατούσαμε καί συζητούσαμε ὅλοι μαζύ.
"Οταν ἐρχόμουνα τό μεσημέρι στό σπίτι, ἔτρωγα καί ξεκουραζόμουνα.
Τό ἀπόγευμα ἔκανα τά μαθήματά μου κι ἔπαιζα. Ἡ ζωή ἤτανε πολύ ὄμορφη στό χωριό.
Τό χειμώνα, ὅταν χιόνιζε κι ἔκανε κρύο, ἀνάβαμε τό τζάκι καί διηγόμαστε παραμύθια.
Τήν ἄνοιξη τρέχαμε στά λειβάδια καί μαζεύαμε λουλούδια.
Τό καλοκαίρι, πού εἴχαμε διακοπές, περνούσαμε ὅλη τήν ἡμέρα κοντά στή θάλασσα ἤ κάναμε ἐκδρομές μέ τά γαϊδουράκια στό βουνό.
Τό φθινόπωρο ἔβρεχε καί ἡ ξερή γῆ μύριζε θαῦμα. Τότε ἄρχιζαν πάλι τά σχολεῖα, καί ἤμαστε χαρούμενοι, γιατί βλεπόμαστε πάλι.
Τί ὡραῖα πού τά περνοῦσα στό χωριό!
Θά ἤμουνα πολύ εὐτυχισμένος, ἄν ἤμουνα καί τώρα ἐκεῖ.
"Αν εἶχα πολλά λεπτά, θά ἔκτιζα ἕνα δικό μου σπίτι ἐκεῖ καί θά πήγαινα κάθε καλοκαίρι.
Μακάρι νά ἤμουνα πλούσιος ἤ νά κέρδιζα ἕνα λαχεῖο!

Λέξεις

ἡ ἔκθεση	Aufsatz
ζοῦσα (ζῶ)	leben
οἱ γονεῖς	Eltern
τό χωριό	Dorf
πήγαινα (πηγαίνω)	gehen
ἄλλος, ἄλλη, ἄλλο	anderer
περνοῦσα (περνάω)	vorbeigehen, -fahren
ἐρχόμουνα (ἔρχομαι)	kommen

ἔτρωγα (τρώω)	essen
ξεκουραζόμουνα (ξεκουράζομαι)	sich ausruhen
ὁ χειμώνας	Winter
χιόνιζε (χιονίζει)	es schneit
ἔκανε (κάνει) κρύο	es ist kalt
ἀνάβαμε (ἀνάβω)	anzünden
τό τζάκι	Kamin
διηγόμαστε (διηγοῦμαι)	erzählen
τό παραμύθι	Märchen
ἡ ἄνοιξη	Frühling
τό λειβάδι	Wiese
τό καλοκαίρι	Sommer
ἡ ἐκδρομή	Ausflug
τό γαϊδούρι	Esel
τό βουνό	Berg, Gebirge
ἡ θάλασσα	Meer
τό φθινόπωρο	Herbst
ἔβρεχε (βρέχει)	es regnet
ἡ γῆ	Erde
μύριζε (μυρίζω)	riechen, duften
τό θαῦμα (θαῦμα)	Wunder; adverbial: wunderbar
εὐτυχισμένος, -η, -ο	glücklich
ἄν	wenn (Bedingung)
ἔκτιζα (κτίζω, χτίζω)	bauen, bauen lassen
μακάρι νά	wenn doch, wenn nur
κέρδιζα (κερδίζω)	verdienen, gewinnen
τό λαχεῖο	Los

Ὁ χρόνος ἔχει τέσσερες ἐποχές. Αὐτές εἶναι:
ἡ ἄνοιξη, τό καλοκαίρι, τό φθινόπωρο καί ὁ χειμώνας.

Κάθε ἐποχή ἔχει τρεῖς μῆνες:

ἡ ἄνοιξη:	τόν Μάρτιο	τό φθινόπωρο:	τό Σεπτέμβριο
	τόν 'Απρίλιο		τόν 'Οκτωβριο
	τόν Μάιο		τό Νοέμβριο

τό καλοκαίρι: τόν Ἰούνιο   ὁ χειμώνας: τό Δεκέμβριο
                τόν Ἰούλιο   τόν Ἰανουάριο
                τόν Αὔγουστο   τό Φεβρουάριο

Umgangssprachlich: ὁ Μάρτης, ὁ Ἀπρίλης, ὁ Μάης, ὁ Σεπτέμβρης, ὁ Ὀκτώβρης, ὁ Νοέμβρης, ὁ Δεκέμβρης, ὁ Γενάρης, ὁ Φλεβάρης.

ΓΡΑΜΜΑΤΙΚΗ

Ὁ Παρατατικός Das Imperfekt

Das Imperfekt bezeichnet eine wiederholte, gewohnheitsmäßige oder eine fortdauernde Handlung oder Situation in der Vergangenheit.
Der Satz enthält oft Zeitbestimmungen, die auf eine Wiederholung oder Fortdauer hinweisen, z.B.
κάθε πρωί (jeden Morgen),   **κάθε μέρα** (jeden Tag),
ὅλο τόν καιρό (die ganze Zeit), **ὅλο τό βράδυ** (den ganzen Abend) usw..

Σχηματισμός   Bildung

1) **Bildung vom Präsensstamm**, z.B.
   γράφ - , **διαβάζ -** , **περν -** (**περνάω**)

2) **mit den entsprechenden Endungen:**
   -α, -ες, -ε, -αμε, -ατε, -αν

3) **mit dem syllabischen Augment ἐ-, das den mit einem Konsonant anlautenden Verben vorgesetzt wird**, z.B. **κτίζ-ω, ἔ-κτιζ-α.**

Verben, die mit einem Vokal anlauten, erhalten kein Augment, z.B.
ἀρχίζ - ω, ἄρχιζ - α,   ἔρχομ- αι, ἐρχόμ- ουνα

Παρατατικός Ἐνεργητική φωνή Imperfekt Aktiv
Stammbetonte Verben

	γράφ - ω			ἀκού - ω	
	ἔ - γραφ - α		ἄ	- κου - γ	- α
	ἔ - γραφ - ες		ἄ	- κου - γ	- ες
	ἔ - γραφ - ε		ἄ	- κου - γ	- ε
	(ἐ) - γράφ - αμε		ἀ	- κού - γ	- αμε
	(ἐ) - γράφ - ατε		ἀ	- κού - γ	- ατε
	ἔ - γραφ - αν		ἄ	- κου - γ	- αν
oder	(ἐ) - γράφ - ανε	oder	ἀ	- κού - γ	- ανε

Endbetonte Verben

Klasse auf - ᾶς		Klasse auf - εῖς	
μιλά - ω		καλ - ῶ	
(ἐ)- μιλ - **οῦσ** -α	μίλ - **αγ** -α	(ἐ)- καλ - **οῦσ** - α	
(ἐ)- μιλ - **οῦσ** - ες	μίλ - **αγ**- ες	(ἐ)- καλ - **οῦσ** - ες	
(ἐ)- μιλ - **οῦσ** - ε	μίλ - **αγ**- ε	(ἐ)- καλ - **οῦσ** - ε	
(ἐ)-μιλ - **ούσ** - αμε	μιλ - **άγ** -αμε	(ἐ)- καλ - **ούσ** - αμε	
(ἐ)- μιλ - **ούσ** - ατε	μιλ - **άγ** -ατε	(ἐ)- καλ - **ούσ** - ατε	
(ἐ)- μιλ - **οῦσ** - αν	μίλ - **αγ**- αν	(ἐ)- καλ - **οῦσ** - αν	
oder			
(ἐ)- μιλ - **ούσ** - ανε	μιλ - **άγ**- ανε	(ἐ)- καλ - **ούσ** - ανε	

Παρατατικός Μεσοπαθητική φωνή
Imperfekt Passiv

Stammbetont	Endbetont	
πλ έν-ομαι	βαρ-ιέμαι	διηγοῦμαι
(ἐ)πλεν-**όμουνα** [2]	βαρ-ι**όμουνα**	διηγ-**όμουνα**
(ἐ)πλεν-**όσουνα**	βαρ-ι**όσουνα**	διηγ-**όσουνα**
(ἐ)πλεν-**ότανε**	βαρ-ι**ότανε**	διηγ-**ότανε**
(ἐ)πλεν-**όμαστε**	βαρ-ι**όμαστε**	διηγ-**όμαστε**
- όμασταν	-ιόμασταν	-όμασταν
(ἐ)πλεν-**όσαστε**	βαρ-ι**όσαστε**	διηγ-**όσαστε**
-όσασταν	-ιόσασταν	-όσασταν
(ἐ)πλέν-**ονταν**	βαρ-ι**όνταν**	διηγ-**όνταν**
-όντουσαν	-ιόντουσαν	-όντουσαν

---

[2] Die Form ohne -α: πλενόμουν ist selten.

Bemerkungen

1) Nach dem Imperfekt von **διηγοῦμαι** wird auch das Imperfekt der Verben θυμᾶμαι, κοιμᾶμαι, λυπᾶμαι, φοβᾶμαι konjugiert.

2) Das syllabische Augment fällt weg, wenn es nicht den Akzent trägt, d. h. in der 1. und 2. Person Plural, im ganzen Passiv und in allen Kontrakta.

3) Die beiden Klassen der Kontrakta erhalten im Aktiv zwischen Stamm und Endung das Infix   - ουσ - .

4) Die Kontrakta der Klasse auf **-ᾶς** bilden parallel zum Imperfekt auf - οῦσα auch ein Imperfekt auf - α γ α .

5) Die Verben **λέω** und **τρώω,** die im Präsens das intervokalische -γ - abgelegt haben, schalten es im Imperfekt wieder ein, z.B. ἔλεγα, ἔτρωγα.
Mit einem eingeschobenen -γ - bilden das Imperfekt auch die Verben ἀκούω - ἄκουγα, καίω - ἔκαιγα, κλαίω - ἔκλαιγα, φταίω - ἔφταιγα.

6) Die Verben **θέλω** und **ξέρω** haben als syllabisches Augment -η-, also: ἤθελα,   ἤξερα.

Irreale Bedingungssätze

Eine nur angenommene Bedingung in der Gegenwart oder in der Zukunft wird durch folgendes Satzgefüge zum Ausdruck gebracht (Konditionalis I):

Nebensatz	Hauptsatz
ἄν + Imperfekt	θά + Imperfekt
"Αν εἶχα λεπτά,	θά ἔκανα ἕνα ταξίδι.
Wenn ich Geld hätte,	würde ich eine Reise machen.
"Αν πήγαινε στήν 'Ελλάδα,	θά μάθαινε ἑλληνικά.
Wenn er nach Griechenland ginge,	würde er Griechisch lernen.

Bemerkungen

In der Alltagssprache wird das obige Gefüge auch für irreale Sätze der Vergangenheit verwendet (Konditionalis II), z.B.
"Αν δέν ἔτρωγα τό πρωί, θά πεινοῦσα τώρα.
Wenn ich heute morgen nicht gegessen hätte, hätte ich jetzt Hunger.
Die Verneinung bei den irrealen Bedingungssätzen ist **δέ(ν)**, z.B.
"Αν **δέν** πήγαινε στήν 'Ελλάδα, δέ θά μάθαινε ἑλληνικά.

Wäre er nicht nach Griechenland gefahren, hätte er kein Griechisch gelernt.

Oft verwendet man den Konditionalis I, um etwas höflicher auszudrükken, z.B. beim Einkaufen:
  Θά ἤθελα ἕνα παλτό. Ich hätte gerne einen Mantel.
  Θά ἔλεγα ὅτι κάνετε λάθος. Ich würde sagen, Sie täuschen sich

Irreale Wunschsätze

Mit den Partikeln **ἄς, νά, μακάρι νά** und Indikativ Imperfekt wird auch der einfache oder meistens der irreale Wunsch ausgedrückt, z.B.
  Ἄς ἐρχότανε! Μακάρι νά ἐρχότανε! Wenn er nur käme!

Die Verneinung bei den irrealen Wunschsätzen ist **μή(ν)**, z.B.
  Μακάρι νά **μήν** ἐρχότανε! Wenn er nur nicht käme!

Unpersönliche Verben

Folgende Verben bezeichnen Naturvorgänge und werden ohne Subjekt verwendet. Im Griechischen fehlt auch das grammatische Subjekt "es". Zu den Verben sind auch die entsprechenden Substantive angeführt.

ἀστράφτει	es blitzt	ἡ ἀστραπή	Blitz
βραδυάζει	es wird Abend	τό βράδυ	Abend
βρέχει	es regnet	ἡ βροχή	Regen
βροντάει	es donnert	ἡ βροντή	Donner
καλοκαιριάζει	es wird Sommer	τό καλοκαίρι	Sommer
μεσημεριάζει	es wird Mittag	τό μεσημέρι	Mittag
μπουμπουνίζει	es donnert	τό μπουμπουνητό	Donner
ξαστερώνει	es heitert sich auf	ἡ ξαστεριά	klarer Himmel
ξημερώνει	es wird Tag	τό ξημέρωμα	Tagesanbruch
σκοτεινιάζει	es wird dunkel	τό σκοτάδι	Dunkelheit
σουρουπώνει	es dämmert	τό σούρουπο	Abenddämmerung
συννεφιάζει	es bewölkt sich	τό σύννεφο	Wolke
φέγγει	es wird hell	τό φῶς	Licht
φυσάει (φυσᾶ)	es ist windig	ὁ ἄνεμος, ὁ ἀέρας	Wind
χαράζει	der Tag bricht an	τό χάραμα	Morgendämmerung
χειμωνιάζει	es wird Winter	ὁ χειμώνας	Winter
χιονίζει	es schneit	τό χιόνι	Schnee
ψιχαλίζει	es nieselt	ἡ ψιχάλα	Nieselregen

Andere Ausdrücke zur Witterung

είναι καλός (ωραίος) καιρός	es ist schönes Wetter
είναι κακός (άσχημος) καιρός	es ist schlechtes Wetter
είναι (έχει) λιακάδα	es ist Sonnenschein, ist sonnig
είναι (έχει) συννεφιά	der Himmel ist bewölkt
έχει πάχνη	es gibt Reif, es reift
ό καιρός είναι βροχερός	es ist regnerisch
κάνει (έχει, είναι) κρύο	es ist kalt
κάνει (έχει, είναι) ζέστη	es ist warm, (heiß)
κάνει (έχει, είναι) παγωνιά	es gefriert
πέφτει (ρίχνει) χαλάζι	es hagelt
είναι καταιγίδα (μπόρα)	es gibt ein Gewitter
είναι θύελλα	es stürmt

Φθινόπωρο

Μαύρα σύννεφα μαζεύονται ξαφνικά στόν ουρανό. Ό ήλιος κρύβεται καί σκοτεινιάζει. Πέφτουν κι οἱ πρῶτες ψιχάλες στό δρόμο. Ἀρχίζει νά βρέχει. Οἱ ἄνθρωποι τρέχουν γρήγορα γιά τά σπίτια τους. Άλλοι ἀνοίγουν τήν ὀμπρέλλα τους. Φυσάει κι ἕνας ἀέρας καί τούς παίρνει τήν ὀμπρέλλα.
Πόρτες καί παράθυρα χτυπᾶνε, σπᾶνε τζάμια. Ἀστράφτει καί βροντάει. Χαλάει ὁ κόσμος. Τά πουλιά πετᾶνε τρομαγμένα στή φωλιά τους. Αὐτή ἡ κακοκαιρία ὅμως δέ βαστάει πολύ. Σέ λίγο ξαστερώνει. Νάτος πάλι ὁ ἥλιος πού λάμπει στόν ουρανό. Μήν ξεχνᾶτε πῶς βρισκόμαστε στήν Ἀθήνα.

Λέξεις

κρύβομαι	sich verstecken
τό τζάμι	Fensterscheibe
τρομαγμένος, -η, -ο	erschrocken
χαλάει ὁ κόσμος	die Welt geht unter

Τί γράφει μία μαθήτρια

Κάθε χρόνο, ὅταν πλησίαζαν οἱ διακοπές, ἡ μητέρα μου μέ ἔστελνε στό χωριό. Ξυπνοῦσα πολύ πρωί, γιατί τό τραῖνο ξεκινοῦσε στίς ἕξι. Ἡ Ἀθήνα ἦταν μιά ἔρημη πόλη, γιατί οἱ ἄνθρωποι κοιμόντουσαν ἀκόμη, ἐνῶ, ὅταν γύριζα τό Σεπτέμβριο, ἄστραφτε ἀπό τίς φωτεινές ἐπιγραφές καί βούιζε ἀπό τόν κόσμο καί τά αὐτοκίνητα.

Ἔφευγα λοιπόν ἀπό τήν Ἀθήνα στίς ἕξι τό πρωί καί ἔφτανα στό χωριό στίς τέσσερεις τό ἀπόγευμα, γιατί τό τραῖνο στεκόταν καί στούς πιό μικρούς σταθμούς, ὅπου κανείς δέν κατέβαινε καί κανείς δέν περίμενε νά ἀνέβει.

Λέξεις

πλησιάζω	sich nähern
στέλνω	schicken
ἔρημος,-η,-ο	einsam, verlassen
ἡ πόλη	Stadt
ξεκινάω	abfahren
βουίζω	summen
ἡ ἐπιγραφή	Reklame, Inschrift

Γαλήνη

Δέν ἀκούεται οὔτ' ἕνα κύμα
Εἰς τήν ἔρμη ἀκρογιαλιά,
Λές κι ἡ θάλασα κοιμᾶται,
Μές στῆς γῆς τήν ἀγκαλιά.

Διονύσιος Σολωμός
Ζάκυνθος 1798 - 1859 Κέρκυρα

Λέξεις

ἡ γαλήνη	Meeresstille
τό κύμα	Woge, Welle
ἔρ(η)μος, -η, -ο	einsam, verlassen
ἡ ἀκρογιαλιά	Strand
ἡ ἀγκαλιά	Umarmumg

Δέκατο τέταρτο μάθημα

Σχέδια γιά τίς διακοπές

Ὅλο τόν Αὔγουστο θά βρίσκομαι στήν Ἑλλάδα σ' ἕνα μικρό χωριό κοντά στή θάλασσα. Γι αὐτό κάνω ἀπό τώρα σχέδια.
Θά κοιμᾶμαι πολύ καί θά ξυπνάω ἀργά τό πρωί. Θά πηγαίνω μέ τά πόδια στή θάλασσα καί θά κάνω ὅλο τό πρωί μπάνιο ἤ θά ξαπλώνω στήν ἀμμουδιά.
Τό μεσημέρι θά τρώω στή γειτονική ταβερνούλα φρέσκο ψάρι, σουβλάκια ἤ ἄλλα ἑλληνικά φαγητά καί θά πίνω ρετσίνα. Μετά θά ξεκουράζομαι κάτω ἀπ' τά πεῦκα καί θά διαβάζω βιβλία πού μοῦ ἀρέσουν.
Τό ἀπόγευμα θά τό περνάω ψαρεύοντας. Τίς Κυριακές θά ἐπισκέπτομαι τά Μουσεῖα καί τούς ἄλλους ἀρχαιολογικούς χώρους πού εἶναι κοντά. Ἔχω χαρά, γιατί δέ θά πρέπει νά πηγαίνω στό γραφεῖο καί νά ἐργάζομαι οὔτε νά τσακώνομαι μέ τό διευθυντή μου. Δέ θά πρέπει νά συγυρίζω τό σπίτι μου οὔτε νά μαγειρεύω. Θέλω νά μιλάω ὅλο ἑλληνικά.
Τά βράδυα θά τά περνάω συζητῶντας μέ τούς γείτονες. Θά τούς διηγοῦμαι πῶς εἶναι ἡ ζωή στή Γερμανία.
Σᾶς ὑπόσχομαι ὅμως νά σᾶς γράφω τακτικά ἤ νά σᾶς στέλνω ὡραῖες κάρτες.

Λέξεις

τό σχέδιο	Plan
ἀπό τώρα	von jetzt an
ἀργά	spät, langsam
ξαπλώνω	sich hinlegen
ἡ ἀμμουδιά	Sandstrand
γειτονικός, -ή. -ό	benachbart
ἡ ταβερνούλα (ταβέρνα)	kleine Taverne
τό σουβλάκι	Spießbraten
τό φαγητό	Essen, Gericht
ἡ ρετσίνα	geharzter Wein
τό πεῦκο	Pinie, Kiefer
ψαρεύω	fischen

ἐπισκέπτομαι	besuchen
ἀρχαιολογικός, -ή, -ό	archäologisch
ὁ χῶρος	Ort, Gegend
οὔτε ... οὔτε	weder ... noch
πρέπει νά	es muß, es ist nötig
συγυρίζω	aufräumen
μαγειρεύω	kochen, Essen zubereiten
ὅλο	dauernd, immer
ὁ γείτονας	Nachbar
ὑπόσχομαι	versprechen
τακτικά	regelmäßig, oft
τοὐλάχιστον	wenigstens
στέλνω	senden
ἡ κάρτα	Karte

Ἐκφράσεις

Ὅλο τόν Αὔγουστο, ὅλη τήν ἡμέρα, ὅλο τό καλοκαίρι.
Κάνω σχέδια γιά τίς διακοπές.
Περνάω τό ἀπόγευμα ψαρεύοντας.
Πρέπει νά συγυρίζω τό δωμάτιο.
Δέν πρέπει νά μαγειρεύω.

ΓΡΑΜΜΑΤΙΚΗ

Μέλλοντας διαρκείας (ἐξακολουθητικός) Futur der Dauer

Wird dem Indikativ Präsens die Partikel **θά** vorangestellt, so stellt dies das Futur der Dauer dar, welches eine Handlung oder Situation bezeichnet, die in der Zukunft andauern oder sich wiederholen wird.
Meistens ist es begleitet von Ausdrücken, wie κάθε μέρα, κάθε πρωί, ὅλο τό καλοκαίρι, ὅλη τήν ἡμέρα, z.B.

Θά διαβάζει κάθε μέρα.   Θά κοιμᾶμαι ὅλο τό πρωί.

Wortstellung im Futur

	Θ ά			γράφω γράμματα.
	Θ ά	τοῦ		γράφω γράμματα.
	Θ ά	τοῦ	τά	γράφω.
Δέ	Θ ά	τοῦ	τά	γράφω.

Ἐνεστώτας Ὑποτακτικῆς Konjunktiv Präsens

Wird dem Indikativ Präsens die Partikel **νά** vorangestellt, so bildet dies den Konjunktiv Präsens. Dieser Modus ist abhängig von einem Hauptverb (θέλω, ξέρω, μπορῶ, πρέπει κλπ.) und ersetzt (bei gleicher Person im Hauptverb und Konjunktiv) den deutschen Infinitiv oder (bei verschiedener Person im Hauptverb und im Konjunktiv) den deutschen **daß** Satz nach Verben des Wollens, Wünschens u.a.

Der Konjunktiv bringt nur den Aspekt zum Ausdruck, **nämlich den imperfektiven oder den perfektiven, aber nicht die Zeitstufe** (Vergangenheit, Gegenwart, Zukunft).
Der Konjunktiv Präsens wird genau wie der Indikativ Präsens, das Imperfekt und das Futur der Dauer von dem imperfektiven Stamm gebildet, der die Handlung in ihrem Verlauf, in ihrer Dauer oder in ihrer Wiederholung darstellt, z.B.

Θέλω νά γράφω κάθε μέρα γράμματα.
Ich will jeden Tag Briefe schreiben.

Gleiche Person im Hauptverb und im Konjunktiv Präsens

θέλω	νά	γράφω
θέλεις	νά	γράφεις
θέλει	νά	γράφει
θέλομε	νά	γράφομε
θέλετε	νά	γράφετε
θέλουν	νά	γράφουν

Verschiedene Personen im Hauptverb und im Konjunktiv Präsens

Ἡ μητέρα θέλει	νά	γράφω
" " "	νά	γράφεις
" " "	νά	γράφει
Ἡ μητέρα θέλει	νά	γράφουμε
" " "	νά	γράφετε
" " "	νά	γράφουν

Um das Imperfekt zu bilden, setzen wir nur das Hauptverb ins Imperfekt, z.B.

Πρέπει	νά	διαβάζω κάθε μέρα ἑλληνικά.
Ἔπρεπε	νά	διαβάζω κάθε μέρα ἑλληνικά.

Wortstellung

	Θέλω	νά	τοῦ	γράφω	γράμματα.
Δέ	θέλω	νά	τοῦ	γράφω	γράμματα.
Δέ	θέλω	**νά**	**τοῦ τά**	**γράφω**	

Partizip Präsens

Das Partizip Präsens wird von dem imperfektiven Stamm gebildet durch Anhängen der Endungen **-οντας** bei den stammbetonten Verben und **- ῶντας** bei den endbetonten, z.B.

γράφ - οντας,   μιλ - ῶντας.

Es ist undeklinierbar. Ins Deutsche wird es entweder mit einem Partizip Präsens oder mit einem Nebensatz (modalem, temporalem, hypothetischem, konzessivem, kausalem) übersetzt, z.B.

Ἀκούω μουσική τρώγοντας.   Ich höre Musik, während ich esse.
Μπαίνει στό δωμάτιο γελῶντας.   Er betritt lachend das Zimmer.

Das Partizip Präsens von **εἶμαι** ist : **ὄντας**
Das Partizip Präsens bezieht sich immer **auf das Subjekt des Satzes** und erhält die Verneinung **μή(ν)**.

Das schwache Personalpronomen (μοῦ, μέ, σοῦ, σέ, κλπ.) wird nachgestellt.
z.B.: **Μήν ξέροντάς με** δέ μοῦ ἀνοίγει.
Da er mich nicht kennt, macht er mir nicht auf.

In der Umgangssprache gibt es kein reflexiv-passives Partizip Präsens.
Jedoch sind manche Partizipien dieser Art aus der gehobenen Sprache übernommen und haben adjektivische oder substantivische Bedeutung.

Ihre Endungen sind:
- -όμενος, - η, - ο
- -άμενος, - η, - ο
- -ούμενος, - η, - ο   z.B.

	τό ἐρχόμενο καλοκαίρι
	τό ἑπόμενο Σάββατο
θεοφοβούμενος (ἄνθρωπος)	gottesfürchtiger Mensch
ἡ ἐργαζόμενη (γυναίκα)	die berufstätige Frau
ὁ ἐνδιαφερόμενος (ἄνθρωπος)	der Interessent
τό φαινόμενο (φαίνομαι)	das Phänomen
τά λεγόμενα (λέγομαι)	Worte, Erzählung

Ὁ τυφλός

Κάθε πρωί πού ὁ κύριος Μυλωνάς πηγαίνει στό γραφεῖο του, βλέπει ἕναν φτωχό ζητιάνο πού κάθεται στό πεζοδρόμιο. Δίπλα του κάθεται ὁ σκύλος του, πού ἔχει στό λαιμό του κρεμασμένο ἕνα χαρτόνι μέ τά λόγια: "Λυπηθεῖτε τόν καημένο τόν τυφλό".
Ὅλοι οἱ περαστικοί λυποῦνται τό ζητιάνο καί ρίχνουν στό καπέλλο πού ἔχει μπροστά του μερικά λεπτά. Τό ἴδιο συνηθίζει νά κάνει καί ὁ κύριος Μυλωνάς.
Ἕνα πρωί ὅμως βλέπει μέ μεγάλη του ἔκπληξη ὅτι ὁ ζητιάνος διαβάζει μία ἐφημερίδα. Θυμωμένος τόν πλησιάζει καί τοῦ λέει: "Δέν ντρέπεσαι νά μᾶς κοροϊδεύεις; Πῶς μπορεῖς καί διαβάζεις, ἀφοῦ εἶσαι τυφλός;"- "Δέν εἶμαι ἐγώ τυφλός, κύριε, ἀλλά ὁ σκύλος μου".

Λέξεις

ὁ τυφλός (τυφλός, -ή, -ό)	der Blinde (blind)
ὁ ζητιάνος (ἡ ζητιάνα)	Bettler (Bettlerin)
τό πεζοδρόμιο	Bürgersteig

ὁ σκύλος	Hund
κρεμασμένος, -η, -ο	gehängt, angehängt
τό χαρτόνι	Pappdeckel
τά λόγια	Worte
λυπηθεῖτε (Imperf. von λυπᾶμαι)	habt Mitleid
συνηθίζω νά	pflegen zu tun
ἡ ἔκπληξη	Überraschung
θυμωμένος, -η, -ο	verärgert
πλησιάζω	sich nähern
κοροϊδεύω	spotten, verspotten, betrügen

Δέκατο πέμπτο μάθημα

Σχηματίζομε τή Γενική
Bildung des Genitivs

Τά δέντρα **τοῦ κήπου** εἶναι ψηλά. Τά αὐτοκίνητα **τῶν ἐμπόρων** εἶναι στό δρόμο. Τό σπίτι **τοῦ γιατροῦ** εἶναι κοντά στό νοσοκομεῖο. Τά καταστήματα **τῶν μπακάληδων** καί **τῶν μανάβηδων** εἶναι στήν ἀγορά. Οἱ βάρκες **τῶν φτωχῶν ψαράδων** εἶναι στή θάλασσα. Τό ψωμί **αὐτοῦ τοῦ φούρναρη** εἶναι πάντα φρέσκο. Τά γυαλιά **τοῦ παπποῦ** καί **τῆς γιαγιᾶς** εἶναι στό τραπέζι. Τά τετράδια **αὐτῶν τῶν μαθητῶν** εἶναι στό θρανίο. Τά μολύβια **ἐκείνων τῶν μαθητριῶν** εἶναι μέσα στή σάκκα. Τά φορέματα **τῆς μητέρας** κρέμονται στήν ντουλάπα. Τά πουλόβερ **τοῦ πατέρα** καί **τῶν παιδιῶν** εἶναι στό συρτάρι. Δέν ξέρω τό ὄνομα **αὐτοῦ τοῦ καταστήματος** οὔτε **ἐκείνου τοῦ μεγάλου ζαχαροπλαστείου**. Στήν αὐλή **τοῦ σχολείου** μαζεύονται πολλά παιδιά. Τό εἰσιτήριο **τοῦ τραίνου αὐτῆς τῆς κυρίας** βρίσκεται στό πάτωμα. Χαρίζουμε **τῆς θείας** ἕνα δαχτυλίδι καί **τοῦ θείου** ἕνα ρολόι. Μοῦ δίνετε ἕνα εἰσιτήριο **τῶν πενῆντα εὐρώ** καί ἕνα **τῶν εἴκοσι εὐρώ;** Ὁ Γιῶργος εἶναι **δέκα τεσσάρων χρονῶν** καί εἶναι μαθητής **τοῦ Γυμνασίου**. Ἡ ἀγωνία **τοῦ μεγάλου ταξιδιοῦ** δέν τήν ἀφήνει οὔτε λεπτό. Σᾶς στέλνω ἕνα δέμα **ἑνός κιλοῦ**. Ἀγοράζει ἕνα μαντήλι **τοῦ κεφαλιοῦ** καί ἕνα **τοῦ λαιμοῦ**. Κάνω ἀσφάλεια **ζωῆς**. Ἡ τιμή **τοῦ καφέ** ἀνεβαίνει. Μέ ἐνδιαφέρει ἡ λύση **ὅλων τῶν προβλημάτων**.

Λέξεις

σχηματίζω	bilden
ἡ Γενική	Genitiv
ἡ βάρκα	Boot
τά γυαλιά (im Plural)	Brille
τό τετράδιο	Heft
τό θρανίο	Schulbank
τό μολύβι	Bleistift
ἡ σάκκα	Schulmappe
κρέμομαι	hängen (intransitiv)
τό συρτάρι	Schublade
ἡ αὐλή	Hof
τό δαχτυλίδι	Fingerring
ἡ ἀγωνία	Angst-, Unruhegefühl
ἀφήνω	lassen, verlassen
τό μαντήλι	Tuch, Taschentuch
ἡ ἀσφάλεια	Versicherung, Sicherung
ἡ τιμή	Preis
ἀνεβαίνω	steigen

Übersetzung der in der Grammatik vorkommenden Termini

ἡ κλίση	Deklination
τό οὐσιαστικό	Substantiv
τό ἀρσενικό	Maskulinum
τό θηλυκό	Femininum
τό οὐδέτερο	Neutrum
ὁ ἑνικός (ἀριθμός)	Singular
ὁ πληθυντικός	Plural
τό ἰσοσύλλαβο	gleichsilbiges (Substantiv)
τό ἀνισοσύλλαβο	ungleichsilbiges (Substantiv)
ἡ πτώση	Kasus
ἡ Ὀνομαστική	Nominativ
ἡ Δοτική	Dativ
ἡ Αἰτιατική	Akkusativ
ἡ Κλητική	Vokativ

ΓΡΑΜΜΑΤΙΚΗ

Κλίση τῶν οὐσιαστικῶν

Man unterscheidet drei Deklinationen, eine für jedes Genus:
1) Maskulina (männliche)
2) Feminina (weibliche)
3) Neutra (sächliche)
Jede Deklination enthält wieder gleichsilbige und ungleichsilbige Substantive.

I Ἀρσενικά

1) - ας

Ἰσοσύλλαβα   Ἀνισοσύλλαβα

Ἑνικός

		1	2	3	4	5
Ὀν	ὁ	ἕνας	ἄντρας	ταμίας	γείτονας| ψαράς	μπάρμπας
Γεν.	τοῦ	ἕνα	ἄντρα	ταμία	γείτονα	ψαρᾶ	μπάρμπα
Αἰτ..| τό(ν)	ἕνα(ν)	ἄντρα	ταμία	γείτονα	ψαρά	μπάρμπα
Δοτ.	στόν	ᾳ ἕναν	ἄντρα	ταμία	γείτονα	ψαρά	μπάρμπα
Κλητ	-	-	ἄντρα	ταμία	γείτονα	ψαρά	μπάρμπα

Πληθυντικός

Ὀν.	οἱ	-	ἄντρες	ταμίες	γείτονες	ψαράδες	μπαρμπάδες
Γεν.	τῶν	-	ἀντρῶν	ταμιῶν	γειτόνων	ψαράδων	μπαρμπάδων
Αἰτ.	τούς	-	ἄντρες	ταμίες	γείτονες	ψαράδες	μπαρμπάδες
Δοτ.	στούς	-	ἄντρες	ταμίες	γείτονες	ψαράδες	μπαρμπάδες
Κλ.	-	-	ἄντρες	ταμίες	γείτονες	ψαράδες	μπαρμπάδες

Bemerkungen

a) Die gleichsilbigen Substantive enden im Nominativ, Akkusativ und Vokativ des Plurals auf - ες.

b) Die ungleichsilbigen enden im Nom., Akk. und Vok. des Plurals auf - δες. Alle endbetonten Maskulina auf - ας sind ungleichsilbig. Auch manche, die auf der zweit- oder drittletzten Silbe betont sind.

c) Regelmäßig erhalten die männlichen Substantive in allen Fällen den Akzent dort, wo sie ihn im Nominativ Singular haben. Es gibt jedoch sehr viele Ausnahmen.

d) Die zweisilbigen Substantive auf - ας und die auf - ίας erhalten im Genitiv Plural den Akzent auf der letzten Silbe (s. o. 1, 2).

e) Die auf der drittletzten Silbe betonten Maskulina erhalten im Genitiv Plural den Akzent auf der vorletzten Silbe (s. o. 3).

f) Alle ungleichsilbigen Maskulina auf - ας, die im Nominativ Singular auf der vorletzten oder drittletzten Silbe betont werden, erhalten in allen Fällen des Plurals den Akzent auf der vorletzten Silbe (s. o. 5).

2) - ης

'Ισοσύλλαβα   'Ανισοσύλλαβα

'Ενικός

		1	2	3	4	5
Όν.	ὁ	μαθητής	ἐργάτης	παπουτσής	μανάβης	φούρναρης
Γεν.	τοῦ	μαθητῆ	ἐργάτη	παπουτσῆ	μανάβη	φούρναρη
Αἰτ.	τόν	μαθητή	ἐργάτη	παπουτσή	μανάβη	φούρναρη
Δοτ.	στόν	μαθητή	ἐργάτη	παπουτσή	μανάβη	φούρναρη
Κλητ.	-	μαθητή	ἐργάτη	παπουτσή	μανάβη	φούρναρη

Πληθυντικός

Όν.	οἱ	μαθητές	ἐργάτες	παπουτσῆδες	μανάβηδες	φουρνάρηδ
Γεν.	τῶν	μαθητῶν	ἐργατῶν	παπουτσήδων	μανάβηδων	φουρνάρηδ
Αἰτ.	τούς	μαθητές	ἐργάτες	παπουτσῆδες	μανάβηδες	φουρνάρηδ
Δοτ.	στούς	μαθητές	ἐργάτες	παπουτσῆδες	μανάβηδες	φουρνάρηδ
Κλητ	-	μαθητές	ἐργάτες	παπουτσῆδες	μανάβηδες	φουρνάρηδ

Bemerkungen

a) Die auf der vorletzten Silbe betonten gleichsilbigen erhalten im Genitiv Plural den Akzent auf der letzten Silbe (s. o. 2).

b) Die auf der vor- oder drittletzten Silbe betonten ungleichsilbigen erhalten in allen Fällen des Plurals den Akzent auf der drittletzten Silbe (s. o. 4, 5).

3) -ος   Ἰσοσύλλαβα

Ἑνικός

		1	2	3
Ὀνομ.	ὁ	ἀδελφός	δρόμος	ἔμπορος
Γεν.	τοῦ	ἀδελφοῦ	δρόμου	ἐμπόρου
Αἰτ.	τόν	ἀδελφό	δρόμο	ἔμπορο
Δοτ.	στόν	ἀδελφό	δρόμο	ἔμπορο
Κλητ.	-	ἀδελφέ	-	ἔμπορε

Πληθυντικός

Ὀνομ.	οἱ	ἀδελφοί	δρόμοι	ἔμποροι
Γεν.	τῶν	ἀδελφῶν	δρόμων	ἐμπόρων
Αἰτ.	τούς	ἀδελφούς	δρόμους	ἐμπόρους
Δοτ.	στούς	ἀδελφούς	δρόμους	ἐμπόρους
Κλητ.	-	ἀδελφοί		ἔμποροι

Bemerkungen
a) Der Vokativ Singular endet auf **- ε**. Die Eigennamen auf **-ος** behalten jedoch das **ο** auch im Vokativ, z. B. Πέτρο (Πέτρος), Νίκο (Νίκος). Nur die mehrsilbigen Eigennamen enden auf **-ε,** z.B. Θεόφιλε, Πάτροκλε.
b) Bei den auf der drittletzten Silbe betonten Maskulina liegt der Akzent im Genitiv Singular und Akkusativ Plural auf der vorletzten Silbe (s. o. 3).

Ἀνισοσύλλαβα
4) - ές   - ούς

Ἑνικός   Πληθυντικός

Ὀν.	ὁ	καφές	παππούς	οἱ	καφέδες	παππούδες
Γεν.	τοῦ	καφέ	παπποῦ	τῶν	καφέδων	παππούδων
Αἰτ.	τόν	καφέ	παππού	τούς	καφέδες	παππούδες
Δοτ.	στόν	καφέ	παππού	στούς	καφέδες	παππούδες
Κλητ.	-	-	παππού	-	-	παππούδες

II Θηλυκά

1) - α

Ἰσοσύλλαβα **Ἀνισοσύλλαβα**

Ἑνικός

	1	2	3	4	5
Ὀν.	ἡ μία	μηλιά	ὥρα	θάλασσα	μητέρα	γιαγιά
Γεν.	τῆς μιᾶς	μηλιᾶς	ὥρας	θάλασσας	μητέρας	γιαγιᾶς
Αἰτ.	τή(ν) μιά(ν)	μηλιά	ὥρα	θάλασσα	μητέρα	γιαγιά
Δοτ.	στή(ν) σέ μιάν	μηλιά	ὥρα	θάλασσα	μητέρα	γιαγιά
Κλητ.| -	-	-	-	μητέρα	γιαγιά

Πληθυντικός

Ὀν.	οἱ	μηλιές	ὧρες	θάλασσες	μητέρες	γιαγιάδες
Γεν,	τῶν	μηλιῶν	ὡρῶν	θαλασσῶν	μητέρων	γιαγιάδων
Αἰτ.	τίς	μηλιές	ὧρες	θάλασσες	μητέρες	γιαγιάδες
Δοτ.	στίς	μηλιές	ὧρες	θάλασσες	μητέρες	γιαγιάδες
Κλητ.	-	-	-	-	μητέρες	γιαγιάδες

Bemerkungen

a) Die zweisilbigen Feminina auf **- α** und die meisten, die auf der drittletzten Silbe betont werden, vor allem die auf **- εια** (περιφέρεια), **- ια** (ἐργασία, θεωρία), **- ισσα** (γειτόνισσα), **- τρια** (μαθήτρια) endenden, erhalten im Genitiv Plural den Akzent auf der letzten Silbe (s.o. 2, 3).

b) Die Feminina, die auf **-ότητα** enden, werden im Genitiv Plural auf der vorletzten Silbe betont, z. B. (ἡ κοινότητα -τῶν κοινοτήτων, ἡ ταχύτητα - τῶν ταχυτήτων).

c) Die mehrsilbigen Feminina auf **- α,** die auf der vorletzten Silbe betont werden, behalten ihren Akzent auch im Genitiv Plural auf der gleichen Silbe (s. o. 4).

Ausnahme: **ἡ γυναίκα - τῶν γυναικῶν, ἡ κυρία - τῶν κυριῶν**

2) Ἰσοσύλλαβα - η   3) Ἀνισοσύλλαβα - ού

Ἑνικός

	1	2	3	4	5
Ὀν.	ἡ	φωνή	τέχνη	ἀνάγκη	ζάχαρη	ἀλεπού
Γεν.	τῆς	φωνῆς	τέχνης	ἀνάγκης	ζάχαρης	ἀλεπούς
Αἰτ.	τή(ν)	φωνή	τέχνη	ἀνάγκη	ζάχαρη	ἀλεπού
Δοτ.	στή(ν)	φωνή	τέχνη	ἀνάγκη	ζάχαρη	ἀλεπού
Κλητ.	-	-	-	-	-	ἀλεπού

Πληθυντικός

Ὀν.	οἱ	φωνές	τέχνες	ἀνάγκες	ζάχαρες	ἀλεπούδες
Γεν.	τῶν	φωνῶν	τεχνῶν	ἀναγκῶν	-	ἀλεπούδων
Αἰτ.	τίς	φωνές	τέχνες	ἀνάγκες	ζάχαρες	ἀλεπούδες
Δοτ.	στίς	φωνές	τέχνες	ἀνάγκες	ζάχαρες	ἀλεπούδες
Κλητ.	-	-	-	-	-	ἀλεπούδες

Bemerkung

Alle auf -η endenden Feminina erhalten im Genitiv Plural den Akzent auf der letzten Silbe. Nur die mehrsilbigen, die auf der drittletzten Silbe betont werden, bilden keinen Genitiv, manche sogar keinen Plural, z.B. ἄνοιξη, κούραση κλπ.

III Οὐδέτερα

1) Ἰσοσύλλαβα - ο   2) Ἀνισοσύλλαβα - μα

Ἑνικός

	1	2	3	4	5
Ὀν.	τό	ἕνα	φαγητό	βιβλίο	πρόσωπο	χρῶμα	ὄνομα
Γεν.	τοῦ	ἑνός	φαγητοῦ	βιβλίου	προσώπου	χρώματος	ὀνόματος
Αἰτ.	τό	ἕνα	φαγητό	βιβλίο	πρόσωπο	χρῶμα	ὄνομα
Δοτ.	στό	σ'ἕνα	φαγητό	βιβλίο	πρόσωπο	χρῶμα	ὄνομα

Πληθυντικός

Ὀν.	τά	-	φαγητά	βιβλία	πρόσωπα	χρώματα	ὀνόματα
Γεν.	τῶν	-	φαγητῶν	βιβλίων	προσώπων	χρωμάτων	ὀνομάτων
Αἰτ.	τά	-	φαγητά	βιβλία	πρόσωπα	χρώματα	ὀνόματα
Δοτ.	στά	-	φαγητά	βιβλία	πρόσωπα	χρώματα	ὀνόματα

Bemerkungen

a) Die auf der vorletzten Silbe betonten gleichsilbigen Neutra behalten in allen Fällen ihren Akzent auf der gleichen Silbe (s. o. 2).

b) Die auf der drittletzten Silbe betonten gleichsilbigen Neutra verschieben ihren Akzent im Genitiv Singular und Plural auf die vorletzten Silbe (s. o. 3).

c) Die ungleichsilbigen Neutra auf - μα werden im Genitiv Sing. auf der drittletzten Silbe und im Genitiv Plur. auf der vorletzten betont (s o.4, 5).

3) Ἰσοσύλλαβα - ι, - ί

Ἑνικός

Ὀν.	τό	μάτι	αὐτί	τσάι
Γεν.	τοῦ	ματιοῦ	αὐτιοῦ	τσαγιοῦ
Αἰτ.	τό	μάτι	αὐτί	τσάι
Δοτ.	στό	μάτι	αὐτί	τσάι

Πληθυντικός

Ὀν.	τά	μάτια	αὐτιά	τσάγια
Γεν.	τῶν	ματιῶν	αὐτιῶν	τσαγιῶν
Αἰτ.	τά	μάτια	αὐτιά	τσάγια
Δοτ.	στά	μάτια	αὐτιά	τσάγια

Bemerkungen

a) Alle Neutra auf -ι, - ί werden sowohl im Genitiv Singular wie auch im Genitiv Plural auf der letzten Silbe betont.

b) Die Neutra mit vokalischem Auslaut, wie τσά-ι erhalten ein - γ- zwischen den Stammauslaut und die Endung im Genitiv Singular und im ganzen Plural.

c) Die Diminutive auf - άκι (σπιτάκι, κλπ) bilden weder im Singular noch im Plural einen Genitiv.

Κλίση τῶν ἐπιθέτων   Deklination der Adjektive

Die Adjektive auf - **ος** werden wie die Substantive auf- **ος**   dekliniert.
"   "   auf - **η**   "   "   "   "   "   - **η**   "
"   "   auf - **α**   "   "   "   "   "   - **α**   "
"   "   auf - **ο**   "   "   "   "   "   - **ο**   "

Der gleichen Deklinationsregel unterliegt auch das Demonstrativpronomen
αὐτός, αὐτή, αὐτό - τοῦτος, τούτη, τοῦτο - ἐκεῖνος, ἐκείνη, ἐκεῖνο

Τονισμός τῶν ἐπιθέτων   Akzentregel für die Adjektive

Steht das Adjektiv in adjektivischer Funktion, dann bleibt der Akzent in allen Formen dort, wo er im Nominativ Singular war, z.B.

Τά σπίτια τῶν **πλούσιων** ἐμπόρων,

Steht es aber in substantivischer Funktion, dann unterliegt es den gleichen Akzentregeln wie das Substantiv, z. B. :

Τά σπίτια τῶν **πλουσίων**.

Κλίση τοῦ ἐπιθέτου "πολύς"

	Ἐνικός			Πληθυντικός		
Ὀν.	πολύς	πολλή	πολύ	πολλοί	πολλές	πολλά
Γεν.	πολλοῦ	πολλῆς	πολλοῦ	πολλῶν	πολλῶν	πολλῶν
Αἰτ.	πολύν	πολλήν	πολύ	πολλούς	πολλές	πολλά

Allgemeine Regeln in der Deklination

a) Alle Maskulina bilden den Genitiv Singular ohne - **ς** .

b) Alle Feminina bilden den Genitiv Singular durch **Anhängen eines** - **ς**.

c) Alle ungleichsilbigen Maskulina und Feminina enden im Nominativ Plural auf - **δες** und haben den Nominativ, den Akkusativ und den Vokativ gleich.

d) Alle Neutra haben Nominativ, .Akkusativ und Vokativ im Singular gleich; auch den Nominativ, Akkusativ und Vokativ im Plural gleich.

e) Alle Substantive und Adjektive enden im Genitiv Plural auf   - ων.

Κλίση τοῦ ἀριθμητικοῦ
Deklination der Grundzahlen

	Ἑνικός			Πληθυντικός		
Ὀν.	ἕνας	μία	ἕνα	τρεῖς	τρία	τέσσερεις[3] τέσσερα
Γεν.	ἑνός	μιᾶς	ἑνός	τριῶν	τριῶν	τεσσάρων τεσσάρων
Αἰτ.	ἕνα(ν)	μία(ν)	ἕνα	τρεῖς	τρία	τέσσερεις τέσσερα

Κλίση τῆς ἐρωτηματικῆς ἀντωνυμίας

	Ἑνικός			Πληθυντικός		
Ὀν.	ποιός	ποιά	ποιό	ποιοί	ποιές	ποιά
Γεν.	ποιανοῦ	ποιανῆς	ποιανοῦ	ποιανῶν	ποιανῶν	ποιανῶν
Αἰτ.	ποιόν	ποιάν	ποιό	ποιούς	ποιές	ποιά

Besondere Funktionen des Genitivs

Durch den Genitiv wird zum Audruck gebracht
1) der Besitzer - auf die Frage: wem gehört es?, z.B.

Ποιανοῦ εἶναι τό σπίτι; - Τό σπίτι εἶναι τοῦ γιατροῦ.
Wem gehört das Haus? -   Das Haus gehört dem Arzt.

2) der Dativ der Person:

Δίνω τοῦ παιδιοῦ τήν μπάλλα.   Λέω τοῦ μαθητῆ καλημέρα.
Ich gebe dem Kind den Ball   Ich sage dem Schüler guten Tag.
Hier muß der Genitiv vor den Akkusativ gestellt werden.

3) das Alter:

Πόσων χρονῶν εἶσαι; Εἶμαι εἴκοσι χρονῶν.
Wie alt bist du?   Ich bin zwanzig Jahre alt.

4) die Eigenschaft, die Beschaffenheit:

Λεξικό τῆς τσέπης. Παιδί τοῦ σχολείου.
Taschenwörterbuch Schulkind

---

[3] Andere Formen von" vier" sind: τέσσερες, τέσσερις

5) **der Ort:**
    Ἡ μάχη τοῦ Μαραθώνα   Die Schlacht bei Marathon

6) **die Zeit:**
    Οἱ δουλειές τοῦ καλοκαιριοῦ   Die Sommerarbeiten.
    Ὁ πόλεμος τοῦ σαράντα (1940).   Der Krieg von 1940

7) **der Grund:**
    Ἡ χαρά τῆς νίκης   Die Freude wegen des Sieges
    Ἡ λύπη τοῦ χωρισμοῦ   Der Kummer wegen der Trennung

8) **das Gewicht und die Dimensionen:**
    Ἕνα καρπούζι τριῶν κιλῶν   Eine drei Kilo schwere Wassermelone
    Ἕνας δρόμος πέντε μέτρων   Eine fünf Meter breite Straße

9) **der Wert, der Preis:**
    Ἕνα εἰσιτήριο τῶν τεσσάρων εὐρώ   Eine Karte zu vier Euro

10) **der Zweck, die Bestimmung:**
    Ἕνα κουταλάκι τοῦ καφέ   Ein Kaffeelöffel

ἡ ἡμερομηνία	das Datum
Τί ἡμερομηνία ἔχομε σήμερα;	Welches Datum haben wir heute?
" " εἶναι "	Der wievielte ist heute?
Πόσο τοῦ μηνός ἔχομε;	Den wievielten haben wir heute?
Πόσες τοῦ μηνός ἔχομε;	" " " " "
Σήμερα ἔχομε πέντε Μαρτίου.	Heute haben wir den 5. März.
" εἶναι πρώτη Μαΐου.	" ist der 1. Mai.
Πότε ἔχετε γενέθλια;	Wann haben Sie Geburtstag?
Ἔχω γενέθλια στίς δύο Ἰουλίου.	Ich habe am 2. Juli.Geburtstag

Um das Datum auszudrücken, nehmen wir einfach die **Grundzahl und den Genitiv des Monats. Nur für den 1. des Monats nehmen wir die Ordnungszahl im Femininum,** z.B.
Εἶναι ἡ πρώτη Ἀπριλίου. Ἔχω γενέθλια τήν πρώτη Ἀπριλίου.
Εἶναι δέκα Αὐγούστου. Ἔχω γενέθλια στίς δέκα Αὐγούστου.

Ἀνέκδοτα

1) Μοντέρνα παιδιά
Δύο παιδιά μπροστά σ' ἕνα ἀνοιχτό βιβλίο ἱστορίας:
- Τί νά σημαίνει ἆραγε ὁ ἀριθμός 356 - 323 δίπλα στό ὄνομα τοῦ Μελου Ἀλεξάνδρου; λέει τό ἕνα.
- Θά εἶναι σίγουρα ὁ ἀριθμός τοῦ τηλεφώνου του, λέει τό ἄλλο.

Λέξεις

ἀνοιχτός, -ή, -ό	offen
σημαίνω	bedeuten
ἆραγε	wohl
τί νά σημαίνει ἆραγε;	was kann wohl bedeuten?

2) Ἡ ἡλικία
Ὁ καινούργιος ἐργάτης παρουσιάζεται στόν ἐργοστασιάρχη καί αὐτός τόν ρωτάει:
- Πόσων χρονῶν εἶσαι;
- Σαράντα τριῶν, λέει αὐτός.
- Καί πόσα χρόνια ἐργάζεσαι σ' αὐτήν τή δουλειά;
- Πενήντα, ἀπαντάει ὁ ἐργάτης.
- Μά, ... πῶς γίνεται αὐτό, ἀφοῦ εἶσαι μόνο σαράντα τριῶν χρονῶν;
- Κάνω πολλές ὑπερωρίες.

Λέξεις

ἡ ἡλικία	Alter
παρουσιάζομαι	sich vorstellen, erscheinen
ὁ ἐργοστασιάρχης	Fabrikinhaber
πῶς γίνεται αὐτό;	wie ist das möglich?
ἡ ὑπερωρία	Überstunde

Δέκατο έκτο μάθημα

Ένα γράμμα

Ὁ Πάνος καί ἡ Δήμητρα ταξίδεψαν στήν Ἀθήνα καί ἀπό κεῖ ἔγραψαν ἕνα γράμμα στούς γονεῖς τους στό χωριό.
Πολυαγαπημένοι μας γονεῖς!
Χτές τό ἀπόγευμα στίς πέντε φτάσαμε στήν Ἀθήνα. Ἡ διαδρομή ἦταν πολύ ὡραία. Μεγάλη ἐντύπωση μᾶς ἔκανε ὁ ἰσθμός τῆς Κορίνθου. Ἀκριβῶς ἐκείνη τήν ὥρα περνοῦσε ἕνα καράβι. Τό δείξαμε στούς δύο Γερμανούς τουρίστες πού καθόντουσαν ἀπέναντί μας καί τό φωτογράφισαν. Ὅλη τήν ὥρα ἔβγαζαν φωτογραφίες. Ἤξεραν καί λίγο ἑλληνικά κι ἔτσι μπορούσαμε νά μιλᾶμε λίγο.
Στό σιδηροδρομικό σταθμό μᾶς περίμενε ἡ θεία. Πλησιάσαμε ἕνα ταξί, φορτώσαμε τίς βαλίτσες μας καί ξεκινήσαμε γιά τό σπίτι. Σ' ὅλο τό δρόμο ἡ θεία μᾶς ἐξηγοῦσε: "Ἐδῶ βρισκόμαστε στήν καρδιά τῆς Ἀθήνας, στήν πλατεία Ὁμονοίας. Ὁ δρόμος πού περνᾶμε τώρα, εἶναι ἡ ὁδός Πανεπιστημίου. Ἀριστερά μας εἶναι ἡ Ἐθνική Βιβλιοθήκη, τό Πανεπιστήμιο καί ἡ Ἀκαδημία. Τά σχέδια γιά τό Πανεπιστήμιο τά ἔκανε ὁ Δανός ἀρχιτέκτονας Christian Hansen. Ὁ ἀδελφός του Theophile Hansen ἔκανε τά σχέδια γιά τήν Ἀκαδημία καί τήν Ἐθνική Βιβλιοθήκη.
Αὐτός ὁ λόφος ἐκεῖ πίσω εἶναι ὁ Λυκαβηττός. Τώρα φτάσαμε στήν πλατεία τοῦ Συντάγματος.
Ἀριστερά μας ἐπάνω εἶναι τά Παλαιά Ἀνάκτορα. Τά σχέδια τά ἐκπόνησε ὁ Γερμανός ἀρχιτέκτονας Gärtner. Ἐκεῖ στεγάζεται τώρα ἡ Βουλή.
Μπροστά ἀπό τά Ἀνάκτορα εἶναι τό Μνημεῖο τοῦ Ἀγνώστου Στρατιώτου. Συνέχεια εἶναι ὁ Ἐθνικός Κῆπος καί τό Ζάππειο. Ἐκεῖ γίνονται πολλές ἐκθέσεις.
Δεξιά μας εἶναι τό ἱστορικό ξενοδοχεῖο τῆς Μεγάλης Βρεττανίας.
Δέ χορταίναμε νά βλέπουμε. Τί κόσμος! Τί κίνηση!
Σέ λίγο ὅμως φτάσαμε. Τά ξαδέλφια μας ἔτρεξαν καί μᾶς ἄνοιξαν. Μεθαύριο θά ταξιδέψουμε ὅλοι μαζύ στήν Αἴγινα. Θά σᾶς γράψουμε πάλι. Τώρα ὅμως θά ξαπλώσουμε, γιατί εἴμαστε πολύ κουρασμένοι.
Σᾶς φιλοῦμε μέ ἀγάπη
Πάνος καί Δήμητρα

Λέξεις

ταξιδεύω-ταξίδεψα	reisen, bereisen
γράφω - έγραψα	schreiben
οἱ γονεῖς	Eltern
φτάνω - έφτασα	ankommen
ἡ διαδρομή	Fahrt
ἡ ἐντύπωση	Eindruck
ὁ ἰσθμός	Landenge, Kanal (durch die Landenge)
περνάω - πέρασα	vorbeigehen,-fahren, verbringen
τό καράβι	Schiff
δείχνω- ἔδειξα	zeigen
φωτογραφίζω-φωτογράφισα	fotografieren
βγάζω - ἔβγαλα	ausziehen, hier: Bilder machen
ὁ σταθμός	Bahnhof
σιδηροδρομικός (σιδηρόδρομος)	Eisenbahn- (Eisenbahn)
περιμένω - περίμενα	warten, erwarten
πλησιάζω - πλησίασα	sich nähern
φορτώνω - φόρτωσα	aufladen, beladen
ἡ βαλίτσα	Koffer
ξεκινάω - ξεκίνησα	aufbrechen, losfahren
ἐξηγῶ - ἐξήγησα	erklären, auslegen
ἡ καρδιά	Herzt
ἀριστερά (ἀριστερός, -ή, -ό)	links, nach links
δεξιά (δεξιός, -ά, -ό)	rechts, nach rechts
ὁ λόφος	Hügel
τό σύνταγμα	Verfassung
τό ἀνάκτορο(τά ἀνάκτορα)	Palast
ἐκπονῶ - ἐκπόνησα	ausarbeiten, fertigstellen
στεγάζω - στέγασα	unterbringen
στεγάζομαι-στεγάσθηκα	untergebracht werden
ἡ Βουλή	Parlament
τό μνημεῖο	Monument, Denkmal
ἄγνωστος, -η,-ο	unbekannt
ὁ στρατιώτης	Soldat
ἡ συνέχεια (συνέχεια)	Fortsetzung (anschließend)
ἐθνικός,-ή, -ό	national

τό Ζάππειο	Gebäude im Nationalpark
ἡ ἔκθεση	Ausstellung, Aufsatz
χορταίνω - χόρτασα	satt werden
ἡ κίνηση	Bewegung, hier: Verkehr
τρέχω - ἔτρεξα	laufen, rennen
ἀνοίγω - ἄνοιξα	aufmachen
φιλάω (φιλῶ) - φίλησα	küssen
ἡ ἀγάπη	Liebe
ἡ Μεγάλη Βρεττανία	Großbritannien

Ἐκφράσεις

Μοῦ κάνει ἐντύπωση ὁ ἰσθμός, τό Μουσεῖο κλπ.
Κάθεται ἀπέναντι ἀπό μένα, ἀπέναντί μου.
Ὅλη τήν ὥρα βγάζω φωτογραφίες.
Ξεκινάω γιά τό σπίτι, γιά τό γραφεῖο κλπ.
Ἀριστερά μου εἶναι .... δεξιά μου εἶναι ....
Ἐκεῖ εἶναι τό Μουσεῖο, συνέχεια εἶναι ἡ βιβλιοθήκη.
Δέ χορταίνω νά βλέπω, νά ἀκούω κλπ.
Ἡ πλατεία Ὁμονοίας: Der Platz der Eintracht (nach dem Platz in Paris *Place de la Concorde*)
Ἡ πλατεία Συντάγματος: Der Verfassungsplatz (nach dem Platz in Paris *Place de la Constitution*)

ΓΡΑΜΜΑΤΙΚΗ

Das Verb und seine Aspekte

Beim neugriechischen Verb unterscheidet man zwei Stämme:
den Präsensstamm (Stamm I), der den imperfektiven, unvollendeten Aspekt ausdrückt, und **den Aoriststamm (Stamm II)**, der den perfektiven, vollendeten Aspekt zum Ausdruck bringt. Kennen wir diese beiden Stämme eines Verbs, so können wir das ganze Verb konjugieren.

Aus dem Stamm I wird das Präsens im Indikativ, im Konjunktiv, im Imperativ und im Partizip gebildet, ferner das Imperfekt und das Futur der Dauer. Aus dem Stamm II wird der Aorist im Indikativ, im Konjunktiv, im Imperativ und im Infinitiv gebildet, ferner das einmalige Futur.

Der **Stamm II** wird bei den meisten Verben aus dem Stamm I gebildet, indem man ein **-σ-** anhängt. In diesem Fall handelt es sich um den **Sigmatischen Aorist**. Manche Verben bilden ihren Stamm II **ohne -σ-** ; dann handelt es sich um den **Asigmatischen Aorist**.

Zeitformen, die aus dem gleichen Stamm gebildet werden, beinhalten auch in allen Modi den gleichen Aspekt.

Stamm I Imperfektiv			**Stamm II Perfektiv**	
Zeitformen			Zeitformen	
Indik. Präsens	Imperfekt	Fut.d.Dauer	Aorist	Einmal. Futur
Konj. Präsens			Aorist	
Imperat. Präsens			Aorist	
Partizip Präsens			-	
Infinitiv -			Aorist	

Den Sigmatischen Aorist, bei dem das **- σ -** ganz deutlich zu sehen ist, bilden folgende Verben:
1) die auf einen Vokal auslautenden, z.B.

    ἀκού - ω   ἀκου-σ-   hören
    ἱδρύ - ω   ἱδρυ -σ   gründen
Ausnahmen:
    καί - ω   κα - ψ   brennen, verbrennen
    κλαί - ω   κλα - ψ   weinen
    φταί - ω   φται - ξ   schuld sein

2) alle Verben auf - ώνω, z.B.

    πληρών - ω   πληρω - σ-

3) **einige zweisilbige auf - νω** (die auf Vokal auslautende Verben des Altgriechischen zurückgehen) wie

    δέν - ω   δε - σ -   binden, anbinden
    λύν - ω   λυ - σ -   lösen, losbinden
    κλείν - ω   κλει - σ -   zumachen
    γδύν - ω   γδυ - σ -   ausziehen

ντύν - ω	ντυ	- σ -	anziehen
χάν - ω	χα	- σ-	verlieren, verpassen
φτάν - ω	φτα	- σ -	ankommen
χύν - ω	χυ	- σ -	ausschütten
ψήν - ω	ψη	- σ -	braten, ausbacken

und die Verben

ἀφήν -ω	ἀφη	- σ -	lassen, verlassen
δίν - ω	δω	- σ -	geben

4) einige Verben auf - αίνω oder - άνω, z.B.

ἀνασταίν - ω	ἀναστ	- ησ -	αuferwecken, beleben
ἀρρωσταίν- ω	ἀρρωστ	- ησ -	erkranken
συσταίν - ω	συστ	- ησ -	empfehlen, vorstellen
ἁμαρτάν - ω	ἁμάρτ	- ησ -	sündigen
σωπαίν - ω	σωπ	- ασ -	schweigen
χορταίν - ω	χόρτ	- ασ -	sattwerden, - sein

5) **alle Kontrakta. Bei diesen wird der Aorist gebildet, indem man das Infix - ησ - an den Stamm anhängt, z.B.**

μιλ - άω	μιλ - ησ-	sprechen
εὐχαριστ - ῶ	εὐχαριστ - ησ-	danken

Ausnahmen

Manche Kontrakta bilden den Aoriststamm durch Anhängen des Infixes -ασ- z. B

γελ - άω	γελ -	ασ -	lachen
διψ - άω	διψ -	ασ -	Durst haben
κρεμ-άω	κρεμ -	ασ -	hängen, aufhängen
πειν - άω	πειν -	ασ -	Hunger haben
σπ - άω	σπ -	ασ -	zerbrechen
χαλ - άω	χαλ -	ασ -	kaputtmachen, -gehen

Dazu gehören auch diese Kontrakta, die vor dem - α zwei Konsonanten haben (der letzte ist ein **v**; dieser verschwindet), z. B.

γερν -άω	γερ -	ασ-	alt werden
κερν - άω	κερ -	ασ -	anbieten, spendieren
ξεχν - άω	ξεχ -	ασ -	vergessen, verlernen
περν - άω	περ -	ασ -	vorbeigehen

Manche Kontrakta bilden den Aoriststamm durch Anhängen des Infixes **-εσ-** z.B.

ἐπαιν - ῶ	ἐπαιν	- εσ -	loben
συγχωρ - ῶ	συγχωρ	- εσ -	verzeihen
καλ - ῶ	καλ	- εσ -	einladen
μπορ - ῶ	μπορ	- εσ -	können
συντελ - ῶ	συντελ	- εσ -	beitragen

Hierzu gehören einige mit **αἱρῶ** zusammengesetzten Verben, z.B.

ἀφαιρ - ῶ	ἀφαιρ - εσ -	abnehmen
διαιρ - ῶ	διαιρ - εσ -	teilen, verteilen
ἐξαιρ - ῶ	ἐξαιρ - εσ -	ausnehmen

Eigenartige Bildung des Aoriststammes haben die Verben:

βαστ - άω	βαστ - ηξ -	halten
τραβ - άω	τραβ - ηξ -	ziehen
πετ - άω	πετ - αξ -	fliegen
μεθ - άω	μεθ - υσ -	sich betrinken

6) die auf einen Zahnlaut (τ, δ, θ) oder auf einen Zischlaut (ζ, σ) auslautenden (darunter alle auf - ίζω):

θέτ - ω	θε - σ -	setzen, stellen, legen
σπεύδ - ω	σπευ - σ -	sich beeilen
πείθ - ω	πει - σ -	überzeugen, überreden
διαβάζ - ω	διαβα - σ -	lesen, lernen
νομίζ - ω	νομι - σ -	glauben, meinen
ἀρέσ - ω	ἀρε - σ -	gefallen

Den Sigmatischen Aoriststamm, bei dem das -σ- mit dem oder den vorausgehenden Konsonanten zu einem neuen Konsonanten verschmilzt, bilden Verben, die

1) auf einen Labial (π, β, φ, πτ, φτ) oder auf αυ, ευ* auslauten. Bei diesen verschmilzt der Präsensstammauslaut mit dem - σ - zu - ψ, z.B.

λείπ - ω	λειψ -	fehlen
κρύβ - ω	κρυψ -	verstecken
γράφ - ω	γραψ -	schreiben
καλύπτ - ω	καλυψ -	decken
ἀστράφτ - ω	ἀστραψ -	glänzen, blitzen
παύ - ω	παψ -	aufhören entlassen
μαγειρεύ - ω	μαγειρεψ -	kochen*

* Diese Verben haben auch einen älteren Aoriststamm auf -αυσ, -ευσ, z.B.
παύ - ω   παυ - σ-,   μαγειρεύ - ω   μαγείρευ - σ - .

2) auf einen Guttural (κ, γ, χ) oder auf - χν, - σκ, - ττ, - σσ auslauten und manche, die auf - ζ auslauten. Bei diesen verschmilzt der Präsenstamm mit dem - σ - zu -ξ, z.B.

πλέκ - ω	πλεξ -	stricken, häkeln, flechten
πνίγ - ω	πνιξ -	erwürgen, ersticken
προσέχ - ω	προσεξ -	aufpassen
διώχν - ω	διωξ -	vertreiben, verjagen
διδάσκ - ω	διδαξ -	unterrichten
εἰσπράττ - ω	εἰσπραξ -	einnehmen, kassieren
κηρύττ - ω	κηρυξ -	predigen, erklären
φωνάζ - ω	φωναξ -	schreien, rufen

Bemerkung

Die Verben ἔχω und εἶμαι haben keinen Aorist. Ihre einzige Vergangenheitsform ist das Imperfekt.

Ἀόριστος Ὁριστικῆς Indikativ Aorist

Er wird gebildet:
1) durch den Stamm II;
2) durch das syllabische Augment ἐ -, das vor den Stamm gesetzt wird. Verben, die mit einem Vokal anlauten, erhalten kein Augment,
3) durch die Endungen, die gleich wie die Endungen des Imperfekts sind.

Im Aorist liegt der Akzent immer auf der drittletzten Silbe.
Wenn das syllabische Augment nicht den Akzent trägt (das kommt bei den mehrsilbigen Verben und bei den Kontrakta vor), kann es wegfallen.

ἀκούω	γράφω	πληρώνω	μιλάω
ἄκου-σ-α	ἔ-γρα-ψ-α	(ἐ)πλήρω-σ-α	(ἐ)μίλ-ησ-α
ἄκου-σ-ες	ἔ-γρα-ψ-ες	(ἐ)πλήρω-σ-ες	(ἐ)μίλ-ησ-ες
ἄκου-σ-ε	ἔ-γρα-ψ-ε	(ἐ)πλήρω-σ-ε	(ἐ)μίλ-ησ-ε
ἀκού-σ-αμε	(ἐ)-γρά-ψ-αμε	(ἐ)πληρώ-σ-αμε	(ἐ)μιλ-ήσ-αμε
ἀκού-σ-ατε	(ἐ)-γρά-ψ-ατε	(ἐ)πληρώ-σ-ατε	(ἐ)μιλ-ήσ-ατε
ἄκου-σ-αν	ἔ-γρα-ψ-αν	(ἐ)πλήρω-σ-αν	(ἐ)μίλ-ησ-αν

Manche Verben, die mit einem Adverb zusammengesetzt sind, wie z.B. πολύ, πάρα, καλά, κακά u.a., erhalten das syllabische Augment zwischen dem Adverb und dem Verb (inneres Augment), z.B.

πολυθέλω - πολυήθελα, aber πολυθέλαμε
καλοβλέπω - καλοέβλεπα, aber καλοβλέπαμε.

Manchmal werden sie auch ohne Augment verwendet, z.B.
καλόβλεπα, παράπια (παραήπια).

Inneres syllabisches Augment erhalten auch manche zusammengesetzte Verben in der gehobenen Sprache, die noch in der Umgangssprache gebräuchlich sind.

Die gebräuchlichsten von ihnen:

ἀναπνέω	ἀνέπνευσα	einatmen
ἐγκρίνω	ἐνέκρινα	billigen, genehmigen
ἐκφράζω	ἐξέφρασα	ausdrücken
ἐκπλέω	ἐξέπλευσα	auslaufen (bei Schiffen)

ἐμπνέω	ἐνέπνευσα	inspirieren
ἐνδιαφέρω	ἐνδιέφερα	interessieren
συμβαίνει	συνέβηκε	es geschieht
ὑπάρχω	ὑπῆρξα	existieren

Dieses Augment erhalten die 3 Personen des Singulars und die 3. Person des Plurals im Aorist und im Imperfekt des Aktivs.

Zur Charakteristik des Aorists

Der Aorist ist die wichtigste Vergangenheitsform im Indikativ. Er bezeichnet eine vollendete oder eine punktartig konzentriert gedachte Handlung oder Situation in der Vergangenheit. **Den Begriff der Vergangenheit besitzt nur der Indikativ.** Der Aorist entspricht im Deutschen:
1) dem Perfekt oder dem Imperfekt des alltäglichen Gesprächs,
2) dem Perfekt des Briefes,
3) dem Imperfekt der Erzählung, des Romans,
4) dem Plusquamperfekt nach bestimmten Konjunktionen (konditionalen, temporalen).

In einer Erzählung bildet das Imperfekt den Rahmen, die Kulissen, während der Aorist das dramatische Ereignis zum Ausdruck bringt, z.B.
   ῎Εγραφα ἕνα γράμμα, ὅταν χτύπησε τό τηλέφωνο.
Ich schrieb (war am Schreiben) gerade einen Brief, als das Telephon klingelte.

Im Aorist wird auch eine vollendete Handlung dargestellt, wenn sie sich in der Vergangenheit mehrmals wiederholte, z.B.
   Ο μαθητής διάβασε τρεῖς φορές τό ποίημα.
   Der Schüler las das Gedicht dreimal.

Manchmal wird der Aorist durch das Präsens ersetzt (dramatisches Präsens), um der Erzählung Lebendigkeit zu verleihen. Es werden sogar parallel das Präsens (dramatisches Präsens) und der Aorist verwendet, z.B.

   ῎Ανοιξα τήν πόρτα καί τί βλέπω;
   Ich öffnete die Tür und was sah ich (sehe ich)?

   Χτυπάει τήν πόρτα καί τοῦ ἄνοιξαν.
   Er klopfte an die Tür, und man öffnete ihm.

Μέλλοντας Στιγμιαίος Einmaliges Futur

Es wird gebildet:
1) durch den Stamm II (Aoriststamm),
2) durch die Endungen des Indikativs Präsens der stammbetonten Verben,
3) durch Voranstellen der Partikel θά vor den Stamm II.

ἀκούω	τρέχω	χτυπάω
ἀκού - σ -	τρέχ - σ = ξ -	χτυπ - ήσ -
θά ἀκούσω	θά τρέξω	θά χτυπήσω
θά ἀκούσεις	θά τρέξεις	θά χτυπήσεις
θά ἀκούσει	θά τρέξει	θά χτυπήσει
θά ἀκούσομε(-ουμε)	θά τρέξομε (-ουμε)	θά χτυπήσομε(-ουμε)
θά ἀκούσετε	θά τρέξετε	θά χτυπήσετε
θά ἀκούσουν	θά τρέξουν	θά χτυπήσουν

Das einmalige Futur bringt zum Ausdruck, daß die Handlung in der Zukunft vollendet wird, z.B.

Αὔριο τό πρωί θά ἀγοράσω (θ' ἀγοράσω) μία ἐφημερίδα.
Morgen früh werde ich eine Zeitung kaufen.

Wortstellung

	θά		γράψω ἕνα γράμμα.
Δέ	θά		γράψω ἕνα γράμμα.
	θά	σοῦ	γράψω ἕνα γράμμα.
Δέ	θά	σοῦ	γράψω ἕνα γράμμα.
Δέ	**θά**	**σοῦ**	**τό** **γράψω**

’Ανέκδοτα

1) Ἐκεῖ ἔφεγγε

"Ὁ Τάκης ψάχνει στό δρόμο κάτω ἀπό ἕνα φανάρι. Ἕνας κύριος πού τόν βλέπει, τόν ρωτάει. " "Ἔχασες κάτι;" - "Ναί", ἀπαντάει ὁ Τάκης, "δύο εὐρώ". - "Τά ἔχασες ἐδῶ;" - ""Ὄχι, ἐκεῖ κάτω" - "Τότε, γιατί ψάχνεις ἐδῶ;" - "Γιατί ἐδῶ φέγγει".

Λέξεις

τό φανάρι	Ampel
χάνω - ἔχασα	verlieren
φέγγω - ἔφεξα	leuchten, scheinen
φέγγει	unpersönlich: es ist, es wird hell

2) **Ἡ τυχερή κυρία**

Τό τηλέφωνο χτυπάει καί ἡ κυρία Παπαδοπούλου παίρνει τό ἀκουστικό.
- Ὁρίστε, παρακαλῶ!
Μία φωνή ἀπ' τό τηλέφωνο:
- Ἡ κυρία Παπαδοπούλου;
- Μάλιστα, λέγετε παρακαλῶ!
-Ἔχει κάνει ὁ ἄνδρας σας ἀσφάλεια ζωῆς γιά διακόσιες χιλιάδες εὐρώ;
- Μάλιστα.
- Κυρία μου, τά συγχαρητήριά μου! Κερδίσατε πρίν ἀπό δέκα λεπτά σέ αὐτοκινητιστικό δυστύχημα

Λέξεις

τυχερός, -ή, -ό	glücklich
ἡ ἀσφάλεια ζωῆς	Lebensversicherung
τά συγχαρητήριά μου	meine Glückwünsche
κερδίζω - κέρδισα	gewinnen
πρίν ἀπό	vor (nur temporal)
τό δυστύχημα	Unfall
αὐτοκινητιστικό δυστύχημα	Autounfall

3) **Στό Δικαστήριο**

Ὁ Πρόεδρος ρωτάει τόν κατηγορούμενο:
- Τό γνωρίζεις αὐτό τό πιστόλι; - Ὄχι.
Τή δεύτερη μέρα τῆς δίκης ρωτάει ὁ Εἰσαγγελέας:

- Κατηγορούμενε, τό γνωρίζεις αυτό τό πιστόλι; - Μάλιστα.
- Μπά! κάνει ό Πρόεδρος. Πῶς γίνεται καί τό γνωρίζεις σήμερα;
Κι ό κατηγορούμενος: - Μοῦ τό δείξατε χθές.

Λέξεις

τό Δικαστήριο	Gericht
ὁ Πρόεδρος	Präsident, Vorsitzender
ὁ κατηγορούμενος	Angeklagter
τό πιστόλι	Pistole
γνωρίζω - γνώρισα	kennen
ἡ δίκη	Prozeß
ὁ Εἰσαγγελέας	Staatsanwalt
μπά	Ach was! Wirklich?

4)
Κατηγορούμενος εἶναι ἕνας χωριάτης καί ὁ Πρόεδρος θέλει νά μάθει τά στοιχεῖα του. Τόν ρωτάει λοιπόν:
- Κατηγορούμενε, πῶς ὀνομάζεσαι; - Ἐγώ;
- Ναί, βέβαια, ποιός, ἐγώ;
- Δέν καταλαβαίνω, κύριε Πρόεδρε.
- Πῶς σέ λένε; - Ἐμένα;
- Ναί, χριστιανέ μου, ἐσένα.
- Μέ λένε Κωσταντή. - Καί τό ἄλλο σου;
- Δέν ἔχω ἄλλο, κύριε Πρόεδρε, μόνο ἕνα ἔχω.
- Τό ἐπίθετό σου, ἄνθρωπέ μου! - Μέ λένε Ράφτη.
- Εἶσαι παντρεμένος; - Ἔμ, πῶς δέν εἶμαι;
- Μέ ποιόν; - Μέ μιά γυναίκα.
Ὁ Πρόεδρος θυμώνει καί λέει:
- Γιατί, ξέρεις κανένα, πού νά εἶναι παντρεμένος μέ ἄντρα;
- Τήν ξαδέρφη μου, τήν Παναγιώτα.
Ἔξω φρενῶν ὁ Πρόεδρος διακόπτει τή συνεδρίαση.

Λέξεις

ὁ χωριάτης	Bauer
τά στοιχεῖα	hier: die Personalien
ποιός, ἐγώ;	wer sonst, ich?

χριστιανέ μου	Menschenskind
τό ἐπίθετο	Nachname
παντρεμένος, -η, -ο	verheiratet
ἔμ πῶς δέν ...	wieso denn nicht ...
ἔξω φρενῶν	außer sich
διακόπτω - διέκοψα	unterbrechen
ἡ συνεδρίαση	Sitzung

Gebräuchliche Anrede- und Grußformeln im griechischen Briefstil:

1) In einem formell freundlichen Brief:

Ἀγαπητέ κύριε X	Lieber Herr X!
Ἀγαπητή κυρία X	Liebe Frau X!
Μέ φιλικούς χαιρετισμούς	Mit freundlichen Grüßen
Μέ ἐγκάρδιους χαιρετισμούς	Mit herzlichen Grüßen

2) In einem familiären Brief:

Ἀγαπητέ μου ἀδελφέ	Mein lieber Bruder!
Ἀγαπητή μου θεία	Meine liebe Tante!
Ἀγαπητό μου παιδί	Mein liebes Kind!

oder stark gefühlsbetont:

Ἀγαπημένε μου πατέρα	Geliebter Vater!
Πολυαγαπημένε μου πατέρα	Vielgeliebter Vater!
Ἀγαπημένη μου μητέρα	Geliebte Mutter!
Πολυαγαπημένη μου μητέρα	Vielgeliebte Mutter!
Ἀγαπημένο μου παιδί	Geliebtes Kind!
Πολυαγαπημένο μου παιδί	Vielgeliebtes Kind!
Ἀγαπημένοι μας γονεῖς	Geliebte Eltern!
Πολυαγαπημένοι μας γονεῖς	Vielgeliebte Eltern!
Μέ πολλήν ἀγάπη	In großer Liebe
Μέ πολλά φιλιά	Viele Küsse
Σέ φιλῶ μέ πολλήν ἀγάπη	Viele liebe Küsse

3) In einem Brief an eine ältere Person:

Σεβαστέ μου παππού	Lieber Opa!
Σεβαστή μου γιαγιά	Liebe Oma!
Σέ ἀσπάζομαι	Ich umarme Dich (respektvoll)

4) In einem Geschäftsbrief oder in einem Brief an Behörden:

Ἀξιότιμε Κύριε X	Sehr geehrter Herr X!
Ἀξιότιμοι Κύριοι	Sehr geehrte Herren!
Μέ πολλήν ἐκτίμηση	Hochachtungsvoll
Μέ ἰδιαίτερη ἐκτίμηση	"

5) In einem Brief an einen Geistlichen:

Αἰδεσιμώτατε	Hochwürdiger! (an Priester)
Σεβασμιώτατε	Eure Eminenz! (an den Bischof)
Μακαριώτατε	Eure Seligkeit! (an den Erzbischof)
Ἀσπάζομαι τή δεξιά Σας	Ich küsse (respektvoll) Ihre rechte Hand

Τί χρειαζόμαστε γιά ἕνα γράμμα

Γιά τό γράμμα χρειαζόμαστε χαρτί καί φάκελλο. Στό φάκελλο κολλᾶμε τά γραμματόσημα καί ρίχνουμε τό γράμμα στό γραμματοκιβώτιο.

τό φάκελλο	Briefumschlag
κολλάω - κόλλησα	kleben, aufkleben
τό φάκελλο	Briefumschlag
τό γραμματόσημο	Briefmarke
συλλογή γραμματοσήμων	Briefmarkensammlung
τό γραμματοκιβώτιο	Briefkasten

Δέκατο έβδομο μάθημα

Στά σύνορα

Ὁ τελωνειακός: Ἔχετε τίποτα νά δηλώσετε;
Ὁ γκρινιάρης ταξιδιώτης: Ὄχι, τί νά δηλώσω, δέν εἶμαι πολιτικός.
Τελωνειακός :Λέω ἄν ἔχετε νά δηλώσετε τίποτε γιά φόρο.
Ταξιδιώτης: Ὄχι, οὔτε γιά φόρο ἔχω τίποτε νά δηλώσω.
Τελωνειακός: Τί ἔχετε στίς ἀποσκευές σας;
Ταξιδιώτης: Τί σᾶς ἐνδιαφέρει τί ἔχω στίς ἀποσκευές μου! Δικαίωμά μου εἶναι νά ἔχω ὅ,τι θέλω.
Τελωνειακός: Μήπως ἔχετε καμία ἠλεκτρική συσκευή, κανένα ράδιο, καμία τηλεόραση, καμία ἠλεκτρική σκούπα;
Ταξιδιώτης : Ὄχι, δέν ἀκούω ποτέ μου ράδιο, δέ βλέπω τηλεόραση καί δέ σκουπίζω ποτέ μέ ἠλεκτρική σκούπα.
Τελωνειακός: Μπορεῖτε νά μοῦ δείξετε τό διαβατήριό σας;
Ταξιδιώτης: Ὄχι, γιατί νά σᾶς τό δείξω; Μοῦ δείξατε ἐσεῖς τό δικό σας;
Τελωνειακός: Μά ἐγώ κάνω ἔλεγχο διαβατηρίων.
Ταξιδιώτης: Καί τί φταίω ἐγώ, ἄν ἐσεῖς θέλετε νά κάνετε ἔλεγχο διαβατηρίων.
Τελωνειακός: Μά, κύριε, σᾶς παρακαλῶ, δέν παίζουμε. Θέλω νά ἐλέγξω τό διαβατήριό σας.
Ταξιδιώτης: Κι ἐγώ θέλω νά ἐλέγξω τό δικό σας.

Λέξεις

τό σύνορο	Grenze (meist im Plural)
δηλώνω - δήλωσα	erklären, kundgeben
ὁ τελωνειακός	Zollbeamter
γκρινιάρης, -α, -ικο	mürrisch, quengelig
ὁ πολιτικός	Politiker
λέω - εἶπα	sagen, meinen
ὁ φόρος	Steuer, Zoll
ἡ ἀποσκευή	Gepäck (meist im Plural)
τό δικαίωμα	Recht, Berechtigung
ἠλεκτρικός, -ή, -ό	elektrisch

τό ἠλεκτρικό	elektrisches Licht
ἡ συσκευή	Apparat
ἡ τηλεόραση	Fernseher
ἡ σκούπα	Besen
ἡ ἠλεκτρική σκούπα	Staubsauger
τό διαβατήριο	Reisepaß
ὁ ἔλεγχος	Kontrolle
ἐλέγχω - ἔλεγξα (ἤλεγξα)	kontrollieren, prüfen

Ἐκφράσεις

Ἔχετε τίποτα νά δηλώσετε;
Δέν ἔχω νά δηλώσω τίποτα.
Μοῦ δείχνετε τό διαβατήριό σας;
Δικαίωμά μου εἶναι νά ἔχω, νά λέω, νά κάνω ὅ,τι θέλω.
Δέν ἀκούω ποτέ μου ράδιο.
Δέ βλέπω τηλεόραση.
Θέλω νά ἐλέγξω τό διαβατήριο, τήν ταυτότητα κλπ.

Στοιχεῖα τοῦ διαβατηρίου

Ἐπώνυμο	Nachname
Ὄνομα	Vorname
Ὄνομα τοῦ συζύγου	Vorname des Ehegatten
Ὄνομα τοῦ πατέρα	Vorname des Vaters
Ἔτος γεννήσεως (γέννησης)	Geburtsdatum
Τόπος γεννήσεως	Geburtsort
Ἐπάγγελμα	Beruf
Ὑπηκοότητα	Staatsangehörigkeit
Θρήσκευμα	Konfession

Ἠλεκτρικές συσκευές

ἡ ἠλεκτρική κουζίνα	Elektroherd
τό πλυντήριο πιάτων	Geschirrspülmaschine
τό ψυγεῖο	Kühlschrank
τό ἠλεκτρικό σίδερο	Bügeleisen
τό πλυντήριο ρούχων	Waschmaschine
τό πίκ - άπ	Schalplattenspieler
ἡ ξυριστική μηχανή	Rasierapparat

ΓΡΑΜΜΑΤΙΚΗ

Ὑποτακτική Ἀορίστου   Konjunktiv Aorist

Ersetzt man die Partikel **θά** des einmaligen Futurs durch die Partikel **νά**, so erhält man den Konjunktiv Aorist, d.h. den perfektiven Aspekt.
Ob man den imperfektiven Stamm (Präsens) oder den perfektiven Stamm (Aorist) setzt, hängt von der Aktionsart ab, die zum Ausdruck gebracht werden soll, z.B.

Θέλω νά μιλάω ἑλληνικά.   Ich will Griechisch sprechen (immer).
Θέλω νά μιλήσω ἑλληνικά.   Ich will Griechisch sprechen (jetzt).

Der Konjunktiv ersetzt den deutschen Infinitiv und steht

1) **nach Verben mit der Bedeutung:**

ἀπαγορεύω	verbieten	ἔχω	haben
ἀποφασίζω	entscheiden	θέλω	wollen
ἀφήνω	lassen, zulassen	καταφέρνω	fertigbringen
διατάζω	befehlen	μπορῶ	können
ἐπιθυμῶ	wünschen	ξέρω	wissen, können
ἐπιτρέπω	erlauben	ὀφείλω	müssen, sollen
ἐμποδίζω	hindern	ὑπόσχομαι	versprechen

Beispiele
Ἀποφάσισε νά μιλήσει. Er hat beschlossen zu sprechen.
Ξέρει νά ράβει καί νά κεντάει. Sie kann nähen und sticken.

2) **Nach unpersönlichen Verben wie:**

ἀπαγορεύεται	es ist verboten
ἀποκλείεται	es ist ausgeschlossen
ἐπιτρέπεται	es ist erlaubt
κάνει	es ist erlaubt
πρέπει	es ist nötig, müssen

Beispiele
Πρέπει νά διαβάσεις τό βιβλίο.   Du mußt das Buch lesen.
Δέν κάνει νά καπνίζετε.   Sie dürfen nicht rauchen.

3) **Nach einem Adjektiv im Neutrum oder nach einem modalen Adverb oder nach einem Substantiv, wenn diese in Verbindung mit dem Verb** εῖναι **unpersönliche Ausdrücke bilden, z.B.**

>Εἶναι εὔκολο νά μᾶς τηλεφωνήσει.
>Es ist leicht für ihn, uns anzurufen.
>Εἶναι χρήσιμο νά μαθαίνουμε ξένες γλῶσσες.
>Es ist nützlich, daß man fremde Sprachen lernt.
>Καλά εἶναι νά ταξιδέψουμε αὔριο κι ὄχι σήμερα.
>Es ist gut, daß wir morgen und nicht heute abreisen.
>Εἶναι ὥρα νά φύγουμε. Es ist Zeit, daß wir fortgehen.
>Εἶναι ἀνάγκη νά σοῦ μιλήσω.
>Es ist nötig, daß ich dich spreche. (Ich muß dich sprechen).

4) **nach einem Substantiv, wenn es mit einem der folgenden Verben vorkommt:** ἔχω, βρίσκω, δίνω, κάνω, παίρνω, δείχνω, **z.B.**

>Ἔχω ὄρεξη νά διαβάσω. Ich habe Lust zu lesen.
>Ἔχει διάθεση ν' ἀκούσει μουσική.
>Sie hat Lust, Musik zu hören.
>Δέ βρίσκει καιρό νά πάει στό γιατρό.
>Er findet keine Zeit, zum Arzt zu gehen.
>Ποιός σοῦ δίνει τήν ἄδεια νά μιλᾶς ἔτσι;
>Wer erlaubt dir, so zu sprechen?
>Μοῦ κάνεις, σέ παρακαλῶ, τή χάρη νά τόν φωνάξεις;
>Tust du mir bitte den Gefallen, ihn zu rufen?

Beachten Sie!
>Ἔχω καιρό νά τοῦ γράψω
>Ich habe Zeit, ihm zu schreiben..

Aber meistens ist damit gemeint:
>**Ich habe ihm seit langem nicht geschrieben.**

5) **nach dem Verb** κάνω **, wenn es mit einem modalen Adverb vorkommt,**
>Καλά ἔκανες νά τόν φωνάξεις.
>Du hast gut daran getan, ihn zu rufen.
>Ἄσχημα ἔκανες νά τοῦ μιλήσεις.
>Du hast schlecht daran getan, ihn zu sprechen.

**Die unten stehenden Verben kommen nur
mit dem Konjunktiv Präsens vor:**

ἀκούω	hören	μαθαίνω	lernen, erfahren
ἀρχίζω	anfangen	νοιώθω	empfinden
βλέπω	sehen	συνεχίζω	fortsetzen
βρίσκω	vorfinden	συνηθίζω	pflegen
ἐξακολουθῶ	fortsetzen	τελειώνω	beenden

Beispiele:
Τήν ἄκουσα νά τραγουδάει. Ich habe sie singen hören.
Συνεχίζει νά τρώει. Sie ißt weiter.

Dagegen kommen folgende Verben nur mit dem Konjunktiv Aorist vor:

ἀδειάζω	Zeit haben	λέω	planen, vorhaben
κινδυνεύω	in Gefahr sein	παραλείπω	auslassen, versäumen
κοντεύω	nah daran sein		

Beispiele
Δέν εἶχα καιρό νά σοῦ γράψω.
Ich habe keine Zeit gehabt, dir zu schreiben.

Die Verneinung für den Konjunktiv ist die Partikel μή(ν), z.B.
Θέλω νά μήν τοῦ γράψετε. Ich will, daß ihr ihm nicht schreibt.

Der Konjunktiv kann auch selbstständig vorkommen:
1) in Fragen, z.B.
    Τί νά κάνω;   Was soll ich tun?
    Νά τοῦ γράψω;   Soll ich ihm schreiben?

2) als mäßigende Umschreibung des Imperativs, z.B.
    Νά κλείνεις πάντα τήν πόρτα.
    Du sollst immer die Tür zumachen!

3) in Wunschsätzen, z.B.
    Ὁ Θεός νά μέ συγχωρέσει! Möge Gott mir verzeihen!

4) nach den Adverbien ἴσως, σπάνια, z.B.

"Ισως ν' ἀγοράσω ἕνα σπίτι.   Vielleicht kaufe ich ein Haus.
Σπάνια νά μᾶς γράψει.   Er schreibt uns selten.

5) statt des Imperfekts (narrativer Konjunktiv) zur lebhaften, gefühlsbetonten Darstellung eines Ereignisses in derVergangenheit:

Καί τό παιδί νά τρέμει ἀπ' τό φόβο του καί νά κλαίει, statt:
Καί τό παιδί ἔτρεμε ἀπ' τό φόβο του κι ἔκλαιγε.
Und das Kind zitterte vor Angst und weinte.

Selbständig kann auch der Konjunktiv mit der Partikel ἄς davor stehen. Dann drückt er aus:
   1) den Wunsch:
   "Ας τόν φυλάει ὁ Θεός! Möge Gott ihn schützen!
   2) eine Aufforderung, eine Einräumung, z.B.
   "Ας περιμένουμε λίγο! Laß uns ein wenig warten!
   "Ας ἔρθει κι αὐτός! Er soll auch kommen (von mir aus)!

Substantivierter Konjunktiv

Mit dem bestimmten Artikel davor wird der Konjunktiv substantiviert und entspricht dem deutschen substantivierten Infinitiv, z.B.
Τό νά τρώει κανείς πολύ, δέν κάνει καλό.
Das viele Essen tut einem nicht gut.

Mit dem substantivierten Konjunktiv kommen oft die Präpositionen ἀπό, μέ, σέ vor, z. B.
Δέν κάνει τίποτ' ἄλλο ἀπό τό νά συζητάει.
Sie tut nichts anderes als plaudern.
Μέ τό νά μιλᾶς πολύ δέν προσέχεις.
Durch das viele (dauernde) Reden paßt du nicht auf.

Der Konjunktiv in den Nebensätzen

Im Konjunktiv des Stammes I oder II (je nach erforderlichem Aspekt) stehen

1) die Finalsätze:
sie werden mit **γιά νά, νά** (damit) eingeleitet, z.B.
  Ἐργάζεται πολύ, **γιά νά κερδίζει** πολλά λεπτά.
  Er arbeitet viel, damit er viel Geld verdient (immer!).
  Ἐργάζεται πολύ, **γιά ν' ἀγοράσει** ἕνα σπίτι.
  Er arbeitet viel, damit er sich ein Haus kauft.

2) die mit **ἀντί νά** (anstatt zu, anstatt daß), **χωρίς νά** (ohne zu) eingeleiteten Nebensätze, z.B.
  Κοιμᾶται, **ἀντί νά διαβάζει**. Er schläft, anstatt zu lernen.
  Ἔγραψε ἕνα γράμμα, **ἀντί νά τηλεφωνήσει**.
  Er schrieb einen Brief, anstatt anzurufen.
  Ἐργάζεται, **χωρίς νά μιλάει**. Er arbeitet, ohne zu reden.
  Πέρασε, **χωρίς νά μᾶς χαιρετήσει**.
  Er ging vorbei, ohne uns zu grüßen.

3) solche Konsekutivsätze, die das Resultat als eine Eventualität darstellen, obwohl eine Tatsache vorliegt. Sonst stehen die Konsekutivsätze im Indikativ..
Eingeleitet werden sie durch **ὥστε νά, πού νά, νά** (so daß), z.B.
  Σέ γέλασα τόσες φορές, **ὥστε νά μή μέ πιστεύεις** πιά.
  Ich habe dich so oft betrogen, daß du mir nicht mehr glaubst.
  Φώναξε τόσο δυνατά, **ὥστε νά τόν ἀκούσουν** ὅλοι.
  Er hat so laut geschrien, daß alle ihn haben hören können (hörten).

4) Bedingungssätze, wenn die Bedingung als eine mögliche Wiederholung in der Gegenwart oder als eine Erwartung in der Zukunft dargetellt wird.
Diese Sätze werden durch: **ἐάν, ἄν** (wenn) eingeleitet, z.B.
  Ἄν (ἐάν) τρώει πάντα τόσο πολύ, θά παχύνει.
  Wenn sie immer so viel ißt, wird sie dick werden.
  Ἄν ἔρθεις αὔριο, νά μοῦ φέρεις καί τό λεξικό.
  Wenn du morgen kommst, sollst du mir auch das Wörterbuch bringen.

5) **Temporalsätze**, wenn sie die Handlung als eine Wiederholung oder als eine Erwartung darstellen und durch ὅταν, ἅμα (wenn), μόλις (sobald), σάν (wenn) eingeleitet werden, z.B.

"Οταν (ἅμα, σάν) τρῶς, νά μή μιλᾶς.
Wenn du ißt, sollst du nicht reden.
"Οταν (ἅμα,σάν) ἔλθεις, νά μοῦ φέρεις καί τό παλτό μου.
Wenn du kommst, sollst du mir auch meinen Mantel bringen.
Μόλις φτάσεις, νά μοῦ τηλεφωνήσεις.
Sobald du ankommst, sollst du mich anrufen.

Die Temporalsätze stehen immer im Konjunktiv Aorist (Stamm II), wenn sie eingeleitet werden durch
πρίν νά, πρίν, προτοῦ νά, προτοῦ (bevor), μέχρι νά, ὥσπου νά, ὅσο νά (bis), ἀφοῦ (nachdem) z.B.

Κλείνει τά παράθυρά της, **προτοῦ νά φύγει**.
Sie macht ihre Fenster zu, bevor sie fortgeht..
Περίμενα, **ὥσπου νά ἔρθει**. Ich wartete, bis sie kam.
Ἀφοῦ φᾶς, νά πλύνεις τά πιάτα.
Nachdem du gegessen hast, sollst du das Geschirr spülen.

Ἡ ἀόριστη ἀντωνυμία   Das Indefinitpronomen

Deklinierbar adjektivisch und substantivisch nur Singular		Undeklinierbar adjektivisch u. substantivisch nur Singular	
ἕνας, μία, ἕνα	einer	ὁ, ἡ, τό δεῖνα	der und der
ὁ ἕνας, ἡ μία, τό ἕνα	der eine	ὁ, ἡ, τό τάδε	der Soundso
καθένας, καθεμία, καθένα	jeder	κάτι	etwas
ὁ " ἡ " τό "	ein jeder, jedermann	κάτι παιδιά	ein paar Kinder
κανένας, καμία, κανένα	jemand, niemand keiner	τίποτα	etwas
		τίποτα παιδιά	irgendwelche

Sing. umd Plural		**nur adjektivisch**	
ἄλλος, -η, -ο	ein anderer	κάθε	jeder
ὁ " ἡ " τό ""	ein anderer	ὁ, ἡ, τό "	jeder

άλλοι, άλλες, άλλα	andere	nur substantivisch	
οι " οι " τά "	die anderen	κατιτί	etwas
κάποιος, -α, -ο	irgend jemand, ein gewisser	(τό) κάθετί	alles
κάποιοι, -ες, -α	einige, gewisse		
κάμποσος, -η, -ο	ziemlich viel		
κάμποσοι, -ες, -α	viele, genügend		

nur im Plural:
μερικοί,-ές, -ά   einige

Bemerkungen

1) Ένας   μία   ένα
   καθένας   καθεμία   καθένα
   κανένας   καμ(μ)ία   κανένα

werden wie der unbestimmte Artikel ένας, μία, ένα dekliniert.

Ένας ist gleichbedeutend mit κάποιος, z.B. Μοῦ εἶπε ένας (κάποιος).

"Κανένας" und "τίποτε" bedeuten:

1) in einem Aussage- oder in einem Fragesatz:"man, jemand, etwas", z.B.
   Ἄν ἔρθει κανένας, πές μου το. Wenn jemand kommt, sag es mir.
   Ἦρθε κανένας;   Ist jemand gekommen?
   Ἄν θέλετε τίποτα, ρωτῆστε. Wenn Sie etwas brauchen, fragen Sie.
   Ἔχετε τίποτα νά πιῶ; Haben Sie etwas zu trinken?

In diesem Fall steht κανένας und τίποτε niemals am Anfang des Satzes.

2) in einem verneinten Satz: "niemand, keiner, nichts", z.B.
   Ποιός μιλάει; -Κανένας (δέ μιλάει).
   Δέν εἶναι κανένας (κανείς) ἐδῶ; Ist niemand hier?
   Δέν καταλαβαίνω τίποτε.

Die Pronomina ένας, μία, ένα - καθένας, καθεμία, καθένα - κανένας (κανείς), καμ(μ)ία, κανένα kommen oft mit dem schwachen Personalpronomen des Plurals vor, z.B.
   Εἴμαστε πέντε, ἀλλά μόνο ὁ ἕνας **μας** ἐργάζεται.
   Ἦσαν τρεῖς μαθήτριες, ἡ μία **τους** δέν ἤξερε γερμανικά.
   Ἔχει κανένας **σας** ἕνα στυλό;

Das Femininum καμ(μ)ιά mit Zahlwörtern auf -αριά bedeutet "ungefähr", z. B.
   Ἦσαν καμιά δεκαριά ἄνθρωποι.

Die Indefinitpronomina auf - ος, - η, -ο oder - ος, - α, -ο werden wie die entsprechenden Adjektive dekliniert.

Ἀπό τούς μύθους τοῦ Αἰσώπου

Ὁ σκύλος μέ τό κρέας

Ἕνας σκύλος πού κρατοῦσε στό στόμα του ἕνα κομμάτι κρέας, ἔπρεπε νά περάσει ἕνα ποταμάκι. Καθώς λοιπόν περπατοῦσε πάνω στή γεφυρούλα, εἶδε τή σκιά του μέσα στό νερό. Νομίζοντας πώς ἦταν κάποιος ἄλλος σκύλος μέ πιό μεγάλο κομμάτι, ἄφησε τό δικό του κι ἔτρεξε νά ἁρπάξει τό ἄλλο. Ἔτσι ὅμως ἔχασε καί τό δικό του καί τό ἄλλο.

Αἴσωπος : ἕκτος αἰώνας πρό Χριστοῦ.

Λέξεις

ὁ μύθος	Fabel, Sage
τό κρέας	Fleisch
τό ποταμάκι (τό ποτάμι)	Bach
ἡ γεφυρούλα (ἡ γέφυρα)	Brückchen, Steg
εἶδε (= Ἀόριστος τοῦ "βλέπω")	sehen
ἡ σκιά	Schatten
ἁρπάζω - ἅρπαξα	packen, rauben, losreißen

Ἡ δικαιολογία

Ὁ Κωστάκης ἦρθε μιά μέρα καθυστερημένος στό μάθημα καί ὁ δάσκαλος ἤθελε νά μάθει τό λόγο.
"Γιατί ἄργησες;" τόν ρώτησε. Καί ὁ Κωστάκης: "Κύριε, στό δρόμο πού ἐρχόμουνα, ἔπεσαν ἀπό ἕνα γέρο κύριο πενήντα εὐρώ. Ἤθελα νά τόν βοηθήσω κι ἔψαχνα μαζύ του. Μετά ἦρθαν κι ἄλλοι ἄνθρωποι καί ἔψαχναν κι αὐτοί. Στεκόντουσαν ὅλοι γύρω μου καί δέν μποροῦσα νά περάσω".
Καί γιατί δέν εἶπες: "Μέ συγχωρεῖτε, πρέπει νά πάω στό σχολεῖο;"
-"Δέ γινόταν, κύριε, εἶχα τό πόδι μου ἐπάνω στά πενήντα εὐρώ".

Λέξεις

ἡ δικαιολογία	Ausrede, Rechtfertigung
καθυστερημένος, -η, -ο	verspätet

στέκομαι - στάθηκα	stehen
δέ γινόταν	es war nicht möglich

Ὁ ἀστρονόμος

Ἕνας ἀστρονόμος συνήθιζε νά βγαίνει ἔξω τά βράδυα καί νά κάνει μακρινούς περιπάτους, γιά νά μελετάει τ' ἄστρα.
Μιά φορά λοιπόν βρισκόταν ἔξω ἀπό τήν πόλη, μέσα στά χωράφια, καί μέ τό κεφάλι ψηλά παρατηροῦσε τόν οὐρανό. Ἔτσι ὅμως πού εἶχε στρέψει τήν προσοχή του στόν οὐρανό, δέν πρόσεξε ἕνα πηγάδι πού βρισκόταν μπροστά του καί μπλούμ! ἔπεσε μέσα. Τότε ἄρχισε νά φωνάζει βοήθεια. Ἕνας περαστικός, πού ἄκουσε τίς φωνές, τρέχει κοντά του καί τόν ρωτάει πῶς ἔγινε αὐτό.
Ὁ ἀστρονόμος τοῦ λέει πῶς, καί ὁ περαστικός τοῦ ἀπαντάει:
"Φίλε μου, προσπαθεῖς νά βλέπεις ὅ,τι εἶναι στόν οὐρανό κι αὐτά πού βρίσκονται στή γῆ καί μπροστά στά πόδια σου δέν τά βλέπεις."

Λέξεις

ὁ ἀστρονόμος	Astronom
μακρινός, -ή, -ό	entfernt, weit, lang
ὁ περίπατος	Spaziergang
τό ἄστρο	Stern
ἡ πόλη	Stadt
τό χωράφι	Feld
παρατηρῶ - παρατήρησα	beobachten
στρέφω - ἔστρεψα	wenden
ἡ προσοχή	Aufmerksamkeit
προσέχω - πρόσεξα	achtgeben, bemerken
τό πηγάδι	Ziehbrunnen
πέφτω - ἔπεσα	fallen, hineinfallen

Die obige Anekdote wird von Platon (Θεαίτητος 24) über **Thales** aus Milet erzählt, einen der sieben Weisen der Antike, der ein genauer Kenner der Geometrie und der Astronomie war und die Sonnenfinsternis von 585 v. Ch. voraussagte.

Δέκατο ὄγδοο μάθημα

Ἕνα κουτί ἀπό σπίρτα ἤ ἕνα κουτί σπίρτα;

Ἕνας τουρίστας πού ἤξερε λίγο ἑλληνικά, εἶδε ἕνα βράδυ ὅτι δέν εἶχε σπίρτα ν' ἀνάψει τό τσιγάρο του. Βγῆκε λοιπόν ἀπό τό ξενοδοχεῖο καί πῆγε στό γειτονικό περίπτερο.
- Μοῦ δίνετε, σᾶς παρακαλῶ, ἕνα κουτί ἀπό σπίρτα;
- Εὐχαρίστως, εἶπε ὁ περιπτεράς καί τοῦ ἔδωσε.
Ὁ τουρίστας τό πῆρε κι ἔφυγε. Ὅταν μπῆκε στό δωμάτιό του, ἄνοιξε τό κουτί, γιά νά βγάλει ἕνα σπίρτο. Τότε ἔμεινε μέ τό στόμα ἀνοιχτό. Τό κουτί ἦταν ἄδειο. Θυμωμένος τό ἄρπαξε καί πῆγε πάλι στόν περιπτερά.
- Τί εἶναι αὐτά; Μοῦ δώσατε ἕνα κουτί χωρίς σπίρτα.
- Μέ συγχωρεῖτε, κύριε, ἀλλά δέ μοῦ εἴπατε ὅτι θέλετε ἕνα κουτί μέ σπίρτα.

Λέξεις

τό κουτί	Schachtel
τό σπίρτο	Streichholz
τό τσιγάρο	Zigarette
βγαίνω - βγῆκα	hinausgehen
πηγαίνω - πῆγα	gehen
λέω - εἶπα	sagen
παίρνω - πῆρα	nehmen
φεύγω - ἔφυγα	fortgehen
μπαίνω - μπῆκα	hineingehen
βγάζω - ἔβγαλα	ausziehen, herausnehmen
μένω - ἔμεινα	bleiben, wohnen
ἄδειος, -α, -ο	leer

Ἐκφράσεις

Ἕνα κουτί (μέ) σπίρτα, ἕνα κουτί ἀπό σπίρτα
Μένω μέ τό στόμα ἀνοιχτό.

ΓΡΑΜΜΑΤΙΚΗ

Asigmatischer Aorist

Den asigmatischen Aorist bilden:
1) **Verben, die auf Liquida (λ, ρ, λλ, λν, ρν) auslauten**, z.B.

ὀφείλ - ω	ὄφειλ - α	schulden, sollen, müssen
προσφέρ - ω	πρόσφερ - α (προσέφερα)	anbieten
σφάλ - λω	ἔσφαλ - α	Fehler begehen, irren
στέλ - νω	ἔστειλ - α	schicken
παραγγέλ - νω	παράγγειλ -α, παρήγγειλα	bestellen
φέρ - νω	ἔφερ - α	bringen
παίρ - νω	(ἐ) πῆρ - α	nehmen, bekommen

2) **Verben, die auf einen Nasal (μ, ν) auslauten**, z. B.

ἀπονέμ - ω	ἀπόνειμα, ἀπένειμα	verleihen, gewähren
κλίν - ω	ἔκλιν - α	neigen, deklinieren
κρίν - ω	ἔκριν - α	beurteilen
μέν - ω	ἔμειν - α	bleiben, verbleiben
περιμέν - ω	περίμεν - α	warten
πλέν - ω	ἔπλυν - α	waschen

Zu dieser Gruppe gehören auch viele Verben auf - αίνω.
Die meisten unter ihnen bilden den Aorist auf - υνα (sie sind entstanden aus Adjektiven der Gruppe -ύς, -ιά. -ύ, wie z.B. βαρύς, μακρύς κλπ.):

ἀκριβ	- αίν - ω	ἀκρίβ	- υν - α	teurer machen, werden
βαρ	- αίν - ω	βάρ	- υν - α	schwerer machen, werden
κοντ	- αίν - ω	κόντ	- υν - α	kürzer machen, werden
μακρ	- αίν - ω	μάκρ	- υν - α	länger machen, werden
μικρ	- αίν - ω	μίκρ	- υν - α	kleiner machen, werden
ὀμορφ	- αίν - ω	ὀμόρφ	- υν - α	schöner machen, werden
παχ	- αίν - ω	πάχ	- υν - α	dicker machen, werden
πλουτ	- αίν - ω	πλούτ	- υν - α	reicher machen, werden
φαρδ	- αίν - ω	φάρδ	- υν - α	breiter machen, werden
φτωχ	- αίν - ω	φτώχ	- υν - α	ärmer machen, werden
χοντρ	- αίν - ω	χόντρ	- υν - α	dicker machen, werden

Einige Verben auf - αίνω bilden den asigmatischen Aorist auf - ανα, z.B.

ἀνασ - αίν - ω	ἀνάσ - αν - α	atmen
γλυκ - αίν - ω	γλύκ - αν - α	versüßen, mild werden
ζεστ - αίν - ω	ζέστ - αν - α	erwärmen, warm werden
πεθ - αίν - ω	πέθ - αν - α	sterben

Folgende Verben auf - αίνω bilden wiederum den Aorist durch Weglassen der Silbe - αίν und Verkleinerung des Stammes:

καταλαβ - αίν - ω	κατάλαβ - α	verstehen
λαβ - αίν - ω	ἔ - λαβ - α	erhalten, bekommen
προλαβ - αίν - ω	πρό - λαβ - α	erreichen, zuvorkommen
μαθ - αίν - ω	ἔ - μαθ - α	lernen, erfahren
παθ - αίν - ω	ἔ - παθ - α	erleiden, ausstehen

Ausnahme

πηγ - αίν - ω	(ἐ) - πῆγ - α	gehen, fahren

Die Verben auf - ύνω bilden den Aorist auf - υνα, z.B.

ἐπιταχ - ύν - ω	ἐπιτάχ - υν - α	beschleunigen
λαμπρ - ύν - ω	λάμπρ - υν - α	berühmt machen
παροτρ - ύν - ω	παρότρ - υν - α	anregen, anstiften

3) Verben, die den Aorist durch kleine Veränderungen des Präsensstammes bilden, z B.

φεύγω	ἔφυγα	fortgehen
βάζω	ἔβαλα	setzen, legen, stecken
βγάζω	ἔβγαλα	herausnehmen, ablegen
πίνω	ἤπια	trinken

4) Verben, die den Aorist aus einem völlig anderen Stamm bilden:

βλέπω	εἶδα	sehen
ἔρχομαι	ἦλθα, ἦρθα	kommen
λέω	εἶπα	sagen
τρώω	ἔφαγα	essen

5) **Verben, die im Aorist die Endung - ηκα erhalten:**

ανεβαίνω	ανέβηκα	hinaufsteigen, -kommen
κατεβαίνω	κατέβηκα	hinuntergehen, -kommen
διαβαίνω	διάβηκα	durchqueren, überqueren
μπαίνω	μπῆκα	hineingehen
βγαίνω	βγῆκα	hinausgehen
βρίσκω	βρῆκα	finden

Verben, die Unterschiede im Aoriststamm zwischen dem Indikativ und dem Konjunktiv aufweisen:

Indikativ Präsens	Indikativ Aorist	Konjunktiv Aorist
μπαίνω	μπῆκα	νά μπῶ
βγαίνω	βγῆκα	νά βγῶ
βρίσκω	βρῆκα	νά βρῶ
βλέπω	εἶδα	νά δῶ
λέω	εἶπα	νά πῶ
πίνω	ἤπια	νά πιῶ
τρώω	ἔφαγα	νά φάω
πηγαίνω	(ἐ)πῆγα	νά πάω
παίρνω	(ἐ)πῆρα	νά πάρω
ἔρχομαι	ἦλθα, ἦρθα	νά ἔλθω, νά ἔρθω, ρθῶ
ανεβαίνω	ανέβηκα	ν' ἀνεβῶ, ν' ἀνέβω
διαβαίνω	διάβηκα	νά διαβῶ
κατεβαίνω	κατέβηκα	νά κατεβῶ, νά κατέβω

Konjunktiv Aorist

νά	μπῶ	βγῶ	βρῶ	δῶ	πῶ	πιῶ	φάω
νά	μπεῖς	βγεῖς	βρεῖς	δεῖς	πεῖς	πιεῖς	φᾶς
νά	μπεῖ	βγεῖ	βρεῖ	δεῖ	πεῖ	πιεῖ	φάει
νά	μπούμε	βγούμε	βρούμε	δούμε	πούμε	πιούμε	φᾶμε
νά	μπεῖτε	βγεῖτε	βρεῖτε	δεῖτε	πεῖτε	πιεῖτε	φᾶτε
νά	μποῦν	βγοῦν	βροῦν	δοῦν	ποῦν	πιοῦν	φᾶνε

Konjunktiv Aorist

νά	πάω	πάρω	έλθω	ρθῶ	ἀνέβω	ἀνεβῶ
νά	πᾶς	πάρεις	έλθεις	ρθεῖς	ἀνέβεις	ἀνεβεῖς
νά	πάει	πάρει	έλθει	ρθεῖ	ἀνέβει	ἀνεβεῖ
νά	πᾶμε	πάρουμε	έλθουμε	ρθοῦμε	ἀνέβουμε	ἀνεβοῦμε
νά	πᾶτε	πάρετε	έλθετε	ρθεῖτε	ἀνέβετε	ἀνεβεῖτε
νά	πᾶν	πάρουν	έλθουν	ρθοῦν	ἀνέβουν	ἀνεβοῦγ

Hierzu gehört auch das Verb **γίνομαι**. Obwohl es im Präsens medialpassiv ist, bildet es doch einen aktiven Aorist:

γίνομαι   ἔγινα ἤ γίνηκα   **νά γίνω ἤ νά γινῶ**

Bemerkung: In der 3. Person Plural der obigen Verben kann man immer ein ε anhängen.

Intransitive Verben   Transitive Verben

ἀνεβαίνω	ἀνεβάζω	- ἀνέβασα	hinauftragen
κατεβαίνω	κατεβάζω	- κατέβασα	hinuntertragen
μπαίνω	μπάζω	- ἔμπασα	hineintragen
βγαίνω	βγάζω	- ἔβγαλα	hinaustragen

Man sagt aber auch: ἀνεβαίνω, κατεβαίνω τή σκάλα.

Μία ἱστορία

Ὁ Φάνης, ὁ Μίμης καί οἱ φίλοι τους (**παίζουν**) στήν αὐλή ποδόσφαιρο. Σέ μιά στιγμή ἡ μπάλλα (**κυλάει**) στό δρόμο. Ὁ Φάνης (**τρέχει**) νά τήν πάρει. Δέν (**προσέχει**) ἕνα αὐτοκίνητο πού (**ἔρχεται**) ἀπό ἀριστερά. Ὁ ὁδηγός (**φρενάρει**), ἀλλά τό κακό (**γίνεται**). Εὐτυχῶς πού ὁ ὁδηγός (**προσέχει**), (**λέει**) ἕνας περαστικός. Ἄν δέ (**σταματάει**), θά (**γίνεται**) πιό μεγάλο κακό.

Erzählen Sie die Geschichte nach, indem Sie die eingeklammerten Verben in die richtige Form setzen.

Ἀπό τούς μύθους τοῦ Αἰσώπου

Λύκος καί ἀρνί

Ἕνας λύκος κυνηγοῦσε μιά φορά ἕνα ἀρνί, γιά νά τό φάει. Τρομαγμένο τό ἀρνί μπῆκε σέ ἕνα ναό. Τότε ὁ λύκος ἄρχισε νά παρακαλεῖ τό ἀρνί νά βγεῖ ἔξω, γιατί ἄν τό βρεῖ ὁ ἱερέας, θά τό θυσιάσει στό θεό. Καί τό ἀρνί πού κατάλαβε τήν πρόθεση τοῦ λύκου, τοῦ λέει:
"Πιό καλά νά μέ θυσιάσει ὁ ἱερέας στό θεό, παρά νά μέ φᾶς ἐσύ."

Λέξεις

τό ἀρνί	Lamm
κυνηγάω	verfolgen, jagen
τρομαγμένος,-η,-ο	erschrocken
ὁ ναός	Tempel
ὁ ἱερέας	Priester
θυσιάζω - θυσίασα	opfern
ἡ πρόθεση	Absicht, Vorhaben
πιό καλά ...... παρά	besser ...... als daß

Ἀνέκδοτα

1) Ἔξυπνη ἀπάντηση

Μία πολύ χοντρή κυρία ἀνέβηκε μιά μέρα σ' ἕνα λεωφορεῖο. Ἕνας νεαρός πού τήν εἶδε, εἶπε στό φίλο του γελώντας: "Δέν ἤξερα ὅτι τά λεωφορεῖα εἶναι καί γιά ἐλέφαντες". Καί ἡ ἔξυπνη κυρία τοῦ λέει, χωρίς νά χάσει τήν ψυχραιμία της:
""Ἄν νομίζεις, νεαρέ μου, ὅτι τά λεωφορεῖα εἶναι μόνο γιά γαϊδούρια, εἶσαι πολύ ἐγωιστής".

Λέξεις

ἡ ψυχραιμία	Kaltblütigkeit, Fassung
χάνω τήν ψυχραιμία μου	die Fassung verlieren
ἐγωιστής	Egoist

2) Ὁ ἀφηρημένος καθηγητής

Ἕνας περίφημος καθηγητής τῆς Ζωολογίας ἦταν γνωστός γιά τήν ἀφηρημάδα του. Αὐτός συνήθιζε κάθε πρωί, ὅταν πήγαινε στό Πανεπιστήμιο, ν' ἀγοράζει ἕνα σάντουιτς καί νά τό τρώει στό δρόμο. Ἔτσι ἔκανε κι ἐκείνη τήν ἡμέρα.
Ὅταν μπῆκε στήν αἴθουσα, εἶπε στούς φοιτητές.:"Κυρίες μου καί κύριοι. Σήμερα θά κάνουμε τήν ἀνατομία τοῦ βατράχου".
Κι ἔβαλε τό χέρι του στήν τσέπη του, γιά νά βγάλει τόν παρασκευασμένο βάτραχο.
Φανταστεῖτε ὅμως τήν ἔκπληξή του, ὅταν, ἀντί νά βγάλει τό βάτραχο, ἔβγαλε τό σάντουιτς!

Λέξεις

ἀφηρημένος, -η, -ο	zerstreut
περίφημος, -η, -ο	berühmt
ἡ Ζωολογία	Zoologie
γνωστός, -ή, -ό	bekannt
ἡ ἀφηρημάδα	Zerstreutheit
στό δρόμο	unterwegs
ἡ αἴθουσα	Saal
ἡ ἀνατομία	Anatomie
ὁ βάτραχος	Frosch
παρασκευασμένος, -η, -ο	präpariert
φανταστεῖτε	stellen Sie sich vor
ἡ ἔκπληξη	Überraschung

Δέκατο ἔνατο μάθημα

Στό ξενοδοχεῖο

Ἕνας κύριος: Καλησπέρα σας. Θά θέλαμε δύο δωμάτια μέ δύο κρεβ- βάτια, ἔχετε;
Ὁ ξενοδόχος: Βεβαίως. Ἔχομε δύο δωμάτια στό τέταρτο πάτωμα. Εἶναι τό νούμερο 402 καί τό νούμερο 409. Ἄν θέλετε νά τά δεῖτε, ὁρίστε τό κλειδί. Ρίξτε μία ματιά, ἄν σᾶς ἱκανοποιοῦν. Ἔχουν καί τά δύο μπάνιο καί μπαλκόνι.
Ὁ κύριος: Δέν εἶναι ἀνάγκη νά ρίξουμε μιά ματιά. Θά τά πάρουμε ὁπωσδήποτε, γιατί εἴμαστε πολύ κουρασμένοι.
Ὁ ξενοδόχος: Τότε, πάρτε αὐτό τό ἔντυπο καί συμπληρῶστε το. Δῶστε μου τά διαβατήριά σας, παρακαλῶ. Τίς βαλίτσες σας ἀφῆστε τες ἐδῶ, θά σᾶς τίς φέρει ὁ μικρός. Ἀνεβεῖτε μέ τό ἀσανσέρ, ἀλλά προσέξτε! Πατῆστε τό κουμπί πολύ δυνατά, γιατί εἶναι λίγο χαλασμένο. Ἄν θέλετε τίποτα, χτυπῆστε τό κουδούνι.
(στό μικρό): Μικρέ, πάρε τίς βαλίτσες τῶν κυρίων κι ἀνέβασέ τες στόν τέταρτο ὄροφο. Μετά μάζεψε αὐτές τίς ἐφημερίδες, ἄναψε τό φῶς στό χώλλ, καί κλεῖσε τά παράθυρα, γιά νά μήν μπαίνουνε κουνούπια. Φέρε μου καί μένα μία παγωμένη λεμονάδα, γιατί ἔσκασα ἀπ' τή ζέστη, κι ἄντε καί σύ γιά ὕπνο!

Λέξεις

καλησπέρα	guten Abend
θά ἤθελα	ich möchte
βεβαίως	sicherlich
ἡ ματιά	Blick
ἱκανοποιῶ - ἱκανοποίησα	zufriedenstellen
τό ἔντυπο	Formular
συμπληρώνω - συμπλήρωσα	ausfüllen
τό ἀσανσέρ	Aufzug
πατάω - πάτησα	treten, drücken
τό κουμπί	Knopf

χαλασμένος, -η, -ο	kaputt
ὁ μικρός	Boy, Hoteldiener
ὁ ὄροφος	Stockwerk
τό φῶς	Licht
τό κουνούπι	Schnake
παγωμένος, -η, -ο	eiskalt, zugefroren
σκάω - ἔσκασα	platzen: hier; umkommen
ἄντε	gehe (Imperativ zu πηγαίνω)

Ἐκφράσεις

Θά ἤθελα ἕνα δωμάτιο.
Ρίξτε μιά ματιά.
Ὁρίστε τό κλειδί.
Δέν εἶναι ἀνάγκη νά ...
Σκάω ἀπ' τή ζέστη.
Ἄντε γιά ὕπνο!

ΓΡΑΜΜΑΤΙΚΗ

Ἡ Προστακτική   Der Imperativ

Im Imperativ gibt es zwei Zeitformen: **das Präsens und den Aorist,** die entsprechend aus dem **Präsens- (I)** und aus dem **Aoriststamm (II)** gebildet werden. Der Imperativ Perfekt (s. L. 20) ist nicht so gebräuchlich.
Wie auch im Konjunktiv kann im Imperativ nur der Aspekt zum Ausdruck gebracht werden, und gerade dieser entscheidet über die Wahl des Stammes. Über die Zeitstufe wird nichts ausgesagt.
Jede Zeitform bildet eigene Formen der 2. Person im Singular und im Plural. Die anderen Personen können durch den Konjunktiv mit **νά** oder **ἄς** (**laß**) umschrieben werden, z.B.

Νά ἔλθει μέσα.	Er soll hereinkommen!
Ἄς πιοῦμε ἕνα οὐζάκι.	Laß uns einen Ouzo trinken!

Durch die Umschreibung kann man auch die echten Imperativformen ersetzen; dann ist aber die Aufforderung ziemlich abgeschwächt.
Die echten Imperativformen können nur affirmativ ausgedrückt werden.

Will man einen Befehl oder eine Aufforderung negativ ausdrücken, so nimmt man die entsprechenden Formen im Konjunktiv mit der Verneinung **μή(ν)**.
Die Formen des Konjunktivs Präsens sind gleich mit denen des Indikativs Präsens (s. L. 7: Verneinter Imperativ), z.B.

	Τρέχεις γρήγορα.	Μήν τρέχεις γρήγορα!
	Μιλᾶς δυνατά.	Μή μιλᾶς δυνατά !
aber	Μήν τρέξεις γρήγορα!	Μή μιλήσεις δυνατά.!

Imperativ

	Stammbetonte	Endbetonte (Kontrakta)	
		-ᾶς	-εῖς
	Präsens		
2. Pers.Sing.	διάβαζ - ε	μίλ - α	εὐχαρίστ - ει
2. Pers. Plural	διαβάζ - ετε	μιλ - ᾶτε	εὐχαριστ - εῖτε
	Aorist		
2. Pers. Sing.	διάβασ - ε	μίλ - ησε	εὐχαρίστ - ησε
2. Pers. Plural	διαβάσ - (ε)τε	μιλ - ῆστε	εὐχαριστ - ῆστε

Bemerkungen

a) In der Umgangssprache ist der Imperativ Präsens der Kontrakta auf -εῖς sehr selten. Statt dessen wird der Imperativ Aorist gebraucht.

b) Bei den Verben, die ihren Aoriststamm mit **- ασ oder - εσ** bilden, lautet der Imperativ Aorist:
γέλ - ασε   γελ - ᾶστε   φόρ - εσε   φορ - έστε

c) Das Verb **εἶμαι** bildet keinen Imperativ. Statt dessen verwendet man den **Konjunktiv mit νά oder ἄς**, z..B.
νά εἶσαι,   νά εἴσαστε,   ἄς εἶσαι,   ἄς εἴσαστε

d) Der Imperativ des Verbs **ἔχω** lautet : ἔχε   ἔχετε
Beliebter ist aber der Konjunktiv: **νά ἔχεις**   **νά ἔχετε**

Unregelmäßige Imperative des Aorists

	2. Person Singular	2. Person Plural
ἀνεβαίνω	ἀνέβα	ἀνεβᾶτε, ἀνεβεῖτε
κατεβαίνω	κατέβα	κατεβᾶτε, κατεβεῖτε
μπαίνω	ἔμπα, μπές	ἐμπᾶτε, μπεῖτε, μπέστε
βγαίνω	ἔβγα, βγές	βγᾶτε, βγεῖτε, βγέστε
βρίσκω	βρές	βρέστε, βρεῖτε
παίρνω	πάρε	πάρτε
πηγαίνω	ἄντε, πήγαινε	ἄντεστε, ἀντέστε, ἀντεῖστε πηγαίνετε
πίνω	πιές, πιέ	πιέστε, πιέτε, πιεῖτε
βλέπω	(ἰ)δές, δέ	δέστε, δέτε, δεῖτε
λέω	πές, πέ	πέστε, πέτε, πεῖτε
τρώω	φάε	φᾶτε
ἀφήνω	ἄφησε, ἄσε	ἀφῆστε, ἄστε
δίνω	δῶσε	δῶστε
γίνομαι	γίνε	γίνετε, γίντε
ἔρχομαι	ἔλα	ἐλᾶτε
κάθομαι	κάθησε, κάτσε	καθῆστε, κάτσετε, κάτστε

Wortstellung

Das unbetonte Personalpronomen steht im Imperativ nach dem Verb und verliert seinen Akzent (enklitisches Wort), wenn das Verb auf der vorletzten Silbe betont ist. Folgt aber ein zweites Personalpronomen, dann erhält das erste einen Akzent. Wenn das Verb auf der drittletzten Silbe betont ist, erhält es einen zweiten Akzent auf der letzten Silbe:

γράψε μου	δῶσε μου	διάβασέ μου
γράψε μού το	δῶσε μού το	διάβασέ μου το
γράψε τό μου	δῶσε τό μου	διάβασέ το μου
γράψ'το μου	δῶσ' το μου	διάβασ' τό μου

Nach einem Imperativ lautet der Plural des Femininums τες, z. B.
διάβασε τίς ἐφημερίδες, διάβασέ τες.

Indirekte Rede

In der indirekten Rede verwandelt sich der Imperativ in den Konjunktiv. Dabei treten die Pronomina der 1. und der 2. Person in die 3. Person, z.B.

Ἡ μητέρα λέει στόν Τάκη: "**Φέρε μου τό παλτό μου**".
Ἡ μητέρα λέει στόν Τάκη **νά τῆς φέρει τό παλτό της**.

Anderweitige Verwendung des Imperativs

1) In Sprichwörtern

"Ακουγε πολλά καί λέγε λίγα.

2) In idiomatischen Ausdrücken statt eines adverbialen Ausdrucks oder eines Partizips auf - οντας:

"Ανοιξε κλεῖσε, χάλασε ἡ πόρτα (ἀνοιγοκλείνοντας)
Durch das dauernde Auf - und Zumachen ist die Tür kaputt.
Πές πές, μᾶς ἔπεισε.
Durch das ständige Reden hat er uns überredet.

Durch diese Verwendung wird die häufige Wiederholung sehr lebhaft dargestellt.

3) Mit dem Artikel (substantiviert) entspricht er im Deutschen einem substantivierten Infinitiv:

Τό ἀνέβα κατέβα μέ κουράζει.
Das Hinauf- und Hinuntergehen macht mich müde
Τό πήγαιν' ἔλα δέ μ' ἀρέσει.
Das Hingehen und Herkommen gefällt mir nicht.

Weitere Grund- und Ordnungszahlen

101	ἑκατόν ἕνας, μία, ἕνα	ἑκατοστός πρῶτος
102	ἑκατόν δύο	ἑκατοστός δεύτερος
120	ἑκατόν εἴκοσι	ἑκατοστός εἰκοστός
200	διακόσιοι, -ες, -α	διακοσιοστός, -ή., -ό
300	τριακόσιοι, -ες, -α	τριακοσιοστός, -ή, -ό
400	τετρακόσιοι, -ες, -α	τετρακοσιοστός, -ή, -ό
500	πεντακόσιοι, -ες, -α	πεντακοσιοστός, -ή, -ό
600	ἑξακόσιοι, -ες, -α	ἑξακοσιοστός, -ή, -ό
700	ἑπτακόσιοι, -ες, -α	ἑπτακοσιοστός, -ή, -ό
800	ὀκτακόσιοι, -ες, -α	ὀκτακοσιοστός, -ή, -ό
900	ἐννιακόσιοι, -ες, -α	ἐννιακοσιοστός, -ή, -ό
1000	χίλιοι, -ες, -α	χιλιοστός, -ή, -ό

2000 δύο χιλιάδες
3000 τρεῖς χιλιάδες
4000 τέσσερες χιλιάδες
100. 000 ἑκατό χιλιάδες
200. 000 διακόσιες χιλιάδες
1.000.000 ἕνα ἑκατομμύριο
2.000.000 δύο ἑκατομμύρια

ἡ μονάδα	Einer
ἡ δεκάδα	Zehner
ἡ ἑκατοντάδα	Hunderter
ἡ χιλιάδα	Tausender
τό ἑκατομμύριο	Million

Bemerkung

a) Die Hunderter ab 200 und das Zahlwort 1000 werden dekliniert wie der Plural der Adjektive auf -ος, -η, -ο, z.B.

διακόσιοι μαθητές, τριακόσιες μαθήτριες, χίλια παιδιά.

Wenn man abstrakt zählt, nimmt man das Neutrum im Plural.

b) Bei zusammengesetzten Zahlen werden nur die deklinierbaren Bestandteile dekliniert, z.B.

503 : πεντακόσιοι τρεῖς ἄνδρες
354 : τριακόσιες πενήντα τέσσερες γυναῖκες
634 : ἑξακόσια τριάντα τέσσερα αὐτοκίνητα

c) Die Tausender ab 2000 werden durch die entsprechende Grundzahl und das Substantiv (ἡ) χιλιάδα gebildet, z.B.

δύο χιλιάδες, ἕξι χιλιάδες κλπ.

:

Jahresangabe

Ἦλθα στή Γερμανία τό (ἔτος) 1974
"   "   "   στά (χρόνια) 1974
"   "   "   τόν Ἰούλιο τοῦ 1974

Ἑπτά νυχτερινά ἑπτάστιχα

Ὄνειρα κι ὄνειρα ἤρθανε
Στά γενέθλια τῶν γιασεμιῶν
Νύχτες καί νύχτες στίς λευκές
Ἀϋπνίες τῶν κύκνων

Ἡ δροσιά γεννιέται μές στά φύλλα
Ὅπως μές στόν ἀπέραντο οὐρανό
Τό ξάστερο συναίσθημα.

"Προσανατολισμοί"
Ὀδυσσέας Ἐλύτης
Ἡράκλειο Κρήτης 1911 - 1996

Λέξεις

νυχτερινός, -ή, -ό	nächtlich
τό ἑπτάστιχο	Siebenzeiler
τό ὄνειρο	Traum
λευκός, -ή, -ό	weiß (hochsprachlich, dichterisch)
ὁ κύκνος	Schwan
ἡ δροσιά	Kühle, Frische, Tau
γεννιέμαι - γεννήθηκα	geboren werden
τό φύλλο	Blatt
ἀπέραντος, -η, -ο	unendlich
ξάστερος, -η, -ο	kristallklar
τό συναίσθημα	Gefühl

Ἀνέκδοτα

Τό σκάνδαλο

Ἕνας ἄνδρας μπῆκε μιά μέρα σ' ἕνα μπάρ καί εἶπε ταραγμένος στήν κυρία πού ἦταν στό μπάρ: "Δῶστε μου γρήγορα ἕνα κονιάκ, προτοῦ ξεσπάσει τό σκάνδαλο." Ἡ κυρία τοῦ ἔδωσε ἕνα κονιάκ, αὐτός τό ἤπιε καί ξαναεῖπε: "Δῶστε μου γρήγορα ἄλλο ἕνα κονιάκ, προτοῦ ξεσπάσει τό σκάνδαλο." Ἡ κυρία τοῦ ξαναέδωσε ἄλλο ἕνα κονιάκ, αὐτός τό ἤπιε καί ξαναεῖπε: "Δῶστε μου γρήγορα κι ἄλλο ἕνα κονιάκ, προτοῦ ξεσπάσει τό σκάνδαλο." Τότε ἡ κυρία τόν ρώτησε τρομαγμένη: "Τί σκάνδαλο εἶναι αὐτό καί πότε θά ξεσπάσει;"
Καί ὁ κύριος: "Τό σκάνδαλο θά ξεσπάσει τώρα ἀμέσως, γιατί δέν ἔχω λεπτά νά πληρώσω τά κονιάκ."

Λέξεις

τό σκάνδαλο	Skandal
ταραγμένος, -η, -ο	aufgeregt
ξεσπάω - ξέσπασα	losbrechen, losgehen
τρομαγμένος, -η, -ο	erschrocken
ἀμέσως	sofort

3) Ἡ φαρμακόγλωσση

Δυό φίλες συναντιοῦνται στό δρόμο.
- "Ὤ, χρυσή μου, τί εὐχάριστη ἔκπληξη! Ποῦ πᾶς;
- Ἔρχομαι ἀπό τό Ἰνστιτοῦτο Καλλονῆς.
- Σίγουρα θά τό βρῆκες κλειστό.

Λέξεις

ἡ φαρμακόγλωσση	Giftnudel
χρυσή μου	meine Liebe (wörtlich: "Goldene")
τό Ἰνστιτοῦτο Καλλονῆς	Kosmetiksalon

Εἰκοστό μάθημα

Πάσχα στήν Ἀθήνα

Ἕνας ξένος, ἕνας Ἕλληνας
- Ξέν. Μέ συγχωρεῖτε, μοῦ λέτε σᾶς παρακαλῶ, ποῦ εἶναι ἡ πιό κοντινή Τράπεζα;
- Ἕλ. Ἐδῶ κοντά ἔχει πολλές Τράπεζες, ἀλλά σήμερα εἶναι ὅλες κλειστές.
- Ξέν. Γιατί, μήπως ἔχουν πάλι ἀπεργία;
- Ἕλ. Ὄχι, δέν ἔχουν ἀπεργία, ἀλλά σήμερα ἔχομε Μεγάλη Παρασκευή καί ἡ Μεγάλη Παρασκευή εἶναι γιά τούς Ὀρθόδοξους μία ἀπό τίς μεγαλύτερες γιορτές. Ὅλες οἱ Τράπεζες καί τά γραφεῖα εἶναι κλειστά.
- Ξέν. Μά καλά, ἐμεῖς εἴχαμε Πάσχα τήν περασμένη ἑβδομάδα.
- Ἕλ. Οἱ Ὀρθόδοξοι ὅμως ἔχουν Πάσχα ἐφέτος μία ἑβδομάδα ἀργότερα.
- Ξέν. Κάτι εἶχα διαβάσει γι αὐτό, ἀλλά τό ξέχασα. Τότε θά ἔχω τήν εὐκαιρία νά ζήσω τό ἑλληνικό Πάσχα. Ἔχω ἀκούσει τόσα πολλά γι αὐτό. Μοῦ λέτε, σᾶς παρακαλῶ, ἄν ὑπάρχει ἐδῶ κοντά καμία ἐκκλησία;
- Ἕλ. Εὐχαρίστως! Μόλις προχωρήσετε λίγο, θά φτάσετε σέ μία πλατεία. Ἐκεῖ εἶναι ἡ ὡραιότερη βυζαντινή ἐκκλησία τῆς Ἀθήνας, οἱ Ἅγιοι Θεόδωροι. Ἄν ὅμως θέλετε ν' ἀκούσετε γνήσια βυζαντινή μουσική, νά πᾶτε στήν Καπνικαρέα. Καί αὐτή εἶναι πολύ παλιά βυζαντινή ἐκκλησία. Ἤ μήπως θέλετε νά πᾶτε στή Μητρόπολη πού εἶναι πολύ πιό καινούργια ἐκκλησία;
- Ξέν. Ὄχι, προτιμῶ νά πάω στήν Καπνικαρέα. Θέλω ν' ἀκούσω βυζαντινή μουσική, γιατί μέ ἐνδιαφέρει πολύ. Ξέρετε τί ὥρα ἀρχίζει;
- Ἕλ. Ἀρχίζει στίς ἑπτά. Ἡ Περιφορά ὅμως τοῦ Ἐπιταφίου γίνεται κατά τίς δέκα. Ὅλο τό ἐκκλησίασμα ἀκολουθεῖ μέ κεράκια καί φαναράκια. Ἄν ἀνεβεῖτε στό Λυκαβηττό, θά δεῖτε ὅλη τήν Ἀθήνα φωταγωγημένη. Ἀνεβαίνουνε πολλοί τουρίστες.
- Ξέν. Εὐχαριστῶ πάρα πολύ γιά τίς πληροφορίες.
- Ἕλ. Μήν ξεχάσετε, ὅτι αὔριο τή νύχτα γιορτάζομε τήν Ἀνάσταση. Ἡ λειτουργία ἀρχίζει κατά τίς ἕντεκα τή νύχτα. Τήν ἄλλη μέρα τρῶμε τό ψητό ἀρνί καί τσουγκρίζουμε τά κόκκινα αὐγά. Ἄν θέλετε καί ἔχετε καιρό, ἐλᾶτε στό σπίτι νά γιορτάσουμε μαζύ. Μένω

σ' αὐτό τό σπίτι ἀπέναντι μέ τήν πράσινη πόρτα.
Ξέν. Σᾶς εὐχαριστῶ πάρα πολύ, κύριε. Θά ἔρθω ὁπωσδήποτε. Θά εἶναι ἡ καλύτερη ἀνάμνηση πού θά πάρω μαζύ μου.

Λέξεις

τό Πάσχα	Ostern
ἡ Μεγάλη Παρασκευή	Karfreitag
ἡ Μεγάλη Ἑβδομάδα	Karwoche
μεγαλύτερος, -η, -ο	größer, bei Personen: älter
ἡ γιορτή	Feier, Fest
ὀρθόδοξος, -η, -ο	orthodox
κλειστός, -ή, -ό	geschlossen
περασμένος, -η, -ο	vergangen
(ἐ)φέτος	dieses Jahr
ἀργότερα	später
ἡ εὐκαιρία	Gelegenheit
ἡ ἐκκλησία	Kirche
ὡραιότερος, -η, -ο	schöner
βυζαντινός, -ή, -ό	byzantinisch
οἱ Ἅγιοι Θεόδωροι	Hl. Theodori(byz.Kirche erbaut 1049)
ἅγιος, ἁγία, ἅγιο	heilig
ἡ Καπνικαρέα	byz.Kirche, erbaut im 12. Jh.
καλύτερος, -η, -ο	besser
καλύτερα	besser (Adverb)
γνήσιος, -α, -ο	echt
ἡ Μητρόπολη	Kathedrale
ἡ Περιφορά	Prozession
ὁ Ἐπιτάφιος	Christi Grablegung
τό ἐκκλησίασμα	die am Gottesdienst Teilnehmenden
ἀκολουθῶ - ἀκολούθησα	folgen
τό κερί	Wachs, Kerze
τό φαναράκι	Lampion
φωταγωγημένος, -η, -ο	illuminiert, beleuchtet
ἡ πληροφορία	Auskunft
γιορτάζω - γιόρτασα	feiern
ἡ Ἀνάσταση	Auferstehung

ἡ λειτουργία	hier. Gottesdienst
ψητός, -ή, -ό	gebraten (im Backofen, am Spieß)
τό ἀρνί	Lamm
τσουγκρίζω - τσούγκρισα	anstoßen
ἡ ἀνάμνηση	Erinnerung

Ἐκφράσεις

Ποῦ εἶναι ἡ πιό κοντινή Τράπεζα;
Ποῦ εἶναι τό πιό κοντινό Ταχυδρομεῖο;
Οἱ Τράπεζες ἔχουν ἀπεργία.
Μόλις προχωρήσετε, θά δεῖτε τήν ἐκκλησία, τήν πλατεία κλπ.
Σᾶς εὐχαριστῶ γιά τήν πληροφορία.
Θά εἶναι ἡ καλύτερη ἀνάμνηση πού θά πάρω μαζύ μου.

ΓΡΑΜΜΑΤΙΚΗ

Steigerung (Fortsetzung aus L. 10)

Neben der Steigerung durch **πιό** gibt es auch die Steigerung des Adjektivs und des Adverbs durch eine besondere Endung. Solche Steigerung bilden die Adjektive auf

-ος, -η, -ο · -ύς, -ιά, -ύ und auf -ής, - ής, -ές.

Συγκριτικός βαθμός Komparativ

a) des Adjektivs:
durch Anhängen der Endungen - τερος, - τερη, - τερο an das Neutrum Singular des jeweiligen Adjektivs.
b) des Adverbs:
durch Anhängen der Endung -τερα an das Neutrum Singular des jeweiligen Adjektivs.

Σχετικός Ὑπερθετικός Relativer Superlativ

a) des Adjektivs: Komparativ mit dem bestimmten Artikel;
b) des Adverbs: Komparativ des Adverbs mit **ἀπό ὅλους, ἀπό ὅλα**.

Ἀπόλυτος Ὑπερθετικός Absoluter Superlativ

a) des Adjektivs:
durch Anhängen der Endungen - τατος, - τατη, - τατο an das Neutrum des Adjektivs;

b) des Adverbs:
durch Anhängen der Endung - τατα an das Neutrum Singular des jeweiligen Adjektivs.

Παραδείγματα

Positiv: φτηνός, φτηνή, φτηνό
Komparativ: φτηνό - τερος
                       φτηνό - τερη
                       φτηνό - τερο
         Adverb   φτηνό - τερα
Relativer Superlativ: ὁ   φτηνότερος
                       ἡ   φτηνότερη,
                       τό   φτηνότερο
         Adverb   φτηνότερα ἀπ' ὅλους, ἀπ' ὅλα
Absoluter Superlativ: φτηνό - τατος
                             φτηνό - τατη
                             φτηνό - τατο
         Adverb   φτηνό - τατα

Unregelmäßige Steigerung

Positiv		Komparativ	Superlativ
ἁπλός	einfach	ἁπλούστερος	ἁπλούστατος
καλός	gut	καλύτερος	ἄριστος
κακός	schlecht	χειρότερος	χείριστος
λίγος	wenig	λιγότερος	ἐλάχιστος
μεγάλος	groß	μεγαλύτερος	μέγιστος
πολύς	viel	περισσότερος	πλεῖστος
γέρος	bejahrt, alt	γεροντότερος	- - - - - - -

Aus manchen **Ortsadverbien** und **Präpositionen** lassen sich **Komparative** und **Superlative** ableiten, jedoch keine Positive (Grundstufe), z.B.

Adverb		Komparativ		Superlativ
ἄνω	oben	ἀνώτερος	höher	ἀνώτατος
κάτω	unten	κατώτερος	niedriger	κατώτατος
πλησίον	nahe	πλησιέστερος	näher	πλησιέστατος
ὑπέρ	für, über	ὑπέρτερος	höher	ὑπέρτατος

Manche Komparative besitzen keinen Positiv und keinen Superlativ:
  Komparativ
  προτιμότερος   vorzuziehender
  μεταγενέστερος   späterer
  προγενέστερος   früherer
  πρωτύτερος   früherer, vorheriger

Unregelmäßige Steigerung mancher Adverbien

Positiv	Komparativ	Superlativ
πολύ	περισσότερο	πάρα πολύ
λίγο	λιγότερο	πολύ λίγο, ἐλάχιστα
(ἐ)νωρίς (früh)	(ἐ)νωρίτερα	(ἐ) νωρίτατα
ὕστερα (nachher)	ὑστερώτερα	----

Manche einfache (nicht abgeleitete) **Ortsadverbien**, wie z.B.
μέσα= drinnen, ἔξω = draußen, μπροστά = vorne, πίσω = hinten
bilden **den Komparativ** nur durch Voranstellen des Adverbs **πιό**; **den Superlativ** durch Voranstellen der Adverbien : **πολύ, πάρα πολύ**, z.B.
  μέσα, πιό μέσα, πολύ πιό μέσα, πάρα πολύ μέσα κλπ..

Merken Sie sich:
  höchstens   τό πολύ πολύ
  meistens   τίς περισσότερες φορές (ὡς ἐπί τό πλεῖστον)
  mindestens   τουλάχιστον
  frühestens   τό νωρίτερο
  spätestens   τό ἀργότερο
  möglichst   ὅσο τό δυνατό πιό, z.B.
  möglichst früh   ὅσο τό δυνατόν πιό νωρίς
  möglichst schnell   ὅσο τό δυνατόν πιό γρήγορα

Vergleichspartikel
Im Positiv: τόσο ... όσο (so .... wie , z. B.
  Είναι τόσο πλούσιος, όσο ὁ πατέρας του.
  Δέν είναι τόσο πλούσιος, όσο ὁ πατέρας του.

Im Komparativ steht im Vergleichsglied die Präposition ἀπό (als)
a) vor einem Substantiv:
  Τό αὐτοκίνητο είναι ἀκριβότερο **ἀπό τό ποδήλατο**

b) vor einem Pronomen:
  Είναι μεγαλύτερος **ἀπό μένα** (oder: είναι μεγαλύτερός μου).

c) vor einem Adverb:
  Σήμερα ὁ καιρός είναι ὡραιότερος **ἀπό χθές**.

d) vor einem Relativsatz (d.h. eingeleitet durch ein Relativpronomen):
  Σήμερα διάβασα περισσότερο **ἀπ' ὅ,τι** (διάβασα) χθές

e) vor einem substantivierten Konjunktiv (s. L.17)
  'Από τό νά κάθεται κανείς, καλύτερα νά ἐργάζεται.

Im Komparativ steht im Vergleichsglied die Konjunktion παρά (als):
vor anderen Wörtern (nicht Substantiven), z.B. Präpositionen oder Sätzen im Konjunktiv, wenn zwei Eigenschaften oder Situationen derselben Person oder Sache verglichen werden:
  Δίνει πιό πολλά λεπτά σέ σένα **παρά σέ μένα**.
  Τῆς ἀρέσει πιό πολύ νά κοιμᾶται **παρά νά** ἐργάζεται.
  Καλύτερα νά είναι κανείς φτωχός καί γερός **παρά** πλούσιος καί ἄρρωστος.

Bemerkung
Das Vergleichsglied **im Positiv** kann auch **σάν** + **Akkusativ** oder
    ὅπως + **Nominativ** sein, z.B.
  Είναι ὄμορφη **σάν τή μητέρα της**.
  Είναι ὄμορφη **ὅπως ἡ μητέρα της**.

Den absoluten Superlativ kann man auch durch Zusammensetzung bilden:
ὁλοκάθαρος, κατάμαυρος, πεντάμορφη, θεοσκότεινα, πανύψηλος κλπ.

Weitere Zeitformen

'Ο Παρακείμενος Das Perfekt (vollendete Gegenwart)
Der Indikativ Perfekt wird durch das Präsens des Verbs ἔχω und den Infinitiv Aorist* des jeweiligen Verbs gebildet. Er bezeichnet die Handlung,, die in der Vergangenheit abgeschlossen ist, deren Ergebnis aber bis in die Gegenwart wirkt:
   Τό ἔχω ἀκούσει. Ich habe es gehört (und weiß es noch).
   Ἔχω φάει. Ich habe gegessen (und bin noch satt).
* Der Infinitiv Aorist wird aus dem Aoriststamm gebildet und endet im Aktiv auf - ει (γράψει) und im Passiv auf - εῖ (γραφτεῖ).

Das Perfekt wird seltener gebraucht und durch den Aorist ersetzt.
Deswegen sollte der Ausländer so wenig wie möglich diese Zeitform verwenden. An Stelle des deutschen Perfekts sollte der Aorist gebraucht werden, z.B.
  Gestern habe ich Peter gesehen: Χθές εἶδα τόν Πέτρο.

Wird dem Indikativ Perfekt die Partikel νά vorangestellt, dann ergibt sich der Konjunktiv Perfekt:
   Ὅταν ἔρθω, πρέπει **νά ἔχεις γράψει τό γράμμα.**
  Wenn ich komme, mußt du den Brief geschrieben haben.
Durch diese Form wird gewöhnlich der seltene Imperativ Perfekt ersetzt (ἔχε - ἔχετε + Infinitiv Aorist des jeweiligen Verbs, s. L.19).

   Ὁ Ὑπερσυντέλικος Das Plusquamperfekt
Es existiert nur im Indikativ und wird durch das Imperfekt des Verbs ἔχω (εἶχα) und den Infinitiv Aorist gebildet. Es bringt zum Ausdruck, daß die Handlung in der entfernten Vergangenheit abgeschlossen war, als eine andere Handlung einsetzte, z.B.
   Ὅταν ἔφτασα στή στάση, τό τραῖνο **εἶχε φύγει.**
Als ich an der Haltestelle ankam, war die Straßenbahn schon fortgefahren.

Im Plusquamperfekt stehen auch die irrealen Bedingungssätze der Vergangenheit:
   Ἄν **εἶχε ἔλθει,** θά τόν **εἴχαμε δεῖ.**
  Wenn er gekommen wäre, hätte wir ihn gesehen.
Aber auch diese Sätze können in der Umgangssprache im Imperfekt stehen.
(s. dazu L. 13).

'Ο Τετελεσμένος Μέλλοντας   Futur II (vollendete Zukunft)

Es wird durch das Futur des Verbs έχω (θά έχω) und den Infinitiv Aorist des jeweiligen Verbs gebildet.
Die Handlung wird als abgeschlossen in der Zukunft dargestellt, z.B.

Αύριο θά έχω διαβάσει αυτό τό βιβλίο.
Morgen werde ich dieses Buch gelesen haben.

Es ist viel gebräuchlicher als das Futur II im Deutschen.

Konjugation der zusammengesetzten Zeitformen

Perfekt

Indikativ		Konjunktiv		Imperativ	
έχω	διαβάσει	νά έχω	διαβάσει	----	
έχεις	"	νά έχεις	"	έχε	διαβάσει
έχει		νά έχει	"	----	
έχομε	"	νά έχομε	"	----	
έχετε		νά έχετε	"	έχετε	διαβάσει
έχουν		νά έχουν	"		

Plusquamperfekt

είχα	διαβάσει
είχες	διαβάσει
είχε	"
είχαμε	"
είχατε	"
είχαν	"

Futur II

θά	έχω	διαβάσει
θά	έχεις	διαβάσει
θά	έχει	διαβάσει
θά	έχομε	"
θά	έχετε	"
θά	έχουν	"

Ἡ ἡμέρα τῆς Λαμπρῆς

Χριστός ἀνέστη! Νέοι, γέροι καί κόρες,
ὅλοι, μικροί - μεγάλοι ἑτοιμαστῆτε·
μέσα στές ἐκκλησιές τές δαφνοφόρες
μέ τό φῶς τῆς χαρᾶς συμμαζωχτῆτε·
ἀνοίξετε ἀγκαλιές εἰρηνοφόρες
ὀμπροστά στούς Ἁγίους καί φιληθῆτε·
φιληθῆτε γλυκά χείλη μέ χείλη,
πέστε Χριστός ἀνέστη, ἐχθροί καί φίλοι.

Ἀπό τό ἀποσπαματικό ποίημα " Λάμπρος"
Διονύσιος Σολωμός
*Ζάκυνθος 1798 - 1857 Κέρκυρα

Λέξεις

Χριστός ἀνέστη	Christus ist auferstanden
δαφνοφόρος, -α, -ο	Lorbeer tragend
συμμαζωχτῆτε:συμμαζευτεῖτε	versammelt euch
εἰρηνοφόρος, -α, -ο	friedfertiger
ὀμπροστά: μπροστά	vor, vorne

ΙΔ!
Μακριά χτυποῦν καμπάνες ἀπό κρύσταλλο
Αὔριο, αὔριο, αὔριο: τό Πάσχα τοῦ Θεοῦ!

Ἀπό τό:
Ἆσμα ἡρωικό καί πένθιμο γιά τό χαμένο λοχαγό τῆς Ἀλβανίας
Ὀδυσσέας Ἐλύτης
*1911 Ἡράκλειο Κρήτης - 1996 Ἀθήνα

Διάλογος
Ἕνας Γερμανός, ἕνας Ἕλληνας

Γ. Πηγαίνεις κάθε Πάσχα στήν Ἑλλάδα;
Ἕλ. Μά βέβαια. Εἶμαι Ἕλληνας καί μόνο στήν πατρίδα μου μπορῶ νά γιορτάσω καλά τή Λαμπρή.
Γ. Καί τά Χριστούγεννα ποῦ τά περνᾶς;
Ἕλ. Συνήθως στή Γερμανία καί μοῦ ἀρέσει πάρα πολύ. Ἐμεῖς στήν Ἑλλάδα δέν κάνομε δῶρα τά Χριστούγεννα, ἀλλά τοῦ Ἁγίου Βασιλείου.
Γ. Πότε εἶναι αὐτή ἡ γιορτή;
Ἕλ. Εἶναι ἡ Πρωτοχρονιά, δηλαδή ἡ πρώτη ἡμέρα τοῦ καινούργιου χρόνου. Τότε παίρνομε τούς μποναμάδες. Τήν παραμονή τῆς Πρωτοχρονιᾶς παίζουμε χαρτιά μέχρι τά ξημερώματα.
Γ. Ἔχετε κι ἄλλες γιορτές;
Ἕλ. Βέβαια, ἔχουμε πολλές γιορτές τό χρόνο, π.χ. τῶν Θεοφανείων στίς 6 Ἰανουαρίου. Τότε ἁγιάζονται τά νερά καί κατά τήν ἀντίληψη τοῦ λαοῦ φεύγουν οἱ Καλλικάντζαροι.
Στίς 7 Ἰανουαρίου γιορτάζουμε τόν Ἅγιο Γιάννη τόν Πρόδρομο. Στίς 25 Μαρτίου γιορτάζομε τόν Εὐαγγελισμό καί στίς 15 Αὐγούστου εἶναι ἡ Κοίμηση τῆς Θεοτόκου.
Γ. Καί Ἀνάληψη δέ γιορτάζετε;
Ἕλ. Πῶς δέ γιορτάζομε! Γιορτάζομε καί τήν Ἀνάληψη καί τήν Πεντηκοστή καί τή Μεταμόρφωση.
Γ. Πότε εἶναι τῆς Μεταμορφώσεως (Μεταμόρφωσης);
Ἕλ. Στίς 6 Αὐγούστου. Ἔπειτα ἔχουμε καί πολλούς Ἁγίους. Κάθε Ὀρθόδοξος πού ἔχει τό ὄνομα ἑνός Ἁγίου ἤ μιᾶς Ἁγίας, γιορτάζει αὐτή τήν ἡμέρα τήν ὀνομαστική του γιορτή.
Γ. Καί τί κάνουν αὐτοί πού ἔχουν ἀρχαῖα ὀνόματα;
Ἕλ. Γιορτάζουν τῶν Ἁγίων Πάντων.
Γ. Δέ γιορτάζουν στήν Ἑλλάδα γενέθλια;
Ἕλ. Τώρα γιορτάζονται καί τά γενέθλια, ἀλλά δέν εἶναι ὅμως γνήσιο ἑλληνικό ἔθιμο. Τό πήραμε ἀπό τούς Δυτικούς.
Γ. Εὐχαριστῶ πάρα πολύ γιά τίς ἐνδιαφέρουσες πληροφορίες. Γιά πές μου, τί εὐχόσαστε στίς διάφορες γιορτές;
Ἕλ. Σ' ὅλες τίς γιορτές μπορεῖ νά πεῖ κανείς: "Χρόνια Πολλά καί τοῦ

χρόνου". Ευχόμαστε όμως καί: "Καλά Χριστούγεννα, Καλή Χρονιά, Ευτυχισμένο τόν Καινούργιο Χρόνο, Καλό Πάσχα, Καλή Λαμπρή, Καλή 'Ανάσταση ".

Γ. Τώρα ξέρω κι εγώ τί πρέπει νά λέω στίς γιορτές ή τί νά γράφω στίς κάρτες. Καί πάλι ευχαριστώ.

Λέξεις

ή Λαμπρή	Ostern
τά Χριστούγεννα	Weihnachten
ό ''Αγιος Βασίλειος	Heiliger Basilius
ή γιορτή	Feier
γιορτάζω - γιόρτασα	feiern
ή Πρωτοχρονιά	Neujahr
ό μποναμάς - άδες	Neujahrsgeschenk
ή παραμονή	Vorabend
τά Θεοφάνεια	Epiphanie
αγιάζομαι - αγιάσθηκα	geheiligt, geweiht werden
ή αντίληψη	Auffassung
ό λαός	Volk
ό Καλλικάντζαρος	Kobold der Rauhnächte
ό Πρόδρομος	Johannes der Täufer
ό Ευαγγελισμός	Mariä Verkündigung
ή Κοίμηση	Mariä Himmelfahrt
ή Θεοτόκος	Gottesmutter
ή 'Ανάληψη	Himmelfahrt
ή Πεντηκοστή	Pfingsten
ή Μεταμόρφωση	Verklärung
ονομαστικός, -ή, -ό	Namens-
αρχαίος, αρχαία, αρχαίο	antik
οι ''Αγιοι Πάντες	Allerheiligen
γνήσιος, -ια, -ιο	echt
τό έθιμο	Brauch
οι Δυτικοί	Abendländer
ενδιαφέρων, -ουσα, -ον	interessant
ή πληροφορία	Auskunft
διάφορος, -η, -ο	verschieden

Χρόνια Πολλά viele Jahre (soll man leben)
καί τοῦ Χρόνου nächstes Jahr (soll man feiern)
εὐτυχισμένος, -η, -ο glücklich

Λέμε:
Σήμερα εἶναι Χριστούγεννα, Πάσχα, Λαμπρή, ἀλλά :
σήμερα εἶναι **τοῦ Ἁγίου Νικολάου, τοῦ Ἁγίου Γεωργίου, τῆς Ἁγίας Αἰκατερίνης, κλπ**.
Gemeint ist:
heute ist die Feier des Heiligen Nikolaus, des Heiligen Georg, der Heiligen Katharina usw.

Εὐχές

Στό Ταχυδρομεῖο

Ἡ Ἀθηνᾶ, ὁ ὑπάλληλος

- Καλημέρα σας! Θά ἤθελα νά στείλω αὐτό τό πακέτο στή Γερμανία.
- Δῶστε τό μου νά τό ζυγίσω. Θέλετε νά τό στείλετε ἁπλό ἤ ἀεροπορικό; Μοῦ φαίνεται λίγο βαρύ καί θά πληρώσετε πολλά. Γιά νά δοῦμε! Εἶναι ἕξι κιλά. Μήπως ἔχετε μέσα λάδι; Τό λάδι δέν ἐπιτρέπεται σέ χάρτινο κουτί. Πρέπει νά τό βάλετε σέ ξύλινο κιβώτιο.
- Ὄχι, δέν ἔχω μέσα λάδι, βιβλία ἔχω καί κάτι πιάτα ἑλληνικῆς τέχνης.
- Λοιπόν, στοιχίζει τριάντα εὐρώ.
- Τόσο ἀκριβά; Πέρυσι ἔστειλα ἕνα πιό βαρύ κι ἔκανε μόνο δώδεκα εὐρώ. Τόσο πολύ ἀκρίβυναν τά ταχυδρομικά ἀπό πέρυσι;
- Μά, ὅλα ἀκρίβυναν, κυρία μου. Δέν τό πήρατε εἴδηση ἀκόμη; Ποῦ ζεῖτε; Ἀπό τή μιά μέρα στήν ἄλλη ἡ ζωή γίνεται πιό ἀκριβή.
- Καλά, τέλος πάντων. Θέλω νά στείλω καί ἕνα γράμμα συστημένο.
- Γι αὐτό θά πᾶτε στή θυρίδα πέντε. Ἀλλά τί βλέπω; Τό ἔχετε κλείσει τό γράμμα; Δέν ἐπιτρέπεται. Ἄστε το ἀνοιχτό.
- Μά τί λέτε, κύριε, ποῦ θά τό ἀφήσω ἀνοιχτό; Νά χάσω τά λεπτά πού ἔβαλα μέσα;
- Λεπτά βάλατε; Μά, αὐτό ἀπαγορεύεται. Πρέπει νά τά στείλετε μέ ταχυδρομική ἐπιταγή. Γιά ἐπιταγές θά πᾶτε στή θυρίδα ὀκτώ.
- Κι ἐκεῖ θά πρέπει νά κάτσω πάλι στήν οὐρά. Θά φάω δηλαδή ὅλο τό πρωινό μου στό Ταχυδρομεῖο. Καί νά ἦταν μόνο αὐτό; Πρέπει νά πάω στόν ΟΤΕ, γιά νά κάνω ἕνα ἐπεῖγον τηλεφώνημα. Τί σᾶς ἦρθε καί χωρίσατε τό Ταχυδρομεῖο ἀπ' τά τηλέφωνα; Δέν ἀφήνετε τίποτα στή θέση του.
- Τί φταίω ἐγώ, κυρία μου; Αὐτά νά τά πεῖτε στούς ὑπεύθυνους.

Λέξεις

ζυγίζω - ζύγισα	wiegen, auswiegen
ἀεροπορικός, -ή, -ό	mit Luftpost
βαρύς, -ιά, -ύ	schwer
τό λάδι	Öl
χάρτινος, -η, -ο	aus Papier
τό κουτί	Schachtel, Dose
ξύλινος, -η, -ο	hölzern

τό κιβώτιο	Kiste
τό πιάτο	Teller
ἡ τέχνη	Kunst
στοιχίζω - στοίχισα	kosten
πέρυσι	voriges Jahr
τό παίρνω εἴδηση	Wind von etwas bekommen
τέλος πάντων	schließlich, meinetwegen
τό συστημένο (γράμμα)	Einschreiben
ἡ θυρίδα	Schalter
ἡ ἐπιταγή	Überweisung
ταχυδρομική ἐπιταγή	Postüberweisung
κάθομαι στήν οὐρά	Schlange stehen
ἡ οὐρά	Schwanz
τρώω τό πρωινό	den Vormittag verschwenden
ΟΤΕ	Fernmeldeamt
ἐπεῖγον	eilig
Τί σᾶς ἦρθε;	Was ist Ihnen eingefallen
χωρίζω - χώρισα	trennen
ἡ θέση	Platz, Stelle
δέν ἀφήνω τίποτα στή θέση του	nichts an seinem Platz lassen
ὁ ὑπεύθυνος	Verantwortlicher, Zuständiger

Ἐκφράσεις

Τά ταχυδρομικά ἀκρίβυναν.
Δέν τό πήρατε εἴδηση;
Τό παίρνω εἴδηση.
Στέλνω ἕνα γράμμα συστημένο.
Στέλνω ἕνα γράμμα ἐπεῖγον.
Κάθομαι στήν οὐρά.
Τρώω τήν ὥρα μου, τήν ἡμέρα μου, τόν καιρό μου.
Θά φάω τήν ὥρα μου, κλπ.
Καί νά ἦταν μόνο αὐτό;
Δέν ἀφήνω τίποτα στή θέση του.

Εἰκοστό πρῶτο μάθημα

Λίγη Γεωγραφία

Νά ἕνας χάρτης τῆς Εὐρώπης! Ἡ Εὐρώπη εἶναι μία ἀπό τίς πέντε ἠπείρους. Οἱ ἄλλες ἤπειροι εἶναι: ἡ Ἀμερική, ἡ Ἀσία, ἡ Αὐστραλία καί ἡ Ἀφρική.
Βλέπετε τήν Ἑλλάδα; Εἶναι ἕνα ἀπό τά πιό μικρά κράτη τῆς Εὐρώπης. Βρίσκεται στό νότιο μέρος τῆς Βαλκανικῆς χερσονήσου. Βόρεια συνορεύει μέ τήν Ἀλβανία, τήν πρώην Γιουγκοσλαβία καί τή Βουλγαρία, καί βορειοανατολικά μέ τήν Τουρκία. Περιβρέχεται δυτικά ἀπό τό Ἰόνιο πέλαγος, ἀνατολικά ἀπό τό Αἰγαῖο καί νότια ἀπό τό Λιβυκό πέλαγος. Δηλαδή ἀπό τίς τρεῖς πλευρές της ἔχει θάλασσα.
Ἡ Ἑλλάδα ἔχει πάρα πολλά νησιά, ὅπως εἶναι ἡ Αἴγινα, ἡ Ὕδρα, ἡ Χίος ἡ Λέσβος, ἡ Σαντορίνη καί πολλά συμπλέγματα νησιῶν, ὅπως οἱ Κυκλάδες, τά Δωδεκάνησα, τά Ἑπτάνησα.
Τό μεγαλύτερο νησί εἶναι ἡ Κρήτη, γνωστή γιά τό μινωικό πολιτισμό της. Ὁλόκληρη ἡ Ἑλλάδα ἔχει περίπου ἐννέα ἑκατομμύρια κατοίκους. Χωρίζεται σέ 11 διαμερίσματα καί αὐτά πάλι σέ 52 νομούς. Πρωτεύουσα τῆς Ἑλλάδας εἶναι ἡ Ἀθήνα μέ πληθυσμό ἐνάμισι ἑκατομμύριο.
Ἄλλες μεγάλες πόλεις εἶναι ὁ Πειραιάς, ἡ Θεσσαλονίκη, ἡ Καβάλλα, ἡ Πάτρα, ὁ Βόλος κ.ἄ.
Τό κλίμα της εἶναι ἀπό τά καλύτερα καί ὑγιεινότερα τοῦ κόσμου. Οἱ ποταμοί της δέν εἶναι πολύ μεγάλοι. Δέν ἔχει πολλές λίμνες οὔτε δάση, ἄν καί ἔχει πολλά βουνά (ὄρη). Λόγω τῶν πολλῶν βουνῶν εἶναι τό ἔδαφος σέ πολλά μέρη ἄγονο καί φτωχό. Γι αὐτό πολλοί Ἕλληνες ἀναγκάζονται νά μεταναστεύουν στήν Ἀμερική καί στήν Αὐστραλία, καί τά τελευταῖα χρόνια καί στή Γερμανία. Οἱ περισσότεροι Ἕλληνες ἀσχολοῦνται μέ τή γεωργία, τήν κτηνοτροφία καί τή ναυτιλία. Πρίν ἀπό κάμποσα χρόνια ἄρχισε καί στήν Ἑλλάδα ἡ βιομηχανοποίηση.
Χιλιάδες τουρίστες ἔρχονται κάθε χρόνο στήν Ἑλλάδα, γιά νά ἀπολαύσουν τή θάλασσα καί τό γαλανό οὐρανό. Ὁ τουρισμός ἀποτελεῖ ἕνα μεγάλο εἰσόδημα γιά τή χώρα.
Συγγραφεῖς, ὅπως ὁ Καζαντζάκης, ποιητές ὅπως ὁ Σεφέρης καί ὁ Ἐλύτης καί μουσικοσυνθέτες, ὅπως ὁ Χατζηδάκης καί ὁ Θεοδωράκης ἔκαναν τήν Ἑλλάδα γνωστή. Τά ἔργα τους μεταφράζονται σέ ὅλες τίς εὐρωπαϊ-

κές γλώσσες καί πολλοί ξένοι μαθαίνουν ελληνικά. Τά ελληνικά είναι η γλώσσα πού μιλιέται στήν Ελλάδα από τούς Έλληνες καί τίς Ελληνίδες.
Τό πολίτευμα τῆς χώρας εἶναι ή Δημοκρατία. Οἱ Έλληνες ἀγαπᾶνε πολύ τήν πατρίδα τους καί ὅταν ζοῦνε μακριά της, τή νοσταλγοῦν καί τήν ὡραιοποιοῦν.
Ένας μεγάλος Έλληνας ποιητής, *ὁ Λορέντζος Μαβίλης* πού έζησε δέκα χρόνια σπουδάζοντας στό Μόναχο, ἔγραψε·σ' ἕνα ποίημά του:

Εἰς τήν πατρίδα

Πατρίδα, σάν τόν ἥλιο σου, ἥλιος ἀλλοῦ δέ λάμπει.
Πῶς εἰς τό φῶς σου λαχταροῦν ή θάλασσα κι οἱ κάμποι,
πῶς λουλουδίζουν τά βουνά, τά δάση, οἱ λαγκαδιές,
στέλνοντάς σου θυμίαμα χιλιάδες μυρωδιές!

Φαντάζεις σάν τόν ἥλιο σου καί σύ, καλή πατρίδα,
καί μάγια σάν τά μάγια σου στόν κόσμο ἀλλοῦ δέν εἶδα.
Ή γῆ σου εἶναι παράδεισος, κι αἰώνια γαλανός
γύρω σου καθρεφτίζεται στό πέλαγο ὁ οὐρανός.

Λορέντζος Μαβίλης *(Κέρκυρα 1860 - Δρίσκο Ἠπείρου 1912)*

Λέξεις ἀπό τό ποίημα

λαχταρῶ - λαχτάρησα	sich sehnen, zappeln
ὁ κάμπος	Feld, Ebene
λουλουδίζω - λουλούδισα	sich mit Blumen füllen
ἡ λαγκαδιά	Schlucht
τό θυμίαμα	Weihrauch
ἡ μυρωδιά	Duft
φαντάζω	gut aussehen
τά μάγια	Zauberkünste
ἡ γῆ	Erde
αἰώνια	ewig (Adverb)
καθρεφτίζομαι- καθρεφτίστηκα	sich widerspiegeln

Λέξεις

η γεωγραφία	Geographie
η Ευρώπη	Europa
η ήπειρος	Kontinent
τό κράτος	Staat
νότιος, -ια, -ιο	südlich
η χερσόνησος	Halbinsel
συνορεύω - συνόρευσα	angrenzen
ανατολικός, -ή, -ό	östlich
περιβρέχομαι - περιβράχηκα	umspült werden
δυτικός, -ή, -ό	westlich
τό πέλαγος	hohes, offenes Meer
δηλαδή	nämlich
η πλευρά	Seite
τό νησί (η νῆσος)	Insel
τό σύμπλεγμα	Komplex, Gruppe
τά Επτάνησα	die sieben Inseln
ο πολιτισμός	Kultur
μινωικός, - ή, -ό	minoisch
ολόκληρος, -η, -ο	ganz
περίπου	ungefähr
χωρίζομαι - χωρίσθηκα	getrennt, unterteilt werden
τό διαμέρισμα	Departement
ο νομός	Regierungsbezirk
η πρωτεύουσα	Hauptstadt
ο πληθυσμός	Bevölkerung
τό κλίμα	Klima
υγιεινός, -ή, -ό	gesund
ο ποταμός	Fluß
η λίμνη	der See
τό δάσος	Wald
άν καί	obwohl
τό όρος	Berg
λόγω ∓ γεν.	wegen
άγονος,-η,-ο	unfruchtbar
τό έδαφος	Erdboden

ἀναγκάζομαι- ἀναγκάσθηκα	gezwungen werden
μεταναστεύω- μετανάστευσα	auswandern
τελευταῖος, -α, -ο	letzter
ἀσχολοῦμαι - ἀσχολήθηκα	sich beschäftigen
ἡ γεωργία	Landwirtschaft
ἡ κτηνοτροφία	Viehzucht
ἡ ναυτιλία	Schiffahrt
ἡ βιομηχανοποίηση	Industrialisierung
ἀπολαμβάνω -ἀπόλαυσα	genießen
γαλανός, -ή, -ό	hellblau (für Himmel und Augen)
τό εἰσόδημα	Einkommen
ἡ χώρα	Land
ὁ ποιητής	Dichter
ὁ μουσικοσυνθέτης	Komponist
τό ἔργο	Werk
μεταφράζομαι - μεταφράσθηκα	übersetzt werden
τό πολίτευμα	Staatsform

Τά τέσσερα σημεῖα τοῦ ὁρίζοντα εἶναι - Die vier Himmelsrichtungen sind: ἡ 'Ανατολή, ἡ Δύση, ὁ Βοριάς (Βορρᾶς) καί ὁ Νοτιάς (Νότος).

τό σημεῖο		Punkt
ὁ ὁρίζοντας		Horizont
ἡ 'Ανατολή	(ἀνατολικά)	Osten (östlich)
ἡ Δύση	(δυτικά)	Westen (westlich)
ὁ Βοριάς	(βόρεια)	Norden (nördlich)
ὁ Νοτιάς	(νότια)	Süden (südlich)

Ἐκφράσεις

Λόγῳ τῶν πολλῶν βουνῶν, λόγῳ τοῦ καιροῦ
'Αναγκάζομαι νά δουλεύω, νά μεταναστεύω.
'Ασχολοῦμαι μέ τή γεωργία, μέ τή μουσική, μέ τά μαθηματικά.
Χιλιάδες τουρίστες, χιλιάδες ἄνθρωποι

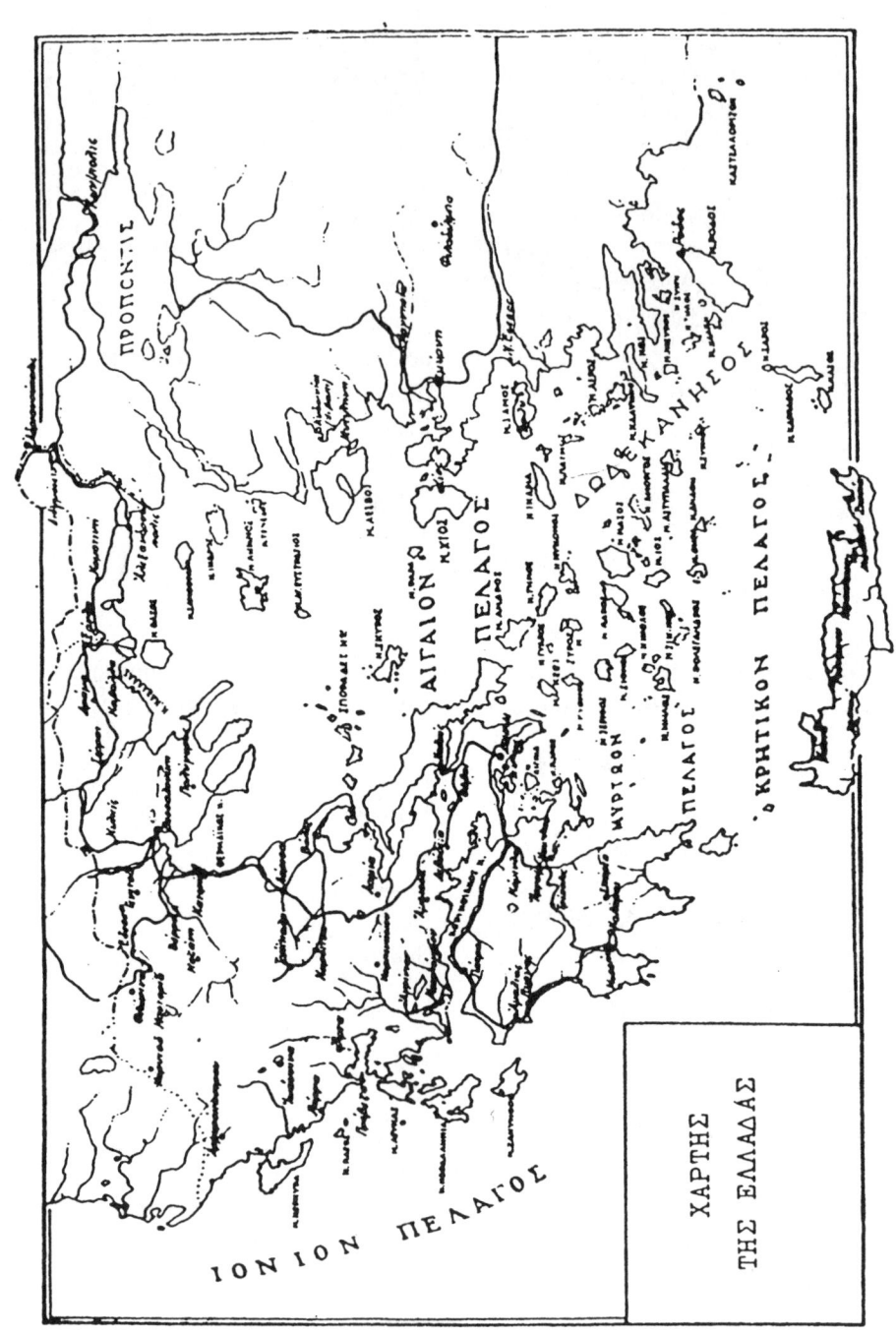

ΓΡΑΜΜΑΤΙΚΗ

Ergänzungen zur Deklination (s. L.4 und L.15)
I) **Maskulina auf - έας** (früher auf - εύς)
II) **Feminina auf - η** (früher auf -ις), **- ος, - ω** (Eigennamen)
III) **Neutra auf - ος, - ιμο** (-σιμο,-ξιμο,-ψιμο: Verbalsubstantive, aus dem Aoriststamm entstanden).
Ferner Neutra auf **- ας, - ως, - ός, - αν, - εν, - υ**.

I) Ἀρσενικά

	Ἑνικός			Πληθυντικός	
ὁ	συγγραφ - έας	συγγραφ - εύς	οἱ	συγγραφ - εῖς	
τοῦ	συγγραφ - έα	συγγραφ - έως	τῶν	συγγραφ - έων	
τόν	συγγραφ - έα	συγγραφέ - α	τούς	συγγραφ - εῖς	
στόν	συγγραφ - έα	συγγραφςε - α	στούς	συγγραφ - εῖς	

Nach diesem Muster werden sehr viele Substantive auf -έας (-εύς) dekliniert, wie z.B. ὁ ἀποστολέας (Absender), ὁ γραμματέας (Sekretär), ὁ γραφέας (Schreiber), ὁ εἰσαγγελέας (Staatsanwalt), ὁ κουρέας (Herrenfriseur), διερμηνέας (Dolmetscher), u.a..

II) Θηλυκά

Ἑνικός

ἡ	πόλ - η	πόλις	ἄσκη - ση	ἄσκησις	ὁδ - ός	ἤπειρ - ος
τῆς	πόλ - ης	πόλεως	ἄσκη - σης	ἀσκήσεως	ὁδ - οῦ	ἠπείρ - ου
τήν	πόλ - η	πόλιν	ἄσκη - ση	ἄσκησιν	ὁδ - ό	ἤπειρ - ο
στήν	πόλ - η		ἄσκη - ση		ὁδ - ό	ἤπειρ - ο

Eigennamen: ἡ Μάρω, τῆς Μάρως, τήν Μάρω, στήν Μάρω.

Πληθυντικός

οἱ	πόλ - εις	ἀσκή - σεις	ὁδ - οί	ἤπειρ - οι
τῶν	πόλ - εων	ἀσκή - σεων	ὁδ - ῶν	ἠπείρ - ων
τίς	πόλ - εις	ἀσκή - σεις	ὁδ - ούς	ἠπείρ - ους
στίς	πόλ - εις	ἀσκή - σεις	ὁδ - ούς	ἠπείρ - ους

Nach dem Muster πόλη werden Substantive wie die folgenden dekliniert:

γνώση	Kenntnis	πράξη	Tat, Handlung
δύση	Westen	στάση	Haltestelle
θέση	Platz, Stelle	τάξη	Ordnung, Klasse
θλίψη	Trauer	φάση	Phase
κλίση	Deklination	φράση	Satz
λέξη	Wort	φύση	Natur u.a.

Nach dem Muster ἄσκηση werden Substantive wie die folgenden dekliniert:

ἀπάντηση	Antwort	κατάσταση	Zustand
ἀπόφαση	Entschluß	κίνηση	Bewegung
εἴδηση	Nachricht	κούραση	Müdigkeit
ἐντύπωση	Eindruck	κυβέρνηση	Regierung
ἐξαίρεση	Ausnahme	ὄρεξη	Appetit
ἐξήγηση	Erklärung	πάθηση	Leiden, Krankheit
ἐπίσκεψη	Besuch	παρεξήγηση	Mißverständnis
θύμηση	Erinnerung	ὑπόθεση	Hypothese u.a.

Bemerkung

Die Substantive dieser Gruppe werden im Nominativ Plural auf der vorletzten Silbe und im Genitiv Plural auf der drittletzten Silbe betont (s. oben Beispiele).

Nach dem Femininum ὁδός werden Substantive wie die folgenden dekliniert: θαλαμηγός - Yacht, κιβωτός - Arche, συνοδός - Begleiterin u.a..

Bemerkungen

1) Zu dieser Gruppe gehören auch Substantive, die auf die vorletzte Silbe betont werden. Diese behalten ihren Akzent in der ganzen Deklination auf der gleichen Silbe, z.B.

   ἡ νόσος τῆς νόσου τή νόσο
   οἱ νόσοι τῶν νόσων τίς νόσους.

Genauso: ἡ νῆσος - Insel, ἡ ἄμμος - Sand, ἡ λεωφόρος - breite Straße.

2) Die auf der drittletzten Silbe betonten Feminina wie ἤπειρος verschieben ihren Akzent im Genitiv Singular und im Genitiv und Akkusativ Plural auf die vorletze Silbe (s. Beispiel).

Nach diesem Muster werden Substantive wie die folgenden dekliniert:
είσοδος - Eingang, Einfahrt, Eintritt; έξοδος - Ausgang, Ausfahrt u.a.
Zu der Gruppe auf -ω gehören hauptsächlich weibliche Eigennamen, die entweder endbetont sind oder den Akzent auf der vorletzten Silbe haben wie z.B.
'Αργυρώ, Θεοφανώ, Μέλπω, Φρόσω κλπ.
Nach den endbetonten Eigennamen wird auch das Substantiv ἠχώ - Echo dekliniert.

III) Οὐδέτερα

Ἑνικός

τό	κράτ - ος	κλείσ - ιμο	κρέ - ας	φῶ - ς	γεγον - ός
τοῦ	κράτ - ους	κλεισ - ίματος	κρέ - ατος	φω - τός	γεγον - ότος
τό	κράτ - ος	κλείσ - ιμο	κρέ - ας	φῶ - ς	γεγον - ός
στό	κράτ - ος	κλείσ - ιμο	κρέ - ας	φῶ - ς	γεγον - ός

Πληθυντικός

τά	κράτ - η	κλεισ - ίματα	κρέ - ατα	φῶ - τα	γεγον - ότα
τῶν	κρατ - ῶν	κλεισ - ιμάτων	κρε - άτων	φώ - των	γεγον ότων
τά	κράτ - η	κλεισ - ίματα	κρέ - ατα	φῶ - τα	γεγον - ότα
στά	κράτ - η	κλεισ - ίματα	κρέ - ατα	φῶ - τα	γεγον - ότα

Wie die Gruppe auf -ος werden viele Neutra dekliniert, z.B.

βάρος	Gewicht	μῆκος	Länge
βρέφος	Säugling	μίσος	Haß
δάσος	Wald	πλῆθος	Menge
ἔθνος	Nation	στῆθος	Brust
εἶδος	Sorte	τέλος	Ende, Schluß
κέρδος	Gewinn	ύφος	Miene, Stil
λάθος	Irrtum, Fehler	ύψος	Höhe
μέρος	Teil, Ort	χρέος	Schuld, Pflicht u.a

Bemerkungen

1) Alle Neutra auf **-ος** werden im Genitiv Plural auf der Endsilbe betont.
2) Diejenigen, die im Nominativ Singular auf der drittletzten Silbe betont werden, verschieben im Genitiv Singular und im Nominativ und Akkusativ Plural den Akzent auf die vorletzte Silbe, z.B:

τό ἔδαφος   τοῦ ἐδάφους   τά ἐδάφη

Danach werden auch dekliniert: **τό πέλαγος, τό μέγεθος** (Größe), **τό ἔλεος** (Mitleid) und wenigfe andere.

Die Neutra auf - ιμο sind substantivierte Verbalformen, die aus dem Aoriststamm gebildet werden; sie entsprechen dem deutschen substantivierten Infinitiv (τό τρέξιμο: Laufen, τό γράψιμο: Schreiben usw.). Hier rückt der Akzent im Genitiv Singular und im Nominativ und Akkusativ Plural auf die drittletzte Silbe.. Der Genitiv Plural wird selten gebildet.

Wie das Wort **κρέας** wird das Substantiv **τό τέρας** (Ungeheuer, Monstrum) und das wenig gebräuchliche **τό πέρας** (Ende) dekliniert. Bei diesen Substantiven rückt der Akzent im Genitiv Plural auf die vorletzte Silbe.

Wie das Wort **φῶς** wird nur das Substantiv **τό καθεστώς** (bestehende politische Ordnung) dekliniert. Bei diesem jedoch rückt der Akzent im Genitiv Singular nicht auf die Endsilbe.

Neutra auf - ον, - αν, - εν, - υ
Diese sind altertümlich und haben ihre eigene Deklination.
τό ὄν - Wesen, τό καθῆκον - Pflicht, τό πᾶν - das All,
τό φωνῆεν - Vokal, τό δόρυ - Speer, τό ὀξύ - Säure.

Ἑνικός
| τό | ὄν | καθῆκον | πᾶν | φωνῆεν | δόρυ | ὀξύ |
| τοῦ | ὄντος | καθήκοντος | παντός | φωνήεντος | δόρατος | ὀξέος |

Πληθυντικός
| τά | ὄντα | καθηκόντα | πάντα | φωνήεντα | δόρατα | ὀξέα |
| τῶν | ὄντων | καθηκόντων | πάντων | φωνηέντων | δοράτων | ὀξέων |

Die anderen Kasus lassen sich leicht erschließen, da diese Substantive Neutra. sind (Akk. = Nom.).

Nach **ὄν** werden die folgenden Substantive dekliniert:
τό παρόν - Gegenwart, τό παρελθόν - Vergangenheit, τό προϊόν - Erzeugnis, Produkt.

Nach **καθῆκον** werden dekliniert: τό ἐνδιαφέρον - Interesse, τό μέλλον - Zukunft, τό συμφέρον - Vorteil, Nutzen.

Nach **πᾶν** wird τό σύμπαν - Weltall dekliniert.

Nach **φωνῆεν** wird τό μηδέν (Null) dekliniert, das nur den Sing. bildet.

Substantive mit doppelter Pluralform

Einige Substantive bilden zwei Pluralformen, zuweilen mit verschiedener Bedeutung. Die gebräuchlichsten sind:

ὁ βράχος	Fels	οἱ βράχοι		τά βράχια	
ὁ βάτος	Strauch	οἱ βάτοι		τά βάτα	
ὁ δεσμός	das Band	οἱ δεσμοί	Bande	τά δεσμά	Fesseln
ὁ καπνός	Tabak, Rauch	οἱ καπνοί	Rauchschwaden	τά καπνά	Tabakwaren
ὁ λαιμός	Hals	οἱ λαιμοί		τά λαιμά	Halsweh
ὁ λόγος	Wort, Rede Grund	οἱ λόγοι	Reden Gründe	τά λόγια	Worte
ὁ ναῦλος	Fracht	οἱ ναῦλοι		τά ναῦλα	Frachtgeld
ὁ χρόνος	Jahr, Zeit	οἱ χρόνοι τῶν χρόνων	Zeiten	τά χρόνια **τῶν χρονῶν**	Jahre

(παραδείγματος χάριν) π.χ : z. B.: **Πόσων χρονῶν εἶσαι;**

Alte Dative in präpositionaler Funktion

Sie kommen mit dem Genitiv vor; die wichtigsten sind:

λόγῳ wegen: Λόγῳ τοῦ καιροῦ δέν ἦρθε (λόγω= ἐξ αἰτίας).
βάσει auf Grund: βάσει τῆς συμφωνίας - auf Grund der Vereinbarung
δυνάμει kraft: δυνάμει τοῦ νόμου - kraft Gesetzes
μέσῳ mittels, durch (auch lokal) - Μέσῳ τοῦ κυρίου Μυλωνᾶ: mittels Herrn Mylonas, μέσῳ Αὐστρίας - durch Österreich

Konzessivsätze

Sie werden mit den Konjunktionen **ἄν καί, μολονότι, ἐνῶ** (obwohl, obgleich) eingeleitet, stehen im Indikativ und erhalten die Negation **δέν**, wenn ihr Inhalt als eine Tatsache hingestellt wird, z.B.

Ἄν καί δέν εἶχε πολλά λεπτά, ἔκανε πολλά ταξίδια.

Sie werden mit den Konjunktionen **καί νά, καί ἄς** (selbst wenn) eingeleitet, stehen im Konjunktiv und erhalten die Negation **μήν,** wenn ihr Inhalt als eine Wahrscheinlichkeit hingestellt wird, z.B.

Ἐγώ θά ἔρθω, **κι ἄς** μή θέλει ἡ μητέρα μου.

Πατρίδες

Ἐδῶ οὐρανός παντοῦ κι ὁλοῦθε ἥλιου ἀχτίνα,
καί κάτι ὁλόγυρα σάν τοῦ Ὑμηττοῦ τό μέλι,
βγαίνουν ἀμάραντ' ἀπό μάρμαρο τά κρίνα,
λάμπει γεννήτρα ἑνός Ὀλύμπου ἡ θεία Πεντέλη.

Στήν Ὀμορφιά σκοντάφτει σκάφτοντας ἡ ἀξίνα,
στά σπλάχνα ἀντί θνητούς θεούς κρατᾶ ἡ Κυβέλη,
μενεξεδένιο αἷμα γοργοστάζ' ἡ Ἀθήνα
κάθε πού τή χτυπᾶν τοῦ Δειλινοῦ τά βέλη.

Ἀσάλευτη ζωή (Stilles, ruhiges Leben)
Κωστής Παλαμᾶς
Πάτρα 1859 – Ἀθήνα 1943

Λέξεις

παντοῦ	überall
ὁλοῦθε	überallher
ἡ ἀχτίνα	Strahl (poet.)
ὁλόγυρα	ringsherum
ἀμάραντος, -η, -ο	immergrün, unsterblich
τό κρίνο	Lilie
τό μάρμαρο	Marmor
γεννήτρα	Erzeugerin
θεῖος, θεία, θεῖο	göttlich
σκοντάβω - σκόνταψα	stolpern
σκάφτω - ἔσκαψα	graben, ausgraben
ἡ ἀξίνα	Hacke
τά σπλάχνα	Eingeweide, das Innere
θνητός, -ή, -ό	sterblich
ὁ θεός	Gott
μενεξεδένιος, -ια, -ιο	veilchenblau
τό αἷμα	Blut
γοργοστάζω - γοργόσταξα	schnell tropfen (poetisch)
κάθε πού	jedesmal wenn
τό βέλος	Pfeil
τό δειλινό	Abenddämmerung

Πῶς πῆρε τό ὄνομά της ἡ Ἀθήνα

Στά πολύ παλιά χρόνια ἡ Ἀθήνα λεγόταν Κεκροπία ἀπό τό ὄνομα τοῦ πρώτου βασιλιᾶ της, τοῦ Κέκροπα.
Οἱ ἀρχαῖοι ὅμως θεοί τοῦ Ὀλύμπου ἀποφάσισαν νά γίνει ἡ μικρή αὐτή πόλη μιά μέρα μεγάλη καί σπουδαία πολιτεία μέ σπάνια ἱστορία καί μεγάλη δόξα. Ὅλοι οἱ θεοί λοιπόν χωρίς ἐξαίρεση ἤθελαν νά τήν πάρουνε στήν προστασία τους. Πιό πολύ ὅμως ἐπέμεναν ἡ Ἀθηνᾶ, ἡ θεά τῆς σοφίας, καί ὁ Ποσειδώνας, ὁ θεός τῆς θάλασσας.
Ὁ Δίας τότε διέταξε νά διαγωνισθοῦν οἱ δύο θεοί μεταξύ τους καί εἶπε ὅτι θά νικήσει ἐκεῖνος, πού θά χαρίσει στόν τόπο τό πιό χρήσιμο δῶρο. Ὁ νικητής θά δώσει στήν πόλη τ' ὄνομά του καί θά τήν πάρει στήν προστασία του.
Ὁ διαγωνισμός ἔγινε ἐπάνω στήν Ἀκρόπολη.
Πρῶτος ὁ Ποσειδώνας χτύπησε μέ τήν τρίαινά του τό βράχο καί βγῆκε νερό. Τό δῶρο αὐτό δέν ἄρεσε ὅμως στούς Ἀθηναίους. Ξαναχτύπησε ὁ θεός τό βράχο καί πετάχτηκε ἕνα ἄλογο, κατάλληλο γιά πολέμους.
Κι αὐτό ὅμως δέν ἐνθουσίασε τούς εἰρηνικούς Ἀθηναίους.
Ἔπειτα χτύπησε καί ἡ Ἀθηνᾶ μέ τό κοντάρι της τό βράχο. Ἀμέσως φύτρωσε ἡ ἐλιά, τό δέντρο πού θά χάριζε τροφή καί ὑγεία στήν πόλη καί θά ἔφερνε εἰρήνη ἀνάμεσα στούς ἀνθρώπους.
Αὐτό τό δῶρο ἐνθουσίασε τούς Ἀθηναίους κι ἔτσι νίκησε ἡ θεά Ἀθηνᾶ. Πῆρε τήν πόλη στήν προστασία της καί τῆς ἔδωσε τό ὄνομά της. Γι' αὐτό καί ἡ Ἀθήνα προόδευσε πολύ στά γράμματα καί στίς τέχνες.

Λέξεις

ἀποφασίζω - ἀποφάσισα	beschließen
σπουδαῖος, -α, -ο	bedeutend
ἡ πολιτεία	Stadt, Staat
ἡ δόξα	Ruhm
ἡ ἐξαίρεση	Ausnahme
ἡ προστασία	Schutz
ἐπιμένω - ἐπέμεινα	beharren
ἡ σοφία	Weisheit
διατάζω - διέταξα	befehlen, anordnen
διαγωνίζομαι - διαγωνίσθηκα	mit jd. wetteifern

ὁ διαγωνισμός	Wetteifer, Konkurrenz
χρήσιμ-ος, -η, -ο	nützlich
νικητ-ής, νικήτ-ρια	Sieger, Siegerin
ἡ τρίαινα	Dreizack
πετάγομαι - πετάχτηκα	heraufspringen
τό ἄλογο	Pferd
κατάλληλος, -η, -ο	fähig, geeignet
ὁ πόλεμος	Krieg
ἐνθουσιάζω - ἐνθουσίασα	begeistern
εἰρηνικός, -ή, -ό	friedlich
τό κοντάρι	Speer
φυτρώνω - φύτρωσα	aus der Erde sprießen
ἡ ἐλιά	Olivenbaum, Olive
ἡ τροφή	Nahrung
ἡ εἰρήνη	Friede
προοδεύω - προόδευσα	Fortschritte machen
τά γράμματα	Bildung
οἱ τέχνες	schöne Künste

Ὕμνος τῆς Ἀθηνᾶς

Ἀθήνα! χρυσοστέφανη καί τιμημένη χώρα!
οἱ μεγαλόχαροι θεοί ἐπάνω σου ἀγρυπνοῦνε
καί φεύγουν ἀπ' τόν Ὄλυμπο γιά νά ξεκουραστοῦνε
στή γῆ σου τή βραχόσπαρτη. Γιατί ἐδῶ βρίσκουν
πώς πιό πολύ μέ τούς θεούς ὁ ἄνθρωπος ταιριάζει,
γιατί ἐδῶ πέρα ἡ προσευχή πιό γκαρδιακή ἀνεβαίνει,
ἀκούγεται γλυκύτερη τῶν ποιητῶν ἡ λύρα,
καί τό καθάριο τό νερό καί τό ξανθό τό μέλι
καί τό χιλιάκριβο πιοτό πού διώχνει τίς φροντίδες
προσφέρονται μ' ἀγνότερη ψυχή στούς ἀθανάτους,
καί τίς εἰκόνες τῶν θεῶν σκαλίζουν οἱ τεχνίτες
πλέον πιστά κι ἀληθινά στό μάρμαρον ἐπάνω
πού τήν κρατάει ἀνάλλαγη τή φωτερή του ἀσπράδα.

Κωστής Παλαμᾶς

Λέξεις

χρυσοστέφανος, -η, -ο	mit Gold bekränzt
τιμημένος, -η, -ο	geehrt
μεγαλόχαρος, -η, -ο	gnädig, wundertätig
ἀγρυπνῶ- ἀγρύπνησα	wachen
βραχόσπαρτος, -η, -ο	mit Felsen besät
γκαρδιακός, -ή, -ό (ἐγκάρδιος)	herzlich
σκαλίζω - σκάλισα	meißeln
ἀνάλλαγος, -η, -ο	unveränderlich
φωτερός, -ή, -ό	glänzend
ἀσπράδα, ἡ	Weiße

Ἀπό τούς μύθους τοῦ Αἰσώπου

Κόρακας καί ἀλεπού

Μιά ἀλεπού ἔκανε τόν περίπατό της σ' ἕνα δάσος. Ἐκεῖ λοιπόν πού περπατοῦσε, βλέπει ψηλά σ' ἕνα δέντρο ἕναν κόρακα πού κρατοῦσε στό ράμφος του ἕνα κομμάτι κρέας.
Ἡ πονηρή ἀλεπού ἔβαλε στό μυαλό της νά τοῦ πάρει τό κρέας. Πηγαίνει κάτω ἀπό τό δέντρο καί τοῦ λέει: "Πωπώ, τί μεγάλο σῶμα πού ἔχεις, κόρακα, τί ὄμορφος πού εἶσαι! "Ἀν εἶχες καί ὡραία φωνή, θά ἤσουνα ὁ βασιλιάς τῶν πουλιῶν".
Ὁ κουτός κόρακας ἤθελε νά δείξει ὅτι ἔχει καί ὡραία φωνή. "Ἄνοιξε λοιπόν τό στόμα του καί ἄρχισε νά κράζει μ' ὅλη του τή δυναμη. Ἡ ἀλεπού ἅρπαξε τό κρέας πού ἔπεσε καί τοῦ εἶπε: ""Ἀν εἶχες καί λίγο μυαλό, κόρακα, τότε θά μποροῦσες νά γίνεις ὁ βασιλιάς τῶν πουλιῶν ".

Λέξεις

ὁ κόρακας	Rabe
ἡ ἀλεπού	Fuchs
τό ράμφος	Schnabel
πονηρός, -ή, -ό	schlau
τό μυαλό	Gehirn, Verstand
βάζω στό μυαλό μου	sich in den Kopf setzen
κράζω - ἔκραξα	krähen
ἡ δύναμη	Kraft, Macht
κουτός, -ή, -ό	dumm

Εἰκοστό δεύτερο μάθημα

Μία πρόσκληση

Βάσω	"Εχεις πολύ καιρό πού μαθαίνεις ἑλληνικά, Μόνικα;
Μόνικα	Ἀρκετό, σχεδόν δυό χρόνια.
Βάσω	Τότε θά ἔχεις προχωρήσει ἀρκετά, φαντάζομαι.
Μόνικα	"Οχι ὅσο θά ἔπρεπε. Δέν ἔχω πολύ καιρό νά διαβάζω καί νά γράφω. Προσέχω πάρα πολύ στό μάθημα, σ' ὅ,τι λέει ὁ καθηγητής, ἀλλά αὐτό δέ φτάνει. "Οποιος ἔχει λεπτά ἤ ὅποιος ἔχει φίλους στήν Ἑλλάδα, πηγαίνει ἐκεῖ καί μαθαίνει τή γλώσσα σωστά καί πρό παντός ξεκούραστα. Ἐγώ δυστυχῶς δέν ἔχω τά μέσα. "Ο,τι βγάζω, τά ξοδεύω γιά νοίκι καί φαγητό. Θά ἤθελα πολύ νά πάω στήν Ἑλλάδα, ἀλλά δέ γίνεται. Τουλάχιστον γιά φέτος.
Βάσω	Τόν ἄλλο μήνα τελειώνει τό ἑξάμηνο καί ἀρχίζουν οἱ διακοπές. Λέω νά πάω στήν Ἑλλάδα καί νά μείνω δύο μῆνες. Τί λές; Δέν ἔρχεσαι μαζύ μου; Θά μένεις στό σπίτι μας, τό ὁποῖο εἶναι πολύ μεγάλο, θά τρῶς χωρίς νά πληρώνεις καί θά μιλᾶς ὅλο ἑλληνικά, γιατί οἱ γονεῖς μου δέν ξέρουν οὔτε λέξη ἀπό ἄλλη γλώσσα. Τό πολύ πολύ νά μαθαίνεις στόν μικρό μου ἀδελφό λίγα γερμανικά, ἄν φυσικά θέλεις. Δέν εἶναι ὁπωσδήποτε ὑποχρεωτικό.
Μόνικα	"Αν ἔρχομαι, λέει! Πές μου μόνο τήν ἀκριβῆ ἡμερομηνία τοῦ ταξιδιοῦ, γιά νά κανονίσω νά πάρω ἄδεια ἀπό τό γραφεῖο.

Λέξεις

ἡ πρόσκληση	Einladung
ἀρκετός, -ή, -ό	genug, hinreichend
φαντάζομαι - φαντάσθηκα	sich vorstellen
ὅσος, ὅση, ὅσο	so viel wie
ὅ,τι	alles, was
φτάνει - ἔφτασε	es reicht
ὅποιος, ὅποια, ὅποιο	derjenige, der; wer

σωστός, -ή, -ό	richtig
πρό παντός	vor allem
ξεκούραστος, -η, -ο	bequem, mühelos
βγάζω - ἔβγαλα	hier: verdienen
ξοδεύω - ξόδεψα	ausgeben
τό νοίκι (ἐνοίκιο)	Miete
τά μέσα	finanzielle Möglichkeit, Beziehung
τουλάχιστον	wenigstens
φέτος (ἐφέτος)	in diesem Jahr
τό ἑξάμηνο	Semester
λέω νά	vorhaben, beabsichtigen
ὁ ὁποῖος, ἡ ὁποία, τό ὁποῖο	welcher
οὔτε λέξη	kein einziges Wort
ὁπωσδήποτε	auf jeden Fall
ὑποχρεωτικός, -ή, -ό	obligatorisch, verbindlich
ἄν ἔρχομαι, λέει	und ob ich komme
ἀκριβής, -ές	genau, pünktlich
κανονίζω - κανόνισα	regeln
ἡ ἄδεια	Urlaub

Ἐκφράσεις

Ἔχω πολύ καιρό πού ...
Δέν ἔχω πολύ καιρό νά ...
Δέν ἔχω τά μέσα.
Ὅ,τι βγάζω, τά ξοδεύω.
Λέω νά ...
Δέν ξέρω οὔτε λέξη...
Τό πολύ πολύ νά ...
Παίρνω ἄδεια ἀπό ...
Δέν εἶναι ὑποχρεωτικό.

ΓΡΑΜΜΑΤΙΚΗ

Ἡ ἀναφορικὴ ἀντωνυμία Das Relativpronomen

Außer dem unveränderlichen und praktischen Relativpronomen **ποὺ** gibt es noch das Pronomen **ὁ ὁποῖος, ἡ ὁποία, τὸ ὁποῖο**, das wie das Adjektiv **ὡραῖος, ὡραία, ὡραῖο** dekliniert wird.

Ἑνικός

ὁ	ὁποῖος	ἡ	ὁποία	τὸ ὁποῖο	ποὺ	der, die, das
τοῦ	ὁποίου	τῆς	ὁποίας	τοῦ ὁποίου	ποὺ ..του,της	dessen,deren
τὸν	ὁποῖο	τὴν	ὁποία	τὸ ὁποῖο	ποὺ	den, die, das
στὸν ὁποῖο		στὴν ὁποία		στὸ ὁποῖο	ποὺ τοῦ, τῆς	dem, der, dem

Πληθυντικός

οἱ	ὁποῖοι	οἱ	ὁποῖες	τὰ ὁποῖα	ποὺ	die
τῶν	ὁποίων	τῶν	ὁποίων	τῶν ὁποίων	ποὺ .. τούς	deren, derer
τοὺς	ὁποίους	τὶς	ὁποῖες	τὰ ὁποῖα	ποὺ	die
στοὺς ὁποίους		στὶς ὁποῖες		στὰ ὁποῖα	ποὺ τούς	denen

Dieses Pronomen wird seltener gebraucht als das Pronomen ποὺ; hauptsächlich in folgenden Fällen:

1) wenn der Satz zu viele **ποὺ** enthält, z.B.
   Ὁ φοιτητὴς **ποὺ** ἦρθε, ἔφερε τὸ βιβλίο **ποὺ** τοῦ ἔδωσα καὶ **τὸ ὁποῖο** τοῦ ἄρεσε πολύ.

2) um Unklarheiten zu vermeiden, die beim Gebrauch von **ποὺ** als Genitiv oder Dativ entstehen können, z.B.
   Ἡ κυρία, **τῆς ὁποίας** τὸ αὐτοκίνητο χάλασε, ἔφυγε μὲ τὰ πόδια.
   Τὸ παιδί, **στὸ ὁποῖο** ἔδωσα τὴν μπάλλα, ἔκλαιγε.

3) in Verbindung mit Präpositionen, z.B.
   Ὁ γιός του, **γιὰ τὸν ὁποῖο** ἀγόρασε τὸ σπίτι, ἔφυγε.
   Εἶχε ἕνα φίλο, **μὲ τὸν ὁποῖο** πήγαινε περίπατο.

Will man das Pronomen **πού** verwenden, dann muß man im Genitiv die schwache Form des Possessivpronomens und im Dativ die schwache Form des Personalpronomens hinzufügen, d.h.
  Ἡ κυρία **πού** τό αὐτοκίνητό **της** χάλασε, ἔφυγε μέ τά πόδια.
  Τό παιδί, **πού τοῦ** ἔδωσα τήν μπάλλα, ἔκλαιγε.

In Verbindung mit einer Präposition wird natürlich die starke Form des Personalpronomens verwendet, z.B.
  Εἶχε ἕνα φίλο **πού μέ αὐτόν** πήγαινε περίπατο.

Das Pronomen **πού** ersetzt oft die Präposition mit dem Pronomen **ὁ ὁποῖος**, z.B. Ποῦ εἶναι τό μαγαζί, **πού** (ἀπό τό ὁποῖο) ψωνίζεις;

Ἀοριστολογική ἀντωνυμία
Verallgemeinerndes Relativpronomen

ὅποιος, ὅποια, ὅποιο
Es wird dekliniert wie das Adjektiv πλούσιος, πλούσια, πλούσιο. In substantivischer Funktion bedeutet es "**wer**" im Sinne von "**derjenige, der**", z.B.
  Ὅποιος ἔχει πολλά λεπτά, κάνει μεγάλα ταξίδια.
  Derjenige, der viel Geld hat, kann lange Reisen machen.
In adjektivischer Funktion bedeutet es: **welcher auch immer**, z.B.
  Φόρεσε ὅποιο πουλόβερ σοῦ ἀρέσει.
  Ziehe einen Pullover an, welcher dir (auch immer) gefällt.

Ὅ,τι
Es ist unveränderlich. In substantivischer Funktion bedeutet es **was** (alles was), z.B.
  Κάνε ὅ,τι θέλεις. Tue, was du willst.
Adjektivisch bedeutet es: **welches auch immer**, z.B.
  Διαβάζει ὅ,τι βιβλίο βρεῖ. Er liest, welches Buch er auch findet.
  ὅ,τι darf nicht mit ὅτι daß verwechselt werden!

Ὅσος, ὅση, ὅσο
Es wird wie das Adjektiv λίγος, λίγη, λίγο dekliniert und bedeutet im Singular **soviel**, im Plural **alle, die; so viele wie**. Es wird auch substantivisch und adjektivisch verwendet, z. B.

Πίνει όσο κρασί θέλει. Er trinkt soviel Wein, wie er will.
Όσοι τόν ξέρουν, τόν ἐκτιμᾶνε. Alle, die ihn kennen, schätzen ihn.

Eine größere Unbestimmtheit erhält das obige Pronomen, wenn es von dem Zusatz **κι ἄν, καί νά** begleitet oder mit dem unveränderlichen Wort **δήποτε** zusammengesetzt wird. Das Pronomen wird dekliniert, während das δήποτε einfach angehängt wird. Manchmal treten sogar beide Fälle auf, z.B.
'Οποιουδήποτε καί νά εἶναι αὐτό τό λεξικό, θά τό πάρω.
Wem auch immer dieses Lexikon gehört, ich nehme es mir doch.
Μᾶς δίνει ὁσαδήποτε βιβλία τοῦ ζητᾶμε.
Er gibt uns so viele Bücher, wie wir wollen.

Mit - **δήποτε** als Zeichen der Verallgemeinerung werden auch folgende Relativadverbien zusammengesetzt

ὅπως - wie   **ὁπωσδήποτε:** wie auch immer, auf jeden Fall
ὅπου - wo   **ὁπουδήποτε:** wo auch immer, wohin auch immer
ὅποτε - wann   **ὁποτεδήποτε:** wann auch immer

Sehr beliebt ist das verallgemeinernde Relativpronomen in Sprichwörtern, z.B.
Όποιος πεινάει, καρβέλια ὀνειρεύεται - *Wer Hunger hat, träumt von Brotlaiben.*
Όποιος βαριέται νά ζυμώσει, δέκα μέρες κοσκινάει - *Wer keine Lust hat zu backen, siebt zehn Tage das Mehl.*

Adjektive auf -ης, -ες

'Ενικός		Πληθυντικός	
Ἀρσεν.+ Θηλυκ.	Οὐδέτερο	Ἀρσεν. + Θηλ.	Οὐδέτερο
ἀκριβ - ής	ἀκριβ - ές	ἀκριβ - εῖς	ἀκριβ - ῆ
ἀκριβ - οῦς	ἀκριβ - οῦς	ἀκριβ - ῶν	ἀκριβ - ῶν
ἀκριβ - ῆ	ἀκριβ - ές	ἀκριβ - εῖς	ἀκριβ - ῆ
ἀκριβ - ῆ	ἀκριβ - ές	ἀκριβ - εῖς	ἀκριβ - ῆ

Zu dieser Gruppe gehören auch folgende Adjektive, die in der Umgangssprache selten vorkommen.

ἀκριβής, ἀκριβές   genau, pünktlich
ἀμελής, ἀμελές   nachlässig

αὐθάδης, **αὔθαδες**	frech
διεθνής, διεθνές	international
ειλικρινής, ειλικρινές	aufrichtig
ἐπιμελής, ἐπιμελές	fleißig
εὐτυχής, εὐτυχές	glücklich
δυστυχής, δυστυχές	unglücklich
εὐφυής, εὐφυές	intelligent
ἰδεώδης, ἰδεῶδες	ideal
μεγαλοπρεπής, μεγαλοπρεπές	großartig, prachtvoll
μυστηριώδης, μυστηριῶδες	geheimnisvoll
περιπετειώδης, περιπετειῶδες	abenteuerlich
πολυτελής, πολυτελές	luxuriös
συνήθης, **σύνηθες**	gewöhnlich
ὑγιής, ὑγιές	gesund

Statt: αὐθάδης, εὐτυχής, δυστυχής, εὐφυής hört man häufiger: αὐθάδικος, εὐτυχισμένος, δυστυχισμένος, ἔξυπνος.

Die Adverbien dieser Gruppe werden vom Genitiv Plural gebildet, indem man das ν zu ς ändert, z. B.: ἀκριβῶν - ἀκριβῶς
εὐτυχῶς - zum Glück, **δυστυχῶς** - leider, **συνήθως** - gewöhnlich

Steigerung
Der Komparativ wird gebildet:
1) durch Voranstellen des Adverbs πιό vor dem Positiv.
2) durch Anhängen der Endungen **-τερος, -τερη, -τερο** an das Neutrum des Adjektivs, z.B.

  ἀκριβές, **ἀκριβέσ - τερος, ἀκριβέσ - τερη, ἀκριβέσ - τερο**
Der Superlativ wird gebildet:
1) aus dem Komparativ durch Voranstellen des Artikels (relativer Superlativ):
  ὁ πιό ἀκριβής, ὁ ἀκριβέστερος
  ἡ πιό ἀκριβής, ἡ ἀκριβέστερη
  τό πιό ἀκριβές, τό ἀκριβέστερο.*
2) durch Anhängen der Endungen : **-τατος, -τατη, -τατο** an das Neutrum des Adjektivs (absoluter Superlativ), z.B.
ἀκριβές: **ἀκριβέσ - τατος, ἀκριβέσ - τατη, ἀκριβέσ - τατο**.

*Die Bildung mit πιό eignet sich wenig für die hochsprachlichen Adjektive.

Die Partikel θά
Θά hat drei Anwendungen:
1) **für die Futurbildung:**
a) vor den Indikativ Präsens gestellt, bildet sie das Futur der Dauer;
b) vor den Konjunktiv Aorist, das einmalige Futur;
c) vor das Perfekt, das Futur II (vollendete Zukunft), z.B.

Θά γράφω ὅλο τό βράδυ.
Θά γράψω ἕνα γράμμα.
Θά ἔχω γράψει τό γράμμα, ὅταν ἔλθεις.

2) **zum Ausdruck der Wahrscheinlichkeit (mit Präsens, Aorist oder Perfekt).** In solchen Fällen wird diese Partikel oft von einem Adverb der Wahrscheinlichkeit (ἴσως vielleicht, **πιθανόν** wahrscheinlich) oder der Sicherheit (**βέβαια, σίγουρα, ἀσφαλῶς** - sicher) begleitet:

Γιατί δέν ἦρθε ὁ Τάκης; - Σίγουρα **θά εἶναι** ἄρρωστος.
Θά διάβασε ἀσφαλῶς τό γράμμα καί γι αὐτό τό ξέρει.
Κάνει πολύ κρύο. Σίγουρα θά ἔχει χιονίσει κάπου.

3) **zum Ausdruck der Möglichkeit:**
In dieser Funktion kommt **θά** mit dem **Imperfekt** oder seltener mit **dem Plusquamperfekt** vor (nie mit dem Aorist!):

Ποιός θά τό πίστευε αὐτό; Wer könnte das glauben?

Das ist der Fall des Irrealen Bedingungssatzes, z.B.

Ἄν εἶχα λεπτά, θά σοῦ ἔδινα.
Wenn ich Geld hätte, würde ich dir welches geben.

Verben mit νά oder ὅτι (πώς)

Gewisse Verben haben nach sich Nebensätze mit νά oder ὅτι (πώς). Die Konstruktion mit **ὅτι (πώς) bringt die Tatsache,** die Realität zum Ausdruck; die Konstruktion mit **νά die Absicht,** auch den Zweifel.
Die wichtigsten Verben sind:

βλέπω   Βλέπω ὅτι ἐργάζεται καλά.
            Ich sehe, ich stelle fest, daß er gut arbeitet.
            Βλέπω νά μή γίνεται ἡ ἐπιθυμία του.
            Ich sehe kommen (spüre), daß sein Wunsch nicht in Erfüllung geht.

θυμᾶμαι	Θυμᾶμαι καλά ὅτι τό εἶπε.
	Ich erinnere mich gut, daß er das gesagt hat.
	Δέ θυμᾶμαι νά τό εἶπε.
	Ich erinnere mich nicht, daß er das gesagt habe.
ξέρω	Ξέρουμε ὅτι ἔφυγαν χθές.
	Wir wissen, daß sie gestern fortgefahren sind.
	Ξέρει νά μιλάει ἑλληνικά. Er kann Griechisch sprechen.
λέω	Λένε ὅτι σᾶς ξέρουν.
	Sie behaupten, daß sie euch kennen.
	Λένε νά κάνουν ἕνα μεγάλο ταξίδι.
	Sie planen, eine lange Reise zu machen.
μαθαίνω	Μαθαίνουμε τί γίνεται. Wir erfahren, was geschieht.
	Μαθαίνουμε νά πλέκουμε. Wir lernen stricken.
πείθω	Τήν πείθω ὅτι ἔχω δίκαιο.
	Ich überzeuge sie, daß ich recht habe.
	Σᾶς πείθω νά ἔρθετε μαζύ μας.
	Ich überrede Sie mitzukommen.
πιστεύω	Πιστεύεις ὅτι θά ἔλθει.
	Du glaubst (bist sicher), daß er kommt.
	Πιστεύω νά ἔλθει. Ich vermute, daß er kommen wird.
ὑπόσχομαι	Σᾶς ὑπόσχομαι ὅτι θά σᾶς γράφω. (**Sicherheit**)
	Ich verspreche, daß ich ihnen schreiben werde.
	Σᾶς ὑπόσχομαι νά σᾶς γράφω.(**Absicht**).
	Ich verspreche Ihnen zu schreiben
φαίνομαι	Φαίνεται ὅτι δέ μᾶς ἄκουσε. (**Sicherheit**)
	Es scheint, daß er uns nicht gehört hat.
	Φαίνεται νά μή μᾶς ἄκουσε. (**Vermutung**)
	Es scheint, daß er uns nicht gehört hat.
φαντάζομαι	Φαντάζεσαι ὅτι τά ξέρεις ὅλα.
	Du bildest dir ein, du wüßtest alles.
	Φαντάζομαι νά μᾶς γράψει.
	Ich nehme an, daß er uns schreiben wird.
φοβᾶμαι	Φοβοῦνται ὅτι ἔχασαν τά λεπτά.
	Sie fürchten, daß sie das Geld verloren haben.
	Φοβοῦνται νά πᾶνε στό δάσος.
	Sie fürchten sich, in den Wald zu gehen.

Bemerkung

Nach dem Verb **φοβᾶμαι** folgt auch ein Nebensatz mit **"μήπως"**, wenn man befürchtet, daß der Inhalt des Nebensatzes in Erfüllung geht, z. B.

Φοβᾶμαι **μήπως** φύγει. Ich befürchte, daß er fortgehen wird.

Mit **"μήπως δέν"** wird der Nebensatz eingeleitet, wenn man befürchtet, daß der Inhalt nicht in Erfüllung geht:

Φοβᾶμαι **μήπως δέ** φύγει. Ich befürchte, er wird nicht fortgehen.

Πρόσκληση ἀπ' τό τηλέφωνο

- Καλημέρα, Σοφία, ἐδῶ 'Ελένη. Μπορεῖτε νά ἔλθετε τό Σαββατόβραδο στίς ὀκτώ, νά φᾶμε μαζύ; Ἔχομε πολύ καιρό νά σᾶς δοῦμε καί σᾶς πεθυμήσαμε. Θά εἶναι καί ἡ Κική μέ τόν ἄνδρα της. Τί λές;
- Λυπᾶμαι πολύ, 'Ελένη μου, ἀλλά γι αὐτό τό Σάββατο δέ γίνεται. Ἔχομε εἰσιτήρια γιά τό θέατρο.
- Τότε, ἐλᾶτε τήν Κυριακή γιά καφέ. Μπορεῖτε; Θά καθίσουμε στή βεράντα, θά βάλουμε καμιά κασσέττα μέ παλιά τραγούδια καί θά τά ποῦμε λίγο. Σᾶς βολεύει καλύτερα;
- Ναί, πολύ ὡραῖα. Τί ὥρα νά ἔλθομε;
- Κατά τίς τέσσερεις.
- Εὐχαριστῶ πάρα πολύ, ἀλλά μήν κάνεις φασαρίες,
- Γειά σου, τήν Κυριακή λοιπόν.

Λέξεις

πεθύμησα (ἐπιθυμῶ)	nach jm verlangen, jd. vermissen
μέ βολεύει	es paßt mir, es kommt mir recht
φασαρίες (κάνω)	Umstände machen
τά λέμε	wir erzählen, unterhalten uns

Τείχη

Χωρίς περίσκεψιν, χωρίς λύπην, χωρίς αἰδώ
μεγάλα κ' ὑψηλά τριγύρω μου ἔκτισαν τείχη.
Καί κάθομαι καί ἀπελπίζομαι τώρα ἐδῶ.
Ἄλλο δέ σκέπτομαι· τόν νοῦν μου τρώγει αὐτή ἡ τύχη·
Διότι πράγματα πολλά ἔξω νά κάμω εἶχον.

Ἄ, ὅταν ἔκτιζαν τά τείχη πῶς νά μήν προσέξω;
- Ἀλλά δέν ἄκουσα ποτέ κρότον κτιστῶν ἤ ἦχον·
ἀνεπαισθήτως μ' ἔκλεισαν ἀπό τόν κόσμον ἔξω.

     Κωνσταντίνος Καβάφης
     1863 - 1933 Ἀλεξάνδρεια

Λέξεις

ἡ περίσκεψις	Vorsicht, Umsicht
ἡ αἰδώς	Schamgefühl
τά τείχη	Mauern
ἀπελπίζομαι	verzweifeln
πῶς νά μήν προσέξω;	wieso habe ich nicht aufgepaßt?
ὁ κρότος	Lärm
ἀνεπαισθήτως	unmerklich

Εἰκοστό τρίτο μάθημα

Τά ἔφταιγε ὁ ὡραῖος καιρός

Ὅταν ὁ Ἀντώνης σηκώθηκε τό πρωί ἀπό τό κρεββάτι του καί ἄνοιξε τό παράθυρο, εἶδε ὅτι ὁ καιρός ἦταν ὡραιότατος. Σκέφτηκε ὅτι θά ἦταν κρίμα νά περάσει τήν ὅμορφη μέρα κλεισμένος στό γραφεῖο του. Εἶχε λοιπόν μιά λαμπρή ἰδέα. Τηλεφώνησε στήν Τράπεζα πού ἐργαζόντανε ὅτι εἶχε γρίππη, καί ὁ γιατρός του ἀπαγόρευσε νά ἐργαστεῖ σήμερα. Ἔπρεπε νά κοιμηθεῖ καί νά ξεκουραστεῖ.
Χαρούμενος λοιπόν ντύθηκε καί ἑτοιμάστηκε στά γρήγορα. Ἡ ἐφημερίδα διαβάστηκε σέ πέντε λεπτά καί τό σάντουιτς καταβροχθίστηκε. Σφυρίζοντας βγῆκε στό δρόμο. Θά πήγαινε μέ τόν ἠλεκτρικό στήν Κηφισσιά νά εὐχαριστηθεῖ τή λιακάδα.
Δέ θυμήθηκε ὅμως ὅτι καί ὁ προϊστάμενός του ἔμενε στήν Κηφισσιά, καί ἀκριβῶς τήν ὥρα πού ὁ Ἀντώνης ἤθελε νά μπεῖ στό τραῖνο, ὁ προϊστάμενος ἔβγαινε. Ἄν τόν εἶχε δεῖ νωρίτερα, θά εἶχε κρυφτεῖ. Τώρα ὅμως ἦταν πολύ ἀργά. Προσπάθησε νά κρυφτεῖ πίσω ἀπό ἕναν πανύψηλο ἄνδρα, δυστυχῶς ὅμως δέν τά κατάφερε. Ὁ προϊστάμενος τόν ἀντιλήφθηκε καί τοῦ φώναξε: "Καλημέρα σας, κύριε Κοντέ".
Ντροπιασμένος ὁ Ἀντώνης τοῦ ἀνταπόδωσε τό χαιρετισμό. Ποτέ του δέν εἶχε φανταστεῖ μιά τέτοια σύμπτωση. Σίγουρα θά ἔχει μπελάδες. Ἀντί νά εὐχαριστηθεῖ, στενοχωρήθηκε πολύ.
Ἄχ! Αὐτός ὁ ὡραῖος καιρός! Αὐτός ὁ ὡραῖος καιρός τά ἔφταιγε.

Λέξεις

σκέφτομαι - σκέφτηκα	sich überlegen
εἶναι κρίμα	es ist schade
κλεισμένος, -η, -ο	eingesperrt
ἀπαγορεύω - ἀπαγόρευσα	verbieten
ἐργάζομαι - ἐργάστηκα	arbeiten
κοιμᾶμαι - κοιμήθηκα	schlafen
ντύνομαι - ντύθηκα	sich anziehen
ἑτοιμάζομαι - ἑτοιμάσθηκα	sich fertig machen
στά γρήγορα	schnell

διαβάζομαι - διαβάστηκα	gelesen werden
καταβροχθίζω - ισα	hinunterschlucken
σφυρίζω - σφύριξα	pfeifen
ὁ ἠλεκτρικός (σιδηρόδρομος)	Untergrundbahn
εὐχαριστιέμαι, εὐχαριστήθηκα	sich freuen, genießen
ἡ (ἡ)λιακάδα	Sonnenschein
θυμᾶμαι - θυμήθηκα	sich erinnern
ὁ προϊστάμενος	Vorgesetzter
ἀκριβῶς τήν ὥρα	ausgerechnet in dem Moment
κρύβομαι - κρύφτηκα	sich verstecken
προσπαθῶ - προσπάθησα	sich bemühen
πανύψηλος, -η, -ο	sehr groß
τά καταφέρνω - τά κατάφερα	fertigbringen
ἀντιλαμβάνομαι-ἀντιλήφθηκα	bemerken, wahrnehmen
ντροπιασμένος, -η, -ο	beschämt
ἀνταποδίνω - ἀνταπόδωσα	erwidern
φαντάζομαι- φαντάσθηκα	sich vorstellen
ἡ σύμπτωση	Zufall
ὁ μπελάς	Schererei
στενοχωριέμαι-στενοχωρήθηκα	sich Sorgen machen, sich ärgern

Ἐκφράσεις

Εἶναι κρίμα νά περάσω τήν ὄμορφη μέρα στό γραφεῖο.
Μοῦ ἀπαγόρευσε (ἀπαγόρεψε) νά ἐργαστῶ, νά κάνω ταξίδι, κλπ.
Πρέπει νά κοιμηθῶ.
Ντύθηκα στά γρήγορα.
Εὐχαριστιέμαι τή λιακάδα.
Τήν ὥρα ἀκριβῶς πού ἤθελα νά φύγω, χτύπησε τό τηλέφωνο.
Τόν ἀντιλήφθηκα.
Ἀνταποδίνω τό χαιρετισμό.
Δέ μποροῦσα νά φαντασθῶ τέτοιο πράγμα.
Ἔχω μπελάδες.
Αὐτός τά ἔφταιγε.

ΓΡΑΜΜΑΤΙΚΗ
Indikativ Aorist der reflexiv-passiven Form

I) Verben mit sigmatischem Aorist im Aktiv
1) Man ändert die Aoristendung des Aktivs - σα - zu - θηκα

a) bei den Verben, die im Präsens auf einen Vokal auslauten, z.B.

	ιδρύω	ίδρυσα	ιδρύθηκα
Ausnahme:	ακούω	άκουσα	ακούσθηκα

b) bei allen Verben auf - ώνω und vielen Verben auf - νω, z.B.

	πληρώνω	πλήρωσα	πληρώθηκα
	δένω	έδεσα	δέθηκα
	ντύνω	έντυσα	ντύθηκα
Ausnahme:	πιάνω	έπιασα	πιάσθηκα

c) bei den Kontrakta:

αγαπώ	αγάπησα	αγαπήθηκα
ευχαριστώ	ευχαρίστησα	ευχαριστήθηκα
φοράω	φόρεσα	φορέθηκα
θυμάμαι	---	θυμήθηκα
κοιμάμαι	---	κοιμήθηκα
λυπάμαι	---	λυπήθηκα
φοβάμαι	---	φοβήθηκα

Ausnahme: Die Kontrakta, deren **Aorist** auf - **ασα** endet, bilden den Aorist Passiv auf - **άσθηκα** (-άστηκα), z.B.

γελάω	γέλασα	γελάσθηκα
κερνάω	κέρασα	κεράσθηκα
ξεχνάω	ξέχασα	ξεχάσθηκα
περνάω	πέρασα	περάσθηκα

(meistens zusammengesetzt: ξεπεράσθηκα).

Die folgenden Kontrakta bilden den Aorist Passiv auf - **έσθηκα** (- εστηκα):

αποτελώ	αποτέλεσα	αποτελέσθηκα
προσκαλώ	προσκάλεσα	προσκαλέσθηκα
συντελώ	συντέλεσα	συντελέσθηκα

2) **Man ändert die Aoristendung des Aktivs - σα** zu **- σθηκα** bei den Verben, die im Präsens auf einen Zahnlaut (τ, δ, θ) oder auf einen Zischlaut (ζ, σ) auslauten; dazu gehören alle Verben auf **- ίζω**.
:

    πείθω   έπεισα   πείσθηκα
    διαβάζω   διάβασα   διαβάσθηκα
    νομίζω   νόμισα   νομίσθηκα

3) **Man ändert die Aoristendung - ψα des Aktivs** zu **- φθηκα** bei den Verben, die im Präsens auf einen Labial (π, β, φ) oder auf **- πτω, - φτω** auslauten, z B.

    γράφω   έγραψα   γράφθηκα
    ἀνακαλύπτω   ἀνακάλυψα   ἀνακαλύφθηκα

Die Aoristendung **- ψα** der auf **- αύω und -εύω** endenden Verben wird im Passiv Aorist zu **- αύθηκα, - εύθηκα**, z. B.

    παύω   έπαψα
                          έπαυσα   παύθηκα
    μαγεύω   μάγεψα   μαγεύθηκα
                          μάγευσα

4) **Man ändert die Aoristendung - ξα** zu **- χθηκα** bei den Verben, die auf einen Guttural (κ, γ, χ, χν) oder auf **- ζ, - σσ** auslauten, z.B.

    ἀνοίγω   άνοιξα   ἀνοίχθηκα
    δείχνω   έδειξα   δείχθηκα
    παίζω   έπαιξα   παίχθηκα
    κηρύσσω   κήρυξα   κηρύχθηκα

Bemerkung

Das θ der Endung **-θηκα** wird nach einem Konsonant zu τ, also:

    -σθηκα   **- στηκα**   πείστηκα, διαβάστηκα
    -φθηκα   **- φτηκα**   γράφτηκα
    -ύθηκα   **- ύτηκα**   παύτηκα
    -χθηκα   **- χτηκα**   δείχτηκα, παίχτηκα

Diese Endungen sind äußerst beliebt in der Umgangssprache.
Auch im Passiv liegt der Akzent auf der drittletzten Silbe.

Da die Verben der reflexiv - passiven Form mindestens drei Silben haben, liegt der Akzent niemals auf dem syllabischen Augment; darum wird es weggelassen.

Beispiele
Indikativ Aorist

ντύ - **θηκα**	πεί - **στηκα**	γρά - **φτηκα**	παί - **χτηκα**
ντύ - **θηκες**	πεί - **στηκες**	γρά - **φτηκες**	παί - **χτηκες**
ντύ - **θηκε**	πεί - **στηκε**	γρά - **φτηκε**	παί - **χτηκε**
ντυ - **θήκαμε**	πει - **στήκαμε**	γρα - **φτήκαμε**	παι - **χτήκαμε**
ντυ - **θήκατε**	πει - **στήκατε**	γρα - **φτήκατε**	παι - **χτήκατε**
ντύ - **θηκαν**	πεί - **στηκαν**	γρά - **φτηκαν**	παί - **χτηκαν**

Ersetzt man den Teil - **ηκα** durch - **ω,** so erhält man den Konjunktiv Aorist Passiv, wenn man die Partikel **νά** voranstellt. Die weitere Konjugation erfolgt nach dem Muster der Kontrakta auf - **εῖς,** z.B.

ντύθ - ηκα   νά ντυθ- ῶ,   πείστ - ηκα   νά πειστ - ῶ

Konjunktiv Aorist

νά ντυ - **θῶ**	πει - **στῶ**	γρα - **φτῶ**	παι - **χτῶ**
νά ντυ - **θεῖς**	πει - **στεῖς**	γρα - **φτεῖς**	παι - **χτεῖς**
νά ντυ - **θεῖ**	πει - **στεῖ**	γρα - **φτεῖ**	παι - **χτεῖ**
νά ντυ - **θοῦμε**	πει - **στοῦμε**	γρα - **φτοῦμε**	παι - **χτοῦμε**
νά ντυ - **θεῖτε**	πει - **στεῖτε**	γρα - **φτεῖτε**	παι - **χτεῖτε**
νά ντυ - **θοῦν**	πει - **στοῦν**	γρα - **φτοῦν**	παι - **χτοῦν**

	Indikativ Aorist	Infinitiv Aorist	Partizip Perfekt
1)	- **θηκα**	- **θεῖ**	- μένος, -η, -ο
2)	- **στηκα**	- **στεῖ**	- σμένος, -η, -ο
3)	- **φτηκα**	- **φτεῖ**	- μμένος, -η, -ο
	- **ύτηκα**	- **υτεῖ**	- (υ)μένος, -η, -ο
4)	- **χτηκα**	- **χτεῖ**	- γμένος, -η, -ο

Παραδείγματα

1) ιδρύθηκα   ιδρυθεῖ   ιδρυμένος, -η, -ο
    δέθηκα   δεθεῖ   δεμένος, -η, -ο
    πληρώθηκα   πληρωθεῖ   πληρωμένος, -η, -ο

    εὐχαριστήθηκα εὐχαριστηθεῖ εὐχαριστημένος, -η,-ο
    φορέθηκα   φορεθεῖ   φορεμένος, -η, -ο
    θυμήθηκα   θυμηθεῖ   -------
    κοιμήθηκα   κοιμηθεῖ   **κοιμισμένος, -η, -ο**
    λυπήθηκα   λυπηθεῖ   λυπημένος, -η, -ο
    φοβήθηκα   φοβηθεῖ   **φοβισμένος, -η, -ο**
2)

    γελάστηκα   γελαστεῖ   γελασμένος, -η, -ο
    προσκαλέστηκα προσκαλεστεῖ προσκαλεσμένος, -η, -ο
    διαβάστηκα   διαβαστεῖ   διαβασμένος, -η, -ο
3)

    γράφτηκα   γραφτεῖ   γραμμένος, -η, -ο
    παύτηκα   παυτεῖ   πα(υ)μένος, -η, -ο
    μαγεύτηκα   μαγευτεῖ   μαγε(υ)μένος, -η, -ο
4)

    ἀνοίχτηκα   ἀνοιχτεῖ   ἀνοιγμένος, -η, -ο
    παίχτηκα   παιχτεῖ   παιγμένος, -η,

Zusammengesetzte Zeitformen im Indikativ

Perfekt: ἔχω + Infinitiv Aorist, z.B. ἔχω ντυθεῖ, πειστεῖ, γραφτεῖ
Plusqpft: εἶχα + Infinitiv Aorist, z.B. εἶχα ντυθεῖ, πειστεῖ, γραφτεῖ
Futur II: θά ἔχω + Infinitiv Aorist, z.B. θά ἔχω ντυθεῖ, πειστεῖ, γραφτεῖ

Konjunktiv Perfekt

νά + Indikativ Perfekt, z.B: νά ἔχω ντυθεῖ, πειστεῖ, γραφτεῖ

Partizip Perfekt

Das Partizip Perfekt wird wie das Adjektiv auf **- ος, - η, - ο** dekliniert. Es kann adjektivisch verwendet werden, z.B.
    τά κουρασμένα παιδιά : die müden Kinder
oder mit dem Verb εἶμαι, um das **Zustandspassiv** auszudrücken, z.B.
Τό πουλόβερ εἶναι ὡραῖα πλεγμένο. Der Pulli ist schön gestrickt.
    Εἴμαστε προσκαλεσμένοι. Wir sind eingeladen.

In der Umgangssprache wird das Partizip Perfekt verwendet, um die zusammengesetzten Formen zu bilden, d.h. das Perfekt, Plusqamperfekt und das Futur II. Man kann sagen:

ἔχω γράψει τό γράμμα, oder: ἔχω γραμμένο τό γράμμα

Dann muß sich aber das Partizip Perfekt nach dem Geschlecht und nach der Zahl des Objekts richten, was für den Ausländer sehr kompliziert ist.

Ἡ παρεξήγηση

Ἕνας Ἕλληνας πού δέν ἤξερε καθόλου γερμανικά, ἔκανε μιά φορά ἕνα ταξίδι στήν Αὐστρία. Ἕνα πρωί πού ὁ ἥλιος ἔλαμπε καί ὁ καιρός ἦταν πολύ ζεστός, βγῆκε νά κάνει ἕναν περίπατο στό δάσος. Κατά τό μεσημέρι ὅμως μαῦρα σύννεφα μαζεύτηκαν στόν οὐρανό καί ξέσπασε θύελλα. Ὁ Ἕλληνας ἔφτασε μουσκεμένος σ' ἕνα ρεστωράν. Πείναγε τρομερά κι εἶχε μεγάλη ὄρεξη νά φάει μανιτάρια. Πῶς ὅμως νά μιλήσει στό γκαρσόν; Οὔτε αὐτός ἤξερε μιά λέξη γερμανικά οὔτε τό γκαρσόν καταλάβαινε καθόλου ἑλληνικά. Εἶχε λοιπόν μιά ἰδέα. Πῆρε ἕνα χαρτί καί σχεδίασε ἐπάνω ἕνα μανιτάρι. Τό ἔδωσε στό γκαρσόν καί περίμενε. Ἐκεῖνο ἐξαφανίστηκε ἀμέσως καί μετά ἀπό λίγο ἐπέστρεψε γελώντας. Στό χέρι του κρατοῦσε μία ὀμπρέλλα.
Ὁ καημένος ὁ Ἕλληνας ἔμεινε ἐκείνη τήν ἡμέρα νηστικός.

Λέξεις

ἡ παρεξήγηση	Mißverständnis
μουσκεμένος, -η, -ο	patschnaß
τό μανιτάρι	Pilz
τό γκαρσόν	Kellner
σχεδιάζω - σχεδίασα	zeichnen
ἐξαφανίζομαι - ἐξαφανίστηκα	verschwinden
ἐπιστρέφω - ἐπέστρεψα	zurückkommen
νηστικός, -ή, -ό	nüchtern

Ὁ Διογένης καί ὁ περαστικός

Μιά φορά πού ὁ Διογένης καθόταν καί λιαζότανε, πέρασε ἕνας ἄνδρας καί τόν ρώτησε: "Ξέρεις πόσο ἀπέχει τό γειτονικό χωριό;"
Ὁ Διογένης τόν κύτταξε καί τοῦ εἶπε: "περπάτα".
Ὁ ἄγνωστος ἐπανέλαβε τήν ἐρώτησή του καί πῆρε πάλι τήν ἴδια ἀπάντηση. Τότε ὁ ἄγνωστος νόμισε ὅτι ὁ Διογένης θά εἶναι ἤ κουφός ἤ τρελλός καί ἔφυγε.
Ἀφοῦ εἶχε προχωρήσει ἀρκετά, τοῦ φώναξε ὁ Διογένης: "δύο ὦρες".
Ὁ ἄγνωστος ἀπόρησε πολύ καί γύρισε πίσω, γιά νά μάθει γιατί ὁ Διογένης τοῦ ἀπάντησε μόλις τώρα. Κι αὐτός τοῦ εἶπε: " Ἀφοῦ δέν ἤξερα ἄν περπατᾶς ἀργά ἤ γρήγορα, πῶς μπορούσα νά ξέρω πόσην ὥρα χρειάζεσαι, ὥσπου νά φτάσεις".

Λέξεις

λιάζομαι - λιάστηκα (ἥλιος)	sich sonnen
ἀπέχω - ἀπεῖχα	entfernt sein
περπάτα (περπατάω)	laufe, gehe!
ἄγνωστος, -η, -ο	unbekannt
ἐπαναλαμβάνω - ἐπανέλαβα	wiederholen
τρελλός, -ή, -ό	verrückt
φεύγω - ἔφυγα	fortgehen
ἀπορῶ - ἀπόρησα	staunen
μόλις τώρα	erst jetzt

Διογένης: Philosoph aus Sinope am Schwarzen Meer (gest. etwa 323 v. Ch.). Wegen seiner primitiven Lebensführung wurde er: "der Kyniker" (von: κύων - Hund) genannt. Bekannt ist er auch durch seine bissigen Witze.

Εἰκοστό τέταρτο μάθημα

Ὁ Σκαντζόχοιρος, ἡ Ἀράχνη, ἡ Χελώνα καί ἡ Μέλισσα

Μιά φορά κι ἕναν καιρό ἦταν μιά μάνα πού εἶχε τέσσερα παιδιά: ἕναν γιό καί τρεῖς κόρες. Γιός ἦταν ὁ Σκαντζόχοιρος καί κόρες: ἡ Ἀράχνη, ἡ Χελώνα καί ἡ Μέλισσα.
Τά παιδιά μεγάλωσαν καί παντρεύτηκαν κι ἔκαναν δική τους οἰκογένεια. Ἡ γριά μάνα ἔμεινε μόνη. Κάποτε ἀρρώστησε βαριά καί τῆς φάνηκε πώς θά πεθάνει. Σύρθηκε λοιπόν ὡς τήν πόρτα καί εἶπε σ' ἕνα γείτονα: "Μοῦ κάνεις, σέ παρακαλῶ, τή χάρη νά παραγγείλεις στά παιδιά μου νά ἔλθουν νά μέ δοῦν. Δέν αἰσθάνομαι τόν ἑαυτό μου καλά".
"Εὐχαρίστως", εἶπε ὁ γείτονας κι ἔφυγε τρέχοντας γιά νά φωνάξει τά παιδιά τῆς γριᾶς.
Πρῶτα πῆγε στόν Σκαντζόχοιρο πού ἐκείνη τήν ὥρα ἔφτιαχνε τό φράχτη στ' ἀμπέλι του.
"Κύρ Σκαντζόχοιρε, ἡ μητέρα σου εἶναι βαριά ἄρρωστη καί φοβᾶται πώς θά πεθάνει. Θέλει νά πᾶς νά τή δεῖς".
"Μά δέ βλέπεις ὅτι ἔχω δουλειά καί δέν μπορῶ νά τήν ἀφήσω στή μέση;" ἀποκρίθηκε ὁ Σκαντζόχοιρος.
Ὁ γείτονας ἔφυγε καί πῆγε στήν Ἀράχνη. Τή βρῆκε καθισμένη στόν ἀργαλειό νά ὑφαίνει ἕνα πανί. Τῆς εἶπε ἀμέσως γιατί ἦλθε, ἀλλά αὐτή χωρίς νά σταματήσει τή δουλειά της, τοῦ εἶπε:
""Αντε νά πεῖς στή μάνα μου πώς ὑφαίνω καί πρέπει νά τελειώσω τό πανί. Δέν ἀδειάζω".
Ὁ καλός ἄνθρωπος ἔτρεξε καί στή Χελώνα. Τή βρῆκε νά πλένει καί τῆς εἶπε: "Ἡ μητέρα σου εἶναι πολύ ἄρρωστη καί σοῦ παραγγέλνει νά πᾶς νά τή δεῖς".
"Τώρα δέν ἀδειάζω. Πῶς ν' ἀφήσω τήν πλύση στή μέση;"
Ἀγανακτισμένος ὁ γείτονας ἤθελε νά γυρίσει πίσω, μά γιά νά εἶναι ἥσυχος μέ τόν ἑαυτό του, πῆγε καί στή Μέλισσα. Τή βρῆκε νά ζυμώνει.
Δέν πρόλαβε καλά καλά νά τῆς ἐξιστορήσει γιατί εἶχε ἔλθει, κι ἀμέσως ἡ Μέλισσα τά παράτησε ὅλα, καί μέ ἀλεύρια καί ζυμάρια στά δάχτυλα πῆρε τούς δρόμους. Μέ τήν ψυχή στό στόμα ἔφτασε στό σπίτι κι ἔσκυψε ἀμέσως πάνω ἀπ' τό κρεββάτι, γιά νά περιποιηθεῖ τή γριά μάνα της.
Ἡ γριά χάρηκε πολύ πού τήν εἶδε, καί ρώτησε ποῦ εἶναι καί τά ἄλλα της τά παιδιά.

Ὁ γείτονας, πού ἐν τῷ μεταξύ εἶχε φτάσει κι αὐτός, τῆς ἐξήγησε:
" Ὁ Σκαντζόχοιρος ἔφτιαχνε τό φράχτη στ' ἀμπέλι του καί δέν εἶχε καιρό".
"Τά ξύλα νά φυτρώσουνε στήν πλάτη του, γιά νά θυμᾶται σ' ὅλη του τή ζωή τήν ἀπονιά πού ἔδειξε στή μάνα του" εἶπε ἡ γριούλα. "Καί ἡ Ἀράχνη; " - "Αὐτή ὕφαινε πανί".
-"Νά ὑφαίνει, νά ὑφαίνει καί ποτέ νά μήν τελειώνει" εἶπε ἡ μητέρα βαθιά ἀπ' τήν καρδιά της. "Καί ἡ Χελώνα;"
-"Αὐτή ἔπλενε καί δέν μποροῦσε ν' ἀφήσει τά ροῦχα στή μέση".
- "Ἡ σκάφη νά γυρίσει καί νά κολλήσει στή ράχη της!" ξανάπε ἡ γριά μάνα καί δάκρυσε.
" Καί σύ Μέλισσα, νά εἶσαι εὐλογημένη σ' ὅλη σου τή ζωή. Ὅ,τι πιάνει τό χέρι σου νά γίνεται μέλι, κι ἀπ' ὅ,τι περισσεύει νά φτιάχνουν οἱ ἄν - θρωποι κερί καί ν' ἀνάβουν στίς ἐκκλησιές!"
Κι ὅ,τι εἶπε ἡ γριά μάνα, ἔγινε.

Λαϊκός μύθος

Λέξεις

ὁ σκαντζόχοιρος	Igel
ἡ ἀράχνη....,	Spinne
ἡ χελώνα	Schildkröte
ἡ μέλισσα	Biene
μιά φορά κι ἔναν καιρό	es war einmal
ἡ μάνα	Mutter (volkstümlich)
ὁ γιός	Sohn
ἡ κόρη	Tochter
μεγαλώνω - μεγάλωσα	großwerden, großziehen
παντρεύομαι - παντρεύτηκα	heiraten
ἡ γριά	alte Frau, Greisin
φαίνομαι - φάνηκα	erscheinen
σύρομαι (σέρνομαι)σύρθηκα	sich schleppen
ὁ γείτονας	Nachbar
ἡ χάρη	Gefallen
ὁ ἑαυτός μου	ich selbst
ὁ φράχτης	Zaun
τό ἀμπέλι	Weinberg
ἀφήνω - ἄφησα στή μέση	im Stich lassen

ἀποκρίνομαι - ἀποκρίθηκα	erwidern
καθισμένος, -η, -ο	sitzend
ὁ ἀργαλειός	Webstuhl
ὑφαίνω - ὕφανα	weben
τό πανί	Tuch
τελειώνω - τελείωσα	beenden
ἀδειάζω - ἄδειασα	Zeit haben
ἡ πλύση	das Waschen, die Wäsche
ἥσυχος, -η, -ο	ruhig
ζυμώνω - ζύμωσα	kneten, backen
ἐξιστορῶ- ἐξιστόρησα	erzählen
παρατάω - παράτησα	verlassen, im Stich lassen
τό ἀλεύρι	Mehl
τό ζυμάρι	Teig
παίρνω - πῆρα τούς δρόμους	sich auf die Straße stürzen
ἡ ψυχή	Seele
μέ τήν ψυχή στό στόμα	kurz vorm Ableben, mit letzten Kräften
σκύβω - ἔσκυψα	sich bücken
περιποιοῦμαι- περιποιήθηκα	pflegen
χαίρομαι - χάρηκα	sich freuen
ἐξηγῶ - ἐξήγησα	erklären
τό ξύλο	Holz, Latte
φυτρώνω - φύτρωσα	wachsen, sprießen
ἡ πλάτη	Rücken
ἡ ἀπονιά	Herzlosigkeit
τά ροῦχα	Kleider
ἡ σκάφη	Trog, Wanne
κολλάω - κόλλησα	kleben
ἡ ράχη	Rücken
δακρύζω - δάκρυσα	Tränen in die Augen bekommen
εὐλογημένος, -η, -ο	gesegnet
πιάνω - ἔπιασα	anfassen
περισσεύω - περίσσεψα	übrigbleiben
τό κερί	Wachs, Kerze
ἡ ἐκκλησία	Kirche
λαϊκός, -ή, -ό	volkstümlich, Volks-

Ἐκφράσεις

Κάνω δική μου οἰκογένεια.
Ἀρρωσταίνω βαριά.
Μοῦ κάνεις τή χάρη νά...
Δέν αἰσθάνομαι τόν ἑαυτό μου καλά.
Δέν μπορῶ ν' ἀφήσω τή δουλειά στή μέση.
Δέν ἀδειάζω νά ...
Δέν προλαβαίνω τό τράμ.. Δέν πρόλαβα τό τράμ.
Δέν προλαβαίνω νά φάω.
Τά παρατάω ὅλα στή μέση.
Παίρνω τούς δρόμους.
Ἔφτασα μέ τήν ψυχή στό στόμα.

ΓΡΑΜΜΑΤΙΚΗ

Indikativ Aorist der reflexiv - passiven Form
II) Verben mit asigmatischem Aorist im Aktiv

1) Man ändert die Aoristendung - α des Aktivs zu - θηκα, wobei der Auslaut - ν ausfällt:

bei den Verben, die im Präsens **auf -ν** auslauten, z.B.

κλίν - ω	ἔκλινα	κλί - θηκα	neigen, beugen
κρίν - ω	ἔκρινα	κρί - θηκα	beurteilen
κατακρίν - ω	κατάκρινα	κατακρί - θηκα	tadeln
συγκρίν - ω	σύγκρινα	συγκρί - θηκα	vergleichen
ἀποκρίν -ομαι	- - -	ἀποκρί - θηκα	erwidern
πλέν - ω	ἔπλυνα	πλύ - θηκα	waschen

Hierher gehören auch viele Verben **auf - αίνω**, z.B.

βουβ - αίνω	βούβανα	βουβά - θηκα	stumm machen
γλυκ - αίνω	γλύκανα	γλυκά - θηκα	versüßen
ζεστ - αίνω	ζέστανα	ζεστά - θηκα	erwärmen
μαρ - αίνω	μάρανα	μαρά - θηκα	welk machen
ξερ - αίνω	ξέρανα	ξερά - θηκα	trocknen
πικρ - αίνω	πίκρανα	πικρά - θηκα	betrüben
τρελλ - αίνω	τρέλλανα	τρελλά - θηκα	den Kopf verdrehen
ὑφ - αίνω	ὕφανα	ὑφά - θηκα	weben
ψυχρ - αίνω	ψύχρανα	ψυχρά - θηκα	abkühlen

2) Man ändert die Aoristendung - α des Aktivs zu - θηκα bei den Verben, die im Präsens auf Liquida (λλ, λν, ρν) auslauten, z.B.

βάζω (βάλλ- ω)	ἔβαλα	βάλ - θηκα	setzen, legen
φέρν -ω	ἔφερα	φέρ - θηκα	bringen

Hierher gehören auch Verben, die im Aorist Passiv den Stammvokal des Aktivs ändern, z.B.

δέρν - ω	ἔδειρα	**δάρ** - θηκα	schlagen
παίρν - ω	πῆρα	**πάρ** - θηκα	nehmen
σπέρν - ω	ἔσπειρα	**σπάρ**- θηκα	säen
στέλν - ω	ἔστειλα	**στάλ** - θηκα	schicken

3) Man ändert die Aoristendung -α zu -**θηκα,** wobei der Auslaut - ν erhalten bleibt (also Aorist auf - **νθηκα**):

  a) bei einigen Verben, die im Präsens auf -**αίνω** enden, z.B.

ἀπολυμαίνω	ἀπολύμανα	ἀπολυμά**ν**	- **θηκα**	desinfizieren
λιπαίνω	λίπανα	λιπά**ν**	- **θηκα**	düngen, einfetten
μιαίνω	μίανα	μιά**ν**	- **θηκα**	besudeln,entweihen
σημαίνω	σήμανα	σημά**ν**	- **θηκα**	bedeuten,läuten

b) bei den mehrsilbigen Verben auf -**ύνω**, z.B.

διευθύνω	διεύθυνα	διευθύ**ν**	- **θηκα**	leiten, dirigieren
	διηύθυνα			
ἐπιβαρύνω	ἐπιβάρυνα	ἐπιβαρύ**ν**	- **θηκα**	belasten
εὐκολύνω	εὐκόλυνα	εὐκολύ**ν**	- **θηκα**	erleichtern
διευκολύνω	διευκόλυνα	διευκολύ**ν**-	**θηκα**	"
μολύνω	μόλυνα	μολύ**ν**	- **θηκα**	infizieren, u.a.
Ausnahmen:				
ξεδιαλύνω	ξεδιάλυνα	ξεδιαλύ	- **θηκα**	entwirren
αἰσθάνομαι		αἰσθάν	- **θηκα**	fühlen,spüren

Allgemeine Unregelmäßigkeiten im Aorist Passiv
1)

δίνω	ἔδωσα	δό	- **θηκα**	geben
ἐγκατασταίνω	ἐγκατάστησα	ἐγκατα -	στά**θηκα**	installieren
μαθαίνω	ἔμαθα	μαθ.	- **εύτηκε**	lernen (nur 3. Pers.)

συσταίνω	σύστησα	συ	-στήθηκα	empfehlen
στέκομαι	--	στ	-άθηκα	stehen
τείνω	έτεινα	τά	-θηκα	spannen, strecken

2) Aorist auf -έθηκα haben folgende Verben:

αφήνω	άφησα	αφ	-έθηκα	lassen, loslassen
βρίσκω	βρῆκα	βρ	-έθηκα	finden
υπόσχομαι	--	υποσχ	-έθηκα	versprechen

3) Aorist Passiv auf -ήθηκα haben folgende Verben:

απονέμω	απένειμα	απονεμ	-ήθηκα	verleihen
αυξάνω	αύξησα	αυξ	-ήθηκα	erhöhen, vermehren
δέομαι	--	δε	-ήθηκα	anflehen, bedürfen
διαμαρτύρομαι	--	διαμαρτυρ	-ήθηκα	protestieren
εύχομαι	--	ευχ	-ήθηκα	jem. etwas wünschen
προσεύχομαι	--	προσευχ	-ήθηκα	beten

4) Aorist auf -ώθηκα haben folgende Verben:

βλέπω	είδα	ειδ	-ώθηκα	sehen
λέω (λέγω)	είπα	ειπ	-ώθηκα	sagen
πίνω	ήπια	πι	-ώθηκα	trinken
τρώω	έφαγα	φαγ	-ώθηκα	essen

Zweiter Aorist Passiv

Manche Verben bilden den Aorist Passiv auf **-ηκα** (**ohne θ**). Das ist der sogenannte "Zweite Aorist Passiv".
Die Verben, die einen zweiten Aorist Passiv bilden, haben:
1) gleichen Stammvokal im Präsens und im Aorist (sehr wenige), z.B:

γράφω	έγραψα	γράφηκα	schreiben
κόβω	έκοψα	κόπηκα	schneiden
πνίγω	έπνιξα	πνίγηκα	ersticken

2) verschiedenen Stammvokal im Präsens und im Aorist Passiv:

βρέχω	έβρεξα	βράχηκα	naß machen
στρέφω	έστρεψα	στράφηκα	wenden, drehen

τρέπω	έτρεψα	τράπηκα	wenden
ντρέπομαι	--	ντράπηκα	sich schämen
φαίνομαι	--	φάνηκα	erscheinen
χαίρομαι	--	χάρηκα	sich freuen

Bemerkung

Einige Verben bilden parallel zum zweiten Aorist auch den regelmäßigen Aorist, wie z.B.

γράφω   έγραψα   γράφηκα   γράφτηκα

Der zweite Aorist wird hauptsächlich in der gehobenen Sprache gebraucht und meistens in zusammengesetzten Verben, z.B.

καταγράφηκε   es ist registriert worden
διαγράφηκε   es ist durchgestrichen.

Der regelmäßige Aorist wird in der Umgangssprache gebraucht:

Γράφτηκα στό Πανεπιστήμιο:
Ich habe mich an der Universität immatrikulieren lassen.

Ἡ αὐτοπαθής ἀντωνυμία   Das Reflexivpronomen

Da das griechische reflexive Verb seine eigenen Endungen hat, ist die Rolle des Reflexivpronomens sehr eingeschränkt. Als Reflexivpronomen dient das Pronomen **ἑαυτός in Verbindung mit dem bestimmten Artikel und dem Genitiv des schwachen Personalpronomens.** Es bezieht sich immer auf das Subjekt des Satzes und wird wie das Substantiv auf **-ος** dekliniert.

	Ἐνικός		Πληθυντικός
1. Pers.	ὁ ἑαυτός μου	ὁ ἑαυτός μας	ἤ: οἱ ἑαυτοί μας
2. Pers.	ὁ ἑαυτός σου	ὁ ἑαυτός σας	οἱ ἑαυτοί σας
3. Pers.	ὁ ἑαυτός του,της	ὁ ἑαυτός τους	οἱ ἑαυτοί τους

Deklination

Ἐνικός

Ὀν.	ὁ	ἑαυτός	μου, σου, του, (της, του),	μας, σας, τους
Γεν.	τοῦ	ἑαυτοῦ	μου, σου, του, (της, του),	μας, σας, τους
Αἰτ.	τόν	ἑαυτό	μου, σου, του, (της, του),	μας, σας, τους
Δοτ	στόν	ἑαυτό	μου, σου, του, (της, του),	μας, σας, τους.

Πληθυντικός

Ὀν.	οἱ	ἑαυτοί μας, σας, τους
Γεν.	τῶν	ἑαυτῶν μας, σας, τους
Αἰτ.	τούς	ἑαυτούς μας, σας, τους
Δοτ.	στούς	ἑαυτούς μας, σας, τους

(Der Plural ist kaum in Gebrauch. Am häufigsten kommt der Akkusativ vor).

Häufige Konstruktionen mit dem Reflexivpronomen:

Λέω στόν ἑαυτό μου.
Βλέπω, κυττάζω τόν ἑαυτό μου στόν καθρέφτη.
Σκέπτομαι μόνο τόν ἑαυτό μου.
Αἰσθάνομαι τόν ἑαυτό μου καλά.
Φροντίζω γιά τόν ἑαυτό μου.
Εἶναι κλεισμένος στόν ἑαυτό του.
Ἔχει μεγάλη ἰδέα γιά τόν ἑαυτό του, της.

Die Verben **ἀκούω, βλέπω, βρίσκω** und ihre Synonyme werden bei einer tatsächlichen Wahrnehmung von einem Konjunktiv Präsens oder einem Relativsatz im Imperfekt (also beidemal Imperfektiver Stamm) begleitet, z.B.

         Τή βρῆκε νά πλένει, νά ὑφαίνει, νά ζυμώνει.
oder: Τή βρῆκε πού ἔπλενε, πού ὕφαινε, πού ζύμωνε.

         Τόν εἶδα νά τρώει, oder τόν εἶδα πού ἔτρωγε.
         Τόν ἄκουσα νά φωνάζει, oder τόν ἄκουσα πού φώναζε.

Nach Verben und Ausdrücken des Affektes, wie
χαίρομαι, ἔχω χαρά, λυπᾶμαι, κρίμα, εὐτυχῶς, καλά κλπ.
folgt ein Nebensatz mit **πού** eingeleitet, z.B.:
Χαίρομαι πού σέ βλέπω. Λυπᾶμαι πού ἔφυγε. Κρίμα πού δέν ἦλθες.

Εἰκοστό πέμπτο μάθημα

Ὁ παραγγελιοδόχος καί ὁ παπάς

Ἕνας παχύς παραγγελιοδόχος μέ μιά βαριά τσάντα ταξίδευε κάθε μέρα μέ τό ἴδιο λεωφορεῖο πού ταξίδευε κι ἕνας παπάς.
Στό φαρδύ σταχτί ράσο τοῦ παπᾶ κρεμόταν πάντα ἕνας βαρύς σταυρός. Ὁ παραγγελιοδόχος, πού δέ χώνευε τόν παπά, ἔβαλε στό μυαλό του νά τόν πειράξει.
Μιά μέρα λοιπόν ρώτησε μέ τή βαθιά του φωνή τούς συνταξιδιῶτες: "Μήπως ξέρει κανείς σας τί διαφορά ὑπάρχει ἀνάμεσα σ' ἕναν παπά καί σ' ἕνα γάϊδαρο; " - "῎Οχι" ἀπάντησαν ὅλοι μέ μιά φωνή.
" Νά σᾶς πῶ ἐγώ " εἶπε ὁ παραγγελιοδόχος σκάζοντας στά γέλια.
"'Ο γάϊδαρος κουβαλάει τό σταυρό του στήν πλάτη του, ἐνῶ ὁ παπάς τόν ἔχει στό στῆθος του".
Ὅλοι γέλασαν μέ αὐτό τό ἀστεῖο ἐκτός ἀπό τόν παπά.
Τήν ἄλλη μέρα ρώτησε ὁ παπάς τούς ἐπιβάτες: "Μήπως ξέρει κανείς σας τί διαφορά ὑπάρχει ἀνάμεσα σ' ἕναν παραγγελιοδόχο καί σ' ἕνα γάϊδαρο;" - "῎Οχι," ἀπάντησαν πάλι ὅλοι οἱ ἐπιβάτες.
- "Οὔτε ἐγώ," εἶπε ὁ παπάς. Ὁ παραγγελιοδόχος κοκκίνισε ντροπιασμένος καί δέν εἶπε λέξη.

Λέξεις

ὁ παραγγελιοδόχος	Reisender, Vertreter
ὁ παπάς	Pfarrer
παχύς, παχιά, παχύ	dick, fett
βαρύς, βαριά, βαρύ	schwer
φαρδύς, φαρδιά, φαρδύ	breit, weit
σταχτής, σταχτιά, σταχτί	aschgrau
τό ράσο	Soutane
ὁ σταυρός	Kreuz
κρέμομαι	hängen
χωνεύω - χώνεψα	verdauen, hier: leiden können
πειράζω - πείραξα	necken, foppen
βαθύς, βαθιά, βαθύ	tief
ὁ συνταξιδιώτης	Mitreisender

ἡ διαφορά	Unterschied
ἀνάμεσα σέ	zwischen
σκάζω - ἔσκασα στά γέλια	platzen, vor Lachen bersten
τό στῆθος	Brust
ἐκτός ἀπό	außer
κοκκινίζω - κοκκίνισα	erröten
ντροπιασμένος, -η, -ο	beschämt

Ἐκφράσεις

Δέ χωνεύω αὐτό τόν ἄνθρωπο.
Πειράζω κάποιον.
Τί διαφορά ὑπάρχει ἀνάμεσα σέ .....
Μέ μιά φωνή, μ' ἕνα στόμα
Σκάζω, σκάω στά γέλια.

ΓΡΑΜΜΑΤΙΚΗ

Adjektive auf - ύς, - ιά, - ύ

	Ἑνικός			Πληθυντικός		
Ὀν.	βαρ-ύς	βαρ-ιά	βαρ-ύ	βαρ-ιοί	βαρ-ιές	βαρ-ιά
Γεν.	βαρ-ιοῦ	βαρ-ιᾶς	βαρ-ιοῦ	βαρ-ιῶν	βαρ-ιῶν	βαρ-ιῶν
Αἰτ.	βαρ-ύ	βαρ-ιά	βαρ-ύ	βαρ-ιούς	βαρ-ιές	βαρ-ιά

Die Adjektive dieser Gruppe bezeichnen Dimensionen, Volumen, Gewicht, Qualität. Die gebräuchlichsten sind:

ἀψύς, ἀψιά, ἀψύ	scharf, beißend
βαθύς, βαθιά, βαθύ	tief
βαρύς, βαριά, βαρύ	schwer
ἐλαφρύς, ἐλαφριά, ἐλαφρύ	leicht
μακρύς, μακριά, μακρύ	lang, weit (entfernt)
παχύς, παχιά, παχύ	dick, fett
πλατύς, πλατιά, πλατύ	weit, breit
τραχύς, τραχιά, τραχύ	rauh
φαρδύς, φαρδιά, φαρδύ	breit, weit (bei Kleidern)

Das Neutrum Plural dieser Adjektive dient auch als Adverb der Art und Weise, z.B. ἐργάζεται βαριά   Er arbeitet schwer.
Zum Adjektiv ἐλαφρύς gibt es auch die Form ἐλαφρός, ἐλαφρή, ἐλαφρό.

Steigerung
Der Komparativ wird gebildet:
1) durch Voranstellen des Adverbs **πιό** vor den Positiv;
2) durch Anhängen der Endungen **-τερος, .- τερη, - τερο** an das Neutrum, z.B.

παχύς	πιό παχύς	παχύτερος
παχιά	πιό παχιά	παχύτερη
παχύ	πιό παχύ	παχύτερο

Der Superlativ wird gebildet:
1) aus dem Komparativ durch Voranstellen des Artikels (relativer Superlativ);
2) durch Anhängen der Endungen **- τατος, - τατη - τατο** an das Neutrum (absoluter Superlativ):

	relativer Superlativ	**absoluter Superlativ**
παχύς	ὁ πιό παχύς, ὁ παχύτερος	παχύτατος
παχιά	ἡ πιό παχιά, ἡ παχύτερη	παχύτατη
παχύ	τό πιό παχύ, τό παχύτερο	παχύτατο

Adjektive auf - ής, - ιά, -ί

Die Adjektive dieser Gruppe sind von einem Substantiv abgeleitet, sind endbetont und bezeichnen eine Farbe. Sie unterscheiden sich von der Deklination der obigen Gruppe nur durch die Orthographie im Maskulinum und Neutrum des Singulars.
Diese Adjektive haben keine Steigerung. Die gewöhnlichsten sind:

θαλασσής,	- ιά, - ί	(θάλασσα)	marineblau
καφετής,	- ιά, - ί	(καφές)	mokkabraun
λαδής,	- ιά, - ί	(λάδι)	olivgrün
λουλακής,	- ιά, - ί	(λουλάκι)	indigoblau
μενεξεδής,	- ιά, - ί	(μενεξές)	veilchenblau
πορτοκαλής,-	ιά,- ί	(πορτοκάλι)	orangefarben
σταχτής,	- ιά,- ί	(στάχτη)	aschgrau
χρυσαφής,	- ιά,- ί	(χρυσάφι)	goldgelb, goldblond

Deklination
Ἑνικός

Ὀν.	σταχτ-ής	σταχτ-ιά	σταχτ-ί
Γεν.	σταχτ-ιοῦ	σταχτ-ιᾶς	σταχτ-ιοῦ
Αἰτ.	σταχτ-ή	σταχτ-ιά	σταχτ-ί

Πληθυντικός

Ὀν.	σταχτ-ιοί	σταχτ-ιές	σταχτ-ιά
Γεν.	σταχτ-ιῶν	σταχτ-ιῶν	σταχτ-ιῶν
Αἰτ.	σταχτ-ιούς	σταχτ-ιές	σταχτ-ιά

Μιά πίκρα

Τά πρῶτα μου χρόνια τ' ἀξέχαστα τἄζησα
    κοντά στ' ἀκρογιάλι,
στή θάλασσα ἐκεῖ τή ρηχή καί τήν ἥμερη,
στή θάλασσα ἐκεῖ τήν πλατιά, τή μεγάλη.

Καί κάθε φορά πού μπροστά μου ἡ πρωτάνθιστη
    ζωούλα προβάλλει,
καί βλέπω τά ὀνείρατα κι ἀκούω τά μιλήματα
τῶν πρώτων μου χρόνων κοντά στ' ἀκρογιάλι,

στενάζεις, καρδιά μου, τό ἴδιο ἀναστένασμα·
    Νά ζοῦσα καί πάλι
στή θάλασσα ἐκεῖ τή ρηχή καί τήν ἥμερη,
στή θάλασσα ἐκεῖ τήν πλατιά, τή μεγάλη.
                Οἱ Καημοί τῆς λιμνοθάλασσας
                          Κωστής Παλαμᾶς

Λέξεις

ἀξέχαστος, -η, -ο	unvergesslich
τό ἀκρογιάλι	Strand
ρηχός, -ή, -ό	seicht
ἥμερος, -η, -ο	sanft, mild
πρωτάνθιστος, -η, -ο	zum ersten Mal erblüht
προβάλλω - πρόβαλα	erscheinen
στενάζω - στέναξα	stöhnen
τό ἀναστέναγμα	Gestöhn
ἡ πίκρα	Bitterkeit, Kummer

Εικοστό έκτο μάθημα

Η Δεκοχτούρα *(Λαϊκός μύθος)*

Μιά φορά κι έναν καιρό ζοῦσε σ' ἕνα μικρό χωριό ἕνα κοριτσάκι, πού ἦταν πάρα πολύ καλό καί πολύ ὄμορφο. Ὅταν ὅμως ἦταν μικρό, εἶχε τήν ἀτυχία νά χάσει τή μητέρα του, κι ὁ πατέρας του τό ἔβαλε σ' ἕνα σπίτι, γιά νά βοηθάει τή νοικοκυρά.

Ἡ γυναίκα ὅμως αὐτή ἦταν πολύ γκρινιάρα καί ζηλιάρα καί δέ χώνευε τό κοριτσάκι. Ὅ,τι κι ἄν ἔκανε ἡ καημένη, γιά νά τήν εὐχαριστήσει, πήγαινε στά χαμένα. Ἡ κακιά γυναίκα ἔβρισκε πάντα μιά ἀφορμή, γιά νά τήν μαλώσει καί νά τήν παιδέψει.

Ἕνα πρωί, χαράματα ἀκόμη, ἡ κυρά της τήν ξύπνησε φωνάζοντας: "Σήκω, τεμπέλα! Πρέπει νά ζυμώσεις καί νά ρίξεις τά ψωμιά στό φοῦρνο. Μετά πρέπει νά πλύνεις τά ροῦχα. Τί νομίζεις, θά σ' ἔχουμε νά κάθεσαι σάν πριγκήπισσα;"

Τό κοριτσάκι σηκώθηκε κι ἄρχισε ἀμέσως τή δουλειά, χωρίς νά πεῖ λέξη. Ζύμωσε, ἄναψε τό φοῦρνο, κι ὅταν ἦταν ἕτοιμος, ἔριξε μέσα τά ψωμιά. Ἀπ' τή διπλανή κάμαρα ἡ κυρά της, πού τεμπέλιαζε ἀκόμα στό κρεββάτι, τή ρώτησε: "Πόσα καρβέλια βγήκανε;"- "Δέκα ὀχτώ" εἶπε τό κοριτσάκι.

Ὅταν τά ψωμιά ἦσαν ἕτοιμα, καί ἡ μικρή τά ἔβγαλε καί τά ἄπλωσε πάνω στό τραπέζι, μπαίνει ἡ κυρά της. Μετράει τά καρβέλια καί φωνάζει θυμωμένη: "Τί ἔγινε τό ἄλλο καρβέλι; Πότε πρόλαβες καί τό ἔφαγες;"
Τό κορίτσι σάστισε κι ἀπάντησε: "Μά κυρία μου, δέκα ὀχτώ εἶναι"
- Τό βλέπω πώς εἶναι δέκα ὀχτώ. Τί νομίζεις, δέν ξέρω νά μετράω; Μοῦ εἶπες ὅμως ὅτι βγήκανε δέκα ἐννιά".
- "Ὄχι, κυρά μου, δέκα ὀχτώ σοῦ εἶπα".
- "Σκασμός, γλωσσοῦ!" εἶπε ἡ κακιά γυναίκα καί ἄρχισε νά βαράει τό κοριτσάκι ἀλύπητα καί νά τό τραβάει ἀπ' τά μαλλιά.
Αὐτό σήκωσε τότε τά χέρια του στόν οὐρανό καί παρακάλεσε τό Θεό βαθιά ἀπ' τήν καρδιά του: " Θεέ μου, γλύτωσέ με ἀπ' τά χέρια της καί κάνε με ὅ, τι θέλεις!"

Κι ὁ Θεός τό λυπήθηκε καί τό μεταμόρφωσε σ' ἕνα ὄμορφο πουλάκι πού φωνάζει σάν ἄνθρωπος: "δέκα ὀχτώ, δέκα ὀχτώ", γιά νά πείσει τήν κακιά κυρά του ὅτι εἶχε δίκαιο. Ἀπό τότε τριγυρνάει ἐλεύθερο στή φύση κι ὁ κόσμος τό λέει " δεκοχτούρα".

Λέξεις

ἡ δεκοχτούρα	(eine Taubenart) Türkentaube
ἡ ἀτυχία	Unglück, Pech
βοηθάω - βοήθησα	helfen
ζηλιάρης, -α, -ικο	neidisch
στά χαμένα	umsonst
ἡ ἀφορμή	Anlaß
μαλώνω - μάλωσα	schimpfen
παιδεύω - παίδεψα	quälen
ἡ κυρά (κυρία)	volkstümlich für κυρία
τεμπέλης, -α, -ικο	faul
ἡ πριγκήπισσα	Prinzessin
τεμπελιάζω - τεμπέλιασα	faulenzen
τό καρβέλι	Brotlaib
ἁπλώνω - ἅπλωσα	ausbreiten
σκασμός	halte den Mund!
γλωσσάς, - ού, -άδικο	geschwätzig, freche Person
βαράω - βάρεσα	schlagen
ἀλύπητα	unbarmherzig
γλυτώνω - γλύτωσα	retten; auch: sich retten
μεταμορφώνω - μεταμόρφωσα	verwandeln
τό πουλάκι	Vögelchen
τριγυρνάω - τριγύρισα	herumgehen, -fliegen
ἡ φύση	Natur

Ἐκφράσεις

Ἔχω τήν ἀτυχία νά ...
Χάνω τή μητέρα μου, τόν πατέρα μου.
Βάζω κάποιον σέ μιά δουλειά, σ' ἕνα σπίτι.
Ὅ,τι κι ἄν κάνω, πάει στά χαμένα.
Βρίσκω μιά ἀφορμή.
Χωρίς νά πῶ λέξη.
Πόσα καρβέλια βγαίνουν; βγῆκαν;

ΓΡΑΜΜΑΤΙΚΗ

Adjektive auf -ης (ungleichsilbig), - α, - ικο

Ἑνικός

γκρινιάρ-**ης**	γκρινιάρ-α	γκρινιάρ-ικο
γκρινιάρ-**η**	γκρινιάρ-ας	γκρινιάρ-ικου
γκρινιάρ-**η**	γκρινιάρ-α	γκρινιάρ-ικο

Πληθυντικός

γκρινιάρ-**ηδες**	γκρινιάρ-ες	γκρινιάρ-ικα
γκρινιάρ-**ηδων**	-----	γκρινιάρ-ικων
γκρινιάρ-**ηδες**	γκρινιάρ-ες	γκρινιάρ-ικα

Nach diesem Muster werden dekliniert:

1) Adjektive wie: ἀκαμάτης - faul, κατσούφης - verdrießlich, τεμπέλης u.a.
2) Adjektive bzw. Substantive auf **- άρης, - ιάρης, - ούρης**, z.B.

εἰκοσάρης	ein Mann an die zwanzig
πενηντάρης	ein Mann an die fünfzig
ζηλιάρης	eifersüchtig, neidisch
ἀρρωστιάρης	kränkelnd
κιτρινιάρης	bleich
πεισματάρης	trotzig
μεροκαματιάρης	Tagelöhner
ἀνακατωσούρης	Intrigant
μουρμούρης	brummig u.a.

3) Adjektive mit der Verkleinerungsform **- ούλης**, z.B.
μικρούλης· ἀσπρούλης (weißlich) u. a.

4) zusammengesetzte Adjektive, deren zweiter Bestandteil ein Wort wie
λαιμός, μαλλί, μάτι, πόδι u.ä. ist, z.B.:
κοκκινομάλλης - rothaarig, στραβοπόδης - krummbeinig
ἀνοιχτομάτης - aufgeweckt u. a.

Bemerkungen

1) Ungleichsilbig ist nur das Maskulinum.
2) Der Genitiv Plural des Femininums wird durch den Genitiv Plural des Neutrums ersetzt.
3) Einige Adjektive auf - ης bilden das Femininum auf - ισσα.
   Die bekanntesten sind:

λεβέντης, λεβέντισσα, λεβέντικο	schön und tapfer
μακαρίτης, μακαρίτισσα, μακαρίτικο	selig, Verstorbener
σακάτης, σακάτισσα, σακάτικο	krüppelhaft
χωριάτης, χωριάτισσα, χωριάτικο	Bauern-, grober Mensch

Adjektive auf - άς (ungleichsilbig), - ού (ungleichsilbig) - άδικο

γλωσσάς, γλωσσού, γλωσσάδικο	geschwätzig
λογάς, λογού, λογάδικο	"
υπναράς, υπναρού, υπναράδικο	Langschläfer, schlafsüchtig
φαγάς, φαγού, φαγάδικο	gefräßig
φωνακλάς, φωνακλού, φωνακλάδικο	Schreihals, u.a.

Deklination

'Ενικός			Πληθυντικός		
φαγάς	φαγού	φαγάδικο	φαγάδες	φαγούδες	φαγάδικα
φαγᾶ	φαγούς	φαγάδικου	φαγάδων	φαγούδων	φαγάδικων
φαγά	φαγού	φαγάδικο	φαγάδες	φαγούδες	φαγάδικα

Allgemeine Bemerkung zu den ungleichsilbigen Adjektiven

Die ungleichsilbigen Adjektive sind Wortbildungen der Umgangssprache. Darum trifft man auf Formen wie die Endungen des Neutrums auf - ούδικο, z.B. γλωσσούδικο, φαγούδικο u.a.

Die Adjektive dieser Gruppe können in gewissem Sinn auch als Substantive aufgefaßt werden, z.B. φαγάς - Vielfraß, λογάς - Schwätzer usw.

Die Steigerung der in dieser Lektion behandelten Adjektive erfolgt nur durch Voranstellen des Adverbs πιό, z.B. πιό φαγάς usw.

Μυθιστόρημα
ΙΗ'

Λυποῦμαι γιατί ἄφησα νά περάσει ἕνα πλατύ ποτάμι μέσα
 ἀπό τά δάχτυλά μου
χωρίς νά πιῶ οὔτε μιά στάλα.
Τώρα βυθίζομαι στήν πέτρα.
Ἕνα μικρό πεῦκο στό κόκκινο χῶμα,
δέν ἔχω ἄλλη συντροφιά.
Ὅ,τι ἀγάπησα χάθηκε μαζί μέ τά σπίτια
πού ἦταν καινούργια τό περασμένο καλοκαίρι
καί γκρέμισαν μέ τόν ἀέρα τοῦ φθινοπώρου.

ΙΘ'

Κι ἄν ὁ ἀγέρας φυσᾶ δέ μᾶς δροσίζει
κι ὁ ἴσκιος μένει στενός κάτω ἀπ' τά κυπαρίσσια
κι ὅλο τριγύρω ἀνήφοροι στά βουνά·
μᾶς βαραίνουν
οἱ φίλοι πού δέν ξέρουν πιά πῶς νά πεθάνουν.

Γιῶργος Σεφέρης Σμύρνη 1900 - Αθήνα 1971

Λέξεις

ἡ στάλα	Tropfen
βυθίζομαι - βυθίστηκα	sich versenken, versinken
ἡ πέτρα	Stein
τό πεῦκο	Kiefer, Pinie
τό χῶμα	Erde, Boden, Sand
ἡ συντροφιά	Gesellschaft
χάνομαι - χάθηκα	verloren gehen
γκρεμίζω - γκρέμισα	hinabstürzen
ὁ ἴσκιος	Schatten
στενός, -ή, -ό	eng
τό κυπαρίσσι	Zypresse
ὁ ἀνήφορος	steiler Weg
βαρύνω - βάρυνα	schwer sein, beschwerlich werden

Εἰκοστό ἕβδομο μάθημα

Ὁ ξεχασμένος φίλος

Ἕνα συννεφιασμένο ἀπόγευμα κάναμε μέ τόν Ἀντώνη ἕναν περίπατο κοντά στό Θησεῖο. Εἴμαστε κι οἱ δυό πολύ ἀγανακτισμένοι γιά κάποια ὑπόθεση καί θέλαμε νά ξεσκάσουμε λίγο.
Μπροστά μας ἦταν σταματημένο ἕνα πούλμαν μέ τουρίστες.
Γιά μιά στιγμή δέν μπορούσαμε νά πιστέψουμε στά μάτια μας. Ὁ παλιός μας φίλος, ὁ Ἀλέκος, πού τόν εἴχαμε γιά πεθαμένο, στεκόταν ἀνάμεσα στούς τουρίστες καί κύτταζε μέ μάτια δακρυσμένα τή γειτονιά πού ἔμενε ἄλλοτε, προτοῦ φύγει.
Τόν πλησιάσαμε καί πέσαμε στήν ἀγκαλιά του. Ἦταν πολύ συγκινημένος. Μᾶς φάνηκε γερασμένος, ἴσως κιόλας ἀρρωστημένος. Τόν καλέσαμε στό γειτονικό καφενεῖο γιά καφέ. Ἐκεῖ μάθαμε τήν ἱστορία του.
Ἐγκαταστημένος σέ μιά μεγάλη πόλη τῆς Ἀμερικῆς ἦταν ἕνας πετυχημένος ἔμπορος μέ μεγάλη περιουσία. Παρ' ὅλ' αὐτά ὅμως δέν ἔνοιωθε εὐτυχισμένος ἐκεῖ. Ἴσως ἐπειδή ἦταν προκατειλημμένος γιά τόν τρόπο τῆς ζωῆς στό ἐξωτερικό.
Γι αὐτό εἶχε ἕνα μεγάλο καημό: νά τά παρατήσει ὅλα καί νά ἔλθει νά ζήσει πάλι στήν πατρίδα του καί νά πεθάνει ἐκεῖ.

Λέξεις

ξεχασμένος, -η, -ο	vergessen
συννεφιασμένος, -η, -ο	bewölkt
τό Θησεῖο	Theseustempel in Athen
ἀγανακτισμένος, -η, -ο	empört
ἡ ὑπόθεση	Angelegenheit
ξεσκάω - ξέσκασα	seinem Herzen Luft machen
σταματημένος,-η, -ο	stehengeblieben
τό πούλμαν	Pullmanreisebus
πεθαμένος, -η, -ο	tot, gestorben
δακρυσμένος, -η, -ο	mit Tränen gefüllt
ἡ γειτονιά	Nachbarschaft, Wohnviertel

ἡ ἀγκαλιά	Umarmung
συγκινημένος, -η, -ο	gerührt
γερασμένος, -η, -ο	gealtert
ἀρρωστημένος, -η, -ο	erkrankt
ἐγκαταστημένος, -η, -ο,	niedergelassen
πετυχημένος, -η, -ο	erfolgreich
ἡ περιουσία	Vermögen
εὐτυχισμένος, -η, -ο	glücklich
προκατειλημμένος, -η, -ο	voreingenommen
ὁ τρόπος	Art
τό ἐξωτερικό	Ausland
ὁ καημός	Verlangen, Sehnsucht

Ἐκφράσεις

Ξεσκάω, θέλω νά ξεσκάσω.
Δέν μπορῶ νά πιστέψω στά μάτια μου.
Ἔχω κάποιον γιά πεθαμένο, (γιά ἔξυπνο, γιά πλούσιο, κλπ.).
Πέφτω στήν ἀγκαλιά ...
Δέ νοιώθω εὐτυχισμένος.
Ἔχω ἕνα μεγάλο καημό.
Μοῦ φαίνεται γερασμένος, κουρασμένος, δυστυχισμένος

ΓΡΑΜΜΑΤΙΚΗ

Μετοχή παθητικοῦ Παρακειμένου στά ρήματα μέ ἄσιγμο Ἀόριστο

Das passive Partizip Perfekt bei den Verben mit asigmatischem Aorist

Aorist Passiv auf - **θηκα**, Partizip Perfekt auf - **μένος**
Aorist Passiv auf - **νθηκα**, Partizip Perfekt auf - **σμένος**, z.B.

μαράθηκα	μαραμένος	verwelkt
στάλθηκα	σταλμένος	abgesandt
ἀπολυμάνθηκα	ἀπολυμασμένος	desinfiziert
μολύνθηκα	μολυσμένος	unfiziert
ὑφάνθηκα	ὑφασμένος	gewebt

Unregelmäßigkeiten
1) Manche Verben auf **-αίνω** bilden ein **Passives Partizip Perfekt** (P. P. P.) auf
- **εμένος** oder - **ημένος**, z.B.

πηγαίνω	πηγεμένος	gegangen
μαθαίνω	μαθημένος	erfahren, gewöhnt
πετυχαίνω	πετυχημένος	erfolgreich, treffend
ἐγκατασταίνω	ἐγκαταστημένος	niedergelassen
συσταίνω	συστημένος	empfohlen

(τό συστημένο γράμμα : Einschreiben)

2) Manche Verben auf **- ύνω** bilden das P.P.P. **auf - ημένος**, z.B.

ἀποθαρρύνω	ἀποθαρρημένος	entmutigt
ἐπιβαρύνω	ἐπιβαρημένος	belastet

Einige Verben dieser Gruppe bilden kein P.P.P.

Allgemeine Unregelmäßigkeiten bei der Bildung des P. P. P.

1) Manche stammbetonte Verben bilden das P.P.P. auf - ημένος:

αὐξάνομαι	αὐξημένος	vermehrt, erhöht

2) Manche endbetonte Verben bilden das P.P.P. auf -ισμένος, z B.

ἀγανακτῶ	ἀγανακτισμένος	empört
δυστυχῶ	δυστυχισμένος	unglücklich
κοιμᾶμαι	κοιμισμένος	eingeschlafen, verschlafen
φοβᾶμαι	φοβισμένος	erschrocken.

3) Manche Verben (end- oder stammbetont), die sonst nur im Aktiv vorkommen, bilden ein P.P.P.:

ἀρρωσταίνω	ἀρρωστημένος	erkrankt
γερνάω	γερασμένος	gealtert
δακρύζω	δακρυσμένος	mit Tränen gefüllt
διψάω	διψασμένος	durstig
θυμώνω	θυμωμένος	zornig, erzürnt

μεθάω	μεθυσμένος	betrunken
πεθαίνω	πεθαμένος	tot, gestorben
πεινάω	πεινασμένος	hungrig
σταματάω	σταματημένος	angehalten, geparkt
συννεφιάζω	συννεφιασμένος	bewölkt, wolkig
ταξιδεύω	ταξιδεμένος	bereist.

Dieses P.P.P. bringt einen körperlichen oder seelischen Zustand zum Ausdruck, manchmal sogar eine Handlung.

Das P.P.P. kann manchmal eine aktive und eine passive Bedeutung haben, z.B.
  τό διαβασμένο βιβλίο   das gelesene Buch
  ὁ διαβασμένος καθηγητής   der belesene Professor

Manche altgriechische P.P.P. werden als Substantive oder Adjektive in ihrer alten Form verwendet, z. B.

ἀφηρημένος	zerstreut, abstrakt
ἐκτεταμένος	ausgedehnt
Ἐπιτετραμμένος (ὁ)	Geschäftsträger
Ἐσταυρωμένος (ὁ)	der Gekreuzigte
ἐπανειλημμένος	wiederholt
προκατειλημμένος	voreingenommen
συγκεκριμένος	konkret
τεθλασμένη (ἡ)	die gebrochene Linie

Ὁ Ἀλέξανδρος κι ὁ Διογένης

Ὁ κυνικός φιλόσοφος Διογένης ζοῦσε στήν Κόρινθο. Ἀντί γιά σπίτι εἶχε ἕνα βαρέλι.
Μιά μέρα περνοῦσε ἀπό κεῖ ὁ Μέγας Ἀλέξανδρος, ὁ ὁποῖος ἤθελε πολύ νά γνωρίσει τόν Διογένη. Πῆγε λοιπόν στό Κράνειο, γιά νά τόν συναντήσει. Τόν βρῆκε νά κάθεται στόν ἥλιο καί τοῦ εἶπε:
-"Καλημέρα, εἶμαι ὁ Μέγας Ἀλέξανδρος".
-"Κι ἐγώ εἶμαι ὁ Διογένης" ἀποκρίθηκε ἐκεῖνος.
-"Δέ μέ φοβᾶσαι;" - "Εἶσαι καλός ἤ κακός;" - "Εἶμαι καλός".
-"Τότε, γιατί νά φοβηθῶ ἕναν καλόν ἄνθρωπο;"
-"Βλέπω ὅτι σοῦ λείπουν πολλά πράγματα. Ζήτησέ μου ὅ,τι θέλεις καί θά τό ἔχεις".

Κι ὁ Διογένης :"Τραβήξου πιό πέρα, γιατί μοῦ παίρνεις τόν ἥλιο".
Ὁ Ἀλέξανδρος θαύμασε τήν αὐτάρκεια αὐτοῦ τοῦ ἀνθρώπου καί εἶπε:
" "Ἄν δέν ἤμουνα Ἀλέξανδρος, θά ἤθελα νά ἤμουνα Διογένης".

Λέξεις

κυνικός	zynisch, Zyniker
τό βαρέλι	Faß, Tonne
τραβήξου!	rücke, mache Platz!
τραβιέμαι- τραβήχτηκα	sich zurückziehen, Platz machen
θαυμάζω - θαύμασα	bewundern
ἡ αὐτάρκεια	Genügsamkeit

Δημοτικό τραγούδι

Τήν ξενιτειά, τήν ἀρφανιά, τήν πίκρα, τήν ἀγάπη,
τά τέσσερα τά ζύγιασαν, βαρύτερά εἰν' τά ξένα.
Ὁ ξένος εἰς τήν ξενιτειά πρέπει νά βάνει μαῦρα,
γιά νά ταιριάζει ἡ φορεσιά μέ τῆς καρδιᾶς τή λάβρα

Λέξεις

δημοτικός, - ή, -ό	volks-
τό τραγούδι	Lied, Gesang
ἡ ξενιτειά	fremdes Land (und Aufenthalt dort)
ἡ ἀρφανιά (statt ὀρφανιά)	Verwaisung, Verwaistsein
ζυγιάζω - ζύγιασα	abwägen
τά ξένα	fremdes Land
βάνει (statt βάζει, von βάζω)	hier: anziehen
ταιριάζω - ταίριασα	passen
ἡ φορεσιά	Anzug, Kleid, Tracht
ἡ λάβρα	Glut, Hitze, starke Sehnsucht

Εἰκοστό ὄγδοο μάθημα

Περίπατος στήν ἱστορία τῆς νεώτερης Ἑλλάδας

Προτοῦ καλά καλά ξημερώσει, ἡ κυρία Μακρῆ εἶναι στό πόδι. Πηγαινοέρχεται στό σπίτι, ἑτοιμάζει τό πρόγευμα, ἑτοιμάζει τά σάντουιτς, ξυπνάει τήν οἰκογένειά της.
- Νίκο, σήκω, πλύσου, ξυρίσου, ντύσου κι ἔλα γιά πρωινό! Μήν ἀργεῖς, σέ παρακαλῶ. Σκέψου τί θά ποῦν ἡ Ρενάτε κι ὁ Στέφανος, ἄν ἀργήσουμε. Μᾶς περιμένουν στίς ἑπτά.
- Παιδιά, ξυπνῆστε ἐπί τέλους! Πλυθεῖτε, ντυθεῖτε κι ἑτοιμαστεῖτε! Θυμηθεῖτε νά πάρετε καί τά μπανιερά σας! Τό ἀπόγευμα θά πᾶμε νά ξεκουραστοῦμε στό Τολό καί θά κάνουμε μπάνιο.

Σέ λίγο εἶναι ὅλη ἡ οἰκογένεια ἕτοιμη. Περνᾶνε καί παίρνουνε τή Ρενάτε καί τόν Στέφανο καί στίς δέκα φτάνουν κιόλας στό Ναύπλιο.
- Τί ὄμορφη πόλη! Τί ὡραῖα κι ἀρχοντικά σπίτια! Λέει ἡ Ρενάτε.
- Πρέπει νά ξέρετε, λέει ἡ κυρία Μακρῆ, ὅτι τό Ναύπλιο γνώρισε μέρες μεγάλης δόξας. Ἐδῶ ἀποβιβάστηκε ὁ πρῶτος Κυβερνήτης τῆς Ἑλλάδας, ὁ Καποδίστριας. Ἐκεῖ ἀπέναντι σ' αὐτό τό μεγάλο σπίτι ἔμεινε μέχρι τό 1831 πού δολοφονήθηκε. Ἐπίσης ἐδῶ ἀποβιβάστηκε καί ὁ πρῶτος Βασιλιάς τῆς Ἑλλάδας, ὁ Βαυαρός Ὄθωνας. Τή σκηνή τήν ἔχει ἀποθανατίσει ὁ Γερμανός ζωγράφος Peter Heß καί βρίσκεται στή νέα Πινακοθήκη τοῦ Μονάχου.
- Μά γιατί ἀποβιβάστηκαν ὁ Κυβερνήτης καί ὁ Βασιλιάς ἐδῶ καί δέν πῆγαν στήν Ἀθήνα; ρωτάει ὁ Στέφανος.
- Γιατί ἡ Ἀθήνα ἦταν τότε ἕνα μικρό καί ἀσήμαντο χωριουδάκι. Πρωτεύουσα τῆς Ἑλλάδας ἦταν ἀπό τό 1827 τό Ναύπλιο.
- Πῶς καί γιατί δολοφόνησαν τόν Κυβερνήτη;
- Δέν τούς ἄρεσε ἡ πολιτική του. Ἤ μᾶλλον, ἐπειδή ὁ Καποδίστριας, προτοῦ γίνει Κυβερνήτης τῆς Ἑλλάδας, ἦταν ὑπουργός τῶν Ἐξωτερικῶν τοῦ Τσάρου, ἡ Γαλλία καί ἡ Ἀγγλία φοβόντουσαν τήν ἐπιρροή τῆς Ρωσίας στήν Ἑλλάδα. Γι αὐτό ξεσήκωναν τούς παλαιούς πολεμιστές καί τούς πολιτικούς τῶν ἄλλων κομμάτων ἐναντίον του. Ἔτσι, μία Κυριακή πρωί πού πήγαινε ὅπως συνήθως στήν ἐκκλησία τοῦ Ἁγίου Σπυρίδωνα, γιά νά ἐκκλησιαστεῖ, δολοφονήθηκε ἀπό δύο Μανιάτες, ἀπ' τόν Κων-

σταντίνο Μαυρομιχάλη καί τόν ανεψιό του Γεώργιο, εξηγεί ό κύριος Μακρής. Μετά θά σας δείξουμε καί τήν εκκλησία.
- Τί είναι αυτός ό βράχος εκεί πίσω; θέλει νά μάθει ή Ρενάτε.
- Είναι τό Παλαμήδι. Οι Βενετσιάνοι τό έκαναν κάστρο, λέει ή κυρία Μακρή. Αργότερα χρησιμοποιήθηκε γιά φυλακές.
- Τί θέλανε οι Βενετσιάνοι εδώ;
- Μά δέν τό ξέρετε; Μετά τήν τέταρτη Σταυροφορία τό 1204 όλη ή Πελοπόννησος καταλήφθηκε από τους Φράγκους μέ αρχηγό τόν Βιλλεαρδουίνο. Μετά πέρασε στους Βενετσιάνους, στους Τούρκους καί τό 1686 πάλι στους Βενετσιάνους. Ό Μοροζίνης έκανε τό Ναύπλιο πρωτεύουσα όλου του Μοριά καί είχε κι αυτός εδώ τήν έδρα του.
- Τί είναι αυτό τό νησάκι στήν είσοδο του λιμανιού; ρωτάει ό Στέφανος.
- Είναι τό Μπούρτζι. Οι Βενετσιάνοι τό έλεγαν Καστέλλι, γιατί είχαν κάνει κι εκεί ένα κάστρο. Αυτό ήταν ό φρουρός του λιμανιού. Τώρα έχει μετατραπεί σ' ένα ωραιότατο ξενοδοχείο. Τά παλιά χρόνια μένανε εκεί οι δήμιοι, πού κάνανε τίς εκτελέσεις πάνω στό Παλαμήδι. Οι δεισιδαίμονες κάτοικοι του Ναυπλίου δέν τους ήθελαν όμως ανάμεσά τους. Έπρεπε νά ζουν σέ αυστηρή απομόνωση.
Ό Στέφανος καί ή Ρενάτε δέν ξέρουν τί νά πρωτοθαυμάσουν. Θέλουνε νά τά δούνε όλα. Βγάζουν συνέχεια φωτογραφίες.
- Νά πάμε μέ τή βάρκα στό Μπούρτζι, λέει ή Ρενάτε.
- Καλύτερα νά ανεβούμε στό Παλαμήδι, προτείνει ό Στέφανος.
- Εγώ θά έλεγα, λέει ό κύριος Μακρής, νά πάμε πρώτα στό Μουσείο, γιατί σέ λίγο θά κλείσει. Μετά νά πάμε μέ τή βάρκα στό Μπούρτζι νά φάμε στό ξενοδοχείο, καί μετά, σάν πέσει λίγο ό ήλιος, ν' ανεβούμε στό Παλαμήδι. Από κεί ή θέα είναι υπέροχη. Φαίνεται όλος ό αργολικός κάμπος. Τί γνώμη έχετε εσείς;
- Καί πότε θά δούμε τίς ενδιαφέρουσες εκκλησίες πού έχει; λένε τά παιδιά.
- Ας κάνουμε έτσι όπως λέει ό πατέρας, συμφωνεί ή κυρία Μακρή. Τό σχέδιό του μου φαίνεται πολύ λογικό. Τίς εκκλησίες, παιδιά, θά τίς επισκεφτούμε, όταν κατεβούμε απ' τό Παλαμήδι.
- Τί όμορφη πόλη! Τί ενδιαφέροντα πράγματα πού μάθαμε σήμερα! Τώρα έχω τήν εντύπωση ότι ζω στό παρελθόν καί όχι στό παρόν, λέει ή Ρενάτε.
- Πράγματι, Νίκο, συμπληρώνει ό Στέφανος, θά σας είμαστε ευγνώμονες γιά τήν εκδρομή πού κάναμε καί γι αυτό τό ταξίδι στό παρελθόν.

Λέξεις

καλά καλά	gänzlich, völlig
τό πρόγευμα	Frühstück
τό πρωινό	Morgen, Vormittag, Frühstück
ἐπί τέλους	endlich
τό μπανιερό	Badeanzug, Badehose
ἀρχοντικός, -ή,-ό	vornehm
ἡ δόξα	Ruhm
ἀποβιβάζομαι-ἀποβιβάστηκα	an Land gehen
ὁ κυβερνήτης	Gouverneur
δολοφονοῦμαι- δολοφονήθηκα	ermordet werden
ἀπαθανατίζω-ἀπαθανάτισα	verewigen, unsterblich machen
ὁ ζωγράφος	Kunstmaler
ἀσήμαντος, -η, -ο	unbedeutend
τό χωριουδάκι	Dörfchen
δολοφονῶ - δολοφόνησα	ermorden
ὁ ὑπουργός	Minister
" " τῶν Ἐξωτερικῶν	Außenminister
ἡ ἐπιρροή	Einfluß
ξεσηκώνω - ξεσήκωσα	aufhetzen
ὁ πολεμιστής	Kämpfer, Krieger
τό κόμμα	Partei
ἐναντίον	gegen (feindlich)
ἐκκλησιάζομαι - ἐκκλησιάστηκα	dem Gottesdienst beiwohnen
ὁ Βενετσιάνος	Venezianer
τό κάστρο	Burg, Festung
ἡ φυλακή	Gefängnis
ἡ Σταυροφορία	Kreuzzug
καταλαμβάνομαι- καταλήφθηκα	erobert werden
ὁ Φράγκος	Abendländer
ὁ ἀρχηγός	Führer
περνάω - πέρασα	übergehen
Μοροζίνης	Francesco Morosini 1618-1694
ὁ Μοριάς (Μωριάς)	Peloponnes
ἡ ἕδρα	Sitz
τό λιμάνι	Hafen

ὁ φρουρός	Wächter
μετατρέπομαι-μετατράπηκα	umgewandelt werden
ὁ δήμιος	Henker
ἡ ἐκτέλεση	Hinrichtung
δεισιδαίμων - δεισιδαῖμον	abergläubisch
αὐστηρός, -ή, -ό	streng
ἡ ἀπομόνωση	Isolation
ἡ βάρκα	Boot
προτείνω - πρότεινα	vorschlagen
ἡ θέα	Aussicht, Ausblick
ὑπέροχος, -η, -ο	wunderbar
ἀργολικός,-ή,-	argolisch
ὁ κάμπος	Feld, Ebene
ἡ γνώμη	Meinung
λογικός, -ή, -ό	vernünftig
τό παρελθόν	Vergangenheit
τό παρόν	Gegenwart
πράγματι	in der Tat
εὐγνώμων - εὔγνωμον	dankbar

Ἐκφράσεις

Προτοῦ καλά καλά ξημερώσει ......
Εἶμαι στό πόδι.
Ὁ ἥλιος πέφτει.
Τί γνώμη ἔχεις;
Σοῦ εἶμαι εὐγνώμων, σᾶς εἶμαι εὐγνώμων γιά .....

ΓΡΑΜΜΑΤΙΚΗ

Προστακτική τῆς παθητικῆς φωνῆς
Imperativ der reflexiv-passiven Form
<u>Präsens</u>
2. Person Singular   δέν - ου
2. Person Plural   δέν - εσθε (δέν - εστε)

Diese Formen sind jedoch wenig gebräuchlich und werden durch die entsprechenden Formen des Konjunktivs Präsens ersetzt, z.B.

> νά, ἄς δένεσαι
> νά, ἄς δενόσαστε.

<u>Aorist</u>

Die 2. Person Singular wird aus dem **Aoriststamm des Aktivs** und der **Endung** - ου gebildet. Daher endet diese Form bei sehr vielen Verben auf
- σου:

> δέσ - ου (δένομαι), κρατήσ -ου (κρατιέμαι)

Auch viele Deponentien bilden diese Form, ebenso manche Verben mit asigmatischem Aorist, z.B.

διαμαρτύρομαι	**διαμαρτυρήσου**
εὔχομαι	**εὐχήσου**
θυμᾶμαι	**θυμήσου**
κοιμᾶμαι	**κοιμήσου**
ἀποκρίνομαι	**ἀποκρίσου**
πλένομαι	**πλύσου**

Bei den Verben mit labialem Auslaut endet diese Form auf **- ψου**, z.B.
κρύβομαι	**κρύψου**
σκέπτομαι	**σκέψου**

Bei den Verben mit gutturalem Auslaut endet diese Form auf **- ξου**, z.B.
φυλάγομαι	**φυλάξου**
δείχνομαι	**δείξου**

Die 2. Person Plural wird aus dem **Aoriststamm des Passivs und der Endung-** εῖτε gebildet. So entstehen Formen auf :

-θεῖτε, -σθεῖτε (-στεῖτε), - φθεῖτε (-φτεῖτε), - χθεῖτε (-χτεῖτε)

Ἀόριστος Προστακτικῆς Imperativ Aorist
Verben mit:

vokalischem Auslaut oder bei Kontrakta	dentalem Auslaut	labialem Auslaut	gutturalem Auslaut
2. ἱδρύσου, κρατήσου	πείσου	κρύψου	φυλάξου
2. ἱδρυθεῖτε, κρατηθεῖτε	πεισθεῖτε ἤ (πειστεῖτε)	κρυφθεῖτε ἤ (κρυφτεῖτε)	φυλαχθεῖτε ἤ (φυλαχτεῖτε)

Παρακείμενος Προστακτικῆς Imperativ Perfekt

Er wird durch den Imperativ Präsens des Verbs ἔχω und den Infinitiv Aorist des Passivs des jeweiligen Verbs gebildet.

2. ἔχε   ἱδρυθεῖ   κρατηθεῖ   πεισθεῖ   κρυφθεῖ   φυλαχθεῖ
2. ἔχετε   "   "   "   "   "

Diese Form ist wenig gebräuchlich; sie wird durch den Konjunktiv Perfekt ersetzt.

Adjektive im Maskulinum und Femininum auf -ων und **Neutrum** auf **-ον**
Diese Gruppe enthält nur wenige Adjektive, die zu der gehobenen Sprache gehören. Die häufigsten sind:

δεισιδαίμων,	δεισιδαῖμον	abergläubisch
εὐγνώμων,	εὔγνωμον	dankbar
εὐδαίμων,	εὔδαιμον	glückselig
ἐλεήμων,	ἐλεῆμον	barmherzig
μεγαλόφρων,	μεγαλόφρον	hochmütig
παράφρων,	παράφρον	irrsinnig
σώφρων,	σῶφρον	besonnen, vernünftig

	Ἑνικός		Πληθυντικός	
Ὀν.	σώφρων	σῶφρον	σώφρονες	σώφρονα
Γεν.	σώφρονος	σώφρονος	σωφρόνων	σωφρόνων
Αἰτ.	σώφρονα	σῶφρον	σώφρονες	σώφρονα

Adjektive auf - ων, - ουσα, - ον

Ἑνικός

ἐνδιαφέρων	ἐνδιαφέρουσα	ἐνδιαφέρον
ἐνδιαφέροντος	ἐνδιαφερούσας	ἐνδιαφέροντος
ἐνδιαφέροντα	ἐνδιαφέρουσα	ἐνδιαφέρον

Πληθυντικός

ἐνδιαφέροντες	ἐνδιαφέρουσες	ἐνδιαφέροντα
ἐνδιαφερόντων	ἐνδιαφερουσῶν	ἐνδιαφερόντων
ἐνδιαφέροντες	ἐνδιαφέρουσες	ἐνδιαφέροντα

Solche Adjektive sind alte Partizipien. Dazu gehören:

ἀπών, ἀποῦσα, ἀπόν	abwesend
παρών, παροῦσα, παρόν	anwesend
παρελθών, παρελθοῦσα, παρελθόν	vergangen
μέλλων, μέλλουσα, μέλλον	künftig

Das Neutrum dieser Adjektive wird oft als Substantiv verwendet, z.B.

τό παρόν :	Gegenwart,	τό παρελθόν :	Vergangenheit
τό μέλλον :	Zukunft,	τό ἐνδιαφέρον:	Interesse

Άξιον Εστί

Τά Πάθη
Β΄

Τή γλώσσα μοῦ ἔδωσαν ἑλληνική
τό σπίτι φτωχικό στίς ἀμμουδιές τοῦ Ὁμήρου.
    Μονάχη ἔγνοια ἡ γλώσσα μου στίς ἀμμουδιές τοῦ Ὁμήρου.
Ἐκεῖ σπάροι καί πέρκες
    ἀνεμόδαρτα ρήματα
ρεύματα πράσινα μές στά γαλάζια
    ὅσα εἶδα στά σπλάχνα μου ν' ἀνάβουνε
σφουγγάρια, μέδουσες
    μέ τά πρῶτα λόγια τῶν Σειρήνων
ὄστρακα ρόδινα μέ τά πρῶτα μαῦρα ρίγη.
    Μονάχη ἔγνοια ἡ γλώσσα μου μέ τά πρῶτα μαῦρα ρίγη.
Ἐκεῖ ρόδια, κυδώνια
    θεοί μελαχρινοί, θεῖοι κι ἐξάδελφοι
τό λάδι ἀδειάζοντας μές στά πελώρια κιούπια
    καί πνοές ἀπό τή ρεματιά εὐωδιάζοντας
λυγαριά καί σχίνο
    σπάρτο καί πιπερόριζα
μέ τά πρῶτα πιπίσματα τῶν σπίνων,
    ψαλμωδίες γλυκές μέ τά πρῶτα- πρῶτα Δόξα Σοι !
Μονάχη ἔγνοια ἡ γλώσσα μου, μέ τά πρῶτα- πρῶτα Δόξα σοι!
    Ἐκεῖ δάφνες καί βάγια
θυμιατό καί λιβάνισμα
    τίς πάλες εὐλογώντας καί τά καριοφίλια.
Στό χῶμα τό στρωμένο μέ τ' ἀμπελομάντιλα
    κνίσες, τσουγκρίσματα
καί Χριστός Ἀνέστη
    μέ τά πρῶτα σμπάρα τῶν Ἑλλήνων.
Ἀγάπες μυστικές μέ τά πρῶτα λόγια τοῦ Ὕμνου.
    Μονάχη ἔγνοια ἡ γλώσσα μου, μέ τά πρῶτα λόγια τοῦ Ὕμνου!

Ὀδυσσέας Ἐλύτης

Übersetzung

    Griechisch war die Sprache, die man mir gab;
armselig die Hütte   an den Küsten Homers.
    Meine einzige Sorge die Sprache   an den Küsten Homers.
Brassen und Barsche dort
    windgepeitschte Worte
grüne Strömung in der Bläue des Meers
    wie es glühte in meinem Innern
Schwämme und Quallen
    mit dem ersten   Gesang der Sirenen
rosige Muscheln mit dem ersten dunkleren Schauer.
    Meine einzige Sorge die Sprache   mit dem ersten dunkleren Schauer.
Granatäpfel und Quitten dort
    braunhäutige Götter: der Ohm und der Vetter
Wenn sie das Öl in die Tonfässer gossen;
    und Windhauch aus Schluchten mit Wohlgeruch
Korbweide und Mastix
    Ginster und Ingwer
mit dem ersten Piepen der Zeisige,
    süße Psalmodien mit dem ersten   DIR - SEI - DIE - EHRE.
Meine einzige Sorge die Sprache   mit dem ersten EHRE- SEI - DIR!
    Lorbeer und Palmzweige dort
und geschwungenes Weihrauchfaß
    Segen für die Schwerter, für die langen Flinten.
Weingärten auf der Erde wie Tücher gebreitet
    Bratgeruch dort   Anstoßen der Gläser
und CHRISTOS ANESTI
    mit den ersten Ostersalven der Griechen.
Liebesmahle mit den ersten Worten des HYMNOS.
    Meine einzige Sorge die Sprache   mit den ersten Worten des HYMNOS.

Übersetzung: Günter Dietz
Elfenbein Verlag Heidelberg, 2001

INDEX

Seite

A

Adjektiv, allgemein	48	
Adjektive auf - άρης, - ιάρης, - ούρης	230	
Adjektive auf -ος, - η (-α), -ο	48	125
Adjektive auf - ής, - ές und ihre Steigerung	202	
Adjektive auf - ης, - ιά, - ί	227	
Adjektive auf - ύς, - ιά , - ύ und ihre Steigerung	225	
Adjektive auf - ης, -α, - ικο	230	
Adjektive auf - άς, - ού, - άδικο	231	
Adjektive auf -ων, - ον und auf - ων, - ουσα, - ον	243	
Adjektive und ihre Steigerung	87	171
Adjektiv, unregelmäßiges : πολύς, πολλή, πολύ	49	125
Adverbien	43	57
Adverbien und zugehörige präpositionale Ausdrücke	44	
Akkusativ, temporaler	57	
Akkusativobjekt als Personalpronomen	66	
Akzentsetzung und ihre Regeln	9	
Alphabet	4	
Aorist, asigmatischer	155	
Aorist Imperativ, regelmäßig	163	
Aorist Imperativ, unregelmäßig	164	
Aorist Imperativ des reflexivpassiven. Verbs	242	
Aorist Indikativ im Aktiv	136	
Aorist Indikativ und seine Anwendung	137	
Aorist Indikativ im Reflexiv-Passiv	210	
Aorist Indikativ Reflexiv-Passiv, Zweiter	221	
Aorist Indikativ, sigmatischer	132	
Aorist Konjunktiv	144	
Aorist Konjunktiv, asigmatischer	157	
Aspekte (das Verb und seine Aspekte)	131	
Aussagesatz	22	

B

Bedingungssätze der Erwartung und Wiederholung	149
Bedingungssätze, irreale der Gegenwart und der Zukunft	108

Bedingungssätze, irreale der Vergangenheit	175
Begründungskonjunktion: γιατί	33
Begründungssätze	82
Betonung	8

D

Damenbekleidung, Liste	90
Dativ, alte Dative als Präpositionen	193
Dativersatz	42
Dativobjekt als Personalpronomen	66
Datumsangabe	127
Definitpronomen	67
Deklination (Nom. und Akk. im Sing. und Pl)	40
Deklination (Genitiv)	119
Deklination, Ergänzungen	189
Demonstrativpronomen	50
Deponentien, stammbetonte	55
Deponentien, endbetonte	101
Diminutivform	80
Direkte und indirekte Rede	45

E

Elektrische Geräte	144	
Enklitische Wörter	12	
Endbetonte Verben, Präsens Indikativ Aktiv	78	
Endbetonte Verben, Präsens Indikativ Passiv	101	
Frageadverb γιατί	33	
Frageadverb ποῦ	28	
Fragepronomen ποιός, ποιά, ποιό	27	
Fragepronomen: ποιός und πόσος und Deklination	50	126
Fragepronomen τί	22	
Frage nach dem Namen einer Person	63	
Fragesatz	22	
Futur der Dauer, Wortstellung	113	
Futur, einmaliges, Wortstellung	138	
Futur II im Aktiv	176	

G + H

Genitiv, Bildung und Funktionen	117
Grammatikalische Termini	118
Großschreibung	12
Grundzahlen 1-10	39
Grundzahlen, Deklination (ἕνας, τρεῖς, τέσσερεις)	126
Grundzahlen 11- 100	89
Grundzahlen 101 und weiter	165
Handschrift	17
Hauptstädte, Liste	83
Herrenbekleidung, Liste	90

I + J

Imperativ, verneinter	68	
Imperativ der stamm- und endbetonten Verben	163	
Imperativ, unregelmäßiger	164	
Imperativ in der indirekten Rede	165	
Imperativ, anderweitige Verwendungen	165	
Imperativ der Verben εἶμαι und ἔχω	163	
Imperativ,Wortstellung des Personalpronomens	164	
Imperativ des Passivs	242	
Imperfekt der Verben εἶμαι und ἔχω	74	
Imperfekt Aktiv der stamm- und endbetonten Verben	107	
Imperf.Pass.der stamm- und endbetonten Verben	107	
Indefinitpronomen	22	150
Indikativ Präsens der stammbetonten Verben im Aktiv	21	
Indikativ Präsens der endbetonten Verben im Aktiv	78	
Indikativ Präsens stammbetonter Verben im Passiv	55	
Indikativ Präsens endbetonter Verben im Passiv	101	
Indikativ Perfekt, Plusquamperfekt und Futur II	175	
Interrogativadverb γιατί	33	
Interrogativadverb ποῦ	28	
Interrogativpronomen im Nominativ ποιός	27	
Interrogativpronomen τί	22	
Jahresangabe	166	
Jahreszeiten	105	

K + L + M + O

Komparativbildung durch πιό	87		
Komparativbildungen durch Anhängung von Endungen	171		
Konjunktionen	Bd II 75	74	
Konjunktionen καί, ἀλλά, ὅτι	28		
Konjunktiv Präsens, Bildung und Wortstellung	114		
Konjunktiv Aorist Aktiv	145	145	157
Konjunktiv Aorist Aktiv unregelmäßiger Verben	157		
Konjunktiv Aorist Passiv	212		
Konjunktiv in den Nebensätzen	149		
Konjunktiv, selbstständiger und substantivierter	148		
Konjunktiv, Verben und Ausdrücke mit Konjunktiv	145		
Konjunktiv, Verneinung	147		
Konsonanten	5		
Konsonanten, Einteilung	6		
Konsonanten, Ausfall	14		
Konsonantenkombination	7		
Konsonantenkomplexe	15		
Kontrakta, Präsens Indikativ Aktiv	78		
Kontrakta, Präsens Indikativ Passiv	101		
Kontraktion	14		
Konzessivsätze	193		
Länder, Liste	83		
Monatsnamen	105		
Ordnungszahlen 1 - 10	51		
Ordnungszahlen 11- 100	89		
Ordnungszahlen, weitere	165		

P

Partikel θά	204
Partizip Perfekt Passiv	213
Partizip Perf. Passiv der Verben mit asigmatischem Aorist	234
Partizip Perfekt Passiv, Unregelmäßigkeiten	235
Partizip Präsens Aktiv stamm- und endbetonter Verben	115
Paßangaben	144
Passiv, modales	56
Passiv, Zustandspassiv	236

Passiv Aorist im Indikativ	212	
Passiv Aorist im Konjunktiv	212	
Passiv Aorist im Imperativ	242	
Perfekt Indikativ Aktiv	176	
Perfekt Indikativ Passiv	213	
Perfekt Konjunktiv Aktiv	175	
Perfekt Imperativ Aktiv	176	
Perfekt Konjunktiv Passiv	213	
Perfekt Imperativ Passiv	248	
Personalpronomen, allgemein	63	
Personalpronomen im Nominativ	27	
Personalpronomen als Akkusativ- und Dativobjekt	66	
Personalpronomen, Wortstellung	66	
Plusquamperfekt Aktiv	176	
Plusquamperfekt Passiv	213	
Possessivpronomen	71	
Präpositionale Ausdrücke	43	
Präpositionen und ihre Bedeutung	Bd II 66	69
Präposition ἀπό	54	
Präposition γιά	Bd II 66	69
Präposition μέ	32	
Präposition πρός	80	
Präposition σέ	28	
Präpositionen in Form von alten Dativen	193	
Präsens Indikativ stammbetonter Verben im Aktiv	21	
Präsens Indikativ endbetonter Verben im Aktiv	78	
Präsens Indikativ stammbetonter Verben im Passiv	55	
Präsens Indikativ endbetonter Verben im Passiv	101	

R + S + T

Reflexivpronomen	222
Relativpronomen πού	43
Relativpronomen ὁ ὁποῖος, ἡ ὁποία, τό ὁποῖο	200
Relativpronomen, verallgemeinerndes ὅποιος, ὅσος, ὅ,τι	201
Satzzeichen	12
Sigmatische Aoristbildung	132
Silbentrennung	12

Spirituszeichen	10	
Sprachen, Liste	83	
Steigerung durch πιό	87	
Steigerung durch Anhängen von Endungen	171	
Steigerung (unregelmäßige) von Adjektiven und Adverbien	172	
Substantive im Nom. Sing. Mask. Fem. Neutra	189	
Substantive, Deklination	40	117
Substantive mit doppelter Pluralform	193	
Tabellen: Deklination, Konjugation	Bd II	77
Tonzeichen und Betonung	8	

U + V + W

Uhrzeitangabe	95	
Unbestimmter Artikel und seine Deklination	20	126
Unbetonte Wörter	11	
Verb: γίνομαι	56	158
Verb: εἶμαι im Präsens Indikativ	27	
Verb: πάω	44	
Verb und Aspekte	131	
Verb: φοβᾶμαι mit μήπως, μήπως δέν, νά	206	
Verben: ἀκούω, βλέπω, βρίσκω und ihre Ergänzungen	223	
Verben: ἀκούω, καίω, κλαίω, λέω, τρώω, φταίω	33	
Verben mit Konj.Präs.	147	
Verben mit Konj. Präs. oder Konj. Aor.	149	
Verben, unpersönliche	109	
Verben mit asigmatischer Aoristbildung	155	
Verben mit sigmatischer Aoristbildung	132	
Verben mit: νά oder ὅτι	204	
Verben: χαίρομαι, λυπᾶμαι und ihte Ergänzungen	223	
Verbentabelle	Bd II	88
Vergleichspartikel	88	
Verkleinerungsform	80	
Verneinter Imperativ	68	
Verneinung des Verbs	21	
Vokalausfall	13	
Vokale	4	
Vokalkombinationen	4	

Vokalveränderung	14	
Völkernamen, Liste	81	83
Witterung, Audrücke zur	110	
Wochentage	96	
Wörter, enklitische	12	
Wörter, unbetonte	11	
Wünsche	60	
Wunschsätze, irreale	109	
Wunschsätze der Erwartung und Wiederholung	147	

Z

Zeitangabe	95
Frage nach der Zeitangabe	98
Zusammengesetzte Zeitformen im Indikativ Aktiv	175
Zusammengesetzte Zeitformen im Konjunktiv Aktiv	176
Zusammengesetzte Zeitformen im Imperativ Aktiv	175
Zusammengesetzte Zeitformen im Indikativ Passiv	213
Zusammengesetzte Zeitformen im Konjunktiv Passiv	213
Zusammengesetzte Zeitformen im Imperativ Passiv	243
Zustandspassiv	213
Zweiter Aorist Passiv	221

MARIA CHRISTMANN-PETROPOULOU

NEUGRIECHISCH
Lehr- und Arbeitsbuch

2. TEIL
Übungen
Grammatik-Tabellen
Stammformen-Tabelle
Wörterverzeichnisse

4. Auflage

Universitätsverlag
WINTER
Heidelberg

Bibliografische Information der Deutschen Nationalbibliothek

Die Deutsche Nationalbibliothek verzeichnet diese Publikation
in der Deutschen Nationalbibliografie;
detaillierte bibliografische Daten sind im Internet
über *http://dnb.d-nb.de* abrufbar.

ISBN 978-3-8253-1584-9
4. Auflage 2017

Dieses Werk einschließlich aller seiner Teile ist urheberrechtlich geschützt. Jede
Verwertung außerhalb der engen Grenzen des Urheberrechtsgesetzes ist ohne
Zustimmung des Verlages unzulässig und strafbar. Das gilt insbesondere für
Vervielfältigungen, Übersetzungen, Mikroverfilmungen und die Einspeicherung
und Verarbeitung in elektronischen Systemen.

© 2017 Universitätsverlag Winter GmbH Heidelberg
Imprimé en Allemagne · Printed in Germany
Druck: Memminger MedienCentrum, 87700 Memmingen

Gedruckt auf umweltfreundlichem, chlorfrei gebleichtem
und alterungsbeständigem Papier

Den Verlag erreichen Sie im Internet unter:
www.winter-verlag-hd.de

Gesamtinhaltsverzeichnis

Erster Band

Vorwort	1
Einführung, das griechische Alphabet	3
Vokale und Vokalkombinationen	4
Konsonanten	5
Einteilung der Konsonanten	6
Konsonantenkombinationen	7
Betonung und Tonzeichen	8
Regeln über die Akzentsetzung	9
Spiritus oder Hauchzeichen, Wörter mit Spiritus asper	10
Unbetonte und enklitische Wörter	11
Großschreibung, Satzzeichen, Silbentrennung	12
Vokalausfall	13
Kontraktion	14
Andere Vokalveränderungen, Konsonantenausfall	14
Konsonantische Komplexe	15
Leseübung	16
Handschriftliches Muster	17

1. Lektion   Πρῶτο μάθημα   18
  Substantiv im Nom. Sing. Mask., Fem. und Neutrum
  Bestimmter und unbestimmter Artikel im Nom. Sing.
  Präsens Indikativ der stammbetonten Verben
  Aussage, Verneinung, Frage, Wortstellung
  Interrogativpronomen τί
  Indefinitpronomen τίποτα. Kleiner Text: Διαβάστε.

2. Lektion   Δεύτερο μάθημα   24
  Das Verb εἶμαι Personalpronomen im Nom. Singular
  Interrogativpronomen im Nom.Sing. ποιός, ποιά, ποιό
  Interrogativadverb ποῦ
  Präposition σέ, Konjunktionen καί, ἀλλά, ὅτι
  Dialoge

3. Lektion Τρίτο μάθημα 31
Die Verben τρώω, λέω, καίω, κλαίω, ἀκούω,
φταίω im Präsens Indikativ
Γιατί als Interrogativadverb und Begründungs-
konjunktion - Dialoge

4. Lektion Πρωινή σκηνή 36
Grundzahlen 1- 10
Deklination: Nom. und Akk. im Sing und Plural
Das Verb πάω zu πηγαίνω
Adverbien und zugehörige Präpositionalausdrücke
Anekdote, Dialog, direkte und indirekte Rede
῎Εμποροι καί καταστήματα, μικρό κείμενο

5. Lektion Τό σπίτι μου 46
Deklination des Adjektivs auf - ος, - η (α), - ο
Unregelmäßiges Adjektiv πολύς, πολλή, πολύ
Stellung des Adjektivs, Demonstrativpronomen
Interrogativpronomen ποιός, πόσος und Dekli-
nation, Ordnungszahlen,
Dialoge: Στό μανάβικο, Στό περίπτερο

6. Lektion Βράδυ σέ μιά οἰκογένεια 53
Reflexivpassive Form im Indikativ Präsens, Deponentien,
modales Passiv, temporaler Akkusativ, Adverbien,
Präpositionen, Lektüre: ῎Ενα πρωινό, Dialoge, Wünsche

7. Lektion ῎Ενα τηλεφώνημα 61
Frage nach dem Namen einer Person, Personalpronomen
(stark und schwach), seine Deklination und seine Wortstellung.
Paradigmata (Akkusativ und Dativobjekt), starke und
schwache Form kombiniert, Definitpronomen, verneinter Imperativ,
Dialog, Wortbildung

8. Lektion	Ὁ εὐσυνείδητος ἐπιβάτης	70

Possessivpronomen und seine Wortstellung, Imperfekt der
Verben ἔχω und εἶμαι
Gedicht von Seferis: Τό Γιασεμί

9. Lektion	Δύο φίλες κάνουν ψώνια	76

Endbetonte Verben (Kontrakta) im Präsens Indikativ,
Präposition πρός, Verkleinerungsformen, Völkernamen,
Begründungssätze, satirisches Epigramm, Länder, Hauptstädte,
Bewohner, Sprachen (Liste)

10. Lektion	Στό κατάστημα	85

Steigerung der Adjektive und Adverbien durch πιό
Grund- und Ordnungszahlen 11 - 100
Damen- und Herrenartikel (Farbe, Muster, Qualität)
Dialog: Στό γιατρό. Τό ἀνθρώπινο σῶμα

11. Lektion	Στή στάση. Τό ρολόι	94

Uhrzeitangabe, Wochentage, Fragen nach der Zeitangabe,
satirisches Epigramm, Lektüre: Ἡ Κυριακή

12. Lektion	Στό δρόμο	99

Reflexivpassiv der endbetonten Verben im Präsens Indikativ
Altertümliche endbetonteVerben, 3 Anekdoten

13. Lektion	Μία ἔκθεση	104

Monate und Jahreszeiten
Imperfekt Aktiv und Passiv der stamm- und endbetonten
Verben, irreale Bedingungs- und Wunschsätze, unpersönliche
Verben und Ausdrücke zur Witterung
Lektüre: Φθινόπωρο, Τί γράφει μία μαθήτρια.
Gedicht von D. Solomos "Γαλήνη"

14. Lektion	Σχέδια γιά τίς διακοπές	112

Futur der Dauer und Wortstellung, Konjunktiv Präsens
und Wortstellung, Partizip Präsens
Lektüre: Ὁ τυφλός.

15. Lektion Σχηματίζομε τή Γενική **117**
Bildung des Genitivs beim Substantiv und Adjektiv
Akzentregeln
Deklination von ἕνας, μία, ἕνα,
ποιός, ποιά, ποιό
Funktionen des Genitivs, Datumsangabe
Anekdoten: Μοντέρνα παιδιά, Ἡ ἡλικία

16. Lektion Ἕνα γράμμα **129**
Das Verb und seine Aspekte
Verben mit sigmatischer Aoristbildung
Indikativ Aorist im Aktiv, Anwendung des Aorists
Einmaliges Futur und Wortstellung
Anekdoten: Ἐκεῖ ἔφεγγε, ἡ τυχερή κυρία,
Στό Δικαστήριο
Anrede- und Grußformeln im Briefstil

17. Lektion Στά σύνορα **143**
Der Konjunktiv Aorist
Verben und Ausdrücke mit Konjunktiv
Verneinung des Konjunktivs
Selbstständiger und substantivierter Konjunktiv
Der Konjunktiv in den Nebensätzen
Das Indefinitpronomen,.Bemerkungen dazu
Fabel von Äsop: Ὁ σκύλος μέ τό κρέας
Anekdoten: Ἡ δικαιολογία, ὁ Ἀστρονόμος

18. Lektion Ἕνα κουτί σπίρτα **154**
Verben mit aigmatischem Aorist
Verben mit unterschiedlichem Stamm im Indikativ und
Konjunktiv Aorist, Konjugation des Konjunktiv Aorist
Lektüre: Μία Ἱστορία. Μύθος τοῦ Αἰσώπου: Λύκος καί
ἀρνί, Anekdoten: Ἔξυπνη ἀπάντηση, Ὁ ἀφηρημένος
καθηγητής

| 19. Lektion | Στό ξενοδοχεῖο | 161 |

Imperativ der stamm- und endbetonten Verben
im Aktiv, unregelmäßiger Imperativ Aorist
Wortstellung des Personalpronomens im Imperativ
Der Imperativ in der indirekten Rede
Anderweitige Verwendung des Imperativs
Weitere Grund- und Ordnungszahlen, Jahresangabe
Gedicht von Elytis: Ἑπτά νυχτερινά ἑπτάστιχα
Ἀνέκδοτα: Σκάνδαλο, Φαρμακόγλωσση

| 20. Lektion | Πάσχα στήν ᾿Αθήνα | 169 |

Steigerung durch Anhängen von Endungen
Unregelmäßige Steigerung der Adjektive und der
Adverbien, Vergleichspartikeln
Perfekt, Plusquamperfekt, Futur II
Gedicht von D. Solomos: Ἡ ἡμέρα τῆς Λαμπρῆς
Gedicht von Elytis: Μακριά .....
Dialog: ῞Ενας Γερμανός, ἕνας ῞Ελληνας
Feiertage und Glückwünsche
Dialog: Στό Ταχυδρομεῖο, Wünsche

| 21. Lektion | Λίγη Γεωγραφία | 184 |

Χάρτης τῆς Ἑλλάδας, Τά τέσσερα σημεῖα τοῦ
ὁρίζοντα, **Ergänzungen zur Deklination,**
Mask. auf - έας (εύς), Fem. auf: -η (-ις), -ος, -ω
Neutra auf: -ος, -ιμο,-ας, -ως, -ον, -εν, -αν, -υ
Substantive mit doppelter Pluralform
Alte Dative als Präpositionen, Konzessivsätze
Gedicht von Mawilis: Εἰς τήν πατρίδα
Gedicht von Palamas: Πατρίδες
Lektüre: Πῶς πῆρε τό ὄνομά της ἡ ᾿Αθήνα
Gedicht von Palamas: ῞Υμνος τῆς ᾿Αθηνᾶς
Fabel:des Äsop: Κόρακας καί ἀλεπού

| 22. Lektion | Μία πρόσκληση | 198 |

Relativpronomen ὁ ὁποῖος, ἡ ὁποία, τό ὁποῖο
Veralgemeinerndes Pronomen: ὅποιος, ὅ,τι, ὅσος

Adjektive auf - ης, -ες und ihre Steigerung
Die Partikel " θά"
Verben mit νά oder ότι
Das Verb φοβᾶμαι μήπως, μήπως δέν .....
Dialog: Πρόσκληση άπ' τό τηλέφωνο
Gedicht von Kavafis: Τείχη

23. Lektion   Τά έφταιγε ό ώραῖος καιρός   208
Aorist Passiv der Verben mit sigmatischem aktivem
Aorist (Bildung und Konjugation)
Zusammengesetzte Zeitformen im Indikativ und Konjunktiv
Partizip Perfekt, Zustandspassiv
Anekdoten: Ἡ παρεξήγηση, Διογένης καί περαστικός

24. Lektion   Ὁ Σκαντζόχοιρος, ἡ Ἀράχνη, ἡ Χελώνα   216
Aorist Passiv der Verben mit asigmatischem aktivem
Aorist, **Unregelmäßigkeiten** im Aorist Passiv
Zweiter Aorist Passiv, Reflexivpronomen
Die Verben: ἀκούω, βλέπω, βρίσκω und ihre Ergänzung
Die Verben χαίρομαι, λυπᾶμαι und ihre Ergänzung

25. Lektion   Ὁ παραγγελιοδόχος καί ὁ παπάς   224
Adjektive auf - ύς, -ιά, - ύ und ihre Steigerung
Adjektive auf - ής, - ιά. - ί
Gedicht von K. Palamas: Μιά πίκρα

26. Lektion   Ἡ Δεκοχτούρα   228
Adjektive auf : - ης, - α, - ικο und
auf: -άς, -ού, - άδικο
Gedichte von Seferis aus: Μυθιστόρημα

27. Lektion   Ὁ ξεχασμένος φίλος   233
Partizip Perfekt Passiv der Verben mit asigmatischem
Aorist, Unregelmäßigkeiten bei der Bildung des P.P.P.
Anekdote: Ἀλέξανδρος καί Διογένης
Volkslied: Γιά τήν ξενιτειά

28. Lektion   Περίπατος στήν ιστορία τῆς νεώτερης   238
               Ἑλλάδας
   Imperativ des Passivs
   Adjektive auf: ων, - ον und auf -ων, -ουσα, -ον
   Gedicht von Elytis: Τά πάθη (ἀπό "Τό Ἄξιον Ἐστί")
   Übersetzung von G. Dietz

Index   247

Zweiter Band

Übungen   5
Grammatiktabellen   69
Präpositionen   70
Konjunktionen   75
Deklination   78
Hilfsaverben   80
Aktiv (stamm-, endbetont)   81
Konjunktiv Aktiv und Passiv   87
Imperativ, Konditionalis   88
Verbentabellen mit Stammformen   89
Wörterverzeichnis Griechisch - Deutsch   110
Wörterverzeichnis Deutsch - Griechisch   157

Dritter Band

Schlüssel

ΑΣΚΗΣΕΙΣ - ÜBUNGEN

Πρῶτο μάθημα

1) Versehen Sie alle im Text vorkommenden Substantive mit dem unbestimmten Artikel!

2) Ἀπαντῆστε σύμφωνα μέ τό παράδειγμα - Antworten Sie nach dem Beispiel!
 **Πίνετε νερό; - Ναί, πίνω νερό.
 - Ὄχι, δέν πίνω νερό.**

Πίνεις τσάι; - Πίνετε γάλα; - Πίνουν κονιάκ; - Πίνουν μπύρα; - Διαβάζεις ἕνα βιβλίο; - Διαβάζουν ἕνα βιβλίο; - Κυττάζεις μία φωτογραφία;- Κυττάζετε μία φωτογραφία; - Πίνουν ὁ θεῖος καί ἡ θεία οὖζο;

3) Ἀπαντῆστε σύμφωνα μέ τό παράδειγμα !

 Τί κάνει ὁ Τάκης; - Δέν ξέρω τί κάνει ὁ Τάκης.

Τί διαβάζει ἡ μητέρα; - Τί κάνει ἡ Ἄννα; - Τί κάνει ὁ παππούς; - Τί πίνει ὁ Τάκης; - Τί πίνουν ὁ θεῖος καί ἡ θεία; - Τί διαβάζει τό παιδί; - Τί κυττάζουν ὁ πατέρας καί ἡ μητέρα; - Τί κάνει ἡ γιαγιά; - Τί κάνει ἡ θεία;

4) Συμπληρῶστε! Ergänzen Sie!
Ὁ πατ ...... πίν ...... ν ......
Ἡ μητ ...... δ ...... πίν ...... τίπ ......
Ὁ θ ...... καί ἡ θ ...... πίν ...... κρ ......
Ἡ γι ...... δ ...... διαβ ...... ἕ ...... βιβ ......
Τί κάν ...... ὁ Τάκ ...... καί ἡ Ἄν ......;
Δέν πίνομε καφ ......, ἀ ...... γ ......
Κυτ ...... ὁ πατέρας κ ...... ἡ μητέρα μ ...... φωτ .... ;

5) Bilden Sie die Anredeform folgender Eigennamen:
ὁ Γιῶργος, ὁ Πέτρος, ὁ Κώστας, ὁ Νίκος, ὁ Ἀντώνης, ὁ Γιάννης, ὁ Περικλῆς, ἡ Κατερίνα, ἡ Σοφία, ἡ Ἀλεξάνδρα, ἡ Πηνελόπη.

6) Bilden Sie auch drei Sätze nach dem folgenden Beispiel!

Πίνω τσάι καί ὄχι καφέ.
Δέν πίνω καφέ, ἀλλά τσάι.

7) **Μεταφράστε** ! **Übersetzen Sie!**
Man betrachtet ein Bild. Man tut nichts. Man trinkt Tee. Man liest ein Buch. Man weiß nichts.

Δεύτερο μάθημα.

1) Ἀπαντῆστε!
Ποιός εἶσαι; Ποιός εἶναι αὐτός; Ποιά εἶναι αὐτή; Ποῦ εἶναι ἡ Μαρία; Τί εἶναι αὐτή; Τί εἶναι ὁ κ. Μυλωνάς; Ποῦ εἶναι τώρα; Τί εἴσαστε ἐσεῖς; Ποῦ εἴσαστε τώρα; Ποῦ εἶναι τό Πανεπιστήμιο; Ποῦ πηγαίνει ὁ κύριος; Ποῦ πηγαίνουν αὐτές;

2) Συμπληρῶστε σύμφωνα μέ τό παράδειγμα!

Ὁ Τάκης εἶναι μαθητής, πηγαίνει στό σχολεῖο.

Ἡ Σοφία εἶναι φοιτήτρια,   πηγαίνει ....
Ἡ θεία εἶναι γιατρός,   πηγαίνει ....
Ὁ παππούς εἶναι μαραγκός,   πηγαίνει ....
Ἐγώ εἶμαι ὑπάλληλος,   πηγαίνω ....
Αὐτός εἶναι ἐργάτης,   πηγαίνει ....
Ἡ Ἄννα εἶναι νοικοκυρά,   πηγαίνει ....

3) Ἀπαντῆστε!
Ποιός εἶναι στό σπίτι; Ποιός εἶναι στό μαγαζί; Ποιός εἶναι στό ἐργοστάσιο; Ποιός εἶναι στό σχολεῖο; Ποιός εἶναι στό Πανεπιστήμιο; Ποιός εἶναι στό νοσοκομεῖο; Ποιός εἶναι στό γραφεῖο;

4) Ἀπαντῆστε σύμφωνα μέ τό παράδειγμα!

Ποῦ εἶναι τό σπίτι; Τό σπίτι εἶναι κοντά.
Τό σπίτι εἶναι μακριά.
Δέν ξέρω ποῦ εἶναι τό σπίτι.

Ποῦ εἶναι τό σχολεῖο; Ποῦ εἶναι τό Πανεπιστήμιο; Ποῦ εἶναι τό μαγαζί; Ποῦ εἶναι τό γραφεῖο; Ποῦ εἶναι τό ἐργοστάσιο; Ποῦ εἶναι τό νοσοκομεῖο;

5) Συμπληρῶστε!

Τό παιδί δέν εἶναι στό σπίτι,	ἀλλά στό ....
Ἡ θεία δέν εἶναι στό γραφεῖο,	ἀλλά στό ....
Ὁ πατέρας δέν εἶναι στό ἐργοστάσιο,	ἀλλά στό ....
Ὁ φοιτητής δέν εἶναι στό σχολεῖο,	ἀλλά στό ....
Ἡ μητέρα δέν εἶναι στό νοσοκομεῖο,	ἀλλά στό ....
Ὁ Τάκης δέν εἶναι μαθητής,	ἀλλά ....
Ὁ παππούς δέν εἶναι γιατρός,	ἀλλά ....
Ἡ Ἄννα δέν εἶναι φοιτήτρια,	ἀλλά ....
Ἡ Μαρία δέν εἶναι ὑπάλληλος,	ἀλλά ....
Ὁ θεῖος δέν εἶναι δάσκαλος,	ἀλλά ....

6) Ἀπαντῆστε σύμφωνα μέ τό παράδειγμα!

Εἶναι ὁ Τάκης ἐργάτης; - Δέν ξέρω ἀκριβῶς, ἀλλά νομίζω
           πώς (ὅτι) ὁ Τάκης δέν εἶναι ἐργάτης.

Εἶναι ἡ Ἄννα γιατρός; Εἶναι ὁ πατέρας μαραγκός; Εἶναι ἡ μητέρα δασκάλα; Πίνουν αὐτοί κονιάκ; Πίνει ὁ θεῖος μπύρα; Κυττάζει ἡ θεία μία φωτογραφία; Διαβάζει ὁ δάσκαλος ἕνα βιβλίο; Πηγαίνει ὁ φοιτητής στό σπίτι; Κάνουν αὐτές τώρα μάθημα;

Τρίτο μάθημα

1) Ἀπαντῆστε!
Ποιός μπαίνει στό δωμάτιο; Τί λέει; Ποιός τρώει; Τί τρῶνε ὁ θεῖος καί ἡ θεία; Μέ τί τρώει ἡ μητέρα τό ψάρι; Μέ τί τρώει ὁ παππούς τή σούπα; Τί κάνει ὁ Γιαννάκης; Τί θέλει; Ποῦ εἶναι ἡ γιαγιά; Ποῦ εἶναι τό γλυκό; Ποιός ἔχει τό κλειδί;

2) Ἐργαστεῖτε σύμφωνα μέ τό παράδειγμα - Arbeiten Sie nach dem Beispiel

Ἡ Ἑλένη λέει   "Ἀκούω μουσική"
Ἡ Ἑλένη λέει   ὅτι ἀκούει μουσική.
Ἡ Ἑλένη λέει   πῶς ἀκούει μουσική.

Ἡ Ἄννα λέει: τρώω. Λέτε: θέλομε ἕνα κομμάτι γλυκό. Λές: διαβάζω. Ἐμεῖς λέμε: τά παιδιά κλαῖνε. Αὐτά λένε: ὁ Γιαννάκης κλαίει. Ἡ γιαγιά λέει·: ἐγώ ἔχω τό κλειδί. Λές: ἐσεῖς διαβάζετε. Αὐτοί λένε: ἐμεῖς διαβάζομε.

3) Ἀπαντῆστε μέ : "γιατί".
Γιατί εἶναι ἡ θεία στό σπίτι; Γιατί πηγαίνεις στό νοσοκομεῖο; Γιατί πηγαίνετε στό Πανεπιστήμιο; Γιατί κλαίει τό παιδί; Γιατί ἔχει ὁ Τάκης μαχαίρι καί πηρούνι; Γιατί δέν πηγαίνεις στό γραφεῖο; Γιατί πηγαίνει ὁ Νίκος στό μαγαζί; Γιατί πηγαίνει ἡ Μαρία στό σχολεῖο;

4) Συμπληρῶστε!
Ἐμεῖς τρ ...... ψωμί μ .... τυρ ......
Ὁ θεῖ ...... καί ἡ για ......ἀκ ...... μου .....
Τό παι ...... κλ ......
Ἡ σού ...... καί ......
Ἡ φοιτ ...... λεί ......
Ποι ......ἀκ ...... ρά ......;
Ποι ...... μαθήτρια...... λεί ......;
Ποι ...... βιβλίο ...... διαβάζ ...... , Κώστα;
Τί κάν ......; - ...... καλά.
Τί κάν. ...... ; Τρ ......

5) Συμπληρῶστε σύμφωνα μέ τό παράδειγμα!

Θέλω ἕνα κομμάτι ψωμί.

Θέλεις ἕνα κομμάτι ....;   Ἡ γιαγιά θέλει ἕνα κομμάτι ....
Θέλετε ἕνα κομμάτι ....;   Ὄχι, δέ θέλουμε ἕνα κομμάτι ....
Ὁ θεῖος καί ἡ θεία δέ θέλουν ἕνα κομμάτι ....

Τέταρτο μάθημα

1) Ἀπαντῆστε!
Τί κάνω τό πρωί; Τί βλέπω στό δρόμο; Τί κάνουν τά αὐτοκίνητα; Τί βλέπω πίσω ἀπό τά αὐτοκίνητα; Ποιός εἶναι μέσα στό τράμ; Ποῦ πᾶνε οἱ ὑπάλληλοι; Ποῦ πηγαίνουν οἱ ἐργάτες; Ποῦ πᾶνε οἱ μαθητές; Τί ἔχουν τά παιδιά στό χέρι; Ποιός τρώει μπανάνες; Τί κάνουν οἱ νεαροί; Μέ τί πᾶνε ἄλλοι ἄνθρωποι στή δουλειά; Ποιοί ἀνοίγουν τά καταστήματα; Ποιός μπαίνει μέσα; Τί κάνουν οἱ πελάτες; Τί ἔχουν στά χέρια; Τί ἀγοράζει μία κυρία ἀπό τό μανάβη; (στό μανάβη;) Ἀπό ποῦ βγαίνει ὁ ταχυδρόμος;

2) Βάλτε τά οὐσιαστικά στόν πληθυντικό! Setzen Sie die Substantive in den
   Plural!
ἀγοράζω   (τό μῆλο, ἡ μπανάνα, ὁ καφές, τό κρασί, ἡ μπύρα)
βλέπω   (τό παιδί, τό σχολεῖο, ὁ δάσκαλος, ὁ μαθητής   )
κυττάζω   (ὁ νεαρός, ἡ κοπέλλα, τό αὐτοκίνητο, ἡ κυρία   )
ἀνοίγω   (ἡ τσάντα, τό μαγαζί, τό παράθυρο, τό κατάστημα)
ἔχω   (ὁ θεῖος, ἡ θεία, ἡ γιαγιά, ὁ παππούς, ἡ δασκάλα)

3) Κάνετε φράσεις! Bilden Sie Sätze!
Πηγαίνω, ποδήλατο, γραφεῖο
Κατεβαίνω, δρόμος.
Τρώω, ἐμεῖς, γραφεῖο, γλυκό.
Δρόμοι, τρέχω, παιδιά.
Ἐφημερίδα, διαβάζω, φοιτητές.

Παππούς, ἀκούω, ραδιόφωνο, μουσική.
Κλαίω, δωμάτιο, παιδιά.
Ἔχω, χέρια, αὐτοί, βιβλίο.

4) Συμπληρῶστε!
Λέω ...... μαθητή, ... μαθήτρια, ... παιδί, ... δασκάλους καλημέρα.
Λέτε ...... κυρίες, ... νεαρούς, ... θεῖες, ... παιδιά καλημέρα.
Πᾶτε ...... γραφεῖο, ...μαγαζιά, ... παππούδες, ... θείους,
...... γιαγιά, ... φούρναρη.

5) Συμπληρῶστε!
Ἀγοράζομε   ψωμί   ἀπό τόν ......
                ψάρι   ἀπό τόν ......
                μῆλα   ἀπό τόν ......
                βούτυρο   ἀπό τόν ......
                σαλάμι   ἀπό τόν ......
                σοκολάτα   ἀπό τό ......

6) Ἀπαντῆστε!
Τί ἀγοράζομε ἀπό   τόν   μπακάλη;
"   "   "   τό   χασάπη;
"   "   "   τό   μανάβη;
"   "   "   τό   φούρναρη;
"   "   "   τό   περίπτερο;

7) Ἀπαντῆστε!
Μέ τί πᾶτε στό νοσοκομεῖο;
Μέ τί πάει ἡ Ἄννα στό σπίτι;
Μέ τί πᾶς ἐσύ στό Πανεπιστήμιο;
Μέ τί πᾶνε οἱ ἐργάτες στό ἐργοστάσιο;
Μέ τί πάει ὁ πατέρας στό μαγαζί;
Μέ τί πᾶνε τά παιδιά στό σχολεῖο;
Μέ τί πᾶμε ἐμεῖς στό γραφεῖο;

8) Συμπληρώστε!
.... στό δωμάτιο εἶναι δύο ντουλάπια.
.... στά ντουλάπια εἶναι γλυκά.
.... τό κλειδί ἀνοίγουμε τήν πόρτα.
.... ἀπό τήν πόρτα εἶναι ἡ γάτα.
Βγαίνουν ...... τό σπίτι καί μπαίνουν ...... ἕνα κατάστημα.
.... ἀπό τό βιβλίο εἶναι ἡ ἐφημερίδα.
.... ἀπό τόν κύριο εἶναι ἡ κυρία.
.... ἀπό τό γραφεῖο εἶναι τό νοσοκομεῖο.
.... ἀπό τό παιδί μπαίνει ὁ δάσκαλος.
Πάνω ...... τραπέζι εἶναι ἡ λάμπα.
Πάνω ...... τραπέζι εἶναι ἡ τσάντα.
Δίπλα ..... σπίτι εἶναι ἕνα μαγαζί
Κοντά ...... μανάβικο εἶναι τό μπακάλικο.
Ἀπέναντι   τό μπακάλικο εἶναι ὁ φοῦρνος.

9) Μωσαϊκό
Ἀνοίγω τό παιδί καί κυττάζω τό παράθυρο. Ὁ ταχυδρόμος μπαίνει στά γράμματα καί φέρνει τό σπίτι. Στό κατάστημα ἀγοράζω τράμ καί στό δρόμο τρέχουνε πατάτες. Οἱ μπανάνες τρῶνε τίς κοπέλλες. Ἀνοίγουμε τή μουσική καί ἀκοῦμε τό ράδιο. Μπαίνουν στήν ἐφημερίδα καί διαβάζουν τό τράμ. Τρῶτε τό πηρούνι μέ τό ψάρι. Ψωνίζουν τό μαγαζί καί μπαίνουν στά λαχανικά. Βγαίνετε μέ τό κατάστημα ἀπό τήν τσάντα. Πηγαίνει μέ τό σχολεῖο στά πόδια.

10) Κάνετε φράσεις μέ "ποῦ"
Βλέπω ἕνα παιδί. Τό παιδί διαβάζει.
Βλέπω ἕναν κύριο. Αὐτός μπαίνει στό τράμ.
Ἀκοῦμε μουσική. Εἶναι μοντέρνα.
Διαβάζω τήν ἐφημερίδα. Ἀγοράζω στό περίπτερο μία ἐφημερίδα.
Τό ράδιο λέει τά νέα. Ὁ θεῖος ἀκούει τά νέα.
Τρῶνε ψάρια. Αὐτά εἶναι φρέσκα.
Βλέπομε δύο κυρίες. Εἶναι δασκάλες.
Κυττάζω τά παιδιά. Αὐτά τρέχουν στό δρόμο.

11) Μεταφράστε καί ἀπαντῆστε! Übersetzen Sie und beantworten Sie die Fragen!
1) Wer trinkt Wasser und ißt ein Stück Kuchen?
2) Was trinken der Vater und die Mutter?
3) Was essen der Onkel und die Tante?
4) Wie geht es dir? Wie geht es Ihnen?
5) Womit essen die Kinder Suppe?
6) Wohin gehen die Arbeiter jetzt?
7) Wer ist auf der Straße hinter dem Kiosk?
8) Sind die Schlüssel unter der Zeitung?
9) Womit fährt der Lehrer in die Schule?
10) Geht der Arzt ins Krankenhaus zu Fuß?
11) Was hören die Schüler im Zimmer?
12) Wo (bei wem) kaufen Sie Brot?
13) Was ist gegenüber der Fabrik?
14) Sie sagt, sie habe Grippe.
15) Wissen Sie, wo die Schlüssel sind?
16) Wissen Sie, daß die Großmutter nicht da ist?

Πέμπτο μάθημα

1) Ἀπαντῆστε!
Ποῦ μένει ἡ Ἄννα; Πῶς εἶναι τό σπίτι; Πόσα πατώματα ἔχει τό σπίτι; Ποιός μένει στό πρῶτο πάτωμα; Ποιός μένει στό δεύτερο; Σέ ποιό πάτωμα μένει ἡ Ἄννα; Πόσα δωμάτια ἔχουν; Πῶς εἶναι ἡ κρεββατοκάμαρα; Εἶναι τό χώλλ φωτεινό; Γιατί εἶναι τά παιδικά δωμάτια φωτεινά; Ποιός διαβάζει στό γραφεῖο; Πῶς εἶναι τά ἔπιπλα πού εἶναι στό γραφεῖο; Τί ἔπιπλα ἔχει ἡ Ἄννα; Τί εἶναι πίσω ἀπό τό σπίτι; Πότε (wann) παίζουν τά παιδιά στόν κῆπο;

2) Συμπληρῶστε!
Αὐτ ...... τό σπίτι εἶναι ψηλ ......   Αὐτ ...... τά παράθυρα εἶναι μεγάλ ......
Ἐκεῖν ...... ὁ κῆπος εἶναι μικρ ......   Ἐκεῖν ... τά ἔπιπλα εἶναι φτην ......
Τοῦτ ...... εἶναι ἀκριβ ......   Τοῦτ ...... οἱ καναπέδες εἶναι χαμηλ ......

Τούτ ...... ἡ σάλα εἶναι φωτειν ...... Αὐτ ...... οἱ μαθήτριες εἶναι πλούσ .... .
ἐκεῖν ...... εἶναι φτωχ ....

3) Συνεχίστε σύμφωνα μέ τό παράδειγμα! Setzen Sie nach dem Beispiel fort!

αὐτό τό παιδί, τοῦτο τό παιδί, ἐκεῖνο τό παιδί

τό ἐργοστάσιο, ἡ μαθήτρια, τά σπίτια, ὁ μαραγκός, ἡ γιατρός, τά μαγαζιά, οἱ δασκάλες, οἱ ἔμποροι, τά μῆλα, οἱ πατάτες, τό παράθυρο, τά τράμ, οἱ κῆποι, τό σχολεῖο, τά δωμάτια, οἱ ταράτσες, ὁ καθηγητής, τό δέντρο, οἱ φοιτήτριες, τά καταστήματα, ὁ καναπές.

4) Ἀπαντῆστε γρήγορα!

Τό χαλί δέν εἶναι καινούργιο,   ἀλλά ......
Τό λεξικό δέν εἶναι φτηνό,   ἀλλά ......
Ἡ βιβλιοθήκη δέν εἶναι μικρή,   ἀλλά ......
Ὁ καναπές δέν εἶναι ψηλός,   ἀλλά ......
Ἡ κρεββατοκάμαρα δέν εἶναι μικρή, ἀλλά ......
Τό αὐτοκίνητο δέν εἶναι μοντέρνο, ἀλλά ......
Τό σπίτι δέν εἶναι παλιό,   ἀλλά ......
Τό νοσοκομεῖο δέν εἶναι μικρό,   ἀλλά ......
Ἡ κυρία δέν εἶναι πλούσια,   ἀλλά ......
Ὁ φοιτητής δέν εἶναι καλός,   ἀλλά ......
Τό μπάνιο δέν εἶναι φωτεινό,   ἀλλά ......
Ὁ κῆπος δέν εἶναι μεγάλος,   ἀλλά ......

5) Βάλτε τίς φράσεις στόν πληθυντικό! Setzen Sie die Sätze in den Plural!
Πίνω ἕναν καφέ.
Βλέπω τόν ὡραῖο κῆπο.
Ἀγοράζω μία φρέσκια μπανάνα.
Τρώει τό μεγάλο μῆλο.
Ἔχει ἕναν ἀκριβό καναπέ.
Δέν ξέρομε τόν καινούργιο ὑπάλληλο.
Αὐτή ἡ φοιτήτρια εἶναι κακιά.

6) Συμπληρώστε σύμφωνα μέ τό παράδειγμα!

**Ποιός είναι αὐτός ὁ κύριος;
Ποιά εἶναι αὐτή ἡ κυρία;
Ποιό εἶναι αὐτό τό παιδί;**

Ποι...... εἶναι αὐτ...... ἡ μαθήτρια;
Ποι...... εἶναι αὐτ...... οἱ νεαροί;
Ποι...... εἶναι αὐτ...... ἡ κοπέλλα;
Ποι...... εἶναι αὐτ...... τά παιδιά;
Ποι...... εἶναι αὐτ...... οἱ γιατροί;
Ποι...... εἶναι αὐτ...... οἱ γυναῖκες;
Ποι...... εἶναι αὐτ...... οἱ νοικοκυρές;
Ποι...... εἶναι αὐτ...... ὁ φοιτητής;

7) Συμπληρώστε!
Δέν πίνω πολ...... οὖζο. Δέν τρῶς πολ...... πατάτες. Δέν ἀγοράζει πολ...... μῆλα. Δέν πίνουν πολ...... μπύρες, ἀλλά πολ...... ρετσίνα. Πίνομε πολ...... καφέδες. Στό δρόμο βλέπω πολ...... ἀνθρώπους.

8) Κάνετε ἐρωτήσεις κατά τό παράδειγμα.
Πίνω πολύν καφέ. Πόσον καφέ πίνεις;

Ἔχω πολλά δωμάτια. Διαβάζει πολλά βιβλία. Τρώει δύο ψάρια. Ξέρει πολλούς φοιτητές καί λίγες φοιτήτριες. Ἔχουν τρεῖς θείους καί δύο θεῖες. Ἀγοράζει λίγες μπανάνες καί πολλά μῆλα. Πίνουν λίγο κρασί καί πολλή μπύρα. Βλέπομε στό δρόμο πολλούς ἀνθρώπους. Στό σχολεῖο πηγαίνουν πολλές μαθήτριες. Στό ἐργοστάσιο εἶναι πολλοί ἐργάτες. Ἔχει δύο ἀδελφές καί πέντε ἀδελφούς. Στό πακέτο εἶναι πολύς καφές.

9) Συμπληρώστε μέ τρεῖς φράσεις!
Ὅταν ἔχω καιρό, ……………
Ὅταν ὁ καιρός εἶναι καλός, ……

10) Πῶς εἶναι τό σπίτι πού μένετε;

Ἐπανάληψη Wiederholung

Übersetzen Sie!

1) Wer sind Sie? Wer sind sie? Wer ist diese Frau?
2) Bist du Student? Ist er Arzt? Sind Sie Lehrerin?
3) Wo ist der Schüler jetzt? Wohin geht der Arbeiter? Wer geht ins Büro und wer ist daheim?
4) Ist die Uni weit? Ist das Geschäft nah?
5) Das ist nicht Anna, sondern Maria. Sie ist Hausfrau.
6) Was trinkt der Opa? Was für einen Wein trinken die Studenten?
7) Ich glaube, dieser Herr ist Ingenieur und fährt mit der Straßenbahn in die Fabrik.
8) Was studierst du? Wer studiert Mathematik und wer Pädagogik?
9) Ich bin keine Studentin, sondern Angestellte.
10) Die Mutter ist krank, sie hat Grippe und ist im Bett.- Gute Besserung!
11) Wie geht es der Oma? Ist sie auch im Bett?
12) Wir essen die Suppe mit dem Löffel und den Fisch mit der Gabel.
13) Warum weint das Kind? - Weil es keine Ferien hat.
14) Haben Sie den Schlüssel für die Tür? - Nein, für den Schrank.
15) Ihr hört Musik am Radio, wenn die Eltern nicht da sind.
16) Auf der Straße sehe ich zwei Autos und drei Fahrräder.
17) Die Schüler haben ein Buch in den Händen und lernen die Lektion.
18) Eine Dame ißt einen Apfel. In der Hand hält (hat) sie eine Tasche mit Einkäufen: Kartoffeln, Tomaten, Gemüse, Brot.
19) Sie kauft das Brot beim Bäcker und die Salami beim Metzger.
20) Der Gemüsehändler ist krank und macht das Geschäft nicht auf.
21) Wissen Sie, wo ein Kiosk ist? - Ich weiß es nicht genau.
22) Gehen Sie ins Büro zu Fuß oder mit dem Fahrrad?
23) Ich gehe zu Fuß, aber Takis fährt mit dem Omnibus.
24) Wer ist dieser Junge, der schnell auf der Straße rennt?
25) Ich weiß es nicht; ich glaube, es ist Kostas.
26) Du sagst dem Onkel, der Tante, den Professoren guten Tag.
27) Was ist unter dem Buch, hinter dem Lexikon? - Eine Zeitung.
28) Wo wohnen Sie und wie viele Zimmer haben Sie? Haben Sie eine Terrasse Sind auf der Terrasse viele Blumen?
29) In diesem Zimmer sind alte, aber teure Möbel; in jenem sind moderne und billige. Auch der Teppich ist sehr billig.
30) Was machst du, wenn du Zeit hast und das Wetter schön ist?

Έκτο μάθημα

1) Άπαντήστε!
Πού μαζεύεται όλη ή οικογένεια μετά τό φαγητό; Γιατί είναι όλοι κουρασμένοι; Πότε έρχονται στό σπίτι; Πού κάθεται ή μητέρα; Τί κάνει; Πού κάθεται ό πατέρας; Τί κάνει; Πού κάθονται τά παιδιά; Τί κάνουν; Τί φωνάζει ό Γιαννάκης; Τί λέει ό πατέρας; Τί λέει ή μητέρα; Πού πηγαίνουν τά μεγάλα παιδιά; Άπό ποιόν πλένεται ό Γιαννάκης;

2) Συμπληρώστε καί άπαντήστε!

Ποιός κάθ	κοντά στό σχολείο;
Πότε έτοιμάζ	ό μαθητής;
Πότε πλέν	τά παιδιά;
Πότε πλεν	έσείς;
Άπό πού έρχ	ή καθηγήτρια;
Άπό πού έρχ	οί φοιτητές;
Πού βρισκ	έμείς τώρα;
Πού έργάζ	ό γιατρός;
Πού έργάζ	οί έργάτες;
Μέ τί έρχ	έσείς στό μάθημα;
Τσακών	οί μαθητές;
Τί γίν	έκεί;
Πίν	αύτό τό νερό;
Ποιός κάθ	σ' αύτό τό σπίτι;
Τρώγ	αύτές οί μπανάνες;
Πλέν	αύτό τό πουλόβερ;
Πλέν	αύτοί μέ κρύο νερό;

3) Μετατρέψτε τό ένεργητικό σέ παθητικό! Verändern Sie das Aktiv ins Passiv!
Τά παιδιά τρώνε τά παξιμάδια. Ή κυρία άγοράζει ψάρια. Ό παππούς άγοράζει μιά έφημερίδα. Ή θεία μαζεύει λουλούδια. Οί φοιτήτριες γράφουν γράμματα. Οί μαθητές διαβάζουν βιβλία. Ή γιαγιά έτοιμάζει τό φαγητό. Ό ταχυδρόμος άνοίγει τό σάκκο μέ τά γράμματα. Οί έμποροι

ἀνοίγουν τά καταστήματα. Οἱ κοπέλλες πλένουν τά μαχαίρια. Ἡ Μαρία πλέκει ἕνα πουλόβερ. Ὁ Κώστας γράφει ἕνα γράμμα.

4) Συμπληρῶστε!

Ἐσεῖς	πλέν	τήν μπλούζα.	Ὁ Πέτρος	πλέν	
"	βρίσκ	τήν τσάντα.	Τό σπίτι	βρίσκ	κοντά.
"	γράφ	τό γράμμα.	Τό γράμμα	γράφ	
"	πίν	τήν μπύρα.	Ἡ μπύρα	πίν	κρύα.
"	σηκών	τό βιβλίο	Ὁ παππούς	σηκών	....

5) Ἀπαντῆστε!
Τί κάνετε τό πρωί; Τί κάνετε τό μεσημέρι; Τί κάνετε τό ἀπόγευμα; Τί κάνετε τό βράδυ; Τί κάνετε τήν ἡμέρα;

6) Συμπληρῶστε μέ τή σωστή πρόθεση (ἀπό, γιά, μέ, σέ). - Ergänzen Sie durch die passende Präposition!
Πηγαίνω ...... σπίτι ...... τά πόδια.
Ἔρχεται ...... τό γραφεῖο καί μπαίνει ...... σπίτι.
Ἡ Ἄννα πλένεται ...... κρύο νερό ...... τή γιαγιά.
Ἔχει αὐτά τά φροῦτα ...... τή φίλη της (ihre Freundin).
Τρῶμε ὅλοι ...... μία μπανάνα.
Ἀγοράζεις τήν ἐφημερίδα ...... τό περίπτερο.
Ἐργάζεται ...... τό πρωί.
Ἑτοιμαζόμαστε ...... τό μάθημα.
Γράφω ...... τό στυλό (Füller).
Ὁ Τάκης τσακώνεται ...... τήν Ἄννα.
Φεύγουν ...... τό Πανεπιστήμιο.
...... τί εἶσαι ἄρρωστος;
Τό κλειδί εἶναι ...... τό ντουλάπι.
...... ποιόν πᾶς στή δουλειά ;
Ἔχεις ἕνα φάρμακο (Medikament) ...... τή γρίππη;

7) Γιατί ἤ γι αὐτό; ποιό εἶναι τό σωστό; Was ist das Richtige?

Ὁ κύριος Νίκος εἶναι δάσκαλος,   πηγαίνει στό σχολεῖο.
Εἶναι νοικοκυρά,   ἐργάζεται στό σπίτι.
Ὁ καφές δέν πίνεται,   καίει.
Εἶναι κουρασμένη,   κάθεται στόν καναπέ.
Δέν ἀκούω τά νέα,   δέν ἔχω ράδιο.
Κάθεται μακριά,   ἔρχεται μέ τό τράμ.
Πᾶνε μέ τά πόδια,   δέν ἔχουν ποδήλατο.
Τά ψάρια δέν εἶναι φρέσκα,   δέν τρώγονται.
Τό δωμάτιο εἶναι φωτεινό,   ἔχει πολλά παράθυρα.
Εἶμαι ἄρρωστη,   παίρνω φάρμακα.
Δέν πλένεται μέ κρύο νερό,   κάνει κρύο.
Ἔχει γρίππη,   δέ βγαίνει ἀπό τό σπίτι.
Ἀνοίγει τά παράθυρα,   κάνει ζέστη.
Ἑτοιμάζομαι γιά ὕπνο,   εἶμαι κουρασμένος.
Τά παιδιά τσακώνονται,   ὁ πατέρας θυμώνει.
Δέν ἔχει δωμάτιο,   ὅλα εἶναι πιασμένα.

Ἕβδομο μάθημα

1) Ἀπαντῆστε!

Ποιός κάνει ἕνα τηλεφώνημα; Σέ ποιόν; Σέ ποιόν κινηματογράφο πᾶνε οἱ δύο φίλοι; Πῶς τό λένε τό φίλμ πού παίζει τό "Ρέξ"; Ποιά φίλμ ἀρέσουν στόν Νίκο; Ἔχουν εἰσιτήρια; Ποιός τούς χαρίζει τά εἰσιτήρια; Γιατί δέν πηγαίνει ἡ Ἑλένη στόν κινηματογράφο; Ποῦ περιμένει ὁ Ἀντρέας τόν Νίκο;

2) Συμπληρῶστε!
Νά ἕνας κύριος.   Πῶς ...... λένε;
Νά μία κυρία.   Πῶς ...... λένε;
Νά ἕνα παιδί.   Πῶς ...... λένε;
Νά δύο μαθητές.   Πῶς ...... λένε;
Νά τρεῖς μαθήτριες.   Πῶς ...... λένε;
Νά πέντε παιδιά.   Πῶς ...... λένε;

3) Ἀντικαταστῆστε σύμφωνα μέ τό παράδειγμα! Ersetzen Sie nach dem

Beispiel!
   Ἀκούω μουσική.
   Ἀκούω αὐτήν.
  Τήν ἀκούω.

Διαβάζουμε πολλά βιβλία. Βλέπει τό μοντέρνο φίλμ. Ἀγοράζω τρεῖς ἐφημερίδες. Ξέρεις τίς κυρίες. Τρῶμε τυρί. Πίνουν δύο καφέδες. Γιατί κυττάζετε τά δέντρα; Πλέκετε ἕνα πουλόβερ. Γράφουν γράμματα. Ἀγοράζεις ἕνα σπίτι. Θέλεις δύο εἰσιτήρια. Δέ θέλει τά λουλούδια. Δέ βλέπει τούς φοιτητές. Δέν τρώει τίς μπανάνες.

4) Μετατρέψτε τή δομή κατά τό παράδειγμα. Verändern Sie die Konstruktion nach dem Beispiel!

  Μέ ἐνδιαφέρει τό βιβλίο. Ἐνδιαφέρομαι γιά τό βιβλίο.

Σέ ἐνδιαφέρουν τά μαθηματικά.
Τήν ἐνδιαφέρει ἡ πολιτική.
Τόν ἐνδιαφέρουν τά παιδαγωγικά.
Μᾶς ἐνδιαφέρει ἡ φιλοσοφία.
Σᾶς ἐνδιαφέρουν τά ποδήλατα.
Τούς ἐνδιαφέρει ὁ κινηματογράφος.

5) Συμπληρῶστε μέ τήν προσωπική ἀντωνυμία καί τό ρηματικό τύπο. Ergänzen Sie mit dem Personalpronomen und der Verbalform!

(Ἐγώ) ...... ἀρέσ ...... ὁ καφές. (Ἐσύ) ...... ἀρέσ ...... τά μῆλα. (Ἐμεῖς) ....
ἀρέσ ...... τά αὐτοκίνητα. (Ἐσεῖς) ...... ἀρέσ ...... τό χαλί. (Ὁ κύριος) ......
ἀρέσ ...... ὁ κῆπος. (Τά παιδιά) δέν ...... ἀρέσ ...... τά γλυκά. (Αὐτός) ......
ἀρέσ ...... τά ἔπιπλα. (Ἡ κυρία) ...... ἀρέσ ...... τά δέντρα. (Αὐτές) ......
ἀρέσ ...... τό τσάι.
(Αὐτοί) ...... ἐνδιαφέρ ......τά βιβλία. (Ἡ μαθήτρια) ......ἐνδιαφέρ .....τό μάθημα. (Ἐσύ) ...... ἐνδιαφέρ ...... τά νέα. (Οἱ φοιτήτριες) ...... ἐνδιαφέρ ..... τά φίλμ. (Ἐγώ) ...... ἐνδιαφέρ ......τό φαγητό. (Ἐμεῖς) ...... ἐνδιαφέρ ...... οἱ ἐφημερίδες.

6) Συνεχίστε σύμφωνα μέ τό παράδειγμα!

         Παίρνω στό τηλέφωνο τόν 'Αντρέα.
Τόν   **παίρνω στό τηλέφωνο.**
Τοῦ   **κάνω ἕνα τηλεφώνημα.**

Παίρνω στό τηλέφωνο   τόν Κώστα, τήν Εἰρήνη, τό γιατρό, τή θεία
"   "   "   τόν παππού καί τή γιαγιά
"   "   "   τίς κοπέλλες, τούς νεαρούς, τ ίς κυρίες.

7) Ἀντικαταστεῖστε σύμφωνα μέ τό παράδειγμα!

        Δίνω τά μῆλα στό παιδί.
        Δίνω αὐτά σ' αὐτό.
Τοῦ τά **δίνω.**

Ὁ Γιάννης γράφει γράμμα στόν Τάκη. Ἡ Μαρία στέλνει τά λουλούδια στή γιαγιά. Ὁ πατέρας χαρίζει στά παιδιά τά εἰσιτήρια. Ἡ μητέρα χαρίζει στίς φοιτήτριες τά βιβλία. Ὁ ταχυδρόμος φέρνει σ' ἐμᾶς τά γράμματα. Δίνομε σ' ἐσᾶς τίς ντομάτες. Δίνομε σ'αὐτούς τά λαχανικά. Ποιός στέλνει στόν καθηγητή τά γράμματα; Ποιός στέλνει στή δασκάλα τίς ἐφημερίδες; Γιατί δέ γράφεις στό θεῖο; Γιατί δέ γράφεις στή θεία; Δέ στέλνετε στή μαθήτρια τά πουλόβερ; Δέ χαρίζετε στίς κυρίες τίς φωτογραφίες; Φέρνουν στούς φοιτητές τά λεξικά.

8) Βάλτε τίς φράσεις στήν ἀρνητική Προστακτική (Ἑνικό καί Πληθυντικό)! Setzen Sie die Sätze in den verneinten Imperativ (Singular.und Plural)!

Κόβω τά λουλούδια. Τρέχω στό δρόμο. Τόν παίρνω κάθε μέρα στό τηλέφωνο. Ἀγοράζω σοκολάτες. Χαρίζω τίς φωτογραφίες. Πίνω πολύ καφέ. Μπαίνω στό μαγαζί. Ἔρχομαι μέ τό αὐτοκίνητο. Ἐργάζομαι πολύ. Πλένομαι μέ κρύο νερό. Ἑτοιμάζομαι γιά ὕπνο. Κάθομαι κοντά στό ράδιο. Τσακώνομαι μέ τούς φοιτητές. Ἐνδιαφέρομαι γι αὐτούς. Σηκώνομαι ἀπό τήν καρέκλα. Ἀκούω κάθε βράδυ τά νέα.

9) Συνεχίστε σύμφωνα μέ τό παράδειγμα!

Νά ὁ μαθητής· νάτος (νά τος) - νάτον (νά τον).

Νά οἱ φοιτητές, νά οἱ κυρίες, νά τά ἔπιπλα, νά οἱ ἔμποροι, νά τά παιδιά, νά τά τράμ, νά οἱ καναπέδες, νά οἱ γιατροί, νά ἡ δασκάλα, νά ὁ κῆπος, νά τά λεξικά, νά οἱ κοπέλλες, νά ὁ μηχανικός, νά τό τυρί, νά τά ντουλάπια, νά ὁ παππούς, νά ἡ πολυθρόνα.

10) Συνεχίστε σύμφωνα μέ τό παράδειγμα!

δίπλα σ'αὐτό, δίπλα του

μπροστά ἀπό μένα, πίσω ἀπό σένα, κοντά σ' αὐτήν, δίπλα σ' ἐμᾶς, μακριά ἀπ' αὐτούς, ἀπέναντι ἀπ' αὐτές, ἐπάνω σ' αὐτά, κάτω ἀπ' αὐτά.

11) Übersetzen Sie!
1) Schmeckt Ihnen der Fisch?
2) Wie gefallen Ihnen die Blumen?
3) Die Zeitung gebe ich dir.
4) Er sieht uns jeden Morgen.
5) Diese Musik höre ich jeden Abend.
6) Der Opa schickt dem Kind zwei Bücher; er schickt sie ihm.
7) Der Lehrer sieht ihn.
8) Wir geben den Schülern einen Ball; wir geben ihn ihnen.
9) Wie heißt dieser Student?
10) Wie heißen Sie und wie heißt diese Frau?
11) Dieses Kind heißt Andreas.
12) Wir sehen sie (3. Sing.) jeden Nachmittag.
13) Wer schickt uns diesen Brief?
14) Warum gibst du ihm nicht den Schlüssel?
15) Was für ein Film läuft in diesem Kino?
16) Es läuft ein moderner Film. Willst du nicht mitkommen?
17) Sie schreibt ihm einen Brief; sie schreibt ihn ihm.
18) Wir schenken dem Studenten ein Lexikon; wie schenken es ihm.
19) Er vermietet ihr zwei Zimmer; er vermietet sie ihr.

20) Du sitzt vor mir. Ihr sitzt hinter uns.
21) Sie wohnen in unserer Nähe, aber der Arzt wohnt weit weg von uns.
22) Ich erwarte dich vor dem Kiosk.
23) Ist dieser Ouzo für mich? - Nein, fur ihn.
24) Diese Eintrittskarten sind nicht für uns, sondern für euch.
25) Siehst du die Fotos? - Ja, ich sehe sie.
26) Die Kinder können sich nicht selbst anziehen.
27) Die Schülerinnen machen die Aufgaben (ἀσκήσεις) allein.
28) Den Pullover strickt Anna selbst.
29) Die Studenten kochen (μαγειρεύω) selbst.
30) Herr Makris ist selbst am Apparat.
31) In der ersten Etage wohnen wir selbst; nur die zweite Etage ist zu vermieten (kann man vermieten).
32) Ist Frau Makris da? - Sie selbst nicht.
33) Kaufst du selbst ein, Eleni?
34) Der Professor selbst ruft uns an.

Ἀσκήσεις πάνω στό διάλογο

1) Κάνετε ἕνα τηλεφώνημα!

2) Bilden Sie Adjektive aus folgenden Substantiven!
σπίτι, ἔμπορος, φοιτητής, κόσμος, θέατρο, ραδιόφωνο, ταχυδρόμος

Ὄγδοο μάθημα

1) Ἀπαντῆστε !
Ποιός ταξιδεύει μιά μέρα; Μέ τί ταξιδεύει; Τί βλέπει στό πάτωμα; Τί φωνάζει; Τί κάνει; Τί λέει στούς ἐπιβάτες; Τί κάνουν ὅλοι; Ἔχουν ὅλοι τά εἰσιτήριά τους; Τί κάνει ὁ κύριος; Ποιός ἔρχεται σέ λίγο; Τί λέει ὁ ἐλεγκτής; Βρίσκει ὁ εὐσυνείδητος κύριος τό εἰσιτήριό του; Τί καταλαβαίνει τότε; Πόσο πρόστιμο πληρώνει (bezahlt er);

2) Ἀπαντῆστε σύμφωνα μέ τό παράδειγμα!

Ποιανοῦ εἶναι τό σπίτι; - (Τό σπίτι) εἶναι δικό μου.

Ποιανοῦ εἶναι τό παιδί; Ποιανοῦ εἶναι τά βιβλία; Ποιανοῦ εἶναι οἱ μπανάνες; Ποιανοῦ εἶναι οἱ κῆποι; Ποιανοῦ εἶναι τά αὐτοκίνητα; Ποιανοῦ εἶναι τό ποδήλατο; Ποιανοῦ εἶναι οἱ καναπέδες; Ποιανοῦ εἶναι οἱ βιβλιοθῆκες; Ποιανοῦ εἶναι τά ἔπιπλα; Ποιανοῦ εἶναι ἡ τσάντα; Ποιανοῦ εἶναι τί χαλί; Ποιανοῦ εἶναι οἱ ἐφημερίδες;

3) Συμπληρῶστε σύμφωνα μέ τό παράδειγμα.

Ἡ Σοφία ἔχει ἕνα λεξικό. Εἶναι τό λεξικό της, εἶναι δικό της.

Ὁ Τάκης ἔχει βιβλία.   Εἶναι ....
Τό παιδί ἔχει μπάλλες.   Εἶναι ....
Οἱ μαθητές ἔχουν φωτογραφίες.   Εἶναι ....
Οἱ κυρίες ἔχουν χαλιά.   Εἶναι ....
Ἐσύ ἔχεις λουλούδια.   Εἶναι ....
Ἐγώ ἔχω ἕνα ποδήλατο.   Εἶναι ....
Ἐμεῖς ἔχουμε δύο ραδιόφωνα.   Εἶναι ....
Τά παιδιά ἔχουν γλυκό.   Εἶναι ....
Οἱ πελάτες ἔχουν τσάντες.   Εἶναι ....
Ἡ φοιτήτρια ἔχει ἐφημερίδες.   Εἶναι ....

4) Verbinden Sie das Adjektiv **εὐσυνείδητος** mit folgenden Substantiven: γιατρός, φοιτητές, παιδιά, ὑπάλληλοι, κυρίες, καθηγητές, ἔμποροι, μαθήτριες, δάσκαλος, δασκάλα.

5) Übersetzen Sie!
1) Panos war in der Straßenbahn und hatte eine Tasche in der Hand.
2) Wir waren in einem schönen Garten, der schöne Blumen hatte.
3) Wart Ihr im Kino?
4) Dieses Zimmer hatte einen schönen Teppich.

5) Ihr hattet ein hohes Haus.
6) Im Zimmer waren moderne Möbel.
7) Wir hatten eine helle Diele.
8) Du hattest meine Zeitung.
9) Ich war in der Schule, weil ich Unterricht hatte.
10) Wo warst du?
11) Die Kinder waren auf der Terrasse, weil das Wetter schön war.
12) Sie (3. Plural) hatten keine Zeit.

Ένατο μάθημα

1) Απαντήστε!
Ποιός περνάει καί παίρνει τήν Ελένη; Τί πράγματα χρειάζεται; Πού πάνε; Γιατί πάνε έκεῖ; Γιατί έρχεται ή Κατερίνα; Μέ τί πηγαίνουν οι δύο φίλες; Γιατί; Τί κάνουν οι τουρίστες; Τί γλῶσσες μιλᾶνε; Πού φτάνουν οι δύο φίλες;

2) Συμπληρῶστε!
Εμεῖς μιλ .... ἑλληνικά. Τά παιδιά γελ .... Οἱ μαθητές ρωτ ....τό δάσκαλο. Ὁ καθηγητής ἀπαντ .... Ἐγώ ξεχν ....πάντα τό βιβλίο. Αυτοί χτυπ .... τό κουδούνι. Ἐσεῖς περν .... ἀπό τό σπίτι μου. Οἱ φίλες περπατ ....καί συζητ .... Ὁ φοιτητής μελετ .... Οἱ τουρίστες πειν .... καί διψ .... πολύ. Τό τράμ σταματ .... Τό ράδιο χαλ .... Τά παιδιά χαλ .... τό ράδιο. Γιατί δέ μᾶς χαιρετ ...., Ἐλέλένη; Παιδιά, τί κρατ .... στό χέρι σας; Οἱ μαθήτριες άγαπ .... τή δασκάλα. Γιατί μέ ἐνοχλ .... , κυρίες μου; Πού ζ .... ὁ θεῖος καί ἡ θεία; Ἐμεῖς τηλεγραφ .... στόν πατέρα μας. Πού κατοικ .... αυτές οἱ φοιτήτριες; Τό γάλα ὠφελ ....' Ἐσεῖς μᾶς εἰδοποι .... Γιατί ἀργ .... τά τρόλλεϋ; Ὁ διευθυντής ἀδικ .... τούς ἐργάτες. Τί ἐπιθυμ ...., κυρία μου; Οἱ ἄρρωστοι δέν ἐκτιμ .... αυτόν τό γιατρό. Τί προτιμ ....Τάκη, μπύρα ή κρασί; Τά παιδιά πηδ .... ἀπό τό παράθυρο. Αυτοί μᾶς ευχαριστ .... γιά τό δῶρο. Τά παιδιά σπ ....τά βάζα. Ὅταν τρῶμε, χρησιμοποι .... μαχαίρι καί πηρούνι.

3) Σχηματίστε υποκοριστικά! Bilden Sie Diminutive aus folgenden Substantiven!

ή τσάντα, τό παιδί, ή μπανάνα, ή πατάτα, τό μήλο, τό ποδήλατο, τό αυτοκίνητο, ή μητέρα, ό μαθητής, ό κήπος, ό καναπές, ή γιαγιά, τό τραπέζι, τό γλυκό, τό κατάστημα, τό μαγαζί, ό έμπορος, ή γάτα, ή ταράτσα, τό κλειδί, ή κουβέντα, τό βράδυ, ή κοπέλλα.

4) Σχηματίστε αιτιολογικές προτάσεις! Bilden Sie Begründungssätze!

Πεινάω   τρώω.
Χρειάζομαι παπούτσια   πηγαίνω στά καταστήματα.
Είμαι κουρασμένος   ετοιμάζομαι γιά ύπνο.
Εργάζεται στό νοσοκομείο   είναι γιατρός.
Πηγαίνει στόν κινηματογράφο   τό έργο τόν ενδιαφέρει.

5) Εργαστείτε σύμφωνα μέ τό παράδειγμα.! Arbeiten Sie nach dem Beispiel auch für die anderen europäischen Länder!

**Οί Άγγλοι κατοικούν στήν Αγγλία. Ή Αγγλία είναι ή πατρίδα τους.
Μιλάνε αγγλικά. Τά αγγλικά είναι ή γλώσσα τους.**

Δέκατο μάθημα

1) Απαντήστε!
Τί λέει ή πωλήτρια; Τί απαντάει ή Ελένη; Τί νούμερο παπούτσια φοράει; Πώς είναι τά παπούτσια πού δίνει ή πωλήτρια; Τί παπούτσια ζητάει ή Ελένη; Γιατί δέ θέλει παπούτσια μέ ψηλό τακούνι; Τί λέει μία κυρία; Τί λέει ένας κύριος; Τί ρωτάει ή κυρία τόν κύριο; Τί απαντάει ό κύριος; Τί κάνουν οί δύο φίλες; Γιατί παίρνει τά παπούτσια ή Ελένη; Πού πληρώνει; Πάνε οί δυό φίλες στό σπίτι; Γιατί πηγαίνουν στό ζαχαροπλαστείο;

2) Συμπληρῶστε!
Ὁ δάσκαλος συγχωρ .... τούς μαθητές. Οἱ φοιτητές μᾶς εὐχαριστ ....
γιά τό βιβλίο. Ἐσεῖς εὐχαριστ .... τόν κύριο. Ἡ πωλήτρια εὐχαριστ.....
τούς πελάτες. Ποῦ κατοικ .... , Τάκη; Ἐμεῖς κατοικ ....τώρα πολύ
μακριά. Ἡ μητέρα τιμωρ .... τό κακό παιδί. Σέ ποιόν τηλεφων ......;
Ἡ γιαγιά μου δέ ζ ..... πιά. Ποῦ ζ .... αὐτοί οἱ τουρίστες; Ποιός χρησιμοποι .... τό πηρούνι μου; Δεσποινίς μου, μέ πληροφορ .... , σᾶς
παρακαλ ......, ποῦ εἶναι τό ταμεῖο; Οἱ πωλήτριες ρωτ ..... " Τί ἐπιθυμ ....;"
Αὐτό τό τηλέφωνο δέ λειτουργ .... Τά λεωφορεῖα ἀργ ...... Γιατί ἀργ...,
παιδί μου; Ἐμεῖς προχωρ .... πρός τό Μοναστηράκι. Οἱ φοιτητές δέν
προχωρ .... καλά στά ἑλληνικά. Αὐτοί συζητ .... καί μᾶς ἐνοχλ......
Μήν περπατ .... τόσο γρήγορα! Ἡ Κατερίνα μᾶς καλ .... γιά καφέ.
Αὐτό τό θέμα μᾶς συγκιν ..... Οἱ πολλοί φοιτητές δημιουργ ....προ-.
βλήματα. Ἡ Ἄννα ὑπηρετ ...... στό Γυμνάσιο. Οἱ δασκάλες ὑπηρετ........
στά σχολεῖα. Ὅταν δέν ἐρχόσαστε, μᾶς εἰδοποι .... Μᾶς πον ....
τά μάτια. Σᾶς πον ....τό κεφάλι. Τῆς πον ......τά αὐτιά. Τοῦ πον ......
τά χέρια. Δέ μᾶς πον .... τίποτα.

3) Συμπληρῶστε μέ τή σωστή λέξη.

Βλέπομε	μέ τά	Ἀκοῦμε	μέ τά ....
Πλέκομε	μέ τά	Τρῶμε	μέ τά ....
Μιλᾶμε	μέ τή	Περπατᾶμε	μέ τά ....
Μασᾶμε	μέ τά	Σκεπτόμαστε	μέ τό ....
Παίζομε πιάνο			μέ τά ....
Παίζομε μπάλλα			μέ τά ....
Ὀσφραινόμαστε, μυρίζομε (riechen)			μέ τή ....

4) Κάνετε ἕνα διάλογο μέ θέμα : Στό κατάστημα.

5) Übersetzen Sie!
1) Dieses Haus ist schöner und größer als unseres.
2) Diese Schuhe sind eleganter als die anderen, aber teurer.
3) Der rote Pulli ist größer als der gelbe.
4) Die baumwollene Bluse gefällt mir besser als die leinene.
5) Die schwarzen Schuhe passen mir am besten.

6) Diese Konditorei hat bessere Kuchen, aber nicht so frisch wie die andere.
7) Das sind die frischesten Bananen, die wir haben.
8) Das ist die modernste Farbe.
9) Die Möbel im Wohnzimmer sind älter als die im Speisezimmer.
10) Dein Arbeitstisch ist größer als meiner.
11) Seine Diele ist heller als unsere.
12) Dieser Angestellte arbeitet mehr und besser als jener.
13) Die Fenster in der Küche sind höher als die Fenster im Bad.
14) Die Tomaten schmecken mir besser als die Kartoffeln.
15) Du sprichst schneller als ich.
16) Unser Garten ist kleiner als eurer, aber schöner.
17) Das Sofa ist so billig wie der Schrank, aber teurer als der Sessel.
18) Der Cognak schmeckt ihm so gut wie der Ouzo.

6) Wiederholung. ’Επανάληψη
Übersetzen Sie! Μεταφράστε !
1) Du kommst zu spät und siehst müde aus (aussehen: φαίνομαι).
2) Ist dieses Zimmer zu vermieten? - Es ist vermietet (besetzt).
3) Diese Banane ist nicht frisch; die kann man nicht essen.
4) Wo sind die Schüler? - Da sind sie! Sie kommen aus der Schule.
5) Wo ist meine Tasche? Ich sehe sie nicht. - Da ist sie!
6) Wie heißen Sie und wie heißen Ihre Mutter und Ihr Vater?
7) Kümmere dich nicht, kümmert euch nicht darum!
8) Interessiert dich dieser Film nicht? Interessierst du dich nicht für diesen Film? - Mir gefällt er sehr gut, ich kenne ihn (den Film).
9) Wissen Sie, wem dieser Pullover gehört? - Er gehört ihm.
10) Gehören die Fahrkarten euch?- Ja, sie gehören uns und nicht ihnen.
11) Diesen Herrn kennen wir; er heißt Peter und er ist Arzt.
12) Kannst du mir, bitte, sagen, ob eine Telefonzelle in der Nähe ist?
13) Räumt sie die Wohnung selbst auf? - Ja, sie ist Hausfrau.
14) Bitte sehr, ich bin selbst am Apparat; nachmittags arbeite ich hier.
15) Wir sprechen Griechisch, weil Griechisch unsere Sprache ist.
16) In Deutschland spricht man Deutsch. Wohnt er in Deutschland?
17) Mit der Plauderei vergeht die Zeit sehr schnell.
18) Die Lektion wird in der Schule fortgesetzt.
19) Sie haben Hunger und Durst, darum gehen sie in die Konditorei.

20) Wissen Sie, wer im gegenüberstehenden Haus wohnt?
21) Heute fühle ich mich nicht so gut; mir tut der Kopf und der Magen weh, und ich habe keinen Appetit.
22 Warum gehst du nicht zum Arzt? Ich kenne einen, der sehr gut ist.
23) Diese Farbe gefällt mir, aber sie steht mir nicht; auch die Größe paßt mir nicht. Haben Sie vielleicht eine größere Nummer?
24) Entschuldigen Sie, bitte, daß ich Sie frage, aber ich weiß nicht, wo die Uni ist. - Zu Fuß ist es bis dahin sehr weit.
25) Ist der blaue Rock billiger oder teurer als der weiße?
26) Er ist der billigste Rock, den wir haben. Was für eine Größe haben Sie? - Ich habe 42, aber dieses Muster gefällt mir nicht.
27) Sie sehen sich immer in der Konditorei.
28) Anna kommt mit uns, nur um uns Gesellschaft zu leisten.
29) Weißt du, wo ihre Familie jetzt lebt? Sie lebt nicht mehr bei ihr.
30) Bist du mit diesem Paar Schuhe zufrieden? - Nein, sie sind zwar die neueste Mode, aber sie sind nicht so bequem wie meine alten.

Ἑνδέκατο μάθημα

1) Ἀπαντῆστε.
Ἔχετε ἕνα ρολόι; Πάει τό ρολόι σας καλά ἤ πάει μπροστά; Βάζετε ἐσεῖς τό ρολόι σας μπροστά; Ξυπνᾶτε μόνος (μόνη) σας ἤ σᾶς ξυπνάει τό ξυπνητήρι; Φορᾶτε ἕνα ρολόι στό χέρι; Εἶναι ἠλεκτρονικό; Ἐρχόσαστε πάντα στήν ὥρα σας; Τί ὥρα περνάει τό τράμ; Τί ὥρα φτάνει τό τραῖνο; Πότε φεύγει ὁ μαθητής γιά τό σχολεῖο; Τί ὥρα ἀρχίζει τό μάθημα; Πόσες φορές τήν ἡμέρα πίνετε καφέ; Πόσες φορές τήν ἡμέρα τρῶτε; Πόσες φορές τήν ἑβδομάδα ἔχετε ἑλληνικά; Πόσες φορές τήν ἑβδομάδα ψωνίζετε; Κάθε πότε πηγαίνετε στά καταστήματα; Τί εἶναι σήμερα; Τί ἦτα χθές; Τί εἶναι αὔριο; Ἔχουν τά λεωφορεῖα σήμερα ἀπεργία; Ἔχουν οἱ καθηγητές ἀπεργία; Ποιός ἔχει ἀπεργία;

2) Ἀπαντῆστε!
Τί κάνετε τήν Κυριακή;
Τί κάνετε τή Δευτέρα;
Ποῦ πηγαίνετε κάθε Τρίτη;

Πού πηγαίνετε κάθε Τετάρτη;
Τί κάνετε κάθε Πέμπτη;
Πού βρισκόσαστε κάθε Παρασκευή;
Τί κάνετε τό Σάββατο;
Άπό πότε μέχρι πότε εϊσαστε στό σπίτι;
Άπό πότε μέχρι πότε κάνετε μάθημα;
Ώς πότε παίζει ὁ κινηματογράφος αὐτό τό φίλμ; '
Ώς πότε ἦταν τό παιδί χθές στόν κῆπο;
Άπό πότε μαθαίνεις ἑλληνικά;
Άπό πότε ζεῖτε στήν Ἑλλάδα;
Τόν ξέρετε ἀπό πολύ καιρό;

3) Διαβάστε!
6 Uhr 10, 7 Uhr 25, 9 Uhr 5, 3 Uhr 30, 4 Uhr 15, 2 Uhr 55, 8 Uhr 45, 1 Uhr 30, 11 Uhr 20, 12 Uhr genau

Δωδέκατο μάθημα

1) Ἀπαντῆστε!
Ποιοί συναντιοῦνται στό δρόμο; Τί ρωτάει ὁ ἕνας φίλος τόν ἄλλο; Γιατί φαίνεται ὁ ἕνας κουρασμένος; Ἐξαρτᾶται αὐτό ἀπ' τόν καιρό; Γιατί στενοχωριέται ὁ φίλος; Ἀπό πόσους ἀποτελεῖται τό καινούργιο προσωπικό; Τά πάει καλά ὁ φίλος μέ τό διευθυντή; Πού πᾶνε μετά οἱ φίλοι;

2) Συμπληρῶστε!
Ἡ μητέρα μᾶς διηγ .... ἕνα ἀνέκδοτο. Αὐτό ἐξαρτ .... ἀπ' τόν καιρό. Ὁ δάσκαλος δέ μᾶς θυμ ...... "Οταν εἶναι κουρασμένοι, χασμ .... Ἐμεῖς τῆς διηγ .... αὐτή τήν ἱστορία. Ἡ γιαγιά στενοχωρ .... Τό παιδί φοβ .... τή γάτα. Ἐσεῖς φοβ ....Μή φοβ ...., Τάκη! Ὁ φοιτητής ἐξαρτ .... ἀπ' τόν πατέρα του. "Αννα, γιατί κοιμ .... τόσο λίγο; Ἐμεῖς κοιμ .... καλά. Ἐσύ βαρ .... αὐτόν τόν κύριο. Τά σπόρ παπούτσια φορ .... ἀκόμη. Αὐτό τό χρῶμα ζητ .... καί φορ .... πολύ. Οἱ μαθητές κρατ .... ἀπ' τό χέρι. Ὁ παππούς κρατ .... ἀπ' τήν

καρέκλα. Ὁ μανάβης ἐγγυ .... ὅτι τά λαχανικά εἶναι φρέσκα. Μήν ἐγγυ .... ἐσεῖς γι αὐτό τό σπίτι. Ἡ δασκάλα εὐχαριστ .... πού βλέπει τά παιδιά. Αὐτές οἱ γλῶσσες δέ μιλ .... πιά. Τά ψηλά σπίτια ἀποτελ ... . ἀπό πολλά πατώματα. Οἱ φοιτητές δικαι .... φτηνό εἰσιτήριο. Ὁ Πάνος παραπον .... γιά τό σκοτεινό δωμάτιο. Ἐμεῖς ἀναρωτ ....τί γίνεται ὁ Νίκος. Αὐτοί λυπ .... πού δέν ἔχουν αὐτοκίνητο. Ἡ γάτα δέν κιν ...., γιατί κοιμ .... Ὁ μαθητής μιμ .... τό δάσκαλο. Ἡ Κατερίνα προσποι .... τήν ἄρρωστη. Αὐτοί προσποι .... πώς δέ μᾶς ξέρουν. Ὁ Πέτρος ἀσχολ .... πολύ μέ τή μουσική. Οἱ πελάτες παραπον .... γιά τήν πωλήτρια.

3) Σχηματίστε τήν παθητική φωνή!

Χρησιμοποιῶ τό λεξικό.	Τό λεξικό χρησιμοπ .... ἀπό μένα.
Φοράει ἕνα παλιό φόρεμα.	Τό παλιό φόρεμα φορ .... ἀκόμη.
Σᾶς παρακαλοῦμε.	Ἐσεῖς παρακαλ ....
Μᾶς πληροφορεῖτε.	Ἐμεῖς πληροφορ ....
Εἰδοποιοῦν τό γιατρό.	Ὁ γιατρός εἰδοποι ....
Ρωτᾶμε τόν ὑπάλληλο.	Ὁ ὑπάλληλος ρωτ ....
Ἡ πωλήτρια σᾶς ἐξυπηρετεῖ.	Ἐσεῖς ἐξυπηρετ .... ἀπ' αὐτήν.
Κατοικοῦν στό πρῶτο πάτωμα.	Τό πρῶτο πάτωμα κατοικ ....
Ἡ γυναίκα χτυπάει τό χαλί.	Τό χαλί χτυπ .... ἀπ' αὐτήν.
Ὅλοι ἀγαπᾶν αὐτό τό παιδί.	Αὐτό τό παιδί ἀγαπ .... ἀπ' ὅλους.
Τό ἕνα παιδί κυνηγάει τό ἄλλο.	Τά παιδιά κυνηγ ....
Τιμωρεῖ τούς μαθητές.	Οἱ μαθητές τιμωρ .... ἀπ' αὐτόν.
Ξεχνᾶμε τή γραμματική.	Ἡ γραμματική ξεχν ....
Πετᾶμε τά παλιά χαρτιά.	Τά παλιά χαρτιά πετ ....
Ὁ ἕνας χαιρετάει τόν ἄλλο.	Οἱ φοιτητές χαιρετ ....
Κρεμᾶμε τίς φωτογραφίες.	Οἱ φωτογραφίες κρεμ ....
Τόν θεωροῦν σπουδαῖο.	Θεωρ .... σπουδαῖος
Τό φάρμακο ὠφελεῖ τόν ἄρρωστο.	Ὁ ἄρρωστος ὠφελ .... ἀπ' αὐτό.
Οἱ πολιτικοί κυβερνᾶνε τή χώρα.	Ἡ χώρα κυβερν .... ἀπ' αὐτούς.

4) Μεταφράστε!
Wir schlafen nicht so gut; wir haben Schlaflosigkeit.
Die Omnibusse streiken heute; sie machen einen Streik.

Die Zeit vergeht sehr schnell.
Aus wie vielen Arbeitern besteht das Personal dieser Fabrik?
Er wacht jeden Morgen von selbst auf; er braucht keinen Wecker.
Das Telefon klingelt, aber sie hört es nicht.
Von wem hängt das ab?
Nach der Vorlesung (Unterricht) amüsieren sich die Studenten.
Sie holt mich immer ab.
Wir grüßen uns nicht mehr.

Δέκατο τρίτο μάθημα

1) Ἀπαντῆστε!
Ποῦ ζοῦσε ὁ Κώστας, ὅταν ἤτανε μικρός; Πῶς πήγαινε στό σχολεῖο; Μέ ποιόν πήγαινε στό σχολεῖο; Περνοῦσαν στό δρόμο τράμ; Τί ἔκανε, ὅταν ἐρχότανε τό μεσημέρι στό σπίτι; Ἦταν ἡ ζωή ὄμορφη στό χωριό; Τί ἔκαναν τό χειμώνα; Τί κάνανε τήν ἄνοιξη; Τί κάνανε τό καλοκαίρι; Τί γινόταν τό φθινόπωρο; Ἦσαν χαρούμενοι, ὅταν ἄνοιγαν πάλι τά σχολεῖα; Τί θά ἔκανε ὁ Κώστας, ἄν εἶχε πολλά λεπτά;

2) Bilden Sie a) die 2. Person Sing. und b) die 2. Person Plural des Imperfekts folgender Verben!
λέω, ἀγοράζω, κάνω, τρώω, διαβάζω, περπατάω, χτυπάω, βλέπω, χτίζω, ἔρχομαι, ἀρχίζω, περνάω, στενοχωριέμαι, ζῶ, εὐχαριστῶ, ξέρω, μπορῶ, κοιμᾶμαι, σηκώνομαι, θέλω, μιλάω, ἀργῶ.

3) Bilden Sie Bedingungssätze!
Πεινάω - τρώω. Διψάω - πίνω νερό. Ἔχω καιρό - γράφω ἕνα γράμμα. Μπαίνω στό δωμάτιο - βλέπω τόν κύριο. Ἔχω ἕναν κῆπο - μαζεύω λουλούδια. Τοῦ πονάει τό αὐτί - πηγαίνει στό γιατρό. Τῆς κάνουν τά παπούτσια - τά παίρνει. Ἔρχεται - μέ εἰδοποιεῖ.

4) Συμπληρώστε!

Ἄν εἶχα πολλά λεπτά, θά ....
Ἄν ἀγόραζα ἕνα αὐτοκίνητο, θά ....
Ἄν ὁ καιρός ἦταν ὡραῖος, θά ....
Ἄν μοῦ ἔγραφες, θά ....
Ἄν μέ καλοῦσες στό χωριό, θά ....
Θά ἔπινα ἕνα ζεστό τσάι, ἄν ....
Θά πήγαινε στό γιατρό, ἄν ....
Θά φοροῦσες τό παλτό σου, ἄν ....
Θά σέ εἰδοποιοῦσα, ἄν ....
Θά μαγείρευα μία σούπα, ἄν ....
Θά σοῦ ἔπλεκε ἕνα πουλόβερ, ἄν ....
Θά μᾶς τηλεφωνοῦσε, ἄν ....

5) Bilden Sie irreale Wunschsätze nach dem Beispiel:

**Ἔχω καιρό. Μακάρι νά εἶχα καιρό.
Δέν εἶμαι ἄρρωστος. Μακάρι νά μήν ἤμουνα ἄρρωστος.**

Ξέρω πολλές γλῶσσες. Δέν ἔρχεται σήμερα. Μελετάει πολύ. Μᾶς καλοῦν στή γιορτή. Δέ μᾶς ἀδικοῦν. Δέ μοῦ πονάει τίποτα. Ζοῦνε πολύ καλά. Δέν ἀργεῖτε. Τό σχολεῖο λειτουργεῖ καλά. Τούς συναντᾶμε στό δρόμο. Δέν πουλᾶτε τό σπίτι σας. Δέ μᾶς ἐνοχλοῦν. Ἐργάζονται προσεκτικά. Δέ στενοχωριέται.

6) Κάνετε μία ἔκθεση μέ θέμα : Πῶς τά περνοῦσα, ὅταν ἤμουνα μικρός, (μικρή).

7) Πῶς λέγεται μέ μία λέξη, ὅταν :
α) γίνεται μεσημέρι,
β) γίνεται βράδυ,
γ) γίνεται σούρουπο,
δ) γίνεται νύχτα,
ε) γίνεται ἡμέρα,
στ) γίνεται χειμώνας,
ζ) γίνεται καλοκαίρι,
η) πέφτει βροχή,

θ) πέφτει χιόνι,
ι) πέφτει ψιχάλα,
κ) μαζεύονται σύννεφα;

Δέκατο τέταρτο μάθημα

1) Ἀπαντῆστε!
Ποῦ θά βρίσκεται αὐτός τόν Αὔγουστο; Τί θά κάνει τό πρωί; Τί θά κάνει τό μεσημέρι; Πῶς θά περνάει τά ἀπογεύματά του; Τί θά ἐπισκέπτεται τίς Κυριακές; Γιατί ἔχει χαρά; Πῶς θά περνάει τά βράδυα του; Τί μᾶς ὑπόσχεται;

2) Übersetzen Sie!
Er will immer gut arbeiten. Er wollte immer gut arbeiten.
Wir wollen jeden Abend stricken. Wir wollten jeden Abend stricken.
Du kannst immer ins Kino gehen. Du konntest immer ins Kino gehen.
In Griechenland müssen sie Griechisch sprechen.
In Griechenland mußten sie Griechisch sprechen.
Im Unterricht dürfen wir nicht plaudern (dürfen - κάνει, unpersönlich).
Im Unterricht durften wir nicht plaudern.
Der Vater will, daß sein Sohn viel arbeitet.
Der Lehrer wollte, daß seine Schüler Englisch sprachen.
Die Tante will, daß Anna ihr die Wohnung jede Woche aufräumt.

3) Setzen Sie folgende Sätze ins Imperfekt!
Πρέπει νά διαβάζουμε κάθε μέρα ἐφημερίδα.
Ἡ Μαρία θέλει νά πηγαίνει κάθε ἀπόγευμα στά μαγαζιά καί νά κυττάζει τίς βιτρίνες.
Δέν ξέρει νά γράφει καί νά διαβάζει ἑλληνικά.
Μπορεῖτε νά μαγειρεύετε καλά;
Κάθε πρωί ἀκούει τόν πατέρα νά ἀνοίγει τήν πόρτα.
Κάθε ἀπόγευμα βλέπομε τό παιδί νά παίζει στόν κῆπο.
Πρέπει νά πηγαίνουν μέ τά πόδια στή δουλειά, γιατί δέν ἔχουν αὐτοκί-

νητο.
Θέλω νά μοῦ τηλεφωνᾶτε κάθε βράδυ.
Ὁ γιατρός θέλει νά παίρνει ὁ ἄρρωστος τακτικά τό φάρμακό του.
Κάθε φορά πρέπει νά ψάχνει γιά τό κλειδί του.
Δέ μπορεῖ νά μοῦ φέρνει κάθε φορά τήν ἐφημερίδα.
Τά παιδιά δέν ξέρουνε νά τηλεφωνᾶνε.

4) Übersetzen Sie!
1) Morgen werde ich den ganzen Vormittag Briefe schreiben.
2) Wo werden Sie im Frühling sein?
3) In den Ferien werden die Kinder viel schlafen und wenig arbeiten.
4) Den ganzen Mai wird Takis in Frankreich sein und Französisch sprechen.
5) Die Mutter wird den ganzen Vormittag die Wohnung aufräumen.
6) Wir sprachen sehr laut und hörten nicht die Musik.
7) Jeden Morgen kaufte sie auf dem Markt (στήν ἀγορά) ein.
8) Er suchte jedes Mal nach seinen Schlüsseln.
9) Jedesmal wenn Anna Hunger hatte, aß sie ein Stück Brot.
10) In den Ferien schliefen sie zehn Stunden.
11) Nikos war die ganze Woche krank; er hatte Hals- und Ohrenweh.
12) Wir unterhielten uns lange Zeit über die neueste Mode.
13) Wenn ich gut Griechisch sprechen könnte, würde ich euch eine Anekdote erzählen.
14) Gestern hatten wir keine Zeit für das Kino; wir mußten den ganzen Abend Briefe schreiben.
15) Sooft ich diese Schuhe trug, taten mir die Füße weh.
16) Sie wollte ihre Zeit plaudernd verbringen.
17) Wir stricken, wobei wir Musik hören.
18) Er lernt Griechisch, indem er Kassetten hört.
19) Wir lasen die Zeitung, während wir aßen.
20) Da sie kein Griechisch kann (Partizip), versteht sie nicht, was wir ihr sagen.
21) Sie versprechen uns, in den Ferien unsere Wohnung aufzuräumen.
22) Wir versprechen euch, einmal in der Woche zu kommen.
23) Da er kein Geld hat (Partizip), bezahlt er seine Rechnung nicht.

5) Verändern Sie nach dem Beispiel die unten stehenden Sätze.

Τρώω καί βλέπω τηλεόραση.
Τρώω βλέποντας τηλεόραση.
Βλέπω τηλεόραση τρώγοντας

Πλέκεις κι ἀκοῦς ράδιο.
Κυττάζει ἀπ' τό παράθυρο καί συζητάει.
Περπατᾶμε στό δρόμο καί τραγουδᾶμε.
Πηγαίνουν στό σχολεῖο καί τρέχουν.
Δίνετε τά λεπτά καί γελᾶτε.
Δείχνει τό χαλασμένο αὐτοκίνητο καί κλαίει.
Μπαίνει στό δωμάτιο καί φωνάζει.

Δέκατο πέμπτο μάθημα

1) Setzen Sie das eingeklammerte Wort in den Genitiv und übersetzen Sie den Satz!

Τό λεξικό εἶναι	(μαθήτρια)
Οἱ καναπέδες εἶναι	(ἡ θεία)
Τό ποδήλατο εἶναι	(ὁ ἐργάτης)
Ἡ ἐφημερίδα εἶναι	(ὁ παππούς)
Τά αὐτοκίνητα εἶναι	(οἱ φοιτητές)
Ὁ Τάκης εἶναι	(10, χρόνος)
Ἡ Μαρία εἶναι	(20 χρόνος)
Λέω	(ὁ κύριος) καλημέρα.
Λέτε	(ἡ καθηγήτρια) χαίρετε.
Δίνω	(ἡ δασκάλα) τά λουλούδια.
Δίνει	(ἡ πωλήτρια) τά παπούτσια.
Φέρνομε	(ὁ διευθυντής) τά βιβλία.
Στέλνει	(ὁ ἄνδρας) τό πουλόβερ.
Θυμόμαστε τό ταξίδι	(οἱ διακοπές)
Τῆς ἀρέσει ἡ κάρτα	(τά γενέθλια)
Ἀγοράζει ποτήρια	(τό νερό, τό κρασί, τό κονιάκ)
Ἀγοράζει παπούτσια	(ὁ χορός, ἡ γυμναστική)
Θέλω ἕνα εἰσιτήριο	(πενήντα εὐρώ).
Θέλουν τρία βιβλία	(δέκα εὐρώ)

Τά μαθήματα   (ὁ χειμώνας)
Τά πουλόβερ   (ἡ δουλειά)
Χαρίζω   (ἡ κυρία) τή μπλούζα.

2) Geben Sie das genaue Datum an!
Ἔχω γενέθλια (20. 7.)
Ὁ Γιάννης ἔχει γενέθλια (12. 10.)
Ἡ Σοφία ἔχει γενέθλια (3. 4.)
Ἡ Μαρία ἔχει γιορτή (15. 8.)
Τά Χριστούγεννα εἶναι (25. 12.)
Ἡ γιορτή τῶν ἐργατῶν εἶναι (1. 5.)
Οἱ Ἕλληνες ἔχουν δύο ἐθνικές γιορτές (25. 3. καί 28. 10.).

3) Übersetzen Sie!
1) Der Schulhof ist groß. Die Schulbücher sind auf dem Schreibtisch.
2) Die Haustür ist neu, aber das Gartentor (Gartentür) ist alt.
3) Wir kaufen Suppenlöffel und Kuchengabeln.
4) Wir möchten eine Tafel Schokolade zu 2 Euro.
5) Der Briefträger bringt uns ein 10 Kilo schweres Paket.
6) Die Reisefreude war groß.
7) Die Sommerferien verbringen wir am Meer.
8) Die Kinder kaufen einen Ball zu 20 Euro.
9) Der Vater verliert immer seine Hausschlüssel.
10) Die Herbstausflüge sind schön.
11) Die Frühlingsblumen gefallen uns sehr.
12) Der Opernplatz ist modern.
13) Die Winterarbeiten sind schwer.
14) Die Hausarbeit gefällt der Hausfrau nicht.
15) Die Theaterfenster sind hoch.
16) Der Kuchen schmeckt dem Kind.

Δέκατο έκτο μάθημα

1) Ἀπαντῆστε!
Ποῦ ταξίδεψαν ὁ Πάνος κι ἡ Δήμητρα; Σέ ποιόν ἔγραψαν; Ποῦ μένουν οἱ γονεῖς τους; Τί τούς ἔκανε μεγάλη ἐντύπωση; Ποιός καθόταν ἀπέναντί τους; Τί ἔκαναν οἱ τουρίστες ὅλη τήν ὥρα; Ποιός περίμενε τά παιδιά στό σιδηροδρομικό σταθμό; Μέ τί πηγαίνουν στό σπίτι; Τί ἔκανε ἡ θεία σ' ὅλο τό δρόμο; Τί εἶναι μπροστά ἀπό τά Ἀνάκτορα; Ἄρεσε στά παιδιά ἡ Ἀθήνα; Τί ἔκαναν τά ξαδέλφια, ὅταν ἔφτασαν; Ποῦ θά ταξιδέψουν ὅλοι μαζύ; Τί ὑπόσχονται τά παιδιά στούς γονεῖς τους;

2) Bilden Sie die 2. Person Sing. und Plur. im Aorist Indikativ folgender Verben::
a) ἀκούω, δένω, φτάνω, ἀφήνω, κλείνω.
b) ἐλπίζω, κτίζω, νομίζω, ποτίζω, συνεχίζω, φωτογραφίζω, χαρίζω.
c) ἁπλώνω, διορθώνω, κλειδώνω, μαλλώνω, μπαλώνω, παγώνω, πληρώνω.
d) ἀγαπάω, ἀπαντάω, κρατάω, μιλάω, ξυπνάω, ρωτάω.
e) γελάω, διψάω, πεινάω, σπάω, χαλάω, φοράω, ξεχνάω, περνάω.
f) ἐξηγῶ, εὐχαριστῶ, καλῶ, κατοικῶ, μπορῶ.
g) ἀλέθω, πείθω, πλάθω, ἀγοράζω, πλησιάζω.
h) γράφω, κόβω, κρύβω, λείπω, ράβω, βασιλεύω, δουλεύω, μαγεύω, μαζεύω, παιδεύω, παύω, πιστεύω.
i) ἀνοίγω, βρέχω, πνίγω, τρέχω, δείχνω, ρίχνω, σπρώχνω, φτιάχνω, ψάχνω.
j) ἀρρωσταίνω, συσταίνω, σωπαίνω, χορταίνω.

3) Συμπληρῶστε τά κενά μέ Παρατατικό ἤ Ἀόριστο!
Κάθε φορά πού .... (ψωνίζω), ... (πληρώνω) τό λογαριασμό.
Ποῦ .... (περνάω) τίς διακοπές σας αὐτό τό καλοκαίρι;
Πρῶτα (früher) ὅταν μέ .... (βλέπω), μοῦ .... (χαρίζω) λουλούδια.
Χτές ὅμως δέ μοῦ .... (χαρίζω).
Στίς διακοπές .... (ξυπνάω) τό παιδί πολύ ἀργά, ἀλλά σήμερα .... (ξυπνάω) πολύ νωρίς.
Κάθε φορά πού .... (ἔρχομαι) μέ ....(ρωτάω) γιά σένα, ἀλλά τώρα δέ μέ .... (ρωτάω).
Σήμερα ὁ μαθητής δέ .... (χαιρετάω) τό δάσκαλο.
Ἡ Ἑλένη .... (τρέχω) ὅλο τό πρωί στόν κῆπο.
Ὅταν ὁ Τάκης ἦταν ἄρρωστος, ... (ἀκούω) ὅλο τό πρωί μουσική.
Ἐπειδή τό παιδί ἦταν κακό, ἡ μητέρα τό .... (ἀφήνω) στό σπίτι.
Χτές ἡ θεία .... (μαγειρεύω) ἕνα καλό φαγητό, ἀλλά πρῶτα δέ ....

(μαγειρεύω) καλά.
Ὁ Νίκος .... (ταξιδεύω) κάθε καλοκαίρι στήν Ἑλλάδα.
Ἐπειδή ὁ Γιαννάκης .... (κλαίω), ἡ γιαγιά τοῦ .... (ἀγοράζω) μία μπάλλα.
Θεία, ... (διαβάζω) σήμερα τήν ἐφημερίδα;
Παιδιά, ... (χορταίνω) ἤ θέλετε κι ἄλλο φαγητό;
Ὁ ἐργάτης .... (φτάνω) πάντα πολύ ἀργά στό ἐργοστάσιο καί γι αὐτό τόν .... (παύω).
Πρῶτα ὁ ὑπάλληλος δέν .... (ξεχνάω) τίποτα, σήμερα ὅμως .... (ξεχνάω) τά κλειδιά του.
Ὁ φοιτητής .... (πεινάω) πολύ καί .... (ἀγοράζω) μία μπανάνα.
Κάθε φορά πού .... (ἀρρωσταίνω), ... (πηγαίνω) στό γιατρό.
Ἡ καθηγήτρια .... (ἀρρωσταίνω) σήμερα καί δέ .... (διδάσκω).

4) Setzen Sie die folgenden Verben in das einmalige Futur (gleiche Person)!

λείπεις	ἀκούω	ἀφήνει
σωπαίνω	ἀρρωσταίνει	κλαίω
ἱδρύουν	κρύβουν	συγχωροῦν
δένομε	σταματάω	διώχνετε
φτάνετε	μιλάω	ξεχνᾶς
κρεμάω	εἰσπράττει	σπᾶτε
συσταίνει	φωνάζουν	χαλάει
γερνᾶμε	φοράει	περνᾶνε
πεινάει	γελᾶτε	προσέχω
πλέκομε	ἀφαιρῶ	τραβᾶτε
διδάσκομε	συμβαίνει	μποροῦν
φταίω	μεθᾶνε	ἐνδιαφέρει
ἐγκρίνεις	ἐκφράζεις	ἐμπνέομε

5) Setzen Sie die folgenden Sätze in die verneinte Form des einmaligen Futurs und ersetzen Sie die Objekte durch das entsprechende Personalpronomen nach dem Beispiel:

Γράφω τό γράμμα.
Δέ θά γράψω τό γράμμα.
Δέ θά τό γράψω.

Ἀγοράζω δύο εἰσιτήρια. Ξεχνάω τό λεξικό στό σπίτι. Περνάει τίς διακο-

πές του στήν Ελλάδα. Μαγειρεύουμε λαχανικά. Διδάσκετε τούς φοιτητές. Διαβάζουν τήν ἐφημερίδα. Χτυπάω τήν πόρτα. Ἀκοῦς τήν ὄπερα. Ἀνοίγει τήν πόρτα. Πληρώνομε τούς λογαριασμούς. Συγχωρεῖτε τούς μαθητές. Φοράνε τά παπούτσια τους. Πλέκεις ἕνα πουλόβερ. Διώχνει τή γάτα. Φωνάζουμε τόν ταχυδρόμο. Εὐχαριστοῦμε τίς κυρίες. Χαλᾶτε τό ρολόι. Κερνᾶνε τούς ξένους. Φτιάχνω γλυκό. Κρύβεις τίς μπάλλες. Πείθει τόν πατέρα. Ἀφήνουμε τά ποδήλατα στό δρόμο. Χάνετε τά λεπτά.

Δέκατο ἕβδομο μάθημα

1) Ἀπαντῆστε!
Τί λέει ὁ ἀστυνομικός στά σύνορα; Τί ἀπαντάει ὁ γκρινιάρης ταξιδιώτης; Λέει στόν ἀστυνομικό τί ἔχει στίς ἀποσκευές του; Τί ἠλεκτρική συσκευή ζητάει ὁ ἀστυνομικός; Τί ἀπαντάει ὁ ταξιδιώτης; Τί πρέπει νά δείξει στόν ἀστυνομικό; Τοῦ τό δείχνει; Τί τοῦ λέει; Τί κάνει ὁ ἀστυνομικός; Τί γίνεται παρακάτω;

2) Bilden Sie Sätze: a) im Aorist Indikativ, b) im Aorist Konjunktiv mit folgenden Verben:
ἀκούω, εὐχαριστῶ, λείπω, ἀφήνω, παίζω, παρακαλῶ, φοράω, σκουπίζω, πληρώνω, χαρίζω, τρέχω, περνάω.

3) Übersetzen Sie!

Der Polizist	will	immer den	Paß	kontrollieren.
	wollte	" "	"	"
	will	jetzt "	"	"
	wollte	gestern "	"	"
Der Reisende	muß	immer	seinen	Paß	vorzeigen.
	mußte	"	"	"	"
	muß	jetzt	"	"	"
Der Reisende	mußte	vorgestern	"	Paß	vorzeigen.

Die Dame	will	nicht	angeben	(immer),	was	sie	in	ihrem	Gepäck	hat.
	wollte	"	"		"	"	"	"	"	hatte.
	will	"	"	(jetzt),	"	"	"	"	"	hat.
	wollte	"	"	(gestern),	"	"	"	"	"	hatte.

Im Zugabteil	darf	man	nicht	rauchen	(grundsätzlich).
	durfte	"	"	"	"
	darf	"	"	"	(jetzt).
	durfte	"	"	"	(gestern).

4) Übersetzen Sie!
1) Ich habe nicht jeden Abend Zeit, Musik zu hören.
2) Er hat kein Geld, seine Rechnung zu bezahlen.
3) Es ist nicht nötig, daß du alle Briefe liest, aber diesen Brief mußt du lesen.
4) Ist es erlaubt, hier zu rauchen?
5) Sie haben angefangen, Griechisch zu lernen.
6) Können Sie uns zeigen, wo die Universität ist?
7) Sie pflegt, jeden Abend einen Spaziergang zu machen.
8) In fünf Minuten muß der Omnibus vorbeifahren.
9) Tust du mir bitte den Gefallen, mir eine Zeitung zu kaufen!
10) Es ist Zeit, daß ich anrufe.
11) Es ist nützlich, daß man vieles (viele Sachen) lernt.
12) Sie ist seit langem nicht bei uns vorbeigekommen.
13) Wer erlaubt euch, den Schrank aufzumachen?
14) Du hast nicht gut daran getan, deinem Sohn ein Auto zu kaufen.
15) Sie sollen immer die Tür zumachen und leise sprechen.
16) Was soll man in diesem Geschäft kaufen? Alles ist zu teuer.
17) Vielleicht kommt er morgen.
18) Es kommt selten vor, daß er uns anruft.
19) Vielleicht gehen wir heute abend aus.

5) Welches Futur paßt hier?
Θά ....(λείπω) πέντε ἡμέρες.
Ὅταν ἡ Ἄννα θά ἔχει καιρό, θά ....(πλέκω) ἕνα πουλόβερ.
Ἐγώ θά ....(τηλεφωνῶ) στή μητέρα μου ὅτι θά ....(ἀργῶ).

Τά παιδιά θά ....(μαζεύω) τά λουλούδια καί θά τά .... (χαρίζω).
"Οταν θά εἶμαι πλούσιος, θά .... (κτίζω) ἕνα μεγάλο σπίτι.
Αὔριο θά .... (φοράω) τά σπόρ παπούτσια.
Θά μοῦ .... (ἀπαντάω) σ᾿ αὐτό τό γράμμα;
Θά σοῦ ....(ἀπαντάω) σέ κάθε γράμμα.
Ὁ γιατρός θά .... (ἀγοράζω) αὐτό τό αὐτοκίνητο.
Οἱ μαθητές θά ....(εἰδοποιῶ) τό δάσκαλο ὅτι θά ....(λείπω).
Τό παιδί θά ....(ἑτοιμάζομαι) κάθε μέρα μόνο του, ἀλλά αὔριο θά τό ....(ἑτοιμάζω) ἡ μητέρα.
Θά ....(συγυρίζω) κάθε μέρα τό σπίτι της.
"Οταν θά ....(διαβάζω) αὐτό τό γράμμα, θά ....(γελάω) πολύ.
Θά μᾶς ....(δείχνω) πάντα τίς φωτογραφίες πού βγάζει.
Ὁ ἀστυνομικός θά ....(ἐλέγχω) τώρα τά διαβατήρια.
Αὐτός θά τά ....(ἐλέγχω) πάντα.

6) Übersetzen Sie!
1) Hat jemand meinen Füller? - Nein, niemand.
2) Der eine liest, der andere hört die Nachrichten.
3) Niemand von uns hatte Geld bei sich, um die Rechnung zu bezahlen.
4) Waren viele Leute beim Vortrag (ἡ διάλεξη)? - Es waren einige da.
5) Jemand hat meinen Geldbeutel gestohlen.
6) Auf dem großen Platz war niemand.
7) Hast du ihm irgendwelche Bücher geschenkt? - Ja, einige.
8) Es kamen ein paar Schüler und fragten nach dem Lehrer.
9) Haben Sie etwas gefragt? - Nein, nichts.
10) Kennst du alle Professoren? - Nicht alle, aber ziemlich viele.
11) Ist niemand hier? - Nein, niemand.
12) Gibst du mir bitte etwas zum Schreiben; ich habe nichts dabei.
13) Wir waren vier Studentinnen; jede von uns mußte in den Ferien arbeiten.

7) Ergänzen Sie mit dem passenden Indefinitpronomen!
Ποιός μιλαει τώρα; - ......
Ἔχετε νά δηλώσετε .... - "Οχι, ...
Ἔχει .... σας ἕνα μολύβι; - "Οχι, ...
.... ἀπό τίς μαθήτριες πρέπει νά γράψει μία περίληψη.

............τηλεφώνησε γιά σένα, ἀλλά δέ θυμᾶμαι τό ὄνομά του.
Μήπως πέρασαν .... παιδιά καί μέ ζήτησαν;
............πᾶνε στή δουλειά μέ τά πόδια καί .... μέ τό ποδήλατο.
Στή βιβλιοθήκη μου εἶναι .... βιβλία, ἀλλά πολύ λίγα λεξικά.
Δέ γνωρίζω .... ἀπ' αὐτούς.
Στό Πανεπιστήμιο ἦσαν .... φοιτητές, ἀλλά .... φοιτήτρια.
.... προτιμοῦν τό βουνό, ἐγώ ὅμως προτιμῶ τή θάλασσα.

8) Ergänzen Sie mit den passenden Konjunktionen!
Τρέχω γρήγορα, ... φτάσω στή στάση.
Γλεντάει (er belustigt sich), ... σπουδάζει.
Μαθαίνει ἑλληνικά, ... μιλάει μέ τούς Ἕλληνες φίλους του.
.........γράψει τά μαθήματά του, ἄκουγε ὅλο τό πρωί ράδιο.
Ἐργάζεται, ... μιλάει.
Πηγαίνω στό περίπτερο, ... ἀγοράσω μία σοκολάτα.
Τρῶνε στήν ταβέρνα τοῦ φίλου τους, ... νά πληρώνουν.
Χτυποῦσε πολλή ὥρα, ... ἀνοίξουν.
Τόν περίμενε ἔξω ἀπό τό σπίτι, ... ἔλθει.
Ἤθελε νά τηλεφωνήσει, ... ἔχει λεπτά.
Ὁ ἀστυνομικός περίμενε, ... τοῦ δείξει τό διαβατήριό του.
Φορᾶς παπούτσια σπόρ, ... περπατᾶς γρήγορα.
Φώναξε τόσο δυνατά, ... τόν ἀκούσουν ὅλοι.
Πέρασε, ... μᾶς χαιρετήσει.
Πέρασε πολύς καιρός, ... μᾶς γράψει.

Ἀσκήσεις πάνω στό μῦθο τοῦ Αἰσώπου

1) Bilden Sie den Aorist in der gleichen Person folgender Verben:
κρατοῦσε, περπατοῦσε.
2) Bilden Sie die Diminutivform von: σκύλος, στόμα, νερό, κομμάτι.
3) Übersetzen Sie!
Wir müssen einen Fluß überqueren. Er wollte seine Ferien in Griechenland verbringen. Ich will auf der Wiese spazierengehen. Du mußt ein Buch in der Hand halten. Sie wollten uns das Stück entreißen.

"Ασκηση πάνω στό ἀνέκδοτο

1) Ergänzen Sie mit jeweils drei verschiedenen Verben!
συνηθίζω νά ....
ἄρχισα νά ....
προσπαθοῦμε νά .....

Δέκατο ὄγδοο μάθημα

1) Ἀπαντῆστε!
Τί εἶδε ἕνας τουρίστας ἕνα βράδυ; Γιατί τά χρειαζότανε τά σπίρτα; Ποῦ πῆγε; Τί εἶπε στόν περιπτερά; Τί ἔπρεπε νά πεῖ; Τί εἶδε, ὅταν ἄνοιξε τό κουτί; Τί ἔκανε τότε; Τί τοῦ εἶπε ὁ περιπτεράς;

2) Bilden Sie den Aorist des Indikativs und Konjunktivs : a) in der 2. Person Sing. b) in der 3. Person Plural folgender Verben:
προσφέρω, γέρνω (neigen), στέλνω, κρίνω, καταλαβαίνω, προλαβαίνω, ἀνασαίνω, μαθαίνω, δέρνω, περιμένω, πλένω, φεύγω, βάζω, ἀκριβαίνω, ὀμορφαίνω, παίρνω.

3) Διαλέξτε τό σωστό!
Ὁ Τάκης δέ θέλει νά (τρώει, φάει) αὐτό τό μῆλο.
Ἡ Μαρία δέν μπορεῖ νά (ἀνοίγει, ἀνοίξει) τό παράθυρο.
Τά παιδιά δέν κάνει νά (παίζουν, παίξουν) στό δρόμο.
Μπορῶ νά (καπνίζω, καπνίσω) ἐδῶ;
Ὅταν (φτάνεις, φτάσεις), νά μοῦ γράψεις ἀμέσως.
Δέν ἔχω καιρό νά (γράφω, γράψω) κάθε μέρα γράμματα.
Γιατί (γελούσατε, γελάσατε) ὅλη τήν ὥρα ;
Χθές μέ (ἔβλεπε, εἶδε), ἀλλά δέ μοῦ (ἔλεγε, εἶπε) καλημέρα.
Νά(πληρώνεις, πληρώσεις) πάντα τό λογαριασμό σου.
Μήν (τρέχεις, τρέξεις) ὅταν περνᾶνε αὐτοκίνητα.
Σήμερα (ἔπινε, ἤπιε) τόν καφέ του καί (ἔφευγε, ἔφυγε).
Θέλετε νά (βλέπετε, δεῖτε) αὐτό τό φίλμ;
Ἦλθε γιά νά μᾶς (ζητάει, ζητήσει) συγγνώμη.
Δέ θέλετε νά (κατεβαίνετε, κατέβετε) στόν κῆπο κάθε πρωί;
Μπορεῖς νά τοῦ (βρίσκεις, βρεῖς) ἕνα δωμάτιο;

(Ξεχνοῦσα, ξέχασα) τό κλειδί μου καί δέν μπορῶ νά (μπαίνω, μπῶ).
Κάνει πολλή ζέστη ἐδῶ, δέ θέλετε νά (βγάζετε, βγάλετε) τό παλτό σας;
Συνηθίζομε νά (στέλνομε, στείλουμε) τά γράμματα ἀεροπορικῶς.
Ἄρχισαν νά (μαθαίνουν, μάθουν) ἑλληνικά.
Ἐξακολουθεῖ νά (παχαίνει, παχύνει).
Δέν μποροῦμε νά (καταλαβαίνουμε, καταλάβουμε) τί θέλει.
Μπορεῖτε νά μᾶς (βγάζετε, βγάλετε) μία φωτογραφία;
Τί (παθαίνατε, πάθατε) χτές;
Τώρα πρέπει νά (παίρνεις, πάρεις) τό φάρμακό σου.

4) Verändern Sie die unten stehenden Sätze nach dem Beispiel!

**Πηγαίνω στό καφενεῖο καί παραγγέλνω ἕναν καφέ.
Πῆγα στό καφενεῖο καί παράγγειλα ἕναν καφέ.
Θέλω νά πάω στό καφενεῖο, γιά νά παραγγείλω ἕναν καφέ.**

Βγαίνεις ἀπό τό σπίτι καί παίρνεις τό ταξί.
Μπαίνω στό Ταχυδρομεῖο καί στέλνω ἕνα γράμμα.
Ψάχνουν καί βρίσκουν ἕνα σπίτι.
Τρέχετε στή στάση καί προλαβαίνετε τό τράμ.
Πλένεις τά μῆλα καί τά τρῶς.
Ἑτοιμάζομε τίς βαλίτσες μας καί φεύγομε.
Ἔρχεται στό σπίτι μας καί μένει ἕνα μήνα.
Ἀκοῦτε ράδιο καί μαθαίνετε τί γίνεται στόν κόσμο.
Τούς προσκαλοῦμε καί πίνομε καφέ.
Πηγαίνουν στόν κινηματογράφο καί βλέπουν ἕνα φίλμ.

5) Συμπληρῶστε!
Πῆγα στό νοσοκομεῖο, γιά νά .... (βλέπω) τόν ἄρρωστο.
Ἔφυγε, χωρίς νά .... (πληρώνω) τό λογαριασμό.
Ἔφαγε τό φαγητό, χωρίς νά τό .... (ζεσταίνω).
Τούς κάλεσε στό σπίτι του, προτοῦ νά .... (φεύγω).
Μᾶς τηλεφωνάει, ἀντί νά μᾶς .... (γράφω).
Μπῆκα στή βιβλιοθήκη, γιά νά .... (δίνω) πίσω τά βιβλία.
Πλένουν τά χέρια τους, πρίν νά .... (τρώω).
Ἄν .... (περνάω) αὔριο ἀπό τό σπίτιι του, νά τοῦ .... (λέω) χαιρε-

τίσματα.
Μακάρι νά μήν ……….. (ἔρχομαι) αὐτός αὔριο!
Μακάρι νά μήν ……….. (παθαίνω) αὐτοί τίποτα!
Μακάρι νά τούς ……….. (συναντάω) ἐμεῖς στό λεωφορεῖο!
῍Αν ……….. (καταλαβαίνω) τί λέει, θά σᾶς τό ……….. (λέω).
῍Αν ……….(χαλάω) τό αὐτοκίνητό μου, θά ……….(ἔρχομαι) μέ τά πόδια
῍Αν δέν ……….. (παίρνω) τίς βιταμίνες σας, θά ……….. (ἀρρωσταίνω).
'Αντί νά ……….. (πίνω) κονιάκ, ……….. (πίνω) οὖζο.

6) Übersetzen Sie!
1) Wir haben keine Zeit; unser Zug fährt in 10 Minuten.
2) Können Sie uns zwei Tassen Kaffee und ein Stück Kuchen bringen?
3) Wir können nicht verstehen, was er uns schreibt.
4) Wenn er immer so viel ißt, wird er dicker werden.
5) Ich muß diesen Mantel kürzer machen; die langen Mäntel sind nicht mehr modern.
6) Wenn Sie ins Museum gehen wollen, müssen Sie eine Karte lösen.
7) Ihr seid in den Garten hinuntergegangen, um die Blumen zu betrachten.
8) Hast du Lust, griechische Musik zu hören? Dann mußt du zu mir kommen.
9) Der Briefträger kam, aber er brachte uns nur eine Zeitung.
10) Ich möchte gern diesen Film sehen, aber ich habe keine Zeit.
11) Er öffnete das Fenster, um frische Luft einzuatmen.
12) Es ist sehr schwierig, ein billiges Zimmer zu finden.
13) Sollen wir euch vom Markt frische Äpfel bringen?
14) Wann wollen Sie die neuen Möbel bestellen?
15) Du hast nicht gut daran getan, dem Kind den ganzen Kuchen zu geben.
16) Kannst du mir bitte diesen Koffer hinauftragen?
17) Der Kranke muß jeden Abend sein Medikament einnehmen.
18) Wie kann ich dieses Paket nach Griechenland schicken?
19) Können Sie mir bitte den Gefallen tun, mir eine Zeitung zu kaufen?
20) Wenn du Peter siehst, sage ihm bitte, daß ich ihn morgen erwarte.

Ἀσκήσεις πάνω στά ἀνέκδοτα.

A)
1) Συμπληρῶστε!
Ἀνέβηκα σ' ἕνα ....
" σ' ἕνα ....
" σ' ἕνα ....
" σ' ἕνα ....

Τό λεωφορεῖο   εἶναι   γιά ....
Τό ποδήλατο   εἶναι   γιά ....
Τό βιβλίο   εἶναι   γιά ....
Ἡ τσάντα   εἶναι   γιά ....
Τό βάζο   εἶναι   γιά ....
Τό ποτήρι   εἶναι   γιά ....

2) Schreiben Sie die entgegengesetzte Bedeutung zu den folgenden Wörtern:
χοντρή, ἀνέβηκε, μία μέρα, γελώντας, ἔξυπνη, νά χάσει

B)
1) Ὁ καθηγητής ἀντί νά βγάλει τό βάτραχο, ἔβγαλε τό σάντουιτς.
"   "   ἀντί νά .... τό σάντουιτς, ... τό βάτραχο.
"   "   ἀντί νά μπεῖ στήν αἴθουσα, ...
"   "   ἀντί νά βάλει τό παλτό του, τό ....

2) Bilden Sie 5 Finalsätze (γιά νά)!

Δέκατο ἔνατο μάθημα

1) Ἀπαντῆστε!
Ποιός φτάνει ἕνα βράδυ στό ξενοδοχεῖο; Τί θέλει; Ποῦ βρίσκονται τά δωμάτια; Τί νούμερο ἔχουν; Θέλουν οἱ ξένοι νά τά δοῦν; Γιατί ὄχι; Τί πρέπει νά συμπληρώσουν; Ποιός θά τούς ἀνεβάσει τίς βαλίτσες; Τί πρέπει νά κάνουν, ἄν θέλουν κάτι; Τί λέει ὁ ξενοδόχος στό μικρό; Τί θέλει νά πιεῖ ὁ ξενοδόχος;

2) Setzen Sie folgende Sätze in den Imperativ Aorist (Singular und Plural)!
Πληρώνω τά εἰσιτήρια. Φοράω τό παλτό μου. Κρεμάω τή φωτογραφία. Φωνάζω τό γιατρό. Τρέχω στό Ταχυδρομεῖο. Διαβάζω τό ποίημα. Διώ-

χνω τό κακό σκυλί. Μαγειρεύω ψάρι. Γελάω δυνατά. Τηλεφωνάω.
Ἀκούω τά νέα. Προσέχω στό μάθημα. Φέρνω τά ψώνια. Ἀγοράζω κάρτες. Στέλνω ἕνα πακέτο. Βαστάω τήν τσάντα Σωπαίνω. Συσταίνω ἕνα καλό ρεστωράν. Πετάω τό παλιό βιβλίο. Ἀφήνω τό ποδήλατο στό δρόμο. Μαθαίνω ξένες γλῶσσες. Παίζω ἕνα κομμάτι στό πιάνο. Δείχνω τό δρόμο. Μένω λίγο ἀκόμα. Παραγγέλνω ἕναν καφέ. Ζεσταίνω τό φαγητό.

3) Συμπληρῶστε!
Μαρία, φέρ ...... μου κάθε πρωί γάλα. Μαμά, ἀγόρα ...... μου αὐτό τό μπαλόνι. Πατέρα, πλήρω ...... τώρα τή βενζίνη. Γιάννη, πλήρω ...... πάντα τούς λογαριασμούς σου. Ἄν θέλετε νά μάθετε ἑλληνικά, μιλ ...... πολύ αὐτή τή γλώσσα. Μιλ ...... μέ τόν καθηγητή σας γι αὐτό τό θέμα. Πέρ ......κάθε μέρα ἀπό τό σπίτι μου. Πέρ ...... νά μέ πάρεις αὔριο. Διαβά ...... τί μοῦ γράφει. Διαβά ...... πάντα τά γράμματά μου. Κυττά ...... τί γίνεται ἐκεῖ. Ὅταν μπαίνεις μέσα, κλεῖ ...... πάντα τήν πόρτα.

4) Bilden Sie den Imperativ Aorist positiv und negativ!
ἔρχεσαι   ....
τρῶτε   ....
μπαίνεις ....
βγαίνετε ....
κάθεσαι   ....
ἀφήνεις   ....
πηγαίνετε ....
λές   ....
βλέπετε   ....

5) Verwandeln Sie die direkte in die indirekte Rede!
Ἡ μητέρα λέει στήν Ἄννα:
" Κλεῖσε τό παράθυρο καί ἄνοιξε τό ράδιο. Βάλε τό φαγητό στό τραπέζι καί φέρε τά μαχαιροπήρουνα! "
Ὁ Γιάννης μοῦ λέει:
" Γράψε μου αὐτό τό γράμμα καί πήγαινέ το στό Ταχυδρομεῖο. Στεῖλε το ἀμέσως. Ἀγόρασέ μου κι ἕνα περιοδικό! "

Ὁ θεῖος φωνάζει στά παιδιά:
" Δέστε τί πολλά μῆλα ἔχει ἡ μηλιά. Ἀνεβεῖτε καί κόψτε τα. Δῶστε τα στούς γονεῖς σας. Ἀντέστε στό σπίτι καί πλύντε τά χέρια σας. Φᾶτε λίγα μῆλα. Πέστε στή γιαγιά ὅτι σέ λίγο θά ἔλθω! "
Ὁ ξενοδόχος λέει:
" Δεῖξτε μου τά διαβατήριά σας. Συμπληρῶστε αὐτό τό ἔντυπο. Πάρτε τίς βαλίτσες σας καί ἀνεβάστε τες ἐπάνω. ῍Αν θέλετε τίποτα, χτυπῆστε τό κουδούνι. Πάρτε τό κλειδί γιά τό δωμάτιό σας. Ἐλᾶτε στίς ὀκτώ γιά πρωινό! "

6) Bilden Sie den Imperativ Aorist in der 2. Person im Sing. und im Plural, und ersetzen Sie das Objekt durch das Personalpronomen nach dem Beispiel:

Γράφω τό γράμμα.
Γράψε τό γράμμα! Γράψτε τό γράμμα!
Γράψε το!   Γράψτε το!

Κατεβάζω τίς βαλίτσες. Βρίσκω τά λεπτά. Τρώω τό γλυκό. Πίνω τήν μπύρα. Χτυπάω τό κουδούνι. Πλέκω τό πουλόβερ. Πλένω τήν μπλούζα. Βλέπω τό φίλμ. Ρωτάω τίς φοιτήτριες. Παίρνω τό κλειδί. Κρύβω τούς στυλούς.

7) Übersetzen Sie!
Am 20 Oktober habe ich angefangen, Griechisch zu lernen. Die Tante wird am Montag, den 12. Mai, kommen. Er hat am 1. Februar Geburtstag. Diese Familie ist im April 1973 nach Deutschland gekommen. Im Jahr 2006 werden wir nach Griechenland fahren. Seine Frau starb im März 1991. Im Jahr 1983 hatte sie ein Haus gekauft.

8) Lesen Sie vor!
127, 223, 334, 581, 994, 1200, 2358, 3679, 4553, 222. 000, 333.567, 444.221, 1.542.890, 4.330.221
223 Schüler, 774 Schülerinnen, 331 Häuser, 5000 Mark, 7891 Drachmen, 2191 Mark, 3453 Dollar.

Ἀσκήσεις πάνω στό ἀνέκδοτο

1) Συμπληρῶστε!
Μπῆκε σ' ἕνα μπάρ.   Βγῆκε ἀπό ἕνα μπάρ.
"   "   " ....   "   "   " ....
"   "   " ....   "   "   " ....

2) Geben Sie von den unten angeführten Verben den negativen Imperativ in gleicher Person und in gleichem Aspekt an :
εἶπε, δῶστε, μπῆκε, ἤπιε, ρώτησε, πληρώσει.

Εἰκοστό μάθημα

1) Ἀπαντῆστε!
Ποῦ βρίσκεται ὁ ξένος; Τί ρωτάει; Γιατί εἶναι οἱ Τράπεζες κλειστές; Τί εἶναι ἡ Μεγάλη Παρασκευή γιά τούς Ὀρθοδόξους; Ποῦ θέλει νά πάει ὁ ξένος; Ποιές εἶναι οἱ βυζαντινές ἐκκλησίες στήν Ἀθήνα; Ποῦ προτιμάει νά πάει; Γιατί; Τί ὥρα ἀρχίζει ἡ ἐκκλησία; Τί κάνει τό ἐκκλησίασμα στήν περιφορά τοῦ Ἐπιταφίου; Πότε γιορτάζουν οἱ Ἕλληνες τήν Ἀνάσταση; Τί τρῶνε τήν ἄλλη μέρα; Τί λέει ὁ Ἕλληνας στόν ξένο; Δέχεται ὁ ξένος;

2) **Übersetzen Sie!**
1) Dieses Haus ist genau so groß wie das andere.
2) Diese Kirche ist schöner als die andere, aber kleiner.
3) Takis ist älter als sein Bruder, aber kleiner als er.
4) Unser Garten ist größer als seiner.
5) Seine Möbel sind teurer als deine.
6) Die Bäume in unserem Garten sind genau so hoch wie die Bäume auf der Straße.
7) Seine Schuhe sind nicht so gut wie meine.
8) Maria liest Griechisch besser, als sie es spricht.
9) Mein Freund schreibt besser als ich.

10) Er ißt mehr als sein Vater.
11) Kostas sieht nicht so gut wie früher.
12) Die wärmsten Monate sind der Juli und der August; die kältesten sind der Januar und der Februar.
13) Der Mai ist am schönsten.
14) Der Ouzo ist äußerst gut.
15) Diese Bananen waren heute äußerst billig.
16) Die meisten Leute wissen nicht, was sie tun.
17) Mein ältester Bruder ist in Amerika.
18) Der schlechteste Schüler ist Takis.
19) Das kleine Hotel ist das allerbeste.
20) Auf der Straße waren extrem wenig (absoluter Superlativ) Leute.
21) Wir gehen in die nächste Schule.
22) Konstantin ist höherer Beamter.
23) Er arbeitet weniger in der Schule als zu Hause.
24) Wir kennen sie viel zu wenig.
25) Du kommst immer äußerst früh.
26) Ihr macht es mehr Spaß, spazierenzugehen als ihr Zimmer aufzuräumen.
27) Dieser Professor ist der älteste von allen.
28) Panos vergißt meistens sein Lexikon.
29) Frühestens übermorgen habe ich das Buch durchgelesen.
30) Bringe möglichst viele warme Kleider mit; bei uns ist es schon kalt.

3) Βάλτε τίς παρακάτω φράσεις στόν Παρακείμενο καί Ὑπερσυντέλικο!
Setzen Sie die folgenden Sätze ins Perfekt und Plusquamperfekt!
1) Ἀγοράζω δύο βιβλία.
2) Μοῦ πίνει τήν μπύρα μου.
3) Φτάνομε στό Πανεπιστήμιο.
4) Ὁ πατέρας φεύγει.
5) Ἡ φοιτήτρια τρέχει μέ τό αὐτοκίνητο.
6) Ἀγοράζει τό σπίτι καί δίνει πολλά λεπτά.
7) Βρίσκεις ἕνα δωμάτιο καί τό παίρνεις.
8) Σᾶς τηλεφωνᾶμε καί σᾶς ρωτᾶμε.
9) Ἀνεβαίνετε στό σπίτι σας καί κλείνετε τήν πόρτα σας.

10) Ἡ Ἑλένη τρώει τή σούπα.
11) Οἱ μαθητές βλέπουν τό φίλμ.
12) Ἔρχεται καί ἀρχίζει νά φωνάζει.

4) Βάλτε τίς παρακάτω φράσεις στόν Τετελεσμένο Μέλλοντα!
Setzen Sie die folgenden Sätze in das Futur II!
1) Κατεβαίνουν στόν κῆπο καί κυττάζουν τά λουλούδια.
2) Παίρνω τό τράμ καί πηγαίνω στήν πλατεία.
3) Πηγαίνω στό Ταχυδρομεῖο καί στέλνω τό πακέτο.
4) Φορᾶς τό παλτό σου καί μπαίνεις στό αὐτοκίνητο.
5) Τούς φέρνετε ἕνα λεξικό καί μαθαίνουν ξένες γλῶσσες.
6) Ρωτᾶνε καί καταλαβαίνουν τήν ἄσκηση.
7) Παραγγέλνετε δύο καφέδες καί μοῦ προσφέρετε ἕνα κονιάκ.
8) Μακραίνει τό παλτό της καί κονταίνετε τή φούστα σας.
9) Ζεσταίνομε τό φαγητό καί τό τρῶμε.
10) Μᾶς δανείζετε τό αὐτοκίνητό σας καί σᾶς εὐχαριστοῦμε.

5) Übersetzen Sie!
1) Wenn er uns gesehen hätte, hätte er uns gegrüßt.
2) Wenn sie uns geschrieben hätte, hätten wir ihr das Zimmer besorgt.
3) Wenn er dieses Fahrrad gekauft hätte, wäre er jetzt früher gekommen.
4) Wenn sie nicht den Schlüssel mitgenommen hätte, hätten wir die Tür aufgemacht.
5) Wären sie hereingekommen, hätten sie uns das Geld weggenommen.
6) Wärest du nicht so schnell gefahren, wäre dein Auto nicht kaputtgegangen.
7) Wäre ich nicht ohne Mantel hinausgegangen, wäre ich nicht erkrankt.

Εἰκοστό πρῶτο μάθημα

1) Ἀπαντῆστε!
Σέ ποιά ἤπειρο βρίσκεται ἡ Ἑλλάδα; Μέ ποιά κράτη συνορεύει; Ἀπό ποιά πελάγη περιβρέχεται; Πόσους κατοίκους ἔχει; Ποιά εἶναι ἡ πρωτεύουσά της; Ποιές ἄλλες μεγάλες πόλεις ξέρετε; Ἔχει ἡ Ἑλλάδα πολλές λίμνες; Ἔχει πολλά δάση καί βουνά; Ἔχει πολλά νησιά;

Ποιό εἶναι τό μεγαλύτερο νησί της; Εἶναι τό κλίμα τῆς Ἑλλάδας ὑγιεινό; Πῶς εἶναι τό ἔδαφός της; Γιατί μεταναστεύουν πολλοί Ἕλληνες; Ποῦ μεταναστεύουν; Γιατί ἔρχονται κάθε χρόνο πολλοί τουρίστες; Ποιούς Ἕλληνες συγγραφεῖς ξέρετε; Ποιούς μουσικοσυνθέτες; Ἔχετε πάει στήν Ἑλλάδα; Σέ ποιά μέρη; Ποιά γλῶσσα μιλιέται στήν Ἑλλάδα; Σᾶς ἄρεσε τό κλίμα της;

2) Ἀπαντῆστε!
Ποιά εἶναι ἡ πατρίδα σας; Μέ ποιά κράτη συνορεύει ἡ Γερμανία; Πόσο πληθυσμό ἔχει; Ἔχει πολλά νησιά καί πολλά δάση; Ποιός ποταμός εἶναι ὁ μεγαλύτερος; Πῶς τούς λένε τούς ἄλλους ποταμούς της; Ποιό εἶναι τό πολίτευμά της; Ποιοί εἶναι οἱ πιό γνωστοί Γερμανοί συγγραφεῖς; Μεταφράζονται τά ἔργα τους στίς ξένες γλῶσσες; Εἴσαστε ἐσεῖς ἀπό τή Βόρειο ἤ ἀπό τή Νότιο Γερμανία;

3) **Übersetzen Sie!**
1) In den Klassen sind wenige Schüler, aber viele Schülerinnen.
2) Die Straßen dieser Stadt sind schön.
3) Die Orthographie der meisten griechischen Wörter ist schwierig.
4) Die beiden Familien haben keine Beziehungen.
5) Sie wohnt am Ende der großen Straße.
6) Sie hatten alle Lichter angezündet.
7) Er interessiert sich für die Zukunft und die Vergangenheit, aber nicht für die Gegenwart.
8) In den Märchen wird oft von Ungeheuern erzählt.
9) Die Bäume der Wälder sind sehr hoch.
10) Die neuesten Ereignisse waren nicht gut.
11) Der Arzt hat nicht seine Pflicht getan.
12) Wir haben noch nicht unsere Schulden bezahlt.
13) Die Namen der großen Schriftsteller sind überall bekannt.
14) Auf diesem Brief steht nicht der Name des Absenders.
15) Das Geschrei der Menge weckte mich sehr früh am Morgen.
16) Wie viele Vokale hat die deutsche Sprache?
17) Die Dolmetscher dürfen keine Fehler machen.
18) Er wußte alles.

19) Hat die Universität einen Ausgang oder zwei?
20) Unsere Wohnung hat zwei Eingänge.
21) Wie ist das Klima unseres Kontinents?
22) In der Grammatik gibt es viele Ausnahmen.
23) Die Schüler haben nicht alle Sätze geschrieben.
24) Verstehst du den Sinn dieses Satzes?
25) Nach drei Haltestellen mußt du aussteigen.
26) Wie lautet der Anfang der Übung?
27) Das war der Anfang vom Ende.
28) Wegen des Klimas darf sie nicht länger hier bleiben.
29) Gibt es viele Sorten Kaffee?
30) Er hatte noch nicht mal das Fahrgeld; darum ging er zu Fuß.

4) Übersetzen Sie!
1) Sie kauften ein neues Auto, obwohl ihr altes noch nicht kaputt war.
2) Dieser Mann grüßte uns, obwohl wir ihn nicht kennen.
3) Obwohl sein Haus größer als meines ist, hat er es billiger gekauft.
4) Obwohl wir so früh von zu Hause weggingen, kamen wir verspätet in der Schule an.
5) Selbst wenn er kommen sollte, wird er das Buch nicht mitbringen.
6) Sie wird nicht mit uns sprechen, selbst wenn sie uns sehen sollte.
7) Obwohl er nicht so gut sehen kann, will er keine Brille tragen.
8) Sind Sie ausgegangen, obwohl Sie gestern krank waren?

5) Bilden Sie Konzessivsätze mit den folgenden Verben (sowohl mit ἄν καί wie auch mit καί νά) nach dem Beispiel:

"Αν καί εἶχα ἕνα αὐτοκίνητο, ἀγόρασα ἕνα καινούργιο.
Καί νά ἔχω ἕνα αὐτοκίνητο, θά ἀγοράσω ἕνα καινούργιο.

μαθαίνω - ξεχνάω, καλῶ - ἔρχομαι, πονάει τό δόντι - δέν πηγαίνω στό γιατρό, διώχνουν - δέ φεύγουν, φωνάζουμε - δέν ἀκοῦνε, διψάω - δέν πίνω νερό, γράφεις - δέν ἀπαντάει, ἔχει πυρετό - πάει στή δουλειά.

6) Κάνετε μία ἔκθεση μέ θέμα : "'Η πατρίδα μου "

Εἰκοστό δεύτερο μάθημα

1) Ἀπαντῆστε!
Πόσον καιρό μαθαίνει ἡ Μόνικα ἑλληνικά; Ἔχει προχωρήσει πολύ; Γιατί ὄχι; Ποιοί μποροῦν καί πηγαίνουν στήν Ἑλλάδα; Ἔχει ἡ Μόνικα τά μέσα νά πάει; Γιά τί τά ξοδεύει τά λεπτά της; Τί τῆς λέει ἡ Βάσω; Ποῦ μπορεῖ νά μένει ἡ Μόνικα; Δέχεται τήν πρόσκληση; Γιατί θέλει νά ξέρει τήν ἀκριβῆ ἡμερομηνία τοῦ ταξιδιοῦ;

2) Verbinden Sie die beiden Hauptsätze mit dem passenden Relativpronomen (beide Möglichkeiten!), so daß ein logischer Zusammenhang entsteht, z.B.

    Ἀγόρασα ἕνα παλτό. Μοῦ ἄρεσε πολύ.
    Ἀγόρασα ἕνα παλτό τό ὁποῖο (πού) μοῦ ἄρεσε πολύ.
    Βλέπετε αὐτή τήν κυρία; Τό παιδί της εἶναι ἐδῶ.
    Βλέπετε αὐτή τήν κυρία τῆς ὁποίας τό παιδί εἶναι ἐδῶ;
    Βλέπετε αὐτή τήν κυρία πού τό παιδί της εἶναι ἐδῶ;

Τό βιβλίο εἶναι πολύ ὡραῖο. Τό διαβάζω τώρα.
Ὁ φοιτητής εἶναι φίλος μου. Ὁ καθηγητής τόν βοήθησε πολύ.
Σήμερα θά σᾶς δείξω τό σπίτι μας. Τό ἀγοράσαμε πέρυσι.
Τά παιδιά παίζουν στόν κῆπο. Ἡ γιαγιά τούς ἔδωσε σοκολάτα.
Συνάντησα χθές μία κυρία. Εἶναι φίλη τῆς ἀδελφῆς μου.
Ὁ κύριος εἶναι ἄρρωστος. Σ' αὐτόν πρέπει νά δώσω τό πακέτο.
Τό σπίτι ἀρέσει τῆς ἀδελφῆς μου πολύ. Σ' αὐτό μένω ἐδῶ καί τρία χρόνια
Γνωρίζουν μία κυρία. Ὁ ἀδελφός της εἶναι περίφημος χειροῦργος.
Βλέπεις αὐτούς τούς τουρίστες; Οἱ βαλίτσες τους εἶναι στό ξενοδοχεῖο.
Χθές πήγαμε στό Μουσεῖο. Ἡ δασκάλα μᾶς εἶχε πεῖ πολλά γι αὐτό.
Ἡ πόλη εἶναι πολύ παλαιά. Φωτογράφισα τίς ἐκκλησίες της.
Ὁ δάσκαλος μᾶς ἔδωσε τίς ἐργασίες. Τίς εἶχε διορθώσει.

3) Συμπληρῶστε μέ μία ἀοριστολογική ἀντωνυμία ἤ ἕνα ἀοριστολογικό ἐπίρρημα ! Ergänzen Sie mit einem verallgemeinernden Relativpronomen oder Relativadverb!

Κάνει .... θέλει.- Ἔρχεται .... ἔχει καιρό. - Δέν τήν καταλαβαίνω .... καί νά μιλάει. - Θά ἔλθουν .... - Δέν κάνει νά καπνίζει .... θέλει.- .... καί νά τηλεφωνήσει, πές του ὅτι δέν εἶμαι ἐδῶ.- Ἀγόρασε .... βιβλία χρειάζεσαι.- .... πηγαίνουν στήν Ἑλλάδα, μένουν εὐχαριστημένοι.- .... καί νά μᾶς πεῖ, δέν τήν πιστεύουμε.- Πῆρε .... φροῦτα τῆς ἄρεσαν .- .... καί νά εἶναι αὐτός ὁ στυλός, θά τόν πάρω νά γράψω.- Αὐτό τό ποδήλατο θά εἶναι .... πολύ ἀκριβό.- Δέν ἐργάζεται .... πρέπει.

4) Συμπληρῶστε μέ τό κατάλληλο ἐπίθετο:
Ἕνα ταξίδι μέ πολλές περιπέτειες εἶναι ....
Μία ἔκθεση πού λαβαίνουν μέρος πολλά ἔθνη, εἶναι ....
Οἱ ἀπαντήσεις τοῦ ἔξυπνου ἀνθρώπου, εἶναι ....
Μοῦ εἶπε ὅλη τήν ἀλήθεια, ἦταν πολύ ....
Δέ φέρνεται καθόλου εὐγενικά, εἶναι πολύ ....
Ἔρχονται πάντα στήν ὥρα τους, εἶναι πολύ ....
Αὐτός ὁ δρόμος ἔχει πλούσια καί ἀκριβά καταστήματα, εἶναι καταστήματα ....
Ἔφυγε, χωρίς νά πεῖ τίποτα σέ κανένα καί χωρίς νά τόν δεῖ κανείς, ἔφυγε ....

5) **Μεταφράστε!**
1) Er sagte, er sei krank.
2) Sie planen, eine Reise nach Spanien zu machen.
3) Sie behauptet, mich auf der Straße gesehen zu haben.
4) Ich weiß, daß er im Haus nebenan wohnt.
5) Ich weiß nicht, ob er nebenan wohnt.
6) Sie können (wissen) sehr gut kochen. -Wo haben Sie kochen gelernt?
7) Warum ist er nicht gekommen? - Er wird wohl viel zu tun haben.
8) Sie erinnerte sich an ihre Heimat.
9) Sie erinnerte sich ganz gut, daß sie die Arbeiter bezahlt hatte.
10) Wir erinnern uns nicht, Ihren Wagen kaputtgemacht zu haben.
11) Er verspricht, daß er wiederkommt.

12) Wir versprechen euch, eure Blumen zu gießen.
13) Wann habt ihr lesen und schreiben gelernt?
14) Er hat erfahren, daß er im Lotto gewonnen hat.
15) Ich habe Angst, allein im Wald spazierenzugehen.
16) Die alte Frau hat Angst zu sterben.
17) Sie hat Angst, daß nicht viele Gäste kommen.
18) Er hat Angst, daß es regnet und das Fest nicht stattfindet
19) Ich fürchte, daß er heute kommt, wo ich keine Zeit habe.
20) Er fürchtet, daß er so viel Geld nicht bezahlen kann.
21) Die Studentin fürchtet, die Prüfungen nicht bestanden zu haben.
22) Die Kinder fürchten sich vor dem Hund.
23) Ich habe meine Mutter überredet, daß sie mir ihr Auto leiht, aber ich konnte sie nicht überzeugen, daß ich es nicht kaputtgemacht habe.

Εἰκοστό τρίτο μάθημα

1) Ἀπαντῆστε!
Τί εἶδε ὁ Ἀντώνης, ὅταν σηκώθηκε τό πρωί; Τί σκέφτηκε; Τί εἶπε στήν Τράπεζα πού ἐργαζόταν; Τί ἔπρεπε νά κάνει; Πῶς ἑτοιμάστηκε; Ποῦ θά πήγαινε καί μέ τί; Τί δέ θυμήθηκε; Τί θά ἔκανε, ἄν ἔβλεπε τόν προϊστάμενο νωρίτερα; Τί προσπάθησε νά κάνει; Τά κατάφερε; Τί φοβᾶται ὁ Ἀντώνης τώρα; Ποιός ἔφταιγε γιά ὅλα αὐτά;

2) Verwandeln Sie das Aktiv ins Passiv, wobei Sie die gleiche Zeitform beibehalten!
Ἡ Σοφία διάβασε τά βιβλία. Ὁ φοιτητής ἔγραψε τίς ἀσκήσεις. Ἡ νοικοκυρά μαγείρεψε ψάρια. Ἡ γιαγιά χτένισε τήν Κατερίνα. Ὁ κύριος ἀγόρασε δύο ποδήλατα. Ὁ Τάκης καταβρόχθισε δύο γλυκά. Ὁ ἄρρωστος πλήρωσε τό γιατρό. Οἱ μαθητές ἀγάπησαν τό δάσκαλο. Ἡ θεία μάζεψε λουλούδια. Ἡ Ἑλένη ἔπλεξε δύο πουλόβερ. Τό παιδί φόρεσε πολύν καιρό αὐτά τά παπούτσια. Ὁ πατέρας ἑτοίμασε τίς βαλίτσες του. Ἡ ταμίας εἴσπραξε (kassierte) τά λεπτά. Ἡ μητέρα χάιδεψε τά παιδιά.

3) Setzen Sie die obigen Sätze ins einmalige Futur des Passivs!

4) Ergänzen Sie mit jeweils drei verschiedenen Sätzen!
Μοῦ ἀπαγόρεψε νά ....
Εἶναι κρίμα νά ....
Τήν ὥρα ἀκριβῶς πού ....

5) Παρατατικός ἤ Ἀόριστος;
Κάθε πρωί ὁ κ. Παπαδόπουλος .... (σηκώνομαι) στίς ἑπτά, ...
..... (πλένομαι), ... (ξυρίζομαι) καί .... (πηγαίνω) στό γραφεῖο του. - .... (ἐργάζομαι) ὀκτώ ὧρες . Ὅταν .... (γυρίζω) στό σπίτι του, ... (ξεκουράζομαι) καί .... (ἐπισκέπτομαι) τή μητέρα του.
Χτές ὅμως .... (κοιμᾶμαι) πολύ ἀργά καί σήμερα .... (σηκώνομαι) στίς ὀκτώ. Δέν .... (ξυρίζομαι), ἀλλά .... (ντύνομαι) ἀμέσως. - .... (φοβᾶμαι) νά πάει στό γραφεῖο καί .... (σκέπτομαι) νά τηλεφωνήσει καί νά πεῖ ὅτι εἶναι ἄρρωστος. - ....(λυπᾶμαι) πού ἔγινε αὐτό, ἀλλά τώρα ἦταν πιά πολύ ἀργά. Ἐκεῖνο τό βράδυ δέν .... (ἐπισκέπτομαι) τή μητέρα του, οὔτε .... (ἀπομακρύνομαι) ἀπό τό σπίτι του, ἀλλά .... (περιποιοῦμαι) τόν κῆπο του. - .... (συμβουλεύομαι) ἀπό τηλεφώνου τό φίλο του τί νά κάνει καί .... (εἰδοποιοῦμαι) ὁ διευθυντής του. Ὅλη τή νύχτα .... (ὀνειρεύομαι) αὐτό πού ἔγινε ἐκείνη τήν ἡμέρα. - .... (ἀναρωτιέμαι) ἄν αὐτή ἡ κωμωδία .... (παίζομαι) καλά.

6) Ergänzen Sie durch die passende Form!
Θέλει νά τούς .... (διηγοῦμαι) μία ἱστορία.
Ἀπό ποιόν θά .... (εἰδοποιοῦμαι) ὁ Γιάννης;
Ποιός ἀπό σᾶς θά .... (ἀσχολοῦμαι) μέ τήν πολιτική;
Τό καινούργιο προσωπικό θά .... (ἀποτελοῦμαι) ἀπό πέντε ὑπαλλήλους.
Ἐσεῖς θά .... (λυπᾶμαι) πολύ, ἄν αὐτοί δέ σᾶς .... (ἐπισκέπτομαι).
Δέν μπορῶ νά σᾶς .... (ἐγγυῶμαι) γιά αὐτό τό αὐτοκίνητο.

Ἡ Ἄννα θά .... (ἀρνιέμαι) νά ἔλθει μαζύ μας καί θά .... (προσποιοῦμαι) τήν ἄρρωστη.
Ἡ γυναίκα μου θά .... (εὐχαριστιέμαι) πολύ, ἄν μᾶς .... (ἐπισκέπτομαι), Κατερίνα.
Στό θέατρο θά .... (παίζομαι) ὁ Φάουστ.
Εἶμαι πολύ κουρασμένη καί θέλω νά .... (ξεκουράζομαι).
Ἄν δέν τούς δώσεις λεπτά, αὐτοί θά .... (στεροῦμαι) τά πάντα.
Πότε θά ....(κοιμᾶμαι), παιδιά;
Μπορεῖς νά .... (ντύνομαι) σέ δέκα λεπτά;
Ἐμεῖς πρέπει νά .... (συναντιέμαι) μέ τούς φίλους μας καί νά .... (συνεννοοῦμαι) τί θά κάνομε.
Στήν πόλη μας θά .... (ἰδρύομαι) καινούργιο γυμνάσιο.
Δέ μπορεῖτε νά .... (φαντάζομαι) τή χαρά μας!
Δέ μπορῶ νά .... (θυμᾶμαι) τόν ἀριθμό τοῦ τηλεφώνου του.

7) Übersetzen Sie!
1) Sie sehen besorgt aus.
2) Das Kind war eingeschlafen.
3) Er ging zufrieden von uns weg.
4) Diese Kleider sind getragen.
5) Sie waren noch nicht fertig angezogen.
6) Die Aufgaben sind geschrieben.
7) Er kam müde zurück.
8) Diese Plätze sind besetzt.
9) Der geöffnete Brief lag auf dem Tisch.
10) Wir sind überzeugt, daß er recht hat.
11) Ihr Kaffee ist schon bezahlt.
12) Die eingeladenen Damen sind nicht gekommen.
13) Essen Sie doch nicht mit dem benützten Besteck.
14) Der versteckte Schatz ist gefunden worden.

Εἰκοστό τέταρτο μάθημα

1) Ἀπαντῆστε!
Πόσα παιδιά εἶχε ἡ γριά καί πῶς τά ἔλεγαν; Τί ἔκαναν τά παιδιά, ὅταν μεγάλωσαν; Τί τῆς φάνηκε τῆς γριᾶς, ὅταν ἀρρώστησε; Τί εἶπε στό γείτονα; Γιατί δέν ἦρθε ὁ Σκαντζόχοιρος; Ἦρθε ἡ Χελώνα; Τί ἔκανε ἡ Ἀράχνη; Ποιά κόρη ἦρθε νά δεῖ τή μάνα; Εἶχε καιρό αὐτή; Τί εἶπε ἡ μητέρα γιά τά τρία παιδιά πού δέν ἦλθαν; Τί εἶπε γιά τή Μέλισσα; Ἔγιναν αὐτά πού εἶπε ἡ γριά;

2) Ergänzen Sie nach dem Textinhalt.
"Ὅταν ἡ γριά ἀρρ......... τῆς φ.......... ὅτι θά πεθ.........Φών.......... ἕνα γείτ............ καί τοῦ ε.......... ·" Μπορ.......... νά παραγ.......... στά παιδιά μου νά ἔ.......... νά μέ..........;" "Ὅταν ὁ γείτονας ἔφ.........., ὁ Σκαντζόχοιρος ἔφ.... ..... τό φράχτη του, ἡ Ἀράχνη ὕφ.......... πανί καί ἡ Χελώνα ἔπλ..........Καί οἱ τρεῖς τους ε.......... ὅτι δέν ἄδ.........., δέν μπορ.......... ν' ἀφ.......... τή δουλειά τους στή.......... Μόνο ἡ Μέλισσα τά παρ.......... ὅλα καί π.......... τούς δρ.......... Ἔτρ.......... ἀμέσως νά περ.......... τή μητέρα της. Ἡ μάνα χ.......... πάρα πολύ.......... τήν ε.......... καί ε..........·" "Ὁ....... πιάνει τό χέρι σου νά γ.......... μέλι".

3) Bilden Sie das einmalige Futur in der 2. Person des Singulars und des Plurals folgender Verben:
χαίρομαι, φοβᾶμαι, εὔχομαι, βρίσκομαι, στέκομαι, ὑπόσχομαι, φέρνομαι, ἀποκρίνομαι, ἐπιβαρύνομαι, διαμαρτύρομαι, πλένομαι, κρίνομαι, μαραίνομαι, ἐγκατασταίνομαι, προσεύχομαι.

4) Βάλτε στόν Ἀόριστο!
Τό φαγητό ζεσταίνεται. Ἐμεῖς ζεσταινόμαστε σ' αὐτό τό δωμάτιο. Τά δέντρα ξεραίνονται. Οἱ γονεῖς πικραίνονται μέ τά παιδιά τους. Τό πανί ὑφαίνεται ἀπό τήν Ἀράχνη. Ὁ διευθυντής ψυχραίνεται μέ τόν ὑπάλληλο. Φέρνεται πολύ ἄσχημα. Ὁ σκύλος δέρνεται ἀπό τό παιδί. Τά γράμματα στέλνονται στούς φίλους. Τό δωμάτιο τοῦ ἀρρώστου ἀπολυμαίνεται. Ἡ ὀρχήστρα διευθύνεται ἀπό τό μαέστρο. Ἐπιβαρυνόμαστε μέ ὅλα τά ἔξοδα. Ἀγοράζουν βιβλία, ὅταν εὐκολύνονται. Ἡ ἀτμόσφαιρα μολύνεται. Τί μᾶς ὑπόσχεται; Ὁ μισθός του αὐξάνεται. Δέν αἰσθανόσαστε καλά; Συσταίνονται στό δάσκαλο. Στεκόμαστε μπροστά ἀπό τό παράθυρο. Σέ ποιόν ἀπονέμεται τό βραβεῖο Νομπέλ; Ὅταν δέν εἴμαστε εὐ-

χαριστημένοι, διαμαρτυρόμαστε. Μᾶς εὔχονται "Χρόνια Πολλά". Προσεύχονται γιά τό ἄρρωστο παιδί. Πότε βλέπονται; Αὐτά τά μῆλα τρώγονται. Τό οὖζο πίνεται. Πολλοί πού δεν ξέρουν μπάνιο, πνίγονται. Οἱ φοιτητές γράφονται στό Πανεπιστήμιο. Τό ρεῦμα (elektrischer Strom) κόβεται. Ὁ πατέρας βρέχεται. Ντρέπεται νά μπεῖ μέσα. Χαίρομαι πού σέ βλέπω. Στρέφεται καί ποιόν βλέπει; Πῶς σᾶς φαίνεται αὐτό τό φίλμ; Ἐγκατασταινόμαστε στήν Ἑλλάδα.

5) Συμπληρῶστε!
Ἡ Σοφία ἔχει μεγάλη ἰδέα γιά τόν ....
Ὁ Πάνος σκέπτεται μόνο τόν ....
Πρέπει νά κυττάξετε λίγο καί τόν ....
Εἶδα τόν .... στόν καθρέφτη καί φοβήθηκα.
Αὐτά νά τά πεῖς τοῦ ....
Ἀγόρασες γλυκά μόνο γιά τόν ....;
Ξαφνικά αἰσθάνθηκα τόν .... ἄρρωστο.
Αὐτή δέν εἶναι ποτέ κυρία τοῦ ....
Δέ συγχωρῶ ποτέ τίποτα στόν ....
Ὅποιος καπνίζει, βλάπτει ὄχι μόνο τόν ...., ἀλλά καί τό διπλανό του.
Θεωροῦν τόν .... ἀνώτερο ἀπό τούς ἄλλους.

6) Μεταφράστε!
1) Wie gut, daß du gekommen bist.
2) Schade, daß sie so früh fortgegangen ist.
3) Es hat mir leid getan, daß Sie kein Zimmer gefunden haben.
4) Als die Mutter zurückkam, fand sie das Kind, wie es im Zimmer spielte.
5) Ich habe dich im Garten sitzen sehen.
6) Er hat uns fortgehen sehen.
7) Wir haben euch laut schreien hören.
8) Du hast gehört, wie ich meine Tür zumachte.
9) Er fand seine Frau, wie sie in der Küche kochte.
10) Ich freue mich, daß wir diese Reise machen werden.

Εἰκοστό πέμπτο μάθημα

1) Ἀπαντῆστε!

Ποιοί ταξιδεύουν κάθε πρωί μέ τό ἴδιο λεωφορεῖο; Γιατί θέλει ὁ παραγγελιοδόχος νά πειράξει τόν παπά; Τί ρωτάει τούς ἐπιβάτες; Ξέρουν αὐτοί νά ἀπαντήσουν στήν ἐρώτησή του; Τί γίνεται τήν ἄλλη μέρα; Ξέρουν οἱ συνταξιδιῶτες νά ἀπαντήσουν στήν ἐρώτησση τοῦ παπᾶ; Τί τούς λέει;

2) Bilden Sie den Genitiv Singular!

ὁ φαρδύς δρόμος, ἡ φαρδιά φούστα, τό φαρδύ πουλόβερ
ὁ βαρύς σάκος, ἡ βαριά τσάντα, τό βαρύ πακέτο
ὁ μακρύς δρόμος, ἡ μακριά ζακέτα, τό μακρύ φόρεμα.

3) Bilden Sie den Nominativ und Genitiv Plural!

ὁ παχύς κύριος, ἡ παχιά κυρία, τό παχύ παιδί
ὁ καφετής σκύλος, ἡ θαλασσιά μπλούζα, τό σταχτί ράσο
ὁ λαδής καναπές, ἡ πορτοκαλιά κουβέρτα, τό λουλακί παλτό.

4) Μεταφράστε!
1) Dieses Kind hat goldblonde Haare.
2) Die neue Hose ist indigoblau.
3) Er hat mokkabraune und graue Schuhe gekauft.
4) Der marineblaue Pullover steht dir gut.

5) Sie hat einen veilchenblauen Mantel und zwei orangefarbene Blusen.
6) Meine Tasche ist schwerer als deine.
7) Am Rand der breiten Straße stehen hohe Bäume. (Rand: ἄκρη)
8) Dieser Winter war äußerst streng.
9) Das Meer ist dort tiefer als hier. Da, wo du stehst, ist es am tiefsten.
10) Der Schulhof ist breiter als die Straße, aber genau so breit wie dieser Platz.
11) In Deutschland ist das Klima so rauh wie in der Schweiz.
12) In Griechenland ist es nicht so rauh.
13) Diese Sauce ist äußerst scharf; die kann man nicht essen.
14) Die modernen Kleider sind sehr, sehr weit und aus äußerst leichtem Stoff.

Εικοστό έκτο μάθημα

1) Απαντήστε!

Τί ήταν πρώτα ή δεκοχτούρα; Τί συνέβηκε, όταν ήταν μικρή; Τί έκανε ό πατέρας της; Τό αγαπούσε τό κοριτσάκι ή κυρία του; Πώς ήταν αυτή ή γυναίκα; Τί τοῦ είπε ένα πρωί, όταν τό ξύπνησε; Τί δουλειές έπρεπε νά κάνει τό κορίτσι; Δούλευε καί ή κυρά της; Πόσα καρβέλια ψωμί βγήκανε; Γιατί βαρούσε ή κακιά κυρία τό κορίτσι; Τί παρακάλεσε τό Θεό; Τό άκουσε ό Θεός; Τί φωνάζει τό πουλάκι καί γιατί;

2) Setzen Sie folgende Verben in den Indikativ Aorist!
βαράει, τραβάει, μπαίνει, μετράει, φωνάζει, τριγυρίζει, (τριγυρνάει), χώνευε, έβρισκε, ζοῦσε, πήγαινε.

3) Ergänzen Sie mit einem Finalsatz (γιά νά)!
Ό πατέρας έβαλε τό κορίτσι σ' ένα σπίτι, γιά νά ....
Ή κακιά γυναίκα έβρισκε πάντα αφορμή, γιά νά ....
Ή κακιά γυναίκα ξύπνησε τή μικρή, γιά νά ....
Ή κακιά γυναίκα μπήκε στό δωμάτιο, γιά νά ....Τό πουλάκι φωνάζει : δέκα οχτώ, γιά νά ....

4) Berichtigen Sie!
Τό κοριτσάκι έπρεπε νά φέρει τό φούρνο, ν' ανάψει τό νερό, νά πλύνει τά ψωμιά, νά ζυμώσει τά ροῦχα καί νά τά ρίξει στό νερό.

5) Setzen Sie folgende Sätze in das einmalige Futur!
Ζοῦσε σ' ένα χωριό. Τό έβαλε σ' ένα σπίτι. Έβρισκε αφορμή. Τήν ξύπνησε. Κάθεσαι σάν πριγκήπισσα. Άναψε τό φούρνο. Έριξε τά ψωμιά. Τή ρώτησε. Ή μικρή έβγαλε καί άπλωσε τά ψωμιά. Σήκωσε τά χέρια του στόν ουρανό καί παρακάλεσε.

6) Ξέρετε πώς λέγεται ή πώς λέγονται;
Αυτός πού είναι πάντα λίγο κίτρινος.
Αυτός πού παίρνει μεροκάματο.

Αὐτή πού γκρινιάζει πολύ.
Τό παιδί πού εἶναι συχνά ἄρρωστο.
Ἕνας ἄνδρας τριάντα χρονῶν.
Τό καναρίνι πού εἶναι λίγο κίτρινο.
Ὁ ἄνθρωπος πού ἔχει τά μάτια του ἀνοιχτά.
Ἡ γυναίκα πού ἔχει κόκκινα μαλλιά.
Τό ψωμί πού φτιάχνουν οἱ χωριάτες.
Αὐτός πού εἶναι ὡραῖος καί γενναῖος.
Ἡ γυναίκα πού φωνάζει πολύ.
Αὐτοί πού ἔχουν πεθάνει.
Τά παιδιά πού ὅλο θέλουν νά κοιμοῦνται.
Οἱ γυναῖκες πού τρῶνε πάρα πολύ.
Οἱ μαθήτριες πού μιλᾶνε πάρα πολύ.
Αὐτές πού δε θέλουνε νά δουλεύουν.
Μία γυναίκα πενήντα χρονῶν.

7) Μεταφράστε!

1) Faule Arbeiter finden schwer eine neue Arbeit.
2) Neidische Frauen sind unsympathisch.
3) Der alte Herr wird wohl an die siebzig sein; seine Frau an die sechzig.
4) Manche Kundinnen sind sehr brummig.
5) Die kränkelnden Studentinnen bestanden die Prüfungen nicht.
6) Wir mögen das trotzige Kind nicht.
7) Die geschwätzigen Schüler stören den Lehrer.
8) Die schlafsüchtigen Studenten kommen zu spät zur Universität..
9) Diese Katze ist viel gefräßiger als meine.
10) Die Tagelöhner können die hohe Rechnung nicht bezahlen.
11) Sei nicht so trotzig, Eleni!
12) Wir kannten Ihren seligen Vater sehr gut.
13) Die Bauern leben in den Dörfern.
14) Er kam als Krüppel aus dem Krieg zurück.
15) Niemand mag die Intriganten.

Εἰκοστό ἕβδομο μάθημα

1) Ἀπαντῆστε!
Γιατί ἔκαναν οἱ δύο φίλοι περίπατο; Τί ἦταν σταματημένο μπροστά τους; Γιατί δέν μποροῦσαν νά πιστέψουν στά μάτια τους; Γιά τί θεωροῦσαν τόν παλιό τους φίλο; Τί ἔκανε ὁ Ἀλέκος; Πῶς τούς φάνηκε; Ποῦ πήγανε; Τί ἔμαθαν γι αὐτόν; Τοῦ ἄρεσε ὁ τρόπος ζωῆς στό ἐξωτερικό; Τί ἤθελε νά κάνει;

2) Ergänzen Sie mit dem passenden Partizip Perfekt im Passiv!
Ὁ καθηγητής ἦταν .... Στό δρόμο ἦσαν .... πολλά αὐτοκίνητα. Οἱ .... δέ ζοῦνε πιά. Θέλω νά στείλω ἕνα γράμμα .... Αὐτοί οἱ τουρίστες εἶναι πολύ ....Πήγαμε στό ζαχαροπλαστεῖο, γιατί ἤμαστε .... καί ....Τά ξέρει ὅλα, εἶναι πολύ .... Ἐπειδή εἶχαν πιεῖ πολύ κρασί, ἦσαν ....Ὅταν οἱ γονεῖς γύρισαν στό σπίτι, βρῆκαν τό παιδί τους ....Τόν λυπόμαστε, γιατί εἶναι πολύ .... Τώρα μένει στήν Ἀθήνα, γιατί ἐκεῖ εἶναι .... ἡ μητέρα του. Δέν εἶναι .... στή ζωή της ἡ Ἄννα. Μᾶς κύτταξε μέ μάτια .... Νομίζω πώς θά βρέξει, γιατί ὁ οὐρανός εἶναι ....

3) Μεταφράστε!
1) Der Patient ging entmutigt fort.
2) Heute war der Himmel bewölkt; trotzdem hat es nicht geregnet.
3) Schicken Sie diesen Brief als Einschreiben.
4) Dieser Arzt ist ein erfolgreicher Mann.
5) Sie kam mir sehr gealtert und unglücklich vor.
6) Die Kinder hatten tränenfeuchte Augen.
7) Wir sind sehr empört über diesen Angestellten; er ist immer zornig.
8) Haben Sie eine konkrete Frage zu diesem Thema?
9) Ihr Mann kam jeden Abend betrunken nach Hause.
10) Er gibt immer treffende Antworten.
11) Sie können nicht diese verwelkten Blumen schenken.
12) Sie ist mit den Sorgen ihrer Familie belastet.

Ἀσκήσεις πάνω στό ἀνέκδοτο

1) Bilden Sie den Imperativ Aorist folgender Verben:
γνωρίζω, περνάω, πηγαίνω, βρίσκω, κάθομαι, βλέπω, παίρνω

2) " Γιατί νά φοβηθῶ" Bilden Sie solche Konstruktionen mit folgenden Verben:
θαυμάζω, λέω, ζητάω, συναντάω, τραβιέμαι, ἀποκρίνομαι, κάθομαι

3) Verwandeln Sie alle direkten Reden in indirekte!

Εἰκοστό ὄγδοο μάθημα

1) Ἀπαντῆστε!
Ποιός εἶναι πρωί πρωί στό πόδι καί γιατί; Τί λέει στόν ἄντρα της ἡ κυρία Μακρῆ; Τί λέει στά παιδιά της; Γιατί ξυπνάει τήν οἰκογένειά της τόσο πρωί; Ποῦ πηγαίνουν ὅλοι μαζύ, Ποιούς περνᾶνε καί παίρνουνε; Ποιός ἦταν ὁ πρῶτος Κυβερνήτης τῆς Ἑλλάδας; Ποιός ἦταν ὁ πρῶτος βασιλιάς; Γιατί ἦρθαν στό Ναύπλιο καί ὄχι στήν Ἀθήνα; Ποιός ζωγράφισε τή σκηνή, ὅταν ἔφτασε ὁ Ὄθωνας στό Ναύπλιο; Γιατί δολοφόνησαν τόν Καποδίστρια; Τί ἦταν τό Παλαμήδι πρῶτα καί τί ἔγινε μετά;
Ποιός ἔκανε τό Ναύπλιο πρωτεύουσα τοῦ Μοριᾶ; Πῶς τό λένε τό νησάκι στήν εἴσοδο τοῦ λιμανιοῦ; Ποῦ θά πᾶνε νά φᾶνε; Πότε θ' ἀνεβοῦνε στό Παλαμήδι; Τί ἐντύπωση ἔχει ἡ Ρενάτε;

2) Bilden Sie den Imperativ Aorist folgender Verben!
σκέπτομαι, κρύβομαι, θυμᾶμαι, λυπᾶμαι, ἐπισκέπτομαι, δέχομαι, περιποιοῦμαι, συνεννοοῦμαι, τραβιέμαι, μιμοῦμαι, διηγοῦμαι, κρατιέμαι, ἐργάζομαι, ξεκουράζομαι, χτενίζομαι, σκουπίζομαι, ἀποκρίνομαι, ντύνομαι.

3) Bilden Sie den Genitiv Singular und Plural folgender Substantive!
τό πρόγευμα, ἡ πόλη, ὁ κυβερνήτης, ὁ βασιλιάς, ὁ βράχος, ἡ εἴσοδος, ἡ ἐκτέλεση, ὁ δήμιος, τό παρόν, τό ταξίδι, ἡ γνώμη, ἡ ἐντύπωση, τό παρελθόν, ἡ οἰκογένεια.

4) Bilden Sie das Partizip Perfekt des Passivs folgender Verben:
ἑτοιμάζω, ἀποθανατίζω, πλένω, ντύνω, ξυρίζω, μαθαίνω, δολοφονῶ, βγάζω, ἀποβιβάζω, συμπληρώνω, παίρνω, κατεβαίνω.

5) Deklinieren Sie!
ὁ σώφρων καθηγητής, τό ἐλεῆμον παιδί, ἡ παροῦσα κατάσταση.

6) Συμπληρῶστε!
Εἴδαμε ἕνα ἐνδιαφέρ .... Μουσεῖο καί δύο ἐνδιαφέρ .... ἐκκλησίες.
Ἡ μέλλ .... καθηγήτρια εἶναι πολύ αὐστηρή.
Κανένας δέν ξέρει τί θά γίνει στό μέλλ ....
Τόν ἐνδιαφέρουν οἱ ἱστορίες τοῦ παρελθ ....
Σήμερα εἶναι μόνο δύο μαθητές ἀπ ....
Οἱ παρ .... μαθήτριες ἔγραψαν ὅλες τίς ἀσκήσεις.
Αὐτή ἡ πόλη ἔχει πολύ ἔνδοξο παρελθ ....
Ἔφυγε τήν παρελθ .... ἑβδομάδα.
Ὁ Γιῶργος δέν ἔγραψε τίς ἀσκήσεις, γιατί ἦταν ἀπ ....
Ἄν μᾶς δανείσετε τά ποδήλατά σας, θά σᾶς εἴμαστε εὐγνώμ ....
Οἱ πρωτόγονοι (Naturvölker) ἦσαν πολύ δεισιδαίμ ....
Αὐτές οἱ γυναῖκες εἶναι πολύ ἐλεήμ ....
Μήν τόν ἀκοῦτε, εἶναι παράφρ ....!

7) Μεταφράστε!
1) Morgen werden wir einen schönen Ausflug machen. Wir wollen eine Burg besuchen, von wo aus die Aussicht herrlich ist.
2) Und wo werden wir essen?
3) Wir werden einige belegte Brötchen mitnehmen.
4) Was für interessante Sachen kann man von dort aus sehen?
5) Das offene Meer und die weite Ebene. Auch ein Museum ist in der Nähe.
6) Ich interessiere mich aber nicht für die Vergangenheit, sondern nur für die Gegenwart. Ich bin ein moderner Mensch.
7) Für dich gibt es auch interessante Fabriken und luxuriöse Autos. Es gibt für jeden etwas, niemand wird sich langweilen.

8) Mir scheint, morgen wird ein heißer Tag. Wir sollten lieber nicht auf die Burg steigen.
9) Wer hinaufsteigen will, soll mit uns kommen. Die anderen sollen unten bleiben oder im Café sitzen. Wir treffen uns gegen 6 Uhr bei unserem Auto. Seid ihr einverstanden oder habt ihr was anderes vorzuschlagen?
10) Wir sind einverstanden.

Grammatiktabellen

Präpositionen und ihre Bedeutungen

ἀντί, ἀντίς, ἀντί γιά: *statt, anstatt,* z.B.
Ἤπιε κρασί ἀντί νερό. Er trank Wein statt Wasser.

ἀπό: *örtlich*
    aus, von (Herkunft, Abstammung, Ausgangspunkt), durch, z. B.
    Ἔρχεται ἀπό τό Βερολίνο. Er kommt aus Berlin.
    Κατάγεται ἀπό τήν Ἑλλάδα. Er stammt aus Griechenland.
    Ἔφυγε ἀπό τό σπίτι. Er ist von zuhause weg.
    Πήδησε ἀπό τό παράθυρο. Er sprang durch das Fenster.
    zeitlich:
    von, seit, ab, z. B.
    Διαβάζει ἀπό τό πρωί μέχρι τό βράδυ.
    Er lernt von morgens bis abends.
    Ἀπό χθές βρίσκεται ἐδῶ. Seit gestern befindet er sich hier.
    Ἀπό αὔριο ἀρχίζει τό σχολεῖο. Ab morgen fängt die Schule an.
    übertragen:
    aus (Materie), z. B.
    Ἡ φούστα εἶναι ἀπό μαλλί. Der Rock ist aus Wolle.
    je: (distributiv), z. B.
    Ὅλοι τρῶνε ἀπό ἕνα μῆλο. Alle essen je einen Apfel.
    aus, an, vor (Ursache, Beweggrund), z. B.
    Ἀρρώστησε ἀπό γρίππη. Sie (er) erkrankte an Grippe.
    Τό ἔκανε ἀπό ζήλεια. Er machte das aus Eifersucht.
    Κλαίει ἀπό χαρά. Er weint vor Freude.
    von: (Urheber), z. B.
    Πλένεται ἀπό τή μητέρα. Sie wird von der Mutter gewaschen.
    als: (Vergleich), z. B.
    Εἶναι καλύτερος ἀπό σένα. Er ist besser als du.
    was etwas betrifft (Bezug), z. B.
    Ἀπό μουσική δέν καταλαβαίνω τίποτα.
    Was die Musik betrifft, verstehe ich nichts.
    an: (berührend), z. B.
    Τήν τράβηξε ἀπό τά μαλλιά. Er zog sie an den Haaren.

γιά : *(Bestimmung) für, (Zweck) zu*, z. B.
Τό βιβλίο εἶναι γιά σένα. Das Buch ist für dich.
Ντομάτες γιά σαλάτα. Tomaten für Salat.
über: z. B.:
Μιλᾶμε γιά σένα. Wir sprechen über dich.
gegen: z. B.
Ἕνα φάρμακο γιά τή γρίππη. Ein Medikament gegen die Grippe.
wegen: z. B.
Γνωστή γιά τά πλούτη της. Bekannt wegen ihres Reichtums.
zuliebe: z. B.
Τό κάνει γιά μᾶς. Er macht das uns zuliebe.
örtlich: nach (gezielte Richtung), z. B.
Ἔφυγε γιά τήν Ἀθήνα. Er ist nach Athen gefahren.
zeitlich: (Erstreckung bis zum Abschluß), z. B.
Νοίκιασε τό σπίτι του γιά τρία χρόνια.
Er hat sein Haus für drei Jahre vermietet.

δίχως : *ohne*, z. B.
Ἔφυγε δίχως παλτό. Er ist ohne Mantel fortgegangen (s. χωρίς).

ἴσαμε: *örtlich und zeitlich: bis,* z. B.
Πήγαμε ἴσαμε τή θάλασσα. Wir sind bis ans Meer gegangen.
Θά μείνει ἴσαμε τό Πάσχα. Sie wird bis Ostern bleiben.

κατά :
örtlich:
gegen, nach (Richtung), z. B.
Κατά ποῦ πᾶς; In welche Richtung gehst du?
zeitlich:
gegen, ungefähr, z. B.
Θά γυρίσω κατά τίς πέντε. Ich komme gegen 5 Uhr zurück.
übertragen:
gemäß, nach: z. B. κατά τό νόμο, nach dem Gesetz.

μέ *mit, zusammen (Begleitung), mittels,* z. B.
Πάει στό θέατρο μέ τή φίλη της.
Sie geht ins Theater mit ihrer Freundin.

Τρῶμε μέ τό μαχαίρι καί μέ τό πηρούνι.
Wir essen mit Gabel und Messer.
Ταξιδεύουν μέ τό ἀεροπλάνο. Sie reisen mit dem Flugzeug(fliegen).
zeitlich:
 bei, Dauer (bis), z. B.
Μ' αὐτό τό κρύο. Bei dieser Kälte.
Gegensatz:
(in Verwendung mit dem Adjektiv :ὅλος), z. B.
Κάθεται στόν κῆπο μ' ὅλο τό κρύο.
Er (sie) sitzt im Garten trotz der Kälte.
Vereinbarung, Bedingung:
(zu, pro), z. B.
Δανείζει λεπτά μέ 5%. Er verleiht Geld zu 5%.
Πληρώνεται μέ τήν ὥρα. Er wird pro Stunde (stundenweise) bezahlt.

μετά: *zeitlich: nach,* z. B.
 Μετά τό φαγητό. Nach dem Essen.

μέχρι: *örtlich und zeitlich: bis (s. auch : ἴσαμε),* z. B.
 Μέχρι τή στάση. Bis zur Haltestelle.
 Μέχρι τά Χριστούγεννα, Bis Weihnachten

παρά: *Gegensatz (gegen),* z. B.
 Τό ἔκανε παρά τή θέλησή μου.
 Er machte es gegen meinen Willen.
 Verminderung *(weniger),* z. B.
 Δέκα παρά πέντε. Fünf vor zehn..

πρός: *örtlich:*
 zu, nach, in Richtung auf, z. B.
 Πρός τά ποῦ πᾶς; In welche Richtung gehst du?
 zeitlich:
 ungefähr, gegen, z. B.
 Πρός τό βράδυ. Gegen Abend.
 Adresse: *(bei offizieller Korrespondenz),* z. B.
 Πρός τόν κ. Ὑπουργό. An den Herrn Minister.
 Kaufpreis: *zu, (seltener Gebrauch),* z.B.

Δύο εἰσιτήρια πρός ἑκατό εὐρώ. Zwei Karten zu 100 Euro.

σέ (σ'): *örtlich: in, an, auf, zu,* z. B.
Εἶμαι στό σπίτι, στό Πανεπιστήμιο, στό γιαλό, στό πάτωμα
Ich bin zu Hause, an der Uni, am Strand, auf dem Boden.
Πάω στό σπίτι, στό Πανεπιστήμιο, στό γιαλό, στήν ταράτσα.
zeitlich: in, um, am, z. B.
Φεύγω σέ μιά ὥρα. Ich gehe in einer Stunde weg.
Θά ἔρθει στίς ἔξι. Sie wird um 6 Uhr kommen.
Ἔχει γενέθλια στίς 2 Μαΐου. Sie hat am 2. Mai. Geburtstag.
(Über die Bildung des Dativs siehe Lektion 4.)

χωρίς : *ohne,* z. B. Χωρίς λεπτά. Ohne Geld. (s. δίχως) :

ὡς : *örtlich und zeitlich: bis* (s. ἴσαμε, μέχρι), z. B.
Θά ἐργαστῶ ὡς τό μεσημέρι. Ich werde bis zum Mittag arbeiten.
Κάνει μιά βόλτα ὡς τή θάλασσα.
Sie macht einen Spaziergang bis ans Meer.

Alle diese Präpositionen regieren den Akkusativ. Die Präposition **ἀπό** jedoch kommt manchmal auch mit dem Nominativ vor, z. B.:
Ἀπό μικρός μαθαίνει γερμανικά. = Ἀπό τότε πού ἦταν μικρός.
d.h. seitdem er klein war, von Kindheit an.

Präpositionale Ausdrücke

Sie bestehen aus einem Adverb und einer der gebräuchlichsten Präpositionen:
ἀπό, μέ, σέ

ἀνάμεσα ἀπό	durch
ἀνάμεσα σέ	zwischen, unter
ἀπέναντι ἀπό	gegenüber
ἀπέναντι σέ	"
γύρω ἀπό, σέ	um
δίπλα ἀπό, σέ	neben
ἐδῶ καί	vor (zeitlich)
ἐκτός ἀπό	außer (mit Ausnahme)
ἔξω ἀπό	außerhalb

κάτω σέ	unten
κάτω άπό	unter
κοντά σέ	in der Nähe
μαζύ μέ	mit, zusammen
μέσα σέ	in, innerhalb
μέσα άπό	durch
μπροστά άπό, σέ	vor
πάνω (έπάνω) άπό	über, oberhalb
πάνω σέ	auf
πέρα άπό	jenseits
πίσω άπό	hinter
πρίν άπό	vor (zeitlich)
ΰστερα άπό	nach (zeitlich)
έπειτα άπό	" "

Präpositionen aus der Hochsprache

διά + Gen.: durch, über
διά ξηράς: über Land, διά τῆς βίας : durch Gewalt.

έκ, έξ (vor Vokal)**+ Gen.:** von, aus
έξ άρχῆς : von Anfang an, έξ όψεως: vom Sehen.

έν + Dativ: in : έν άνάγκῃ :in der Not, έν γνώσει μου: meines Wissens

ένεκα + Gen.: wegen
ένεκα τῆς κακοκαιρίας : wegen des schlechten Wetters.

έπί + Gen.: während (zeitlich)
έπί Τουρκοκρατίας: während der Türkenzeit

έπί + Akk. : (bei Substantiven, die eine Zeitspanne ausdrücken): lang
έπί πέντε χρόνια: fünf Jahre lang.

περί + Gen.: über, um
Περί τίνος πρόκειται; Um was geht es?

πρό + Gen.: meistens zeitlich: vor
πρό Χριστοῦ: vor Christus, πρό ἡμερῶν : vor einigen Tagen.

ύπέρ + Gen.: für, zugunsten
ύπέρ τοῦ ύπουργοῦ: zugunsten des Ministers

ύπέρ + Akk.: über, über ...hinaus
ύπέρ τό μέτρον : über das Maß.

ὑπό + Akk.:   *unter*
                ὑπό τήν ἐξουσία μου : unter meiner Macht, meiner Herrschaft.

Alte Dative in präpositionaler Funktion (mit Genitiv)

βάσει   βάσει τοῦ νόμου: *auf Grund* des Gesetzes.
δυνάμει   δυνάμει τῆς συνθήκης: *kraft* des Vertrages.
λόγῳ   λόγῳ τοῦ κλίματος : *wegen* des Klimas.
μέσῳ   μέσῳ Ἑλβετίας : *durch* die Schweiz

Σύνδεσμοι   Konjunktionen
Συμπλεκτικοί: Kopulative

καί: *und, auch*
οὔτε, μήτε: *auch nicht, nicht einmal*
καί ... καί: *sowohl, wie auch*
οὔτε .. οὔτε,   μήτε ... μήτε: *weder ...noch*

Διαχωριστικοί: Disjunktive

ἤ.... ἤ,   εἴτε ... εἴτε: *entweder ... oder*

Ἀντιθετικοί: Adversative

μά, ἀλλά: *aber, sondern*
ὅμως: *aber, jedoch*
ὡστόσο: *dennoch*
παρά, μόνο: *sondern*
ἐνῶ: *während*

Παραχωρητικοί: Konzessive

ἄν καί, μολονότι πού, μ' ὅλο πού: *obwohl, wenn auch*
Diese Konjunktionen werden gebraucht, wenn die Einräumung als eine Tatsache hingestellt wird.
καί ἄν, καί νά: *selbst wenn, auch wenn.*

Diese Konjunktionen werden gebraucht, wenn die Einräumung als eine Wahrscheinlichkeit hingestellt wird.

Ἐπεξηγηματικός: Explikativ

δηλαδή: *nämlich*

Τελικοί: Finale

νά, γιά νά: *damit*

Αἰτιολογικοί: Kausale

γιατί: *denn, weil*
ἐπειδή: *weil*
ἀφοῦ: *nachdem*
μιά καί, μιά πού: *da*

Γιατί wird gebraucht, wenn der Hauptsatz vorausgeht.

Ὑποθετικοί: Konditionale

ἄν: *wenn*
ἄμα: *falls*
σάν: *wenn, falls*

Συμπερασματικοί: Konklusive

λοιπόν, ὥστε: *also*
ἄρα, ἐπομένως: *folglich*

Ἀποτελεσματικοί: Konsekutiv

ὥστε, ὥστε νά, τόσο ... πού, τόσο ... πού νά: *sodaß*

Συγκριτικοί: Komparative

παρά: *als,*
σά νά: *wie wenn*

Διστακτικοί: des Zweifelns und Befürchtens

ἄν: *ob,* nach Verben des Zweifelns und für die indirekte Rede.

μήπως, μήν: *ob,* nach Verben des Befürchtens.

Ειδικοί: Aussagesätze einleitende Konjunktionen

ότι,πώς: *daß,* nach Verben des Sagens, Meinens, Glaubens usw.
πού: *daß,* nach Verben des Affektes.

Χρονικοί: Temporale

όταν, σάν: *als, wenn*
καθώς,ένώ,όσο: *während, solange*
άμα,μόλις: *sobald*
πρίν (νά), προτού (νά): *bevor* (nachzeitig, immer mit Konjunktiv Aorist)
άφοῦ,άφότου: *nachdem, seitdem* (vorzeitig)
όποτε: *jedesmal, wenn*
ώσπου, ώσότου: *bis* .

Deklination

Maskulina
Singular

	Gleichsilbige		Ungleichsilbige		Altertümliche	
Ὀν.	-ας	- ης	- άς	-ης, -ῆς	- ούς	- έας (- εύς)
Γεν.	- α	- η	- ᾶ	-η, -ῆ	- οῦ	- έα (- έως)
Αἰτ.	- α	- η	- ά	-η, -ῆ	- οῦ	- έα (- έα)

Plural

Ὀν.	- ες	-ες(-αι)	- άδες	- ηδες	- έδες	- εῖς (- εῖς)
Γεν.	- ων	- ων	- άδων	- ηδων	- έδων	- έων (- έων)
Αἰτ.	- ες	-ες(-ας)	- άδες	- ηδες	- έδες	- εῖς (- εῖς)

Feminina
Singular

	Gleichsilbige		Ungleichsilbige		Altertümliche	
Ὀν.	- α	- η	- ά	- ού	- ος	- η (- ις)
Γεν.	- ας	- ης	- ᾶς	- οῦς	- ου	- ης (- εως)
Αἰτ.	- α	- η	- ά	- ού	- ο	- η (- ιν)

Plural

Gleichsilbige

Ον.	- ες
Γεν.	- ων
Αιτ.	- ες

Ungleichsilbige

Ον.	- άδες
Γεν.	- άδων
Αιτ.	- άδες

Altertümliche

Ον.	- οι	- εις	(- εις)
Γεν.	- ων	- εων	(- εων)
Αιτ.	- ους	- εις	(- εις)

Neutra
Singular

Gleichsilbige

Ον.	- ο	-ι, - ί
Γεν.	- ου	- ιού
Αιτ.	- ο	-ι, - ί

Ungleichsilbige

Ον.	- ος	- μι	- ιμο
Γεν.	- ους	- ματος	- ιμάτος
Αιτ.	- ος	- μι	- ιμο

Plural

Ον.	- α	- η	- ατα	- ματα	- ίματα
Γεν.	- ων	- ών	- άτων	- μάτων	- ιμάτων
Αιτ.	- α	- η	- ατα	- ματα	- ίματα

Ον.	- ώτα	- ότα
Γεν.	- ώτων	- ότων
Αιτ.	- ώτα	- ότα

HILFSVERBEN

Präsens

Indikativ	Konjunktiv	Imperativ	Partizip
έχω	νά έχω		
έχεις	νά έχεις		
έχει	νά έχει		
έχομε	νά έχομε		
έχετε	νά έχετε	έχε	
έχουν	νά έχουν		
			έχοντας
είμαι	νά είμαι		
είσαι	νά είσαι		
είναι	νά είναι		
είμαστε	νά είμαστε		
είσαστε (είστε, είσθε)	νά είσαστε	νά είσαι	
είναι	νά είναι	είσαστε	νά είσαστε
			όντας

Imperfekt

		Futur der Dauer
είχα	ήμουνα	θά έχω, θά είμαι (siehe oben)
είχες	ήσουνα	
είχε	ήτανε (ήταν)	
είχαμε	ήμαστε(ήμαστάν)	**Da die beiden Hilfsverben nur den imperfektiven Stamm**
είχατε	ήσαστε(ήσαστάν)	**besitzen, muß dieser unter Umständen auch die Rolle des**
είχαν	ήσαν (ήντουσαν)	**perfektiven (Aoriststamm) übernehmen.**
	ήταν	

Aktive Form

Stammbetonte		Endbetonte	
	Indikativ Präsens		
χτυπ - ώ		θεωρ - ῶ	
χτυπ - ᾶς		θεωρ - εῖς	
χτυπ - άει (- ᾶ)		θεωρ - εῖ	
χτυπ - ᾶμε (-οῦμε)		θεωρ - οῦμε	
χτυπ - ᾶτε		θεωρ - εῖτε	
χτυπ - ᾶν (-οῦν) (ε)		θεωρ - οῦν(ε)	

Futur der Dauer

θα χτυπ - ώ   θα θεωρ - ῶ

Imperfekt

χτυπ - οῦσ - α	(χτύπαγα)	θεωρ - οῦσ - α
χτυπ - οῦσ - ες	(χτύπαγες)	θεωρ - οῦσ - ες
χτυπ - οῦσ - ε	(χτύπαγε)	θεωρ - οῦσ - ε
χτυπ - οῦσ - αμε	(χτυπάγαμε)	θεωρ - οῦσ - αμε
χτυπ - οῦσ - ατε		θεωρ - οῦσ - ατε

(ἐ)-ντύν-ατε	χτυπ-ούσ-ατε	(χτυπάγατε)	θεωρ-ούσ-ατε
ἔ-ντυν-αν	χτυπ-ούσ-αν	(χτύπαγαν)	θεωρ-ούσ-αν

Aorist

ἔ-ντυ-σ-α	χτύπ-ησ-α		θεώρ-ησ-α
ἔ-ντυ-σ-ες	χτύπ-ησ-ες		θεώρ-ησ-ες
ἔ-ντυ-σ-ε	χτύπ-ησ-ε		θεώρ-ησ-ε
(ἐ)-ντύ-σ-αμε	χτυπ-ήσ-αμε		θεωρ-ήσ-αμε
(ἐ)-ντύ-σ-ατε	χτυπ-ήσ-ατε		θεωρ-ήσ-ατε
ἔ-ντυ-σ-αν	χτύπ-ησ-αν		θεώρ-ησ-αν

Einmaliges Futur

θά ντύ-σ-ω	θά χτυπ-ήσ-ω		θά θεωρ-ήσ-ω
θά ντύ-σ-εις	θά χτυπ-ήσ-εις		θά θεωρ-ήσ-εις
θά ντύ-σ-ει	θά χτυπ-ήσ-ει		θά θεωρ-ήσ-ει
θά ντύ-σ-ουμε	θά χτυπ-ήσ-ουμε		θά θεωρ-ήσ-ουμε
θά ντύ-σ-ετε	θά χτυπ-ήσ-ετε		θά θεωρ-ήσ-ετε
θά ντύ-σ-ουν	θά χτυπ-ήσ-ουν		θά θεωρ-ήσ-ουν

Perfekt

έχω ντύσει έχω χτυπήσει έχω θεωρήσει usw.

Plusquamperfekt

είχα ντύσει είχα χτυπήσει είχα θεωρήσει

Futur II

θά έχω ντύσει θά έχω χτυπήσει θά έχω θεωρήσει

Die zusammengesetzten Formen werden seltener mit έχω und Partizip Perfekt Passiv gebildet, d.h. έχω ντυμένο, χτυπημένο, θεωρημένο, was aber sehr kompliziert ist.

Reflexiv- passive Form

Stammbetonte	Endbetonte
	Indikativ
	Präsens
χτυπ - ιέμαι	κοιμ - ᾶμαι θεωρ - οῦμαι
χτυπ - ιέσαι	κοιμ - ᾶσαι θεωρ - εῖσαι
χτυπ - ιέται	κοιμ - ᾶται θεωρ - εῖται
χτυπ - ιόμαστε	κοιμ - ούμαστε θεωρ - ούμαστε
χτυπ - ιόσαστε	(κοιμ - όμαστε)
(χτυπ - ιέστε)	κοιμ - ᾶστε θεωρ - εῖσθε
χτυπ - ιοῦνται	(κοιμ - όσαστε)
	κοιμ - οῦνται θεωρ - οῦνται

Futur der Dauer

θά χτυπ - ιέμαι   θά κοιμ - ᾶμαι   θά θεωρ - οῦμαι

Imperfekt

θά ντύν - ομαι

ντύν - ομαι		
ντύν - εσαι		
ντύν - εται		
ντύν - όμαστε		
ντύν - όσαστε		
(ντύν -εσθε)		
ντύν - ονται		

λυν-όμουν	χτυπ-ιόμουν	κοιτ-ιόμουν	θεωρ-ούμουν
λυν-όσουν	χτυπ-ιόσουν	κοιτ-ιόσουν	θεωρ-ούσουν
λυν-όταν	χτυπ-ιόταν	κοιτ-ιόταν	θεωρ-ούνταν
λυν-όμαστε	χτυπ-ιόμαστε	κοιτ-ιόμαστε	θεωρ-ούμαστε
λυν-όσαστε	χτυπ-ιόσαστε	κοιτ-ιόσαστε	θεωρ-ούσαστε
λυν-όντουσαν	χτυπ-ιόντουσαν	κοιτ-ιόντουσαν	θεωρ-ούνταν

Aorist

ντύ-θηκα	χτυπ-ήθηκα	κοιτ-ήθηκα	θεωρ-ήθηκα
ντύ-θηκες	χτυπ-ήθηκες	κοιτ-ήθηκες	θεωρ-ήθηκες
ντύ-θηκε	χτυπ-ήθηκε	κοιτ-ήθηκε	θεωρ-ήθηκε
ντυ-θήκαμε	χτυπ-ηθήκαμε	κοιτ-ηθήκαμε	θεωρ-ηθήκαμε
ντυ-θήκατε	χτυπ-ηθήκατε	κοιτ-ηθήκατε	θεωρ-ηθήκατε
ντύ-θηκαν	χτυπ-ήθηκαν	κοιτ-ήθηκαν	θεωρ-ήθηκαν

Einmaliges Futur

θα ντυ-θῶ	θα χτυπ-ηθῶ	θα κοιτ-ηθῶ	θα θεωρ-ηθῶ
θα ντυ-θεῖς	θα χτυπ-ηθεῖς	θα κοιτ-ηθεῖς	θα θεωρ-ηθεῖς
θα ντυ-θεῖ	θα χτυπ-ηθεῖ	θα κοιτ-ηθεῖ	θα θεωρ-ηθεῖ
θα ντυ-θοῦμε	θα χτυπ-ηθοῦμε	θα κοιτ-ηθοῦμε	θα θεωρ-ηθοῦμε
θα ντυ-θεῖτε	θα χτυπ-ηθεῖτε	θα κοιτ-ηθεῖτε	θα θεωρ-ηθεῖτε

θά ντυ - θούν	θά χτυπ - ηθούν	θά κοιμ - ηθούν	θά θεωρ - ηθούν
		Perfekt	
έχω ντυθεί	έχω χτυπηθεί	έχω κοιμηθεί	έχω θεωρηθεί
		Plusquamperfekt	
είχα ντυθεί	είχα χτυπηθεί	είχα κοιμηθεί	είχα θεωρηθεί
		Futur II	
θά έχω ντυθεί	θά έχω χτυπηθεί	θά έχω κοιμηθεί	θά έχω θεωρηθεί

Bemerkung.
Sind die zusammengesetzten Zeiten mit dem Verb είμαι und dem Partizip Perfekt Passiv gebildet, dann geben sie das Zustandspassiv an. In diesem Fall muß sich das P.P.P. in Geschlecht, Zahl und Fall nach dem Subjekt richten, d. h.:

είμαι ντυμένος, -η, -ο   χτυπημένος, -η, -ο   θεωρημένος, -η, -ο
είμαστε ντυμένοι, -ες, -α   χτυπημένοι, -ες, -α   θεωρημένοι, -ες, -α   usw.

Konjunktiv

	Aktive Form		Reflexiv- passive Form	
Stammbetonte	Endbetonte	Stammbetonte	Endbetonte

Präsens

νά ντύν-ω   νά χτυπ-άω   νά θεωρ-ώ   **νά** ντύν-ομαι   νά χτυπ-ιέμαι   νά κοιμ-άμαι, νά θεωρούμαι

weiter wie das Präsens Indikativ mit der Partikel **νά.**

Aorist

νά ντύσ-ω	χτυπ-ήσω	θεωρ-ήσω	ντυ-θώ	χτυπ-η-θώ	κοιμ-η-θώ	θεωρ-η-θώ
νά ντύσ-εις	χτυπ-ήσεις	θεωρ-ήσεις	ντυ-θείς	χτυπ-η-θείς	κοιμ-η-θείς	θεωρ-η-θείς
νά ντύσ-ει	χτυπ-ήσει	θεωρ-ήσει	ντυ-θεί	χτυπ-η-θεί	κοιμ-η-θεί	θεωρ-η-θεί
νά ντύσ-ουμε	χτυπ-ήσουμε	θεωρ-ήσουμε	ντυ-θούμε	χτυπ-η-θούμε	κοιμ-η-θούμε	θεωρ-η-θούμε
νά ντύσ-ετε	χτυπ-ήσετε	θεωρ-ήσετε	ντυ-θείτε	χτυπ-η-θείτε	κοιμ-η-θείτε	θεωρ-η-θείτε νά
νά ντύσ-ουν	χτυπ-ήσουν	θεωρ-ήσουν	ντυ-θούν	χτυπ-η-θούν	κοιμ-η-θούν	θεωρ-η-θούν

Perfekt

νά έχω ντύσει   χτυπήσει   θεωρήσει   ντυθεί   χτυπηθεί   κοιμηθεί,   θεωρηθεί

weiter wie das Perfekt Indikativ mit νά oder die seltenere Form des Perfekt Indikativ (ἔχω + Partizip Perfekt) mit νά.

Imperativ
Präsens

2. ντύπ - ε	χτύπ - α		θεώρ - ει
2. ντύν - ετε	χτυπ - ᾶτε		θεωρ - εῖτε

Aorist

2.ντύσ - ε	χτύπ - ησε	θεώρ - ησε	ντύσ- ου	χτύπ- ησου	κοιμ - ήσου	θεώρ - ήσου
2.ντύσ -(ε)τε	χτυπ - ῆστε	θεωρ - ῆστε	ντυ-θεῖτε	χτυπ - ηθεῖτε	κοιμ - ηθεῖτε	θεωρ - ηθεῖτε

Bemerkung:
In der reflexiv.- passiven Form wird der Imperativ Präsens durch den Konjunktiv Präsens ersetzt.
Der Imperativ Perfekt ist äußerst selten und wird meistens durch den Konjunktiv Perfekt ersetzt

Konditionalis

Der Konditionalis ist ein syntaktischer Modus (d. h. er verfügt nicht über eigene Formen) und kommt in zwei Formen vor:
Konditionalis I : θά + Imperfekt des jeweiligen Verbs, und Konditionalis II: θά + Plusquamperfekt des jeweiligen Verbs.

Verbentabelle

Präsens Indikativ	Imperfekt	Aorist Indikativ	Aorist Konjunktiv	Aorist Infinitiv	Partiz. Perf. Pass.
ἀγανακτῶ	ἀγανακτοῦσα	ἀγανάκτησα	νά ἀγανακτήσω	ἀγανακτήσει	ἀγανακτισμένος
ἀγαπάω	ἀγαποῦσα	ἀγάπησα	νά ἀγαπήσω	ἀγαπήσει	ἀγαπημένος
ἀγαπιέμαι	ἀγαπιόμουνα	ἀγαπήθηκα	νά ἀγαπηθῶ	ἀγαπηθεῖ	
ἀγνοῶ	ἀγνοοῦσα	ἀγνόησα	νά ἀγνοήσω	ἀγνοήσει	ἀγνοημένος
ἀγνοοῦμαι	ἀγνοούμουν	ἀγνοήθηκα	νά ἀγνοηθῶ	ἀγνοηθεῖ	ἀγνοημένος
ἀγοράζω	ἀγόραζα	ἀγόρασα	νά ἀγοράσω	ἀγοράσει	ἀγορασμένος
ἀγοράζομαι	ἀγοραζόμουνα	ἀγοράστηκα	νά ἀγοραστῶ	ἀγοραστεῖ	ἀγορασμένος
ἀγωνίζομαι	ἀγωνιζόμουνα	ἀγωνίστηκα	νά ἀγωνιστῶ	ἀγωνιστεῖ	ἀγωνισμένος
ἀδειάζω	ἄδειαζα	ἄδειασα	νά ἀδειάσω	ἀδειάσει	ἀδειασμένος
ἀδειάζομαι	ἀδειαζόμουνα	ἀδειάστηκα	νά ἀδειαστῶ	ἀδειαστεῖ	ἀδειασμένος
ἀδικῶ	ἀδικοῦσα	ἀδίκησα	νά ἀδικήσω	ἀδικήσει	ἀδικημένος
ἀδικοῦμαι	ἀδικούμουν	ἀδικήθηκα	νά ἀδικηθῶ	ἀδικηθεῖ	ἀδικημένος
αἰσθάνομαι	αἰσθανόμουνα	αἰσθάνθηκα	νά αἰσθανθῶ	αἰσθανθεῖ	
ἀκολουθῶ	ἀκολουθοῦσα	ἀκολούθησα	νά ἀκολουθήσω	ἀκολουθήσει	
ἀκουμπάω	ἀκουμποῦσα	ἀκούμπησα	νά ἀκουμπήσω	ἀκουμπήσει	ἀκουμπισμένος
ἀλλάζω	ἄλλαξα	ἄλλαξα	νά ἀλλάξω	ἀλλάξει	
ἀλλάζομαι	ἀλλαζόμουνα	ἀλλάχτηκα	νά ἀλλαχτῶ	ἀλλαχτεῖ	ἀλλαγμένος
ἁμαρτάνω	ἁμάρτανα	ἁμάρτησα	νά ἁμαρτήσω	ἁμαρτήσει	
ἀμφιβάλλω	ἀμφέβαλλα	ἀμφέβαλα	νά ἀμφιβάλω	ἀμφιβάλει	
ἀναβάλλω	ἀνέβαλλα	ἀνέβαλα	νά ἀναβάλω	ἀναβάλει	

Präsens Indikativ	Imperfekt	Aorist Indikativ	Aorist Konjunktiv	Aorist Infinitiv	Partiz. Perf. Pass.
ἀναβάλλομαι	ἀνεβαλλόμουν	ἀναβλήθηκα	νὰ ἀναβληθῶ	ἀναβληθεῖ	
ἀνάβω	ἄναβα	ἄναψα	νὰ ἀνάψω	ἀνάψει	
ἀνάβομαι	ἀναβόμουνα	ἀνάφτηκα	νὰ ἀναφτῶ	ἀναφτεῖ	ἀναμμένος
ἀναγγέλλω	ἀνά(ή)γγελλα	ἀνά(ή)γγειλα	νὰ ἀναγγείλω	ἀναγγείλει	
ἀναγγέλλομαι	ἀναγγελλόμουνα	ἀναγγέλθηκα	νὰ ἀναγγελθῶ	ἀναγγελθεῖ	ἀναγγελμένος
ἀναγκάζω	ἀνάγκαζα	ἀνάγκασα	νὰ ἀναγκάσω	ἀναγκάσει	
ἀναγκάζομαι	ἀναγκαζόμουνα	ἀναγκάστηκα	νὰ ἀναγκαστῶ	ἀναγκαστεῖ	ἀναγκασμένος
ἀνακαλύπτω	ἀνακάλυπτα	ἀνακάλυψα	νὰ ἀνακαλύψω	ἀνακαλύψει	
ἀνακαλύπτομαι	ἀνακαλυπτόμουν	ἀνακαλύφθηκα	νὰ ἀνακαλυφθῶ	ἀνακαλυφθεῖ	ἀνακαλυμμένος
ἀνακατεύω	ἀνακάτευα	ἀνακάτεψα	νὰ ἀνακατέψω	ἀνακατέψει	
ἀνακατεύομαι	ἀνακατευόμουν	ἀνακατεύτηκα	νὰ ἀνακατευτῶ	ἀνακατευτεῖ	ἀνακατεμένος
ἀναλαμβάνω	ἀνελάμβανα	ἀνέλαβα	νὰ ἀναλάβω	ἀναλάβει	
ἀναλαμβάνομαι	ἀνελαμβανόμουν	ἀναλήφθηκα	νὰ ἀναληφθῶ	ἀναληφθεῖ	ἀνειλημμένος
ἀναπνέω	ἀνέπνεα, ἀνάπνε	ἀνέπνευσα	νὰ ἀναπνεύσω	ἀναπνεύσει	
ἀναρωτιέμαι	ἀναρωτιόμουνα	ἀναρωτήθηκα	νὰ ἀναρωτηθῶ	ἀναρωτηθεῖ	
ἀνασταίνω	ἀνάσταινα	ἀνάστησα	νὰ ἀναστήσω	ἀναστήσει	
ἀνασταίνομαι	ἀνασταινόμουνα	ἀναστήθηκα	νὰ ἀναστηθῶ	ἀναστηθεῖ	ἀναστημένος
ἀνατέλλω	ἀνάτελλα	ἀνέ(α)τειλα	νὰ ἀνατείλω	ἀνατείλει	
ἀναφέρω	ἀνέφερα	ἀνέφερα	νὰ ἀναφέρω	ἀναφέρει	
ἀναφέρομαι	ἀναφερόμουνα	ἀναφέρθηκα	νὰ ἀναφερθῶ	ἀναφερθεῖ	ἀναφερμένος
ἀναχωρῶ	ἀναχωροῦσα	ἀναχώρησα	νὰ ἀναχωρήσω	ἀναχωρήσει	
ἀνεβάζω	ἀνέβαζα	ἀνέβασα	νὰ ἀνεβάσω	ἀνεβάσει	ἀνεβασμένος

Präsens Indikativ	Imperfekt	Aorist Indikativ.	Aorist Konjunktiv	Aorist Infinitiv	Partiz. Perf. Pass.
ἀνησυχῶ	ἀνησυχοῦσα	ἀνησύχησα	νά ἀνησυχήσω	ἀνησυχήσει	
ἀνοίγω	ἄνοιγα	ἄνοιξα	νά ἀνοίξω	ἀνοίξει	
ἀνοίγομαι	ἀνοιγόμουνα	ἀνοίχθηκα	νά ἀνοιχθῶ	ἀνοιχθεῖ	ἀνοιγμένος
ἀπαγορεύω	ἀπαγόρευα	ἀπαγόρευσα	νά ἀπαγορεύσω	ἀπαγορεύσει	
ἀπαγορεύομαι	ἀπαγορευόμουν	ἀπαγορεύθηκα	νά ἀπαγορευθῶ	ἀπαγορευθεῖ	ἀπαγορευμένος
ἀπαιτῶ	ἀπαιτοῦσα	ἀπαίτησα	νά ἀπαιτήσω	ἀπαιτήσει	
ἀπαλλάσσω	ἀπάλλασσα	ἀπάλλαξα	νά ἀπαλλάξω	ἀπαλλάξει	
ἀπαλλάσσομαι	ἀπαλλασσόμουν	ἀπαλλάχτηκα β) ἀπαλλάγηκα	νά ἀπαλλαχτῶ νά ἀπαλλαγῶ	ἀπαλλαχτεῖ ἀπαλλαγεῖ	ἀπαλλαγμένος
ἀπεργῶ	ἀπεργοῦσα	ἀπέργησα	νά ἀπεργήσω	ἀπεργήσει	
ἀπέχω	ἀπεῖχα				
ἀπλώνω	ἄπλωνα	ἅπλωσα	νά ἁπλώσω	ἁπλώσει	
ἁπλώνομαι	ἁπλωνόμουνα	ἁπλώθηκα	νά ἁπλωθῶ	ἁπλωθεῖ	ἁπλωμένος
ἀποκλείω	ἀπέκλεια	ἀπέκλεισα	νά ἀποκλείσει	ἀποκλείσει	
ἀποκλείομαι	ἀποκλειόμουνα	ἀποκλείσθηκα	νά ἀποκλεισθῶ	ἀποκλεισθεῖ	ἀποκλεισμένος
ἀποκοιμιέμαι	ἀποκοιμιόμουνα	ἀποκοιμήθηκα	νά ἀποκοιμηθῶ	ἀποκοιμηθεῖ	ἀποκοιμισμένος
ἀποκρίνομαι	ἀποκρινόμουνα	ἀποκρίθηκα	νά ἀποκριθῶ	ἀποκριθεῖ	
ἀπολαμβάνω	ἀπελάμβανα	ἀπόλαυσα	νά ἀπολαύσω	ἀπολαύσει	
ἀπολύω	ἀπέλυα	ἀπέλυσα	νά ἀπολύσω	ἀπολύσει	
ἀπολύομαι	ἀπολυόμουνα	ἀπολύθηκα	νά ἀπολυθῶ	ἀπολυθεῖ	ἀπολυμένος
ἀπομακρύνω	ἀπομάκρυνα	ἀπομάκρυνα	νά ἀπομακρύνω	ἀπομακρύνει	
ἀπομακρύνομαι	ἀπομακρυνόμουνα	ἀπομακρύνθηκα	νά ἀπομακρυνθῶ	ἀπομακρυνθεῖ	ἀπομακρυσμένος

91

Präsens Indikativ	Imperfekt	Aorist Indikativ.	Aorist Konjunktiv	Aorist Infinitiv	Partiz. Perf. Pass.
ἀπορῶ	ἀπορούσα	ἀπόρησα	νά ἀπορήσω	ἀπορήσει	
ἀποτελῶ	ἀποτελούσα	ἀποτέλεσα	νά ἀποτελέσω	ἀποτελέσει	
ἀποτελοῦμαι	ἀποτελούμουν	ἀποτελέσθηκα	νά ἀποτελεσθῶ	ἀποτελεσθεῖ	ἀποτελεσμένος
ἀποφασίζω	ἀποφάσιζα	ἀποφάσισα	νά ἀποφασίσω	ἀποφασίσει	
ἀποφασίζομαι	ἀποφασιζόμουν	ἀποφασίστηκα	νά ἀποφασιστῶ	ἀποφασιστεῖ	ἀποφασισμένος
ἀργῶ	ἀργοῦσα	ἄργησα	νά ἀργήσω	ἀργήσει	
ἀρνοῦμαι(-ιέμαι)	ἀρνούμουν	ἀρνήθηκα	νά ἀρνηθῶ	ἀρνηθεῖ	
ἁρπάζω	ἅρπαζα	ἅρπαξα	νά ἁρπάξω	ἁρπάξει	
ἁρπάζομαι	ἁρπαζόμουνα	ἁρπάχτηκα	νά ἁρπαχτῶ	ἁρπαχτεῖ	ἁρπαγμένος
ἀρρωσταίνω	ἀρρώσταινα	ἀρρώστησα	νά ἀρρωστήσω	ἀρρωστήσει	ἀρρωστημένος
ἀρχίζω	ἄρχιζα	ἄρχισα	νά ἀρχίσω	ἀρχίσει	
ἀσπάζομαι	ἀσπαζόμουνα	ἀσπάσθηκα	νά ἀσπασθῶ	ἀσπασθεῖ	
ἀσχολοῦμαι	ἀσχολούμουν	ἀσχολήθηκα	νά ἀσχοληθῶ	ἀσχοληθεῖ	ἀσχολημένος
αὐξάνω	αὔξανα, ηὔξανα	αὔξησα, ηὔξησα	νά αὐξήσω	αὐξήσει	
αὐξάνομαι	αὐξανόμουνα	αὐξήθηκα	νά αὐξηθῶ	αὐξηθεῖ	αὐξημένος
ἀφαιρῶ	ἀφαιροῦσα	ἀφαίρεσα	νά ἀφαιρέσω	ἀφαιρέσει	
ἀφαιροῦμαι	ἀφαιρούμουνα	ἀφαιρέθηκα	νά ἀφαιρεθῶ	ἀφαιρεθεῖ	ἀφαιρεμένος
ἀφήνω	ἄφηνα	ἄφησα	νά ἀφήσω	ἀφήσει	
ἀφήνομαι	ἀφηνόμουνα	ἀφέθηκα	νά ἀφεθῶ	ἀφεθεῖ	
βάζω	ἔβαζα	ἔβαλα	νά βάλω	βάλει	
		βάλθηκα	νά βαλθῶ	βαλθεῖ	
βαραίνω	βάραινα	βάρυνα	νά βαρύνω	βαρύνει	βαρυμένος

Präsens Indikativ	Imperfekt	Aorist Indikativ.	Aorist Konjunktiv	Aorist Infinitiv	Partiz. Perf. Pass.
βαράω	βαρούσα	βάρεσα	νά βαρέσω	βαρέσει	
βαριέμαι	βαριόμουνα	βαρέθηκα	νά βαρεθώ	βαρεθεί	
βαστάω	βαστούσα	βάστηξα	νά βαστήξω	βαστήξει	
βαστιέμαι	βαστιόμουνα	βαστήχτηκα	νά βαστηχτώ	βαστηχτεί	βαστηγμένος
βγάζω	έβγαζα	έβγαλα	νά βγάλω	βγάλει	βγαλμένος
βγαίνω	έβγαινα	βγήκα	νά βγω	βγεί	
βήχω	έβηχα	έβηξα	νά βήξω	βήξει	
βλάπτω	έβλαπτα	έβλαψα	νά βλάψω	βλάψει	
βλάπτομαι	βλαπτόμουνα	βλάφτηκα	νά βλαφτώ	βλαφτεί	βλαμμένος
βλέπω	έβλεπα	είδα	νά δω	δεί	
βλέπομαι	βλεπόμουνα	ειδώθηκα	νά ιδωθώ	ιδωθεί	ιδωμένος
βοηθώ	βοηθούσα	βοήθησα	νά βοηθήσω	βοηθήσει	
βοηθιέμαι	βοηθιόμουν	βοηθήθηκα	νά βοηθηθώ	βοηθηθεί	βοηθημένος
βολεύω	βόλευα	βόλεψα	νά βολέψω	βολέψει	
βολεύομαι	βολευόμουνα	βολεύτηκα	νά βολευτώ	βολευτεί	βολεμένος
βρέχω	έβρεχα	έβρεξα	νά βρέξω	βρέξει	
βρέχομαι	βρεχόμουνα	βρέχτηκα	νά βρεχτώ	βρεχτεί	βρεγμένος
		β) βράχηκα	νά βραχώ	βραχεί	
βρίσκω	έβρισκα	βρήκα	νά βρω	βρεί	
βρίσκομαι	βρισκόμουνα	βρέθηκα	νά βρεθώ	βρεθεί	
γελάω	γελούσα	γέλασα	νά γελάσω	γελάσει	
γελιέμαι	γελιόμουνα	γελάστηκα	νά γελαστώ	γελαστεί	γελασμένος

Präsens Indikativ	Imperfekt	Aorist Indikativ.	Aorist Konjunktiv	Aorist Infinitiv	Partiz. Perf. Pass.
γεμίζω	γέμιζα	γέμισα	να γεμίσω	γεμίσει	γεμισμένος
γεννάω	γεννούσα	γέννησα	να γεννήσω	γεννήσει	γεννημένος
λευνιέμαι	γεννιόμουνα	γεννήθηκα	να γεννηθώ	γεννηθεί	γεννημένος
γερνάω	γερνούσα	γέρασα	να γεράσω	γεράσει	γερασμένος
γέρνω	έγερνα	έγειρα	να γείρω	γείρει	γερμένος
γίνομαι	γινόμουνα	έγινα, γίνηκα	να γίνω	γίνει	
γιορτάζω	γιόρταζα	γιόρτασα	να γιορτάσω	γιορτάσει	
γιορτάζομαι	γιορταζόμουνα	γιορτάστηκα	να γιορταστώ	γιορταστεί	γιορτασμένος
γλεντάω	γλεντούσα	γλέντησα	να γλεντήσω	γλεντήσει	
γνωρίζω	γνώριζα	γνώρισα	να γνωρίσω	γνωρίσει	
γνωρίζομαι	γνωριζόμουνα	γνωρίστηκα	να γνωριστώ	γνωριστεί	γνωρισμένος
γράφω	έγραφα	έγραψα	να γράψω	γράψει	
γράφομαι	γραφόμουνα	γράφτηκα	να γραφτώ	γραφτεί	γραμμένος
γυρεύω	γύρευα	γύρεψα	να γυρέψω	γυρέψει	
γυρνάω- γυρίζω	γυρνούσα-γύριζα	γύρισα	να γυρίσω	γυρίσει	
δακρύω	δάκρυζα	δάκρυσα	να δακρύσω	δακρύσει	
δανείζω	δάνειζα	δάνεισα	να δανείσω	δανείσει	
δανείζομαι	δανειζόμουνα	δανείστηκα	να δανειστώ	δανειστεί	δανεισμένος
δείχνω	έδειχνα	έδειξα	να δείξω	δείξει	
δείχνομαι	δειχνόμουνα	δείχτηκα	να δειχτώ	δειχτεί	δειγμένος
δένω	έδενα	έδεσα	να δέσω	δέσει	δεμένος
δένομαι	δενόμουνα	δέθηκα	να δεθώ	δεθεί	

Präsens Indikativ	Imperfekt	Aorist Indikativ	Aorist Konjunktiv	Aorist Infinitiv	Partiz. Perf. Pass.
δέρνω	έδερνα	έδειρα	νά δείρω	δείρει	
δέρνομαι	δερνόμουνα	δάρθηκα	νά δαρθῶ	δαρθεῖ	δαρμένος
δέχομαι	δεχόμουνα	δέχτηκα	νά δεχτῶ	δεχτεῖ	
δηλώνω	δήλωνα	δήλωσα	νά δηλώσω	δηλώσει	
δηλώνομαι	δηλωνόμουνα	δηλώθηκα	νά δηλωθῶ	δηλωθεῖ	δηλωμένος
διαβάζω	διάβαζα	διάβασα	νά διαβάσω	διαβάσει	
διαβάζομαι	διαβαζόμουνα	διαβάστηκα	νά διαβαστῶ	διαβαστεῖ	διαβασμένος
διαβαίνω	διάβαινα	διάβηκα	νά διαβῶ	διαβεῖ	
διαιρῶ	διαιροῦσα	διαίρεσα	νά διαιρέσω	διαιρέσει	
διαιροῦμαι	διαιρούμουν	διαιρέθηκα	νά διαιρεθῶ	διαιρεθεῖ	διαιρεμένος
διαλέγω	διάλεγα	διάλεξα	νά διαλέξω	διαλέξει	
διαλέγομαι	διαλεγόμουνα	διαλέχτηκα	νά διαλεχτῶ	διαλεχτεῖ	διαλεγμένος
διαλύω	διέλυνα	διέλυσα	νά διαλύσω	διαλύσει	
διαλύομαι	διαλυόμουνα	διαλύθηκα	νά διαλυθῶ	διαλυθεῖ	διαλυμένος
διαπραγματεύομαι	διαπραγματευόμουν	διαπραγματεύτηκα	νά διαπραγματευθῶ	διαπραγματευθεῖ	διαπραγματευμένος
διδάσκω	δίδασκα	δίδαξα	νά διδάξω	διδάξει	
διδάσκομαι	διδασκόμουνα	διδάχτηκα	νά διδαχτῶ	διδαχτεῖ	διδαγμένος
δίνω	έδινα	έδωσα	νά δώσω	δώσει	
δίνομαι	δινόμουνα	δόθηκα	νά δοθῶ	δοθεῖ	δοσμένος
διψάω	διψοῦσα	δίψασα	νά διψάσω	διψάσει	διψασμένος
διώχνω	έδιωχνα	έδιωξα	νά διώξω	διώξει	
διώχνομαι	διωχνόμουνα	διώχτηκα	νά διωχτῶ	διωχτεῖ	διωγμένος

Präsens Indikativ	Imperfekt	Aorist Indikativ.	Aorist Konjunktiv	Aorist Infinitiv	Partiz. Perf. Pass.
δουλεύω	δούλευα	δούλεψα	να δουλέψω	δουλέψει	
δουλεύομαι	δουλευόμουνα	δουλεύτηκα	να δουλευτώ	δουλευτεί	δουλεμένος
δροσίζω	δρόσιζα	δρόσισα	να δροσίσω	δροσίσει	
δροσίζομαι	δροσιζόμουνα	δροσίστηκα	να δροσιστώ	δροσιστεί	δροσισμένος
εγκαθιστώ	εγκαθιστούσα	εγκατέστησα	να εγκαταστήσω	εγκαταστήσει	
εγκαθίσταμαι	----	εγκαταστάθηκα	να εγκατασταθώ	εγκατασταθεί	εγκαταστημένος
εγκατασταίνω	εγκατέσταινα	εγκατάστησα	να εγκαταστήσω	εγκαταστήσει	
εγκρίνω	ενέκρινα	ενέκρινα	να εγκρίνω	εγκρίνει	
εγκρίνομαι	εγκρινόμουνα	εγκρίθηκα	να εγκριθώ	εγκριθεί	εγκριμένος
ειδοποιώ	ειδοποιούσα	ειδοποίησα	να ειδοποιήσω	ειδοποιήσει	
ειδοποιούμαι	ειδοποιούμουν	ειδοποιήθηκα	να ειδοποιηθώ	ειδοποιηθεί	ειδοποιημένος
είμαι	ήμουνα	----	να είμαι		
εισπράττω	εισέπραττα	εισέπραξα είσπρ	να εισπράξω	εισπράξει	
εισπράττομαι	εισπραττόμουν	εισπράχθηκα	να εισπραχθώ	εισπραχθεί	εισπραγμένος
ενδιαφέρω	ενδιέφερα	ενδιέφερα	να ενδιαφέρω	ενδιαφέρει	
ενδιαφέρομαι	ενδιαφερόμουν	ενδιαφέρθηκα	να ενδιαφερθώ	ενδιαφερθεί	----
ενοχλώ	ενοχλούσα	ενόχλησα	να ενοχλήσω	ενοχλήσει	
ενοχλούμαι	ενοχλούμουν	ενοχλήθηκα	να ενοχληθώ	ενοχληθεί	---
εξαιρώ	εξαιρούσα	εξαίρεσα	να εξαιρέσω	εξαιρέσει	
εξαιρούμαι	εξαιρούμουν	εξαιρέθηκα	να εξαιρεθώ	εξαιρεθεί	
εξαρτώ	εξαρτούσα	εξάρτησα	να εξαρτήσω	εξαρτήσει	
εξαρτώμαι (ιστμαι)	εξαρτιόμουν	εξαρτήθηκα	να εξαρτηθώ	εξαρτηθεί	εξαρτημένος

97

Präsens Indikativ	Imperfekt	Aorist Indikativ.	Aorist Konjunktiv	Aorist Infinitiv	Partiz. Perf. Pass.
ἐπαναλαμβάνω	ἐπανελάμβανα	ἐπανέλαβα	νά ἐπαναλάβω	ἐπαναλάβει	ἐπανελημμένος
ἐπαναλαμβάνομαι	ἐπαναλαμβανόμουν	ἐπαναλήφθηκα	νά ἐπαναληφθῶ	ἐπαναληφθεῖ	---
ἐπισκέπτομαι	ἐπισκεπτόμουνα	ἐπισκέφθηκα	νά ἐπισκεφθῶ	ἐπισκεφθεῖ	---
ἐπιτυγχάνω	ἐπιτύγχανα	ἐπέτυχα	νά ἐπιτύχω	ἐπιτύχει	ἐπιτυχημένος
ἐργάζομαι	ἐργαζόμουνα	ἐργάστηκα	νά ἐργαστῶ	ἐργαστεῖ	ἐπεξεργασμένος
ἔρχομαι	ἐρχόμουνα	ἦλθα, ἦρθα	νά ἔλθω, ἔρθω	ἔλθει, ἔρθει	---
ἐρωτῶ	ἐρωτοῦσα	ἐρώτησα	νά ἐρωτήσω	ἐρωτήσει	---
ἑτοιμάζω	ἑτοίμαζα	ἑτοίμασα	νά ἑτοιμάσω	ἑτοιμάσει	ἑτοιμασμένος
ἑτοιμάζομαι	ἑτοιμαζόμουνα	ἑτοιμάστηκα	νά ἑτοιμαστῶ	ἑτοιμαστεῖ	---
εὐχαριστῶ	εὐχαριστοῦσα	εὐχαρίστησα	νά εὐχαριστήσω	εὐχαριστήσει	---
εὐχαριστιέμαι	εὐχαριστιόμουν	εὐχαριστήθηκα	νά εὐχαριστηθῶ	εὐχαριστηθεῖ	---
εὔχομαι	εὐχόμουνα	εὐχήθηκα	νά εὐχηθῶ	εὐχηθεῖ	---
ἔχω	εἶχα	---	νά ἔχω	---	---
ζαλίζω	ζάλιζα	ζάλισα	νά ζαλίσω	ζαλίσει	ζαλισμένος
ζαλίζομαι	ζαλιζόμουνα	ζαλίστηκα	νά ζαλιστῶ	ζαλιστεῖ	---
ζεσταίνω	ζέσταινα	ζέστανα	νά ζεστάνω	ζεστάνει	---
ζεσταίνομαι	ζεσταινόμουνα	ζεστάθηκα	νά ζεσταθῶ	ζεσταθεῖ	ζεσταμένος
ζητάω	ζητοῦσα	ζήτησα	νά ζητήσω	ζητήσει	---
ζητιέμαι	ζητιόμουν	ζητήθηκα	νά ζητηθῶ	ζητηθεῖ	ζητημένος
ζυμώνω	ζύμωνα	ζύμωσα	νά ζυμώσω	ζυμώσει	---
ζυμώνομαι	ζυμωνόμουνα	ζυμώθηκα	νά ζυμωθῶ	ζυμωθεῖ	ζυμωμένος
ζῶ	ζοῦσα	ἔζησα	νά ζήσω	ζήσει	---

Präsens Indikativ	Imperfekt	Aorist Indikativ.	Aorist Konjunktiv	Aorist Infinitiv	Partiz. Perf. Pass.
θαυμάζω	θαύμαζα	θαύμασα	να θαυμάσω	θαυμάσει	
θέλω	ήθελα	θέλησα	να θελήσω	θελήσει	
θεωρώ	θεωρούσα	θεώρησα	να θεωρήσω	θεωρήσει	
θεωρούμαι	θεωρούμουν	θεωρήθηκα	να θεωρηθώ	θεωρηθεί	θεωρημένος
θυμάμαι(-ούμαι)	θυμόμουνα	θυμήθηκα	να θυμηθώ	θυμηθεί	----
ιδρύω	ίδρυα	ίδρυσα	να ιδρύσω	ιδρύσει	
ιδρύομαι	ιδρυόμουνα	ιδρύθηκα	να ιδρυθώ	ιδρυθεί	ιδρυμένος
ικανοποιώ	ικανοποιούσα	ικανοποίησα	να ικανοποιήσω	ικανοποιήσει	
ικανοποιούμαι	ικανοποιούμουν	ικανοποιήθηκα	να ικανοποιηθώ	ικανοποιηθεί	ικανοποιημένος
καθίζω	κάθιζα	κάθισα, έκατσα	να καθίσω,κάτσω	καθίσει, κάτσει	καθισμένος
κάθομαι	καθόμουνα	κάθισα, έκατσα	να καθίσω, "	καθίσει, κάτσει	καθισμένος
καίω	έκαιγα	έκαψα	να κάψω	κάψει	
καίγομαι	καιγόμουνα	κάηκα	να καώ	καεί	καμένος
καλώ	καλούσα	κάλεσα	να καλέσω	καλέσει	
καλούμαι	καλούμουν	καλέστηκα	να καλεστώ	καλεστεί	καλεσμένος
κάνω	έκανα	έκανα, έκαμα	να κάνω, κάμω	κάνει, κάμει	
καπνίζω	κάπνιζα	κάπνισα	να καπνίσω	καπνίσει	
καπνίζομαι	καπνιζόμουνα	καπνίστηκα	να καπνιστώ	καπνιστεί	καπνισμένος
καταλαβαίνω	καταλάβαινα	κατάλαβα	να καταλάβω	καταλάβει	
καταλαμβάνω	καταλάμβανα	κατέλαβα	να καταλάβω	καταλάβει	
καταλαμβάνομαι	καταλαμβανόμουνα	καταλήφθην	να καταληφθώ	καταληφθεί	κατειλημμένος
καταστρέφω	κατέστρεφα	κατέστρεψα	να καταστρέψω	καταστρέψει	

Präsens Indikativ	Imperfekt	Aorist Indikativ.	Aorist Konjunktiv	Aorist Infinitiv	Partiz. Perf. Pass.
καταστρέφομαι	καταστρεφόμουν	καταστράφηκα	νά καταστραφῶ	καταστραφεῖ	καταστραμμένος
καταριέμαι	καταριόμουνα	καταράστηκα	νά καταραστῶ	καταραστεῖ	καταραμένος
κατεβάζω	κατέβαζα	κατέβασα	νά κατεβάσω	κατεβάσει	κατεβασμένος
κατεβαίνω	κατέβαινα	κατέβηκα	νά κατεβῶ	κατεβεῖ	κατεβασμένος
κατοικῶ	κατοικοῦσα	κατοίκησα	νά κατοικήσω	κατοικήσει	
κατοικοῦμαι	κατοικούμουν	κατοικήθηκα	νά κατοικηθῶν	κατοικηθεῖ	
κερνάω	κερνοῦσα	κέρασα	νά κεράσω	κεράσει	
κερνιέμαι	κερνιόμουνα	κεράστηκα	νά κεραστῶ	κεραστεῖ	κερασμένος
κλαίω	ἔκλαιγα	ἔκλαψα	νά κλάψω	κλάψει	
κλαίγομαι	κλαιγόμουνα	κλαύτηκα	νά κλαυτῶ	κλαυτεῖ	κλαμμένος
κλέβω	ἔκλεβα	ἔκλεψα	νά κλέψω	κλέψει	
κλέβομαι	κλεβόμουνα	κλέφτηκα	νά κλεφτῶ	κλεφτεῖ	κλεμμένος
κλείνω	ἔκλεινα	ἔκλεισα	νά κλείσω	κλείσει	κλεισμένος
κλείνομαι	κλεινόμουνα	κλείστηκα	νά κλειστῶ	κλειστεῖ	κλεισμένος
κόβω	ἔκοβα	ἔκοψα	νά κόψω	κόψει	κομμένος
κόβομαι	κοβόμουνα	β) κόπηκα	νά κοπῶ	κοπεῖ	κομμένος
κοιμᾶμαι	κοιμόμουν	κοιμήθηκα	νά κοιμηθῶ	κοιμηθεῖ	κοιμισμένος
κοιμίζω	κοίμιζα	κοίμισα	νά κοιμίσω	κοιμίσει	κοιμισμένος
κουβαλάω	κουβαλοῦσα	κουβάλησα	νά κουβαλήσω	κουβαλήσει	κουβαλημένος
κουβαλιέμαι	κουβαλιόμουνα	κουβαλήθηκα	νά κουβαληθῶ	κουβαληθεῖ	
κρατάω	κρατοῦσα	κράτησα	νά κρατήσω	κρατήσει	
κρατιέμαι	κρατιόμουνα	κρατήθηκα	νά κρατηθῶ	κρατηθεῖ	

Präsens Indikativ	Imperfekt	Aorist Indikativ.	Aorist Konjunktiv	Aorist Infinitiv	Partiz. Perf. Pass.
κρεμάω	κρεμούσα	κρέμασα	να κρεμάσω	κρεμάσει	κρεμασμένος
κρεμιέμαι	κρεμιόμουνα	κρεμάστηκα	να κρεμαστώ	κρεμαστεί	κρεμασμένος
κρύβω	έκρυβα	έκρυψα	να κρύψω	κρύψει	κρυμμένος
κρύβομαι	κρυβόμουνα	κρύφτηκα	να κρυφτώ	κρυφτεί	κρυμμένος
κρυώνω	κρύωνα	κρύωσα	να κρυώσω	κρυώσει	κρυωμένος
κτυπάω, χτυπάω	κτυπούσα	κτύπησα	να κτυπήσω	κτυπήσει	κτυπημένος
κτυπιέμαι	κτυπιόμουνα	κτυπήθηκα	να κτυπηθώ	κτυπηθεί	κτυπημένος
λαβαίνω	λάβαινα	έλαβα	να λάβω	λάβει	
λέγομαι	λεγόμουνα	λέχθηκα	να λεχθώ	λεχθεί	
		ειπώθηκα	να ειπωθώ	ειπωθεί	ειπωμένος
λείπω	έλειπα	έλειψα	να λείψω	λείψει	
λέω	έλεγα	είπα	να πω	πει	
λύνω	έλυνα	έλυσα	να λύσω	λύσει	
λύνομαι	λυνόμουνα	λύθηκα	να λυθώ	λυθεί	λυμένος
λυπώ	λυπούσα	λύπησα	να λυπήσω	λυπήσει	
λυπάμαι	λυπούμουν	λυπήθηκα	να λυπηθώ	λυπηθεί	λυπημένος
μαγειρεύω	μαγείρευα	μαγείρεψα	να μαγειρέψω	μαγειρέψει	
μαγειρεύομαι	μαγειρευόμουν	μαγειρεύτηκα	να μαγειρευτώ	μαγειρευτεί	μαγειρεμένος
μαθαίνω	μάθαινα	έμαθα	να μάθω	μάθει	μαθημένος
(μαθεύομαι)		μαθεύτηκε	να μαθευτεί	μαθευτεί	
μασάω	μασούσα	μάσησα, μάσηξα	να μασήσω	μασήσει	μασημένος
μαστίζω	μαστιζούσα	μάστιξα	να μαστίξω	μαστίξει	μαστιγωμένος

Präsens Indikativ	Imperfekt	Aorist Indikativ	Aorist Konjunktiv	Aorist Infinitiv	Partiz. Perf. Pass.
μαραίνω	μάραινα	μάρανα	νά μαράνω	μαράνει	μαραμένος
μαραίνομαι	μαραινόμουν	μαράθηκα	νά μαραθῶ	μαραθεῖ	μαραμένος
μεθάω	μεθοῦσα	μέθυσα	νά μεθύσω	μεθύσει	μεθυσμένος
μένω	ἔμενα	ἔμεινα	νά μείνω	μείνει	
μετράω	μετροῦσα	μέτρησα	νά μετρήσω	μετρήσει	μετρημένος
μεταστρέφομαι	μεταστρεφόμουνα	μεταστρήθηκα	νά μεταστρηθῶ	μεταστρηθεῖ	μεταστρημένος
μιλάω	μιλοῦσα	μίλησα	νά μιλήσω	μιλήσει	
μιλιέμαι	μιλιόμουνα	μιλήθηκα	νά μιληθῶ	μιληθεῖ	μιλημένος
μολύνω	μόλυνα	μόλυνα	νά μολύνω	μολύνει	
μολύνομαι	μολυνόμουνα	μολύνθηκα	νά μολυνθῶ	μολυνθεῖ	μολυσμένος
μπάζω	ἔμπαζα	ἔμπασα	νά μπάσω	μπάσει	μπασμένος
μπαίνω	ἔμπαινα	μπῆκα	νά μπῶ	μπεῖ	
μπορῶ	μποροῦσα	μπόρεσα	νά μπορέσω	μπορέσει	
νοιάζει, μέ	ἐνοίαζε, μέ	ἐνοίαξε μέ	νά μέ νοιάξει	νοιάξει	
νοιάζομαι	νοιαζόμουν	νοιάστηκα	νά νοιαστῶ	νοιαστεῖ	νοιασμένος
νοικιάζω	νοίκιαζα	νοίκιασα	νά νοικιάσω	νοικιάσει	
νοικιάζομαι	νοικιαζόμουν	νοικιάστηκα	νά νοικιαστῶ	νοικιαστεῖ	νοικιασμένος
ντρέπομαι	ντρεπόμουνα	ντράπηκα	νά ντραπῶ	ντραπεῖ	
ντύνω	ἔντυνα	ἔντυσα	νά ντύσω	ντύσει	ντυμένος
ντύνομαι	ντυνόμουνα	ντύθηκα	νά ντυθῶ	ντυθεῖ	
ξέρω	ἤξερα	ἤξερα	νά ξέρω	ξέρει	
ξεχνάω	ξεχνοῦσα	ξέχασα	νά ξεχάσω	ξεχάσει	ξεχασμένος

Präsens Indikativ	Imperfekt	Aorist Indikativ.	Aorist Konjunktiv	Aorist Infinitiv	Partiz. Perf. Pass.
ξεχνιέμαι	ξεχνιόμουνα	ξεχάστηκα	νά ξεχαστῶ	ξεχαστεῖ	ξεχασμένος
ξοδεύω	ξόδευα	ξόδεψα	νά ξοδέψω	ξοδέψει	
ξοδεύομαι	ξοδευόμουνα	ξοδεύτηκα	νά ξοδευτῶ	ξοδευτεῖ	ξοδεμένος
παθαίνω	πάθαινα	ἔπαθα	νά πάθω	πάθει	
παίζω	ἔπαιζα	ἔπαιξα	νά παίξω	παίξει	
παίζομαι	παιζόμουνα	παίχτηκα	νά παχτῶ	παχτεῖ	παιγμένος
παίρνω	ἔπαιρνα	πῆρα	νά πάρω	πάρει	
παίρνομαι	παιρνόμουνα	πάρθηκα	νά παρθῶ	παρθεῖ	παρμένος
παντρεύω	πάντρευα	πάντρεψα	νά παντρέψω	παντρέψει	
παντρεύομαι	παντρευόμουνα	παντρεύτηκα	νά παντρευτῶ	παντρευτεῖ	παντρεμένος
παραγγέλνω	παράγγελνα	παράγγειλα	νά παραγγείλω	παραγγείλει	
παρακαλῶ	παρακαλοῦσα	παρακάλεσα	νά παρακαλέσω	παρακαλέσει	
παραπονιέμαι	παραπονιόμουν	παραπονέθηκα	νά παραπονεθῶ	παραπονεθεῖ	παραπονεμένος
παρατάω	παρατοῦσα	παράτησα	νά παρατήσω	παρατήσει	
παρατιέμαι	παρατιόμουνα	παρατήθηκα	νά παρατηθῶ	παρατηθεῖ	παρατημένος
παύω	ἔπαυα	ἔπαυσα, ἔπαψα	νά παύσω, πάψω	πάψει	
παύομαι	παυόμουνα	παύτηκα	νά παυτῶ	παυτεῖ	
πεθαίνω	πέθαινα	πέθανα	νά πεθάνω	πεθάνει	πεθαμένος
πείθω	ἔπειθα	ἔπεισα	νά πείσω	πείσει	
πείθομαι	πειθόμουνα	πείστηκα	νά πειστῶ	πειστεῖ	πεισμένος
πεινάω	πεινοῦσα	πείνασα	νά πεινάσω	πεινάσει	πεινασμένος
περνάω	περνοῦσα	πέρασα	νά περάσω	περάσει	

Präsens Indikativ	Imperfekt	Aorist Indikativ.	Aorist Konjunktiv	Aorist Infinitiv	Partiz. Perf. Pass.
περνιέμαι	περνιόμουνα	περάστηκα	νά περαστώ	περαστεί	περασμένος
πετάω	πετούσα	πέταξα	νά πετάξω	πετάξει	
πετιέμαι	πετιόμουνα	πετάχτηκα	νά πεταχτώ	πεταχτεί	πετα(γ)μένος
πετυχαίνω	πετύχαινα	πέτυχα	νά πετύχω	πετύχει	πετυχημένος
πέφτω	έπεφτα	έπεσα	νά πέσω	πέσει	πεσμένος
πηγαίνω	πήγαινα	πήγα	νά πάω	πάει	
πηδάω	πηδούσα	πήδησα	νά πηδήσω (-ξω)	πηδήσει (-ξει)	πηγεμένος
πιάνω	έπιανα	έπιασα	νά πιάσω	πιάσει	
πιάνομαι	πιανόμουνα	πιάστηκα	νά πιαστώ	πιαστεί	πιασμένος
πίνω	έπινα	ήπια	νά πιω	πιεί	
πίνομαι	πινόμουνα	πιώθηκα	νά πιωθώ	πιωθεί	πιωμένος
πλέκω	έπλεκα	έπλεξα	νά πλέξω	πλέξει	
πλέκομαι	πλεκόμουνα	πλέχτηκα	νά πλεχτώ	πλεχτεί	πλεγμένος
πλένω	έπλενα	έπλυνα	νά πλύνω	πλύνει	
πλένομαι	πλενόμουνα	πλύθηκα	νά πλυθώ	πλυθεί	πλυμένος
πληροφορώ	πληροφορούσα	πληροφόρησα	νά πληροφορήσω	πληροφορήσει	
πληροφορούμαι	πληροφορούμουν	πληροφορήθηκα	νά πληροφορηθώ	πληροφορηθεί	πληροφορημένος
πληρώνω	πλήρωνα	πλήρωσα	νά πληρώσω	πληρώσει	
πληρώνομαι	πληρωνόμουνα	πληρώθηκα	νά πληρωθώ	πληρωθεί	πληρωμένος
πνίγω	έπνιγα	έπνιξα	νά πνίξω	πνίξει	
πνίγομαι	πνιγόμουνα	πνίγηκα	νά πνιγώ	πνιγεί	πνιγμένος
πονάω	πονούσα	πόνεσα	νά πονέσω	πονέσει	

103

Präsens Indikativ	Imperfekt	Aorist Indikativ	Aorist Konjunktiv	Aorist Infinitiv	Partiz. Perf. Pass.
πουλάω	πουλούσα	πούλησα	νά πουλήσω	πουλήσει	
πουλιέμαι	πουλιόμουνα	πουλήθηκα	νά πουληθώ	πουληθεί	πουλημένος
προλαβαίνω	προλάβαινα	πρόλαβα	νά προλάβω	προλάβει	
προσεύχομαι	προσευχόμουνα	προσευχήθηκα	νά προσευχηθώ	προσευχηθεί	
προσέχω	πρόσεχα	πρόσεξα	νά προσέξω	προσέξει	προσεγμένος
προσφέρω	πρόσ(ε)φερα	προσ(έ)φερα	νά προσφέρω	προσφέρει	
προσφέρομαι	προσφερόμουνα	προσφέρθηκα	νά προσφερθώ	προσφερθεί	(προσφερμένος)
προτείνω	πρότεινα	πρότεινα	νά προτείνω	προτείνει	
προτιμάω	προτιμούσα	προτίμησα	νά προτιμήσω	προτιμήσει	
προχωρώ	προχωρούσα	προχώρησα	νά προχωρήσω	προχωρήσει	προχωρημένος
ρίχνω	έριχνα	έριξα	νά ρίξω	ρίξει	
ρίχνομαι	ριχνόμουνα	ρίχτηκα	νά ριχτώ	ριχτεί	ριγμένος
ρωτάω	ρωτούσα	ρώτησα	νά ρωτήσω	ρωτήσει	
ρωτιέμαι	ρωτιόμουνα	ρωτήθηκα	νά ρωτηθώ	ρωτηθεί	ρωτημένος
σβήνω	έσβηνα	έσβησα	νά σβήσω	σβήσει	
σβήνομαι	σβηνόμουνα	σβήστηκα	νά σβηστώ	σβηστεί	σβησμένος
σηκώνω	σήκωνα	σήκωσα	νά σηκώσω	σηκώσει	σηκωμένος
σηκώνομαι	σηκωνόμουνα	σηκώθηκα	νά σηκωθώ	σηκωθεί	σηκωμένος
σκάω	έσκαζα	έσκασα	νά σκάσω	σκάσει	σκασμένος
σκίζω (σχίζω)	έσκιζα	έσκισα	νά σκίσω	σκίσει	σκισμένος
σκίζομαι	σκιζόμουνα	σκίστηκα	νά σκιστώ	σκιστεί	σκισμένος
σπάω (σπάζω)	έσπαζα	έσπασα	νά σπάσω	σπάσει	σπασμένος

Präsens Indikativ	Imperfekt	Aorist Indikativ.	Aorist Konjunktiv	Aorist Infinitiv	Partiz. Perf. Pass.
σπουδάζω	σπούδαζα	σπούδασα	νά σπουδάσω	σπουδάσει	σπουδασμένος
σταματάω	σταμάτουσα	σταμάτησα	νά σταματήσω	σταματήσει	σταματημένος
στεγάζω	στέγαζα	στέγασα	νά στεγάσω	στεγάσει	
στεγάζομαι	στεγαζόμουνα	στεγάστηκα	νά στεγαστῶ	στεγαστεῖ	στεγασμένος
στέκομαι	στεκόμουνα	στάθηκα	νά σταθῶ	σταθεῖ	
στέλνω	ἔστελνα	ἔστειλα	νά στείλω	στείλει	
στέλνομαι	στελνόμουνα	στάλθηκα	νά σταλθῶ, σταλῶ	σταλθεῖ, σταλεῖ	σταλμένος
στενοχωρῶ	στενοχωροῦσα	στενοχώρεσα	νά στενοχωρήσω	στενοχωρήσει	
στενοχωριέμαι	στενοχωριόμουν	στενοχωρήθηκα	νά στενοχωρηθῶ	στενοχωρηθεῖ	στενοχωρημένος
στενοχωροῦμαι	στενοχωρούμουνα	"	"	"	"
στρέφω	ἔστρεφα	ἔστρεψα	νά στρέψω	στρέψει	
στρέφομαι	στρεφόμουνα	β) στράφηκα	νά στραφῶ	στραφεῖ	στραμμένος
συγχωρῶ	συγχωροῦσα	συγχώρεσα	νά συγχωρέσω	συγχωρέσει	
συγχωριέμαι	συγχωριόμουν	συγχωρέθηκα	νά συγχωρεθῶ	συγχωρεθεῖ	συγχωρεμένος
συζητάω	συζητοῦσα	συζήτησα	νά συζητήσω	συζητήσει	
συζητιέμαι	συζητιόμουν	συζητήθηκα	νά συζητηθῶ	συζητηθεῖ	συζητημένος
συμβαίνει	συνέβαινε	συνέβη(κε)	νά συμβεῖ		
συσταίνω	σύσταινα	σύστησα	νά συστήσω	συστήσει	
συστήνω	σύστηνα	"	"	"	
συσταίνομαι	συσταινόμουνα	συστήθηκα	νά συστηθῶ	συστηθεῖ	συστημένος
συστήνομαι	συστηνόμουνα	συστήθηκα	νά συστηθῶ	συστηθεῖ	συστημένος
ταξιδεύω	ταξίδευα	ταξίδεψα	νά ταξιδέψω	ταξιδέψει	

105

Präsens Indikativ	Imperfekt	Aorist Indikativ.	Aorist Konjunktiv	Aorist Infinitiv	Partiz. Perf. Pass.
τηλεφωνάω	τηλεφωνούσα	τηλεφώνησα	νά τηλεφωνήσω	τηλεφωνήσει	
τραβάω	τραβούσα	τράβηξα	νά τραβήξω	τραβήξει	
τραβιέμαι	τραβιόμουνα	τραβήχτηκα	νά τραβηχτώ	τραβηχτεί	τραβηγμένος
τρέφω	έτρεφα	έθρεψα	νά θρέψω	θρέψει	
τρέφομαι	τρεφόμουνα	τράφηκα	νά τραφώ	τραφεί	
τρέχω	έτρεχα	έτρεξα	νά τρέξω	τρέξει	
τριγυρνάω	τριγυρνούσα	τριγύρισα	νά τριγυρίσω	τριγυρίσει	
τριγυρίζω	τριγύριζα	"	"	"	
τρώω	έτρωγα	έφαγα	νά φάω	φάει	
τρώγομαι	τρωγόμουνα	φαγώθηκα	νά φαγωθώ	φαγωθεί	
τσακώνομαι	τσακωνόμουνα	τσακώθηκα	νά τσακωθώ	τσακωθεί	
τυχαίνει	τύχαινε	έτυχε	νά τύχει	τύχει	
ὑπάρχω	ὑπῆρχα	ὑπῆρξα	νά ὑπάρξω	ὑπάρξει	
ὑπόσχομαι	ὑποσχόμουνα	ὑποσχέθηκα	νά ὑποσχεθώ	ὑποσχεθεί	
ὑφαίνω	ὕφανα	ὕφανα	νά ὑφάνω	ὑφάνει	
ὑφαίνομαι	ὑφαινόμουνα	ὑφάνθηκα	νά ὑφανθώ	ὑφανθεί	
φαίνομαι	φαινόμουνα	φάνηκα	νά φανώ	φανεί	
φέρνω	έφερνα	έφερα	νά φέρω	φέρει	
φεύγω	έφευγα	έφυγα	νά φύγω	φύγει	
φθείρω	έφθειρα	έφθειρα	νά φθείρω	φθείρει	
φθείρομαι	φθειρόμουνα	φθάρθηκα, φθάρηκα	νά φθαρώ	φθαρεί	φθαρμένος

Präsens Indikativ	Imperfekt	Aorist Indikativ	Aorist Konjunktiv	Aorist Infinitiv	Partiz. Perf. Pass.
φοβάμαι	φοβόμουνα	φοβήθηκα	να φοβηθώ	φοβηθεί	φοβισμένος
φοράω	φορούσα	φόρεσα	να φορέσω	φορέσει	
φοριέμαι	φοριόμουν	φορέθηκα	να φορεθώ	φορεθεί	φορεμένος
φορτώνω	φόρτωνα	φόρτωσα	να φορτώσω	φορτώσει	
φορτώνομαι	φορτωνόμουν	φορτώθηκα	να φορτωθώ	φορτωθεί	φορτωμένος
φταίω	έφταιγα	έφταιξα	να φταίξω	φταίξει	
φτάνω	έφτανα	έφτασα	να φτάσω	φτάσει	φτασμένος
φτιάχνω	έφτιαχνα	έφτιαξα	να φτιάξω	φτιάξει	
φτιάχνομαι	φτιαχνόμουν	φτιάχτηκα	να φτιαχτώ	φτιαχτεί	φτιαγμένος
φυσώ	φυσούσα	φύσηξα	να φυσήξω	φυσήξει	
φωνάζω	φώναζα	φώναξα	να φωνάξω	φωνάξει	
χαίρομαι	χαιρόμουν	χάρηκα	να χαρώ	χαρεί	
χαλάω	χαλούσα	χάλασα	να χαλάσω	χαλάσει	χαλασμένος
χάνω	έχανα	έχασα	να χάσω	χάσει	
χάνομαι	χανόμουν	χάθηκα	να χαθώ	χαθεί	χαμένος
χορταίνω	χόρταινα	χόρτασα	να χορτάσω	χορτάσει	
χορτάζω	χόρταζα	χόρτασα	να χορτάσω	χορτάσει	χορτασμένος
χτενίζω	χτένιζα	χτένισα	να χτενίσω	χτενίσει	
χτενίζομαι	χτενιζόμουν	χτενίστηκα	να χτενιστώ	χτενιστεί	χτενισμένος
ψάχνω	έψαχνα	έψαξα	να ψάξω	ψάξει	
ψήνω	έψηνα	έψησα	να ψήσω	ψήσει	ψημένος

Präsens Indikativ	Imperfekt	Aorist Indikativ.	Aorist Konjunktiv	Aorist Infinitiv	Partiz. Perf. Pass.
ὠφελῶ	ὠφελοῦσα	ὠφέλησα	νά ὠφελήσω	ὠφελήσει	ὠφελημένος
ὠφελοῦμαι	ὠφελούμουν	ὠφελήθηκα	νά ὠφεληθῶ	ὠφεληθεῖ	

Wörterverzeichnisse

Griechisch - Deutsch

A

αγανακτισμένος, -η, -ο 27	empört
αγάπη, η 16	Liebe
'Αγγλία, η 9	England
'Αγγλίδα, η 9	Engländerin
αγγλικά, τά 9	das Englische
αγγλικός, -ή, -ό	englisch
"Αγγλος, ο 9	Engländer
αγενής, αγεν ες 22	unhöflich
αγιάζομαι - αγιάσθηκα 29	geheiligt, geweiht werden
"Αγιοι Θεόδωροι, οι 20	hl.Theodori (byz Kirche 1049)
"Αγιοι, οι, Πάντες 20	Allerheiligen
άγιος, αγία, άγιο 20	heilig
"Αγιος, ο, Βασίλειος 20	Heiliger Basilius
αγκαλιά, η 27	Umarmung
"Αγκυρα, η 9	Ankara
αγκώνας, ο 10	Ellehbogen
αγνός, -ή, -ό 21	rein, hold
άγνωστος, -η, -ο 16	unbekannt
άγονος, -η, -ο 21	unfruchtbar
αγοράζω - αγόρασα 4	kaufen
αγωνία, η 15	Angst,- Unruhegefühl
άδεια, η 22	Urlaub, Erlaubnis
αδειάζω - άδειασα 24	Zeit haben, leeren
άδειος, -α, -ο 18	leer
αδελφή, η 4	Schwester
αδέλφια, τά (αδέρφια) 4	Geschwister
αδελφός, ο 4	Bruder
αδιάβροχο, τό 10	Regenmantel
αδύνατο (αδύνατος) είναι 11	es ist unmöglich
αδύνατος, -η, -ο 11	schwach, mager
αεροπορικός, -ή, -ό 20	mit Luftpost
αίθουσα, η 18	Saal
αίμα, τό 21	Blut

αισθάνομαι - αισθάνθηκα 6	empfinden, sich fühlen
Αιτιατική, η 15	Akkusativ
ακολουθώ - ακολούθησα 20	folgen
ακόμα, ακόμη 4	noch
ακουστικό, τό 7	Telephonhörer
ακούω - άκουσα 3, 16	hören
ακριβής, ακριβές 22	genau, pünktlich
ακριβ-ός, -ή, -ό 5	teuer
ακριβώς (ακριβής) 2, 16	genau,
ακριβώς τήν ώρα πού 23	ausgerechnet in diesem Moment
αλεπού, η, αλεπούδες, 4, 21	Fuchs
αλεύρι, τό 24	Mehl
αλλά 1	aber, sondern
άλλος, άλλη, άλλο 4, 13	anderer
αλύπητα (αλύπητος) 26	unbarmherzig
αμάραντος, -η, -ο 21	immergrün, unsterblich
αμελής, αμελές 22	nachlässig
Αμερικανίδα, η 9	Amerikanerin
αμερικανικός, -ή, -ό 9	amerikanisch
Αμερικανός, ο 9	Amerikaner
Αμερική, η 9	Amerika
αμέσως 19	sofort
αμμουδιά, η 14	Sandstrand
αμπέλι, τό 24	Weinberg
άν καί 21	obwohl
άν 13	wenn (Bedingung)
άν έρχομαι, λέει 22	und ob ich komme
ανάβω - άναψα, 13, 18	anzünde,
αναγκάζομαι - σθηκα 21	gezwungen werden
ανακατεύομαι-τεύθ(τ)ηκα 10	sich einmischen
ανάκτορο, τό(ανάκτορα) 16	Palast
Ανάληψη, η 20	Himmelfahrt
ανάμεσα σέ 25	zwischen
ανάμνηση, η, αναμνήσεις 20	Erinnerung
αναμνηστικός, -ή, -ό 9	erinnernd, Erinnerungs-
αναπαυτικός, -ή, -ό 10	bequem
αναρωτιέμαι -ήθηκα 12	sich fragen

Ἀνάσταση, (-ις) ἡ 20	Auferstehung
Ἀνατολή, ἡ (ἀνατολικά) 21	Osten (östlich)
ἀνατολικός, -ή, -ό 21	östlich
ἀνατομία, ἡ 18	Anatomie
ἀνεβαίνω - ἀνέβηκα 15	steigen, einsteigen
ἀνέκδοτο, τό 4	Anekdote
ἄνεμος, ὁ 7	Wind
ἄνεργος, -η, -ο 12	arbeitslos
ἀνήφορος, ὁ 26	steiler Weg
ἄνθρωπος, ὁ 4	Mensch
ἀνθρώπινος, -η, -ο 10	menschlich
ἀνισοσύλλαβο, τό 15	ungleichsilbiges (Substantiv)
Ἄννα, ἡ 1	Anna (weibl. Vorname)
ἀνοίγω - ἄνοιξα 4, 16	öffnen, aufmachen, aufgehen
ἄνοιξη, ἡ 13	Frühling
ἀνοιχτός, -ή, -ό 15	offen
ἀνταποδίνω-ἀνταπόδωσα 23	erwidern
ἄντε 19	gehe (Imperativ von πηγαίνω)
ἀντιλαμβάνομαι-λήφθηκα 23	bemerken, wahrnehmen
ἀντίληψη, ἡ, ἀντιλήψεις 20	Auffassung
ἀξίνα, ἡ 21	Hacke
ἀπαγορεύω - ἀπαγόρευσα 6, 23	verbieten
ἀπέναντι, ὁ, ἡ, τό 4, 12	gegenüberliegender,- stehender
ἀπέραντος, -η, -ο 19	unendlich
ἀπεργία, ἡ 11	Streik
ἀπέχω - ἀπεῖχα 23	entfernt sein
ἁπλώνω - ἅπλωσα 26	ausbreiten
ἀπό 4	Präp.+Akk.=von, aus, an, seit
ἀπό πότε 11	seit wann, ab wann
ἀπό τώρα 14	von jetzt an
ἀποβιβάζομαι,-βιβάστηκα 28	an Land gehen
ἀποθανατίζω, -θανάτισα 28	verewigen
ἀποκοιμᾶμαι 12	einschlafen
ἀποκρίνομαι-ἀποκρίθηκα 24	erwidern
ἀπομόνωση, ἡ, - μονώσεις 28	Isolation
ἀπολαμβάνω -ἀπόλαυσα 21	genießen
ἀπονιά, ἡ 24	Herzlosigkeit

απορώ - απόρησα 23	staunen
αποσκευή, η 17, αποσκευές	Gepäck (meist im Plural)
αποτελούμαι από	bestehen aus
αποφασίζω - αποφάσισα 21	beschließen
απόψε 7	heute abend
άραγε 15	wohl
αράχνη, η 24	Spinne
αργά (αργός, -ή, -ό) 6, 14	langsam, spät
αργαλειός, ο 24	Webstuhl
αργολικός, -ή, -ό	argolisch, bei der Argolis
αργότερα 20	später
αργώ - άργησα 9	sich verspäten, lange ausbleiben
αρέσει - άρεσε 7	gefällt,schmeckt(+Dat. Person.)
αριστερά (αριστερός,-η,-ο) 16	links, nach links
αρκετός, -ή, -ό 22	genug, hinreichend
αρκούδα, η 10	Bär
αρνί, τό 18, 20	Lamm
αρπάζω - άρπαξα 17	packen, rauben, losreißen
αρρωστημένος, -η, -ο 27	erkrankt
άρρωστος, - η, -ο 2, 6	krank
αρσενικό, τό 15	Maskulinum
αρτοπώλης, ο 4	Bäcker (gehobene Sprache)
αρτοπωλείο, τό 4	Bäckerei " "
αρφανιά, η(ορφανιά) 27	Verwaisung, Verwaistsein
αρχαιολογικός, -ή, -ό 14	archäologisch
αρχαίος, αρχαία, αρχαίο 20	antik
αρχηγός, ο 28	Führer
αρχίζω - άρχισα 13	anfangen
αρχοντικός, -ή, -ό 28	vornehm
ασανσέρ, τό 19	Aufzug
ασήμαντος, -η, -ο 28	unbedeutend
'Ασία, η 9	Asien
'Ασιάτης, ο 9	Asiate
'Ασιάτισσα, η 9	Asiatin
άσπρος, -η, -ο 10	weiß
αστείος, αστεία, αστείο 7	witzig

ἀστραπή, ἡ 13	Blitz
ἀστράφτει - ἄστραψε 13	es blitzt
ἄστρο, τό 17	Stern
ἀστρονόμος, ὁ 17	Astronom
ἀστυνομικός, ὁ 17	Polizist(hier: Zollbeamter)
ἀσφάλεια, ἡ 15	Versicherung, Sicherung
ἀσφάλεια, ἡ, ζωῆς 16	Lebensversicherung
ἄσχημα (ἄσχημος) 12	schlecht
ἀσχολοῦμαι-ἀσχολήθηκα 21	sich beschäftigen
ἀτυχία, ἡ 26	Unglück, Pech
αὐγό, τό 3	Ei
αὐθάδης, αὔθαδες 22	frech
αὐλή, ἡ 15	Hof
ἀϋπνία, ἡ 10	Schlaflosigkeit
αὐστηρός, -ή, -ό 28	streng
Αὐστραλία, ἡ 9	Australien
Αὐστραλίδα (- έζα), ἡ 9	Australierin
Αὐστραλός, ὁ 9	Australier
αὐτάρκεια, ἡ 27	Genügsamkeit
αὐτί, τό 10	Ohr
αὐτοί, αὐτές, αὐτά 2	sie (3. Person Plural)
αὐτοκινητιστικό δυστύχημα 16	Autounfall
αὐτοκίνητο, τό 4	Automobil
αὐτός, αὐτή, αὐτό 2	er, sie, es
αὐτ-ός, -ή, -ό 5	dieser, diese, dieses
ἀφήνω - ἄφησα 16	lassen, verlassen
ἀφήνω - ἄφησα στή μέση 24	im Stich lassen
ἀφηρημάδα, ἡ 18	Zerstreutheit
ἀφηρημένος,-η, -ο 18	zerstreut
ἀφορμή, ἡ 26	Anlaß
᾽Αφρικανίδα, ἡ 9	Afrikanerin
᾽Αφρικανός, ὁ 9	Afrikaner
᾽Αφρική, ἡ 9	Afrika
ἀχτίνα, ἡ 21	Strahl
ἀχώριστος, -η, -ο 11	unzertrennlich, ungetrennt

B

βάζω - έβαλα 1	legen, stellen, setzen, stecken, anziehen, hintun
βάζω μία πλάκα 22	eine Schallplatte auflegen
βαθιά (βαθύς) 10	bei Farben : dunkel
βαθύς, βαθιά, βαθύ 25	tief
βαλίτσα, ή 16	Koffer
βαμβακερός, -ή, -ό 10	baumwollen
βάνει (βάζει)βάζω 27	anziehen
βαράω - βάρεσα 26	schlagen
βαρέλι, τό 27	Faß, Tonne
βαριέμαι- βαρέθηκα 9	keine Lust haben, sich langweilen
βάρκα, ή 15	Boot
Βαρσοβία, ή 9	Warschau
βαρύνω - βάρυνα 26	schwer sein, beschwerlich werden
βαρύς, -ιά, -ύ 20	schwer
βαστάω- βάστηξα 9	halten, aushalten, dauern
βάτραχος, ό 18	Frosch
βγάζω - έβγαλα 16	ausziehen, herausnehmen
" φωτογραφίες 16	Bilder machen
βγάζω - έβγαλα 22	hier. verdienen
βγαίνω - βγήκα 4	hinausgehen, aussteigen
βέβαια (βέβαιος,-α,-ο) 7	sicher
βεβαίως (βέβαιος) 19	sicherlich
Βελγίδα, ή 9	Belgierin
Βέλγιο, τό 9	Belgien
Βέλγος, ό 9	Belgier
βέλος, τό, βέλη 21	Pfeil
Βενετσιάνος, ό 28	Venezianer
Βέρνη, ή 9	Bernpeh
Βερολίνο, τό 9	Berlin
βιβλίο, τό 1	Buch
βιβλιοθήκη, ή 5	Bibliothek, Bücherschrank
Βιέννη, ή 9	Wien
βιομηχανοποίηση, ή 21	Industrialisierung
βλέπω - είδα 3	sehen

βοηθάω - βοήθησα 26	helfen
βολεύει, μέ 22	es paßt mir
βόλτα, ή (κάνω βόλτες) 11	Spaziergang (auf und ab gehen)
Βόννη, ή 9	Bonn
Βοριάς, ό (βόρεια) 21	Norden (nördlich)
Βουδαπέστη, ή 9	Budapest
Βουκουρέστι, τό 9	Bukarest
Βουλγάρα, ή 9	Bulgarin
Βουλγαρία, ή 9	Bulgarien
βουλγαρικά, τά 9	das Bulgarische
βουλγαρικός, -ή, -ό	bulgarisch
Βούλγαρος, ό 9	Bulgare
Βουλή, ή 16	Parlament
Βουλιαγμένη, ή 11	Badeort bei Athen
βουνό, τό 13	Berg, Gebirge
βούτυρο, τό 3	Butter
βράδυ, τό 6	Abend
βραδυάζει - βράδυασε 11	es wird Abend
βρέ (μωρέ, ρέ) 7	he, du! (familiäre Anrede)
Βρεττανία, ή 16	Britannien
βρέχει, - έβρεξε 13	es regnet
βρίσκομαι - βρέθηκα 6	gefunden werden, sich befinden
βρίσκω - βρήκα 6	finden
βροντάει- βρόντηξε 13	es donnert
Βρυξέλλες, οί 9	Brüssel
βυζαντινός, -ή, -ό 20	byzantinisch
βυθίζομαι - βυθίστηκα 2	sich versenken, versinken

Γ

γαϊδούρι, τό 13	Esel
γάλα, τό, γάλατα 1	Milch
γαλανός, -ή, -ό 21	hellblau(nur Himmel und Augen)
Γαλλία, ή 9	Frankreich
Γαλλίδα, ή 9	Französin
γαλλικά, τά 9	das Französische
γαλλικός, -ή, -ό 9	französisch

Γάλλος, ὁ 9	Franzose
γάντι, τό 10	Handschuh
γάτα, ἡ 3	Katze
γειά σου 2	grüß dich ! (familiär)
γείτονας, ὁ 14	Nachbar
γειτονιά, ἡ 27	Nachbarschaft, Wohnviertel
γειτονικός, -ή, -ό 14	benachbart
Γενεύη, ἡ 9	Genf
Γενική, ἡ 15	Genitiv
γέννηση, ἡ, γεννήσεις 17	Geburt
γεννήτρα, ἡ 21	Erzeugerin
γεννιέμαι - γεννήθηκα 19	geboren werden
γερασμένος, -η, -ο 27	gealtert
Γερμανία, ἡ 9	Deutschland
Γερμανίδα, ἡ 9	Deutsche
γερμανικά, τά 9	das Deutsche
γερμανικός, -ή, -ό 9	deutsch
Γερμανός, ὁ 9	Deutscher
γέρος, ὁ 19	alter Mann, Greis
γεφυρούλα, ἡ (γέφυρα) 17	Brückchen, Steg
γεωγραφία, ἡ 21	Geographie
γεωργία, ἡ 21	Landwirtschaft
γῆ, ἡ 13	Erde
γι αὐτό ἀκριβῶς 10	gerade deswegen
γιά (πρόθεση) 3	Präpos. für, über, nach
γιά ποῦ μέ τό καλό 12	wohin des Weges
γιαγιά, ἡ, γιαγιάδες 1	Großmutter
Γιαννάκης, (Γιάννης) 3	Hänschen (Hans)
γιασεμί, τό 8	Jasmin
γιατί 3	warum? weil
γιατρός, ὁ, ἡ 2	Arzt, Ärztin
γιλέκο, τό 10	Westchen
γίνομαι - ἔγινα 6	werden, geschehen, stattfinden
γινόταν, δέ 19	es war nicht möglich
γιορτάζω - γιόρτασα 20	feiern
γιορτή, ἡ 20	Feier
γιός, ὁ 24	Sohn

Γιουγκοσλαβία, ή 21	Jugoslawien
γκαρσόν, τό 23	Kellner
γκρεμίζω - γκρέμισα 26	hinabstürzen
γκρί 10	grau
γκρινιάρης, -α, -ικο 17	mürrisch, quengelig
γλυκό, τό 3	Kuchen
γλυτώνω - γλύτωσα 26	retten
γλώσσα, ή 9	Sprache, Zunge
γλωσσάς, -ού, -άδικο 26	geschwätzig, freche Person
γνήσιος, -α, -ο 20	echt
γνώμη, ή 28	Meinung
γνωρίζω - γνώρισα 16	kennen, kennenlernen
γνωστός,-ή, -ό 18	bekannt
γόνατο, τό 10	Knie
γονείς, οι 13	Eltern
γοργοστάζω - γοργόσταξα 21	schnell tropfen (poetisch)
γραβάτα, ή 10	Krawatte
γράμμα, τό, γράμματα 4	Brief
γραμματοκιβώτιο, τό 16	Briefkasten
γραμματόσημο, τό 16	Briefmarke
γραφείο, τό 2, 5	Büro, Arbeitstisch,Arbeitszimmer
γράφω - έγραψα 5	schreiben
γρήγορα 4 (γρήγορος,-η,-ο)	schnell
γριά, ή 24	alte Frau, Greisin
γρίππη, ή (έχω γρίππη) 2	Grippe (ich habe Grippe)
γυαλιά, τά 15	Brille
Γυμνάσιο, τό 2	Gymnasium

Δ

δακρύζω - δάκρυσα 24	Tränen in die Augen bekommen
δακρυσμένος, -η, -ο 27	mit Tränen gefüllt
Δανέζα, ή 9	Dänin
δανέζικα, τά 9	das Dänische
δανέζικος,-η,-ο 9	dänisch
δανείζω - δάνεισα 12	leihen
Δανία, ή 9	Dänemark

Δανός, ὁ 9	Däne
δασκάλα, ἡ 2	Lehrerin
δάσκαλος, ὁ 2	Lehrer
δάσος, τό, δάση 21	Wald
δαφνοφόρος, -α, -ο 20	Lorbeertragender
δαχτυλίδι, τό 15	Fingerring
δάχτυλο, τό 10	Finger, Zehe
δειλινό, τό 21	Abenddämmerung
δεισιδαίμων- δεισιδαῖμον 28	abergläubisch
δείχνω - ἔδειξα 8	zeigen
δεκοχτούρα, ἡ 26	eine Art Taube
δέν (δέ) 1	nicht
δέν εἶμαι καί τόσο καλά 2	mir geht es gar nicht so gut
δέντρο (δένδρο), τό 5	Baum
δένω- ἔδεσα 16	binden, anbinden
δεξιά (δεξιός, -ά, -ό) 16	rechts, nach rechts
δεσποινίς, ἡ 8	Fräulein
δευτερόλεπτο, τό 11	Sekunde
δεύτερος, -η, -ο 2	zweiter
δέχομαι - δέχθ(τ)ηκα 6	annehmen, empfangen
δηλαδή 11	nämlich, das heißt
δηλώνω - δήλωσα 17	erklären, kundgeben
δήμιος, ὁ 28	Henker
δημοτικός, - ή, -ό 27	volks-
διαβάζομαι - διαβάστηκα 23	gelesen werde,
διαβάζω- διάβασα 1	lesen, vorlesen, lernen
διαβατήριο, τό 17	Reisepaß
διαγωνίζομαι - σθηκα 21	mit jd. wetteifern
διαγωνισμός, ὁ 21	Wetteifer, Konkurrenz
διαδρομή, ἡ 16	Fahrt
δίαιτα, ἡ 3	Diät
διακοπή, ἡ 4	Pause, Unterbrechung
διακοπές, οἱ 4	Ferien
διακόπτω - διέκοψα 16	unterbrechen
διαμέρισμα, τό 8	Abteil, Departement
διαρκῶς (διαρκής,- ές) 12	dauernd
διασκέδαση, ἡ, -σεις 11	Unterhaltung

διατάζω - διέταξα (διάταξα) 21	befehlen, anordnen
διαφορά, ή 25	Unterschied
διάφορος, -η, -ο 9	verschieden
διδάσκω - δίδαξα 2	unterrichten, Vorlesung halten
διεθνής, διεθνές 22	international
δίνω - έδωσα 7	geben
διευθυντής, ό 12	Direktor, Chef
διηγούμαι - διηγήθηκα 12	erzählen
δίκαιο, τό, έχω δίκαιο 10	Recht, ich habe recht
δικαιολογία, ή 19	Ausrede, Rechtfertigung
δικαίωμα, τό 17	Recht, Berechtigung
Δικαστήριο, τό 16	Gericht
δίκη, ή 16	Prozeß
δικός, δική (δικιά),δικό 8	eigen, der meinige
δύσκολος, -η, -ο 9	schwierig
διψάω- δίψασα 10	Durst haben
δολοφονώ - δολοφόνησα 28	ermorden
δολοφονούμαι- δολοφονήθηκα, 28	ermordet werden
δόξα, ή 21	Ruhm
Δοτική, ή 15	Dativ
δουλειά, ή 4	Arbeit
δρόμος , ό 4	Straße, Weg
δροσιά, ή 19	Kühle, Frische, Tau
δυνατά (δυνατός) 6	laut
δύο, δυό 4	zwei
Δύση, ή (δυτικά) 21	Westen (westlich)
δυσκολία, ή 12	Schwierigkeit
δυστύχημα, τό 16	Unfall
δυστυχής, δυστυχές 22	unglücklich
δυστυχώς 6	leider
Δυτικός, ό 20	Abendländer
δυτικός, -ή, -ό 21	westlich
δωμάτιο, τό 3	Zimmer
δωράκι (δώρο), τό 9	kleines Geschenk
δώρο, τό 20	Geschenk

E

ἑαυτός μου, ὁ 24	ich selbst
ἐγγυῶμαι - ἐγγυήθηκα 12	garantieren
ἐγκαταστημένος, -η, -ο 27	niedergelassen
ἐγώ 2	ich
ἐγώ ὁ ἴδιος, ἡ ἴδια 7	ich slbst
ἐγωιστής, ἐγωίστρια, 10	Egoist
ἔδαφος, τό, ἐδάφη 21	Erdboden
ἕδρα, ἡ 28	Sitz
ἐδῶ, ἐκεῖ 5	hier, dort
ἔθιμο, τό 20	Brauch
ἐθνικός,-ή, -ό 16	national
ἔθνος, ἔθνη 21	Nation
εἰδοποιῶ- εἰδοποίησα 9	benachrictigen, bescheid geben
εἰλικρινής, εἰλικρινές 22	aufrichtig
εἶμαι 2	ich bin
εἶναι 2	er, sie, es ist, sie sind
εἶναι, ἔχει λιακάδα 13	es ist Sonnenschein
εἶναι, ἔχει συννεφιά 13	der Himmel ist bewölkt
εἶναι κρίμα 23	es ist schade
εἰρηνοφόρος, -α, -ο 20	friedfertig
εἰσαγγελέας, ὁ, εἰσαγγελεῖς 16	Staatsanwalt
εἶσαι 2	du bist
εἴσαστε 2	ihr seid, Sie sind
εἰσιτήριο, τό 7, 8	Fahrkarte, Eintrittskarte
εἰσόδημα, τό, εἰσοδήματα 21	Einkommen
εἴτε ... εἴτε 8	ob ...oder, mag ...oder
ἐκδρομή, ἡ 13	Ausflug
ἐκεῖ 6	dort
ἐκεῖν-ος, ἐκείν-η, ἐκεῖν-ο 5	jener, jene. jenes
ἔκθεση, ἡ, ἐκθέσεις 13	Aufsatz, Ausstellung
ἐκκλησία, ἡ 20	Kirche
ἐκκλησιάζομαι, - στηκα 28	zur Kirche gehen
ἐκκλησίασμα, τό 20	die am Gottesdienst Teilnehmenden
ἔκπληξη, ἡ, ἐκπλήξεις 14,	Überraschung

ἐκπονῶ - ἐκπόνησα 16	ausarbeiten
ἐκτέλεση, ἡ, ἐκτελέσεις 28	Hinrichtung
ἐκτιμῶ- ἐκτίμησα 9	schätzen
ἐκτός ἀπό 25	außer
ἔκφραση,ἡ, ἐκφράσεις 2	Ausdruck, Redewendung
Ἐλβετία, ἡ 9	die Schweiz
Ἐλβετίδα, ἡ 9	Schweizerin
ἐλβετικός, -ή, -ό 9	schweizerisch
Ἐλβετός, ὁ 9	Schweizer
ἐλεγκτής, ὁ 8	Kontrolleur, Schaffner
ἔλεγχος, ὁ 17	Kontrolle
ἐλέγχω - ἔλεγξα (ἤλεγξα) 17	kontrollieren, prüfen
ἐλεύθερος, -η, -ο 6	frei
Ἐλευσίνα, ἡ 6	Eleusis
Ἑλλάδα, ἡ 9	Griechenland
Ἕλληνας, ὁ 9	Grieche
Ἑλληνίδα, ἡ 9	Griechin
ἑλληνικά, τά 9	das Griechische
ἑλληνικός, -ή, -ό 9	griechisch
ἔμ πῶς δέν ... 16	wie so denn nicht ...
ἐμεῖς 2	wir
ἔμπορος, ὁ, ἡ 2	Kaufmann
ἐμπριμέ 10	gemustert
ἐμπρός 7	vorne, herein, hallo
ἕνα, ἕνας 4	ein, eins, einer
ἐναντίον 28	gegen (feindlich)
ἐνδιαφέρει - ἐνδιέφερε 7	es interessiert (+Akk. der Person)
ἐνδιαφέρομαι,-θηκα γιά 7	sich interessieren für
ἐνδιαφέρων, -ουσα, -ον 20, 28	interessant
ἔνδυμα, τό, ἐνδύματα 10	Kleid
ἐνικός, ὁ (ἀριθμός) 15	Singular
(ἐ)νοικιάζω - νοίκιασα 6	mieten, vermieten
(ἐ)νοικιάζομαι, -σθηκα 6	vermietet werden
ἐντάξει (ἐν τάξει) 7	in Ordnung
ἔντυπο, τό 19	Formular
ἐντύπωση,ἡ, ἐντυπώσεις 16	Eindruck
(ἐ)ξαδέλφια, τά 4	Vettern und Cousinen

(ἐ)ξάδελφος,ὁ, 4	Vetter
(ἐ)ξαδέλφη, ἡ 4	Cousine
ἐ)ξαίρεση, ἡ, ἐξαιρέσεις 21	Ausnahme
ἐξάμηνο, τό 22	Semester
ἐξαρτᾶται 12	es kommt darauf an,
ἐξαρτῶμαι - ἐξαρτήθηκα 12	abhängig sein
ἐξαφανίζομαι- στηκα 23	verschwinden
ἐξηγῶ - ἐξήγησα 16	erklären, auslegen
ἐξιστορῶ- ἐξιστόρησα 24	erzählen, schildern
ἔξυπνος, -η, -ο 11	klug, aufgeweckt
ἔξω 8	draußen, hinaus
ἔξω φρενῶν 16	außer sich
Ἐξωτερικά, τά 28	Auswärtige Angelegenheiten
ἐξωτερικό, τό 27	Ausland
ἐπάγγελμα, τό 17	Beruf
ἐπαναλαμβάνω - έλαβα 23	wiederholen
ἐπείγων, ἐπείγουσα, ἐπεῖγον 20	eilig
ἐπειδή 7	weil
ἔπειτα 4	danach, übrigens 7
ἐπιβάτης, ὁ 8	Fahrgast
ἐπίγραμμα, τό 9	Epigramm
ἐπίθετο, τό 16	Nachname
ἐπιμελής, ἐπιμελές 22	fleißig
ἐπιμένω - ἐπέμεινα 21	beharren
ἔπιπλο, τό 5, τά ἔπιπλα	Möbelstück, Möbel
ἐπιρροή, ἡ 28	Einfluß
ἐπίσης 6	gleichfalls
ἐπισκέπτομαι-σκέφθηκα 11	besuchen
ἐπιστρέφω - ἐπέστρεψα 23	zurückkommen
ἐπιταγή, ἡ 20	Überweisung
Ἐπιτάφιος, ὁ 20	Christi Grablegung
ἐπίτηδες 11	absichtlich
Ἑπτάνησα, τά	die Sieben Inseln
ἑπτάστιχο, τό 19	Siebenzeiler
ἐπώνυμο, τό 17	Nachname
ἐργάζομαι - ἐργάσθ(τ)ηκα 6	arbeiten
ἐργάτης, ὁ 2	Arbeiter

έργο, τό 7	Werk, Film
εργοστασιάρχης, ό 15	Fabrikinhaber
εργοστάσιο, τό 2	Fabrik
έρχεται, μοῦ κάτι στό νοῦ 20	es fällt mir etwas ein
έρχομαι - ἦλθα, ἦρθα 6	kommen
ἐσεῖς 2	ihr, Sie
ἐσύ 2	du
ἐσώρουχα, τά 10	Unterwäsche
ἑτοιμάζομαι-ἑτοιμάσθηκα 6	sich fertig machen
ἑτοιμάζω- ἑτοίμασα 6	bereiten, zubereiten
ἕτοιμος. -η, -ο 9	fertig
ἔτος, τό ἔτη 17	Jahr
ἔτος γεννήσεως 17	Geburtsdatum
ἔτσι 6	so, auf diese Weise
Εὐαγγελισμός, ὁ 20	Mariä Verkündigung
εὐγνώμων - εὔγνωμον 28	dankbar
εὐκαιρία, ἡ 20	Gelegenheit
εὐλογημένος, -η, -ο 24	gesegnet
Εὐρωπαία, ἡ 9	Europäerin
εὐρωπαϊκός, -ή, -ό	europäisch
Εὐρωπαῖος, ὁ 9	Europäer
Εὐρώπη, ἡ 9	Europa
εὐσυνείδητος,-η,-ο 8	gewissenhaft
εὐτυχής, εὐτυχές 22	glücklich
εὐτυχισμένος, -η, -ο 13	glücklich
εὐφυής, εὐφυές 22	intelligent
εὐχαριστημένος, -η, -ο 9	zufrieden
εὐχαριστιέμαι - στήθηκα 23	sich freuen, genießen
εὐχάριστος, -η, -ο 19	angenehm
εὐχαριστῶ. - εὐχαρίστησα 2	danken, danke
εὐχαρίστως 7	gerne
εὐχή, ἡ	Wunsch
εὔχομαι - εὐχήθηκα 6	wünschen (einem anderen etwas)
ἐφημερίδα, ἡ 4	Zeitung
ἐχθρός, ὁ 20	Feind
ἔχω - εἶχα 2	haben

Z

Ζάππειο, τό 16	Gebäude im Nationalpark
ζάχαρη, ή 3	Zucker
ζαχαροπλαστεῖο, τό 10	Konditorei
ζέστη, ἡ 19, κάνει ζέστη	Wärme, Hitze, es ist warm, heiß
ζεστός,-ή, -ό 6	warm
ζευγάρι, τό 9	Paar
ζηλιάρης, -α, -ικο 26	neidisch
ζητάω - ζήτησα 10	verlangen
ζητιάνος, ὁ (ἡ ζητιάνα) 14	Bettler (Bettlerin)
ζοῦσα (ζῶ) - ἔζησα 13	leben, erleben
ζυγιάζω - ζύγιασα 27	abwägen
ζυγίζω - ζύγισα 20	wiegen, auswiegen
ζυμάρι, τό 24	Teig
ζυμώνω - ζύμωσα 24	kneten, backen
ζωγράφος, ὁ , ἡ 28	Kunstmaler
Ζωολογία, ἡ 18	Zoologie

H

ἤ 3	oder
(ἡ) μέρα, ἡ 6	Tag
ἤθελα, θά ἤθελα 19	ich möchte
ἠλεκτρική σκούπα, ἡ 17	Staubsauger
ἠλεκτρική, ἡ, κουζίνα 17	Elektroherd
ἠλεκτρικό, τό 17	elektrisches Licht
ἠλεκτρικό, τό, σίδερο 17	Bügeleisen
ἠλεκτρικός, -ή, -ό 17	elektrisch
ἠλεκτρικός, ὁ 23	Untergrundbahn
ἠλεκτρονικός, -ή, -ό 11	elektronisch
(ἡ) λιακάδα, ἡ 23	Sonnenschein
ἡλικία, ἡ 15	Alter
ἤπειρος, ἡ, ἤπειροι 9	Kontinent
Ἤπειρος, ἡ 21	Epirus
ἡσυχία, ἡ 6	Ruhe
ἥσυχος, -η, -ο 24	ruhig

Θ

θάλαμος, ὁ 7	Zelle
θάλασσα, ἡ 13	Meer
θαῦμα, τό (θαῦμα : adverbial)13	Wunder, (adverbial: wunderbar)
θαυμάζω - θαύμασα 7	bewundern
θέα, ἡ 28	Ansicht, Ausblick
θέατρο, τό 11	Theater
θεία, ἡ 1	Tante
θεῖος, ὁ 1	Onkel
θεῖος, θεία, θεῖο 21	göttlich
θέλω - ἤθελα (θέλησα) 3	wollen
θεός, ὁ 21	Gott
Θεοτόκος, ἡ 20	Gottesmutter
Θεοφάνεια, τά 20	Epiphanie
θέση, ἡ, θέσεις 20	Platz, Stelle
δέν ἀφήνω στή θέση του 20	nichts an seinen Platz lassen
θηλυκό, τό 15	Femininum
Θησεῖο, τό 27	Theseustempel in Athen
θνητός, -ή, -ό 21	sterblich
θρανίο, τό 15	Schulbank
θρήσκευμα, τό 17	Konfession
θύελλα, ἡ, ξεσπάει 13	Sturm, es stürmt
θυμᾶμαι - θυμήθηκα 23	sich erinnern
θυμωμένος, -η, -ο 14	erzürnt, verärgert
θυμώνω - θύμωσα 6	zornig werden, sich ärgern
θυρίδα, ἡ 20	Schalter
θυσιάζω - θυσίασα 18	opfern

Ι

ἰδέα, ἡ 7	Idee
ἰδεώδης, ἰδεῶδες 22	ideal
ἱερέας, ὁ 18	Priester
ἱκανοποιῶ - ἱκανοποίησα 19	zufriedenstellen
Ἰνστιτοῦτο, τό, Καλλονῆς 19	Kosmetiksalon
ἰσθμός, ὁ 16	Landenge, Kanal durch Landenge

ἴσκιος, ὁ 26	Schatten
ἰσοσύλλαβο, τό 15	gleichsilbiges (Substantiv)
Ἰσπανία, ἡ 9	Spanien
Ἰσπανίδα, ἡ 9	Spanierin
ἰσπανικά, τά 9	das Spanische
ἰσπανικός, -ή, -ό 9	spanisch
Ἰσπανός, ὁ 9	Spanier
ἴσως 6,	vielleicht
Ἰταλία, ἡ 9	Italien
Ἰταλίδα, ἡ 9	Italienerin
ἰταλικά, τά 9	das Italienische
ἰταλικός, -ή, -ό 9	italienisch
Ἰταλός, ὁ 9	Italiener
ἰχθυοπωλεῖο, τό 4	Fischhandlung
ἰχθυοπώλης, ὁ 4	Fischhändler

Κ

καημένος, -η, -ο 12	arm, bedauernswert
καημός, ὁ 27	Verlangen, Sehnsucht
καθαρός, -ή, -ό 11	sauber
κάθε πού 21	jedesmal wenn
κάθε πότε 11	wie oft
καθηγητής, ὁ 2	Professor, Gymnasiallehrer
καθηγήτρια, ἡ 2	Professorin, Gymnasiallehrerin
καθισμένος, -η, -ο 24	sitzend
καθόλου 12	überhaupt nicht
κάθομαι - κάθισα 6	sitzen, sich hinsetzen, wohnen
κάθομαι στήν οὐρά 20	Schlange stehen
καθρέφτης (καθρέπτης), ὁ 10	Spiegel
καθυστερημένος, -η, -ο 19	verspätet
καί, κι (vor einem Vokal) 1	und, auch
καί ... καί 12	sowohl .... wie auch
καινούργ-ιος, -α, -ο 5	neu
καιρός, ὁ 5	Wetter, Zeit
καιρός, ὁ, εἶναι καλός 5	das Wetter ist schön
ὡραῖος- ὡραία-ὡραῖο 13	schön

καιρός, ὁ εἶναι κακός   13   es ist schlechtes Wetter
   "   "   " ἄσχημος   "   "   "   "
καιρός, ὁ, εἶναι βροχερός   13   das Wetter ist regnerisch
καίω - ἔκαψα   3   brennen, verbrennen, heiß sein
καλά   3   gut (Adverb)
καλά καλά   28   gänzlich, völlig
καλά, τά μου   11   meine Sonntagskleider
καλημέρα   2   guten Morgen, guten Tag
καλησπέρα   19   guten Abend
Καλλικάντζαρος, ὁ   20   Kobold der Rauhnächte
καλλονή, ἡ   19   Schönheit
    Ἰνστιτοῦτο καλλονῆς   Kosmetiksalon
καλοκαίρι, τό   13   Sommer
καλοκαιριάζει-καλοκαίριασε 13   es wird Sommer
κάλτσα, ἡ   10   Socke, Strumpf
καλύτερα (καλά)   20   besser (Adverb)
καλύτερος, -η, -ο   20   besser
κάμπος, ὁ   28   Feld, Ebene
καναπές, ὁ, καναπέδες   5   Sofa
κάνει, μοῦ   10   etwas paßt mir
κάνει, ἔχει, εἶναι κρύο   13   es ist kalt
κάνει, ἔχει, εἶναι ζέστη   13   es ist warm, heiß
κάνει, ἔχει, εἶναι παγωνιά   13   es ist frostig
κανένας, καμία, κανένα   6   niemand, keiner (im neg. Satz)
κανένας, καμία, κανένα   6   jemand (im Aussage-und Fragesatz)
κανονίζω - κανόνισα   7   regeln
κάνω - ἔκανα   1   machen, tun
κάνω μάθημα   2   Unterricht erteilen, erhalten
κάνω χρυσές δουλειές   12   gute Geschäfte machen
καπέλ(λ)ο, τό   10   Hut
καπνίζω - κάπνισα   6   rauchen
Καπνικαρέα, ἡ   20   byz. Kirche in Athen erbaut im 12. Jh.
κάπνισμα, τό   6   das Rauchen
καράβι, τό   16   Schiff
καρβέλι, τό   26   Laib
καρδιά, ἡ   10   Herz

καρέκλα, ἡ 5	Stuhl
καρρώ 10	kariert
κάρτα, ἡ 14	Karte
κασκόλ, τό 10	Halstuch, Schal
κάστρο, τό 28	Burg
καταβροχθίζω - ισα 23	hinunterschlucken
καταιγίδα, ἡ, εἶναι 13	es gibt ein Gewitter
καταλαβαίνω - κατάλαβα 8	verstehen
καταλαμβάνομαι 28	erobert werden
κατάλογος, ὁ 7	Liste, Namensliste
κατάστημα, τό 4	Geschäft
καταφέρνω - κατάφερα τά 7	es schaffen, fertigbringen
κατεβάζω - κατέβασα 19	hinunterbringen, - tragen
κατεβαίνω - κατέβηκα 19	hinuntergehen, -fahren
κατηγορούμενος, ὁ 16	Angeklagter
κάτω 4	unten
καφέ, καφετής, -ιά, -ί 10	braun
καφενεῖο, τό 12	Café
καφές, ὁ, καφέδες 1	Kaffee
κερδίζω - κέρδισα 13	verdienen, gewinnen
κερί, τό 20	Wachs, Kerze
κεφάλι, τό 10	Kopf
κῆπος, ὁ 5	Garten
κιβώτιο, τό 20	Kiste
κινηματογράφος, ὁ 7	Kino
κίνηση, ἡ, κινήσεις 16	Bewegung, Verkehr
κιόλας 7	schon
κίτρινος, -η, -ο 10	gelb
κιτρινούλης 26	gelblich
κλαίω - ἔκλαψα 3	weinen
κλειδί, τό 3	Schlüssel
κλεισμένος, -η, -ο 23	eingesperrt
κλειστός, -ή, -ό 20	geschlossen
Κλητική, ἡ 15	Vokativ
κλίση, ἡ, κλίσεις 15	Deklination
κλίμα, τό, κλίματα 21	Klima
κοιλιά, ἡ 10	Bauch

κοιμᾶμαι - κοιμήθηκα 12	schlafen
Κοίμηση, ἡ 20	Mariä Himmelfahrt
κοιτάζομαι - κοιτάχτηκα 10	sich betrachten
κοκκινίζω - κοκκίνισα 25	erröten
κόκκινος, -η, -ο 10	rot
κολλάω - κόλλησα 16	kleben, aufkleben
κόμμα, τό, κόμματα 28	Partei
κομμάτι, τό 3	Stück
κομοδίνο, τό 11	Nachttisch
κομπιναιζόν, τό, ἡ 10	Unterrock
κομψός, -ή, -ό 10	elegant
κονιάκ, τό 1	Kognak
κοντά 2	nah,
κοντινός, -ή, -ό 20	nahegelegen
Κοπεγχάγη, ἡ 9	Kopenhagen
κοπέλλα, ἡ 4	junges Mädchen
κόρακας, ὁ 21	Rabe
κόρη, ἡ 24	Tochter
κοροϊδεύω - κορόιδεψα 14	verspotten, betrügen
κόσμος, ὁ 7	Welt, Leute
χαλάει ὁ κόσμος 13	die Welt geht unter
κτυπάω - κτύπησα 9	schlagen, klopfen
κουβέντα, ἡ 9	Plauderei
κουδούνι, τό 9	Klingel
κουζίνα, ἡ 5	Küche
κοῦκος, ὁ 12	Kuckuck
κουλούρι, τό 12	Kringel, Brezel
κουμπί, τό 19	Knopf
κουνούπι, τό 19	Schnake
κουράζομαι-κουράστηκα 6	sich anstrengen
κουρασμένος, -η, -ο 6	müde
κουστούμι, τό 10	Herrenanzug
κουτάλι, τό 3	Löffel
κουτί, τό 18	Schachtel
κουφός, -ή, -ό	taub, schwerhörig
κράζω - ἔκραξα 21	krächzen
Κράνειο, τό 27	luxuriöser Vorort bei Korinth

κρασί, τό 1	Wein
κρατάω - κράτησα 9	halten
κράτος, τό, κράτη 21	Staat
κρέας, τό, κρέατα 17	Fleisch
κρεββάτι, τό 5	Bett
κρεββατοκάμαρα, ή 5	Schlafzimmer
κρεμασμένος, -η, -ο	gehängt, angehängt
κρεμάω - κρέμασα 9	anhängen
κρέμομαι -κρεμάστηκα 15	hängen, gehängt werden
κρεοπώλης, ὁ 4	Metzer
κρεοπωλεῖο, τό 4	Metzgerei
Κρήτη, ή 5	Kreta
κρίμα 6	schade
κρίνο, τό 21	Lilie
κρύβομαι - κρύφτηκα 13	sich verstecken
κρύο, τό (κάνει ..) 13	es ist kalt
κρύο, τό 13	Kälte
κρύ-ος, -α, -ο 5	kalt
κρυφά (κρυφός) 10	heimlich
κτηνίατρος, ὁ 10	Tierarzt
κτηνοτροφία, ή 21	Viehzucht
κυβερνάω - κυβέρνησα 9	regieren
κτίζω (χτίζω) -ἔκτισα 13	bauen
κυβερνήτης, ὁ 28	Gouverneur
κύκνος, ὁ 19	Schwan
κυλότα, ή 10	Damenslip
κυνικός, - ή, -ό 27	zynisch, Zyniker
κυνηγάω- κυνήγησα 9	jagen, verfolgen
κυπαρίσσι, τό 26	Zypresse
κυρά, ή (κυρία) 26	volkstümlich für κυρία
κυρία, ή 2	Frau, Dame
κύριος, ὁ 2	Herr
κυττάζω (κοιτάζω)κύτταξα 1	betrachten

Λ

λαβαίνω- ἔλαβα 18	erhalten bekommen
λάβρα, ή 27	Glut, Hitze, Sehnsucht

λαγός, ὁ 10	Hase
λάδι, τό 20	Öl
λαϊκός, -ή, -ό 24	volktümlich, Volks-
λαιμός, ὁ 10	Hals
Λαμπρή, ἡ 6, 20	Ostern
λαός, ὁ 20	Volk
λαχανικά,τά (τό λαχανικό) 4	Gemüse (meist im Plural)
λαχεῖο, τό 13	Los
λειβάδι, τό 13	Wiese
λείπω- ἔλειψα 3	fehlen, abwesend sein
λειτουργία, ἡ 20	Gottesdienst
λέμε, τά 22	wir unterhalten uns, wir plaudern
λεμόνι, τό 3	Zitrone
λεπτό, τό 11, τά λεπτά	Minute, Geld
λευκός, -ή, -ό, 8	weiß (hochsprachlich,dichterisch)
λέω - εἶπα 3	sagen, meinen
λέω νά ... 22	beabsichtigen, vorhaben
λεωφορεῖο τό	Omnibus
λιάζομαι - λιάσθηκα 23	sich sonnen
λιακάδα, ἡ 13	Sonnenschein
λίγος, -η, -ο 6	wenig
λιμάνι, τό 28	Hafen
λίμνη, ἡ 21	der See
λίμνοθάλασσα, ἡ 21	Lagune
λόγια, τά 14	Worte
λογικός, -ή, -ό 28	vernünftig
λόγος, ὁ 15	Wort, Grund
λόγῳ + γεν. 21	wegen
λοιπόν 7	nun, also
Λονδίνο, τό 9	London
λουλούδι, τό 5	Blume
λόφος, ὁ 16	Hügel
λύκος, ὁ 10	Wolf
λυπᾶμαι - λυπήθηκα, 12	bedauern

λυπηθεῖτε, Imperativ von λυπᾶμαι 14 — habt Mitleid!

M

μά 6 — aber
μά πῶς ; 11 — wieso?
μαγαζί, τό 2 — Geschäft, Laden
μαγειρεύω - μαγείρεψα 14 — kochen, Essen zubereiten
Μαδρίτη, ἡ 9 — Madrit
μαζεύομαι - μαζεύτηκα 6 — gesammelt werden, sich versammeln
μαζεύω - μάζεψα 6 — sammeln, pflücken
μαζύ 13 — zusammen, mit
μαθαίνω - ἔμαθα 4 — lernen, lehren, erfahren
μάθημα, τό, μαθήματα 1 — Lektion, Unterricht
μαθητής, ὁ 2 — Schüler
μαθήτρια, ἡ 2 — Schülerin
μακάρι νά 13 — wenn doch, wenn nur
μακριά 2 — weit, entfernt
μακρινός, -ή, -ό 17 — entfernt
μάλιστα 3 — jawohl
μαλλί, τό 10, τά μαλλιά — Wolle, Haar, die Haare
μάλλινος, -η, -ο — wollen, aus Wolle
μαλ(λ)ώνω - μά(λ)λωσα 26 — schimpfen
μάνα, ἡ 24 — Mutter (volkstümlich)
μανάβης, ὁ, μανάβηδες 4 — Gemüsehändler
μανιτάρι, τό 23 — Pilz
μαντήλι, τό 15 — Tuch, Taschentuch
μαραγκός, ὁ 2 — Schreiner
μαργαρίνη, ἡ 3 — Margarine
μάρμαρο, τό 21 — Marmor
μαρμελάδα, ἡ 3 — Marmelade, Konfitüre
μάτι, τό 10 — Auge
ματιά, ἡ 9 — Blick
μαῦρος, μαύρη, μαῦρο 10 — schwarz
μαχαίρι, τό 3 — Messer

μέ 3	mit (Präp. +Akk.), zusammen
μέ νοιάζει - μέ ἔνοιαξε γιά 7	sich kümmern um (+Akk.der Person)
μέ συγχωρεῖτε πού 10	entschuldigen Sie mich, daß
Μεγάλη, ἡ, Παρασκευή 20	Karfreitag
Μεγάλη, ἡ, Ἑβδομάδα 20	Karwoche
Μεγάλη Βρεττανία, ἡ 16	Großbritannien
μεγαλοπρεπής, -πρεπές 22	großartig, prachtvoll
μεγάλ-ος, -η, -ο 5	groß
μεγαλύτερος, -η, -ο 20	größer, (älter bei Personen)
μεγαλώνω - μεγάλωσα 24	großwerden, großziehen
Μέγας, ὁ, Ἀλέξανδρος 15	Alexander der Große
μέλι, τό 3	Honig
μέλισσα, ἡ 24	Biene
μενεξεδένιος, -ια, -ιο 21	veilchenblau
μένω- ἔμεινα 5	bleiben, wohnen
μέρα, ἡ (ἡμέρα) 6	Tag
μέσα 4	drinnen, hinein
μέσα, τά 22	Beziehungen, finanzielle Möglichkeit
μετά, μετά ἀπό 6	danach, nach
μεταμορφώνω, - μόρφωσα 26	verwandeln
Μεταμόρφωση, ἡ 20	Christi Verklärung
μεταναστεύω - στευσα 21	auswandern
μεταξωτός, -ή, -ό 10	seiden
μετατρέπομαι, -τράπηκα 28	umgewandelt werden
μεταφράζομαι- φράσθηκα 21	übersetzt werden
μεταφράζω - μετέφρασα 21	übersetzen
μετράω - μέτρησα 26	zählen, abmessen
μέτωπο, τό 10	Stirn
μῆλο, τό 4	Apfel
μήπως 3	etwa, wohl, vielleicht
μηρός, ὁ 10	Oberschenkel
μητέρα, ἡ 1	Mutter
Μητρόπολη, ἡ 20	Kathedrale
μηχανικός, ὁ, ἡ 2	Ingenieur
μιά χαρά 7	wunderbar

μικροπράγματα, τά 12	Kleinigkeiten
μικρ-ός, -ή, -ό 5	klein (bei Personen:jung)
μικρός, ὁ 19	Boy, Hoteldiener
μιλάω - μίλησα 9	sprechen
μινωικός, - ή, -ό 21	minoisch
μέ τήν ψυχή στό στόμα	mit letzten Kräften
μνημεῖο, τό 16	Monument,Denkmal
μόδα, ἡ 10	Mode
μόλις 8	sobald, kaum
μολύβι, τό 15	Bleistift
Μοναστηράκι, τό 9	Geschäftsviertel in der Altstadt von Athen
μόνο 3	nur
μόνος, ὁ; μόνη, ἡ; μόνο, τό 8	der einzige,die einzige,das einzige
μονόχρωμος, -η, -ο 10	einfarbig
μοντέρν-ος, -α, -ο 5	modern
Μοριάς, ὁ (Μωριάς) 28	Peloponnes
Μοροζίνης, ὁ 28	Franzesco Morosini 1618-1694 venezianischer Admiral und später Doge
Μόσχα, ἡ 9	Moskau
μου 5	mein
μουσική, ἡ 3	Musik
μουσικοσυνθέτης, ὁ 21	Komponist
μουσκεμένος, -η, -ο 23	patschnaß
μπά 16	ach was! wirklich?
μπαίνω - μπῆκα 3	hineingehen, einsteigen
μπακάλης, ὁ, μπακάληδες 4	Lebensmittelhändler
μπανάνα, ἡ 4	Banane
μπανιερό, τό 28	Badeanzug, Badehose
μπάνιο, τό 5	Bad, Badezimmer
μπαταρία, ἡ 5	Batterie
μπέζ 10	beige
μπελάς, ὁ, μπελάδες 23	Schererei
μπλέ 10	blau
μπλούζα, ἡ 10	Bluse
μποναμάς, ὁ, μποναμάδες 20	Neujahrsgeschenk
μπόρα, ἡ, ξεσπάει 13	es bricht ein Gewitter los

μπράτσο, τό, 10	Oberarm
μπύρα, ή 1	Bier
μυαλό, τό 10	Hirn, Gehirn
βάζω στό μυαλό μου 21	sich in den Kopf setzen
μύθος, ὁ 17	Fabel, Sage
μυλωνάς, ὁ, μυλωνάδες 4	Müller
μυλωνού, ἡ, μυλωνοῦδες 4	Müllerin
μυρίζω - μύρισα 13	riechen, duften
μυστηριώδης, μυστηριῶδες 22	geheimnisvoll
μύτη, ἡ 10	Nase
μωσαϊκό, τό 4	Mosaik

N

νά 4	da (hinweisende Partikel)
ναός, ὁ 18	Tempel, Gotteshaus
ναί 1	ja
νάτα (νά τα) 7	da sind sie
ναυτιλία, ἡ 21	Schiffahrt
νέα, τά 6	Nachrichten
νεαρός, ὁ 4	junger Mann
νέ-ος, νέ-α, νέ-ο 6	jung, neu
νερό, τό 1	Wasser
νησί, τό, (ἡ νῆσος, νῆσοι) 21	Insel
νηστικός, -ή, -ό 23	nüchtern
νοιάζομαι, μέ νοιάζει,7	ich kümmere mich
νοίκι, τό 22	Miete
νοικοκυρά, ἡ, νοικοκυράδες 2	Hausfrau
νομίζω - νόμισα 2	meinen, glauben
νομός, ὁ 21	Regierungsbezirk
Νορβηγία, ἡ 9	Norwegen
Νορβηγίδα, ἡ 9	Norwegerin
νορβηγικά, τά 9	das Norwegische
νορβηγικός -ή -ό 9	norwegisch
Νορβηγός, ὁ 9	Norweger
νοσοκομεῖο, τό 2	Krankenhaus
Νοτιάς, ὁ (νότια) 21	Süden (südlich)

νότιος, -ια, -ιο 21	südlich
νούμερο, τό 10	Nummer, Größe
ντομάτα, ή 4	Tomate
ντουλάπα, ή 11, 15	Kleiderschrank
ντουλάπι, τό 3	Schrank
ντρέπομαι - ντράπηκα 6	sich schämen, Hemmungen haben
ντροπιασμένος, -η, -ο 23, 25	beschämt
ντύνομαι - ντύθηκα 6	sich anziehen
νυχτερινός, -ή, -ό 19	nächtlich
νυχτικό, τό 10	Nachthemd

Ξ

ξάδελφος, ξαδέλφη, ξαδέλφια 4	Vetter, Cousine, Vettern + Cousinen
ξαπλώνω - ξάπλωσα 14	sich hinlegen
ξάστερος, -η, -ο 19	kristallklar
ξαστερώνει- ξαστέρωσε 13	es heitert sich auf
ξεκινάω - ξεκίνησα 16	aufbrechen, losfahren
ξεκουράζομαι 13	sich ausruhen
ξεκούραστος, -η, -ο 22	bequem, mühelos
ξένα, τά 27	fremdes Land
ξενιτειά, ή 27	die Fremde und Aufenthalt dort
ξενοδοχείο, τό 3	Hotel
ξενοδόχος, ό 3	Gastwirt, Hotelier
ξένος, ό 3	Fremder, Gast
ξερός, -ή, -ό 6	trocken
ξέρω - ήξερα 1	wissen, kennen, können
ξεσηκώνω - ξεσήκωσα 28	aufhetzen
ξεσκάω - ξέσκασα 27	seinem Herzen Luft machen
ξεσπάω - ξέσπασα 19	losbrechen, losgehen
ξεχασμένος,-η,-ο 27	vergessen
ξεχνιέμαι - ξεχάσθ(τ)ηκα 12	vergessen werden
ξημερώει - ξημέρωσε 13	es wird Tag
ξοδεύω - ξόδεψα 22	ausgeben
ξύλινος, -η, -ο 20	hölzern
ξύλο, τό 24	Holz
ξυπνητήρι, τό 11	Wecker

ξυρίζομαι - ξυρίσθ(τ)ηκα 6	sich rasieren
ξυριστική, η, μηχανή 17	Rasierapparat

O

ο μόνος, η μόνη, τό μόνο 8	der, die ,das einzige
οικογένεια, η 6	Familie
όλα μαζύ 5	alles zusammen
Ολλανδέζα, η 9	Holländerin
Ολλανδία, η 9	Holland
ολλανδικά (ολλανδέζικα) τά 9	das Holländische
ολλανδικός, -ή, -ό 9	holländisch
Ολλανδός, ο 9	Holländer
όλο 14	dauernd, immer
ολόγυρα 21	ringsherum
όλοι 3	alle
όλοι, όλες, όλα 6	alle
ολόκληρος, -η, -ο 21	ganz
όλος, όλη, όλο 6	ganz
ολούθε 21	überall, überallher
Ομόνοια, η 9	Eintracht (Zentralplatz in Athen)
ομπρέλλα, η 10	Schirm
ομπροστά - μπροστά 20	vor, vorne
όμως 3	aber
όνειρο, τό 19	Traum
όνομα, τό, ονόματα 17	Vorname, Name
Ονομαστική, η 15	Nominativ
ονομαστικός, -ή, - ό 20	Namens-
οπή, η 7	Loch, Öffnung
όποιος, όποια, όποιο 22	derjenige der, wer
οποίος, ο,οποία, η,οποίο τό,22	welcher
οπωροπώλης, ο 4	Obst-Gemüsehändler
οπωροπωλείο, τό 4	Obst- Gemüsehandlung
όπως 5	so ... wie, wie
οπωσδήποτε 9	unbedingt, auf jeden Fall
όρεξη, η 10	Appetit, Lust
ορθόδοξος, -η, -ο 20	orthodox

ορίζοντας, ο 21	Horizont
ορίστε 5	bitte schön, wie bitte
όρος, τό, όρη 21	Berg
όροφος, ο 19	Stockwerk
όσα παίρνει ο άνεμος 7	soviel der Wind nimmt (vom Winde verweht)
"Οσλο, τό 9	Oslo
όσος, όση, όσο 22	soviel wie
οσφραίνομαι - οσφράνθηκα	riechen
όταν 5	wenn (temporal), als
ΟΤΕ, ο, 20	Fernmeldeamt
ό,τι 22	alles, was
ότι 2	daß
Ουάσιγκτων, η 9	Washington
Ουγγαρέζα, η 9	Ungarin
ουγγαρέζικα 9	das Ungarische
ουγγαρέζικος, -η, -ο 9	ungarisch
Ουγγαρία, η 9	Ungarn
Ούγγρος, ο (Ουγγαρέζος) 9	Ungarn
ουδέτερο, τό 15	Neutrum
ούζο, τό 1	Ouzo
ουρά, η 20	Schwanz, Reihe
ουρανός, ο 17	Himmel
ουσιαστικό, τό 15	Substantiv
ούτε ...ούτε 14	weder ... noch
ούτε λέξη 22	kein einziges Wort
όχι 1	nein, nicht

Π

παγωμένος, -η, -ο 19	eiskalt, zugefroren
παγωνιά, η 13	es gefriert
πάει, μου 10	etwas steht mir
παιδεύω - παίδεψα 26	quälen
παιδί, τό 1	Kind
παιδικ-ός, -ή, -ό 5	kindlich, Kinder-
παίζω - έπαιξα 5	spielen

παίζομαι - παίχτηκα 23	gespielt -, aufgeführt werden
παίρνω - (ἐ)πῆρα 5	nehmen, bekommen
παίρνω τόν ἀριθμό 7	die Nummer wählen
παίρνω εἴδηση 20	Wind von etwas bekommen
παίρνω τούς δρόμους 24	sich auf die Straße stürzen
παλαι-ός, -ά, -ό 5	alt, antik
παλι-ός, -ιά, -ιό 5	alt, verbraucht
παλτό, τό 10	Mantel
Πανεπιστήμιο, τό 2	Universität
πανί, τό 24	Tuch
πάντα 5	immer
πάντοτε 7	immer
παντελόνι, τό 10	Hose
παντοπώλης, ὁ 4	Lebensmittelhändler
παντοπωλεῖο, τό 4	Lebensmittelgeschäft
παντοῦ 21	überall
παντόφλα, ἡ 10	Pantoffel. Hausschuh
παντρεμένος, -η, -ο 16	verheiratet
παντρεύομαι-παντρεύτηκα 24	heiraten
πανύψηλος, -η, -ο 23	sehr groß
παξιμάδι, τό 6	Zwieback
παπάς, ὁ 25	Pfarrer
παπούτσι, τό 9, 10	Schuh
παππούς, ὁ, παππούδες 1	Großvater
παρά 11	Präp. bei Zahlen: weniger
παραγγελιοδόχος, ὁ 25	Reisender, Vertreter
παράθυρο, τό 4	Fenster
παρακαλῶ-παρακάλεσα 5	bitten
παραμονή, ἡ 20	Vorabend
παραμύθι, τό 13	Märchen
παρασκευασμένος, -η, -ο 18	präpariert
παρατάω - παράτησα 24	verlassen, im Stich lassen
παρατηρῶ - παρατήρησα 17	beobachten
παρέα, ἡ 9	Gesellschaft, Gruppe
παρελθόν, τό 28	Vergangenheit
παρεξήγηση, ἡ, -σεις 23	Mißverständnis
Παρίσι, τό 9	Paris

παρόν, τό 28	Gegenwart
παρουσιάζομαι,-σθ(τ)ηκα 15	sich vorstellen, erscheinen
Πάσχα, τό 20	Ostern
πατάτα, ή 4	Kartoffel
πατάω - πάτησα 19	treten, drücken
πατέρας, ὁ 1	Vater
πατρίδα, ή 9	Vaterland, Heimat
πάτωμα, τό 5	Stockwerk, Fußboden
παχαίνω - πάχυνα 18	dich machen, werden
παχύς, παχιά, παχύ 25	dick, fett
πάω - πῆγα 4	gehen
πάω, τά καλά μέ 12	sich gut verstehen mit jm.
πεζοδρόμιο, τό 14	Bürgersteig
πεθαμένος, -η, -ο 27	tot, gestorben
πεθύμησα (ἐπιθυμῶ) 22	nach jm verlangen, jd. vermissen
πειράζει(πειράζω)πείραξα 12	es macht was aus, es stört
πειράζω - πείραξα 25	necken, foppen
πέλαγος, τό, πελάγη 21	hohes, offenes Meer
πελάτης, ὁ 4	Kunde
πελάτισσα, ή 5	Kundin
πέντε χιλιάδες 8	fünf Tausend
Πεντηκοστή, ή 20	Pfingsten
πέρα 4	drüben
περασμένος, -η, -ο 20	vergangen
περαστικά 2	gute Besserung
περαστικός, ὁ 11	Passant
περιβρέχομαι 21	umspült werden
περιμένω - περίμενα 7	warten, erwarten
περιοδικό, τό 4	Zeitschrift
περιουσία, ή 27	Vermögen
περίπατος, ὁ 17	Spaziergang
περιπετειώδης, -τειῶδες 22	abenteuerlich
περιποιημένος, -η, -ο 11	gepflegt
περιποιοῦμαι - ποιήθηκα 24	pflegen
περίπου 21	ungefähr
περιπτεράς, ὁ, περιπτεράδες 5	Kioskinhaber
περίπτερο, τό 4	Kiosk

περισσεύω - περίσσεψα 24	übrigbleiben
περίφημος, -η, -ο 7, 18	wunderbar, berühmt
Περιφορά, ἡ 20	Prozession
περνάω καί παίρνω 9	abholen
περνάω - πέρασα 9, 13, 16	vorbeigehen, -fahren, vergehen, verbringen
περνάω, τά 12	es steht mit mir, es geht mir
περπάτα (περπατάω) 23	laufe, gehe (Imperativ)
περπατάω - περπάτησα 9, 17	gehen, laufen
πέρυσι 20	voriges Jahr
πέτρα, ἡ 26	Stein
πετυχημένος, -η, -ο 27	erfolgreich
πεῦκο, τό 14	Pinie, Kiefer
πέφτω - ἔπεσα 17	fallen, hineinfallen
πηγάδι, τό 17	Ziehbrunnen
πηγαίνω - (ἐ)πῆγα 2	gehen
πηρούνι, τό 3	Gabel
πιάνω - ἔπιασα 24	anfassen
πιασμένος, -η, -ο 6	besetzt
πιάτο, τό 20	Teller
πίκρα, ἡ 25	Bitterkeit, Kummer
πίνω - ἤπια 1	trinken
πιό πέρα 4	etwas weiter
πίσω 4	hinten
πλάκα, ἡ 22	Schallplatte
πλατεία, ἡ 11	Platz
πλάτη, ἡ 24	Rücken
πλέκω - ἔπλεξα 6	stricken, häkeln, flechten
πλένομαι - πλύθηκα 6	gewaschen werden, sich waschen
πλένω - ἔπλυνα 6	waschen, spülen
πλευρά, ἡ 21	Seite
πληθυντικός, ὁ 15	Plural
πληθυσμός, ὁ 21	Bevölkerung
πληροφορῶ-πληροφόρησα 9	informieren
πληροφορία, ἡ 20	Auskunft
πληρώνω - πλήρωσα 10	bezahlen
πλησιάζω - πλησίασα 14	sich nähern

πλούσι-ος -ια, -ιο 5	reich
πλυντήριο, τό, πιάτων 17	Geschirrspülmaschine
πλυντήριο, τό, ρούχων 17	Waschmaschine
πλύση, ἡ, πλύσεις 24	das Waschen, Wäsche
ποδήλατο, τό 4	Fahrrad
πόδι, τό 4, 10	Fuß, Bein
ποδόσφαιρο, τό 6	Fußball
ποιανοῦ εἶναι αὐτό ; 8	wem gehört das?
ποιητής, ὁ 21	Dichter
ποικιλία, ἡ 9	Auswahl, Mannigfaltigkeit
ποιός, ποιά, ποιό 2	wer?, welcher?, welche? welches?
ποιότητα, ἡ 10	Qualität
πολεμιστής, ὁ 28	Kämpfer, Krieger
πόλη, ἡ, πόλεις 17	Stadt
πολιτεία, ἡ 21	Stadt, Staat
πολίτευμα, τό 21	Staatsform
πολιτικός, ὁ 17	Politiker
πολιτισμός, ὁ, 21	Kultur
πολύς, πολλή, πολύ 5	viel
πολύ 2	sehr, viel
πολυθρόνα, ἡ 6	Sessel
πολυτελής, πολυτελές 22	luxuriös
πολύχρωμος, -η, -ο 10	bunt
πολωνικά, τά 9	das Polnische
Πολωνία, ἡ 9	Polen
Πολωνίδα, ἡ (Πολωνέζα) 9	Polin
πολωνικός, -ή, -ό 9	polnisch
Πολωνός, ὁ 9	Pole
πορτοκαλάδα, ἡ 3	Orangensaft
πορτοκάλι, τό 5	Orange
πόσες φορές τήν ἡμέρα 11	wie oft am Tage
πόσες φορές τήν ἑβδομάδα 11	wie oft in der Woche
πόσο κάνει ; 5	wieviel macht das ?
πόσ-ος, -η, -ο 5	wieviel
ποταμάκι (τό ποτάμι) 17	Bach
ποταμός, ὁ 21	Fluß
πότε 11	wann

ποτήρι, τό 3	Glas
πού 2	wo, wohin
πού 4	der, welcher (Relativpronomen)
πουθενά 8	nirgendwo
πουκάμισο, τό 10	Hemd
πουλάκι, τό 26	Vögelchen
πουλί, τό 12	Vogel
πούλμαν, τό 27	Pullmanwagen, Reisebus
πουλόβερ, τό 10	Pullunder
πράγμα, τό, πράγματα 9	Sache, Ding
πράγματι 28	in der Tat
πράσινος, -η, -ο 10	grün
πρέπει νά 14	es muß, es ist nötig
πριγκήπισσα, ή 26	Prinzessin
πρίν άπό 16	vor (nur temporal)
πρό παντός 22	vor allem
πρόγευμα, τό 28	Frühstück.ö
Πρόδρομος, ό 20	Johannes der Täufer
Πρόεδρος, ό 16	Präsident, Vorsitzender
προϊστάμενος, ό 23	Vorgesetzter
προκατειλημμένος, -η, -ο 27	voreingenommen
προλαβαίνω - πρόλαβα 26	zuvorkommen, erreichen
πρός 9	Präp.: zu, nach, in Richtung auf
προσέχω - πρόσεξα 17	aufpassen, achtgeben, bemerken
προσευχή, ή 21	Gebet
πρόσκληση,ή,προσκλήσεις 22	Einladung
προσοχή, ή 17	Aufmerksamkeit
προσπαθώ - προσπάθησα 23	sich bemühen
προστασία, ή 21	Schutz
πρόστιμο, τό 8	Strafgeld, Geldstrafe
προσωπικό, τό 12	Personal
προτείνω - πρότεινα 28	vorschlagen
προχωρώ - προχώρησα 9	fortschreiten, vorangehen
πρωί, τό 4	Morgen, Vormittag
πρωινό, τό 3	Morgen, Frühstück
πρωινός, -ή, -ό 4	morgendlich, Morgen-
πρωτεύουσα, ή 21	Hauptstadt

πρῶτος, -η, -ο 1	erster
Πρωτοχρονιά, ἡ 20	Neujahr
πρωτόγονος,-η,-ο 28	primitiv, Primitiver
πτώση, ἡ, πτώσεις 15	Kasus
πυτζάμα, ἡ 10	Schlafanzug
πώ πώ 9	Interjektion: o je! o weh!
πωλήτρια, ἡ 10	Verkäuferin
πώς 2	daß
πῶς, πότε 5	wie, wann
πῶς ἀπό δῶ; 6	wie so (bist du) hier?
πῶς γίνεται αὐτό; 15	wie ist das möglich

Ρ

ράδιο, τό (ραδιόφωνο) 3	Radio
ράμφος, τό, ράμφη 21	Schnabel
ράσο, τό 25	Soutane
ράχη, ἡ 24	Rücken
ρετσίνα, ἡ 14	geharzter Wein, Retsina
ρευματισμοί, οἱ 10	Rheuma
ρηχός, -ή, -ό 25	seicht
ριγέ 10	gestreift
ρίχνω - ἔριξα 7	werfen, einwerfen
ρόζ 10	rosa
ρολόι, τό 11	Uhr
ρόλος, ὁ 10	Rolle
Ρουμανία, ἡ 9	Rumänien
Ρουμανίδα, ἡ 9	Rumänin
ρουμανικά, τά 9	das Rumänische
ρουμανικός, -ή, -ό 9	rumänisch
Ρουμάνος, ὁ 9	Rumäne
Ρώμη, ἡ 9	Rom
Ρωσία, ἡ 9	Rußland
Ρωσίδα, ἡ 9	Russin
ρωσικά, τά 9	das Russische
ρωσικός, -ή, -ό 9	russisch
Ρῶσος, ὁ 9	Russe

Σ

σαγόνι, τό 10	Kinn
σά(κ)κα, ή 15	Schulmappe
σακκάκι, τό 10	Sakko
σάκ(κ)ος, ὁ 4	Sack
σάλα, ἡ 5	Empfangszimmer
σαλάμι, τό 3	Salami
σαστίζω - σάστισα 26	in Verwirrung geraten
σατιρικός, -ή, -ό 9	satirisch
σέ λίγο 3	bald darauf, nach kurzem
σήκω (σηκώνομαι) 26	stehe auf !(Imperativ)
σηκώνομαι - σηκώθηκα 6	sich erheben, aufstehen
σηκώνω - σήκωσα 6	aufheben, heben
σημαίνω - σήμανα 15	bedeuten
σημεῖο, τό 21	Punkt
σίγουρος, - η, -ο 8	sicher
σιδηροδρομικός, -ή, -ό 16	Eisenbahn -
σκάζω - ἔσκασα στά γέλια 25	platzen, vor Lachen bersten
σκάνδαλο, τό 19	Skandal
σκαντζόχοιρος, ὁ 24	Igel
σκασμός 26	halte den Mund !
σκάφη, ή 24	Trog, Wanne
σκάφτω - ἔσκαψα 21	graben, ausgraben
σκάω - ἔσκασα 19	platzen
σκέπτομαι - σκέφτηκα 23	sich überlegen
σκηνή, ή 4	Szene
σκιά, ή 17	Schatten
σκοντάβω (σκοντάφτω) - σκόνταψα 21	stolpern
σκοτειν-ός, -ή, -ό 5	dunkel
σκούπα, ή 17	Besen
σκουπίζομαι-σκουπίσθηκα 6	sich abtrocknen
σκουπίζω - σκούπισα 17	abtrocknen, kehren
σκύβω - ἔσκυψα 24	sich bücken
σκύλος, ὁ 14	Hund

σουβλάκι, τό 14	Spießbraten
Σουηδέζα, ή 9	Schwedin
Σουηδία, ή 9	Schweden
σουηδικά, τά 9	das Schedische
σουηδικός, -ή, -ό 9	schwedisch
Σουηδός, ό 9	Schwede
σούπα, ή 3	Suppe
σοφία, ή 21	Weisheit
Σόφια, ή 9	Sofia
σπίρτο, τό 18	Streichholz
σπίτι, τό 2	Haus,
σπλάχνα, τά 21	Eingeweide, das Innere
σπόρ, τό 10	Sport, sportlich
σπουδαῖος, -α, -ο 21	bedeutend
στά χαμένα 26	umsonst
σταθμός, ό 16	Bahnhof
στάλα, ή 26	Tropfen
σταματημένος, -η, -ο 27	stehengeblieben
σταματάω- σταμάτησα 9	anhalten, halten
στάση, ή, στάσεις 5	Haltestelle
κάνει στάση 5	hält
σταυρός, ό 25	Kreuz
Σταυροφορία, ή 28	Kreuzzug
σταχτής, σταχτιά, σταχτί 25	aschgrau
στεγάζομαι - στεγάσθηκα 16	untergebracht werden
στεγάζω - στέγασα 16	unterbringen
στέκομαι - στάθηκα 19	stehen
στέλνω - ἔστειλα 14	senden
στενάζω - στέναξα 25	stöhnen
στενός, -ή, -ό 26	eng
στενοχωρημένος, -η, -ο 12	traurig, besorgt
στενοχωριέμαι-ρήθηκα 12	sich Sorgen machen, sich ärgern
στῆθος, τό, στήθη 10,	Brust, Busen
στό δρόμο 18	unterwegs
στοιχεῖα, τά 16	Personalien
στοιχίζω - στοίχισα 20	kosten
Στοκχόλμη, ή 9	Stockholm

στόμα, τό, στόματα 10	Mund
στομάχι, τό 10	Magen
στρατιώτης, ὁ 16	Soldat
στρέφω - ἔστρεψα 17	wenden
συγγραφέας, ὁ, συγγραφεῖς 9	Schriftsteller
συγκινημένος, -η, -ο 27	gerührt
συγυρίζω - συγύρισα 14	aufräumen
συγχαρητήριά, τά, μου 16	meine Glückwünsche
συγχωρῶ - συγχώρεσα 10	verzeihen
συζητάω - συζήτησα 9	sich unterhalten plaudern
σύζυγος, ὁ, ἡ 17	Ehegatte, Ehegattin
συλλογή,ἡ, γραμματοσήμων 16	Briefmarkensammlung
συμμαζωχτῆτε·συμμαζευτεῖτε (συμμαζεύομαι) 20	versammelt euch!
σύμπλεγμα, τό 21	Komplex, Gruppe
συμπληρώνω-συμπλήρωσα 19	ausfüllen
σύμπτωση, ἡ, συμπτώσεις 23	Zufall
συμφωνία, ἡ 10	Vereinbarung, Abkommen
συμφωνῶ - συμφώνησα 28	einverstanden sein
συνάδελφος, ὁ, ἡ 12	Kollege, Kollegin
συναίσθημα, τό 19	Gefühl
συναντιέμαι, - ντήθηκα 12	sich treffen
συναντάω- συνάντησα 9	treffen
συνεδρίαση,ἡ, συνεδριάσεις 15	Sitzung
συνέχεια, ἡ (συνέχεια) 16	Fortsetzung (Adverb: "anschließend")
συνεχίζεται (συνεχίζω) 9	es wird fortgesetzt
συνήθης, σύνηθες 22	gewöhnlich
συνηθίζω - συνήθισα νά 14	pflegen zu tun
συνθετικός, -ή, -ό 10	synthetisch
συννεφιά, ἡ, ἔχει 13	der Himmel ist bewölkt
συννεφιασμένος, -η, -ο 27	bewölkt
συνορεύω - συνόρευσα 21	angrenzen
σύνορο, τό 17	Grenze (meist im Plural)
σύνταγμα, τό 16	Verfassung
συνταξιδιώτης, ὁ 25	Mitreisender
συντροφιά, ἡ 26	Gesellschaft
σύρομαι - σύρθηκα 24	sich schleppen

συρτάρι, τό 15	Schublade
συσκευή, ἡ 17	Apparat
συστημένο, τό (γράμμα) 20	Einschreiben
σφυρίζω - σφύριξα 23	pfeifen
σχεδιάζω - σχεδίασα 23	zeichnen
σχέδιο, τό 10	Muster, Schnitt, Plan
σχεδόν 7	fast
σχηματίζω - σχημάτισα 15	bilden
σχίζω (σκίζω) - ἔσχισα 8	zerreißen
σχολεῖο, τό 2	Schule
σώβρακο, τό 10	Herrenunterhose
σῶμα, τό, σώματα 10	Körper
σωστός, -ή, -ό 22	richtig

T

ταβερνούλα, ἡ (ταβέρνα) 14	kleine Taverne
ταγιέρ, τό 10	Kostüm
ταιριάζω - ταίριασα 27	passen
Τάκης, ὁ 1	Takis (männl. Vorname)
τακούνι, τό 10	Schuhabsatz
τακτικά (τακτικός) 14	regelmäßig, oft
ταμεῖο, τό 7	Kasse
ταξιδεύω - ταξίδεψα 8	reisen
ταξίδι, τό 11	Reise
ταξιδιώτης, ὁ 17	Reisender, Fahrgast
ταραγμένος, -η, -ο 19	aufgeregt
ταράτσα, ἡ 5	Terrasse
ταχυδρομεῖο, τό 4	Post, Postamt
ταχυδρομική, ἡ, ἐπιταγή 20	Postüberweisung
ταχυδρόμος, ὁ 4	Briefträger
τελειώνω - τελείωσα 24	beenden
τελευτ-αῖος, -αία, -αῖο 10	letzter (hier:neuester)
τέλος, τό, τέλη 20	Ende, Schluß
τέλος πάντων 2	endlich, schließlich
τέλους, ἐπί 28	endlich
τεμπέλης, -α, -ικο 26	faul

τεμπελιάζω - τεμπέλιασα 26	faulenzen
τέρας, τό, τέρατα	Monster, Ungeheuer
ταιριάζω - ταίριασα (-ξα) 21	aufeinander abstimmen, passen
ταιριάζει - ταίριασε (-ξε) 21	es schicht sich
τέτοιος, τέτοια, τέτοιο 12	solcher
τετράδιο, τό 15	Heft
τέχνη, ή 20	Kunst
τζάκι, τό 13	Kamin
τζάμι, τό 13	Fensterscheibe
τηλεόραση, ή, τηλεοράσεις 17	Fernseher
τηλεφώνημα, τό 7	Telephongespräch
τηλεφωνικός,-ή, -ό 7	telephonisch, Telephon-
τηλέφωνο, τό 7	Telephon
τί ; 1	was?
τί γίνεσαι (γίνομαι) 6	wie geht es dir? wie steht es?
τί γίνεται ; 9	was ist los? was geschieht ?
τί ώρα 11	wieviel Uhr, um wieviel Uhr
τί νά σημαίνει άραγε; 15	was kann wohl bedeuten
τιμή, ή 9, 15	Preis, Ehre
τιμωρώ- τιμώρησα 10	strafen, bestrafen
τιμωρούμαι - τιμωρήθηκα 23	bestraft werden
τίποτα (τίποτε) 1	nichts
τίποτε άλλο; 5	noch etwas, sonst etwas ?
τό πίκ - άπ 17	Schallplattenspieler
τόπος γεννήσεως 17	Geburtsort
τόσο 2	so, so viel
τόσο .... όσο 10	so ... wie
τότε 7	dann, damals
τουλάχιστον 14	wenigstens
τουρίστας, ό 9	Tourist
τουρίστρια, ή 9	Touristin
Τουρκάλα, ή 9	Türkin
Τουρκία, ή 9	Türkei
τουρκικά, τά 9	das Türkische
τουρκικός, -ή, -ό 9	türkisch
Τούρκος, ό 9	Türke
τούτος, τούτη, τούτο 5	dieser, diese, dieses

τραβήξου πιό πέρας 27 rücke, mache Platz!
τραβιέμαι- τραβήχτηκα 27 sich zurückziehen
τραβάω - τράβηξα 9 ziehen, erleiden
τραγούδι, τό 27 Lied, Gesang
τραίνο, τό 8 Zug
τράμ, τό 4 Straßenbahn
Τράπεζα, ή 12 Bank (Bankhaus)
τραπεζαρία, ή 5 Eßzimmer
τρεῖς, τρεῖς, τρία 4 drei
τρελλός, -ή, -ό 23 verrückt
τρέχω - ἔτρεξα 4, 16 rennen, laufen
τριγυρνάω - τριγύρισα 26 herumgehen, -fliegen
τρίτ-ος, -η, -ο 5 dritter
τρόλλεϋ, τό 9 Trolleybus(Oberleitungsbus)
τρομαγμένος, -η, -ο 19 erschrocken
τρομερά (τρομερός) 10 schrecklich
τρόπος, ὁ 27 Art
τρώω - ἔφαγα 3 essen
τρώω τό πρωινό 20 den Vormittag verschwenden
τσάι, τό, τσάγια 1 Tee
τσακώνομαι - τσακώθηκα 6 sich streiten, sich zanken
τσάντα, ή 4 Hand, -Einkaufstasche
τσέπη, ή 8 Tasche an den Kleidern
τσιγάρο, τό 18 Zigarette
τσουγκρίζω - τσούγκρισα 20 anstoßen
τυρί, τό 3 Käse
τυφλός, ὁ (τυφλός,-ή,-ό) 14 der Blinde (blind)
τυχερός, -ή, -ό 16 glücklich
τώρα 2 jetzt

Υ

ὑγιεινός, -ή, -ό 21 gesund
ὑγιής, ὑγιές 22 gesund
ὑπάλληλος, ὁ, ή 2 Angestellter, Angestellte
ὑπάρχω - ὑπῆρξα 7 existieren
ὑπέροχος, -η, -ο 28 wunderbar

υπερωρία, η 15	Überstunde
υπεύθυνος,-η,-ο 20	Verantwortlicher, Zuständiger
υπηκοότητα, η 17	Staatsangehörigkeit
ύπνος, ο 6	Schlaf
υπόδημα, τό 10	Schuh
υπόθεση, η, υποθέσεις 27	Angelegenheit
υπόσχομαι - υποσχέθηκα 14	versprechen
υπουργός, ο 28	Minister
υποχρεωτικός, -ή, -ό 22	obligatorisch, verbindlich
ύστερα 12	nachher
υφαίνω - ύφανα 24	weben

Φ

φαγητό, τό 6	Essen, Gericht
φαίνομαι - φάνηκα 10	scheinen, erscheinen, vorkommen
φαίνεται, μου	es kommt mir vor
φάκελλο, τό 16	Briefumschlag
φαναράκι, τό 20	Lampion
φανάρι, τό 16	Ampel
φανέλλα, η 10	Unterhemd
φαντάζομαι -σθ(τ)ηκα 18	vorstellen, sich
φανταστείτε 18	stellen Sie sich vor (Imperativ)
φαρδύς, φαρδιά, φαρδύ 25	breit, weit
φαρμακόγλωσση, η 19	Giftnudel
φασαρίες, οι 22	Umstände
φέγγει - έφεξε 8	es ist hell
φεύγω - έφυγα 10	fortgehen, -fahren
φθινοπωρινός, -ή, -ό 13	herbstlich
φθινόπωρο, τό 13	Herbst
φιλάω(φιλώ) - φίλησα 16	küssen
φίλη, η 9	Freundin
Φιλλανδέζα, η 9	Finnin
Φιλλανδία, η 9	Finnland
φιλλανδικά, τά 9	das Finnische
φιλλανδικός, -ή, -ό 9	finnisch
Φιλλανδός, ο 9	Finne

φίλος, ὁ 11	Freund
φλυαρῶ - φλυάρησα 9	schwätzen
φοβᾶμαι - φοβήθηκα 12	fürchten, Angst haben
φοιτητής, ὁ 2	Student,
φοιτήτρια, ἡ 2	Studentin
φορά, ἡ (ἄλλη φορά) 6	Mal (ein anderes Mal)
φορά, μιά κι ἔναν καιρό 24	es war einmal
φοράω - φόρεσα 10	anziehen, tragen (Kleider)
φόρεμα, τό 10	Damenkleid
φορεσιά, ἡ 27	Anzug, Kleid, Tracht
φόρος, ὁ 17	Steuer, Zoll
φορτώνω - φόρτωσα 16	aufladen, beladen
φούρναρης, ὁ, φουρνάρηδες 4	Bäcker
φοῦρνος, ὁ 4	Bäckerei
φούστα, ἡ 10	Rock
Φράγκος, ὁ 28	Abendländer, bes. Franzose
φράχτης, ὁ 24	Zaun
φρέσκ-ος,-ια, -ο 5	frisch
φρουρός, ὁ 28	Wächter
φρύδι, τό, φρύδια 10	Augenbraue
φτάνει - ἔφτασε 22	es reicht
φτάνω - ἔφτασα 9	ankkommen
φτην-ός, -ή, -ό 5	billig, preiswert
φυλακή, ἡ 28	Gefängnis
φυλάω - φύλαξα 11	aufheben, hüten
φύλλο, τό 19	Blatt
φύση, ἡ 26	Natur
φυτρώνω - φύτρωσα 24	wachsen, sprießen
φωλιά, ἡ 12	Nest
φωνάζω - φώναξα 6	schreien, rufen (+Akk. Objekt)
φῶς, τό, φῶτα 21	Licht
φωταγωγημένος, -η, -ο 20	illuminiert, beleuchtet
φωτειν-ός, -ή, ό 5	hell
φωτογραφία, ἡ 1	Foto, Bild

φωτογραφίζω-φωτογράφισα 16 fotografieren

Χ

Χάγη, ή 9	den Haag
χαίρετε 5	seid gegrüßt,(allgemeiner Gruß) guten Tag, auf Wiedersehen
χαίρομαι - χάρηκα 24	sich freuen
χαλάζι, τό, 13	Hagel
πέφτει, ρίχνει χαλάζι 13	es hagelt
χαλασμένος, -η, -ο 19	kaputt
χαλάω- χάλασα 9	kaputtmachen, - gehen
χαλί, τό 5	Teppich
χαμηλ-ός, -ή, -ό 5	niedrig
χάνομαι - χάθηκα 26	verloren gehen, sich verlaufen
χάνω - έχασα 16	verlieren
χαρά, ή 11	Freude
χάρη, ή 24	Gefallen
χαρίζω - χάρισα 7	schenken
χαρούμενος, -η, -ο 9	froh
χάρτης, ὁ 6	Landkarte
χάρτινος, -η, -ο 20	aus Papier
χαρτόνι, τό 14	Pappdeckel
χασάπης, ὁ, χασάπηδες 4	Metzger
χασμουριέμαι, -ρήθηκα 12	gähnen
χείλι, τό, χείλια 10	Lippe
χειμώνας, ὁ 13	Win ter
χειμωνιάζει- χειμώνιασε 13	es wird Winter
χειμωνιάτικος, -η,-ο	winterlich
Χελσίνκι, τό 9	Helsinki
χελώνα, ή 24	Schildkröte
χέρι, τό 4	Hand, Arm
χερσόνησος, ή, (-οι) 21	Halbinsel
χιόνι, τό 13	Schnee
χιονίζει - χιόνισε 13	es schneit
χορός, ὁ 7	Tanz, Chor
χορταίνω - χόρτασα 16	satt werden, satt kriegen

χρειάζομαι-χρειάσθ(τ)ηκα 6	brauchen, benötigen
χριστιανέ μου 16	Menschenskind
Χριστός ανέστη 20	Christus ist auferstanden
Χριστούγεννα, τά 6, 20	Weihnachten
Χρόνια Πολλά 6, 20	viele Jahre (möge man leben)
Χρόνου, καί τοῦ 20	nächstes Jahr (möge man feiern)
χρυσή μου 19	meine Liebe(wörtl.Goldene)
χρῶμα, τό 10, χρώματα	Farbe
χτενίζομαι - χτενίσθ(τ)ηκα 6	sich kämmen
χτενίζω. χτένισα 6	kämmen
χτυπάω(κτυπάω)- χτύπησα 9	klopfen, schlagen, klingeln
χώλλ, τό 5	Diele
χῶμα, τό, χώματα 26	Erde, Boden, Sand
χονεύω - χώνεψα 25	verdauen, hier: leiden, mögen
χώρα, ἡ 21	Land
χωράφι, τό 17	Feld
χωριάτης, ὁ 16	Bauer
χωρίζομαι - χωρίσθηκα 21	getrennt, unterteilt werden
χωρίζω - χώρισα 20	trennen, sich scheiden lassen
χωριό, τό 13	Dorf
χωριουδάκι, τό 28	Dörfchen
χωρίς 3	ohne
χῶρος, ὁ 14	Ort, Gegend

Ψ

ψαράς, ὁ, ψράδες 4	Fischer, Fischhändler
ψάρεμα, τό (πάω γιά ..) 12	Fischen, (ich gehe fischen)
ψαρεύω - ψάρεψα 14	fischen
ψάρι, τό 3	Fisch
ψάχνω - ἔψαξα γιά 6, 16	suchen nach
ψηλ-ός, -ή, -ό 5	hoch (groß bei Personen)
ψητ-ός, -ή, -ό 20	gebraten(im Backofen, am Spieß)
ψυγεῖο, τό 17	Kühlschrank
ψυχή, ἡ 24	Seele
μέ τήν ψυχή στό στόμα	kurz vorm Ableben
ψωμί, τό 3	Brot
ψώνια, τά (τό ψώνιο) 4	Einkäufe (meist im Plural)

ψωνίζω - ψώνισα 4 	einkaufen

Ω
ὦμος, ὁ, 10 	Schulter
ὥρα, ἡ 11 	Uhrzeit, Stunde,(allgemein.Zeit)
ὥρα μου, σου, του, στήν 11 	beizeiten, pünktlich
ὡραῖ-ος, ὡραί-α, ὡραῖ-ο 5 	schön
ὡραιότερος, -η, -ο 20 	schöner

Deutsch-Griechisch

A

Abend	βράδυ, τό 6
Abenddämmerung	δειλινό, τό 21
Abendländer	Δυτικοί, οἱ 20, Φράγκος, ὁ 28
abenteuerlich	περιπετειώδης, -τειῶδες 22
aber, sondern	ἀλλά 1, ὅμως 5
abergläubisch	δεισιδαίμων- δεισιδαῖμον 28
abholen	περνάω καί παίρνω 9
absichtlich	ἐπίτηδες 11
Abteil	διαμέρισμα, τό 8
abtrocknen, sich	σκουπίζομαι-σκουπίσθηκα 6
abwägen	ζυγιάζω - ζύγιασα 27
ach was!, wirklich?	μπά 16
achtgeben, bemerken	προσέχω - πρόσεξα 17
Akkusativ	Αἰτιατική, ἡ 15
Alexander der Große	Μέγας, ὁ, ᾿Αλέξανδρος 27
alle	ὅλοι 3
alle	ὅλοι, ὅλες, ὅλα 6
Allerheiligen	῞Αγιοι, οἱ, Πάντες 20
alles zusammen	ὅλα μαζύ 5
alles, was	ὅ,τι 22
alt, antik	παλαι-ός, -ά, -ό 5
alt, verbraucht	παλι-ός, -ά, -ό 5
alte Frau, Greisin	γριά, ἡ 24
Alter	ἡλικία, ἡ 15
Ampel	φανάρι, τό 16
an	ἀπό 4
an Land gehen	ἀποβιβάζομαι,-βιβάστηκα 28
Anatomie	ἀνατομία, ἡ 18
anderer	ἄλλος, ἄλλη, ἄλλο 4
Anekdote	ἀνέκδοτο, τό 4
anfassen	πιάνω - ἔπιασα 24
Angeklagter	κατηγορούμενος, ὁ 16
Angelegenheit	ὑπόθεση, ἡ, ὑποθέσεις 27

angenehm	ευχάριστος, -η, -ο 19
Angestellter, Angestellte	υπάλληλος, ὁ, ἡ 2
angrenzen	συνορεύω - συνόρευσα 21
Angst, Unruhegefühl	αγωνία, ἡ 15
ankommen	φτάνω - έφτασα 9
Anlaß	αφορμή, ἡ 26
Anna (weibl.Vorname)	Άννα, ἡ 1
annehmen, empfangen	δέχομαι - δέχθ(τ)ηκα 6
Ansicht, Ausblick	θέα, ἡ 28
anstoßen	τσουγκρίζω - τσούγκρισα 20
antik	αρχαίος, αρχαία, αρχαίο 20
anziehen, tragen (Kleider)	φοράω 10, βάζω, βάνω 27
Anzug, Kleid, Tracht	φορεσιά, ἡ 27
anzünden	ανάβω - άναψα 13
Apfel	μήλο, τό 4
Apparat	συσκευή, ἡ 17
Appartement	διαμέρισμα, τό 8
Appetit, Lust	όρεξη, ἡ 10
Arbeit	δουλειά, ἡ 4
arbeiten	εργάζομαι - εργάσθ(τ)ηκα 6
Arbeiter	εργάτης, ὁ 4
arbeitslos	άνεργος, -η, -ο 12
archäologisch	αρχαιολογικός, -ή, -ό 14
ärgern, sich	θυμώνω 6, στενοχωριέμαι 12
arm	φτωχ -ός, -ή, - ό 5
arm, bemitleidenswert	καημένος, -η, -ο 12
Art	τρόπος, ὁ 27
Arzt, Ärztin	γιατρός, ὁ, ἡ 2
aschgrau	σταχτής, σταχτιά, σταχτί 25
Astronom	αστρονόμος, ὁ 17
auch	καί, επίσης 1, 6
auf	επάνω σέ
aufbrechen, losfahren	ξεκινάω - ξεκίνησα 16
Auferstehung	'Ανάσταση, ἡ 20
Auffassung	αντίληψη, ἡ, αντιλήψεις 20
aufgeregt	ταραγμένος, -η, -ο 19
aufheben, heben	σηκώνω - σήκωσα 6

aufheben, hüten	φυλάω - φύλαξα 11
aufhetzen	ξεσηκώνω - ξεσήκωσα 28
aufladen, beladen	φορτώνω - φόρτωσα 16
aufmachen	ἀνοίγω - ἄνοιξα 16
Aufmerksamkeit	προσοχή, ἡ 17
aufpassen	προσέχω - πρόσεξα 19
aufräumen	συγυρίζω - συγύρισα 14
aufrichtig	εἰλικρινής, εἰλικρινές 22
Aufsatz	ἔκθεση, ἡ, ἐκθέσεις 13
aufstehen	σηκώνομαι - σηκώθηκα 23
Aufzug	ἀσανσέρ, τό 19
aus	ἀπό 6
ausbreiten	ἁπλώνω - ἅπλωσα 26
Ausflug	ἐκδρομή, ἡ 13
ausfüllen	συμπληρώνω-συμπλήρωσα 19
ausgeben	ξοδεύω - ξόδεψα 22
ausgerechnet in diesem Moment	ἀκριβῶς τήν ὥρα 23
Auskunft	πληροφορία, ἡ 20
Ausland	ἐξωτερικό, τό 27
Ausnahme	ἐξαίρεση, ἡ, ἐξαιρέσεις 21
Ausrede, Rechtfertigung	δικαιολογία, ἡ 19
ausruhen, sich	ξεκουράζομαι.-στηκα 13
außer	ἐκτός ἀπό 25
außer sich	ἔξω φρενῶν 16
Ausstellung,	ἔκθεση, ἡ, ἐκθέσεις 16
Auswahl, Mannigfaltigkeit	ποικιλία, ἡ 9
auswandern	μεταναστεύω - στευσα 21
Auswärtige Angelegenheiten	Ἐξωτερικά, τά 28
ausziehen, herausnehmen	βγάζω - ἔβγαλα 18
Automobil	αὐτοκίνητο, τό 4
Autounfall	αὐτοκινητιστικό δυστύχημα 16

B

Bach	ποταμάκι (τό ποτάμι) 17
Bäcker	φούρναρης, ὁ, φουρνάρηδες 4
Bäckerei	φοῦρνος, ὁ 4

Bad, Badezimmer	μπάνιο, τό 5
Badeanzug, Badehose	μπανιερό, τό 28
Bahnhof	σταθμός, ὁ 16
bald darauf, nach kurzem	σέ λίγο 3
Banane	μπανάνα, ἡ 4
Bank	Τράπεζα, ἡ 12
Bär	ἀρκούδα, ἡ 10
Batterie	μπαταρία, ἡ 5
bauen, bauen lassen	κτίζω (χτίζω) ἔκτισα 13
Bauer	χωριάτης, ὁ 16
Baum	δέντρο (δένδρο), τό 5
baumwollen	βαμβακερός, -ή, -ό 10
bedauern	λυπᾶμαι - λυπήθηκα 12
bedeuten	σημαίνω - σήμανα 15
bedeutend	σπουδαῖος, -α, -ο 21
beenden	τελειώνω - τελείωσα 24
befehlen, anordnen	διατάζω - διέταξα 21
befinden, sich	βρίσκομαι - βρέθηκα 6
beharren	ἐπιμένω - ἐπέμεινα 21
beige	μπέζ 10
beizeiten, pünktlich	ὥρα μου, σου, του, στήν 11
bekannt	γνωστός,-ή, -ό 18
bemerken, wahrnehmen	ἀντιλαμβάνομαι, -λήφθηκα 23
bemühen, sich	προσπαθῶ-προσπάθησα 23
benachbart	γειτονικός, -ή, -ό 14
beobachten	παρατηρῶ - παρατήρησα 17
bequem	ἀναπαυτικός, -ή, -ό 10
bequem, mühelos	ξεκούραστος, -η, -ο 22
bereiten, zubereiten	ἑτοιμάζω - ἑτοίμασα 6
Berg	ὄρος, τό, ὄρη 21
Berg, Gebirge	βουνό, τό 13
Beruf	ἐπάγγελμα, τό 17
berühmt	περίφημος, -η, -ο 18
beschäftigen, sich	ἀσχολοῦμαι-ἀσχολήθηκα 21
beschämt	ντροπιασμένος, -η, -ο 23
beschließen	ἀποφασίζω - ἀποφάσισα 21

Besen	σκούπα, ή 17
besetzt	πιασμένος, -η, -ο 6
besser	καλύτερος, -η, -ο 20
besser (Adverb)	καλύτερα (καλά) 20
bestehen aus	αποτελούμαι από 12
besuchen	επισκέπτομαι - σκέφθηκα 14
betrachten	κυττάζω (κοιτάζω) κύτταξα 1
betrachten, sich	κοιτάζομαι-κοιτάχτηκα 10
Bett	κρεββάτι, τό 5
Bettler (Bettlerin)	ζητιάνος, ὁ (ἡ ζητιάνα) 14
Bevölkerung	πληθυσμός, ὁ 21
Bewegung, Verkehr	κίνηση, ή, κινήσεις 16
bewölkt	συννεφιασμένος, -η, -ο 27
bewundern	θαυμάζω - θαύμασα 7
bezahlen	πληρώνω - πλήρωσα 10
Beziehungen, finanzielle Möglichkeiten	μέσα, τά 22
Bibliothek, Bücherschrank	βιβλιοθήκη, ή 5
Biene	μέλισσα, ή 24
Bier	μπύρα, ή 1
Bilder machen	βγάζω φωτογραφίες 16
bilden	σχηματίζω - σχημάτισα 15
billig, preiswert	φτην-ός, -ή, -ό 5
bitte	παρακαλῶ - παρακάλεσα 7
bitte schön, wie bitte	ορίστε 10
Blatt	φύλλο, τό 19
blau	μπλέ 10
bleiben, wohnen	μένω 5 κάθομαι 6
Bleistift	μολύβι, τό 15
Blick	ματιά, ή 19
blind, Blinder	τυφλ-ός, -ή, -ό 14
Blume	λουλούδι, τό 5
Bluse	μπλούζα, ή 10
Blut	αἷμα, τό 21
Boot	βάρκα, ή 15
Boy, Hoteldiener	μικρός, ὁ 19
Brauch	έθιμο, τό 20
brauchen, benötigen	χρειάζομαι-χρειάσθ(τ)ηκα 6

braun	καφέ, καφετής 10
breit, weit	φαρδύς, φαρδιά, φαρδύ 25
Brief	γράμμα, τό 4
Briefkasten	γραμματοκιβώτιο, τό 16
Briefmarke	γραμματόσημο, τό 16
Briefmarkensammlung	συλλογή, ή, γραμματοσήμων 16
Briefträger	ταχυδρόμος,ό 4
Briefumschlag	φάκελλο, τό 16
Brille	γυαλιά, τά (Plural) 15
Brot	ψωμί, τό 3
Brückchen, Steg	ή γεφυρούλα (ή γέφυρα) 17
Bruder	ἀδελφός, ὁ 4
Brust, Busen	στῆθος, τό, στήθη 25
Buch	βιβλίο, τό 1
bücken, sich	σκύβω - ἔσκυψα 24
Bügeleisen	ἠλεκτρικό σίδερο, τό 17
bunt	πολύχρωμος, -η, -ο 10
Burg	κάστρο, τό 28
Bürgersteig	πεζοδρόμιο, τό 14
Büro, Arbeitstisch,Arbeitszimmer	γραφεῖο, τό 2
Butter	βούτυρο, τό 3
byzantinisch	βυζαντινός, -ή, -ό 20

C

Café	καφενεῖο, τό 12
Christi Grablegung	Ἐπιτάφιος, ὁ 20
Christus ist auferstanden	Χριστός ’Ανέστη 20
Cousine	(ἐ) ξαδέλφη, ή 4

D

da (hinweisende Partikel)	νά 4
daheim	στό σπίτι, 4
da sind sie	νάτα (νά τα),νάτοι, νάτες 7
Damenkleid	φόρεμα, τό 10
Damenslip	κυλότα, ή 10

danach	έπειτα 4, μετά, μετά από 6
dankbar	ευγνώμων - εύγνωμον 28
danken, danke	ευχαριστώ. - ευχαρίστησα 2
dann	τότε 7
daß	πώς, ότι 2
Dativ	Δοτική, ή 15
dauernd	διαρκώς 12, όλο 14
Deklination	κλίση, ή 15
Departement	διαμέρισμα, τό 21
der Himmel ist bewölkt	συννεφιά, ή, είναι, έχει 13
der See	λίμνη, ή 21
der, die, das einzige	ό μόνος, ή μόνη, τό μόνο 8
derjenige der, wer	όποιος, όποια, όποιο 22
Diät	δίαιτα, ή 3
Dichter	ποιητής, ό 21
dick, fett	παχύς, παχιά, παχύ 25
Diele	χώλλ, τό 5
dieser, diese, dieses	αύτ-ός, -ή, -ό 5
dieses Jahr	(έ) φέτος 20
Direktor, Chef	διευθυντής, ό 12
Dorf	χωριό, τό 13
Dörfchen	χωριουδάκι, τό 28
dort	εκεί 6
draußen, hinaus	έξω 8
drei	τρείς (mask..fem.) τρία (neutr.) 4
drinnen, hinein	μέσα 4
dritter	τρίτ-ος, -η, -ο 5
drüben	πέρα 4
du	εσύ 2
du bist	είσαι 2
dunkel	σκοτειν-ός,-ή, -ό 5

E

Ebene	κάμπος 28
echt	γνήσιος, -α, -ο 20
Ehegatte, Ehegattin	σύζυγος, ό, ή 17

eigen, der meinige	δικός, δική (δικιά), δικό 8
ein, eins	ἕνα, ἕνας 4
Eindruck	ἐντύπωση,ἡ, ἐντυπώσεις 16
einfarbig	μονόχρωμος, -η, -ο 10
Einfluß	ἐπιρροή, ἡ 28
eingesperrt	κλεισμένος, -η, -ο 23
Eingeweide, das Innere	σπλάχνα, τά 21
Einkäufe (meist im Plural)	ψώνια, τά, (τό ψώνιο) 4
einkaufen	ψωνίζω - ψώνισα 4
Einkommen	εἰσόδημα, τό 21
Einladung	πρόσκληση,ἡ,προσκλήσεις 22
einmischen, sich	ἀνακατεύομαι-ἀνακατεύθηκα 10
einschlafen	ἀποκοιμᾶμαι 12
Einschreiben	συστημένο, τό (γράμμα) 20
Eintracht (Zentralplatz in Athen)	Ὁμόνοια, ἡ 9
einverstanden sein	συμφωνῶ - συμφώνησα 28
Eisenbahn- (Eisenbahn)	σιδηροδρομικός, -ή, -ό 16
eiskalt, zugefroren	παγωμένος, -η, -ο 19
elegant	κομψός, -ή, -ό 10
elektrisch	ἠλεκτρικός, -ή, -ό 17
elektrisches Licht	ἠλεκτρικό, τό 17
Elektroherd	ἠλεκτρική κουζίνα, ἡ 17
elektronisch	ἠλεκτρονικός, -ή, -ό 11
Eltern	γονεῖς, οἱ 13
Empfangszimmer	σάλα, ἡ 5
empfinden, sich fühlen	αἰσθάνομαι - αἰσθάνθηκα 6
empört	ἀγανακτισμένος, -η, -ο 27
endlich	ἐπί τέλους 28
eng	στενός, -ή, -ό 26
entfernt	μακρινός, -ή, -ό 17
entfernt sein	ἀπέχω - ἀπεῖχα 23
entschuldigen Sie mich, daß	μέ συγχωρεῖτε πού 10
Epigramm	ἐπίγραμμα, τό 9
Epiphanie	Θεοφάνεια, τά 20
er, sie, es	αὐτός, αὐτή, αὐτό 2
er, sie, es ist	εἶναι 2
Erdboden	ἔδαφος, τό, ἐδάφη 21

Erde	γῆ, ἡ 13
Erde, Boden, Sand	χῶμα, τό 26
erfolgreich	πετυχημένος, -η, -ο 27
erheben, sich	σηκώνομαι-σηκώθηκα 6
erinnern, sich	θυμᾶμαι-θυμήθηκα 23
erinnernd, Erinnerungs-	ἀναμνηστικός, -ή, -ό 9
Erinnerung	ἀνάμνηση,ἡ, ἀναμνήσεις 20
erklären, auslegen	ἐξηγῶ - ἐξήγησα 16
erklären, kundgeben	δηλώνω - δήλωσα 17
erkrankt	ἀρρωστημένος, -η, -ο 27
ermorden	δολοφονῶ - δολοφόνησα 28
ermordet werden	δολοφονοῦμαι, -νήθηκα 28
erobert werden	καταλαμβάνομαι 28
erröten	κοκκινίζω - κοκκίνισα 25
erscheinen, aussehen	φαίνομαι - φάνηκα 12
erschrocken	τρομαγμένος, -η, -ο 19
erster, erste, erstes	πρῶτος, -η, -ο 1
erwidern	ἀποκρίνομαι-ἀποκρίθηκα 24
erwidern	ἀνταποδίνω-ἀνταπόδωσα 23
erzählen	διηγοῦμαι 12, ἐξιστορῶ 24
Erzeugerin	γεννήτρα, ἡ 21
erzürnt	θυμωμένος, -η, -ο 18
es bricht ein Gewitter los	μπόρα, ἡ, ξεσπάει 13
es gefriert	παγωνιά,ἡ,κάνει,ἔχει, εἶναι 13
es gibt ein Gewitter	καταιγίδα, ἡ, εἶναι 13
es hagelt	πέφτει, ρίχνει χαλάζι, τό 13
es interessiert (+Akk. d. Person)	ἐνδιαφέρει - ἐνδιέφερε 7
es ist hell	φέγγει - ἔφεξε 8
es ist kalt	κρύο, τό, κάνει, ἔχει, εἶναι 13
es ist regnerisch	καιρός, ὁ, εἶναι βροχερός 13
es ist schade	εἶναι κρίμα 23
es ist schlechtes Wetter	εἶναι ἄσχημος, κακός καιρός 13
es ist schönes Wetter	εἶναι καλός, ὡραῖος καιρός 13
es ist Sonnenschein	λιακάδα, ἡ, εἶναι , ἔχει 13
es ist unmöglich	ἀδύνατο (ἀδύνατος) εἶναι 12
es ist warm, (heiß)	ζέστη, ἡ, κάνει, ἔχει, εἶναι 13

es kommt darauf an, abhängig sein	ἐξαρτᾶται (ἐξαρτῶμαι) ἐξαρτήθηκα 12
es macht was aus, es stört	πειράζει (πειράζω) πείραξα 12
es muß, es ist nötig	πρέπει νά 14
es paßt mir	μοῦ κάνει 10, μέ βολεύει 22
es regnet	βρέχει - ἔβρεξε 13
es reicht	φτάνει - ἔφτασε 22
es schaffen	τά καταφέρνω-κατάφερα 7
es schneit	χιονίζει - χιόνισε 13
es steht mit mir	περνάω, τά 12
es war einmal	μιά φορά κι ἔναν καιρό 24
es war nicht möglich	δέ γινόταν 19
es wird Abend	βραδυάζει - βράδυασε 8
es wird fortgesetzt	συνεχίζεται (συνεχίζω) 9
Esel	γαϊδούρι, τό 13
Essen	φαγητό, τό 6
essen	τρώω - ἔφαγα 3
Eßzimmer	τραπεζαρία, ἡ 5
etwa, wohl	μήπως 3
etwas weiter	πιό πέρα 4
existieren	ὑπάρχω - ὑπῆρξα 7

F

Fabel, Sage	μύθος, ὁ 17
Fabrik	ἐργοστάσιο, τό 2
Fabrikinhaber	ἐργοστασιάρχης, ὁ 15
Fahrgast	ἐπιβάτης, ὁ 8
Fahrrad	ποδήλατο, τό 4
Fahrt	διαδρομή, ἡ 16
fallen, hineinfallen	πέφτω - ἔπεσα 17
Familie	οἰκογένεια, ἡ 6
Farbe	χρῶμα, τό 10
Faß, Tonne	βαρέλι, τό 27
fast	σχεδόν 7
faul	τεμπέλης, -α, -ικο 26
faulenzen	τεμπελιάζω - τεμπέλιασα 26

fehlen, abwesend sein	λείπω - έλειψα 3
Feier, Fest	γιορτή, ή 20
feiern	γιορτάζω - γιόρτασα 20
Feld	τό χωράφι 17
Femininum	θηλυκό, τό 15
Fenster	παράθυρο, τό 4
Fensterscheibe	τζάμι, τό 13
Ferien	διακοπές, οί 4
Fernmeldeamt	ΟΤΕ, ό 20
Fernseher	τηλεόραση, ή, τηλεοράσεις 17
fertig	έτοιμος, -η, -ο 9
fertig machen (sich), fertig gemacht	ετοιμάζομαι - ετοιμάσθηκα 6
fertigbringen	καταφέρνω-κατάφερα, τά 23
Film	φίλμ, τό, έργο, τό 7
finden	βρίσκω - βρῆκα 6
Fingerring	δαχτυλίδι, τό 15
Fisch	ψάρι, τό 3
fischen	ψαρεύω - ψάρεψα 14
Fischen (ich gehe fischen)	ψάρεμα, τό (πάω γιά ..) 12
Fischer, Fischhändler	ψαράς, ό, ψαράδες 4
Fischhandlung	ίχθυοπωλεῖο, τό 4
Fischhändler	ίχθυοπώλης, ό 4
Fleisch	κρέας, τό, κρέατα 17
fleißig	έπιμελής, έπιμελές 22
Fluß	ποταμός, ό 21
folgen	άκολουθῶ - άκολούθησα 20
Formular	έντυπο, τό 19
fortgehen, -fahren	φεύγω - έφυγα 10
fortschreiten, vorangehen	προχωρῶ - προχώρησα 9
Fortsetzung (anschließend)	συνέχεια, ή (συνέχεια) 16
Foto, Bild	φωτογραφία, ή 1
fotografieren	φωτογραφίζω-φωτογράφισα 16
fragen, sich	άναρωτιέμαι- ρωτήθηκα 12
Francesco Morosini 1618-1694	Μοροζίνης, ό 28
Frau, Dame	κυρία, ή 2
Fräulein	δεσποινίς, ή 8
frech	αύθάδης, **αὔθαδες** 22

frei	ἐλεύθερος, -η, -ο 6
Fremder, Gast	ξένος, ὁ 3
fremdes Land	ξένα, τά 27
Freude	χαρά, ἡ 11
freuen, sich	χαίρομαι 24, εὐχαριστιέμαι 23
Freund	φίλος, ὁ 11
Freundin	φίλη, ἡ 9
friedfertig	εἰρηνοφόρος, -α, -ο 20
froh	χαρούμενος, -η, -ο 9
Frosch	βάτραχος, ὁ 18
Frühling	ἄνοιξη, ἡ 13
Frühstück	πρόγευμα, πρωινό, τό 28
Führer	ἀρχηγός, ὁ 28
fünf Tausend	πέντε χιλιάδες 8
fürchten, Angst haben	φοβᾶμαι - φοβήθηκα 12
Fuß, Bein	πόδι, τό 4
Fußball	ποδόσφαιρο, τό 11

G

Gabel	πηρούνι, τό 3
gähnen	χασμουριέμαι, -ρήθηκα 12 -
ganz	ὅλος, ὅλη, ὅλο 6
ganz	ὁλόκληρος, -η, -ο 21
gänzlich, völlig	καλά καλά 28
garantieren	ἐγγυῶμαι - ἐγγυήθηκα 12
Garten	κῆπος, ὁ 5
Gastwirt, Hotelier	ξενοδόχος, ὁ 3
gealtert	γερασμένος, -η, -ο 27
geboren werden	γεννιέμαι - γεννήθηκα 19
gebraten (im Backofen, am Spieß)	ψητός, -ή, -ό 20
Geburtsdatum	ἔτος γεννήσεως (γέννησης) 17
Geburtsort	τόπος γεννήσεως 17
Gefallen	χάρη, ἡ 24
es gefällt, schmeckt (+Dat.d. Person.)	ἀρέσει-ἄρεσε, μοῦ, σοῦ κλπ .7
Gefängnis	φυλακή, ἡ 28

Gefühl	συναίσθημα, τό 19
gefunden werden, sich befinden	βρίσκομαι - βρέθηκα 6
gegen (feindlich)	ἐναντίον 28, γιά 6
gegenüberliegender.- stehender	ἀπέναντι, ὁ, ἡ, τό 12
Gegenwart	παρόν, τό 28
gehängt, angehängt	κρεμασμένος, -η, -ο 14
geharzter Wein	ρετσίνα, ἡ 14
gehe	ἄντε (Imperativ von πηγαίνω) 19
geheiligt, geweiht werden	ἀγιάζομαι - ἀγιάσθηκα 29
geheimnisvoll	μυστηριώδης, μυστηριῶδες 22
gehen	πηγαίνω - (ἐ)πῆγα 2
gehen, laufen	περπατάω - περπάτησα 9
gelb	κίτρινος, -η, -ο 10
Gelegenheit	εὐκαιρία, ἡ 20
gelesen werden	διαβάζομαι - διαβάστηκα 23
Gemüse (meist im Plural)	λαχανικά,τά (τό λαχανικό) 4
Gemüsehändler	μανάβης, ὁ, μανάβηδες 4
	ὀπωροπώλης 4
Gemüsehandlung	μανάβικο, ὀπωροπωλεῖο,τό
gemustert	ἐμπριμέ 10
genau,	ἀκριβῶς (ἀκριβής) 2
genau, pünktlich	ἀκριβής, ἀκριβές 22
genießen	ἀπολαμβάνω -ἀπόλαυσα 21
Genitiv	Γενική, ἡ 15
genug, hinreichend	ἀρκετός, -ή, -ό 22
Genügsamkeit	αὐτάρκεια, ἡ 27
Geographie	γεωγραφία, ἡ 21
Gepäck (meist im Plural)	ἀποσκευή, ἡ 17
gepflegt	περιποιημένος, -η, -ο 11
gerade deswegen	γι αὐτό ἀκριβῶς 10
Gericht	Δικαστήριο, τό 16
gerne	εὐχαρίστως 7
gerührt	συγκινημένος, -η, -ο 27
gesammelt werden, sich versammeln	μαζεύομαι - μαζεύτηκα 6
Geschäft	κατάστημα, τό 4
Geschäft, Laden	μαγαζί, τό 2

Geschenk	δῶρο, τό 20
Geschirrspülmaschine	πλυντήριο, τό, πιάτων 17
geschlossen	κλειστός, -ή, -ό 20
geschwätzig, freche Person	γλωσσάς, -ού, -άδικο 26
Geschwister	ἀδέλφια, τά (ἀδέρφια) 4
gesegnet	εὐλογημένος, -η, -ο 24
Gesellschaft	παρέα, ἡ 9, συντροφιά, ἡ 26
gestreift	ριγέ 10
gesund	ὑγιεινός, -ή, -ό 21
gesund	ὑγιής, ὑγιές 22
getrennt -, unterteilt werden	χωρίζομαι - χωρίσθηκα 21
gewaschen werden, sich waschen	πλένομαι - πλύθηκα 6
gewissenhaft	εὐσυνείδητος,-η,-ο 8
gewöhnlich	συνήθης, **σύνηθες** 22
gezwungen werden	ἀναγκάζομαι, -σθηκα 21
Giftnudel	φαρμακόγλωσση, ἡ 19
Glas	ποτήρι, τό 3
gleichfalls	ἐπίσης 6
gleichsilbiges (Substantiv)	ἰσοσύλλαβο, τό 15
glücklich	εὐτυχής, εὐτυχές 22
	εὐτυχισμένος 13, 22
glücklich	τυχερός, -ή, - ό 16
Glut, Hitze, Sehnsucht	λάβρα, ἡ 27
Gott	θεός, ὁ 21
Gottesdienst	λειτουργία, ἡ 20
Gottesmutter	Θεοτόκος, ἡ 20
göttlich	θεῖος, θεία, θεῖο 21
Gouverneur	κυβερνήτης, ὁ 28
graben, ausgraben	σκάφτω - ἔσκαψα 21
grau	γκρί 10
Grenze (meist im Plural)	σύνορο, τό 17
Grippe (ich habe Grippe)	γρίππη, ἡ (ἔχω γρίππη) 2
groß	μεγάλ-ος, -η,-ο 5
großartig, prachtvoll	μεγαλοπρεπής, -πρεπές 22
Großbritannien	Μεγάλη Βρεττανία, ἡ 16
größer (bei Personen: älter)	μεγαλύτερος, -η, -ο 20
Großmutter	γιαγιά, ἡ, γιαγιάδες 1

Großvater	παππούς, ὁ, παπποῦδες 1
großwerden, großziehen	μεγαλώνω - μεγάλωσα 24
grün	πράσινος, -η, -ο 10
grüß dich! (familiär)	γειά σου 2
Gruß, Begrüßung	χαιρετισμός, ὁ 6
gut (Adverb); hier: nun	καλά 3
gute Besserung!	περαστικά! 2
gute Geschäfte machen	κάνω χρυσές δουλειές 12
Guten Abend!	καλησπέρα! 19
guten Morgen, guten Tag	καλημέρα 2
Gymnasium	Γυμνάσιο, τό 2

H

haben	ἔχω 2
habt Mitleid	λυπηθεῖτε: Imperativ von:λυπᾶμαι 14
Hacke	ἀξίνα, ἡ 21
Hafen	λιμάνι, τό 28
Halbinsel	χερσόνησος, ἡ 21
Halstuch, Schal	κασκόλ, τό 10
halte den Mund!	σκασμός! 26
halten	κρατάω - κράτησα 9
Haltestelle (hält)	στάση, ἡ (κάνει στάση) 5
Hand, Arm	χέρι, τό 4
Handschuh	γάντι, τό 10
Handtasche, Einkaufstasche	τσάντα, ἡ 4
hängen (intransitiv)	κρέμομαι 15
Hänschen (Hans)	Γιαννάκης (Γιάννης) 3
Hase	λαγός, ὁ 10
Hauptstadt	πρωτεύουσα, ἡ 21
Haus	σπίτι, τό 2
Hausfrau	νοικοκυρά,ἡ νοικοκυράδες 2
he, du! (familiäre Anrede)	βρέ (μωρέ, ρέ) 7
Heft	τετράδιο, τό 15
heilig	ἅγιος, ἁγία, ἅγιο 20
Heiliger Basilius	Ἅγιος Βασίλειος, ὁ 20
heimlich	κρυφά (κρυφός) 10

heiraten	παντρεύομαι-παντρεύτηκα 24
helfen	βοηθάω - βοήθησα 26
hell	φωτειν-ός, -ή, ό 5
hellblau	γαλανός-ή,-ό (für Himmel u. Augen) 21
Hemd	πουκάμισο, τό 10
Henker	δήμιος, ὁ 28
Herbst	φθινόπωρο, τό 13
Herr	κύριος, ὁ 2
Herrenanzug	κουστούμι, τό 10
Herrenunterhose	σώβρακο, τό 10
herumgehen, -fliegen	τριγυρνάω - τριγύρισα 26
Herz	καρδιά, ἡ, 10
Herzlosigkeit	ἀπονιά, ἡ 24
heute abend	ἀπόψε 7
hier, dort	ἐδῶ, ἐκεῖ 5
Himmel	οὐρανός, ὁ 17
Himmelfahrt	'Ανάληψη, ἡ 20
hinabstürzen	γκρεμίζω - γκρέμισα 26
hinausgehen, aussteigen	βγαίνω - βγῆκα 4
hineingehen	μπαίνω - μπῆκα 3
hinfallen	πέφτω - ἔπεφτα 19
hinlegen sich	ξαπλώνω - ξάπλωσα 14
Hinrichtung	ἐκτέλεση, ἡ 28
hinten	πίσω 4
hinunterschlucken	καταβροχθίζω- ισα 23
hoch (bei Personen: groß)	ψηλ-ός, -ή, -ό 5
Hof	αὐλή, ἡ 15
hohes, offenes Meer	πέλαγος, τό, πελάγη 21
Holz	ξύλο, τό 24
hölzern	ξύλινος,-η, -ο 20
Honig	μέλι, τό 3
hören	ἀκούω - ἄκουσα 3
Hörer	ἀκουστικό, τό 7
Horizont	ὁρίζοντας, ὁ 21
Hose	παντελόνι, τό 10
Hotel	ξενοδοχεῖο, τό 3

Hügel	λόφος, ὁ 16
Hund	σκύλος, ὁ 14
Hut	καπέλλο, τό 10

I

ich	ἐγώ 2
ich bin	εἶμαι 2
ich möchte	θά ἤθελα 19
ich selbst	ἐγώ ὁ ἴδιος 7
ich selbst	ἑαυτός μου, ὁ 24
ideal	ἰδεώδης, ἰδεῶδες 22
Idee	ἰδέα, ἡ 7
Igel	σκαντζόχοιρος, ὁ 24
ihr seid, Sie sind	εἴσαστε 2
ihr, Sie	ἐσεῖς 2
illuminiert, beleuchtet	φωταγωγημένος, -η, -ο 20
immer	πάντα 5
immergrün, unsterblich	ἀμάραντος, -η, -ο 21
in der Tat	πράγματι 28
in Ordnung	ἐντάξει (ἐν τάξει) 7
in Verwirrung geraten	σαστίζω - σάστισα 26
Industrialisierung	βιομηχανοποίηση, ἡ 21
Ingenieur	μηχανικός, ὁ, ἡ 2
Insel	νησί, τό, (ἡ νῆσος, νῆσοι) 21
die Sieben Inseln	τά Ἑπτάνησα 21
intelligent	εὐφυής, εὐφυές 22
interessant	ἐνδιαφέρων, -ουσα, -ον 20
interessiert, es mich	μέ ἐνδιαφέρει 7
interessieren, sich	ἐνδιαφέρομαι-ἐνδιαφέρθηκα 7
Isolation	ἡ ἀπομόνωση, ἡ, -μονώσεις 28

J

ja	ναί 1
Jasmin	γιασεμί, τό 8
jedesmal wenn	κάθε πού 21

jemand (Aussage- und Fragesatz)	κανένας, καμία, κανένα 6
jener, jene, jenes	ἐκεῖν-ος, ἐκείν-η, ἐκεῖν-ο 5
jetzt	τώρα 2
Johannes der Täufer	Πρόδρομος, ὁ 20
jung, neu	νέος, νέα, νέο 6
junger Mann	νεαρός, ὁ 4
junges Mädchen	κοπέλλα, ἡ 4

K

Kaffee	καφές, ὁ, καφέδες 1
kalt	κρύ-ος, -α, -ο 5
es ist kalt	κάνει, εἶναι, ἔχει κρύο 13
Kälte	τό κρύο 13
Kamin	τζάκι, τό 13
kämmen, sich	χτενίζομαι-χτενίστηκα 6
kämmen	χτενίζω - χτένισα 6
Kämpfer, Krieger	πολεμιστής, ὁ 28
kaputt	χαλασμένος, -η, -ο 19
kaputtmachen, - gehen	χαλάω - χάλασα 9
Karfreitag	Μεγάλη, ἡ, Παρασκευή 20
kariert	καρρώ 10
Karte	κάρτα, ἡ 14
Kartoffel	πατάτα, ἡ 4
Karwoche	Μεγάλη, ἡ, Ἑβδομάδα 20
Käse	τυρί, τό 3
Kasse	ταμεῖο, τό 7
Kasus	πτώση, ἡ, πτώσεις 15
Kathedrale	Μητρόπολη, ἡ 20
Katze	γάτα, ἡ 3
kaufen	ἀγοράζω - ἀγόρασα 4
Kaufmann	ἔμπορος, ὁ, ἡ 2
kein einziges Wort	οὔτε λέξη 22
Kellner	γκαρσόν, τό, ὁ 23
kennen, kennenlernen	γνωρίζω - γνώρισα 16
Kiefer, Pinie	πεῦκο, τό 26
Kind	παιδί, τό 1

kindlich, Kinder-	παιδικ-ός, -ή, -ό 5
Kino	κινηματογράφος, ὁ 7
Kiosk	περίπτερο, τό 4
Kioskinhaber	περιπτεράς, ὁ, περιπτεράδες 5
Kirche	ἐκκλησία, ἡ 20
Kiste	κιβώτιο, τό 20
kleben, aufkleben	κολλάω - κόλλησα 16
Kleid	ἔνδυμα, τό, φόρεμα, τό 10
Kleider	ροῦχα, τά 24
Kleiderschrank	ντουλάπα, ἡ 11
klein	μικρ-ός,-ή,-ό (bei Personen: jung) 5
kleine Taverne	ταβερνούλα, ἡ (ταβέρνα) 14
kleines Geschenk	δωράκι (δῶρο), τό 9
Kleinigkeiten	μικροπράγματα, τά 12
Klima	κλίμα, τό 21
Klingel	κουδούνι, τό 9
klopfen, schlagen, klingeln	χτυπάω (κτυπάω) χτύπησα 9
klug, aufgeweckt	ἔξυπνος,-η, -ο 11
kneten, backen	ζυμώνω - ζύμωσα 24
Knopf	κουμπί, τό 19
Kobold der Rauhnächte	Καλλικάντζαρος, ὁ 20
kochen, Essen zubereiten	μαγειρεύω - μαγείρεψα 14
Koffer	βαλίτσα, ἡ 16
Kognak	κονιάκ, τό 1
Kollege, Kollegin	συνάδελφος, ὁ, ἡ 12
kommen	ἔρχομαι - ἦλθα, ἦρθα 6
Komplex, Gruppe	σύμπλεγμα, τό 21
Komponist	μουσικοσυνθέτης, ὁ 21
Konditorei	ζαχαροπλαστεῖο, τό 10
Konfession	Θρήσκευμα, τό 17
Kontinent	ἤπειρος, ἡ, ἤπειροι 21
Kontrolle	ἔλεγχος, ὁ 17
Kontrolleur, Schaffner	ἐλεγκτής, ὁ 8
kontrollieren, prüfen	ἐλέγχω - ἔλεγξα (ἤλεγξα) 17
Kosmetiksalon	Ἰνστιτοῦτο, τό, Καλλονῆς 19
kosten	στοιχίζω - στοίχισα 20
Kostüm	ταγιέρ, τό 10

krank	ἄρρωστος, ἄρρωστη 2
Krankenhaus	νοσοκομεῖο, τό 2
Krawatte	γραβάτα, ἡ 10
Kreta	Κρήτη, ἡ 5
Kreuz	σταυρός, ὁ 25
Kreuzzug	Σταυροφορία, ἡ 28
Kringel, Brezel	κουλούρι, τό 12
kristallklar	ξάστερος, -η, -ο 19
Küche	κουζίνα, ἡ 5
Kuchen	γλυκό, τό 3
Kuckuck	κοῦκος, ὁ 12
Kühle, Frische, Tau	δροσιά, ἡ 19
Kühlschrank	ψυγεῖο, τό 17
Kultur	πολιτισμός, ὁ 21
kümmern, sich	νοιάζομαι, μέ νοιάζει 7
Kunde	πελάτης, ὁ 4
Kundin	πελάτισσα, ἡ 5
Kunst	τέχνη, ἡ 20
Kunstmaler	ζωγράφος, ὁ 28
kurz vorm Ableben	μέ τήν ψυχή στό στόμα
küssen	φιλάω(φιλῶ) - φίλησα 16

L

Laib	καρβέλι, τό 26
Lamm	ἀρνί, τό 18, 20
Lampion	φαναράκι, τό 20
Land	χώρα, ἡ 21
Landenge, Kanal durch Landenge	ἰσθμός, ὁ 16
Landkarte	χάρτης, ὁ 6
Landwirtschaft	γεωργία, ἡ 21
langsam, spät	ἀργά (ἀργός, ἀργή, ἀργό) 6
lassen, verlassen	ἀφήνω - ἄφησα 15
- im Stich lassen	παρατάω - παράτησα 24
laufe, gehe (Imperativ)	περπάτα (περπατάω) 23
laufen, rennen	τρέχω - ἔτρεξα 16
laut	δυνατά (δυνατός) 6

leben	ζῶ - ἔζησα 13
Lebensmittelhändler	παντοπώλης, μπακάλης, ὁ 4
Lebensmittelgeschäft	παντοπωλεῖο, μπακάλικο τό 4
Lebensversicherung	ἀσφάλεια, ἡ, ζωῆς 16
leer	ἄδειος, -α, -ο 18
Lehrer, Lehrerin	δάσκαλος ὁ, δασκάλα, ἡ 2
leider	δυστυχῶς 6
leihen	δανείζω - δάνεισα 12
leinen	λινός, -ή, -ό 10
Lektion, Unterricht	μάθημα, τό, μαθήματα 1
lernen, erfahren	μαθαίνω - ἔμαθα 4
lesen, vorlesen, lernen	διαβάζω - διάβασα 1
letzter (hier. neuester)	τελευτ-αῖος, -αία, -αῖο 10
Leute	κόσμος, ὁ 16
Licht	φῶς, τό, φῶτα 19
Liebe	ἀγάπη, ἡ 16
Lied, Gesang	τραγούδι, τό 27
Lilie	κρίνο, τό 21
links, nach links	ἀριστερά (ἀριστερός) 16
Loch, Öffnung	ὀπή, ἡ 7
Löffel	κουτάλι, τό 3
lorbeertragender	δαφνοφόρος, -α, -ο 20
Los	λαχεῖο, τό 13
losbrechen, losgehen	ξεσπάω - ξέσπασα 19
Luft seinem Herzen machen	ξεσκάω - ξέσκασα 27
luxuriös	πολυτελής, πολυτελές 22

M

machen, tun	κάνω - ἔκανα 1
Mal (ein anderes Mal)	φορά, ἡ (ἄλλη φορά) 6
Mantel	παλτό, τό 10
Märchen	παραμύθι, τό 13
Mariä Himmelfahrt	Κοίμηση, ἡ 20
Mariä Verkündigung	Εὐαγγελισμός, ὁ 20
Marmor	μάρμαρο, τό 21
Maskulinum	ἀρσενικό, τό 15

Meer	θάλασσα, ή 13
Mehl	αλεύρι, τό 24
mein	μου 5
meine Glückwünsche	συγχαρητήριά, τά, μου 16
meine Liebe (wörtl. Goldene)	χρυσή μου 19
meine Sonntagskleider	καλά, τά μου 11
meinen, glauben	νομίζω - νόμισα 2
Meinung	γνώμη, ή 28
Mensch	άνθρωπος, ό 4
menschlich	ανθρώπιν-ος,-η,-ο 10
Menschenskind!	χριστιανέ μου 16
Messer	μαχαίρι, τό 3
Metzger	κρεοπώλης, ό, χασάπης, ό 4
Metzgerei	κρεοπωλείο, χασάπικο,τό 4
Miete	νοίκι, τό 22
mieten, vermieten	(ἐ) νοικιάζω - νοίκιασα 6
Milch	γάλα, τό, γάλατα 1
Minister	υπουργός, ό 28
minoisch	μινωικός, - ή, -ό 21
Minute	λεπτό, τό 11
mir geht es auch nicht so gut	δέν είμαι καί τόσο καλά 2
Mißverständnis	παρεξήγηση, ή, -ήσεις 23
mit, zusammen	μέ (Präp.+Akk.) 3 μαζύ 4
mit Luftpost	αεροπορικώς, (ός,-ή, -ό) 20
mit Tränen gefüllt	δακρυσμένος, -η, -ο 27
Mitreisender	συνταξιδιώτης, ό 25
Möbelstück	έπιπλο, τό 5
Mode	μόδα, ή 10
modern	μοντέρν-ος, -α, -ο 5
Monastiraki	Μοναστηράκι 9
Monument, Denkmal	μνημείο, τό 16
Morgen, Frühstück	πρωινό, τό 3
Morgen Vormittag	πρωί, τό 4
morgendlich, Morgen-	πρωινός, -ή, -ό 4
müde	κουρασμένος, -η, -ο 6
mürrisch, quengelig	γκρινιάρης, -α, -ικο 17
Musik	μουσική, ή 3

Muster, Schnitt, Plan	σχέδιο, τό 10
Mutter	μητέρα, ή 1
Mutter (volkstümlich)	μάνα, ή 24

N

nach	πρός 9
Nachbar	γείτονας, ὁ 14
Nachbarschaft, Wohnviertel	γειτονιά, ή 27
nachher	ὕστερα 12
nachlässig	ἀμελής, ἀμελές 22
Nachname	ἐπίθετο, τό 16, ἐπώνυμο, τό 17
Nachrichten	νέα, τά 6
nächstes Jahr (soll man feiern)	καί τοῦ Χρόνου 20
Nachthemd	νυχτικό, τό 10
nächtlich	νυχτερινός, -ή, -ό 19
Nachttisch	κομοδίνο, τό 11
nah	κοντά 2
nahegelegen	κοντινός, -ή, -ό 20
nähern, sich	πλησιάζω-πλησίασα 14
Namens-	ὀνομαστικός, -ή, - ὁ 20
nämlich	δηλαδή 21
nämlich, das heißt	δηλαδή 11
national	ἐθνικός,-ή, -ό 16
Natur	φύση, ή 26
necken, foppen	πειράζω - πείραξα 25
nehmen, bekommen	παίρνω - (ἐ)πῆρα 5
neidisch	ζηλιάρης, -α, -ικο 26
Nest	φωλιά, ή 12
neu	καινούργ-ιος, -ια, -ιο 5
Neujahr	Πρωτοχρονιά, ή 20
Neujahrsgeschenk	μποναμάς, ὁ, μποναμάδες 20
Neutrum	οὐδέτερο, τό 15
nicht	δέν (δέ) 1
nichts	τίποτα (τίποτε) 1
nichts an seinem Platz lassen	δέν ἀφήνω τίποτα στή θέση του 20
niedergelassen	ἐγκαταστημένος, -η, -ο 27

niedrig	χαμηλ-ός, -ή, -ό 5
niemand, keiner	κανένας, καμία, κανένα 11
nirgendwo	πουθενά 8
noch	ακόμα, ακόμη 4
noch etwas, sonst etwas ?	τίποτε άλλο; 5
Nominativ	Ὀνομαστική, ἡ 15
Norden (nördlich)	Βοριάς, ὁ (βόρεια) 21
nüchtern	νηστικός, -ή, -ό 23
Nummer, Größe	νούμερο, τό 10
nun, also	λοιπόν 7
nur	μόνο 3

O

ob ...oder, ..oder ..... oder	εἴτε ... εἴτε 8
obligatorisch, verbindlich	ὑποχρεωτικός, -ή, -ό 22
Obst-Gemüsehändler	ὀπωροπώλης, μανάβης, ὁ 4
Obst-Gemüsehandlung	ὀπωροπωλεῖο, μανάβικο τό 4
obwohl	ἄν καί 21
offen	ἀνοιχτός, -ή, -ό 15
öffnen, aufmachen, aufgehen	ἀνοίγω - ἄνοιξα 4
ohne	χωρίς 3
Öl	λάδι, τό 20
Olive, Olivenbaum	ἐλιά, ἡ 21
Onkel	θεῖος, ὁ 1
opfern	θυσιάζω - θυσίασα 18
Orange	πορτοκάλι, τό 5
Orangensaft, Orangeade	πορτοκαλάδα, ἡ 3
Ort, Gegend	χῶρος, ὁ 14
orthodox	ὀρθόδοξος, -η, -ο 20
Osten (östlich)	Ἀνατολή, ἡ (ἀνατολικά) 21
Ostern	Λαμπρή, ἡ 20, Πάσχα τό, 20
östlich	ἀνατολικός, -ή, -ό 21
Ouzo	οὖζο, τό 1

P

Paar	ζευγάρι, τό 9
packen, rauben, entreißen	ἁρπάζω - ἅρπαξα 17
Palast	ἀνάκτορο, τό(ἀνάκτορα) 16
Pantoffel, Hausschuh	παντόφλα, ἡ 10
Pappdeckel	χαρτόνι, τό 14
Parlament	Βουλή, ἡ 16
Partei	κόμμα, τό 28
Passant	περαστικός, ὁ 11
passen	ταιριάζω - ταίριασα 27
es paßt mir	μοῦ κάνει, 10, μέ βολεύει 22
Patient, Patientin	ἀσθενής, ἄρρωστος
patschnaß	μουσκεμένος, -η, -ο 23
Pause, Unterbrechung	διακοπή, ἡ 4
Peloponnes	Μοριάς, ὁ (Μωριάς) 28
Personal	προσωπικό, τό 12
Personalien	στοιχεῖα, τά 16
Pfarrer	παπάς, ὁ, παπάδες 25
pfeifen	σφυρίζω - σφύριξα 23
Pfeil	βέλος, τό, βέλη 21
Pfingsten	Πεντηκοστή, ἡ 20
pflegen	περιποιοῦμαι - ποιήθηκα 24
pflegen zu tun	συνηθίζω - συνήθισα νά 14
Pilz	μανιτάρι, τό 23
Pinie, Kiefer	πεῦκο, τό 14
Plan	σχέδιο, τό 14
Platz	πλατεία, ἡ 11
Platz, Stelle	θέση, ἡ, θέσεις 20
platzen	σκάω - ἔσκασα 19
platzen, vor Lachen bersten	σκάζω-ἔσκασα στά γέλια 25
Plauderei	κουβέντα, ἡ 9
Plural	πληθυντικός, ὁ 15
Politiker	πολιτικός, ὁ 17
Polizist	ἀστυνομικός, ὁ 17
Poseidon	Ποσειδώνας, θεός τῆς θάλασσας 21

Post, Postamt	ταχυδρομείο, τό 4
Postüberweisung	ταχυδρομική επιταγή, ή 20
präpariert	παρασκευασμένος, -η,-ο 18
Präsident, Vorsitzender	Πρόεδρος, ὁ 16
Preis, Ehre	τιμή, ή 9
Prinzessin	πριγκήπισσα, ή 26
Professor (-in), Gymnasiallehrer (-in)	καθηγητής,ὁ, καθηγήτρια, ή 2
Prozeß	δίκη, ή 16
Prozession	περιφορά, ή 20
Pullunder	πουλόβερ, τό 10
Punkt	σημείο, τό 21

Q

quälen	παιδεύω - παίδεψα 26
Qualität	ποιότητα, ή 10
quengelig	γκρινιάρης, -α, -ικο 17

R

Radio	ράδιο, τό (ραδιόφωνο) 3
Rasierapparat	ξυριστική, ή, μηχανή 17
rasieren, sich	ξυρίζομαι - ξυρίστηκα 6
Recht, Berechtigung	δικαίωμα, τό 17
Recht, ich habe recht	δίκαιο, τό, έχω δίκαιο 10
rechts, nach rechts	δεξιά (δεξιός,-ά,-ό) 16
regelmäßig, oft	τακτικά (τακτικός) 14
regeln	κανονίζω - κανόνισα 7
Regenmantel	αδιάβροχο, τό 10
Regierungsbezirk	νομός, ὁ 21
reich	πλούσι-ος -ια, -ιο 5
Reise	ταξίδι, τό 11
Reisebus Pullman	πούλμαν, τό 27
reisen	ταξιδεύω - ταξίδεψα 8
Reisender, Fahrgast	επιβάτης, ὁ, 8 ταξιδιώτης, ὁ 17
Reisender, Vertreter	παραγγελιοδόχος, ὁ 25
Reisepaß	διαβατήριο, τό 17

rennen, laufen	τρέχω - έτρεξα 4
retten	γλυτώνω - γλύτωσα 26
Rheuma	ρευματισμοί, οἱ 10
richtig	σωστός, -ή, -ό 22
riechen, duften	μυρίζω - μύρισα 13
ringsherum	ὁλόγυρα 21
Rock	φούστα, ἡ 10
Rolle	ρόλος, ὁ 10
rosa	ρόζ 10
rot	κόκκινος, -η, -ο 10
rücke, mache Platz!	τραβήξου πιό πέρα! 27
Rücken	πλάτη, ἡ 10, 24
Ruhe	ἡσυχία, ἡ 6
ruhig	ἥσυχος, -η, -ο 24
Ruhm	δόξα, ἡ 21

S

Saal	αἴθουσα, ἡ 18
Sache, Ding	πράγμα, τό 9
Sack	σάκ(κ)ος, ὁ 4
sagen, meinen	λέω - εἶπα 3
Sakko	σακκάκι, τό 10
Salami	σαλάμι, τό 3
sammeln, pflücken	μαζεύω - μάζεψα 6
Sandstrand	ἀμμουδιά, ἡ 14
satirisch	σατιρικός, -ή, -ό 9
satt machen, satt werden	χορταίνω - χόρτασα 16
sauber	καθαρός, -ή, -ό 11
Schachtel	κουτί, τό 18
schade	κρίμα 6
Schallplatte	πλάκα, ἡ 22
" auflegen	βάζω μιά πλάκα
Schallplattenspieler	τό πίκ - άπ 17
Schalter	θυρίδα, ἡ 20
,sich schämen, Hemmungen haben	ντρέπομαι 6, 24
Schatten	σκιά, ἡ 17 ἴσκιος, ὁ 26

scheinen, erscheinen, vorkommen	φαίνομαι - φάνηκα 10
schenken	χαρίζω - χάρισα 7
Schererei	μπελάς, ὁ, μπελάδες 23
schicken	στέλνω - ἔστειλα 15
Schiff	καράβι, τό 16
Schiffahrt	ναυτιλία, ἡ 21
Schildkröte	χελώνα, ἡ 24
schimpfen	μαλώνω - μάλωσα 26
Schirm	ὀμπρέλλα, ἡ 10
Schlaf	ὕπνος, ὁ 6
Schlafanzug	πυτζάμα, ἡ 10
schlafen	κοιμᾶμαι - κοιμήθηκα 12
Schlaflosigkeit	ἀϋπνία, ἡ 10
Schlafzimmer	κρεββατοκάμαρα, ἡ 5
schlagen	βαράω - βάρεσα 26
Schlange stehen	κάθομαι, στέκομαι στήν οὐρά 20
schlecht	ἄσχημα (ἄσχημος,-η,-ο) 12
schleppen, sich	σύρομαι - σύρθηκα 24
Schlüssel	κλειδί, τό 3
Schnake	κουνούπι, τό 19
schnell	γρήγορα 4, στά γρήγορα 23
schnell tropfen (poetisch)	γοργοστάζω - γοργόσταξα 21
schon	κιόλας 7
schön	ὡραῖ-ος, ὡραί-α, ὡραῖ-ο 5
schöner	ὡραιότερος, -η, -ο 20
Schönheit	καλλονή, ἡ 19
Schrank	ντουλάπι, τό 3
schrecklich	τρομερά (τρομερός,-ή,-ό) 10
schreiben	γράφω - ἔγραψα 5, 16
schreien, rufen	φωνάζω - φώναξα 6
Schreiner	μαραγκός, ὁ 2
Schriftsteller	συγγραφέας, ὁ, συγγραφεῖς 9
Schublade	συρτάρι, τό 15
Schuh	παπούτσι,τό 9, ὑπόδημα,τό 10
Schuhabsatz	τακούνι, τό 10
Schulbank	θρανίο, τό 15
Schule	σχολεῖο, τό 2

Schüler, Schülerin	μαθητής, ὁ, μαθήτρια, ἡ, 2
Schulmappe	σάκκα, ἡ 15
Schutz	προστασία, ἡ 21
Schwan	κύκνος, ὁ 19
Schwanz, Reihe	οὐρά, ἡ 20
schwarz	μαῦρος, μαύρη, μαῦρο 10
schwätzen	φλυαρῶ - φλυάρησα 9
schwer	βαρύς, -ιά, -ύ 20, 25
schwer sein, beschwerlich werden	βαρύνω (βαραίνω)-βάρυνα 18
Schwester	ἀδελφή, ἡ 4
Schwierigkeit	δυσκολία, ἡ 12
Seele	ψυχή, ἡ 24
sehen	βλέπω - εἶδα 3
sehr groß	πανύψηλος, -η, -ο 23
sehr, viel	πολύ 2
seiden	μεταξωτός, -ή, -ό 10
seit, seit wann, ab wann	ἀπό πότε 11
Seite	πλευρά, ἡ 21
Sekunde	δευτερόλεπτο, τό 11
Semester	ἐξάμηνο, τό 22
senden	στέλνω - ἔστειλα 14
Sessel	πολυθρόνα, ἡ 6
setzen, hinsetzen, sich	κάθομαι 6
sicher	βέβαια (βέβαιος,-α,-ο) 7
sicher	σίγουρα (σίγουρ-ος, -η,-ο) 8
sicherlich	βεβαίως (βέβαιος) 19
sie (3. Person Plural)	αὐτοί, αὐτές, αὐτά 2
Siebenzeiler	ἑπτάστιχο, τό 19
Singular	ἑνικός, ὁ (ἀριθμός) 15
Sitz	ἕδρα, ἡ 28
sitzen, sich hinsetzen, wohnen	κάθομαι - κάθισα 6
sitzend	καθισμένος, -η, -ο 24
Sitzung	συνεδρίαση, ἡ, συνεδριάσεις 15
Skandal	σκάνδαλο, τό 19
so ... wie	τόσο .... ὅσο 10
so	τόσο 2
so viel wie	ὅσος, ὅση, ὅσο 22

so wie	όπως 7, σάν 10
so, auf diese Weise	έτσι 6
sobald, kaum	μόλις 8
Sofa	καναπές, ό, καναπέδες 5
sofort	αμέσως 19
Sohn	γιός, ό 24
solcher	τέτοιος, τέτοια, τέτοιο 12
Soldat	στρατιώτης, ό 16
Sommer	καλοκαίρι, τό 13
sonnen, sich	(ή)λιάζομαι-λιάστηκα 23
Sonnenschein	(ή) λιακάδα, ή 23
Sorgen, sich machen	στενοχωριέμαι-ήθηκα 23
Soutane	ράσο, τό 25
soviel er nimmt	όσα παίρνει 7
sowohl .... wie auch	καί ... καί 12
spät, langsam	αργά 14
später	αργότερα 20
Spaziergang	περίπατος, ό 17
Spaziergang (auf und ab gehen)	βόλτα, ή (κάνω βόλτες) 11
Spiegel	καθρέφτης(καθρέπτης), ό 10
Spießbraten	σουβλάκι, τό 14
Spinne	αράχνη, ή 24
Sport, sportlich	σπόρ, τό 10
spotten, betrügen	κοροϊδεύω - κορόιδεψα 14
Sprache, Zunge	γλώσσα, ή 9
sprechen	μιλάω - μίλησα 9
Staat	κράτος, τό, κράτη 21
Staatsangehörigkeit	Ὑπηκοότητα, ή 17
Staatsanwalt	εἰσαγγελέας, ό, εἰσαγγελεῖς 16
Staatsform	πολίτευμα, τό 21
Stadt	πόλη, ή, πόλεις 17
Stadt, Staat	πολιτεία, ή 21
Staubsauger	ηλεκτρική σκούπα, ή 17
staunen	ἀπορῶ - ἀπόρησα 23
stehe auf!	σήκω(Imperativ von:σηκώνομαι) 26
stehen	στέκομαι - στάθηκα 19
etwas steht mir	μοῦ πάει 10

stehengeblieben	σταματημένος, -η, -ο 27
steigen	ἀνεβαίνω - ἀνέβηκα 15
steiler Weg	ἀνήφορος, ὁ 26
Stein	πέτρα, ἡ 26
stellen Sie sich vor	φανταστεῖτε(φαντάζομαι) 18
sterblich	θνητός, -ή, -ό 21
Stern	ἄστρο, τό 17
Steuer, Zoll	φόρος, ὁ 17
Stockwerk	ὄροφος, ὁ 19
Stockwerk, Holzboden	πάτωμα, τό 5
stolpern	σκοντάβω - σκόνταψα 21
Strafgeld, Geldstrafe	πρόστιμο, τό 8
Strahl	ἀχτίνα, ἡ 21
Straße, Weg	δρόμος, ὁ 4
Straßenbahn	τράμ, τό 4
Streichholz	σπίρτο, τό 18
Streik	ἀπεργία, ἡ 11
streiten, sich	τσακώνομαι 6, φιλονικῶ 17
streng	αὐστηρός, -ή, -ό 28
stricken, häkeln	πλέκω - ἔπλεξα 6
Strumpf, Socke	κάλτσα, ἡ 10
Stück	κομμάτι, τό 3
Student, Studentin	φοιτητής,ὁ, φοιτήτρια, ἡ 2
Stuhl	καρέκλα, ἡ 5
Sturm, es stürmt	θύελλα, ἡ, ξεσπάει 13
stürzen, sich auf die Straße	παίρνω τούς δρόμους 24
Substantiv	οὐσιαστικό, τό 15
suchen nach	ψάχνω - ἔψαξα γιά 6
Süden (südlich))	Νότος, ὁ, (νότια) 21
südlich	νότιος, -ια, -ιο 21
Suppe	σούπα, ἡ 3
synthetisch	συνθετικός, -ή, -ό 10
Szene	σκηνή, ἡ 4

T

Tag	(ἡ) μέρα, ἡ 6

Takis (männlicher Vorname)	Τάκης, ὁ 1
Tante	θεία, ἡ 1
Tanz, Chor	χορός, ὁ 7
Tasche	τσάντα, ἡ 4, τσέπη, ἡ 8
taub, schwerhörig	κουφός, -ή, -ό 12
Tee	τσάι, τό, τσάγια 1
Teig	ζυμάρι, τό 24
Telephon	τηλέφωνο, τό 7
Telephongespräch	τηλεφώνημα, τό 7
telephonisch, Telephon-	τηλεφωνικός, -ή, -ό 7
Teller	πιάτο, τό 20
Tempel	ναός, ὁ, 18
Teppich	χαλί, τό 5
Terrasse	ταράτσα, ἡ 5
teuer	ἀκριβ-ός, -ή, -ό 5
Theater	θέατρο, τό 11
Theseustempel in Athen	Θησεῖο, τό 27
tief (bei Farben:. dunkel)	βαθιά (βαθύς) 10, 25
Tierarzt	κτηνίατρος, ὁ 10
Tochter	κόρη, ἡ 24
Tomate	ντομάτα, ἡ 4
tot, gestorben	πεθαμένος, -η, -ο 27
tot,verstorben	μακαρίτ-ης, ισσα, ικο 26
Tourist, Touristin	τουρίστας, ὁ, τουρίστρια, ἡ 9
Tränen in die Augen bekommen	δακρύζω - δάκρυσα 24
Traum	ὄνειρο, τό 19
traurig, besorgt	στενοχωρημένος, -η, -ο 12
treffen, sich	συναντιέμαι - ἤθηκα 12
trennen	χωρίζω - χώρισα 20
treten, drücken	πατάω - πάτησα 19
trinken	πίνω - ἤπια 1
trocken	ξερός, -ή, -ό 6
Trog, Wanne	σκάφη, ἡ 24
Trolleybus(Oberleitungsbus)	τρόλλεϋ, τό 9
Tropfen	στάλα, ἡ 26
Tuch	πανί, τό 24
Tuch, Taschentuch	μαντήλι, τό 15

U

überall	παντοῦ, ὁλοῦθε 21
überallher	ὁλοῦθε 21
übergehen	περνάω - πέρασα 28
überhaupt nicht	καθόλου 12
überlegen, sich	σκέπτομαι-σκέφθηκα 6
Überraschung	ἔκπληξη, ἡ, ἐκπλήξεις 14
übersetzt werden	μεταφράζομαι - σθηκα 21
Überstunde	ὑπερωρία, ἡ 15
Überweisung	ἐπιταγή, ἡ 20
übrigbleiben	περισσεύω - περίσσεψα 24
Uhr	ρολόι, τό 11
Uhrzeit, Stunde, allgemein: Zeit	ὥρα, ἡ 11
Umarmung	ἀγκαλιά, ἡ 27
umgewandelt werden	μετατρέπομαι, -τράπηκα 28
umsonst	στά χαμένα 26
umspült werden	περιβρέχομαι 21
Umstände	φασαρίες, οἱ 22
unbarmherzig	ἀλύπητα (ἀλύπητος) 26
unbedeutend	ἀσήμαντος, -η, -ο 28
unbedingt, auf jeden Fall	ὁπωσδήποτε 9
unbekannt	ἄγνωστος, -η, -ο 16
und ob ich komme!	ἄν ἔρχομαι, λέει 22
und, auch	καί, κι 1
unendlich	ἀπέραντος, -η, -ο 19
Unfall	δυστύχημα,τό, δυστυχήματα 16
unfruchtbar	ἄγονος, -η, -ο 21
ungefähr	περίπου 21
Ungeheuer	τέρας, τό 21
ungleichsilbiges (Substantiv)	ἀνισοσύλλαβο, τό 15
Unglück, Pech	ἀτυχία, ἡ 26
unglücklich	δυστυχής, δυστυχές 22
Universität	Πανεπιστήμιο, τό 2
unmöglich	ἀδύνατος, -η, -ο 11
es ist unmöglich	εἶναι ἀδύνατο

unten	κάτω 4
unter	κάτω από 4
unterbrechen	διακόπτω - διέκοψα 16
unterbringen	στεγάζω - στέγασα 16
untergebracht werden	στεγάζομαι - στεγάσθηκα 16
Untergrundbahn	ηλεκτρικός, ο 23
unterhalten, sich, plaudern	συζητάω- συζήτησα 9
Unterhaltung	διασκέδαση,η,διασκεδάσεις 11
Unterhemd	φανέλλα, η 10
Unterricht erteilen, erhalten	κάνω μάθημα 2
unterrichten, Vorlesung halten	διδάσκω - δίδαξα 2
Unterrock	κομπιναιζόν, τό, η 10
Unterschied	διαφορά, η 25
Unterwäsche	εσώρουχα, τά 10
unterwegs	στό δρόμο 18
unzertrennlich, ungetrennt	αχώριστος, -η, -ο 11
Urlaub	άδεια, η 22

V

Vater	πατέρας, ο 1
Vaterland, Heimat	πατρίδα, η 9
veilchenblau	μενεξεδένιος, -ια, -ιο 21
Venezianer	Βενετσιάνος, ο 28
Verantwortlicher, Zuständiger	υπεύθυνος , ο 20
verärgert	θυμωμένος, -η, -ο 14
verbieten	απαγορεύω - απαγόρευσα 23
verdauen, hier: leiden können, mögen	χωνεύω - χώνεψα 25
verdienen, gewinnen	κερδίζω - κέρδισα 13
Vereinbarung, Abkommen	συμφωνία, η 10
verewigen	απαθανατίζω, - θανάτισα 28
Verfassung	σύνταγμα, τό 16
vergangen	περασμένος, -η, -ο 20
Vergangenheit	παρελθόν, τό 28
vergessen	ξεχασμένος,-η,-ο 27
vergessen werden	ξεχνιέμαι - ξεχάσθ(τ)ηκα 12
verheiratet	παντρεμένος, -η, -ο 16

Verkäuferin	πωλήτρια, ἡ 10
Verklärung	Μεταμόρφωση, ἡ 20
verlangen	ζητάω - ζήτησα 10
Verlangen, Sehnsucht	καημός, ὁ 27
verlassen, im Stich lassen	παρατάω - παράτησα 24
verlieren	χάνω - ἔχασα 16
verloren gehen	χάνομαι - χάθηκα 26
vermietet werden	(ἐ)νοικιάζομαι, -σθηκα 6
vermissen jd.	πεθύμησα κάποιον 22
Vermögen	περιουσία, ἡ 27
vernünftig	λογικός, -ή, -ό 28
verrückt	τρελλός, -ή, -ό 23
versammelt euch!	συμμαζωχτῆτε:συμμαζευ-τεῖτε (συμμαζεύομαι) 20
verschieden	διάφορος, -η, -ο 9
verschwinden	ἐξαφανίζομαι- στηκα 23
versenken, sich, versinken	βυθίζομαι-βυθίστηκα 26
Versicherung, Sicherung	ἀσφάλεια, ἡ 15
verspäten, sich	ἀργῶ - ἄργησα 9
verspätet	καθυστερημένος, -η, -ο 19
versprechen	ὑπόσχομαι - ὑποσχέθηκα 14
verstecken, sich	κρύβομαι- κρύφτηκα 13
verstehen	καταλαβαίνω - κατάλαβα 8
verstehen, sich mit jem.	τά πάω καλά μέ κάποιον 12
Verwaisung, Verwaistsein	ἀρφανιά, ἡ (ὀρφανιά) 27
verwandeln	μεταμορφώνω, - μόρφωσα 26
verzeihen	συγχωρῶ - συγχώρεσα 10
Vetter	(ἐ) ξάδελφος, ὁ 4
Vettern und Cousinen	(ἐ)ξαδέλφια, τά 4
Viehzucht	κτηνοτροφία, ἡ 21
viele Jahre (soll man leben), alles Gute	Χρόνια Πολλά 20
vielleicht	ἴσως 11
Vogel	πουλί, τό 12
Vögelchen	πουλάκι, τό 26
Vokativ	Κλητική, ἡ 15
Volk	λαός, ὁ 20

volkstümlich für κυρία	κυρά, ή (κυρία) 26
volkstümlich, Volks-	λαϊκός-ή-ό 24, δημοτικός 27
von jetzt an	από τώρα 14
vor (nur temporal)	πρίν από 16
vor allem	πρό παντός 22
vor, vorne	ομπροστά, μπροστά 20
Vorabend	παραμονή, ή 20
vorbeigehen,-fahren, verbringen	περνάω - πέρασα 9
voreingenommen	προκατειλημμένος, -η, -ο 27
Vorgesetzter	προϊστάμενος, ό 23
vorhaben, beabsichtigen	λέω νά 22
voriges Jahr	πέρυσι 20
Vorname	όνομα, τό 17
Vorname des Ehegatten	όνομα τοῦ συζύγου 17
Vorname des Vaters	όνομα τοῦ πατέρα 17
vorne, herein, hallo	εμπρός 7
vornehm	αρχοντικός, -ή, -ό 28
vorschlagen	προτείνω - πρότεινα 28
vorstellen (sich etwas)	φαντάζομαι - σθηκα 18

W

Wachs, Kerze	κερί, τό 20
wachsen, sprießen	φυτρώνω - φύτρωσα 24
Wächter	φρουρός, ό 28
Wald	δάσος, τό, δάση 21
wann	πότε 11
Wärme, Hitze	ζέστη, ή 19
warten, erwarten	περιμένω - περίμενα 7
warum?	γιατί 3
was ist Ihnen eingefallen?	τί σᾶς ἦρθε; 20
was ist los, was geschieht?	τί γίνεται; 9
was kann wohl bedeuten?	τί νά σημαίνει ἄραγε; 15
was?	τί; 1
waschen, spülen	πλένω - έπλυνα 6
waschen, sich	πλένομαι- πλύθηκα 6, 23
Waschmaschine	πλυντήριο, τό, ρούχων 17

Wasser	νερό, τό 1
weben	υφαίνω - ύφανα 24
Webstuhl	αργαλειός, ὁ 24
Wecker	ξυπνητήρι, τό 11
weder ... noch	οὔτε ...οὔτε 14
wegen	λόγῳ (alter Dativ mit Gen.) 21
Weihnachten	Χριστούγεννα, τά 20
weil	ἐπειδή 7
Wein	κρασί , τό 1
Weinberg	ἀμπέλι, τό 24
weinen	κλαίω - ἔκλαψα 3
Weisheit	σοφία, ἡ 21
weiß	ἄσπρος, -η, -ο 10, λευκός 8 (= poetisch, hochsprachlich)
weit, entfernt	μακριά 2
welcher (Relativpronomen)	ὁποίος, ὁ,ὁποία, ἡ,ὁποῖο τό, 2
Welt, Leute	κόσμος, ὁ 7
wem gehört das?	ποιανοῦ εἶναι αὐτό; 8
wenden	στρέφω - ἔστρεψα 17
wenig	λίγος, -η, -ο 6
wenigstens	τοὐλάχιστον 14
wenn (Bedingung)	ἄν 13
wenn (temporal), als	ὅταν 5
wenn doch, wenn nur	μακάρι νά 13
wer?, welcher?,welche? welches?	ποιός, ποιά, ποιό 2
werden, geschehen, stattfinden	γίνομαι - ἔγινα 6
werfen, einwerfen	ρίχνω - ἔριξα 7
Werk	φίλμ, τό 7, ἔργο, τό 21
Westchen	γιλέκο, τό 10
Westen (westlich)	Δύση, ἡ (δυτικά) 21
westlich	δυτικός, -ή, -ό 21
Wetteifer, Konkurrenz	διαγωνισμός, ὁ 21
Wetter, Zeit	καιρός, ὁ 5
wie geht es dir? wie steht es?	τί γίνεσαι (γίνομαι) 6
wie ist das möglich?	πῶς γίνεται αὐτό; 15
wie oft?	κάθε πότε ;11
wie oft am Tage?	πόσες φορές τήν ἡμέρα ; 11

wie oft in der Woche?	πόσες φορές τήν έβδομάδα ; 11
wieso?	μά πῶς; 11
wieso (bist du) hier?	πῶς ἀπό δῶ; 6
wieso nicht ...	ἔμ πῶς δέν 16
wieviel Uhr, um wieviel Uhr	τί ὥρα 11
wie, wann	πῶς, πότε 5
wiederholen	ἐπαναλαμβάνω - ἔλαβα 23
wiegen, auswiegen	ζυγίζω - ζύγισα 20
Wiese	λειβάδι, τό 13
wieviel	πόσ-ος, -η, -ο 5
wieviel macht das ?	πόσο κάνει ; 5
Wind	ἄνεμος, ὁ 7
Wind von etwas bekommen	παίρνω εἴδηση 20
Winter	χειμώνας, ὁ 13
winterlich	χειμωνιάτικος, -η,-ο
	χειμερινός, -ή, - ό 13
wir	ἐμεῖς 2
wissen, kennen, können	ξέρω - ἤξερα 1
witzig	ἀστεῖος, ἀστεία, ἀστεῖο 7
wohin des Weges?	γιά ποῦ μέ τό καλό; 12
wohl	ἆραγε 15
Wolf	λύκος, ὁ 10
wollen	θέλω - ἤθελα(θέλησα) 3
wollen	μάλλινος, -η, -ο 10
Worte	λόγια, τά 14
Wunder	θαῦμα, τό, θαύματα 13
wunderbar (adverbial)	μιά χαρά , θαῦμα 13
wunderbar	ὑπέροχος, -η, -ο 28
wünschen (einem anderen etwas)	εὔχομαι - εὐχήθηκα 6, 24

Z

zählen, abmessen	μετράω - μέτρησα 26
Zaun	φράχτης, ὁ 24
zeichnen, planen	σχεδιάζω - σχεδίασα 23
zeigen	δείχνω - ἔδειξα 8
Zeit haben	ἀδειάζω - ἄδειασα 24

Zeitschrift	περιοδικό, τό 4
Zeitung	ἐφημερίδα, ἡ 4
Zelle	θάλαμος, ὁ 7
zerreißen	σκίζω - ἔσχισα, ἔσκισα 8
zerstreut	ἀφηρημένος, -η, -ο 18
Zerstreutheit	ἀφηρημάδα, ἡ 18
Zeus	Δίας, ἀρχαῖος θεός 21
Ziehbrunnen	πηγάδι, τό 17
Zigarette	τσιγάρο, τό 18
Zimmer	δωμάτιο, τό 3
Zitrone	λεμόνι, τό 3
Zoologie	Ζωολογία, ἡ 18
zornig werden	θυμώνω - θύμωσα 6
Zucker	ζάχαρη, ἡ 3
Zufall	σύμπτωση, ἡ, συμπτώσεις 23
zufrieden	εὐχαριστημένος, -η, -ο 9
zufriedenstellen	ἱκανοποιῶ - ἱκανοποίησα 19
Zug	τραῖνο, τό 8
zur Kirche gehen	ἐκκλησιάζομαι,- στηκα 28
zurückkommen	ἐπιστρέφω - ἐπέστρεψα 23
zuvorkommen	προλαβαίνω - πρόλαβα 26
zwar ..... aber	ναί μέν ..... ἀλλά
und zwar	καί μάλιστα
zwei	δύο, δυό 4
zweiter	δεύτερος, -η, -ο 2
Zwieback	παξιμάδι, τό 6
zwischen	ἀνάμεσα σέ 25
zynisch, Zyniker	κυνικός, -ή, -ό 27
Zypresse	κυπαρίσσι, τό 26

SPRACHWISSENSCHAFTLICHE
STUDIENBÜCHER

MARIA CHRISTMANN-PETROPOULOU

NEUGRIECHISCH
Lehr- und Arbeitsbuch

3. TEIL
Schlüssel

4. Auflage

Universitätsverlag
WINTER
Heidelberg

Bibliografische Information der Deutschen Nationalbibliothek
Die Deutsche Nationalbibliothek verzeichnet diese Publikation
in der Deutschen Nationalbibliografie;
detaillierte bibliografische Daten sind im Internet
über *http://dnb.d-nb.de* abrufbar.

ISBN 978-3-8253-1584-9
4. Auflage 2017

Dieses Werk einschließlich aller seiner Teile ist urheberrechtlich geschützt. Jede
Verwertung außerhalb der engen Grenzen des Urheberrechtsgesetzes ist ohne
Zustimmung des Verlages unzulässig und strafbar. Das gilt insbesondere für
Vervielfältigungen, Übersetzungen, Mikroverfilmungen und die Einspeicherung
und Verarbeitung in elektronischen Systemen.

© 2017 Universitätsverlag Winter GmbH Heidelberg
Imprimé en Allemagne · Printed in Germany
Druck: Memminger MedienCentrum, 87700 Memmingen

Gedruckt auf umweltfreundlichem, chlorfrei gebleichtem
und alterungsbeständigem Papier

Den Verlag erreichen Sie im Internet unter:
www.winter-verlag-hd.de

Λύσεις τῶν ἀσκήσεων

Πρῶτο μάθημα

1)
Ἕνα νερό, ἕνας πατέρας, μία μπύρα, ἕνα κρασί, μία μητέρα, ἕνα τσάι, ἕνα παιδί, ἕνα γάλα, ἕνας καφές, ἕνας θεῖος, μία θεία, ἕνα κονιάκ, ἕνα οὖζο, ἕνα βιβλίο, μία φωτογραφία, ἕνας παππούς, μία γιαγιά.

2)
Ναί, πίνω τσάι. Ὄχι, δέν πίνω τσάι. Ναί, πίνομε γάλα. Ὄχι, δέν πίνομε γάλα, oder: Ναί, πίνω γάλα. Ὄχι, δέν πίνω γάλα. Ναί, πίνουν κονιάκ. Ὄχι, δέν πίνουν κονιάκ. Ναί, πίνουν μπύρα. Ὄχι, δέν πίνουν μπύρα. Ναί, διαβάζω ἕνα βιβλίο. Ὄχι, δέ διαβάζω ἕνα βιβλίο. Ναί, διαβάζουν ἕνα βιβλίο. Ὄχι, δέ διαβάζουν ἕνα βιβλίο. Ναί, κυττάζω μία φωτογραφία. Ὄχι, δέν κυττάζω μία φωτογραφία. Ναί, κυττάζουμε μία φωτογραφία. Ὄχι, δέν κυττάζουμε μία φωτογραφία. Ναί, ὁ θεῖος καί ἡ θεία πίνουν οὖζο. Ὄχι, ὁ θεῖος καί ἡ θεία δέν πίνουν οὖζο.

3)
Δέν ξέρω τί διαβάζει ἡ μητέρα. Δέν ξέρω τί κάνει ἡ Ἄννα. Δέν ξέρω τί κάνει ὁ παππούς. Δέν ξέρω τί πίνει ὁ Τάκης. Δέν ξέρω τί πίνουν ὁ θεῖος καί ἡ θεία. Δέν ξέρω τί διαβάζει τό παιδί. Δέν ξέρω τί κυττάζουν ὁ πατέρας καί ἡ μητέρα. Δέν ξέρω τί κάνει ἡ γιαγιά. Δέν ξέρω τί κάνει ἡ θεία.

4)
Ὁ πατέρας πίνει νερό. Ἡ μητέρα δέν πίνει τίποτα. Ὁ θεῖος καί ἡ θεία πίνουν κρασί. Ἡ γιαγιά δέ διαβάζει ἕνα βιβλίο. Τί κάνει ὁ Τάκης καί ἡ Ἄννα; Δέν πίνουμε καφέ, ἀλλά γάλα. Κυττάζει (κυττάζουν) ὁ πατέρας καί ἡ μητέρα μία φωτογραφία;

5)
Γιῶργο, Πέτρο, Κῶστα, Νίκο, Ἀντώνη, Γιάννη, Περικλῆ, Κατερίνα, Σοφία, Ἀλεξάνδρα, Πηνελόπη.

6)
Πίνω κονιάκ καί όχι κρασί. Δέν πίνω κρασί, άλλά κονιάκ.
Πίνει νερό καί όχι γάλα. Δέν πίνει γάλα, άλλά νερό.
Κυττάζουν ένα βιβλίο καί όχι μιά φωτογραφία. Δέν κυττάζουν μία φωτογραφία, άλλά ένα βιβλίο.

7)
Κυττάζουν μία φωτογραφία. Δέν κάνουν τίποτα. Πίνουν τσάι. Διαβάζουν ένα βιβλίο. Δέν ξέρουν τίποτα.

Δεύτερο μάθημα

1)
Είμαι ό Νίκος Γαλανός, ή Κατερίνα Γαλανού κλπ.(usw.). Αύτός είναι ό κύριος Μυλωνάς. Αύτή είναι ή κυρία Μαραγκού. Ή Μαρία είναι στό σχολείο. Είναι μαθήτρια. Ό κύριος Μυλωνάς είναι ύπάλληλος. Τώρα είναι στό γραφείο. Ἐγώ είμαι φοιτητής, δάσκαλος, έργάτης, γιατρός. Είμαι στό Πανεπιστήμιο, στό σχολείο, στό έργοστάσιο, στό νοσοκομείο. Τό Πανεπιστήμιο είναι μακριά (κοντά).Ό κύριος πηγαίνει στό μαγαζί. (στό έργοστάσιο, στό νοσοκομείο). Αὐτές πηγαίνουν στό σχολείο.

2)
στό Πανεπιστήμιο, στό νοσοκομείο, στό μαγαζί, στό γραφείο, στό έργοστάσιο, στό σπίτι.

3)
Ή μητέρα, ό έμπορος, ό έργάτης, ή μαθήτρια, ή φοιτήτρια, ό γιατρός, ό ύπάλληλος.

4)
Τό σχολείο είναι μακριά (κοντά). Δέν ξέρω πού είναι τό σχολείο.
Τό Πανεπιστήμιο είναι κοντά. Δέν ξέρω πού είναι τό Πανεπιστήμιο.
Τό μαγαζί είναι κοντά. Δέν ξέρω πού είναι τό μαγαζί.
Τό γραφείο είναι μακριά. Δέν ξέρω πού είναι τό γραφείο.
Τό έργοστάσιο είναι μακριά. Δέν ξέρω πού είναι τό έργοστάσιο.
Τό νοσοκομείο είναι κοντά. Δέν ξέρω πού είναι τό νοσοκομείο.

5)
..... στό σχολεῖο, .στό σπίτι, .στό μαγαζί, στό Πανεπιστήμιο, στό σπίτι, .φοιτητής, ἔμπορος, μαθήτρια, γιατρός, μαραγκός.

6)
Δέν ξέρω ἀκριβῶς, ἀλλά νομίζω πώς ἡ Ἄννα δέν εἶναι γιατρός.
Δέν ξέρω ἀκριβῶς, ἀλλά νομίζω ὅτι ὁ πατέρας δέν εἶναι μαραγκός.
Δέν ξέρω ἀκριβῶς, ἀλλά νομίζω ὅτι ἡ μητέρα δέν εἶναι δασκάλα.
Δέν ξέρω ἀκριβῶς, ἀλλά νομίζω πώς αὐτοί δέν πίνουν κονιάκ.
Δέν ξέρω ἀκριβῶς, ἀλλά νομίζω πώς ὁ θεῖος δέν πίνει μπύρα.
Δέν ξέρω ἀκριβῶς, ἀλλά νομίζω ὅτι ἡ θεία δέν κυττάζει μιά φωτογραφία.
Δέν ξέρω ἀκριβῶς, ἀλλά νομίζω πώς ὁ δάσκαλος δέ διαβάζει ἕνα βιβλίο.
Δέν ξέρω ἀκριβῶς, ἀλλά νομίζω ὅτι ὁ φοιτητής δέν πηγαίνει στό σπίτι.
Δέν ξέρω ἀκριβῶς, ἀλλά νομίζω πώς αὐτές δέν κάνουν τώρα μάθημα.

Τρίτο μάθημα

1)
Ὁ Τάκης μπαίνει στό δωμάτιο. Λέει: γειά σου Ἑλένη, τί κάνεις; Ὅλοι τρῶνε τώρα. Ὁ θεῖος καί ἡ θεία τρῶνε ψωμί μέ τυρί καί μέ σαλάμι. Ἡ μητέρα τρώει τό ψάρι μέ τό μαχαίρι καί μέ τό πηρούνι. Ὁ παππούς τρώει τή σούπα μέ τό κουτάλι. Ὁ Γιαννάκης δέν τρώει, ἀλλά κλαίει. Θέλει ἕνα κομμάτι γλυκό. Ἡ γιαγιά λείπει. Τό γλυκό εἶναι στό ντουλάπι. Ἡ γιαγιά ἔχει τό κλειδί.

2)
Ἡ Ἄννα λέει ὅτι (πώς) τρώει. Λέτε πώς (ὅτι) θέλετε ἕνα κομμάτι γλυκό.
Λές πώς (ὅτι) διαβάζεις. Ἐμεῖς λέμε ὅτι (πώς) τά παιδιά κλαῖνε.
Αὐτά λένε πώς (ὅτι) ὁ Γιαννάκης κλαίει.
Ἡ γιαγιά λέει ὅτι (πώς) αὐτή ἔχει τό κλειδί.
Λές ὅτι (πώς) ἐμεῖς διαβάζουμε. Αὐτοί λένε πώς (ὅτι) διαβάζουν.

3)
Γιατί εἶναι νοικοκυρά.. Γιατί εἶμαι γιατρός. Γιατί εἶμαι καθηγητής.
Γιατί θέλει γλυκό. Γιατί τρώει. Γιατί δέν εἶμαι ὑπάλληλος. Γιατί εἶναι ἔμπορος. Γιατί εἶναι δασκάλα (μαθήτρια).

4)
Τρῶμε ψωμί μέ τυρί. Ὁ θεῖος καί ἡ γιαγιά ἀκοῦνε μουσική. Τό παιδί κλαίει. Ἡ σούπα καίει. Ἡ φοιτήτρια λείπει. Ποιός ἀκούει ράδιο; Ποιά μαθήτρια λείπει; Ποιό βιβλίο διαβάζεις, Κῶστα; Τί κάνεις; - Εἶμαι καλά. Τί κάνετε; - Τρῶμε.

5)
Θέλεις ἕνα κομμάτι τυρί; Ἡ γιαγιά θέλει ἕνα κομμάτι μπανάνα. Θέλετε ἕνα κομμάτι σαλάμι; Ὄχι, θέλουμε ἕνα κομμάτι ψωμί. Ὁ θεῖος καί ἡ θεία δέ θέλουν ἕνα κομμάτι γλυκό.

Τέταρτο μάθημα

1)
Ἀνοίγω τό παράθυρο καί κυττάζω κάτω στό δρόμο. Βλέπω τέσσερα αὐτοκίνητα. Τά αὐτοκίνητα τρέχουν πολύ γρήγορα. Μέσα στό τράμ εἶναι κύριοι, κυρίες καί παιδιά. Οἱ ὑπάλληλοι πηγαίνουν στό γραφεῖο. Οἱ ἐργάτες πᾶνε στό ἐργοστάσιο. Οἱ μαθητές πηγαίνουν στό σχολεῖο. Τά παιδιά ἔχουν ἕνα βιβλίο στό χέρι. Δύο κοπέλλες τρῶνε μπανάνες. Μέ τά πόδια ἤ μέ τό ποδήλατο. Οἱ ἔμποροι ἀνοίγουν τά καταστήματα. Οἱ πελάτες μπαίνουν μέσα. Ψωνίζουν καί μετά βγαίνουν ἀπό τό κατάστημα. Στά χέρια ἔχουν τσάντες μέ ψώνια. Ἀγοράζει ἀπό τό μανάβη πατάτες, ντομάτες καί λαχανικά. Ὁ ταχυδρόμος βγαίνει ἀπό τό ταχυδρομεῖο.

2)
ἀγοράζω: μῆλα, μπανάνες, καφέδες, κρασιά, μπύρες.
βλέπω : τά παιδιά, τά σχολεῖα, τούς δασκάλους, τούς μαθητές.
κυττάζω : τούς νεαρούς, τίς κοπέλλες, τά αὐτοκίνητα, τίς κυρίες.
ἀνοίγω : τίς τσάντες, τά μαγαζιά, τά παράθυρα, τά καταστήματα.
ἔχω : θείους, θεῖες, γιαγιάδες, παππούδες, δασκάλους.

3)
Πηγαίνω μέ τό ποδήλατο στό γραφεῖο. Κατεβαίνουμε στό δρόμο. Μπαίνουμε στό τράμ. Ἐμεῖς τρῶμε στό γραφεῖο γλυκά. Τά παιδιά τρέχουν στούς δρόμους. Οἱ φοιτητές διαβάζουν μία ἐφημερίδα. Ὁ παππούς ἀκούει ἀπό τό ραδιόφωνο μουσική. Στό δωμάτιο κλαῖνε τά παιδιά. Αὐτοί ἔχουν ἕνα βιβλίο στά χέρια.

4)
Λέω στό μαθητή, στή μαθήτρια, στό παιδί, στούς δασκάλους καλημέρα. Λέτε στίς κυρίες, στούς νεαρούς, στίς θείες, στά παιδιά καλημέρα. Πᾶτε στό γραφεῖο, στά μαγαζιά, στούς παππούδες, στούς θείους, στή γιαγιά, στό φούρναρη.

5)
ἀπό τό φούρναρη, ἀπό τόν ψαρά, ἀπό τό μανάβη, ἀπό τόν μπακάλη, ἀπό τό χασάπη, ἀπό τό περίπτερο.

6)
Ἀπό τόν μπακάλη ἀγοράζουμε : καφέ, ζάχαρη, τσάι, οὖζο, βούτυρο
ἀπό τό χασάπη   "   κρέας, σαλάμι
ἀπό τό μανάβη   "   μπανάνες, πατάτες, μῆλα, ντομάτες, λεμόνια, μανταρίνια.
ἀπό τό φούρναρη   "   ψωμί. παξιμάδια.
ἀπό τό περίπτερο   "   καραμέλες, σοκολάτες, τσιγάρα, ἐφημερίδες, περιοδικά.

7)
μέ τό ταξί, μέ τό λεωφορεῖο, μέ τό τράμ, μέ τά ποδήλατα, μέ τό αὐτοκίνητο, μέ τά πόδια, μέ τό τράμ.

8)
μέσα στό δωμάτιο, μέσα στά ντουλάπια, μέ τό κλειδί, πίσω (μπροστά) ἀπό τήν πόρτα, βγαίνουν ἀπό τό, μπαίνουν σ' ἕνα, κάτω (μπροστά, πίσω) ἀπό τό βιβλίο, μπροστά (πίσω, δίπλα) ἀπό τόν κύριο, ἀπέναντι ἀπό τό γραφεῖο, ἔπειτα ἀπό τό παιδί, πάνω ἀπό τό τραπέζι, πάνω στό τραπέζι.

9)
Ἀνοίγω τό παράθυρο καί κυττάζω τό παιδί. Ὁ ταχυδρόμος μπαίνει στό σπίτι καί φέρνει τά γράμματα. Στό κατάστημα ἀγοράζω πατάτες καί στό δρόμο τρέχουνε τράμ. Οἱ κοπέλλες τρῶνε τίς μπανάνες. Ἀνοίγουμε τό ράδιο καί ἀκοῦμε μουσική. Μπαίνουν στό τράμ καί διαβάζουν τήν ἐφημερίδα. Τρῶτε τό ψάρι μέ τό πηρούνι. Μπαίνουν στό μαγαζί καί ψωνίζουν λαχανικά. Βγαίνετε ἀπό τό κατάστημα μέ τήν τσάντα. Πηγαίνει

στό σχολείο μέ τά πόδια.

10)
Βλέπω ἕνα παιδί πού διαβάζει oder: Τό παιδί πού βλέπω διαβάζει.
Βλέπω ἕναν κύριο πού μπαίνει στό τράμ oder: Ὁ κύριος πού βλέπω μπαίνει στό τράμ. '
Ἀκοῦμε μουσική πού εἶναι μοντέρνα oder:'Η μουσική πού ἀκοῦμε εἶναι μοντέρνα.
Διαβάζω τήν ἐφημερίδα πού ἀγοράζω στό περίπτερο.
Ὁ θεῖος ἀκούει τά νέα (Nachrichten) πού λέει τό ράδιο.
Τά ψάρια πού τρῶνε εἶναι φρέσκα.
Βλέπομε δύο κυρίες πού εἶναι δασκάλες. Οἱ κυρίες πού βλέπομε εἶναι δασκάλες.
Κυττάζω τά παιδιά πού τρέχουν στό δρόμο.

11) Μεταφράστε καί ἀπαντῆστε!
1) Ποιός πίνει νερό καί τρώει ἕνα κομμάτι γλυκό; - Ὁ παππούς.
2) Τί πίνουν ὁ πατέρας καί ἡ μητέρα; - Πίνουν μπύρα.
3) Τί τρῶνε ὁ θεῖος καί ἡ θεία; - Τρῶνε ψάρι.
4) Τί κάνεις; - Εἶμαι καλά. Τί κάνετε; - Διαβάζομε ἕνα βιβλίο.
5) Μέ τί τρῶνε τά παιδιά τή σούπα;- Μέ τό κουτάλι.
6) Ποῦ πηγαίνουν τώρα οἱ ἐργάτες;- Στό ἐργοστάσιο.
7) Ποιός εἶναι στό δρόμο πίσω ἀπό τό περίπτερο;- Οἱ μαθητές.
8) Εἶναι τά κλειδιά κάτω ἀπ' τήν ἐφημερίδα;- "Ὀχι, δίπλα ἀπ' αὐτήν.
9) Μέ τί πηγαίνει ὁ δάσκαλος στό σχολείο; - Μέ τό λεωφορείο.
10) Πάει ὁ γιατρός στό νοσοκομείο μέ τά πόδια;-"Ὀχι, μέ τό αὐτοκίνητο.
11) Τί ἀκοῦνε οἱ μαθητές στό δωμάτιο; - Ἀκοῦνε μουσική.
12) Ποῦ (ἀπό ποῦ) ἀγοράζετε ψωμί; - Ἀπό τό φοῦρνο.
13) Τί εἶναι ἀπέναντι ἀπό τό ἐργοστάσιο; - Ἕνα μαγαζί.
14) Λέει ὅτι ἔχει γρίππη.
15) Ξέρετε ποῦ εἶναι τά κλειδιά; - Ναί, εἶναι μέσα στήν τσάντα.
16) Ξέρετε πῶς ἡ γιαγιά λείπει; - Ναί, βέβαια (sicher,).

Πέμπτο μάθημα

1)
Ἡ Ἄννα μένει σ' ἕνα μεγάλο, ὡραῖο σπίτι. Εἶναι ψηλό καί καινούργιο. Ἔχει τρία πατώματα. Στό πρῶτο πάτωμα μένουν ὁ παππούς μέ τή γιαγιά. Στό δεύτερο μένουν ὁ θεῖος μέ τή θεία. Ἡ Ἄννα μένει στό τρίτο πάτωμα. Ἔχουν ἕξι δωμάτια, ἕνα χώλλ, μία κουζίνα, ἕνα μπάνιο καί μία τουαλέττα. Ἡ κρεββατοκάμαρα εἶναι μικρή. Τό χώλλ δέν εἶναι φωτεινό, ἀλλά σκοτεινό. Τά παιδικά δωμάτια εἶναι φωτεινά, γιατί ἔχουν παράθυρα στό δρόμο. Στό γραφεῖο διαβάζει ὁ πατέρας. Τά ἔπιπλα στό γραφεῖο εἶναι ἀκριβά. Ἡ Ἄννα ἔχει φτηνά καί μοντέρνα. Πίσω ἀπό τό σπίτι εἶναι ἕνας κῆπος. Τά παιδιά παίζουν στόν κῆπο, ὅταν ἔχουν καιρό καί ὅταν ὁ καιρός εἶναι καλός (ὅταν δέν κάνει κρύο).

2)
αὐτό ... ψηλό, αὐτά ... μεγάλα, ἐκεῖνος ... μικρός, ἐκεῖνα ... φτηνά, τοῦτα ... ἀκριβά, τοῦτοι ... χαμηλοί, τούτη ... φωτεινή, αὐτές ... πλούσιες, ἐκεῖνες ... φτωχές.

3)
αὐτό τό ἐργοστάσιο	τοῦτο τό ἐργοστάσιο	ἐκεῖνο τό ἐργοστάσιο
αὐτή ἡ μαθήτρια	τούτη ἡ μαθήτρια	ἐκείνη ἡ μαθήτρια
αὐτά τά σπίτια	τοῦτα τά σπίτια	ἐκεῖνα τά σπίτια
αὐτός ὁ μαραγκός	τοῦτος ὁ μαραγκός	ἐκεῖνος ὁ μαραγκός
αὐτή ἡ γιατρός	τούτη ἡ γιατρός	ἐκείνη ἡ γιατρός
αὐτά τά μαγαζιά	τοῦτα τά μαγαζιά	ἐκεῖνα τά μαγαζιά
αὐτές οἱ δασκάλες	τοῦτες οἱ δασκάλες	ἐκεῖνες οἱ δασκάλες
αὐτοί οἱ ἔμποροι	τοῦτοι οἱ ἔμποροι	ἐκεῖνοι οἱ ἔμποροι
αὐτά τά μῆλα	τοῦτα τά μῆλα	ἐκεῖνα τά μῆλα
αὐτές οἱ πατάτες	τοῦτες οἱ πατάτες	ἐκεῖνες οἱ πατάτες
αὐτό τό παράθυρο	τοῦτο τό παράθυρο	ἐκεῖνο τό παράθυρο
αὐτό τό τράμ	τοῦτο τό τράμ	ἐκεῖνο τό τράμ
αὐτοί οἱ κῆποι	τοῦτοι οἱ κῆποι	ἐκεῖνοι οἱ κῆποι
αὐτό τό σχολεῖο	τοῦτο τό σχολεῖο	ἐκεῖνο τό σχολεῖο
αὐτά τά δωμάτια	τοῦτα τά δωμάτια	ἐκεῖνα τά δωμάτια
αὐτές οἱ ταράτσες	τοῦτες οἱ ταράτσες	ἐκεῖνες οἱ ταράτσες
αὐτός ὁ καθηγητής	τοῦτος ὁ καθηγητής	ἐκεῖνος ὁ καθηγητής

αυτό τό δέντρο   τοΰτο τό δέντρο   εκείνο τό δέντρο
αυτές οι φοιτήτριες   τοΰτες οι φοιτήτριες   εκείνες οι φοιτήτριες
αυτά τά καταστήματα   τοΰτα τά   εκείνα τά
                      καταστήματα   καταστήματα
αυτός ό καναπές   τοΰτος ό καναπές   εκείνος ό καναπές

4)
παλιό, ακριβό, μεγάλη, χαμηλός, μεγάλη, παλαιό, καινούργιο, μεγάλο, φτωχή (φτωχιά), κακός, σκοτεινό, μικρός.

5)
Πίνομε πολλούς καφέδες. Βλέπουμε τούς ωραίους κήπους. Αγοράζουμε φρέσκιες μπανάνες. Τρώνε τά μεγάλα μήλα. Έχουν ακριβούς καναπέδες. Δέν ξέρομε τούς καινούργιους υπαλλήλους. Αυτές οι φοιτήτριες είναι κακιές.

6)
Ποιά είναι αυτή ή μαθήτρια· Ποιοί είναι αυτοί οι νεαροί; Ποιά είναι αυτή ή κοπέλλα; Ποιά είναι αυτά τά παιδιά; Ποιοί είναι αυτοί οι γιατροί; Ποιές είναι αυτές οι γυναίκες; Ποιές είναι αυτές οι νοικοκυρές; Ποιός είναι αυτός ό φοιτητής;

7)
Δέν πίνω πολύ ούζο. Δέν τρώς πολλές πατάτες. Δέν αγοράζει πολλά μήλα. Δέν πίνουν πολλές μπύρες, αλλά πολλή ρετσίνα. Πίνομε πολλούς καφέδες. Βλέπω πολλούς ανθρώπους.

8)
Πόσα δωμάτια έχεις; Πόσα βιβλία διαβάζει; Πόσα ψάρια τρώει; Πόσους φοιτητές καί πόσες φοιτήτριες ξέρει; Πόσους θείους καί πόσες θείες έχουν Πόσες μπανάνες καί πόσα μήλα αγοράζει; Πόσο κρασί καί πόση μπύρα πίνουν; Πόσους ανθρώπους βλέπομε στό δρόμο; Πόσες μαθήτριες πηγαίνουν στό σχολείο; Πόσοι εργάτες είναι στό εργοστάσιο;Πόσες αδελφές καί πόσους αδελφούς έχει; Πόσος καφές είναι στό πακέτο;

9)
Όταν έχω καιρό, διαβάζω ένα βιβλίο, βλέπω ένα ωραίο φίλμ, ακούω

μουσική.
Όταν ὁ καιρός εἶναι καλός, τρώω στήν ταράτσα, κατεβαίνω στόν κῆπο, πηγαίνω στό γραφεῖο μέ τά πόδια.

11) Μεταφράστε!

1) Ποιός (ποιά) εἴσαστε; Ποιοί εἶναι αὐτοί; Ποιά εἶναι αὐτή ἡ κυρία;
2) Εἶσαι φοιτητής; Εἶναι γιατρός; Εἴσαστε δασκάλα;
3) Ποῦ εἶναι ὁ μαθητής τώρα; Ποῦ πάει ὁ ἐργάτης; Ποιός πάει στό γραφεῖο καί ποιός εἶναι στό σπίτι·
4) Εἶναι τό Πανεπιστήμιο μακριά; Εἶναι τό μαγαζί κοντά;
5) Αὐτή δέν εἶναι ἡ Μαρία, ἀλλά ἡ Ἄννα. Εἶναι νοικοκυρά.
6) Τί πίνει ὁ παππούς; Τί κρασί πίνουν οἱ φοιτητές;
7) Νομίζω πώς αὐτός ὁ κύριος εἶναι μηχανικός καί πηγαίνει στό ἐργοστάσιο μέ τό τράμ.
8) Τί σπουδάζεις; Ποιός σπουδάζει μαθηματικά καί ποιός παιδαγωγικά;
9) Δέν εἶμαι φοιτήτρια, ἀλλά ὑπάλληλος.
10) Ἡ μητέρα εἶναι ἄρρωστη. Ἔχει γρίππη καί εἶναι στό κρεββάτι.
 - Περαστικά.
11) Τί κάνει ἡ γιαγιά; Εἶναι κι αὐτή στό κρεββάτι;
12) Τρῶμε τή σούπα μέ τό κουτάλι καί τό ψάρι μέ τό πηρούνι.
13) Γιατί κλαίει τό παιδί; - Γιατί δέν ἔχει διακοπές.
14) Ἔχετε τό κλειδί γιά τήν πόρτα; - Ὄχι, γιά τό ντουλάπι.
15) Ἀκοῦτε μουσική ἀπ' τό ράδιο, ὅταν οἱ γονεῖς λείπουν.
16) Στό δρόμο βλέπω δύο αὐτοκίνητα καί τρία ποδήλατα.
17) Οἱ μαθητές ἔχουν ἕνα βιβλίο στά χέρια καί μαθαίνουν τό μάθημα.
18) Μία κυρία τρώει ἕνα μῆλο. Στό χέρι ἔχει μία τσάντα μέ ψώνια: πατάτες, ντομάτες, λαχανικά, ψωμί.
19) Ἀγοράζει ψωμί στό φούρναρη καί σαλάμι ἀπό τό χασάπη.
20) Ὁ μανάβης εἶναι ἄρρωστος καί δέν ἀνοίγει τό μαγαζί.
21) Ξέρετε ποῦ εἶναι ἕνα περίπτερο; - Δέν ξέρω ἀκριβῶς.
22) Πηγαίνετε στό γραφεῖο μέ τά πόδια ἤ μέ τό ποδήλατο;
23) Πάω μέ τά πόδια, ἀλλά ὁ Τάκης πάει μέ τό λεωφορεῖο..
24) Ποιό εἶναι αὐτό τό παιδί πού τρέχει γρήγορα στό δρόμο;
25) Δέν ξέρω, νομίζω πώς εἶναι ὁ Κώστας.
26) Λές στό θεῖο, στή θεία, στούς καθηγητές καλημέρα.
27) Τί εἶναι κάτω ἀπ' τό βιβλίο, πίσω ἀπ' τό λεξικό; Μία ἐφημερίδα.
28) Ποῦ μένετε καί πόσα δωμάτια ἔχετε; Ἔχετε μία ταράτσα; Εἶναι στήν

ταράτσα πολλά λουλούδια;
29) Σ' αὐτό τό δωμάτιο εἶναι παλαιά, ἀλλά ἀκριβά ἔπιπλα. Σ' ἐκεῖνο εἶναι μοντέρνα καί φτηνά. Καί τό χαλί εἶναι φτηνό.
30) Τί κάνεις, ὅταν ἔχεις καιρό καί ὅταν ὁ καιρός εἶναι καλός;

Ἕκτο μάθημα

1)
Ὅλη ἡ οἰκογένεια μαζεύεται στό μεγάλο χώλλ. Γιατί τήν ἡμέρα ἐργάζονται πολύ. Τό βράδυ. Ἡ μητέρα κάθεται στήν πολυθρόνα. Πλέκει. Κοντά στό ράδιο. Ἀκούει τά νέα. Τά παιδιά κάθονται στό χαλί. Κυττάζουν ἕνα χάρτη. "Τό παξιμάδι μου εἶναι ξερό, δέν τρώγεται. Τό γάλα μου καίει, δέν πίνεται.". Ὁ πατέρας λέει· "παιδιά, ἡσυχία. Δέν ντρεπόσαστε! " Ἡ μητέρα λέει· " ὅλοι στό κρεββάτι τώρα!" Τά μεγάλα παιδιά πᾶνε στό μπάνιο. Ὁ Γιαννάκης πλένεται ἀπό τή μητέρα.

2)
κάθεται, ἑτοιμάζεται, πλένονται, πλενόσαστε, ἔρχεται, ἔρχονται, βρισκόμαστε, ἐργάζεται, ἐργάζονται, ἐρχόσαστε, τσακώνονται, γίνεται, πίνεται, κάθεται, τρώγονται, πλένεται, πλένονται.

3)
Τά παξιμάδια τρώγονται ἀπό τά παιδιά. Τά ψάρια ἀγοράζονται ἀπό τήν κυρία. Μία ἐφημερίδα ἀγοράζεται ἀπό τόν παππού. Τά λουλούδια μαζεύονται ἀπό τή θεία. Τά γράμματα γράφονται ἀπό τίς φοιτήτριες. Τά βιβλία διαβάζονται ἀπό τούς μαθητές. Τό φαγητό ἑτοιμάζεται ἀπό τή γιαγιά. Ὁ σάκκος μέ τά γράμματα ἀνοίγεται ἀπό τόν ταχυδρόμο. Τά καταστήματα ἀνοίγονται ἀπό τούς ἐμπόρους. Τά μαχαίρια πλένονται ἀπό τίς κοπέλλες. Ἕνα πουλόβερ πλέκεται ἀπό τή Μαρία. Ἕνα γράμμα γράφεται ἀπό τόν Κώστα.

4)
πλένετε - πλένεται., βρίσκετε - βρίσκεται, γράφετε - γράφεται, πίνετε - πίνεται, σηκώνετε - σηκώνεται.

5)
Τό πρωί ετοιμάζομαι καί πηγαίνω στή δουλειά. Τό μεσημέρι τρώω. Τό απόγευμα κάνω περίπατο καί πίνω καφέ. Τό βράδυ ξεκουράζομαι καί ακούω μουσική. Τήν ήμέρα εργάζομαι πολύ.

6)
στό σπίτι...μέ τά, από... στό, μέ ... άπό, γιά (άπό), άπό, άπό (στό), άπό, γιά, .μέ, μέ, γιά (άπό), άπό, γιά, μέ, γιά.

7)
γι αυτό, γι αυτό, γιατί, γι αυτό, γιατί, γι αυτό, γιατί, γι αυτό, γιατί, γι αυτό, γιατί, γι αυτό, γιατί, γιατί, γι αυτό, γιατί.

Έβδομο μάθημα

1)
Ό Άντρέας κάνει ένα τηλεφώνημα. Στόν Νίκο. Στό " Ρέξ ". Τό λένε:
" Όσα παίρνει ό άνεμος". Αυτά πού έχουν πολλή μουσική καί χορό ή τά μοντέρνα καί τά αστεία. Δέν έχουν εισιτήρια. Ή Ελένη τούς χαρίζει τά εισιτήρια. Γιατί δέν έχει σήμερα καιρό. Μπροστά στό ταμείο.

2)
τόν, τήν, τό, τούς, τίς, τά

3)
Διαβάζουμε αυτά, **τά** διαβάζουμε. Βλέπει αυτό, **τό** βλέπει. Αγοράζω αυτές, **τίς** άγοράζω. Ξέρεις αυτές, **τίς** ξέρεις. Τρώμε αυτό, **τό** τρώμε. Πίνουν αυτούς, **τούς** πίνουν. Γιατί κυττάζετε αυτά, γιατί **τά** κυττάζετε; Πλέκετε αυτό, **τό** πλέκετε. Γράφουν αυτά, **τά** γράφουν. Αγοράζεις αυτό, **τό** αγοράζεις. Θέλεις αυτά, **τά** θέλεις. Δέ θέλει αυτά, δέν **τά** θέλει. Δέ βλέπει αυτούς, δέν **τούς** βλέπει. Δέν τρώει αυτές, δέν **τίς** τρώει.

4)
Ενδιαφέρεσαι γιά τά μαθηματικά, ενδιαφέρεται γιά τήν πολιτική, ενδιαφέρεται γιά τά παιδαγωγικά, ενδιαφερόμαστε γιά τή φιλοσοφία, ενδιαφερόσαστε γιά τά ποδήλατα, ενδιαφέρονται γιά τόν κινηματογράφο.

5)
μοῦ ἀρέσει, σοῦ ἀρέσουν, μᾶς ἀρέσουν, σᾶς ἀρέσει, τοῦ ἀρέσει, δέν τούς ἀρέσουν, τοῦ ἀρέσουν, τῆς ἀρέσουν, τούς ἀρέσει τούς ἐνδιαφέρουν, τήν ἐνδιαφέρει, σέ ἐνδιαφέρουν, τίς ἐνδιαφέρουν, μέ ἐνδιαφέρει, μᾶς ἐνδιαφέρουν

6)
Τόν παίρνω στό τηλέφωνο,	τοῦ κάνω ἕνα τηλεφώνημα.
Τήν παίρνω στό τηλέφωνο,	τῆς κάνω ἕνα τηλεφώνημα.
Τόν παίρνω στό τηλέφωνο,	τοῦ κάνω ἕνα τηλεφώνημα.
Τήν παίρνω στό τηλέφωνο,	τῆς κάνω ἕνα τηλεφώνημα.
Τούς παίρνω στό τηλέφωνο,	τούς κάνω ἕνα τηλεφώνημα.
Τίς παίρνω στό τηλέφωνο,	τούς κάνω ἕνα τηλεφώνημα.
Τούς παίρνω στό τηλέφωνο,	τούς κάνω ἕνα τηλεφώνημα.
Τίς παίρνω στό τηλέφωνο,	τούς κάνω ἕνα τηλεφώνημα.

7)
Γράφει αὐτό σ'αὐτόν, τοῦ τό γράφει.
Στέλνει αὐτά σ' αὐτήν, τῆς τά στέλνει.
Χαρίζει σ' αὐτά αὐτά, τούς τά χαρίζει.
Χαρίζει σ' αὐτές αὐτά, τούς τά χαρίζει.
Φέρνει σ' ἐμᾶς αὐτά, μᾶς τά φέρνει.
Δίνομε σ' ἐσᾶς αὐτές, σᾶς τίς δίνομε.
Ποιός στέλνει σ' αὐτήν αὐτές; ποιός τῆς τίς στέλνει;
Γιατί δέ γράφεις σ' αὐτόν; γιατί δέν τοῦ γράφεις;
Γιατί δέ γράφεις σ' αὐτήν; Γιατί δέν τῆς γράφεις;
Δέ στέλνετε σ' αὐτήν αὐτά; δέν τῆς τά στέλνετε;
Δέ χαρίζετε σ' αὐτές αὐτές; δέν τούς τίς χαρίζετε;
Φέρνουν σ' αὐτούς αὐτά, τούς τά φέρνουν.

8)
Μήν κόβεις - μήν κόβετε, μήν τρέχεις - μήν τρέχετε, μήν τόν παίρνεις- μήν τόν παίρνετε, μήν ἀγοράζεις - μήν ἀγοράζετε, μή χαρίζεις - μή χαρίζετε, μήν πίνεις - μήν πίνετε, μήν μπαίνεις - μήν μπαίνετε, μήν ἔρχεσαι - μήν ἐρχόσαστε, μήν ἐργάζεσαι - μήν ἐργαζόσαστε, μήν πλένεσαι - μήν πλενόσαστε, μήν ἑτοιμάζεσαι - μήν ἑτοιμαζόσαστε, μήν κάθεσαι - μήν καθόσαστε, μήν τσακώνεσαι - μήν τσακωνόσαστε, μήν ἐν-

διαφέρεσαι - μήν ἐνδιαφερόσαστε, μή σηκώνεσαι - μή σηκωνόσαστε, μήν ἀκοῦς - μήν ἀκοῦτε!

9)
νάτοι - νάτους, νάτες - νάτες, νάτα - νάτα, νάτοι - νάτους, νάτα - νάτα, νάτα - νάτα, νάτοι - νάτους, νάτοι - νάτους, νάτη - νάτην, νάτος - νάτον, νάτα - νάτα, νάτες - νάτες, νάτος - νάτον, νάτο - νάτο, νάτα - νάτα, νάτος - νάτον, νάτη - νάτην

10)
μπροστά μου, πίσω σου, κοντά της, δίπλα μας, μακριά τους, ἀπέναντί τους, ἐπάνω τους, κάτω τους

11) Μεταφράσατε!
1) Σᾶς ἀρέσει τό ψάρι;
2) Σᾶς ἀρέσουν τά λουλούδια; (Πῶς σᾶς φαίνονται τά λουλούδια;)
3) Τήν ἐφημερίδα σοῦ τή δίνω.
4) Μᾶς βλέπει κάθε πρωί.
5) Αὐτήν τή μουσική τήν ἀκούω κάθε βράδυ.
6) Ὁ παππούς στέλνει στό παιδί δύο βιβλία, τοῦ τά στέλνει.
7) Ὁ δάσκαλος τόν βλέπει.
8) Δίνουμε στούς μαθητές μία μπάλλα, τούς τή δίνομε.
9) Πῶς τόν λένε αὐτόν τό φοιτητή;
10) Πῶς σᾶς λένε, καί πῶς τή λένε αὐτήν τή γυναίκα;
11) Αὐτό τό παιδί τό λένε Ἀντρέα.
12) Τήν βλέπομε κάθε ἀπόγευμα.
13) Ποιός μᾶς στέλνει αὐτό τό γράμμα;
14) Γιατί δεν τοῦ δίνεις τό κλειδί;
15) Τί ἔργο παίζει αὐτός ὁ κινηματογράφος;
16) Παίζει ἕνα μοντέρνο φίλμ, δέν ἔρχεσαι κι ἐσύ;
17) Τοῦ γράφει ἕνα γράμμα, τοῦ τό γράφει.
18) Χαρίζουμε στούς φοιτητές ἕνα λεξικό, τούς τό χαρίζουμε.
19) Τῆς νοικιάζει δύο δωμάτια, τῆς τά νοικιάζει.
20) Κάθεσαι μπροστά μου. Καθόσαστε πίσω μας.
21) Κάθονται κοντά μας, ἀλλά ὁ γιατρός μένει μακριά μας.
22) Σέ περιμένω μπροστά ἀπό τό περίπτερο.
23) Εἶναι αὐτό τό οὖζο γιά μένα; - "Οχι, γιά αὐτόν (γι αὐτόν).

24) Αυτά τά εισιτήρια δέν είναι γιά μας, άλλά γιά σας.
25) Βλέπεις τίς φωτογραφίες; - Ναί, τίς βλέπω.
26) Τά παιδιά δέν ντύνονται μόνα τους.
27) Οί μαθήτριες κάνουν τίς ασκήσεις μόνες τους.
28) Τό πουλόβερ τό πλέκει ή "Αννα μόνη της.
29) Οί φοιτητές μαγειρεύουν μόνοι τους.
30) Ό κύριος Μακρής είναι ό ίδιος στό τηλέφωνο.
31) Στό πρώτο πάτωμα μένουμε έμεις οί ίδιοι, μόνο τό δεύτερο πάτωμα νοικιάζεται.
32) Είναι ή κυρία Μακρή έδώ; - Ή ίδια όχι.
33) Ψωνίζεις μόνη σου, Ελένη;
34) Ό καθηγητής ό ίδιος μας παίρνει στό τηλέφωνο.

Ασκήσεις πάνω στό διάλογο

1)
Κάνετε ένα τηλεφώνημα.

2)
Σπιτικός, - ή, - ό
εμπορικός, - ή, -ό.
φοιτητικός, - ή, -ό.
κοσμικός, - ή, -ό.
θεατρικός, - ή, -ό.
ραδιοφωνικός, - ή, -ό.
ταχυδρομικός, - ή, -ό.

Όγδοο μάθημα

1)
Ένας ευσυνείδητος κύριος. Μέ τό τραίνο. "Ενα εισιτήριο. ""Ενα εισιτήριο είναι στό πάτωμα ". Δείχνει τό εισιτήριο σέ όλους τούς επιβάτες. "Ολοι ψάχνουν στίς τσέπες τους. "Ολοι έχουν τά εισιτήριά τους. Ό κύριος σκίζει τό εισιτήριο καί ρίχνει τά κομμάτια έξω άπ' τό παράθυρο. Ό ελεγκτής. "Εισιτήρια, παρακαλώ". Ό ευσυνείδητος κύριος δέ βρίσκει τό εισιτήριό του. Καταλαβαίνει ότι τό εισιτήριο ήταν δικό του. Εκατό ευρώ πρόστιμο.

2)
Τό παιδί εἶναι δικό μας. Τά βιβλία εἶναι δικά της. Οἱ μπανάνες εἶναι δικές μου. Οἱ κῆποι εἶναι δικοί τους. Τά αὐτοκίνητα εἶναι δικά σας. Τό ποδήλατο εἶναι δικό του. Οἱ καναπέδες εἶναι δικοί μας. Οἱ βιβλιοθῆκες εἶναι δικές τους. Τά ἔπιπλα εἶναι δικά σου. Ἡ τσάντα εἶναι δική μου. Τό χαλί εἶναι δικό της. Οἱ ἐφημερίδες εἶναι δικές της.

3)
Τά βιβλία του, ..δικά του. Οἱ μπάλλες του, .. δικές του. Οἱ φωτογραφίες τους, ... δικές τους. Τά χαλιά τους, ... δικά τους. Τά λουλούδια σου, ... δικά σου. Τό ποδήλατό μου, ... δικό μου. Τά ραδιόφωνά μας, ... δικά μας. Τό γλυκό τους, ... δικό τους. Οἱ τσάντες τους, ... δικές τους. Οἱ ἐφημερίδες της, ... δικές της

4)
Εὐσυνείδητος γιατρός, εὐσυνείδητοι φοιτητές, εὐσυνείδητα παιδιά, εὐσυνείδητοι ὑπάλληλοι, εὐσυνείδητες κυρίες, εὐσυνείδητοι καθηγητές, εὐσυνείδητοι ἔμποροι, εὐσυνείδητες μαθήτριες, εὐσυνείδητος δάσκαλος, εὐσυνείδητη δασκάλα.

11) **Μεταφράστε!**
1) Ὁ Πάνος ἦταν στό τράμ καί εἶχε μία τσάντα στό χέρι.
2) Ἤμαστε σ' ἕναν ὡραῖο κῆπο πού εἶχε ὡραῖα λουλούδια.
3) Ἤσαστε στόν κινηματογράφο;
4) Αὐτό τό δωμάτιο εἶχε ἕνα ὡραῖο χαλί.
5) Εἴχατε ἕνα ψηλό σπίτι.
6) Στό δωμάτιο ἦσαν μοντέρνα ἔπιπλα.
7) Εἴχαμε ἕνα φωτεινό χώλλ.
8) Εἶχες τήν ἐφημερίδα μου.
9) Ἤμουνα στό σχολεῖο, ἐπειδή εἶχα μάθημα.
10) Ποῦ ἤσουνα;
11) Τά παιδιά ἦσαν στήν ταράτσα, γιατί ὁ καιρός ἦταν καλός.
12) Δέν εἶχαν καιρό.

Ένατο μάθημα

1)
Η φίλη της ή Κατερίνα. Πολλά καί διάφορα, ὁπωσδήποτε ὅμως ἕνα ζευγάρι παπούτσια. Πᾶνε στό Μοναστηράκι. Γιατί ἐκεῖ ἔχει πολλά μαγαζιά μέ χαμηλές τιμές καί μεγάλη ποικιλία. Ἡ Κατερίνα ἔρχεται γιά παρέα. Πηγαίνουν μέ τά πόδια, γιατί τά τρόλλεϋ ἀργοῦν. Οἱ τουρίστες ἀγοράζουν ἀναμνηστικά δωράκια. Μιλᾶνε ἀγγλικά, γαλλικά, γερμανικά κλπ. Οἱ δύο φίλες φτάνουν στό Μοναστηράκι.

2)
Μιλᾶμε, γελᾶνε, ρωτᾶνε, ἀπαντάει, ξεχνάω, χτυπᾶν, περνᾶτε, περπατᾶνε καί συζητᾶνε, μελετάει, πεινᾶνε καί διψᾶνε, σταματάει, χαλάει, χαλᾶνε, χαιρετᾶς, κρατᾶτε, ἀγαπᾶνε, ἐνοχλεῖτε, ζοῦνε, τηλεγραφοῦμε, κατοικοῦν, ὠφελεῖ, εἰδοποιεῖτε, ἀργοῦν, ἀδικεῖ, ἐπιθυμεῖτε, ἐκτιμᾶν, προτιμᾶς, πηδᾶν, εὐχαριστοῦν, σπᾶνε, χρησιμοποιοῦμε.

3)
ἡ τσάντα: ἡ τσαντούλα, ἡ τσαντίτσα, τό τσαντάκι
τό παιδί: τό παιδάκι,
ἡ μπανάνα: ἡ μπανανίτσα, ἡ μπανανούλα
ἡ πατάτα :ἡ πατατίτσα, ἡ πατατούλα, τό πατατάκι
τό μῆλο: τό μηλάκι
τό ποδήλατο: τό ποδηλατάκι
τό αὐτοκίνητο: τό αὐτοκινητάκι
ἡ μητέρα: ἡ μητερούλα, ἡ μητερίτσα
ὁ μαθητής: ὁ μαθητάκος
ὁ κῆπος: ὁ κηπάκος, τό κηπάκι
ὁ καναπές: τό καναπεδάκι
ἡ γιαγιά: ἡ γιαγιάκα, ἡ γιαγιούλα, ἡ γιαγίτσα.
τό τραπέζι: τό τραπεζάκι
τό γλυκό: τό γλυκάκι
τό κατάστημα: τό καταστηματάκι
τό μαγαζί: τό μαγαζάκι
ὁ ἔμπορος: ὁ ἐμποράκος
ἡ γάτα: ἡ γατούλα, ἡ γατίτσα, τό γατάκι
ἡ ταράτσα: ἡ ταρατσούλα, ἡ ταρατσίτσα, τό ταρατσάκι
τό κλειδί : τό κλειδάκι

ἡ κουβέντα: ἡ κουβεντούλα, ἡ κουβεντίτσα
τό βράδυ: τό βραδάκι
ἡ κοπέλλα: ἡ κοπελλίτσα

4)
Ἐπειδή (μιά καί, ἀφοῦ) πεινάω, τρώω. Τρώω, γιατί πεινάω.
Ἐπειδή (μιά καί, ἀφοῦ) χρειάζομαι παπούτσια, πηγαίνω στά καταστήματα. Πηγαίνω στά καταστήματα, ἐπειδή χρειάζομαι παπούτσια.
Ἐπειδή (μιά καί, ἀφοῦ) εἶμαι κουρασμένος, ἑτοιμάζομαι γιά ὕπνο.
Ἐργάζεται στό νοσοκομεῖο, γιατί (ἐπειδή, μιά καί, ἀφοῦ) εἶναι γιατρός.
Πηγαίνει στόν κινηματογράφο, γιατί (ἐπειδή, μιά καί, ἀφοῦ) τό ἔργο τόν ἐνδιαφέρει

5)
Οἱ Γερμανοί κατοικοῦν στή Γερμανία. Ἡ Γερμανία εἶναι ἡ πατρίδα τους.
Μιλᾶνε γερμανικά. Τά γερμανικά εἶναι ἡ γλῶσσα τους.
Οἱ Γάλλοι κατοικοῦν στή Γαλλία. Ἡ Γαλλία εἶναι ἡ πατρίδα τους.
Μιλᾶνε γαλλικά. Τά γαλλικά εἶναι ἡ γλῶσσα τους.
Οἱ Ἄγγλοι κατοικοῦν στήν Ἀγγλία. Ἡ Ἀγγλία εἶναι ἡ πατρίδα τους.
Μιλᾶνε ἀγγλικά. Τά ἀγγλικά εἶναι ἡ γλῶσσα τους.
Οἱ Ἰταλοί κατοικοῦν στήν Ἰταλία. Ἡ Ἰταλία εἶναι ἡ πατρίδα τους.
Μιλᾶνε ἰταλικά. Τά ἰταλικά εἶναι ἡ γλῶσσα τους.
Οἱ Ἕλληνες κατοικοῦν στήν Ἑλλάδα. Ἡ Ἑλλάδα εἶναι ἡ πατρίδα τους.
Μιλᾶνε ἑλληνικά. Τά ἑλληνικά εἶναι ἡ γλῶσσα τους.
Οἱ Ἰσπανοί κατοικοῦν στήν Ἰσπανία. Ἡ Ἰσπανία εἶναι ἡ πατρίδα τους.
Μιλᾶνε ἰσπανικά. Τά ἰσπανικά εἶναι ἡ γλῶσσα τους.
Οἱ Ρῶσοι κατοικοῦν στή Ρωσία. Ἡ Ρωσία εἶναι ἡ πατρίδα τους.
Μιλᾶνε ρωσικά. Τά ρωσικά εἶναι ἡ γλῶσσα τους.

Δέκατο μάθημα

1)
"Ὁρίστε, παρακαλῶ" Ἡ Ἑλένη λέει ὅτι θέλει ἕνα ζευγάρι παπούτσια σπόρ. Φοράει 37. Τά παπούτσια πού τῆς δίνει ἡ πωλήτρια ἔχουν τακούνι καί εἶναι ἡ τελευταία μόδα. Ζητάει παπούτσια σπόρ, γιατί τά ψηλά τακούνια χαλᾶνε τά πόδια. Ἡ κυρία λέει ὅτι τά σπόρ παπούτσια δέν τῆς

πᾶνε καθόλου. Ένας κύριος λέει πῶς ἡ δεσποινίς ἔχει δίκαιο. Ἡ κυρία ρωτάει τόν κύριο ἄν εἶναι γιατρός. Ὁ κύριος ἀπαντάει ὅτι αὐτό δέν τήν ἐνδιαφέρει. Κοιτάζονται καί γελᾶνε κρυφά. Παίρνει τά παπούτσια, γιατί τῆς κάνουν. Πληρώνει στό ταμεῖο. Ὄχι, πᾶνε στό ζαχαροπλαστεῖο. Γιατί πεινᾶνε καί διψᾶνε τρομερά.

2)
Συγχωρεῖ, εὐχαριστοῦν, εὐχαριστεῖτε, εὐχαριστεῖ, κατοικεῖς, κατοικοῦμε, τιμωρεῖ, τηλεφωνᾶτε (τηλεφωνᾶς); ζεῖ, ζοῦνε, χρησιμοποιεῖ, πληροφορεῖτε παρακαλῶ, ρωτᾶνε, ἐπιθυμεῖτε, λειτουργεῖ, ἀργοῦν, ἀργεῖς, προχωροῦμε, προχωροῦν, συζητᾶνε, ἐνοχλοῦν, περπατᾶς, καλεῖ, συγκινεῖ, δημιουργοῦν, ὑπηρετεῖ, ὑπηρετοῦν, εἰδοποιεῖτε, πονᾶνε, πονάει, πονᾶνε, πονᾶνε, πονάει.

3)
μάτια, αὐτιά, χέρια, δόντια, γλώσσα, πόδια, δόντια, μυαλό, δάκτυλα, πόδια, μύτη.

5) **Μεταφράστε!**
1) Αὐτό τό σπίτι εἶναι πιό ὡραῖο καί πιό μεγάλο ἀπό τό δικό μας.
2) Αὐτά τά παπούτσια εἶναι πιό κομψά ἀπό τά ἄλλα, ἀλλά πιό ἀκριβά.
3) Τό κόκκινο πουλόβερ εἶναι πιό μεγάλο ἀπό τό κίτρινο.
4) Ἡ βαμβακερή μπλούζα μοῦ ἀρέσει πιό πολύ ἀπό τή λινή.
5) Τά μαῦρα παπούτσια μοῦ κάνουν πάρα πολύ καλά.
6) Αὐτό τό ζαχαροπλαστεῖο ἔχει πιό καλά γλυκά, ἀλλά ὄχι τόσο φρέσκα ὅσο τό ἄλλο.
7) Αὐτές εἶναι οἱ πιό φρέσκες μπανάνες πού ἔχουμε.
8) Αὐτό εἶναι τό πιό μοντέρνο χρῶμα.
9) Τά ἔπιπλα στή σάλα εἶναι πιό παλιά ἀπό αὐτά στήν τραπεζαρία.
10) Τό γραφεῖο σου εἶναι πιό μεγάλο ἀπό τό δικό μου.
11) Τό χώλλ του εἶναι πιό φωτεινό ἀπό τό δικό μας.
12) Αὐτός ὁ ὑπάλληλος ἐργάζεται πιό πολύ καί πιό καλά ἀπό ἐκεῖνον.
13) Τά παράθυρα στήν κουζίνα εἶναι πιό ψηλά ἀπό τά παράθυρα στό μπάνιο.
14) Οἱ ντομάτες μοῦ ἀρέσουν πιό καλά ἀπό τίς πατάτες.
15) Μιλᾶς πιό γρήγορα ἀπό ἐμένα.
16) Ὁ κῆπος μας εἶναι πιό μικρός ἀπό τό δικό σας, ἀλλά πιό ὡραῖος.

17) Ὁ καναπές εἶναι τόσο φτηνός ὅσο τό ντουλάπι, ἀλλά πιό ἀκριβός ἀπό τήν πολυθρόνα.
18) Τό κονιάκ τοῦ ἀρέσει τόσο πολύ ὅσο καί τό οὖζο,

6) Ἐπανάληψη
1) Ἔρχεσαι πολύ ἀργά καί φαίνεσαι κουρασμένος.
2) Νοικιάζεται αὐτό τό δωμάτιο; - Εἶναι πιασμένο.
3) Αὐτή ἡ μπανάνα δέν εἶναι φρέσκια, Δέν τρώγεται.
4) Ποῦ εἶναι οἱ μαθητές; - Νάτοι. Ἔρχονται ἀπό τό σχολεῖο.
5) Ποῦ εἶναι ἡ τσάντα μου; Δέν τή βλέπω. - Νάτη!
6) Πῶς σᾶς λένε καί πῶς λένε τή μητέρα σας καί τόν πατέρα σας;
7) Μή σέ νοιάζει, μή σᾶς νοιάζει γι αὐτό!
8) Δέ σ' ἐνδιαφέρει αὐτό τό φίλμ; Δέν ἐνδιαφέρεσαι γι αὐτό τό φίλμ; - Μοῦ ἀρέσει πολύ, τό ξέρω.
9) Ξέρετε ποιανοῦ εἶναι αὐτό τό πουλόβερ; - Εἶναι δικό του.
10) Εἶναι τά εἰσιτήρια δικά σας; - Ναί, εἶναι δικά μας καί ὄχι δικά τους.
11) Αὐτόν τόν κύριο τόν ξέρουμε. Τόν λένε Πέτρο καί εἶναι γιατρός.
12) Μοῦ λές, σέ παρακαλῶ, ἄν εἶναι ἐδῶ κοντά ἕνας τηλεφωνικός θάλαμος;
13) Συγυρίζει τό σπίτι της μόνη της; - Ναί, εἶναι νοικοκυρά.
14) Ὁρίστε, παρακαλῶ. Εἶμαι ὁ ἴδιος στό τηλέφωνο. Τό ἀπόγευμα ἐργάζομαι ἐδῶ.
15) Μιλᾶμε ἑλληνικά, ἐπειδή τά ἑλληνικά εἶναι ἡ γλώσσα μας.
16) Στή Γερμανία μιλᾶνε γερμανικά. Μένει στή Γερμανία;
17) Μέ τήν κουβέντα περνάει ἡ ὥρα πολύ γρήγορα.
18) Τό μάθημα συνεχίζεται στό σχολεῖο.
19) Πεινᾶνε καί διψᾶνε, γι αὐτό πηγαίνουν στό ζαχαροπλαστεῖο.
20) Ξέρετε ποιός μένει στό ἀπέναντι σπίτι;
21) Σήμερα δέν αἰσθάνομαι τόσο καλά. Μοῦ πονάει τό κεφάλι καί τό στομάχι καί δέν ἔχω ὄρεξη.
22) Γιατί δέν πηγαίνεις στό γιατρό; Ξέρω ἕναν πού εἶναι πολύ καλός.
23) Αὐτό τό χρῶμα μοῦ ἀρέσει, ἀλλά δέ μοῦ πάει. Καί τό νούμερο δέν μοῦ κάνει. Μήπως ἔχετε ἕνα νούμερο πιό μεγάλο;
24) Μέ συγχωρεῖτε, πού σᾶς ρωτάω, ἀλλά δέν ξέρω ποῦ εἶναι τό Πανεπιστήμιο. - Μέ τά πόδια εἶναι πολύ μακριά μέχρι ἐκεῖ.
25) Εἶναι ἡ μπλέ φούστα πιό φτηνή ἤ πιό ἀκριβή ἀπό τήν ἄσπρη;
26) Εἶναι ἡ πιό φτηνή φούστα πού ἔχουμε. Τί νούμερο φορᾶτε; - Φοράω

42, ἀλλά αὐτό τό σχέδιο δέν μοῦ ἀρέσει.
27) Βλέπονται πάντα στό ζαχαροπλαστεῖο.
28) Ἡ Ἄννα ἔρχεται μαζύ μας μόνο γιά παρέα.
29) Ξέρεις ποῦ ζεῖ τώρα ἡ οἰκογένειά της; Δέ ζεῖ πιά μαζύ της.
30) Εἶσαι εὐχαριστημένη μ' αὐτό τό ζευγάρι παπούτσια; - Ὄχι, εἶναι ἡ τελευταία μόδα, ἀλλά δέν εἶναι τόσο ἀναπαυτικά ὅσο τά παλιά μου.

Ἑνδέκατο μάθημα

1)
Ναί, ἔχω ἕνα ρολόι. Πάει πάντα λίγο μπροστά. Ναί, τό βάζω ἐγώ λίγο μπροστά. Τίς πιό πολλές φορές ξυπνάω μόνη μου. Ναί, πάντα. Ναί. Συνήθως ἔρχομαι στήν ὥρα μου. Τό τράμ περνάει σέ δέκα λεπτά, δηλαδή στίς ἐννέα ἀκριβῶς. Τό τραῖνο φτάνει στίς τρεῖς παρά τέταρτο. Ὁ μαθητής φεύγει γιά τό σχολεῖο στίς ἑπτά καί μισή. Τό μάθημα ἀρχίζει στίς ὀκτώ ἀκριβῶς.
Δύο φορές τήν ἡμέρα πίνω καφέ. Τρεῖς φορές τήν ἡμέρα. Μία φορά τήν ἑβδομάδα. Τέσσερεις φορές τήν ἑβδομάδα. Πηγαίνω στά καταστήματα κάθε Σάββατο. Σήμερα εἶναι Δευτέρα. Χθές ἦταν Κυριακή. Αὔριο εἶναι Τρίτη. Ὄχι, τά λεωφορεῖα δέν ἔχουν ἀπεργία. Οὔτε οἱ καθηγητές ἔχουν ἀπεργία. Οἱ ἐργάτες ἔχουν ἀπεργία.

2)
Τήν Κυριακή ξεκουράζομαι, διαβάζω ὡραῖα βιβλία, κάνω περίπατο, ἐπισκέπτομαι τούς φίλους μου ἤ πηγαίνω σέ κανένα καλό φίλμ.
Τή Δευτέρα ἔχω μάθημα. Μετά πηγαίνω στή βιβλιοθήκη.
Κάθε Τρίτη πηγαίνω στό σχολεῖο καί μετά πηγαίνω στό πάρκο.
Κάθε Τετάρτη πάω στήν ἀγορά καί κάνω ψώνια.
Κάθε Πέμπτη πάω στόν κινηματογράφο.
Κάθε Παρασκευή βρίσκομαι στό σπίτι μου καί τό συγυρίζω.
Τό Σάββατο πηγαίνω στά μαγαζιά.
Εἶμαι στό σπίτι ἀπό τίς τέσσερεις μέχρι τίς ἕξι.
Κάνω μάθημα ἀπό τίς δέκα ὡς τίς δώδεκα καί ἀπό τίς τρεῖς ὡς τίς ἕξι.
Ὁ κινηματογράφος παίζει αὐτό τό φίλμ μέχρι τήν Κυριακή.
Τό παιδί ἦταν χθές μέχρι τό βράδυ στόν κῆπο.
Ἀπό ἕνα χρόνο μαθαίνω ἑλληνικά.

Άπό πολλά χρόνια ζοῦμε στήν Ἑλλάδα.
"Οχι, μόλις ἀπό λίγες μέρες.

3)
ἕξι καί δέκα, ἑπτά καί εἴκοσι πέντε, ἐννέα καί πέντε, τρεῖς καί μισή (τρεισήμισι), τέσσερες καί τέταρτο(δέκα πέντε), τρεῖς παρά πέντε (δύο καί πενηνταπέντε), ἐννέα παρά τέταρτο (ὀκτώ καί σαράντα πέντε), μία καί μισή (μιάμισι oder δέκα τρεῖς καί τριάντα) ἕντεκα καί εἴκοσι, δώδεκα ἀκριβῶς.

Δωδέκατο μάθημα

1)
Δύο φίλοι συναντιοῦνται στό δρόμο. Ὁ ἕνας ρωτάει τόν ἄλλο τί γίνεται καί πῶς τά περνάει. Φαίνεται κουρασμένος, γιατί τόν τελευταῖο καιρό κοιμᾶται πολύ λίγο καί πολύ ἄσχημα. "Οχι, αὐτό δέν ἐξαρτᾶται ἀπό τόν καιρό. Ὁ φίλος στενοχωριέται, γιατί δέν τά πάει καθόλου καλά μέ τό καινούργιο προσωπικό. Τό καινούργιο προσωπικό ἀποτελεῖται ἀπό ἕνα διευθυντή καί δύο ὑπαλλήλους. Δέν τά πάει καλά μέ τό διευθυντή. Πᾶνε στό ἀπέναντι καφενεῖο γιά καφέ.

2)
Διηγεῖται, ἐξαρτᾶται, θυμᾶται, χασμουριοῦνται, διηγούμαστε, στενοχωριέται, φοβᾶται, φοβόσαστε (φοβᾶστε), φοβᾶσαι, ἐξαρτᾶται, κοιμᾶσαι, κοιμόμαστε, βαριέσαι, φοριοῦνται, ζητιέται (ζητεῖται) καί φοριέται, κρατιοῦνται, κρατιέται, ἐγγυᾶται, ἐγγυᾶσθε, εὐχαριστεῖται, μιλιοῦνται, ἀποτελοῦνται, δικαιοῦνται, παραπονεῖται (παραπονιέται), ἀναρωτιόμαστε, λυποῦνται, κινεῖται, κοιμᾶται, μιμεῖται, προσποιοῦνται, ἀσχολεῖται, παραπονοῦνται (παραπονιοῦνται).

3)
Χρησιμοποιεῖται, φοριέται, παρακαλεῖστε, πληροφορούμαστε, εἰδοποιεῖται, ρωτᾶται (ρωτιέται), ἐξυπηρετεῖστε, κατοικεῖται, χτυπιέται, ἀγαπιέται (ἀγαπᾶται), κυνηγιοῦνται, τιμωροῦνται, ξεχνιέται, πετιοῦνται, χαιρετιοῦνται, κρεμιοῦνται, θεωρεῖται, ὠφελεῖται, κυβερνᾶται, (κυβερνιέται).

3) Übersetzen Sie!
Δέν κοιμόμαστε τόσο καλά, έχουμε άϋπνία.
Τά λεωφορεία σήμερα άπεργοῦν, κάνουν άπεργία.
Ὁ καιρός περνάει πολύ γρήγορα.
Ἀπό πόσους ἐργάτες ἀποτελεῖται τό προσωπικό αὐτοῦ τοῦ ἐργοστασίου;
Κάθε πρωί ξυπνάει μόνος του. Δέ χρειάζεται ξυπνητήρι.
Τό τηλέφωνο χτυπάει, ἀλλά αὐτή δέν τό ἀκούει.
Ἀπό ποιόν ἐξαρτᾶται αὐτό;
Μετά ἀπό τήν παράδοση (τό μάθημα) οἱ φοιτητές γλεντᾶνε.
Περνάει πάντα καί μέ παίρνει.
Δέ χαιρετιόμαστε πιά.

Δέκατο τρίτο μάθημα

1)
Ζοῦσε σ' ἕνα μικρό χωριό. Πήγαινε στό σχολεῖο μέ τά πόδια μαζύ μέ τά τά ἄλλα παιδιά. Στό δρόμο δέν περνοῦσαν οὔτε τράμ οὔτε αὐτοκίνητα. Ἔτρωγε καί ξεκουραζότανε. Ναί, ἡ ζωή ἦταν πολύ ὄμορφη στό χωριό. Ἀνάβανε τό τζάκι καί διηγόντουσαν παραμύθια. Τρέχανε στά λειβάδια καί μαζεύανε λουλούδια. Τό καλοκαίρι περνοῦσαν ὅλη τήν ἡμέρα κοντά στή θάλασσα ἤ κάνανε ἐκδρομές μέ τά γαϊδουράκια. Τό φθινόπωρο ἔβρεχε καί ἡ ξερή γῆ μύριζε θαῦμα. Ναί, γιατί βλεπόντουσαν πάλι. "Αν εἶχε πολλά λεπτά, θά ἔκτιζε ἐκεῖ ἕνα δικό του σπίτι καί θά πήγαινε κάθε καλοκαίρι.

2)
Ἔλεγες - λέγατε, ἀγόραζες - ἀγοράζατε, ἔκανες - κάνατε, ἔτρωγες - τρώγατε, διάβαζες - διαβάζατε, περπατοῦσες - περπατούσατε, χτυποῦσες - χτυπούσατε, ἔβλεπες - βλέπατε, ἔχτιζες - χτίζατε, ἐρχόσουνα - ἐρχόσαστε (ἐρχόσασταν), ἄρχιζες - ἀρχίζατε, περνοῦσες - περνούσατε, στενοχωριόσουνα - στενοχωριόσαστε, ζοῦσες - ζούσατε, εὐχαριστοῦσες - εὐχαριστούσατε, ἤξερες - ξέρατε, μποροῦσες - μπορούσατε, κοιμόσουνα - κοιμόσαστε (κοιμόσασταν), σηκωνόσουνα - σηκωνόσαστε (σηκωνόσασταν), ἤθελες - θέλατε, μιλοῦσες - μιλούσατε, ἀργοῦσες - ἀργούσατε.

3)
"Αν πεινοῦσα, θά ἔτρωγα. "Αν διψοῦσα, θά ἔπινα νερό. "Αν εἶχες καιρό, θά ἔγραφες ἕνα γράμμα. "Αν ἔμπαινες στό δωμάτιο, θά ἔβλεπες τόν κύριο. "Αν εἶχαν ἕναν κῆπο, θά μάζευαν λουλούδια. "Αν τοῦ πονοῦσε τό αὐτί, θά πήγαινε στό γιατρό. "Αν τῆς ἔκαναν τά παπούτσια, θά τά ἔπαιρνε. "Αν ἐρχότανε, θά μέ εἰδοποιοῦσε.

4)
Θά ἀγόραζα ἕνα σπίτι, θά ἔκανα ἕνα μεγάλο ταξίδι, θά καθόμουνα στόν κῆπο, θά σοῦ ἀπαντοῦσα, θά ἐρχόμουνα, ἄν μοῦ πονοῦσε τό στομάχι, ἄν ἤτανε ἄρρωστη, ἄν ἔκανε κρύο, ἄν ἐρχόμουνα, ἄν εἶχα κρέας, ἄν εἶχε καιρό, ἄν μᾶς ἐπισκεπτότανε.

5)
Μακάρι νά ἤξερα πολλές γλῶσσες!
Μακάρι νά μήν ἐρχότανε σήμερα!
Μακάρι νά μελετοῦσε πολύ!
Μακάρι νά μᾶς καλοῦσε στή γιορτή !
Μακάρι νά μή μᾶς ἀδικοῦσαν!
Μακάρι νά μή μοῦ πονοῦσε τίποτα!
Μακάρι νά ζούσανε πολύ καλά!
Μακάρι νά μήν ἀργούσατε!
Μακάρι νά λειτουργοῦσε τό σχολεῖο καλά!
Μακάρι νά τούς συναντούσαμε στό δρόμο!
Μακάρι νά μήν πουλούσατε τό σπίτι σας!
Μακάρι νά μή μᾶς ἐνοχλοῦσαν!
Μακάρι νά ἐργαζόντουσαν προσεκτικά (sorgfältig)!
Μακάρι νά μή στενοχωριότανε!

6) Ein Aufsatz

7)
Μεσημεριάζει, βραδυάζει, σουρουπώνει, νυχτώνει, ξημερώνει, καλοκαιριάζει, χειμωνιάζει, βρέχει, χιονίζει, ψιχαλίζει, συννεφιάζει.

Δέκατο τέταρτο μάθημα

1)
Στήν Ἑλλάδα, σ' ἕνα μικρό χωριό κοντά στή θάλασσα. Θά ξυπνάει ἀργά καί θά κάνει ὅλο τό πρωί μπάνιο. Τό μεσημέρι θά τρώει στή γειτονική ταβερνούλα ἑλληνικά φαγητά καί θά πίνει ρετσίνα. Ψαρεύοντας. Τίς Κυριακές θά ἐπισκέπτεται τά Μουσεῖα καί τούς ἀρχαιολογικούς χώρους. Γιατί δέ θά συγυρίζει τό σπίτι του οὔτε θά τσακώνεται μέ τό διευθυντή του. Συζητώντας μέ τούς γείτονες. Νά μᾶς στέλνει ὡραῖες κάρτες καί νά μᾶς γράφει τακτικά.

2)
Θέλει νά ἐργάζεται πάντα καλά. Ἤθελε νά ἐργάζεται πάντα καλά.
Θέλουμε νά πλέκουμε κάθε βράδυ. Θέλαμε νά πλέκουμε κάθε βράδυ.
Μπορεῖς νά πηγαίνεις πάντα στόν κινηματογράφο. Μπορούσες νά πηγαίνεις πάντα στόν κινηματογράφο.
Στήν Ἑλλάδα πρέπει νά μιλᾶνε ἑλληνικά. Στήν Ἑλλάδα ἔπρεπε νά μιλᾶνε ἑλληνικά.
Στό μάθημα δέν ἐπιτρέπεται (κάνει) νά συζητᾶμε. Στό μάθημα δέν ἐπιτρεπόντανε (ἔκανε) νά συζητᾶμε.
Ὁ πατέρας θέλει νά ἐργάζεται ὁ γιός του πολύ.
Ὁ δάσκαλος ἤθελε νά μιλᾶνε οἱ μαθητές του ἀγγλικά.
Ἡ θεία θέλει νά τῆς συγυρίζει ἡ Ἄννα κάθε ἑβδομάδα τό σπίτι.

3)
Ἔπρεπε νά διαβάζουμε, ἤθελε νά πηγαίνει καί νά κυττάζει, δέν ἤξερε νά γράφει καί νά διαβάζει, μπορούσατε νά μαγειρεύετε, ἄκουγε .. νά ἀνοίγει, βλέπαμε ... νά παίζει, ἔπρεπε νά πηγαίνουν, γιατί δέν εἶχαν αὐτοκίνητο, ἤθελα νά μοῦ τηλεφωνᾶτε, ἤθελε νά παίρνει, ἔπρεπε νά ψάχνει, δέν μποροῦσε νά μοῦ φέρνει, δέν ξέρανε νά τηλεφωνᾶνε.

4) **Μεταφράστε!**
1) Αὔριο θά γράφω ὅλο τό πρωί γράμματα.
2) Ποῦ θά εἴσαστε τήν ἄνοιξη;
3) Στίς διακοπές τά παιδιά θά κοιμοῦνται πολύ καί θά ἐργάζονται λίγο.
4) Ὅλο τό Μάϊο ὁ Τάκης θά βρίσκεται στή Γαλλία καί θά μιλάει γαλλικά.
5) Ἡ μητέρα θά συγυρίζει ὅλο τό πρωί τό σπίτι.

6) Μιλούσαμε πολύ δυνατά καί δέν ἀκούγαμε τή μουσική.
7) Κάθε πρωί ψώνιζε στήν ἀγορά.
8) Κάθε φορά ἔψαχνε γιά τά κλειδιά του.
9) Κάθε φορά πού ἡ Ἄννα πεινοῦσε, ἔτρωγε ἕνα κομμάτι ψωμί.
10) Στίς διακοπές κοιμόντουσαν δέκα ὧρες.
11) Ὁ Νίκος ἦταν ὅλη τήν ἑβδομάδα ἄρρωστος. Τοῦ πονοῦσε ὁ λαιμός καί τά αὐτιά.
12) Συζητούσαμε πολλήν ὥρα γιά τήν τελευταία μόδα.
13) Ἄν μποροῦσα (ἤξερα) νά μιλάω καλά ἑλληνικά, θά σᾶς διηγόμουνα ἕνα ἀνέκδοτο.
14) Χθές δέν εἴχαμε καιρό γιά τόν κινηματογράφο. Ἔπρεπε νά γράφουμε ὅλο τό βράδυ γράμματα.
15) Κάθε φορά πού φοροῦσα αὐτά τά παπούτσια, μοῦ πονοῦσαν τά πόδια.
16) Ἤθελε νά περνάει τόν καιρό της συζητώντας.
17) Πλέκαμε ἀκούγοντας μουσική.
18) Μαθαίνει ἑλληνικά ἀκούγοντας κασσέττες.
19) Διαβάζαμε τήν ἐφημερίδα τρώγοντας.
20) Μήν ξέροντας ἑλληνικά δέν καταλαβαίνει τί τῆς λέμε.
21) Μᾶς ὑπόσχονται νά μᾶς συγυρίζουν στίς διακοπές τό σπίτι.
22) Σᾶς ὑποσχόμαστε νά ἐρχόμαστε μιά φορά τήν ἑβδομάδα.
23) Μήν ἔχοντας λεπτά δέν πληρώνει τό λογαριασμό του.

5)
Πλέκεις ἀκούγοντας ράδιο. Ἀκοῦς ράδιο πλέκοντας.
Κυττάζει ἀπ' τό παράθυρο συζητώντας. Συζητάει κυττάζοντας ἀπ' τό παράθυρο.
Περπατᾶμε στό δρόμο τραγουδώντας. Τραγουδᾶμε περπατώντας.
Πηγαίνουν στό σχολεῖο τρέχοντας. Τρέχουν πηγαίνοντας στό σχολεῖο.
Δίνετε τά λεπτά γελώντας. Γελᾶτε δίνοντας τά λεπτά.
Δείχνει τό χαλασμένο αὐτοκίνητο κλαίγοντας. Κλαίει δείχνοντας τό χαλασμένο αὐτοκίνητο.
Μπαίνει στό δωμάτιο φωνάζοντας. Φωνάζει μπαίνοντας στό δωμάτιο.

Δέκατο πέμπτο μάθημα

1)
Τῆς μαθήτριας, τῆς θείας, τοῦ ἐργάτη, τοῦ παππού, τῶν φοιτητῶν, δέκα χρονῶν, εἴκοσι χρονῶν, τοῦ κυρίου, τῆς καθηγήτριας, τῆς δασκάλας, τῆς πωλήτριας, τοῦ διευθυντῆ, τοῦ ἄνδρα, τῶν διακοπῶν, τῶν γενεθλίων, τοῦ νεροῦ, τοῦ κρασιοῦ καί τοῦ κονιάκ, τοῦ χοροῦ καί τῆς γυμναστικῆς, τῶν πέντε χιλιάδων, τῶν δέκα χιλιάδων, τοῦ χειμώνα, τῆς δουλειᾶς, τῆς κυρίας

2)
Στίς εἴκοσι Ἰουλίου, στίς δώδεκα Ὀκτωβρίου, στίς τρεῖς Ἀπριλίου, στίς δεκαπέντε Αὐγούστου, στίς εἰκοσιπέντε Δεκεμβρίου, τήν πρώτη Μαΐου, στίς εἰκοσιπέντε Μαρτίου καί στίς εἰκοσιοκτώ Ὀκτωβρίου.

3) Μεταφράστε!
1) Ἡ αὐλή τοῦ σχολείου εἶναι μεγάλη.
2) Τά βιβλία τοῦ σχολείου εἶναι στό γραφεῖο.
3) Ἡ πόρτα τοῦ σπιτιοῦ εἶναι καινούργια, ἀλλά ἡ πόρτα τοῦ κήπου εἶναι παλιά.
4) Ἀγοράζουμε κουτάλια τῆς σούπας καί πηρούνια τοῦ γλυκοῦ.
5) Θέλουμε μία σοκολάτα τῶν δύο εὐρώ.
6) Ὁ ταχυδρόμος μᾶς φέρνει ἕνα δέμα τῶν δέκα κιλῶν.
7) Ἡ χαρά τοῦ ταξιδιοῦ ἦταν μεγάλη.
8) Τίς διακοπές τοῦ καλοκαιριοῦ τίς περνάμε κοντά στή θάλασσα.
9) Τά παιδιά ἀγοράζουν μιά μπάλλα τῶν εἴκοσι εὐρώ.
10) Ὁ πατέρας χάνει πάντα τά κλειδιά τοῦ σπιτιοῦ του.
11) Οἱ ἐκδρομές τοῦ φθινοπώρου εἶναι ὡραῖες.
12) Τά λουλούδια τῆς ἄνοιξης (ἀνοίξεως) μᾶς ἀρέσουν πολύ.
13) Ἡ πλατεία τῆς ὄπερας εἶναι μοντέρνα.
14) Οἱ δουλειές (ἐργασίες) τοῦ χειμώνα εἶναι δύσκολες.
15) Ἡ δουλειά τοῦ σπιτιοῦ δέν ἀρέσει τῆς νοικοκυρᾶς.
16) Τά παράθυρα τοῦ θεάτρου εἶναι ψηλά.
17) Τό γλυκό ἀρέσει τοῦ παιδιοῦ.

Δέκατο έκτο μάθημα

1)

Ταξίδεψαν στήν Ἀθήνα. Στούς γονεῖς τους. Στό χωριό. Ὁ ἰσθμός τῆς Κορίνθου. Δύο Γερμανοί τουρίστες καθόντουσαν ἀπέναντί τους. Ὅλη τήν ὥρα ἔβγαζαν φωτογραφίες. Ἡ θεία τά περίμενε στό σταθμό. Μέ ἕνα ταξί. Μπροστά ἀπό τά Ἀνάκτορα εἶναι τό μνημεῖο τοῦ Ἀγνώστου Στρατιώτου. Σ' ὅλο τό δρόμο ἡ θεία ἐξηγοῦσε αὐτά πού ἔβλεπαν. Ἡ Ἀθήνα τούς ἄρεσε πάρα πολύ, δέ χορταίνανε νά βλέπουν. Τά ξαδέλφια τους ἔτρεξαν καί τούς ἄνοιξαν. Θά ταξιδέψουν στήν Αἴγινα. Ὑπόσχονται στούς γονεῖς τους ὅτι θά τούς ξαναγράψουν.

2)

a) Ἄκουσες - ἀκούσατε, ἔδεσες - δέσατε, ἔφτασες - φτάσατε, ἄφησες - ἀφήσατε, ἔκλεισες - κλείσατε.
b) Ἔλπισες - ἐλπίσατε, ἔκτισες - κτίσατε, νόμισες - νομίσατε, πότισες - ποτίσατε, συνέχισες - συνεχίσατε, φωτογράφισες - φωτογραφίσατε, χάρισες - χαρίσατε.
c) Ἄπλωσες - ἀπλώσατε, διόρθωσες - διορθώσατε, κλείδωσες - κλειδώσατε, μάλλωσες - μαλλώσατε, μπάλωσες - μπαλώσατε, πάγωσες - παγώσατε, πλήρωσες - πληρώσατε.
d) Ἀγάπησες - ἀγαπήσατε, ἀπάντησες - ἀπαντήσατε, κράτησες - κρατήσατε, μίλησες - μιλήσατε, ξύπνησες - ξυπνήσατε, ρώτησες - ρωτήσατε
e) Γέλασες - γελάσατε, δίψασες - διψάσατε, πείνασες - πεινάσατε, ἔσπασες - σπάσατε, χάλασες - χαλάσατε, φόρεσες - φορέσατε, ξέχασες - ξεχάσατε, πέρασες - περάσατε.
f) Ἐξήγησες - ἐξηγήσατε, εὐχαρίστησες - εὐχαριστήσατε, κάλεσες - καλέσατε, μπόρεσες - μπορέσατε.
g) Ἄλεσες - ἀλέσατε, ἔπεισες - πείσατε, ἔπλασες - πλάσατε, ἀγόρασες - ἀγοράσατε, διάβασες - διαβάσατε, πλησίασες - πλησιάσατε.
h) Ἔγραψες - γράψατε, ἔκοψες - κόψατε, ἔκρυψες - κρύψατε, ἔλειψες - λείψατε, ἔραψες - ράψατε, βασίλεψες (βασίλευσες) - βασιλέψατε (βασιλεύσατε), δούλεψες - δουλέψατε, μάγεψες - μαγέψατε, μάζεψες - μαζέψατε, παίδεψες - παιδέψατε, ἔπαψες - πάψατε, πίστεψες - πιστέψατε.
i) Ἄνοιξες - ἀνοίξατε, ἔβρεξες - βρέξατε, ἔπνιξες - πνίξατε, ἔτρεξες - τρέξατε.

j) Ἀρρώστησες - ἀρρωστήσατε, σύστησες - συστήσατε, σώπασες - σωπάσατε, χόρτασες - χορτάσατε.

3)
Ψώνιζα - πλήρωνα, περάσατε, ἔβλεπε - χάριζε, χάρισε, ξυπνοῦσε - ξύπνησε, ἐρχόμουνα - ρωτοῦσε, ρώτησε, χαιρέτησε, ἔτρεχε, ἄκουγε, ἄφησε, μαγείρεψε - μαγείρευε, ταξίδευε, ἔκλαιγε - ἀγόρασε, διάβασες, χορτάσατε, ἔφτανε - ἔπαψαν, ξεχνοῦσε - ξέχασε, πεινοῦσε - ἀγόρασε, ἀρρώσταινα - πήγαινα, ἀρρώστησε - δίδαξε.

4)
θά λείψεις	θά ἀκούσω	θά ἀφήσει
θά σωπάσω	θά ἀρρωστήσει	θά κλάψω
θά ἱδρύσουν	θά κρύψουν	θά συγχωρέσουν
θά δέσουμε	θά σταματήσω	θά διώξετε
θά φτάσετε	θά μιλήσω	θά ξεχάσεις
θά κρεμάσω	θά εἰπράξει	θά σπάσετε
θά συστήσει	θά φωνάξουν	θά χαλάσει
θά γεράσουμε	θά φορέσει	θά περάσουνε
θά πεινάσει	θά γελάσετε	θά προσέξω
θά πλέξουμε	θά ἀφαιρέσω	θά τραβήξετε
θά διδάξουμε	θά συμβεῖ	θά μπορέσουν
θά φταίξω	θά μεθύσουνε	θά ἐνδιαφέρει
θά ἐγκρίνεις	θά ἐκφράσεις	θά ἐμπνεύσομε

5)
Δέ θά ἀγοράσω δύο εἰσιτήρια. **Δέ θά τά** ἀγοράσω.
Δέ θά ξεχάσω τό λεξικό στό σπίτι. **Δέ θά τό** ξεχάσω.
Δέ θά περάσει τίς διακοπές του στήν Ἑλλάδα. **Δέ θά τίς** περάσει.
Δέ θά μαγειρέψουμε λαχανικά. **Δέ θά τά** μαγειρέψουμε.
Δέ θά διδάξετε τούς φοιτητές. **Δέ θά τούς** διδάξετε.
Δέ θά διαβάσουν τήν ἐφημερίδα. **Δέ θά τή** διαβάσουν.
Δέ θά χτυπήσω τήν πόρτα. **Δέ θά τή** χτυπήσω.
Δέ θά ἀκούσεις τήν ὄπερα. **Δέ θά τήν** ἀκούσεις.
Δέ θά ἀνοίξει τήν πόρτα. **Δέ θά τήν** ἀνοίξει.
Δέ θά πληρώσουμε τούς λογαριασμούς. **Δέ θά τούς** πληρώσουμε.
Δέ θά συγχωρέσετε τούς μαθητές. **Δέ θά τούς** συγχωρέσετε.

Δέ θά φορέσουν τά παπούτσια τους. **Δέ θά τά** φορέσουνε.
Δέ θά πλέξεις ένα πουλόβερ. **Δέ θά τό** πλέξεις.
Δέ θά διώξει τή γάτα. **Δέ θά τή** διώξει.
Δέ θά φωνάξουμε τόν ταχυδρόμο. **Δέ θά τόν** φωνάξουμε.
Δέ θά εὐχαριστήσουμε τίς κυρίες. **Δέ θά τίς** εὐχαριστήσουμε.
Δέ θά χαλάσετε τό ρολόι. **Δέ θά τό** χαλάσετε.
Δέ θά κεράσουν τούς ξένους. **Δέ θά τούς** κεράσουν.
Δέ θά φτιάξω γλυκό. **Δέ θά τό** φτιάξω.
Δέ θά κρύψεις τίς μπάλλες. **Δέ θά τίς** κρύψεις.
Δέ θά πείσει τόν πατέρα. **Δέ θά τόν** πείσει.
Δέ θά ἀφήσουμε τά ποδήλατα στό δρόμο. **Δέ θά τά** ἀφήσουμε.
Δέ θά χάσετε τά λεπτά. **Δέ θά τά** χάσετε.

Δέκατο ἕβδομο μάθημα

1)
Λέει ἄν ἔχει νά δηλώσει κάτι. Ἀπαντάει ὅτι δέν εἶναι πολιτικός καί γι αὐτό δέν ἔχει νά δηλώσει τίποτα. Ὄχι. Τοῦ λέει ὅτι εἶναι δικαίωμά του νά ἔχει ὅ,τι θέλει. Κανένα ράδιο, καμία ἠλεκτρική σκούπα, καμία τηλεόραση. Ὁ ταξιδιώτης ἀπαντάει ὅτι δέν ἀκούει ποτέ του ράδιο, δέ βλέπει τηλεόραση καί δέ σκουπίζει ποτέ μέ ἠλεκτρική σκούπα. Πρέπει νά δείξει τό διαβατήριό του. Στήν ἀρχή ὄχι, ἀλλά μετά πρέπει νά τοῦ τό δείξει. Τοῦ λέει ὅτι δέ φταίει αὐτός, ἄν ὁ ἀστυνομικός θέλει νά κάνει ἔλεγχο διαβατηρίων. Ὁ ἀστυνομικός λέει ὅτι δέν παίζουνε.

2)
Ἄκουσα μουσική. Θέλω ν' ἀκούσω μουσική.
Εὐχαρίστησα τόν κύριο. Πρέπει νά εὐχαριστήσω τόν κύριο.
Ἔλειψα μιά ἑβδομάδα. Πρέπει νά λείψω μιά ἑβδομάδα.
Ἄφησαν τό παιδί στόν κῆπο. Δέν πρέπει ν' ἀφήσουν τό παιδί στόν κῆπο.
Μᾶς ἔπαιξε πιάνο. Θέλουμε νά μᾶς παίξει πιάνο.
Σᾶς παρακάλεσα γιά κάτι. Μπορῶ νά σᾶς παρακαλέσω γιά κάτι;
Φόρεσε ἕνα ἀκριβό παλτό. Δέν τήν ἄφησα νά φορέσει τό ἀκριβό παλτό.
Σκούπισε τήν αὐλή της. Δέν εἶχε καιρό νά σκουπίσει τήν αὐλή της.
Πλήρωσε τό νοίκι. Δέν μποροῦσε νά πληρώσει τό νοίκι του.
Χάρισες στό παιδί ἕνα ποδήλατο. Δέν ἔκανες καλά νά χαρίσεις τοῦ παιδιοῦ ἕνα ποδήλατο.

Έτρεξα γιά νά προλάβω τό τραίνο. Ήταν ἀνάγκη νά τρέξω, γιά νά προλάβω τό τραίνο.
Δέν περάσατε ἀπό τό σπίτι μου. Έχετε πολύ καιρό νά περάσετε ἀπό τό σπίτι μου.

3) Μεταφράστε!

Ὁ ἀστυνομικός	θέλει	νά	ἐλέγχει	πάντα	τό	διαβατήριο.
" "	ἤθελε	"	"	"	"	"
" "	θέλει	"	ἐλέγξει	τώρα	"	"
" "	ἤθελε	"	"	χθές	"	"
Ὁ ταξιδιώτης	πρέπει	νά	δείχνει	πάντα	τό διαβατήριό του
" "	ἔπρεπε	"	"	"	" " "
" "	πρέπει	"	δείξει	τώρα	" " "
" "	ἔπρεπε	"	"	χθές	" " "
Ἡ κυρία δέ	θέλει	νά	δηλώνει τί ἔχει στίς ἀποσκευές της.			
" " δέν	ἤθελε	"	" " "	" "	
" " δέ	θέλει	"	δηλώσει " "	" "	
" " δέν	ἤθελε	"	" " "	" "	
Στό διαμέρισμα τοῦ τραίνου δέν			κάνει	νά	καπνίζουν.	
" " " " "			ἔκανε	"	"	
" " " " "			κάνει	"	καπνίσουν	τώρα.
" " " " "			ἔκανε	"		χθές.

4) Μεταφράστε!
1) Δέν ἔχω κάθε βράδυ καιρό νά ἀκούω μουσική.
2) Δέν ἔχει λεπτά νά πληρώσει τό λογαριασμό του.
3) Δέν εἶναι ἀνάγκη νά διαβάζεις ὅλα τά γράμματα, ἀλλά αὐτό τό γράμμα πρέπει νά τό διαβάσεις.
4) Ἐπιτρέπεται νά καπνίζουν ἐδῶ; (νά καπνίσει κανείς ἐδῶ;)
5) Ἄρχισαν νά μαθαίνουν ἑλληνικά.
6) Μπορεῖτε νά μᾶς δείξετε ποῦ εἶναι τό Πανεπιστήμιο;
7) Συνηθίζει νά κάνει κάθε βράδυ ἕναν περίπατο.
8) Σέ πέντε λεπτά πρέπει νά περάσει τό αὐτοκίνητο.
9) Μοῦ κάνεις τή χάρη νά μοῦ ἀγοράσεις μία ἐφημερίδα;
10) Εἶναι ὥρα νά τηλεφωνήσω.
11) Εἶναι ὠφέλιμο νά μαθαίνει κανείς (νά μαθαίνομε) πολλά πράγματα.
12) Έχει πολύ καιρό νά περάσει ἀπό τό σπίτι μας.

13) Ποιός σᾶς ἐπιτρέπει νά ἀνοίγετε (νά ἀνοίξετε) τό ντουλάπι;
14) Δέν ἔκανες καλά νά ἀγοράσεις τοῦ γιοῦ σου ἕνα αὐτοκίνητο.
15) Νά κλείνουν πάντα τήν πόρτα καί νά μιλᾶνε σιγά.
16) Τί νά ἀγοράσει κανείς σ' αὐτό τό μαγαζί; ὅλα εἶναι πολύ ἀκριβά.
17) Ἴσως ἔρθει αὔριο.
18) Σπάνια νά μᾶς τηλεφωνήσει.
19) Ἴσως νά βγοῦμε ἔξω ἀπόψε.

5)
Λείψω, πλέξει (πλέκει), τηλεφωνήσω, ἀργήσω, μαζέψουν, χαρίσουν, κτίσω, φορέσω, ἀπαντήσεις, ἀπαντάω, ἀγοράσει, εἰδοποιήσουν, λείψουν, ἑτοιμάζεται, ἑτοιμάσει, συγυρίζει, διαβάσεις, γελάσεις, δείχνει, ἐλέγξει, ἐλέγχει.

6) Μεταφράστε!
1) Ἔχει κανένας τό στυλό μου;- Ὄχι, κανένας.
2) Ὁ ἕνας διαβάζει, ὁ ἄλλος ἀκούει τά νέα.
3) Κανένας ἀπό μᾶς δέν εἶχε λεπτά μαζύ του, γιά νά πληρώσει τό λογαριασμό
4) Ἦσαν πολλοί ἄνθρωποι στή διάλεξη; - Ἦσαν κάμποσοι.
5) Κάποιος μοῦ ἔκλεψε τό πορτοφόλι μου.
6) Στή μεγάλη πλατεία δέν ἦταν κανείς.
7) Τοῦ χάρισες τίποτα βιβλία; - Ναί, μερικά.
8) Ἦρθαν κάτι μαθητές καί ζήτησαν τό δάσκαλο.
9) Ρωτήσατε κάτι (τίποτα); - Ὄχι, τίποτα.
10) Γνωρίζεις ὅλους τούς καθηγητές; - Ὄχι ὅλους, ἀλλά ἀρκετούς.
11) Δέν εἶναι κανείς ἐδῶ; - Ὄχι, κανείς.
12) Μοῦ δίνεις σέ παρακαλῶ κάτι νά γράψω; δέν ἔχω τίποτα ἐπάνω μου.
13) Εἴμαστε τέσσερεις μαθήτριες. Κάθε μιά μας ἔπρεπε νά ἐργάζεται στίς διακοπές.

7)
κανένας, τίποτα (κάτι); τίποτα, κανείς σας (κανένας σας), κάθε μία, κάποιος, κάτι (τίποτα), ἄλλοι ... ἄλλοι, κάμποσα (ἀρκετά), κανένα, μερικοί (ἀρκετοί, κάμποσοι), καμία, μερικοί.

8)
Γιά νά, ἀντί νά, γιά νά, ἀντί νά, χωρίς νά, γιά νά, χωρίς νά, ὥσπου νά, μέχρι νά (ὥσπου νά), χωρίς νά, ὥσπου νά, γιά νά, ὥστε νά, χωρίς νά, ὥσπου νά.

Ἀσκήσεις πάνω στό μύθο τοῦ Αἰσώπου

1) Κράτησε, περπάτησε.
2) τό σκυλάκι, τό στοματάκι, τό νεράκι, τό κομματάκι.
3) Πρέπει νά περάσουμε ἕνα ποτάμι. Ἤθελε νά περάσει τίς διακοπές του στήν Ἑλλάδα. Θέλω νά περπατήσω στό λειβάδι. Πρέπει νά κρατήσεις ἕνα βιβλίο στό χέρι. Ἤθελαν νά μᾶς ἀρπάξουν τό κομμάτι.

Ἄσκηση πάνω στό ἀνέκδοτο

Συνηθίζω νά πίνω τσάι κάθε πρωί, νά κάνω γυμναστική, νά πηγαίνω στό γραφεῖο μέ τά πόδια.
Ἄρχισα νά μαθαίνω ἰταλικά, νά γράφω τίς ἀσκήσεις, νά συγυρίζω τό σπίτι.
Προσπαθοῦμε νά μεταφράσουμε ἕνα δύσκολο κομμάτι, νά τοῦ τηλεφωνήσουμε, νά τοῦ φτιάξουμε τό ποδήλατο

Δέκατο ὄγδοο μάθημα

1)
Εἶδε ὅτι δέν εἶχε σπίρτα. Γιά νά ἀνάψει τό τσιγάρο του. Πῆγε στό γειτονικό περίπτερο. Εἶπε ὅτι ἤθελε ἕνα κουτί ἀπό σπίρτα. Ἔπρεπε νά πεῖ: ἕνα κουτί σπίρτα oder ἕνα κουτί μέ σπίρτα. Ὅτι τό κουτί ἦταν ἄδειο. Ἅρπαξε τό κουτί καί πῆγε πάλι στόν περιπτερά. Ὁ περιπτεράς τοῦ εἶπε ὅτι δέν ἤξερε πῶς ἤθελε ἕνα κουτί μέ σπίρτα.

2)

Aorist Indik. 2.Pers.Sing., 3.Person Pl.	Aorist Konj. 2. Pers.Sing., 3.Person Pl.
πρόσφερες, πρόσφεραν	νά προσφέρεις, νά προσφέρουν
ἔγειρες, ἔγειραν	νά γείρεις, νά γείρουν
ἔστειλες, ἔστειλαν	νά στείλεις, νά στείλουν

ἔκρινες, ἔκριναν   νά κρίνεις, νά κρίνουν
κατάλαβες, κατάλαβαν   νά καταλάβεις, νά καταλάβουν
πρόλαβες, πρόλαβαν   νά προλάβεις, νά προλάβουν
ἀνάσανες, ἀνάσαναν   νά ἀνασάνεις, νά ἀνασάνουν
ἔμαθες, ἔμαθαν   νά μάθεις, νά μάθουν
ἔδειρες, ἔδειραν   νά δείρεις, νά δείρουν
περίμενες, περίμεναν   νά περιμένεις, νά περιμένουν
ἔπλυνες, ἔπλυναν   νά πλύνεις, νά πλύνουν
ἔφυγες, ἔφυγαν   νά φύγεις, νά φύγουν
ἔβαλες, ἔβαλαν   νά βάλεις, νά βάλουν
ἀκρίβυνες, ἀκρίβυναν   νά ἀκριβύνεις, νά ἀκριβύνουν
ἀρρώστησες, ἀρρώστησαν   νά ἀρρωστήσεις, νά ἀρρωστήσουν
πῆρες, πῆραν   νά πάρεις, νά πάρουν

3)
νά φάει, νά ἀνοίξει oder νά ἀνοίγει, νά παίξουν oder νά παίζουν, νά καπνίζω oder νά καπνίσω, φτάσεις, νά γράφω, γελούσατε, εἶδε, εἶπε, νά πληρώνεις, μήν τρέχεις, ἤπιε, ἔφυγε, νά δεῖτε, νά ζητήσει, νά κατεβαίνετε, νά βρεῖς, ξέχασα, νά μπῶ, νά βγάλετε, νά στέλνουμε, νά μαθαίνουν, νά παχαίνει, νά καταλάβουμε, νά βγάλετε, πάθατε, νά πάρεις.

4)
Βγῆκες ἀπό τό σπίτι σου καί πῆρες τό ταξί
Θέλεις νά βγεῖς ἀπό τό σπίτι σου, γιά νά πάρεις τό ταξί.
Μπῆκα στό Ταχυδρομεῖο καί ἔστειλα ἕνα γράμμα.
Θέλω νά μπῶ στό Ταχυδρομεῖο, γιάνά στείλω ἕνα γράμμα.
Ἔψαξαν καί βρῆκαν ἕνα σπίτι.
Θέλουν νά ψάξουν, γιά νά βροῦν ἕνα σπίτι.
Τρέξατε στή στάση καί προλάβατε τό τράμ.
Θέλετε νά τρέξετε στή στάση, γιά νά προλάβετε τό τράμ.
Ἔπλυνες τά μῆλα καί τά ἔφαγες.
Θέλεις νά πλύνεις τά μῆλα, γιά νά τά φᾶς.
Ἑτοιμάσαμε τίς βαλίτσες μας καί φύγαμε.
Θέλουμε νά ἑτοιμάσουμε τίς βαλίτσες μας, γιά νά φύγουμε.
Ἦρθε στό σπίτι μας καί ἔμεινε ἕνα μήνα.
Θέλει νά ἔρθει στό σπίτι μας, γιά νά μείνει ἕνα μήνα.
Ἀκούσατε ράδιο καί μάθατε τί γίνεται στόν κόσμο.

Θέλετε ν' ἀκούσετε ράδιο, γιά νά μάθετε τί γίνεται στόν κόσμο.
Τούς προσκαλέσαμε καί ἤπιαμε καφέ.
Θέλουμε νά τούς προσκαλέσουμε, γιά νά πιοῦμε καφέ.
Πῆγαν στόν κινηματογράφο καί εἶδαν ἕνα φίλμ.
Θέλουνε νά πᾶνε στόν κινηματογράφο, γιά νά δοῦν ἕνα φίλμ.

5)
Δῶ, πληρώσει, ζεστάνει, φύγει, γράφει, δώσω, φᾶνε, περάσεις, πεῖς, ἔρθει, πάθουν, συναντήσουμε, καταλάβω, πῶ, χαλάσει, ἔλθω, πάρεις, ἀρρωστήσεις, πιεῖ, ἤπιε.

6) Μεταφράστε!

1) Δέν ἔχομε καιρό, τό τραῖνο μας φεύγει σέ δέκα λεπτά.
2) Μπορεῖτε νά μᾶς φέρετε δύο καφέδες καί ἕνα (κομμάτι)γλυκό;
3) Δέν μποροῦμε νά καταλάβουμε τί μᾶς γράφει.
4) Ἄν τρώει τόσο πολύ, θά παχύνει.
5) Πρέπει νά κοντύνω αὐτό τό παλτό. Τά μακριά παλτά δέν εἶναι πιά τῆς μόδας (στή μόδα, μοντέρνα).
6) Ἄν θέλετε νά πᾶτε στό Μουσεῖο, πρέπει νά βγάλετε εἰσιτήριο.
7) Κατεβήκατε στόν κῆπο, γιά νά δεῖτε τά λουλούδια.
8) Ἔχεις ὄρεξη ν' ἀκούσεις ἑλληνική μουσική; τότε πρέπει νά ἔρθεις στό σπίτι μου.
9) Ὁ ταχυδρόμος ἦλθε, ἀλλά μᾶς ἔφερε μόνο μιά ἐφημερίδα.
10) Θά ἤθελα πολύ νά δῶ αὐτό τό φίλμ, ἀλλά δέν ἔχω καιρό.
11) Ἄνοιξε τό παράθυρο, γιά νά ἀναπνεύσει (ἀνασάνει)καθαρό ἀέρα.
12) Εἶναι πολύ δύσκολο νά βρεῖ κανείς (νά βροῦμε, νά βρεῖς) ἕνα φτηνό δωμάτιο.
13) Νά σᾶς φέρουμε φρέσκα μῆλα ἀπό τήν ἀγορά;
14) Πότε θέλετε νά παραγγείλετε τά καινούργια ἔπιπλα;
15) Δέν ἔκανες καλά νά δώσεις στό παιδί (τοῦ παιδιοῦ)ὅλο τό γλυκό.
16) Μπορεῖς, σέ παρακαλῶ, νά μοῦ ἀνεβάσεις αὐτήν τή βαλίτσα;
17) Ὁ ἄρρωστος πρέπει νά παίρνει κάθε βράδυ τό φάρμακό του.
18) Πῶς μπορῶ νά στείλω αὐτό τό πακέτο στήν Ἑλλάδα;
19) Μοῦ κάνετε, σᾶς παρακαλῶ, τή χάρη νά μοῦ ἀγοράσετε μία ἐφημερίδα;
20) Ἄν δεῖς τόν Πέτρο, νά τοῦ πεῖς, ὅτι αὔριο τόν περιμένω.

Ἀσκήσεις πάνω στά ἀνέκδοτα

Α)
1) λεωφορεῖο, τράμ, μπαλκόνι, δέντρο
ἐπιβάτες, τά παιδιά, τούς φοιτητές, ψώνια, λουλούδια, νερό, μπύρα, κλπ
2) ἀδύνατη, κατέβηκε, μιά νύχτα, κλαίγοντας, κουτή, νά κερδίσει.

Β)
1) Φάει ... ἔφαγε, βγῆκε, τό ἔβγαλε.
2) Ἐργάζομαι, γιά νά κερδίζω λεπτά.
Κάνω τίς ἀσκήσεις, γιά νά μάθω καλά αὐτή τή γλώσσα.
Πηγαίνω στήν ἀγορά, γιά νά ψωνίσω φρέσκα φροῦτα.
Ζεσταίνω τό φαγητό, γιά νά τό φάω.
Ἀνοίγω τό παράθυρο, γιά νά μπεῖ καθαρός ἀέρας.

Δέκατο ἔνατο μάθημα

1)
Ἕνας κύριος φτάνει στό ξενοδοχεῖο. Θέλει δύο δωμάτια μέ δύο κρεββάτια. Τά δωμάτια βρίσκονται στό τέταρτο πάτωμα. Ἔχουν τό νούμερο 402 καί 409. Οἱ ξένοι δέ θέλουνε νά τά δοῦνε. Γιατί εἶναι πολύ κουρασμένοι. Πρέπει νά συμπληρώσουν ἕνα ἔντυπο. Ὁ μικρός θά τούς ἀνεβάσει τίς βαλίτσες. Πρέπει νά χτυπήσουν τό κουδούνι..Λέει νά τούς ἀνεβάσει τίς βαλίτσες, νά μαζέψει τίς ἐφημερίδες, ν' ἀνάψει τό φῶς στό χώλλ καί νά κλείσει τά παράθυρα. Θέλει νά πιεῖ μιά παγωμένη λεμονάδα.

2)
Πλήρωσε - πληρῶστε, φόρεσε - φορέστε, κρέμασε - κρεμάστε, φώναξε - φωνάξτε, τρέξε - τρέξτε, διάβασε - διαβάστε, διῶξε - διῶξτε, μαγείρεψε - μαγειρέψτε, γέλασε - γελάστε, τηλεφώνησε-τηλεφωνῆστε, ἄκουσε - ἀκοῦστε, πρόσεξε - προσέξτε, φέρε - φέρτε, ἀγόρασε - ἀγοράστε, στεῖλε - στεῖλτε, βάστηξε - βαστῆξτε (βαστῆχτε), σώπασε(σώπα) - σωπάστε, σύστησε - συστῆστε, πέταξε (πέτα) - πετάξτε (πετάχτε), ἄφησε (ἄσε) - ἀφῆστε (ἄστε), μάθε - μάθετε, παῖξε - παῖξτε (παῖχτε), δεῖξε - δεῖξτε (δεῖχτε), μεῖνε - μείνετε, παράγγειλε - παραγγεῖλτε, ζέστανε- ζεστάνετε.

3)
Φέρνε μου, ἀγόρασέ μου, πλήρωσε, πλήρωνε, μιλᾶτε, μιλῆστε, πέρνα, πέρασε, διαβάστε, διαβάζετε, κυττάξτε (κυττάχτε), κλεῖνε.

4)
Ἔλα - μήν ἔλθεις, φᾶτε - μή φᾶτε, ἔμπα - μήν μπαίνεις,
βγεῖτε (βγάτε, βγέστε) - μή βγεῖτε, κάτσε - μήν κάτσεις,
ἄσε - μήν ἀφήσεις, ἀντέστε - μήν πᾶτε, πές - μήν πεῖς,
δέστε - μή δεῖτε.

5)
Νά κλείσει τό παράθυρο καί νά ἀνοίξει τό ράδιο, νά βάλει τό φαγητό στό τραπέζι καί νά φέρει τά μαχαιροπήρουνα.
Νά τοῦ γράψω τό γράμμα καί νά τοῦ τό πάω στό ταχυδρομεῖο, νά τό στείλω ἀμέσως καί νά τοῦ ἀγοράσω ἕνα περιοδικό.
Νά δοῦνε τί πολλά μῆλα ἔχει ἡ μηλιά, νά ἀνεβοῦνε καί νά τά κόψουνε, νά τά δώσουν στούς γονεῖς τους. Νά πᾶνε στό σπίτι καί νά πλύνουν τά χέρια τους, νά φᾶνε λίγα μῆλα, νά ποῦνε στή γιαγιά ὅτι θά ἔλθει.
Νά τοῦ δείξουν τά διαβατήριά τους, νά συμπληρώσουν τό ἔντυπο, νά πάρουν τίς βαλίτσες τους καί νά τίς ἀνεβάσουν ἐπάνω."Αν θέλουν τίποτα, νά χτυπήσουν τό κουδούνι. Νά πάρουν τό κλειδί γιά τό δωμάτιό τους. Νά ἔλθουν στίς ὀκτώ γιά πρωινό.

6)
Κατέβασε τίς βαλίτσες - κατέβασέ τες.
κατεβάστε τίς βαλίτσες - κατεβάστε τες
βρές τά λεπτά - βρές τα , βρέστε τά λεπτά - βρεῖτε τα, βρέστε τα
φάε τό γλυκό - φά' το, φᾶτε τό γλυκό - φᾶτε το
πιές τήν μπύρα - πιές την, πιέστε τήν μπύρα - πιέστε την, πιεῖτε την
χτύπησε τό κουδούνι - χτύπησέ το
χτυπῆστε τό κουδούνι - χτυπῆστε το
πλέξε τό πουλόβερ - πλέξε το (πλέξ'το) πλέξτε τό πουλόβερ - πλέξτε το
πλύνε τήν μπλούζα - πλύνε την (πλύν' την), πλύνετε τήν μπλούζα - πλύντε την
δές τό φίλμ - δές το, δέστε, δεῖτε τό φίλμ - δέστε το, δεῖτε το
ρώτησε τίς φοιτήτριες - ρώτησέ τες,
ρωτῆστε τίς φοιτήτριες - ρωτῆστε τες

πάρε τό κλειδί - πάρε το (πάρ'το), πάρετε τό κλειδί - πάρτε το
κρύψε τούς στυλούς - κρύψε τους (κρύψ'τους)
κρύψτε τούς στυλούς - κρύψτε τους.

7) **Μεταφράστε!**
Στίς είκοσι Όκτωβρίου άρχισα νά μαθαίνω έλληνικά. Ἡ θεία θά έρθει
τή Δευτέρα στίς δώδεκα Μαΐου. Ἔχει γενέθλια τήν πρώτη Φεβρουαρίου.
Αὐτή ἡ οἰκογένεια ἦρθε στή Γερμανία τόν Ἀπρίλιο τοῦ χίλια ἐννιακόσια
ἑβδομήντα τρία. Τό (στά) δύο χιλιάδες ἕξι θά πᾶμε (θά ταξιδέψουμε)
στήν Ἑλλάδα. Ἡ γυναίκα του πέθανε τό Μάϊο τοῦ χίλια ἐννιακόσια
ὀγδόντα ἕνα.
Τό (στά) χίλια ἐννιακόσια ὀγδόντα τρία ἀγόρασε ἕνα σπίτι.

8)
Ἑκατόν εἴκοσι ἑπτά, διακόσια εἴκοσι τρία, τριακόσια τριάντα τέσσερα,
πεντακόσια ὀγδόντα ἕνα, ἐννιακόσια ἐνενήντα τέσσερα, χίλια διακό-
σια, δύο χιλιάδες τριακόσια πενήντα ὀκτώ, τρεῖς χιλιάδες ἑξακόσια
ἑβδομήντα ἐννέα, τέσσερες χιλιάδες πεντακόσια πενήντα τρία, διακόσιες
εἴκοσι δύο χιλιάδες, τριακόσιες τριάντα τρεῖς χιλιάδες πεντακόσια ἑξήν-
τα ἑπτά, τετρακόσιες σαράντα τέσσερες χιλιάδες διακόσια εἴκοσι ἕνα,
ἕνα ἑκατομμύριο πεντακόσιες σαράντα δύο χιλιάδες ὀκτακόσια ἐνε-
νήντα, τέσσερα ἑκατομμύρια τριακόσιες τριάντα χιλιάδες διακόσια εἴ-
κοσι ἕνα.
διακόσιοι εἴκοσι τρεῖς μαθητές, ἑπτακόσιες ἑβδομήντα τέσσερες μαθή-
τριες, τριακόσια τριάντα ἕνα σπίτια, πέντε χιλιάδες μάρκα, ἑπτά χιλιά-
δες ὀκτακόσιες ἐνενήντα μία δραχμές, δύο χιλιάδες ἑκατόν ἐνενήντα
ἕνα μάρκα, τρεῖς χιλιάδες τετρακόσια πενήντα τρία δολλάρια.

Ἀσκήσεις πάνω στό ἀνέκδοτο
1)
Μπῆκε σ' ἕνα μαγαζί, μπῆκε σ' ἕνα λεωφορεῖο, μπῆκε σ' ἕνα τραῖνο.
Βγῆκε ἀπό ἕνα μαγαζί, βγῆκε ἀπό ἕνα λεωφορεῖο, βγῆκε ἀπό ἕνα τραῖνο.
2)
Νά μήν πεῖ, νά μή δώσετε, νά μήν μπεῖ, νά μήν πιεῖ, νά μή ρωτήσει, νά
μήν πληρώσει.

Εἰκοστό μάθημα

1)
Ὁ ξένος βρίσκεται στήν Ἀθήνα. Ποῦ εἶναι ἡ πιό κοντινή Τράπεζα. Οἱ Τράπεζες εἶναι κλειστές, γιατί εἶναι Μεγάλη Παρασκευή. Εἶναι μιά ἀπό τίς μεγαλύτερες γιορτές. Θέλει νά πάει σέ μιάν ὀρθόδοξη ἐκκλησία. Οἱ βυζαντινές ἐκκλησίες στήν Ἀθήνα εἶναι : Οἱ "Αγιοι Θεόδωροι, ἡ Καπνικαρέα καί ἄλλες. Προτιμάει νά πάει στήν Καπνικαρέα, γιά ν ἀκού-' σει βυζαντινή μουσική πού τόν ἐνδιαφέρει πολύ. Ἀρχίζει στίς ἑπτά. Στήν περιφορά τοῦ Ἐπιταφίου ὅλο τό ἐκκλησίασμα ἀκολουθεῖ μέ κεράκια καί φαναράκια. Οἱ Ἕλληνες γιορτάζουν τήν Ἀνάσταση τή νύχτα. Τήν ἄλλη μέρα τρῶνε τό ψητό ἀρνί. Ὁ Ἕλληνας λέει στόν ξένο νά ἔλθει στό σπίτι του, νά γιορτάσουνε μαζύ. Ὁ ξένος δέχεται καί εὐχαριστεῖ τόν Ἕλληνα. Λέει πώς θά εἶναι ἡ καλύτερη ἀνάμνηση πού θά πάρει μαζύ του.

2) **Μεταφράστε!**

1) Αὐτό τό σπίτι εἶναι τόσο μεγάλο, ὅσο καί τό ἄλλο.
2) Αὐτή ἡ ἐκκλησία εἶναι ὡραιότερη ἀπό τήν ἄλλη, ἀλλά μικρότερη.
3) Ὁ Τάκης εἶναι μεγαλύτερος ἀπό τόν ἀδελφό του, ἀλλά κοντότερος ἀπ' αὐτόν.
4) Ὁ κῆπος μας εἶναι μεγαλύτερος ἀπό τόν δικό του.
5) Τά ἔπιπλά του εἶναι ἀκριβότερα ἀπό τά δικά σου.
6) Τά δέντρα στόν κῆπο μας εἶναι τόσο ψηλά, ὅσο καί τά δέντρα στό δρόμο.
7) Τά παπούτσια του δέν εἶναι τόσο καλά, ὅσο τά δικά μου.
8) Ἡ Μαρία διαβάζει ἑλληνικά καλύτερα ἀπ' ὅ,τι τά μιλάει.
9) Ὁ φίλος μου γράφει καλύτερα ἀπό μένα.
10) Τρώει περισσότερο ἀπ' τόν πατέρα του.
11) Ὁ Κώστας δέ βλέπει τόσο καλά, ὅσο πρῶτα.
12) Οἱ ζεστότεροι (θερμότεροι) μῆνες εἶναι ὁ Ἰούλιος καί ὁ Αὔγουστος, οἱ ψυχρότεροι ὁ Ἰανουάριος καί ὁ Φεβρουάριος.
13) Ὁ Μάϊος εἶναι ὁ ὡραιότερος μήνας.
14) Τό οὖζο εἶναι ἐξαιρετικό (ἄριστο).
15) Αὐτές οἱ μπανάνες εἶναι σήμερα φτηνότατες.
16) Οἱ περισσότεροι ἄνθρωποι δέν ξέρουν τί κάνουν.
17) Ὁ μεγαλύτερος ἀδελφός μου εἶναι στήν Ἀμερική.
18) Ὁ χειρότερος μαθητής εἶναι ὁ Τάκης.

19) Τό μικρό ξενοδοχεῖο εἶναι τό καλύτερο.
20) Στό δρόμο ἦσαν ἐλάχιστοι ἄνθρωποι.
21) Πηγαίνουμε στό πλησιέστερο (κοντινότερο) σχολεῖο.
22) Ὁ Κώστας εἶναι ἀνώτερος ὑπάλληλος.
23) Ἐργάζεται λιγότερο στό σχολεῖο ἀπ' ὅ,τι στό σπίτι.
24) Τούς γνωρίζουμε ἐλάχιστα.
25) Ἔρχεσαι πάντα νωρίτατα.
26) Τῆς ἀρέσει καλύτερα (περισσότερο) νά κάνει περίπατο παρά νά συγυρίζει τό δωμάτιό της.
27) Αὐτός ὁ καθηγητής εἶναι ὁ γεροντότερος.
28) Ὁ Πάνος ξεχνάει ὡς ἐπί τό πλεῖστον τό λεξικό του.
29) Μεθαύριο τό νωρίτερο θά ἔχω διαβάσει τό βιβλίο.
30) Φέρε ὅσο τό δυνατόν περισσότερα ζεστά ροῦχα μαζύ σου. Ἐδῶ σέ μᾶς εἶναι (ἔχει) πολύ κρύο.

3)

1) Ἔχω, εἶχα ἀγοράσει δύο βιβλία.
2) Μοῦ ἔχει, εἶχε πιεῖ τήν μπύρα μου.
3) Ἔχομε, εἴχαμε φτάσει στό Πανεπιστήμιο.
4) Ὁ πατέρας ἔχει, εἶχε φύγει.
5) Ἡ φοιτήτρια ἔχει, εἶχε τρέξει μέ τό αὐτοκίνητο.
6) Ἔχει, εἶχε ἀγοράσει τό σπίτι καί ἔχει, εἶχε δώσει πολλά λεπτά.
7) Ἔχεις, εἶχες βρεῖ ἕνα δωμάτιο καί τό ἔχεις, εἶχες πάρει.
8) Σᾶς ἔχομε, εἴχαμε τηλεφωνήσει καί σᾶς ἔχομε, εἴχαμε ρωτήσει.
9) Ἔχετε, εἴχατε ἀνεβεῖ στό σπίτι σας καί ἔχετε, εἴχατε κλείσει τήν πόρτα σας.
10) Ἔχει, εἶχε φάει τή σούπα.
11) Ἔχουν, εἶχαν δεῖ τό φίλμ.
12) Ἔχει, εἶχε ἔλθει, καί ἔχει, εἶχε ἀρχίσει νά φωνάζει.

4)

1) Θά ἔχουν κατεβεῖ στόν κῆπο καί θά ἔχουν κυττάξει τά λουλούδια.
2) Θά ἔχω πάρει τό τράμ καί θά ἔχω πάει στήν πλατεία.
3) Θά ἔχω πάει στό Ταχυδρομεῖο καί θά ἔχω στείλει τό πακέτο.
4) Θά ἔχεις φορέσει τό παλτό σου καί θά ἔχεις μπεῖ στό αὐτοκίνητο.
5) Θά τούς ἔχετε φέρει ἕνα λεξικό καί θά ἔχουν μάθει ξένες γλῶσσες.
6) Θά ἔχουν ρωτήσει καί θά ἔχουν καταλάβει τήν ἄσκηση.

7) Θά έχετε παραγγείλει δύο καφέδες καί θά μοῦ έχετε προσφέρει ένα κονιάκ.
8) Θά έχει μακρύνει τό παλτό της καί θά έχετε κοντύνει τή φούστα σας.
9) Θά έχομε ζεστάνει τό φαγητό καί θά τό έχομε φάει.
10) Θά μᾶς έχετε δανείσει τό αὐτοκίνητό σας καί θά σᾶς έχομε εὐχαριστήσει.

5) Μεταφράστε !
1) "Αν μᾶς εἶχε δεῖ, θά μᾶς εἶχε χαιρετήσει.
2) "Αν μᾶς εἶχε γράψει, θά τῆς εἴχαμε βρεῖ δωμάτιο.
3) "Αν εἶχε ἀγοράσει αὐτό τό ποδήλατο, θά εἶχε ἔρθει τώρα νωρίτερα.
4) "Αν δέν εἶχε πάρει μαζύ της τό κλειδί, θά εἴχαμε ἀνοίξει τήν πόρτα.
5) "Αν εἶχαν μπεῖ μέσα, θά μᾶς εἶχαν πάρει τά λεπτά.
6)"Αν δέν εἶχες τρέξει τόσο πολύ, δέ θά εἶχε χαλάσει τό αὐτοκίνητό σου.
7) "Αν δέν εἶχα βγεῖ χωρίς παλτό, δέ θά εἶχα ἀρρωστήσει.

Εἰκοστό πρῶτο μάθημα

1)
Ἡ Ἑλλάδα βρίσκεται στήν Εὐρώπη. Συνορεύει στά βόρεια μέ τήν Ἀλβανία, τό FYROM καί τή Βουλγαρία, καί στά βορειοανατολικά μέ τήν Τουρκία. Περιβρέχεται δυτικά ἀπ' τό Ἰόνιο πέλαγος, ἀνατολικά ἀπ' τό Αἰγαῖο καί νότια ἀπ' τό Λιβυκό πέλαγος.
Ἡ Ἑλλάδα ἔχει περίπου ἐννέα ἑκατομμύρια κατοίκους. Πρωτεύουσά της εἶναι ἡ Ἀθήνα. "Αλλες μεγάλες πόλεις εἶναι ὁ Πειραιάς, ἡ Θεσσαλονίκη, ἡ Καβάλλα, ὁ Βόλος κ.ἄ. "Οχι, δέν ἔχει πολλές λίμνες. Δέν ἔχει πολλά δάση, ἄν καί ἔχει πολλά βουνά. "Εχει πάρα πολλά νησιά. Τό μεγαλύτερο νησί της εἶναι ἡ Κρήτη. Τό κλίμα της εἶναι ἀπό τά καλύτερα καί ὑγιεινότερα τοῦ κόσμου. Τό ἔδαφός της εἶναι σέ πολλά μέρη ἄγονο καί φτωχό. Λόγω τοῦ ἐδάφους. Στήν Ἀμερική καί στήν Αὐστραλία καί τά τελευταῖα χρόνια καί στή Γερμανία. Γιά νά ἀπολαύσουν τόν ἥλιο καί τή θάλασσα καί νά δοῦν τίς ἀρχαιότητες.
Τόν Καζαντζάκη, τόν Πρεβελάκη, τό Ρίτσο, τό Σεφέρη, τόν Ἐλύτη.κ.ἄ. Τόν Χατζηδάκη, τόν Θεοδωράκη κ.ἄ. Ναί, ἔχω πάει.("Οχι δέν ἔχω πάει) Μιλιέται ἡ ἑλληνική. (Μιλιοῦνται τά ἑλληνικά). Ναί, ὄχι.

2)
Πατρίδα μου εἶναι ἡ Γερμανία. Συνορεύει μέ τή Γαλλία, τήν Αὐστρία, τήν Ἑλβετία, τή Δανία, τήν Ὁλλανδία τήν Πολωνία καί τήν Τσεχία. Ἔχει περίπου ὀγδόντα ἑκατομμύρια. Δέν ἔχει πολλά νησιά, ἀλλά ἔχει πάρα πολλά δάση. Ὁ μεγαλύτερος ποταμός της εἶναι ὁ Ρῆνος. Τούς ἄλλους ποταμούς της τούς λένε: Δούναβη, Μοῖνο, Βέζερ, Ἔλβα κλπ. Τό πολίτευμά της εἶναι ἡ δημοκρατία. Οἱ πιό γνωστοί Γερμανοί συγγραφεῖς εἶναι ....
Ναί, τά ἔργα τους μεταφράζονται στίς ξένες γλῶσσες. Ἐγώ εἶμαι ἀπό
.....

3)Μεταφράστε !
1) Στίς τάξεις εἶναι λίγοι μαθητές, ἀλλά πολλές μαθήτριες.
2) Οἱ ὁδοί αὐτῆς τῆς πόλης(πόλεως) εἶναι ὡραῖες.
3) Ἡ ὀρθρογραφία τῶν περισσοτέρων ἑλληνικῶν λέξεων εἶναι δύσκολη.
4) Οἱ δύο οἰκογένειες δέν ἔχουν σχέσεις.
5) Κάθεται στό τέλος τῆς μεγάλης ὁδοῦ.
6) Εἶχαν ἀνάψει ὅλα τά φῶτα.
7) Ἐνδιαφέρεται γιά τό μέλλον καί τό παρελθόν κι ὄχι γιά τό παρόν.
8) Στά παραμύθια γίνεται συχνά λόγος γιά τέρατα.
9) Τά δέντρα τῶν δασῶν εἶναι πολύ ψηλά.
10) Τά τελευταῖα συμβάντα (γεγονότα) δέν ἦσαν εὐχάριστα.
11) Ὁ γιατρός δέν ἔκανε τό καθῆκον του(τό χρέος του).
12) Δέν πληρώσαμε ἀκόμη τά χρέη μας.
13) Τά ὀνόματα τῶν μεγάλων συγγραφέων εἶναι παντοῦ γνωστά.
14) Σ' αὐτό τό γράμμα δέν ὑπάρχει τό ὄνομα τοῦ ἀποστολέα.
15) Οἱ φωνές τοῦ πλήθους μέ ξύπνησαν πολύ νωρίς τό πρωί.
16) Πόσα φωνήεντα ἔχει ἡ γερμανική γλῶσσα;
17) Δέν ἐπιτρέπεται (κάνει) νά κάνουν λάθη οἱ διερμηνεῖς.
18) Τά ἤξερε ὅλα.
19) Ἔχει τό Πανεπιστήμιο μία ἤ δύο ἐξόδους;
20) Ἡ κατοικία μας (τό σπίτι μας) ἔχει δύο εἰσόδους.
21) Πῶς εἶναι τό κλίμα τῆς ἠπείρου μας;
22) Στή γραμματική ὑπάρχουν πολλές ἐξαιρέσεις.
23) Οἱ μαθητές δέν ἔγραψαν ὅλες τίς φράσεις.
24) Καταλαβαίνεις τό νόημα αὐτῆς τῆς φράσης (φράσεως);
25) Μετά ἀπό τρεῖς στάσεις πρέπει νά κατέβεις.

26) Πῶς εἶναι ἡ ἀρχή τῆς ἄσκησης;
27) Αὐτό ἦταν ἡ ἀρχή τοῦ τέλους.
28) Λόγῳ (ἐξ αἰτίας) τοῦ κλίματος δέν κάνει νά μείνει περισσότερο ἐδῶ.
29) Ὑπάρχουν πολλά εἴδη καφέ;
30) Δέν εἶχε οὔτε τά ναῦλα του, γι αὐτό πῆγε μέ τά πόδια.

4) Μεταφράστε!

1) Ἀγόρασαν ἕνα καινούργιο αὐτοκίνητο, ἄν καί τό παλιό τους δέν εἶχε χαλάσει.
2) Αὐτός ὁ ἄνθρωπος μᾶς χαιρέτησε, ἄν καί δέν τόν γνωρίζουμε.
3) Ἄν καί τό σπίτι του εἶναι μεγαλύτερο ἀπ' τό δικό μου, τό ἀγόρασε φθηνότερα.
4) Μολονότι ξεκινήσαμε τόσο νωρίς ἀπό τό σπίτι, φτάσαμε στό σχολεῖο καθυστερημένοι.
5) Ἀκόμη καί νά ἔλθει, δέ θά φέρει τό βιβλίο μαζύ του.
6) Δέ θά μᾶς μιλήσει, ἀκόμα καί νά μᾶς δεῖ.
7) Μολονότι δέ βλέπει τόσο καλά, δέ θέλει νά φορέσει γυαλιά.
8) Βγήκατε ἔξω, ἄν καί ἤσαστε ἄρρωστος χθές;

5)
Ἄν καί τό ἔμαθα αὐτό, τό ξέχασα. Καί νά τό μάθω, θά τό ξεχάσω.
Ἄν καί τόν κάλεσα, δέν ἦρθε. Καί νά τόν καλέσω, δέ θά ἔρθει.
Ἄν καί μοῦ πονάει τό δόντι, δέν πάω στόν ὀδοντογιατρό.
Καί νά μοῦ πονάει τό δόντι, δέ θά πάω στόν ὀδοντογιατρό.
Ἄν καί τούς ἔδιωξαν, δέν ἔφυγαν. Καί νά τούς διώξουν, δέ θά φύγουν.
Ἄν καί τούς φωνάξαμε, δέν μᾶς ἄκουσαν.
Καί νά τούς φωνάξουμε, δέ θά μᾶς ἀκούσουν.
Ἄν καί διψοῦσα, δέν ἤπια νερό. Καί νά διψάσω, δέ θά πιῶ νερό.
Ἄν καί τοῦ ἔγραψες, δέν σοῦ ἀπάντησε.
Καί νά τοῦ γράψεις, δέ θά σοῦ ἀπαντήσει.
Ἄν καί ἔχει πυρετό, πάει στή δουλειά.
Καί νά ἔχει πυρετό, θά πάει στή δουλειά.

Εἰκοστό δεύτερο μάθημα

1)
Ἀρκετό, σχεδόν δυό χρόνια. Δέν ἔχει προχωρήσει ἀρκετά. Γιατί δέν ἔχει καιρό νά διαβάζει. Ὅσοι ἔχουν λεπτά ἤ ὅσοι ἔχουν φίλους στήν Ἑλλάδα. Δέν ἔχει τά μέσα. Ὅ,τι βγάζει τά ξοδεύει γιά νοίκι καί γιά φαγητό. Ὅτι μπορεῖ νά πάει μαζύ της καί νά μένει (μείνει)στό σπίτι της. Τή δέχεται εὐχαρίστως. Γιά νά κανονίσει νά πάρει ἄδεια.

2)
Τό βιβλίο τό ὁποῖο διαβάζω τώρα, εἶναι πολύ ὡραῖο.
Τό βιβλίο πού διαβάζω τώρα, εἶναι πολύ ὡραῖο.
Ὁ φοιτητής τόν ὁποῖον ὁ καθηγητής βοήθησε πολύ, εἶναι φίλος μου.
Ὁ φοιτητής πού ὁ καθηγητής τόν βοήθησε πολύ, εἶναι φίλος μου.
Σήμερα θά σᾶς δείξω τό σπίτι μας, τό ὁποῖο (πού)ἀγοράσαμε πέρυσι.
Τά παιδιά στά ὁποῖα ἡ γιαγιά ἔδωσε σοκολάτα, παίζουν στόν κῆπο.
Τά παιδιά πού ἡ γιαγιά τούς ἔδωσε σοκολάτα, παίζουν στόν κῆπο.
Συνάντησα μία κυρία ἡ ὁποία (πού) εἶναι φίλη τῆς ἀδελφῆς μου.
Ἡ κυρία τήν ὁποία (πού) συνάντησα, εἶναι φίλη τῆς ἀδελφῆς μου.
Ὁ κύριος στόν ὁποῖο πρέπει νά δώσω τό πακέτο, εἶναι ἄρρωστος.
Ὁ κύριος πού πρέπει νά τοῦ δώσω τό πακέτο, εἶναι ἄρρωστος.
Τό σπίτι στό ὁποῖο μένω, ἀρέσει τῆς ἀδελφῆς μου.
Τό σπίτι πού (πού σ'αὐτό) μένω, ἀρέσει τῆς ἀδελφῆς μου.
Γνωρίζουν μία κυρία τῆς ὁποίας ὁ ἀδελφός εἶναι χειροῦργος.
Γνωρίζουν μία κυρία, πού ὁ ἀδελφός της εἶναι χειροῦργος.
Βλέπεις αὐτούς τούς τουρίστες, τῶν ὁποίων οἱ βαλίτσες εἶναι στό ξενοδοχεῖο;
Βλέπεις τούς τουρίστες, πού οἱ βαλίτσες τους εἶναι στό ξενοδοχεῖο;
Πήγαμε στό Μουσεῖο, γιά τό ὁποῖο ἡ δασκάλα μᾶς εἶχε πεῖ πολλά.
Πήγαμε στό Μουσεῖο, πού (πού γι αὐτό) ἡ δασκάλα μᾶς εἶχε πεῖ πολλά.
Ἡ πόλη τῆς ὁποίας φωτογράφισα τίς ἐκκλησίες, εἶναι παλαιά.
Η πόλη, πού φωτογράφισα τίς ἐκκλησίες της, εἶναι παλαιά.
Ὁ δάσκαλος μᾶς ἔδωσε τίς ἐργασίες, τίς ὁποῖες (πού)εἶχε διορθώσει.

3) ὅ,τι, ὅποτε, ὅπως, ὁπωσδήποτε, ὅπου (ὅποτε), ὅποιος, ὅσα, (ὅποια, ὅ,τι), ὅσοι (ὅποιοι), ὅ,τι, ὅσα (ὅποια, ὅτι,) ὁποιουδήποτε, ὁπωσδήποτε, ὅπως (ὅσο).

4)
περιπετειώδες, διεθνής, εύφυεῖς, εἰλικρινής, ἀγενής, ἀκριβής, πολυτελῆ, μυστηριωδῶς.

5) Μεταφράστε!
1) Λέει πώς εἶναι ἄρρωστος,
2) Λένε νά κάνουν ἕνα ταξίδι στήν Ἱσπανία.
3) Λέει ὅτι μέ εἶδε στό δρόμο.
4) Ξέρω ὅτι κάθεται στό διπλανό σπίτι.
5) Δέν ξέρω ἄν μένει δίπλα.
6) Ξέρετε νά μαγειρεύετε πολύ καλά. Ποῦ μάθατε νά μαγειρεύετε;
7) Γιατί δέν ἦρθε; - Θά ἔχει πολλή δουλειά.
8) Θυμᾶται τήν πατρίδα της.
9) Θυμόταν πολύ καλά ὅτι πλήρωσε τούς ἐργάτες.
10) Δέ θυμόμαστε νά χαλάσαμε τό αὐτοκίνητό σας.
11) Ὑπόσχεται ὅτι θά ξανάρθει.
12) Ὑποσχόμαστε νά σᾶς ποτίζουμε τά λουλούδια σας.
13) Πότε μάθατε νά γράφετε καί νά διαβάζετε;
14) Ἔμαθε πώς κέρδισε στό Λόττο (στή λοταρία).
15) Φοβᾶμαι νά πάω μόνη μου περίπατο στό δάσος.
16) Ἡ γριά γυναίκα φοβᾶται νά πεθάνει.
17) Φοβᾶται μήπως δέν ἔρθουν πολλοί καλεσμένοι.
18) Φοβᾶται ὅτι θά βρέξει καί ἡ γιορτή δέ θά γίνει.
19) Φοβᾶμαι ὅτι θά ἔρθει σήμερα πού δέν ἔχω καιρό.
20) Φοβᾶται πώς δέν μπορεῖ νά πληρώσει τόσα λεπτά.
21) Ἡ φοιτήτρια φοβᾶται μήπως δέν πέρασε τίς ἐξετάσεις.
22) Τά παιδιά φοβοῦνται τό σκυλί.
23) Ἔπεισα τή μητέρα μου νά μοῦ δανείσει τό αὐτοκίνητό της, ἀλλά δέν μπόρεσα νά τήν πείσω ὅτι δέν τό χάλασα ἐγώ.

Εἰκοστό τρίτο μάθημα

1)
Εἶδε ὅτι ὁ καιρός ἦταν ὡραιότατος. Σκέφθηκε πώς θά ἦταν κρίμα νά περάσει τήν ἡμέρα του κλεισμένος στό γραφεῖο του. Τηλεφώνησε στήν Τράπεζα πού ἐργαζόταν πώς ἦταν ἄρρωστος καί ἔπρεπε νά μείνει στό κρεββάτι. Ἑτοιμάστηκε στά γρήγορα. Θά πήγαινε στήν Κηφισσιά μέ τόν

ηλεκτρικό. Δέ θυμήθηκε ότι ό προϊστάμενός του έμενε στήν Κηφισσιά.
"Αν τόν είχε δει νωρίτερα, θά κρυβότανε πίσω άπό ένα ψηλό κύριο.
Τώρα δέν τά κατάφερε, ήταν πιά άργά. Φοβαται πώς θά έχει μπελάδες.
Ό ωραίος καιρός έφταιγε γιά όλα.

2)
Διαβάστηκαν άπό τή Σοφία. Γράφτηκαν άπό τό φοιτητή. Μαγειρεύτηκαν
άπό τή νικοκυρά. Χτενίστηκε άπό τή γιαγιά. 'Αγοράστηκαν άπό τόν κύ-
ριο. Καταβροχθίστηκαν άπό τόν Τάκη. Πληρώθηκε άπό τόν άρρωστο.
'Αγαπήθηκε άπό τούς μαθητές. Μαζεύτηκαν άπό τή θεία. Πλέχτηκαν
άπό τήν Ελένη. Φορέθηκαν πολύ καιρό άπό τό παιδί. Ετοιμάστηκαν
άπό τόν πατέρα. Εισπράχτηκαν άπό τήν ταμία. Χαϊδεύτηκαν άπό τή
μητέρα.

3)
Θά διαβαστούν, θά γραφτούν, θά μαγειρευτούν, θά χτενιστεί, θά άγο-
ραστούν, θά καταβροχθιστούν, θά πληρωθεί, θά άγαπηθούν, θά μα-
ζευτούν, θά πλεχτούν, θά φορεθούν, θά έτοιμαστούν, θά εισπραχτούν,

4)
Μοϋ άπαγόρευσε (άπαγόρεψε) νά μιλάω, νά καπνίσω, νά φωνάξω.
Είναι κρίμα νά χάσω τά λεπτά, νά άρρωστήσω, νά μή δούμε τό φίλμ.
Τήν ώρα άκριβώς πού έτρωγε, πού ντυνότανε, πού τηλεφωνούσα.

5)
Σηκωνόταν, πλενόταν, ξυριζόταν, πήγαινε,έργαζόταν, γύριζε, ξεκουρα-
ζόταν, έπισκεπτόταν, κοιμήθηκε, σηκώθηκε, ξυρίστηκε, ντύθηκε, φοβή-
θηκε, σκέφθηκε, λυπόταν, έπισκέφθηκε, άπομακρύνθηκε, περιποιήθηκε,
συμβουλεύτηκε, ειδοποιήθηκε, όνειρευόταν, άναρωτιόταν, παίχθηκε.

6)
Διηγηθεί, είδοποιηθεί, άσχοληθεί, άποτελεσθεί, λυπηθείτε, έπισκεφθούν,
έγγυηθώ, άρνηθεί, προσποιηθεί, εύχαριστηθεί, έπισκεφθείς, παιχθεί,
ξεκουραστώ, στερηθούν, κοιμηθείτε, ντυθείς, συναντηθούμε, συνεννοη-
θούμε, ίδρυθεί, φαντασθείτε, θυμηθώ.

7) Μεταφράστε !
1) Φαινόσαστε στενοχωρημένος.
2) Τό παιδί ἦταν κοιμισμένο.
3) Ἔφυγε εὐχαριστημένος ἀπό μᾶς.
4) Αὐτά τά ροῦχα εἶναι φορεμένα.
5) Δέν ἦσαν ἀκόμη ντυμένοι.
6) Οἱ ἀσκήσεις εἶναι γραμμένες.
7) Γύρισε πίσω κουρασμένος.
8) Αὐτές οἱ θέσεις εἶναι πιασμένες.
9) Τό ἀνοιγμένο γράμμα ἦταν στό τραπέζι.
10) Εἴμαστε πεισμένοι (ἔχουμε πεισθεῖ) ὅτι ἔχει δίκαιο.
11) Ὁ καφές σας εἶναι κιόλας πληρωμένος.
12) Οἱ καλεσμένες κυρίες δέν ἦρθαν.
13) Μήν τρῶτε λοιπόν μέ τά μεταχειρισμένα (χρησιμοποιημένα) μαχαιροπήρουνα!
14) Ὁ κρυμμένος θησαυρός βρέθηκε.

Εἰκοστό τέταρτο μάθημα

1)
Ἡ γριά εἶχε τέσσερα παιδιά. Τά ἔλεγαν : Σκαντζόχοιρο, Ἀράχνη, Χελώνα καί Μέλισσα. Τά παιδιά παντρεύτηκαν κι ἔκαναν δική τους οἰκογένεια. Τῆς φάνηκε πώς θά πεθάνει. Εἶπε στό γείτονα νά παραγγείλει στά παιδιά της νά ἔρθουνε νά τή δοῦνε. Γιατί ἔφτιαχνε τό φράχτη στ' ἀμπέλι του. Ἡ Χελώνα δέν ἦρθε, γιατί εἶχε πλύση. Ἡ Ἀράχνη ὕφαινε καί δέν μποροῦσε ν' ἀφήσει τή δουλειά στή μέση. Ἡ Μέλισσα. Αὐτή βρῆκε καιρό. Γιά τό Σκαντζόχοιρο εἶπε νά φυτρώσουν τά ξύλα στήν πλάτη του, γιά τή Χελώνα νά κολλήσει ἡ σκάφη στή ράχη της καί γιά τήν Ἀράχνη, νά ὑφαίνει, νά ὑφαίνει καί ποτέ νά μήν τελειώνει. Γιά τή Μέλισσα εἶπε: ὅ,τι πιάνει τό χέρι της νά γίνεται μέλι. Ὅ,τι εἶπε ἡ γριά μάνα ἔγινε.

2)
Ἀρρώστησε, φάνηκε, πεθάνει, φώναξε, εἶπε, μπορεῖς, παραγγείλεις, ἔλθουν, δοῦν, ἔφτασε, ἔφτιαχνε, ὕφαινε, ἔπλενε, εἶπαν, ἄδειαζαν, μποροῦσαν, ἀφήσουν, μέση, παράτησε, πῆρε, δρόμους, ἔτρεξε, περιποιηθεῖ, χάρηκε, πού, εἶδε, εἶπε, ὅ,τι, γίνεται.

3)
θά χαρείς - θά χαρείτε
θά φοβηθείς - θά φοβηθείτε
θά εύχηθείς - θά εύχηθείτε
θά βρεθείς - θά βρεθείτε
θά σταθείς - θά σταθείτε
θά ύποσχεθείς - θά ύποσχεθείτε
θά φερθείς - θά φερθείτε
θά άποκριθείς - θά άποκριθείτε
θά έπιβαρυνθείς - θά έπιβαρυνθείτε
θά διαμαρτυρηθείς - θά διαμαρτυρηθείτε
θά πλυθείς - θά πλυθείτε
θά κριθείς - θά κριθείτε
θά μαραθείς - θά μαραθείτε
θά έγκατασταθείς - θά έγκατασταθείτε
θά προσευχηθείς - θά προσευχηθείτε.

4)
Ζεστάθηκε, ζεσταθήκαμε, ξεράθηκαν, πικράθηκαν, ύφάθηκε, ψυχράθηκε, φέρθηκε, δάρθηκε, στάλθηκαν, άπολυμάνθηκε, διευθύνθηκε, έπιβαρυνθήκαμε, άγόρασαν..... όταν εύκολύνθηκαν, μολύνθηκε, ύποσχέθηκε, αύξήθηκε, αίσθανθήκατε, συστήθηκαν, σταθήκαμε, άπονεμήθηκε, διαμαρτυρηθήκαμε, εύχήθηκαν, προσευχήθηκαν, είδώθηκαν, φαγώθηκαν, πιώθηκε, πνίγηκαν, γράφτηκαν, κόπηκε, βράχηκε, ντράπηκε, χάρηκα, στράφηκε, είδε, φάνηκε, έγκατασταθήκαμε.

5)
τόν έαυτό της, έαυτό του, έαυτό σας, έαυτό μου, έαυτοῦ σου, έαυτό σου, έαυτό μου, έαυτοῦ της, έαυτό μου, έαυτό του, έαυτό τους.

6) **Μεταφράστε!**
1) Τί καλά πού ήρθες!
2) Κρίμα πού έφυγε τόσο νωρίς!
3) Λυπήθηκα πού δέ βρήκατε δωμάτιο.
4) Όταν γύρισε ή μητέρα, βρήκε τό παιδί νά παίζει στό δωμάτιο.
5) Σέ είδα νά κάθεσαι (πού καθόσουνα) στόν κήπο.
6) Μᾶς είδε νά φεύγουμε (πού φεύγαμε).

7) Σᾶς ἀκούσαμε νά φωνάζετε (πού φωνάζατε) δυνατά.
8) Μέ ἄκουσες νά κλείνω (πού ἔκλεινα) τήν πόρτα μου.
9) Βρῆκε τή γυναίκα του νά μαγειρεύει (πού μαγείρευε) στήν κουζίνα.
10) Χαίρομαι πού θά κάνουμε αὐτό τό ταξίδι.

Εἰκοστό πέμπτο μάθημα

1)
Ἕνας παπάς καί ἕνας παραγγελιοδόχος ταξιδεύουν κάθε πρωί μέ τό ἴδιο λεωφορεῖο. Γιατί δέν τόν χωνεύει. "Αν ξέρουν τί διαφορά ὑπάρχει ἀνάμεσα σ' ἕναν παπά καί σ' ἕνα γάϊδαρο. Οἱ ἐπιβάτες δέν ξέρουν ν' ἀπαντήσουν στήν ἐρώτησή του. Τήν ἄλλη μέρα ρώτησε ὁ παπάς τούς ἐπιβάτες ἄν ἤξεραν τί διαφορά ὑπάρχει ἀνάμεσα σ' ἕναν παραγγελιοδόχο καί σ' ἕνα γάϊδαρο. Οἱ συνταξιδιῶτες δέν ἤξεραν ν' ἀπαντήσουν σ'αὐτή τήν ἐρώτηση. Ὁ παπάς εἶπε ὅτι οὔτε κι αὐτός δέν ἤξερε.

2)
τοῦ φαρδιοῦ δρόμου	τῆς φαρδιᾶς φούστας	τοῦ φαρδιοῦ πουλόβερ
τοῦ βαριοῦ σάκου	τῆς βαριᾶς τσάντας	τοῦ βαριοῦ πακέτου
τοῦ μακριοῦ δρόμου	τῆς μακριᾶς ζακέτας	τοῦ μακριοῦ φορέματος

3)
οἱ παχιοί κύριοι	οἱ παχιές κυρίες	τά παχιά παιδιά
τῶν παχιῶν κυρίων	τῶν παχιῶν κυριῶν	τῶν παχιῶν παιδιῶν
οἱ καφετιοί σκύλοι	οἱ θαλασσιές μπλοῦζες	τά σταχτιά ράσα
τῶν καφετιῶν σκύλων	τῶν θαλασσιῶν μπλουζῶν	τῶν σταχτιῶν ράσων
οἱ λαδιοί καναπέδες	οἱ πορτοκαλιές μπλοῦζες	τά λουλακιά παλτά
τῶν λαδιῶν καναπέδων	τῶν πορτοκαλιῶν μπλουζῶν	τῶν λουλακιῶν παλτῶν

4) **Μεταφράστε!**
1) Αὐτό τό παιδί ἔχει χρυσαφιά μαλλιά.
2) Τό καινούργιο παντελόνι εἶναι λουλακί.
3) Ἀγόρασε καφετιά καί σταχτιά παπούτσια.
4) Τό θαλασσί πουλόβερ σοῦ πάει πολύ.
5) Ἔχει ἕνα μενεξεδί παλτό καί δύο πορτοκαλιές μπλοῦζες.
6) Ἡ τσάντα μου εἶναι βαρύτερη ἀπό τή δική σου.
7) Στήν ἄκρη τῶν φαρδιοῦ (πλατιοῦ) δρόμου εἶναι ψηλά δέντρα.
8) Αὐτός ὁ χειμώνας ἦταν βαρύτατος.
9) Τό νερό τῆς θάλασσας εἶναι ἐκεῖ βαθύτερο ἀπό ἐδῶ. Ἐκεῖ πού στέκεσαι, εἶναι βαθύτατο.
10) Ἡ αὐλή τοῦ σχολείου εἶναι φαρδύτερη ἀπό τό δρόμο, ἀλλά τόσο φαρδιά ὅσο καί αὐτή ἡ πλατεία.
11) Στή Γερμανία τό κλίμα εἶναι τόσο τραχύ ὅσο καί στήν Ἑλβετία.
12) Στήν Ἑλλάδα δέν εἶναι τόσο τραχύ.
13) Αὐτή ἡ σάλτσα εἶναι ἀψύτατη, δέν τρώγεται.
14) Τά μοντέρνα φορέματα εἶναι φαρδύτατα καί ἀπό ἐλαφρότατο ὕφασμα.

Εἰκοστό ἔκτο μάθημα.

1)
Ἡ Δεκοχτούρα ἦταν πρῶτα ἕνα καλό καί ὄμορφο κοριτσάκι. Ἔχασε τή μητέρα της. Ὁ πατέρας της τήν ἔβαλε σ' ἕνα σπίτι, γιά νά βοηθάει τή νοικοκυρά. Ἡ κυρία δέ χώνευε τό κοριτσάκι. Ἦταν πολύ κακιά καί ζηλιάρα. Τοῦ εἶπε ὅτι ἔπρεπε νά σηκωθεῖ, γιατί δέν τό εἶχανε νά κάθεται σάν πριγκήπισσα. Ἔπρεπε νά πλύνει, νά ζυμώσει, ν' ἀνάψει τό φοῦρνο καί νά ρίξει τά ψωμιά. Ἡ κυρά της τεμπέλιαζε. Βγήκανε 18 καρβέλια. Τό βαροῦσε, γιατί νόμιζε πώς εἴχανε βγεῖ 19 καρβέλια. Νά τή λυπηθεῖ καί νά τή γλυτώσει ἀπό τά χέρια τῆς κακιᾶς γυναίκας. Ὁ Θεός τό λυπήθηκε καί τό μεταμόρφωσε σ' ἕνα ὄμορφο πουλάκι. Τό πουλάκι φωνάζει δέκα ὀχτώ, γιά νά πείσει τήν κακιά κυρά του ὅτι εἶχαν βγεῖ 18 καρβέλια.

2)
βάρεσε, τράβηξε, μπῆκε, μέτρησε, φώναξε, τριγύρισε, χώνεψε, βρῆκε, ἔζησε, πῆγε.

3)
Γιά νά βοηθάει τή νοικοκυρά
Γιά νά τό μαλώνει καί νά τό παιδεύει
Γιά νά πλύνει καί νά ζυμώσει
Γιά νά μετρήσει πόσα καρβέλια βγήκανε
Γιά νά πείσει τήν κακιά κυρά του πώς είχε δίκαιο.

4)
Ν' ανάψει τό φούρνο, νά φέρει νερό, νά πλύνει τά ρούχα, νά ζυμώσει τά ψωμιά καί νά τά ρίξει στό φούρνο

5)
Θά ζήσει, θά τό βάλει, θά βρεί, θά τήν ξυπνήσει, θά καθίσει, θ' ανάψει, θά ρίξει, θά τήν ρωτήσει, θά τά βγάλει καί θά τά απλώσει, θά σηκώσει, θά παρακαλέσει.

6)
κιτρινιάρης, μεροκαματιάρης, γκρινιάρα, άρρωστιάρικο, τριαντάρης, κιτρινούλικο, άνοιχτομάτης, κοκκινομάλλα, χωριάτικο, λεβέντης, φωνακλού, μακαρίτες, ύπναράδικα (ύπναρούδικα), φαγούδες, λογούδες (γλωσσούδες), άκαμάτισσες (τεμπέλες), πενηντάρα.

7)Μεταφράστε !
 1) Οι τεμπέληδες (άκαμάτηδες) εργάτες βρίσκουν δύσκολα καινούργια δουλειά.
 2) Οι ζηλιάρες γυναίκες είναι αντιπαθητικές.
 3) Ο ηλικιωμένος κύριος θά είναι εβδομηντάρης, ή γυναίκα του εξηντάρα.
 4) Μερικές πελάτισσες είναι πολύ γκρινιάρες.
 5) Οι άρρωστιάρες φοιτήτριες δέν πέρασαν τίς εξετάσεις.
 6) Δέ συμπαθούμε τό πεισματάρικο παιδί.
 7) Οι λογάδες (γλωσσάδες) μαθητές ενοχλούν τό δάσκαλο.
 8) Οι ύπναράδες φοιτητές έρχονται στό Πανεπιστήμιο καθυστερημένοι.
 9) Αύτή ή γάτα είναι πιό φαγού από τή δική μου.
 10) Οι μεροκαματιάρηδες δέν μπορούν νά πληρώσουν τόν ψηλό λογαριασμό.
 11) Μήν είσαι τόσο πεισματάρα, Ελένη!

12) Γνωρίζαμε πολύ καλά τό μακαρίτη τόν πατέρα σας.
13) Οἱ χωριάτες ζοῦνε στά χωριά.
14) Γύρισε σακάτης ἀπό τόν πόλεμο.
15) Κανένας δέ συμπαθεῖ τούς ἀνακατωσούρηδες.

Εἰκοστό ἕβδομο μάθημα

1)
Γιατί ἤθελαν νά ξεσκάσουν. Ἕνα πούλμαν μέ τουρίστες. Γιατί ἀνάμεσά τους στεκόταν ὁ παλιός τους φίλος, ὁ Ἀλέκος. Τόν θεωροῦσαν γιά πεθαμένο. Κύτταζε μέ μάτια δακρυσμένα τήν παλιά γειτονιά του. Γερασμένος, ἴσως κιόλας ἀρρωστημένος. Πήγανε στό γειτονικό καφενεῖο. Ὅτι ἦταν ἐγκαταστημένος σέ μιά μεγάλη πόλη τῆς Ἀμερικῆς καί ἦταν ἐπιτυχημένος ἔμπορος μέ μεγάλη περιουσία. Δέν τοῦ ἄρεσε. Ἤθελε νά τά παρατήσει ὅλα καί νά ἔλθει νά ζήσει στήν πατρίδα.

2)
Ἀφηρημένος, σταματημένα, πεθαμένοι, συστημένο, κουρασμένοι, πεινασμένοι καί διψασμένοι, διαβασμένος, μεθυσμένοι, κοιμισμένο, δυστυχισμένος, ἐγκαταστημένη, εὐτυχισμένη, δακρυσμένα, συννεφιασμένος.

3) **Μεταφράστε!**
1) Ὁ ἄρρωστος ἔφυγε ἀπογοητευμένος.
2) Σήμερα ὁ οὐρανός ἦταν συννεφιασμένος. Παρ' ὅλ' αὐτά δέν ἔβρεξε.
3) Στεῖλτε αὐτό τό γράμμα συστημένο.
4) Αὐτός ὁ γιατρός εἶναι ἕνας ἐπιτυχημένος ἄνθρωπος.
5) Μοῦ φάνηκε πολύ γερασμένη καί δυστυχισμένη.
6) Τά παιδιά εἶχαν μάτια δακρυσμένα.
7) Εἴμαστε ἀγανακτισμένοι μ' αὐτόν τόν ὑπάλληλο. Εἶναι πάντα θυμωμένος.
8) Ἔχετε μία συγκεκριμένη ἐρώτηση πάνω σ' αὐτό τό θέμα;
9) Ὁ ἄνδρας της ἐρχόταν κάθε βράδυ μεθυσμένος στό σπίτι.
10) Δίνει πάντοτε ἐπιτυχημένες ἀπαντήσεις.
11) Δέν μπορεῖτε νά χαρίσετε αὐτά τά μαραμένα λουλούδια.
12) Εἶναι ἐπιβαρημένη μέ τίς φροντίδες τῆς οἰκογένειάς της.

Ἀσκήσεις πάνω στό ἀνέκδοτο

1)
Γνώρισε - γνωρίστε
πέρασε - περάστε
ἄντε - ἀντέστε (πηγαίνετε)
βρές - βρέστε (βρεῖτε)
κάθισε - καθίστε (κάτσε - κάτστε)
δές - δέστε (δεῖτε)
πάρε - πάρτε

2)
Γιατί νά θαυμάσω, γιατί νά πῶ, γιατί νά ζητήσω, γιατί νά συναντήσω, γιατί νά τραβηχτῶ, γιατί νά ἀποκριθῶ, γιατί νά καθίσω (κάτσω).

3)
Τοῦ εἶπε ὅτι ἦταν ὁ Μέγας Ἀλέξανδρος. Τοῦ ἀποκρίθηκε ὅτι ἦταν ὁ Διογένης. Τόν ρώτησε ἄν τόν φοβόταν. Ὁ Διογένης τόν ρώτησε ἄν ἦταν καλός ἤ κακός. Ὁ Ἀλέξανδρος τοῦ ἀπάντησε πώς ἦταν καλός. Ὁ Διογένης εἶπε γιατί νά φοβηθεῖ ἕναν καλόν ἄνθρωπο. Ὁ Ἀλέξανδρος εἶπε ὅτι βλέπει πώς τοῦ λείπουν πολλά πράγματα. Μποροῦσε νά τοῦ ζητήσει ὅ,τι ἤθελε καί θά τό εἶχε. Ὁ Διογένης εἶπε νά τραβηχτεῖ λίγο πιό πέρα, γιατί τοῦ ἔπαιρνε τόν ἥλιο. Ὁ Ἀλέξανδρος εἶπε ὅτι ἄν δέ ἤτανε Ἀλέξανδρος, θά ἤθελε νά ἤτανε Διογένης.

Εἰκοστό ὄγδοο μάθημα

1)
Ἡ κυρία Μακρῆ εἶναι στό πόδι, γιατί πρόκειται νά κάνουν μία ἐκδρομή. Λέει νά σηκωθεῖ, νά πλυθεῖ, νά ξυριστεῖ καί νά ἔλθει γιά πρωινό. Λέει στά παιδιά της νά ξυπνήσουν, νά πλυθοῦν, νά ντυθοῦν καί νά ἑτοιμαστοῦν, νά θυμηθοῦνε νά πάρουνε καί τά μπανιερά τους. Περνᾶνε καί παίρνουνε τή Ρενάτε καί τόν Στέφανο καί θά πᾶνε ὅλοι μαζύ στό Ναύπλιο. Ἦταν ὁ Καποδίστριας. Ὁ Βαυαρός Ὄθωνας. Γιατί τό Ναύπλιο ἦταν ἡ πρωτεύουσα τῆς Ἑλλάδας, ἐνῶ ἡ Ἀθήνα ἦταν ἕνα μικρό χωριό. Ὁ Γερμανός ζωγράφος Peter Hess. Γιατί δέν τούς ἄρεσε ἡ πολιτική του. Τό Παλαμήδι ἦταν πρῶτα κάστρο. Ἀργότερα τό μετέτρεψαν σέ φυλακή. Ὁ Μοροζίνης ἔκανε τό Ναύπλιο πρωτεύουσα ὅλου τοῦ Μωριᾶ. Τό λένε

Μπούρτζι. Θα φανε στό ξενοδοχεῖο πού εἶναι στό Μπούρτζι, ὅταν πέσει ὁ ἥλιος. ῞Οτι ζεῖ στό παρελθόν.

2)
Σκέψου - σκεφθεῖτε (σκεφτεῖτε)
κρύψου - κρυφθεῖτε (κρυφτεῖτε)
θυμήσου - θυμηθεῖτε
λυπήσου - λυπηθεῖτε
ἐπισκέψου - ἐπισκεφθεῖτε (ἐπισκεφτεῖτε)
δέξου - δεχθεῖτε (δεχτεῖτε)
περιποιήσου - περιποιηθεῖτε
συνεννοήσου - συνεννοηθεῖτε
τραβήξου-τραβηχθεῖτε (τραβηχτεῖτε)
μιμήσου - μιμηθεῖτε
διηγήσου - διηγηθεῖτε
κρατήσου - κρατηθεῖτε
ἐργάσου - ἐργασθεῖτε (ἐργαστεῖτε)
ξεκουράσου - ξεκουρασθεῖτε (ξεκουραστεῖτε)
χτενίσου - χτενισθεῖτε (χτενιστεῖτε)
σκουπίσου - σκουπισθεῖτε (σκουπιστεῖτε)
ἀποκρίσου - ἀποκριθεῖτε
ντύσου - ντυθεῖτε.

3)
τοῦ προγεύματος - τῶν προγευμάτων,
τῆς πόλης (πόλεως) - τῶν πόλεων
τοῦ κυβερνήτη - τῶν κυβερνητῶν
τοῦ βασιλιᾶ - τῶν βασιλιάδων
τοῦ βράχου - τῶν βράχων
τῆς εἰσόδου - τῶν εἰσόδων
τῆς ἐκτέλεσης (ἐκτελέσεως) - τῶν ἐκτελέσεων
τοῦ δημίου - τῶν δημίων
τοῦ παρόντος - τῶν παρόντων
τοῦ ταξιδιοῦ - τῶν ταξιδιῶν
τῆς γνώμης - τῶν γνωμῶν
τῆς ἐντύπωσης (ἐντυπώσεως) - τῶν ἐντυπώσεων

τοῦ παρελθόντος - τῶν παρελθόντων (nur als Partizip bildet es einen Plural, genau wie : τό παρόν),
τῆς οἰκογένειας - τῶν οἰκογενειῶν

4)
Ἑτοιμασμένος, ἀποθανατισμένος, πλυμένος, ντυμένος, ξυρισμένος, μαθημένος, δολοφονημένος, βγαλμένος, ἀποβιβασμένος, συμπληρωμένος, παρμένος, κατεβασμένος.

5)
ὁ σώφρων	καθηγητής	οἱ σώφρονες	καθηγητές
τοῦ σώφρονος	καθηγητῇ	τῶν σωφρόνων	καθηγητῶν
τόν σώφρονα	καθηγητή	τούς σώφρονες	καθηγητές

τό ἐλεῆμον	παιδί	τά ἐλεήμονα	παιδιά
τοῦ ἐλεήμονος	παιδιοῦ	τῶν ἐλεημόνων	παιδιῶν
τό ἐλεῆμον	παιδί	τά ἐλεήμονα	παιδιά

ἡ παροῦσα	κατάσταση (-σις)	οἱ παροῦσες	καταστάσεις
τῆς παρούσας	κατάστασης(-σεως)	τῶν παρουσῶν	καταστάσεων
τήν παροῦσα	κατάσταση (-σιν)	τίς παροῦσες	καταστάσεις

6)
ἐνδιαφέρον, ἐνδιαφέρουσες, μέλλουσα, μέλλον, παρελθόντος, ἀπόντες, παροῦσες, παρελθόν, παρελθοῦσα, ἀπών, εὐγνώμονες, δεισιδαίμονες, ἐλεήμονες, παράφρων

7) **Μεταφράστε !**
1) Αὔριο θά κάνουμε μιά ὡραία ἐκδρομή. Θά ἐπισκεφθοῦμε ἕνα κάστρο, ἀπό ὅπου ἡ θέα εἶναι ὑπέροχη.
2) Καί ποῦ θά φᾶμε;
3) Θά πάρουμε μαζύ μας μερικά σάντουιτς.
4) Τί ἐνδιαφέροντα πράγματα μπορεῖ νά δεῖ κανείς ἀπό κεῖ;
5) Τό πέλαγος (τήν ἀνοικτή θάλασσα) καί τόν πλατύ κάμπο. Καί ἕνα Μουσεῖο εἶναι ἐκεῖ κοντά.
6) Ἐγώ ὅμως δέν ἐνδιαφέρομαι γιά τό παρελθόν, ἀλλά μόνο γιά τό παρόν. Εἶμαι μοντέρνος ἄνθρωπος.
7) Γιά σένα ὑπάρχουν ἐνδιαφέροντα ἐργοστάσια καί πολυτελῆ αὐτοκίνητα. Ὑπάρχει κάτι γιά τόν καθένα. Κανένας δέ θά βαρεθεῖ.

8) Μοῦ φαίνεται ὅτι αὔριο θά εἶναι (ἔχει) πολλή ζέστη. Καλύτερα νά μήν ἀνεβοῦμε στό κάστρο.
9) Ὅποιος θέλει ν' ἀνεβεῖ, νά (ἄς) ἔλθει μαζύ μας. Οἱ ἄλλοι νά (ἄς) μείνουν κάτω ἤ ἄς καθίσουν στό καφενεῖο. Θά συναντηθοῦμε κατά τίς ἔξι στό αὐτοκίνητό μας. Εἴσαστε σύμφωνοι ἤ ἔχετε νά προτείνετε κάτι ἄλλο;
10) Εἴμαστε σύμφωνοι.